财经易文
www.ewinbook.com

财经易文中级证券分析师教程

技术分析

[美]马丁·J.普林格 著

任若恩 马向前 沈沛龙 刘莉亚 邓云胜 译

【第四版】

TECHNICAL ANALYSIS EXPLAINED

中国财政经济出版社

图书在版编目(CIP)数据

技术分析/(美)普林格著;任若恩等译.—北京:中国财政经济出版社,2003.11

书名原文:Technical Analysis Explained
财经易文中级证券分析师教程
ISBN 978-7-5005-6785-1

Ⅰ.技… Ⅱ.①普… ②任… Ⅲ.股票-证券投资-分析-教材 Ⅳ.F830.91

中国版本图书馆 CIP 数据核字(2003)第 088436 号
著作权合同登记号:图字 01-2002-4303 号

Technical Analysis Explained
Martin J. Pring

ISBN 0-07-138193-7

Copyright © 2002 by McGraw-Hill. All rights reserved. Printed in the United States of America. Except as permitted under the United States Copyright Act of 1976, no part of this publication may be reproduced or distributed in any form or by any means, or stored in a data base or retrieval system, without the prior written permission of the publisher.
Simplified Chinese translation edition published by China Financial and Economic Publishing House.

本书中文简体字版由中国财政经济出版社出版。未经出版者书面许可,不得以任何方式复制或抄袭本书的任何部分。
本书封底贴有 McGraw-Hill 公司防伪标签,无标签者不得出售。

中国财政经济出版社 出版
URL:http://www.cfeph.cn
E-mail:webmaster@ewinbook.com
(版权所有 翻印必究)
社址:北京海淀区阜成路甲 28 号 邮政编码:100036
发行电话:010-88191017
三河市祥达印装厂 各地新华书店经销
787×1092 毫米 16 开 37.5 印张 740 千字
2003 年 11 月第 1 版 2011 年 11 月北京第 12 次印刷
定价:80.00 元
ISBN 978-7-5005-6785-1/F·5922

(图书出现印装问题,本社负责调换)

译 者 序

中国资本市场经过 13 年的发展，已经具备了相当的规模，市场平台和运行规则基本形成，成为我国社会主义市场经济体系的一个重要组成部分，无论是对我国的经济改革还是对经济发展都起到了巨大的推动作用。不可否认的是，中国资本市场目前仍然存在不少的问题，如法人治理结构和市场行为尚不规范，市场结构不合理，功能不健全，监管方式还不能完全适应市场发展的需要等。但是作为一个在规范中发展的新兴的资本市场，中国资本市场本身具有巨大的发展潜力。

基本面分析、技术分析和投资组合分析是证券投资分析的 3 种有效工具和方法。基本面分析从股市的外部决定因素出发，估计股票的内在投资价值，将未来现金流用合适的折现率折为现值，以判断当前的股票价格是高估的还是低估的。基本面分析注重股市运行的宏观经济环境、资金供求、行业状况及前景、公司财务状况等基础性因素，揭示这些因素对股市的综合作用及对中长期趋势的影响。而技术分析是一种完全根据股市行情变化而进行分析的方法，通过对反映市场状况的成交价、成交量进行分析，判断整个股市或个别股价未来的变化趋势，探讨股市中投资行为的可能轨迹。技术分析并不关心市场趋势形成及转化的原因，只注重价格走势的最终结果，它是专门针对市场自身行为的研究。基本面分析和技术分析两种方法各有利弊，适用的范围也不同。相对于基本面分析而言，技术分析有简单易行、能使交易者把握买卖时机和见效快的特点，涵盖了隐藏在价格波动中的心理因素和经济原因。

本书的作者马丁·J.普林格认为技术分析方法是这样一种基本思想的反映：股票价格按照一种由投资者对经济、货币、政策和心理力量变化不断改变的态度所决定的趋势运动。可以看出，技术分析并不排斥基本面分析，但是技术分析相信市场的基本面会受到非理性因素的干扰，价值中或多或少的随机变化都会伴随着某种潜在的趋势，只要这种变化是缓慢消失的，那么就可以利用这种变化来获得超常收益。从统计角度来看，技术分析主要是利用形态、指标和技术交易系统 3 种定性和定量方法，揭示股票价格波动中大量随机现象的统计规律性。

技术分析面临的主要挑战来自有效市场假说。有效市场假说认为当前的股票价格已反映了所有的信息，因此，任何新的信息都会迅速地引起价格的调整。从概念来看，有效市场假说与基本面分析和技术分析是矛盾的，但在现实中却并非如此，这是因为三者真正的分歧点是它们对价格反映信息的速度看法不同。有效市场假说认为价格快速而有效地反映了所有可获得的信息，而基本面分析师认为价格对信息的反映速度次之，技术分析师认为由于现实中存在噪音，价格对信息的反映速度较慢。它们之间并不是相互排斥的，市场的有效性很大程度上取决于基本面分析师和技术分析师的出色工作。

近年来，我国一直大力培育和发展以证券投资基金为主攻方向的机构投资者。截至目前，我国的证券投资基金已达到86只，总规模达到了1616亿份，超过A股流通市值的12%。但是从市场投资者构成看，目前仍以散户为主，个人投资者由于受知识结构、精力和财力的限制，难以对上市公司和宏观经济进行全面细致的基本面分析，加上各种技术分析软件在股市的大量推广，使得技术分析在市场中极为普及，投资者需要一种全面、新颖和经典的技术分析理论指导投资决策。

国际化、机构化、专业化和金融创新是证券业的发展趋势。随着我国加入WTO，金融体系在未来的几年内将会全面开放，对中国市场怀有各种企盼的外资已经等候在门外，而QFII的进入只不过是国外资本进入的前奏曲。国外资本的进入为我国股票市场带来了更大的发展机会，但同时我国的投资者、证券公司和基金经理都将面临更大的生存压力和挑战，需要充分借鉴发达市场经济国家的成熟经验，了解和掌握最新的专业技术。

马丁·J.普林格是一位闻名全球的技术分析大师，他的《技术分析》（第四版）是体现理论和实践方面最新发展的一本经典技术分析专著。本书在第三版的基础上，针对市场出现的新变化，增加了作者在技术分析方面的许多创新见解。书中阐述的各种技术分析方法不仅可以应用于股票市场，而且也适用于债券市场、期货等衍生工具市场、外汇市场等金融市场，还适用于商品市场。全书共分为三个部分：第一部分"趋势判定的技巧"，阐述了识别趋势反转的各种技术，强调趋势是技术分析的关键和核心，把握好主要趋势和中期趋势可以获得较高的收益，而短期走势如盘中的震荡，在很大程度上遵循随机走势，获利的时机则难以把握；第二部分"市场结构"，描述了反映价格波动的价、量、时、空和广度等方面；第三部分"市场行为的其他方面"，内容包括利率对股票市场的影响，人气指标和自动交易系统，个股技术分析以及技术在反向理论中的应用。

北京航空航天大学竞争力与风险管理中心的几位博士研究生在任若恩教授的指导下，参与了本书的翻译工作。其中，马向前负责第1~8章的翻译，沈沛龙负责

译 者 序

第 9~15 章的翻译，刘莉亚负责第 16~24 章的翻译，邓云胜负责第 25~31 章的翻译，任若恩教授审阅了全书并最终定稿。

北京航空航天大学经济管理学院
竞争力与风险管理研究中心
2003 年 9 月

目　　录

序　言 .... （1）

致　谢 .... （1）

导　论 .... （1）

　　技术分析定义 .... （2）

　　技术分析的3个领域 .... （3）

　　市场的预先反映机制 .... （5）

　　金融市场和商业周期 .... （6）

　　技术分析与趋势判定 .... （7）

　　小　结 .... （8）

第一部分　趋势判定的技巧

第一章　市场周期模型 .... （3）

　　3种重要的趋势 .... （3）

　　市场周期模型 .... （5）

　　盘中趋势 .... （5）

　　极长期趋势 .... （6）

　　峰位与谷底的演进 .... （6）

　　研判峰位和谷底的困惑 .... （9）

　　何谓有效的峰位和谷底 .... （10）

　　小　结 .... （12）

1

第二章　金融市场与商业周期 ……………………………………（13）

　　金融市场的预先反映机制 …………………………………………（13）
　　市场走势和商业周期 ………………………………………………（14）
　　6个阶段简介 ………………………………………………………（16）
　　较长的周期 …………………………………………………………（17）
　　技术分析的作用 ……………………………………………………（18）
　　市场历史：1966～2001年 …………………………………………（18）
　　小　结 ………………………………………………………………（20）

第三章　道氏理论 …………………………………………………（23）

　　理论阐述 ……………………………………………………………（24）
　　额外考虑 ……………………………………………………………（30）
　　小　结 ………………………………………………………………（34）

第四章　中期趋势的典型参数 …………………………………（35）

　　一些基本的观察 ……………………………………………………（35）
　　中期循环的定义 ……………………………………………………（35）
　　次级折返走势的形成原因 …………………………………………（37）
　　主要中期趋势和随后折返走势的关系 ……………………………（38）
　　运用中期循环判定主要反转 ………………………………………（39）
　　美国股票市场的中期趋势（1897～1982年）……………………（41）
　　美国股票市场的中期趋势（1982年以后）………………………（43）
　　小　结 ………………………………………………………………（44）

第五章　价格形态 …………………………………………………（47）

　　基本概念 ……………………………………………………………（47）
　　矩形形态简介 ………………………………………………………（49）
　　持续时间和深度 ……………………………………………………（50）
　　衡量的涵义 …………………………………………………………（51）
　　有效突破的确认 ……………………………………………………（55）
　　头肩形态（head-and-shoulders，H&S）………………………（59）
　　失败的头肩形态 ……………………………………………………（64）
　　双重顶和双重底形态 ………………………………………………（66）

扩散形态 …………………………………………… (68)
　　三角形形态 ………………………………………… (73)
　　小　结 ……………………………………………… (76)

第六章　小型的价格形态 ……………………………… (77)

　　旗　形 ……………………………………………… (77)
　　三角旗形 …………………………………………… (78)
　　楔　形 ……………………………………………… (79)
　　碟形底和圆弧顶 …………………………………… (80)
　　缺　口 ……………………………………………… (81)
　　岛形反转 …………………………………………… (86)
　　小　结 ……………………………………………… (87)

第七章　单根和两根棒价格形态 ……………………… (89)

　　背　景 ……………………………………………… (89)
　　外侧棒形态 ………………………………………… (90)
　　内侧棒形态 ………………………………………… (95)
　　两根棒反转形态 …………………………………… (99)
　　关键反转棒形态 …………………………………… (101)
　　竭尽棒形态 ………………………………………… (106)
　　匹诺曹棒形态 ……………………………………… (109)
　　小　结 ……………………………………………… (112)

第八章　趋势线 ………………………………………… (113)

　　如何绘制趋势线 …………………………………… (113)
　　棒线走势图与收盘价走势图 ……………………… (115)
　　价格突破趋势线可能代表反转或整理 …………… (115)
　　延长的趋势线 ……………………………………… (118)
　　对数（比率）与算术坐标单位 …………………… (119)
　　趋势线的意义 ……………………………………… (121)
　　修正扇形原则 ……………………………………… (123)
　　趋势通道 …………………………………………… (124)
　　趋势线的竭尽突破 ………………………………… (126)
　　小　结 ……………………………………………… (127)

3

第九章 移动平均线 (129)

简单移动平均线 (129)
简单移动平均线的特征 (131)
时间跨度的选择 (135)
延后简单移动平均线 (138)
简单移动平均线的收敛性 (138)
多条简单移动平均线 (141)
加权移动平均线（Weighted MA） (143)
指数移动平均（Exponential MA） (144)
包络线（Envelopes） (146)
布林带（Bollinger Bands） (147)
小结 (149)

第十章 动能原理 (153)

引言 (153)
ROC 指标 (155)
时间跨度的选择 (157)
动能指标的原理和运用 (158)
对动能特征的解释 (159)
动能趋势反转技术 (174)
小结 (181)

第十一章 动能指标 1 (183)

相对强弱指标（RSI） (183)
RSI 解释 (187)
RSI 的两种拓展形式 (191)
趋势背离指标（价格摆荡指标） (195)
平滑异同移动平均指标 (199)
随机指标 (201)
小结 (206)

第十二章 动能指标 2 (209)

加权总和变动率（The Know Sure Thing，KST） (209)

定向运动系统 ·· (219)
　　抛物线指标 ·· (223)
　　小　结 ·· (227)

第十三章　K线图 ··· (229)

　　K线图的结构 ·· (229)
　　反转现象 ·· (233)
　　连续形态 ·· (241)
　　K线图与西方技术 ·· (243)
　　量K线图（Candle Volume Charts） ······································ (244)
　　小　结 ·· (246)

第十四章　点状图 ··· (249)

　　点状图与棒线图比较 ··· (249)
　　点状图的绘制 ·· (249)
　　解释OX图 ··· (253)
　　趋势线和OX图 ·· (255)
　　小　结 ·· (256)

第十五章　判定趋势的其他技巧 ····································· (259)

　　支撑和压力定义 ··· (259)
　　比例（Proportion） ··· (263)
　　速度压力线（Speed Resistance Lines） ··································· (265)
　　斐波纳契折返（Fibonacci Retracements） ······························· (268)
　　斐波纳契扇（Fibonacci Fan） ·· (269)
　　小　结 ·· (271)

第十六章　相对强度 ·· (273)

　　概　念 ·· (273)
　　RS线的构建 ··· (274)
　　RS的解释 ·· (275)
　　价格形态 ·· (279)
　　长期RS ··· (281)
　　个股与RS分析 ·· (282)

价　差 ………………………………………………………… (286)
小　结 ………………………………………………………… (288)

第十七章　综合讨论：以道·琼斯交通运输指数为例（1990~2001年）
……………………………………………………………………… (289)

小　结 ………………………………………………………… (294)

第二部分　市场结构

第十八章　价格：主要的价格指数 ……………………… (297)
综合市场指数 ………………………………………………… (297)
大盘指数与移动平均线 ……………………………………… (301)
主要指数与ROC ……………………………………………… (302)
道·琼斯运输指数 …………………………………………… (306)
道·琼斯公用事业指数 ……………………………………… (308)
非加权指数 …………………………………………………… (309)
NASDAQ ……………………………………………………… (311)
通用汽车 ……………………………………………………… (311)
罗素（Russell）指数 ………………………………………… (314)
小　结 ………………………………………………………… (316)

第十九章　价格：板块轮替 ……………………………… (317)
行业板块和经济周期 ………………………………………… (317)
板块轮替的概念 ……………………………………………… (318)
将经济周期划分为通货膨胀与通货紧缩两个阶段 ………… (320)
领先板块和落后板块的相对走势通常是不同的 …………… (323)
领先板块与落后板块之间的比率 …………………………… (324)
划分领先、同步以及落后板块 ……………………………… (326)
小　结 ………………………………………………………… (327)

第二十章　时间：长期周期 ……………………………… (329)
时间的重要性 ………………………………………………… (329)
关于周期的一些基本原理 …………………………………… (330)
长期（康德拉提夫）周期 …………………………………… (335)

18年期的周期 …………………………………………………… (338)
　　9.2年的周期 …………………………………………………… (340)
　　10年期模式 ……………………………………………………… (341)
　　20世纪80年代与90年代的10年期模式 …………………………… (342)
　　重要的年份 ……………………………………………………… (345)
　　41个月（4年）的周期 ………………………………………… (347)
　　季节性模式 ……………………………………………………… (347)
　　月底走势 ………………………………………………………… (351)
　　每周走势 ………………………………………………………… (352)
　　假日前的上涨走势 ……………………………………………… (353)
　　交易日内的模式 ………………………………………………… (353)

第二十一章　辨识周期的实用方法 …………………………… (355)

　　周期的定义 ……………………………………………………… (355)
　　原　则 …………………………………………………………… (356)
　　辨识的方法 ……………………………………………………… (356)
　　结合周期高点与低点进行分析 ………………………………… (359)
　　小　结 …………………………………………………………… (359)

第二十二章　成交量：基本原理 ……………………………… (361)

　　成交量分析的优点 ……………………………………………… (361)
　　成交量分析的基本原理 ………………………………………… (362)
　　市场中的实例 …………………………………………………… (369)
　　小　结 …………………………………………………………… (372)

第二十三章　成交量摆荡指标 ………………………………… (373)

　　成交量的变动率 ………………………………………………… (373)
　　发现短期趋势 …………………………………………………… (373)
　　发现长期趋势 …………………………………………………… (378)
　　成交量摆荡指标 ………………………………………………… (380)
　　需求指数 ………………………………………………………… (384)
　　佳庆货币流指标 ………………………………………………… (385)
　　股票市场中的成交量 …………………………………………… (387)
　　上涨/下跌成交量的摆荡指标 ………………………………… (390)

阿姆斯（Arms）指数 ·· (391)
　　成交量净额指标 ·· (394)
　　等量图 ·· (395)
　　小　结 ·· (396)

第二十四章　市场广度 ·· (399)

　　基本概念 ·· (399)
　　腾落线 ·· (400)
　　广度摆荡指标（内部强度） ··· (406)
　　新高/新低指标 ·· (410)
　　扩散指标 ·· (414)
　　季节性广度动能指标 ·· (416)
　　小　结 ·· (421)

第三部分　市场行为的其他方面

第二十五章　利率为何会影响股票市场 ································ (425)

　　利率变化对企业利润的间接影响 ····································· (425)
　　利率变化对企业利润的直接影响 ····································· (426)
　　利率与替代性金融资产 ··· (426)
　　利率与融资债务 ·· (427)
　　债券收益率与债券价格 ··· (427)
　　债券市场的结构 ·· (427)
　　债券价格与股票价格 ·· (428)
　　利率变化与股市转折点之间的关系 ·································· (431)
　　技术分析在短期利率中的应用 ······································· (435)
　　贴现率变动的重要性 ·· (437)
　　小　结 ·· (444)

第二十六章　人气指标 ·· (445)

　　一些基本的观点 ·· (445)
　　用来替代人气指标的动能 ·· (446)
　　关于卖空的几点看法 ·· (448)
　　专家交易者/一般公众比率 ··· (448)

8

空头余额比率 …………………………………………………………… (448)
内幕人员交易（Insider Trading） …………………………………… (450)
咨询服务出版物（Advisory Service） ……………………………… (451)
市场风向标与债券市场人气 …………………………………………… (453)
结合人气与动能指标 …………………………………………………… (455)
共同基金 ………………………………………………………………… (456)
融资债务 ………………………………………………………………… (459)
看跌期权/看涨期权比率（Put/Call Ratio） ………………………… (461)
倒置的收益率动能 ……………………………………………………… (463)
市场对于新闻的反应 …………………………………………………… (464)
小 结 …………………………………………………………………… (465)

第二十七章 技术分析在反向理论中的应用 …………………… (467)

反向思维的概念 ………………………………………………………… (467)
大众为何是非理性的 …………………………………………………… (469)
为何很难持有相反的观点 ……………………………………………… (471)
形成反向观点的3个步骤 ……………………………………………… (472)
运用技术分析 …………………………………………………………… (477)
区分短期与长期转折点 ………………………………………………… (479)
小 结 …………………………………………………………………… (480)

第二十八章 识别主要市场峰位与谷底的要点 …………………… (481)

峰位形成的机理 ………………………………………………………… (481)
什么是峰位 ……………………………………………………………… (482)
主要市场峰位的特征 …………………………………………………… (484)
主要市场底部的特征 …………………………………………………… (488)
小 结 …………………………………………………………………… (492)

第二十九章 自动交易系统 ………………………………………… (493)

自动交易系统的优点 …………………………………………………… (493)
自动交易系统的缺点 …………………………………………………… (494)
设计一套成功的自动交易系统 ………………………………………… (495)
交易区间与趋势明显的市场行情 ……………………………………… (497)
评估测试绩效的准则 …………………………………………………… (500)

顺势信号为最佳的信号 ··· (502)
　　　将摆荡指标与移动平均结合起来的一种简单技术 ················· (502)
　　　三重指标系统 ·· (507)
　　　引入市场间系统 ··· (512)
　　　使用债务融资 ·· (515)
　　　小　结 ··· (515)

第三十章　全球股市技术分析 ·· (517)
　　　识别全球性的主要趋势 ·· (517)
　　　单个股市的选择 ··· (522)
　　　小　结 ··· (525)

第三十一章　个股技术分析 ·· (527)
　　　极长期的选股策略 ·· (528)
　　　主要的价格形态（长期底部） ·· (530)
　　　主要多头行情中的一些基本选股准则 ································· (531)
　　　接近空头行情底部的选股策略 ·· (533)
　　　小　结 ··· (544)

结束语 ·· (545)

附录　艾略特波浪理论 ··· (547)
　　　引　言 ··· (547)
　　　斐波纳契数列 ·· (547)
　　　波浪理论 ·· (548)

词汇表 ·· (553)

参考资料 ··· (559)

著译者简介 ·· (565)

序　言

任何人都没有理由不在金融市场中赚大钱，但有很多理由来解释为何大多数人都赚不到钱。与生命中的许多尝试一样，成功的关键是知识与行动。本书旨在对金融市场的内部运作提出一些说明，以此来扩展"知识"部分。至于"行动"部分，则取决于各位投资者的耐心、客观与理性。

在20世纪80年代中期至末期，不论是现货市场还是期货市场都出现了许多全球性的投资与交易机会。进入90年代，通信业的创新能够使每一位交易者以相对较低的成本获得每日的交易数据。如今，许多绘图网站在因特网上应运而生，因此，任何人实际上都有能力来进行技术分析。由于技术革命，时间期限被大大地缩短了。我不敢确认这是一件好事，因为短期走势较长期走势而言，呈现出更为随机的波动，这意味着技术指标不一定有效。《技术分析》（第四版）便是针对这些变化来加以扩充的，其中增添了许多第三版发行以来我本人有关技术分析的创新性见解。

本版对以往的内容进行了彻底的整理与扩充。考虑到有效性问题，对一些章节进行了删除与替换。重点仍集中于美国股票市场，但许多市场案例涵盖了国际股票市场、外汇市场、商品市场，以及稀有金属市场。此外在一些特定章节中对信用市场与全球股市进行了技术分析。我们对大部分的市场案例进行了更新，但同时也有意保留了一些以前版本的旧案例，因此本书也提供了一些历史看法。另外，这些历史案例强调了一点：近100年来，市场并没有发生真正的变化。过去普遍存在的事实与原理在当前也存在，并且我毫不怀疑它们在未来也会继续存在。

因此，技术分析理论适用于1850年的纽约，也适用于1950年的东京，并将适用于2150年的莫斯科。这是因为金融市场的价格行为是人类本性的反映，而人类的本性基本上不会随时间而变化的。技术分析的原理也适用于在任何时间跨度内进行自由交易的所有交易对象。5分钟棒线图的趋势反转信号与月线图都是基于同样的指标，仅在显著性上有所差异。时间跨度越短所反映的趋势也就越短，因此就越不显著。

本版增加了一些新的内容。其中，随着我研究的深入而越发印象深刻的一部分是单根与两根棒线价格形态反转的概念。它们对于盘中与短线交易者来说是非常重要的。因此，在新版中专门拿出一章来对这方面的内容进行介绍。考虑到 K 线图（以前是将其归入到附录中）的使用越来越普及，本版也对这方面的内容进行了补充。动能部分增加了一章，将有关方向变动系统（Directional Movement System）、乔德动能摆荡指标、相对动能指数，以及抛物线指标（并非真正的动能指标，但具有一定的参考价值）的内容包括进来。此外，动能部分的内容也进行了拓宽，引入了我本人在解释动能指标中的一些新的看法，例如极端摆动、过度超买与过度超卖状态，诸如此类。成交量部分中我们也新增了一节，将需求指数与佳庆（Chaikin）货币流等指标的有关内容包括进来。此外，我们进一步强调了成交量动能指标的重要性。相对强度的概念是非常重要的，然而在技术分析中其重要性还未得到充分的认识。因此，在本版中我们专门拿出一章来分析相对强度。最后，新的一章"将技术分析应用于反向理论"将交易与投资扩充至心理层面。

自 20 世纪 70 年代以来，几乎所有市场参与者的时间期限都大大地缩短。因此，技术分析越来越多地被运用于实现短期时效策略，这种运用方式可能会导致严重的失误：根据我的经验，在技术指标的可靠性与所观察的期限长短之间存在着相当大的相关性。因此，本书中的讨论主要以中期与长期趋势为主。即使是短线交易者（持续期限为 1~3 周）也需要辨别大盘走势的方向与持续时间，这是因为大多数投资者通常所犯的错误就是与大盘趋势的方向恰好相反，这种错误通常起因于一个反趋势信号。

技术分析应当被视为一门借助多种科学的研究指标，评估特定证券的技术面状况的艺术。尽管本书所描述的许多机械性技巧，都能可靠地显示出市场情况的变动，但它们都具有一个共同的特征，就是它们可能、并且经常会带来令人不满意的结果。对于理性的投资者或交易者来说，这一点并不会构成严重的障碍，因为一旦很好地掌握了金融市场主要趋势的基本原理，再加上对整体技术状况的权衡，便构成了成功运作的坚实基础。

毕竟，没有任何事物可以取代独立的思考。虽然技术指标的变动可以显示市场的基本特征，但将种种错综复杂的资讯综合考虑，形成一个有效的假设，则是分析师的职责所在。

这一任务绝对不简单，因为初步的成功可能会导致过度的自信与傲慢。技术分析之父查尔斯·H.道（Charles H.Dow）曾经写道："过度自信在华尔街所造成的失败，多于其他观点的总和。"的确如此，因为市场实质上是人类行为的反映。一般来说，这种行为会按照所预期的路径发展。然而，由于人们可以——也的确会——

序　言

改变主意，因此市场的价格趋势也会意外地偏离所预期的路径。为了避免出现严重的亏损，当技术状况发生变化时，投资者，尤其是交易者，必须相应调整心态。

　　除了金钱上的报酬之外，对于市场的研究也可以让我们通过观察他人的行为及自身发展的方方面面来更进一步了解人性。投资者无疑必须不断接受市场的挑战与考验，并对此作出反应，这也使我们得以更进一步了解自己的心灵。华盛顿·欧文（Washington Irving）曾经写道："肤浅的心灵将因为不幸的打击而消沉，而伟大的心灵却将因此而升华。"这可能就是指市场的挑战。

马丁·J. 普林格

致 谢

本书经历了20多年的逐渐演变，已经由第一版的不到200页发展到现在的500多页。

本书第四版的资料取自许多方面，我非常感谢许多机构允许我采用他们的图形与表格，若没有他们的帮助，本书绝对无法完成。我尤其要感谢提姆·海斯（Tim Hayes）与内德·戴维斯研究所的内德·戴维斯（Ned Davis），提供了有关市场人气与资金流指标的图形。

我也要感谢丹妮·普林格（Danny Pring）为本书的第一版提出了一个恰当的书名，并且该书名一直沿用至今。

同时也要感谢我在普林格研究所的同事：吉米·西格斯威（Jimmie Sigsway），由于她的帮助与奉献，我才得以在一个非常安静的环境下完成我的写作，而没有受到外界的干扰。任何经历过住宅或办公楼重建的人都会明白我的意思。此外，她也是我的前岳母！

最重要的是，我要感谢我的妻子莉萨（Lisa），她重新制作了我的PowerPoint演示稿中的大部分图形与表格，同时管理着家务，照顾我们的儿子托马斯（Thomas），维护我们的网站（pring.com）以及负责房屋的装修工作。

导　论

　　对于愿意买入并长期持有普通股的投资者而言，根据多年来的分红和资本增值，股票市场提供了非常好的收益。通过学习技术分析，掌握随势操作（market timing）技巧，投资者变得更加足智多谋，在他们眼里，股市具有更高的挑战性、更强的可操作性和更高的回报。

　　在1966～1982年期间，技术分析方法特别明显地优于买入—持有策略（buy-and-hold approach）。在这期间，测算道·琼斯工业指数（DJIA），市场并没有什么进展，但其间出现了大幅度的价格波动。尽管在1966～1982年期间，道·琼斯工业指数的总体升幅不大，但呈现出5个主要的上升波段，道·琼斯工业指数的累计升幅超过1500点。因此，随势操作的潜在收益非常显著。

　　如果长期投资者幸运的话，在1966年、1968年、1973年、1979年和1981年的高位时卖出股票，在1966年、1970年、1974年、1980年和1982年的低位时买入股票，理论上1966年投资的1000美元（不考虑交易费用和其他资本利得；1美元代表道·琼斯工业指数的1点），到1983年10月将超过10000美元。与之相反的是，采用买入—持有策略的投资者在相同期间内只能取得250美元的投资收益。即使在1982年8月开始的一波波澜壮阔的涨势中，技术分析也被证明是有效的，尽管在该期间不同行业板块的表现有相当大的差异。

　　像20世纪80～90年代出现的多头市场，是一个世纪中非常难得发生一次的行情。实际上，这波多头行情在美国股市200年的历史中也是一项记录。它预示着21世纪的头10年将会是困难和挑战性的，而掌握随势操作技巧将更为重要。

　　当然在实践中，与市场转折点完全一致的买入和卖出是不可能的。即使考虑佣金成本和税收因素，技术分析方法仍具有巨大的获利潜能，但仍有犯错误的可能。因此，识别主要的市场转折点，并采取适当的行动，能够取得可观的回报。

　　技术分析最初主要运用于股票市场，后来逐渐扩展到商品市场、债券市场、外汇市场和其他国际市场。过去，市场参与者持股的时间相当长，达到几个月甚至几年。虽然市场中总有一部分短线交易者和投机者，但通信技术革命大大缩短了每个投资者的持股时间。当持股时间较长时，投资者可能沉溺于基本面分析的环境中，但持有期较短时，随势操作决定一切。在这样的环境下，技术分析实际上是市场本身的需要。

为了获得成功，运用技术分析方法进行操作应与大多数人的预期相反，这需要耐心、理性和纪律性，以便在经济处于衰退、萧条或行情低迷时，勇于买入合适的金融资产，而在经济高涨，市场处于极度乐观的情况下，果断地卖掉这些金融资产。悲观和乐观的程度将取决于转折点的特征。相对于长期而言，短期的峰位和谷底往往伴随着更多的极端情绪。本书的目的是解释所有市场转折点所具有的技术特征，尤其是主要的市场转折点，并有针对性地帮助投资者研判这些技术特征。

技术分析定义

在本书的教程中，首先要强调的一点是：

主要的技术准则 技术分析研究的是不确定性，而不是确定性。

技术分析的投资方法是这样一个基本思想的反映：股价按照一种由投资者对经济、货币、政策和心理力量的变化而不断改变的态度所决定的趋势运动。作为一门艺术，技术分析是在相对较早的阶段识别趋势的反转，并且牢牢把握住这种趋势，直到有足够的证据显示或证明这种趋势已经反转为止。这些证据将由本书中所描述的各种技术指标提供。

人类的天性是倾向于保持不变，而且在类似的情况下趋向于产生一致的反应。通过研究过去市场转折点的特征，有可能帮助我们识别市场头部和底部的某些特征。所以，技术分析基于如下的假设：人们将重犯过去相同的错误。人类的行为十分复杂，从来不会以完全一致的方式重复。作为反映人类行为的市场，其特征也永远不会完全复制过去，但不断呈现的相似特征却足以保证技术分析师识别行情转折点。由于没有任何一个单独指标可以或能够预示头部或底部信号，所以技术分析发展出一系列的工具，帮助投资者识别这些转折点。

技术分析的3个领域

技术分析可以划分为3个基本领域：人气（sentiment）指标、资金流量（flow-of-funds）指标和市场结构（market structure）指标。美国的股票市场有大量关于这3个领域的数据和指标。对于其他的金融市场，统计数据大多局限于市场结构指标。以美国为主的期货市场是一个例外，但它目前也提供短期的人气指标。我们对人气指标和资金流量指标的讨论，将以美国股票市场为主。

人气指标

人气或预期（expectational）指标反映不同市场参与者的行为，这些市场参与者包括市场内部人员、共同基金经理、投资者以及场内专家。如同钟摆不停地从一端摆向另一端一样，人气指标（反映投资者的情绪）也是在两个端点之间摆动，一端是空头市场的底部，另一端是多头市场的顶部。这些指标基于如下的假设：不同类型的投资者在主要的市场转折点，会呈现一致性的行为。例如，内幕人员（指公司的高级主管或公司的大股东）和纽约股票交易所（NYSE）的会员，在市场转折点的行为通常是正确的；总体而言，他们在市场的底部常常站在买方一边，在市场的头部站在卖方一边。

与之相反，咨询服务机构整体而言，对市场转折点经常判断错误，因为他们总是在市场的头部继续看多，在市场的底部继续看空。根据这些资料导出的指标表明，一部分对应于市场的头部，另一部分对应于市场的底部。由于在市场转折点方面的公众舆论或绝大多数人的看法通常是错误的，所以这些反映市场心理的指标，可以作为相反意见的有力依据。

资金流量指标

广义的资金流量指标分析，是研究不同类型投资者的财务状况，衡量他们购买或售出股票的潜在能力。由于每一笔买入一定对应着一笔卖出，所以从"事后"（ex post）的角度看，股票供给和需求的现金余额必然相等。成交的股票价格表示买卖双方力量相当，所以流入市场和流出市场的资金数量也必然相等。因此，资金流量分析是分析交易发生之前的供需双方力量，即所谓的"事前的关系"（ex ante relationship）。如果在某一特定价位，买方的力量事前超过卖方，则事后的价格必然上升，才能使买卖双方的力量保持平衡。

例如，资金流量分析可以研究共同基金和其他主要机构的现金状况，这些机构包括养老基金、保险公司、国外投资者、银行信托账户和客户账户的现金余额，它们通常是买方的资金来源。在股票的供给方面，资金流量分析研究新股发行、二级市场招股和债务融资。

当然，资金流量分析方法也有缺陷。虽然资金流量指标可以表示股市可操作的资金（例如，共同基金的现金头寸和养老基金的现金流量），但是它们无法预示市场参与者运用这些资金在某一特定价位买入股票的意愿，也无法反映卖出股票的意愿。有关主要机构和国外投资者的数据资料，也未能充分地在实际中运用，而且这些数据在交易发生之后才会得到。虽然有上述种种的缺陷，但资金流量分析中的统计数据还是可以作为投资者作出投资决策的背景资料。

资金流量分析更高级的方法，是考察银行体系的资金流动趋势。这种方法不仅可以分析股票市场的资金供给状况，而且也可以分析整个经济状况。

市场结构指标

在本书中，市场结构指标或市场特性（character of the market）指标是有关技术分析的两个主要讨论领域。这些指标可以监测各种价格指数、市场广度、周期和成交量等变量的变动趋势，评价多头和空头市场的健康程度。

监测价格趋势的指标包括移动平均线、头部和底部分析、价格形态和趋势线，这些指标同样也适用于人气指标和资金流量指标的分析。因为这些指标有着共同的趋势，如果这些指标反映的市场心理趋势发生反转，价格也会朝反方向变动。

在大多数情况下，价格和市场内部指标，如市场广度、动能和成交量指标，会同时上升和下降，但是在行情发展的末期，许多这类指标的变动与价格发生背离。这种技术性的背离是涨势或跌势即将结束的信号。如果技术分析师谨慎地观察到潜在的转强或转弱信号，要警惕市场自身趋势可能将要发生反转。

价格是大众投资者心理或投资行为的反映，这是技术分析方法的理论基础，我们假设大众的心理在慌乱、恐惧、悲观与充满信心、过度乐观、贪婪两种心态之间徘徊，因此，技术分析方法就是依据这个假设预测未来价格的变动趋势。这里要强调的是，因为大众情绪的变化需要一段时间来完成，所以技术分析可以在早期阶段识别心理上的变化。由于心理趋势一旦形成，就会持续下去，因此，技术分析师和交易员研究这类市场趋势，可以满怀信心地买入或卖出股票。

价格趋势的分类

价格趋势分为3种趋势：主要趋势、中期趋势和短期趋势。主要趋势，有时称为循环趋势，一般要持续1～3年，反映投资者对商业周期的态度。中期趋势通常持续6周或几个月，有时会更长。虽然中期趋势没有主要趋势重要，但识别它们益处多多。例如，判定多头市场的中期行情和早期阶段的空头市场，显然是十分重要的。短期趋势不超过3周或4周，本质上来看，短期趋势趋近于随机波动。极长的或非常长的趋势由若干主要趋势构成，盘中趋势持续几分钟或几小时，呈现各种可能的价格波动。

市场的预先反映机制

所有的价格趋势具有共同的特点：它们都是反映市场参与者的心理趋势，包括期待、恐惧、乐观和贪婪。这些情绪综合反映为价格水平，正如戈菲尔德·德鲁（Garfield Drew）所说的：“股票价格永远不是它自身的价值，而是人们认为它所具有的价值。”[1]

《华尔街日报》的一篇文章精辟地阐述了市场评估的过程：[2]

> 股票市场由某一特定时刻"在市场中"买入或卖出的人构成，还包括当时不"在市场中"，但在条件合适时可能进入市场的人。从这个角度而言，任何拥有个人储蓄的人都是股票市场潜在的参与者。
>
> 这种参与和潜在参与的广泛基础，使得股票市场可以成为经济的指示器，并且是稀缺资本的配置者。个股的资金进出或股票市场的资金流动，反映每一位投资者对新信息的吸收和理解程度。这就使市场可以综合所有可得到的信息，而这并非任何个人所能够做到的。由于对市场的评价是公众一致的看法，一般会超过任何个人和团体的观点……（市场）衡量所有上市公司的税后盈余，并衡量到目前为止和未来的累计盈余，这种未来的时限可能是无限的。正如经济学家所说，这些累计的税后盈余，将被市场"折现为现值"。一个人以高价买入一片刮胡刀，也是基于同样的考虑：这片高价的刮胡刀未来将保证较高的性能。他将这种较高的性能折现为现值

---

[1] 戈菲尔德·德鲁，*New Methods for Profit in the Stock Market*，Metcalfe Press, Boston 1968, p.18。
[2] 1977年10月20日的《华尔街日报》。

来评估价格。

　　这种未来的盈余收入，最终将受到全球经济状况的影响。全球和美国的各种信息，都会一点一滴源源不断地流入股票市场，使得股票市场反映这些信息的效率远远高于政府的统计数据。市场根据这些信息判断美国企业未来的盈余能力。大致而言，股票市场的一般价格水平是美国资本存量的折现值。

　　上述的评论意味着投资者只有预先做出评估，然后采取行动，才会在所预期的消息或事件实际发生时，以较高的价位卖出股票。如果事态的发展比当初预期的更好或更坏，通过这种市场机制，投资者将决定或迟或早卖出股票。因此，股市中有一句大家熟悉的谚语，"在利多消息中卖出"，这里的利多消息是指该消息恰巧达到或低于市场（也就是投资者）的预期。如果消息虽然利好，但达不到市场的预期，投资者会迅速重新评估，（假设其他条件不变）行情将下跌；如果消息的利好程度高于市场的预期，行情将向有利的方向发展。当然，在下跌的市场中，正好相反。这种反馈过程可以解释股票市场中看似矛盾的现象：股价在经济非常繁荣的时候由峰位下跌，在经济状况最不景气的时候止跌走稳，形成底部。这种市场的预期机制并不只适用于股票市场，而且还适用于任何交易对象。

> **主要的技术准则**　市场绝不会对同样的事件预先反映两次。

　　市场对消息、事件的反映程度，具有重要的启示意义。如果市场忽略利多消息，价格出现下跌，那么市场对该消息必定已经预先作出了反应，也就是说价格机制已经预先考虑了该消息，则随后的价格下跌应该视为空头的信号。相反，如果市场对利空消息的反映比预期的更积极，这应该被视为多头的信号。股市中有一句充满智慧的话："已知的空头争论就是已经反映的空头。"

金融市场和商业周期

　　债券、股票和商品价格的主要趋势，取决于投资大众情绪的长期趋势，这些情绪反映未来经济活动的预期水平和增长率，也反映投资者对未来经济活动的态度。

　　举例而言，股票市场的主要趋势与经济景气之间存在明确的联系，因为上市公司获利能力的趋势构成了经济景气的一部分。如果仅有基本经济因素影响股票市场，预测主要趋势的变动会相对简单。但事实并非如此，股票市场受诸多因素的影响。

首先，经济方向的变化需要一段时间来实现。在商业周期的发展过程中，其他心理因素，如政局变动、投机性买盘与追缴保证金的卖压等市场内部因素，都会影响股票市场，产生5%~10%以上令人误解的行情。

其次，股票市场的变化通常领先于经济6~9个月，但领先的时间有时更长，有时更短。例如，在1921年、1929年，经济景气的变化反而领先于股票市场。

第三，即使经济处于商业周期的复苏阶段，人们经常会怀疑经济复苏的可持续性。这种怀疑配合上政治或其他不利事件，剧烈的、令人迷惑的逆商业周期的价格趋势也会经常发生。

第四，即使上市公司增加利润，投资者对公司获利能力的态度可能会发生变化。例如，1946年春，道·琼斯工业指数的市盈率（price/earnings ratio）为22倍；到1948年，按1947年盈余计算的市盈率为9.5倍。在这期间，上市公司的收益翻了一番，而市盈率却下跌了，股价水平依旧很低。

> **主要的技术准则** 技术分析的基本原理可以运用于所有的证券，时间跨度从20分钟到20年不等。

与股票市场的价格相比，债券和商品价格的变化，与经济活动的关系更为密切。尽管如此，心理因素对价格的影响还是十分重要。汇率的变动并不适合采用商业周期分析。虽然数月之后公布的数据能有效地解释汇率走势，但从事前的角度看，技术分析是进行及时预测并在早期阶段判定趋势最有效的方法。

技术分析与趋势判定

预测经济的变动趋势，或评价投资者对经济变化的态度，会遇到许多主观性的困难和问题，由于技术分析研究市场自身行为，所以并不涉及这些难题。从市场角度看，技术分析试图评价这些因素，进而判断行情的转折点。

技术分析方法可以成功地运用于各种交易对象，包括股票、市场指数、商品、债券和外汇等等，因此，本书将频繁使用"证券"（security）一词，作为涵义广泛的术语，它包括所有的交易对象，以避免不必要的赘述。

本书技术分析的表述方法不同于一般的技术分析。在本书的第一部分中，我们将讨论有关判定趋势和识别趋势反转的各种技巧。"趋势判定的技巧"讨论价格形态、趋势线、移动平均线、动能指标等等。

在第二部分"市场结构"中，我们主要分析美国股票市场，尽管有些例子引用其他股票市场的证券，以证实技术原理的广泛适用性。我们所需要的一切仅仅是收集适当的数据资料而已。本部分还对各种指标和指数进行详尽阐述，解释如何通过这些技术指标，构建判定市场内部结构特性的框架。市场特性的研究是技术分析的关键和核心，因为在大盘指数的趋势反转前，几乎总是预先出现市场结构的强势和弱势信号，如同细心的驾驶员不会仅根据速度评价汽车的性能一样，技术分析远不止大盘指数的趋势判定。投资者的信心趋势反映在价格趋势中，这种情绪可以通过4个方面或尺度来衡量，即价格、时间、成交量和广度。

第一个尺度是价格，反映投资者态度的变化，显示投资者态度变化的水平。

第二个尺度是时间，衡量投资者心理周期的频率和长度。当投资者的情绪在极度乐观和极度悲观之间相互转换时，投资者信心的变化表现为明显的周期性，有时较长，有时较短。股票市场上价格波动的幅度通常是时间因子的函数。投资者由多头市场走向空头市场，所经历的时间越长，价格波动的幅度可能越大。在讨论时间问题的两章中，我们主要以美国股票市场为例，但其原理同样适用于债券和外汇。

第三个尺度是成交量，反映投资者态度变化的强度。例如，成交量伴随着较小的股价上升，暗示投资者的参与热情较低，上涨的强度较弱；而幅度相近的股价涨势，如果得到较大成交量的配合，表明投资者的参与热情高涨，上涨的强度较强。

第四个尺度是广度，衡量情绪的涵盖范围。广度的概念非常重要，因为当股票表现为普遍的上涨时，显示有利的情绪扩散至大多数的股票和行业，反映经济复苏的整体性和健全性，投资者普遍对股票市场持乐观的态度。另一方面，如果上涨的股票仅局限于少数的绩优股，表明上升趋势较弱，多头行情的可持续性颇值得怀疑。

在第三部分"市场行为的其他方面"中，我们讨论了更为细节性的内容，包括利率与股票市场的关系、人气指标、自动交易系统、个股的选择，以及技术分析在全球市场的运用。

小　结

金融市场的价格变动趋势，取决于投资者对商业周期不断变化的态度和预期。由于投资者周而复始地重复相似的投资行为，所以研究大盘指数与市场指标的历史关系，将有助于判断行情的转折点。没有任何一个指标能够显示所有的趋势反转，因此，有必要采用一系列的指标共同构建评估框架。

技术分析方法不是没有失败的，但保持谨慎、耐心和客观的心态，将技术分析原理运用于整个交易策略，就可以使投资者或交易员提高成功的概率。

Part 1

第一部分

趋势判定的技巧

Trend-Determining Techniques

第一章
市场周期模型

在导论中，技术分析被定义为在相对早期阶段识别趋势的反转，并顺势而为，直至有足够的证据显示或证实趋势已经发生反转为止的艺术。为了识别趋势反转，我们首先必须理解趋势的概念。本章我们将解释和比较各种趋势，讨论一种基本的趋势判定技巧——峰位和谷底的演进（peak-and-trough progression）。在技术分析中，尽管峰位和谷底的演进这种判定方法十分简单，但也许是最有效的趋势判定技巧，它是随后讨论的许多其他技巧的基础。

3 种重要的趋势

趋势是从时间的角度来衡量价格水平的变动方向，包含不同的时间跨度。尽管有许多种类的趋势，但最为常见的趋势有 3 种：主要趋势、中期趋势和短期趋势。

主要趋势

主要趋势通常持续 9 个月至 2 年，反映投资者对商业周期基本情况的态度。从统计角度看，商业周期从谷底到谷底，大约经历 3.6 年，因此，上升和下降的主要趋势（多头市场和空头市场）各持续 1~2 年。由于股价上涨比股价下跌所消耗的时间长，所以多头市场持续的时间一般长于空头市场。

主要趋势的周期分析方法，适用于债券、股票和商品交易。虽然它也适用于外汇市场，但由于汇率反映的是投资者对两个不同经济体系相互关系的态度，所以汇率分析基本上不适合采用商业周期方法，我们在第二章将讨论这方面的问题。

图 1-1 中的粗线代表主要趋势。在理想的情况下，主要上升趋势（多头市场）与主要下降趋势（空头市场）的幅度应该一样长，但实际并非如此。因为根据主要

趋势的方向，确定投资者自己的短期交易和长期投资策略是极其重要的，所以本书重点讨论如何识别主要趋势反转。

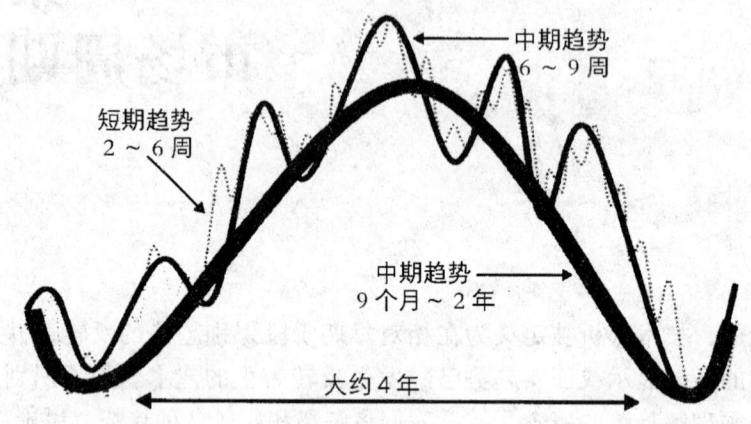

图1-1 市场周期模型

中期趋势

我们每个人只要观察一下价格走势图，就会发现价格波动并非呈直线运动。一个主要的上升趋势，中间会包含着多个折返走势。在主要的多头市场中，这些逆周期趋势称为中期趋势。它们持续6周至9个月不等的时间，有时甚至更长，但是在反弹行情下，中期趋势会较短。在第四章中，我们将更为详细地讨论股票市场的中期趋势。在图1-1中，细实线表示股价中期趋势。

了解主要趋势的方向和发展状态，对我们而言十分重要，但对中期趋势的分析也有助于提高交易的成功率，判定主要趋势是否即将反转。

短期趋势

短期趋势一般持续2~4周，有时长一些，有时会短一些。短期趋势包含于中期趋势中，如同中期趋势包含于主要趋势中一样。在市场周期模型中（见图1-1），虚线表示短期趋势。它们经常受到一些消息和事件的影响，呈现随机波动现象，因此，短期趋势比中期趋势或主要趋势更难以识别。

市场周期模型

我们现在清楚地知道,任何市场的股价波动同时受到几种不同趋势的影响,因而必须认清自己观察到的价格趋势属于何种类型。例如,如果短期趋势刚出现反转,我们可以预期到其价格的变动幅度远远小于主要趋势的反转。

长线投资者主要的关注焦点是主要趋势的方向,因此对当时多头或空头市场的发展程度,必须要有前瞻性的认识。尽管如此,长期投资者也应该认识中期趋势,对短期趋势也要有所了解。因为在技术分析中,十分重要的一步是判断和理解中期趋势和短期趋势之间的关系,了解它们如何对主要趋势产生影响。如果确认长期趋势刚向上发生反转,在加大投资之前,应该学会等待,因为短期向下趋势会进一步延伸。对短期趋势的发展状态缺乏认识的投资者,事实证明要付出代价。

> **主要的技术准则**　一般而言,趋势持续的时间越长,越容易识别趋势的反转。

短线交易者主要关心股价短期的变动趋势,但他们也应该知道中期趋势和主要趋势的方向,因为多头市场和空头市场经常发生意外。也就是说,多头市场的短期向上趋势,其变动幅度通常大于向下的短期趋势;空头市场的情形则相反。如果违背主要趋势,进行逆周期操作,经常会给交易者带来交易损失。实践中,所有的市场参与者都应该充分认识这3种趋势,虽然投资的关键取决于市场参与者持的是长线交易的观点还是短线交易的观点。

盘中趋势

近年来,计算机和实时交易系统的发展,使交易者可以识别到每小时甚至每档行情的趋势。技术分析的原理同样适用于极短期的走势,但有两点值得注意。第一,盘中走势图的反转仅具有极短期的意义,其影响远不如比较长期的价格趋势反转。第二,相对于长期趋势而言,极短期的价格走势更易于受新闻事件所造成的心理和即时反应的影响。因此,超短线交易者的决策受情绪和直觉的影响较大。同时,盘中的价格走势也易受到人为的操纵。这样一来,与较长期的价格走势图相比,在极短期的价格走势图中,股价的走势则更加不稳定和不可靠。

极长期趋势

主要趋势包含若干个中期循环，而极长期趋势（secular trend）则由数个主要趋势构成。这种超级周期持续的时间，通常达到10年以上，也经常延伸至25年。在第二章中，我们将全面讨论这种超级周期。图1-2描述了极长期趋势和主要趋势之间的关系。

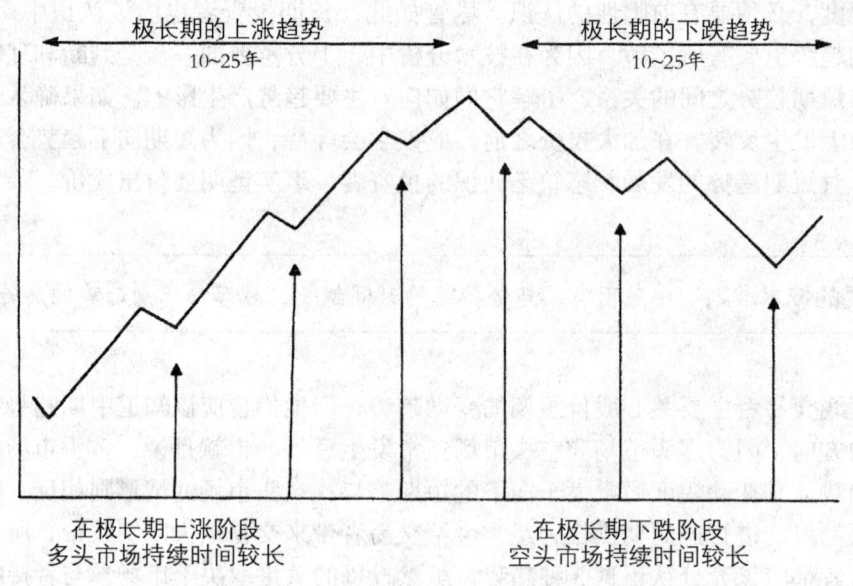

图1-2　极长期趋势和主要趋势之间的关系

认识极长期趋势的方向，对我们当然非常有用。正如主要趋势会影响中期涨势和逆周期折返走势的幅度一样，极长期趋势也会影响主要涨势和折返走势的幅度与时间跨度。例如，在一个极长期的上涨趋势中，主要多头市场的涨幅会大于主要空头市场的跌幅。同理，在一个极长期的下跌趋势中，空头市场的力量会比多头市场的力量更强，持续时间也更长。

峰位与谷底的演进

我们已经知道，技术分析是依据各种证据来识别（价格）趋势反转的艺术。这

第一章 市场周期模型

就如同法院的审判原则,趋势在证明有罪之前,应认为是无罪的。这里的证据是指技术分析中的客观因素,包括一系列在趋势判定过程中最为有效的指标和技巧。所谓的艺术是将这些指标综合为一个整体的框架,依此来判断股票市场处于头部或底部。

在技术分析中,由于计算机的普及使用,产生出许多更为复杂的趋势判定技巧。其中某些技术指标的效果较好,但大多数效果不佳。毫无疑问,人们将继续寻找最佳的技术指标,但实际上永远不可能发现这类技巧。即使人们发现了这类指标,但不久它们就会被广为传播,以至逐渐失去效用。

在追求更为复杂的数学技巧的过程中,人们往往忽略某些最简单和最基本的技术分析技巧。其中一个被人们忽略的简单的基本技巧,便是峰位和谷底的演进(见走势图1-1),它也是查尔斯·道当初所观察到的趋势:一个上涨的市场行情包括一系列的波浪,每个上升波和调整波的低点不断抬高。当这种不断抬高的峰位和谷底现象中断时,就代表趋势反转的信号。为了解释这种方法,道氏用海边的波浪做了形象的类比。他指出,人们可以根据浪潮的回波来判断潮水的反转,同样道理,人们可以通过观察股价的波动形式来判断趋势的反转。

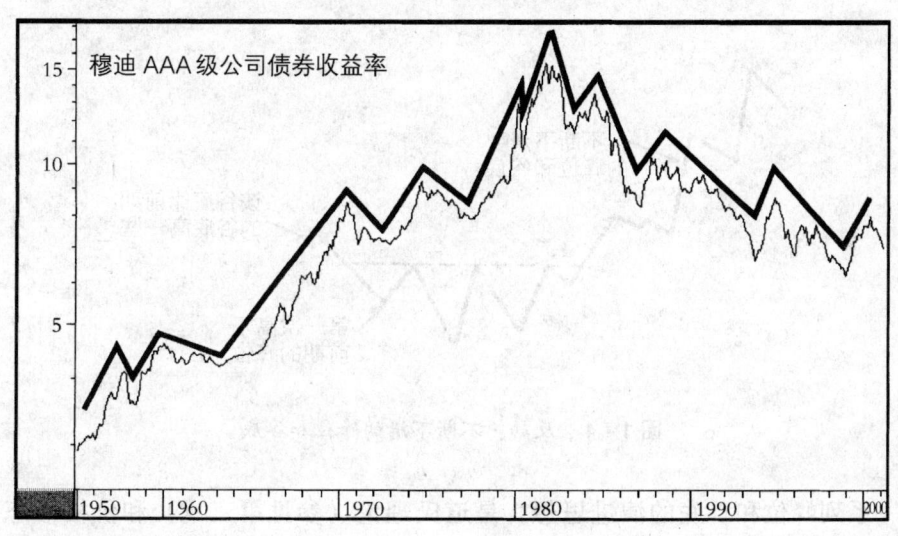

走势图1-1　穆迪AAA级公司债券收益率分析

收益率上方的粗线对应的是主要的多头市场和空头市场。一系列不断抬高的周期性峰位和谷底,从第二次世界大战末期,一直延续到20世纪80年代初期。即使是按照极长期趋势的标准,这也是一个相当长的时间跨度。在1981年,收益率到达最高点,开始新的向下的极长期趋势。1985年,不断抬高的峰位和谷底不再继续发展,向下的极长期趋势得到确认。这个峰位和谷底的信号显示趋势反转,但并未显示反转的强度。

在图 1-3 中，价格先呈现一浪高过一浪的上升波浪，每一浪的高点和低点都高过前一浪。然后，某一浪的涨势第一次未能创新高，随后的调整浪又跌到前期的谷底之下。这时的 X 点就是趋势发生反转的信号。图 1-4 显示相类似的情形，但趋势的反转是由下降反转为上升。

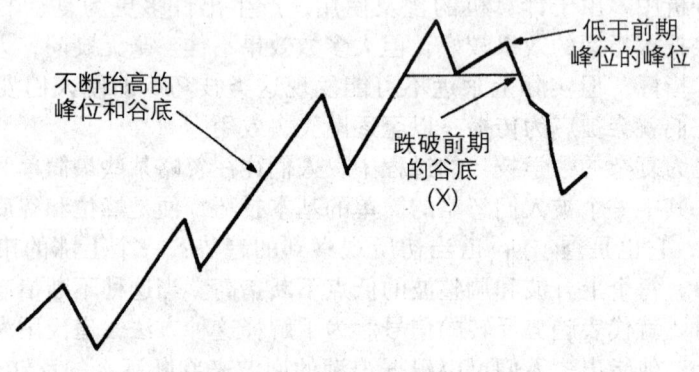

图 1-3 反转：不断抬高的峰位和谷底

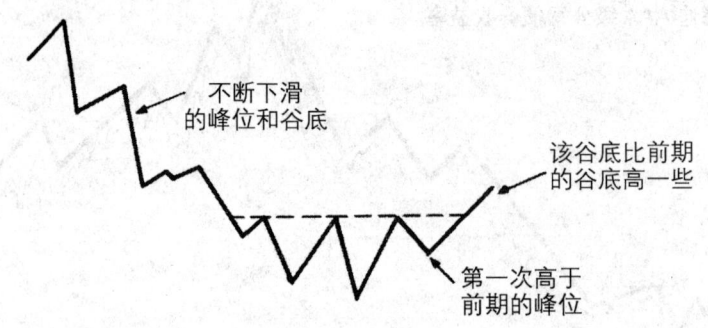

图 1-4 反转：不断下滑的峰位和谷底

一系列峰位和谷底的演进思想，是道氏理论（参见第三章）和价格形态分析（参见第五章）的基础。

> **主要的技术准则** 在峰位和谷底的演进过程中，趋势反转的重要意义取决于上升波和折返走势的时间跨度和幅度。

例如，如果每一组成浪的持续时间为 2～3 周，行情的性质则属于中期趋势反转,因为中期价格趋势是由一系列短期(2~3周)波动所构成。同理,如果组成浪是中期趋势,此时的反转是主要多头或主要空头的趋势反转。

研判峰位和谷底的困惑

在有些情况下,峰位和谷底的演进比图1-3和图1-4显示的情形复杂。在图1-5(a)中,上升行情表现为一系列不断抬高的峰位和谷底,但行情创出新高之后,回档走势在点X跌破前期的低点。这时不断抬高的谷底被中断,但峰位仍然可能继续抬高。也就是说,在X点产生的信号,可靠程度只有50%。对于继续抬高的峰位和谷底来说,完全的反转信号发生在Y点,因为此时股价已经跌破前期的低点X点。

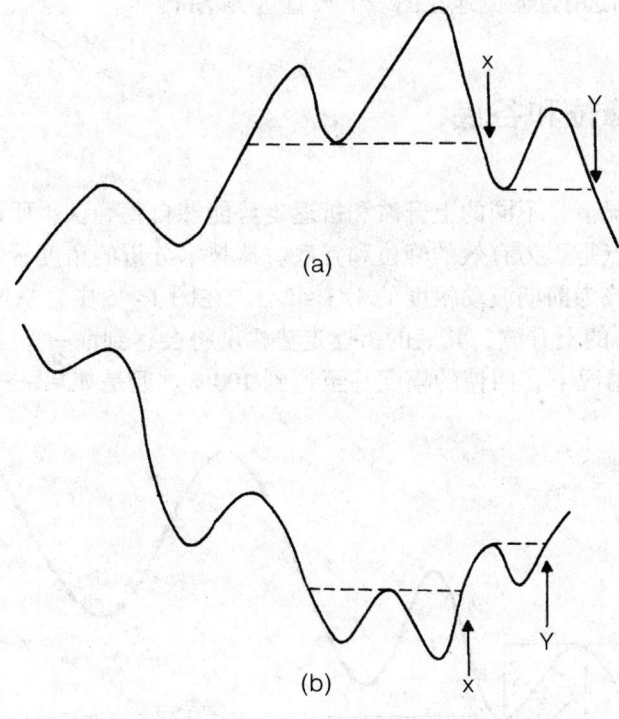

图1-5 一半的反转信号

在X点,趋势的研判产生困惑,因为趋势应该仍然属于涨势,但事实上不断抬高的峰位和谷底已经中断,显示后市技术面趋弱。一方面,我们得到一半的空头信号；另一方面，如果等待 Y 点出现，我们将损失掉在多头市场中已经取得的很大一部分利润。

走出困境的最佳途径，或许是重温本章最初对技术分析所做的定义，其后半段为："……顺势而为，直至有足够的证据显示或证实趋势已经发生反转为止。"

就这个例子来说，如果其他的技术指标，如移动平均线、成交量和市场广度，所构成的"足够证据"也强烈显示趋势反转，我们可以较可靠地判定趋势反转，尽管峰位和谷底的演进还没有完全确认反转。但是，我们还是应该对这种信号保持一定的怀疑态度，直到不断抬高的峰位与谷底都中断，反转得以确认为止。

图 1-5（b）显示的是由空头趋势反转为多头趋势的类型，其中对 X 点的研判采用同图 1-5（a）相同的方式。在有些情况下，对上升波或折返走势的判定，是一个相当主观的过程。解决的方法之一是选择一种客观的衡量手段，例如，5%的幅度设定。这种做法是一个较为繁琐的过程，但目前某些电脑分析软件（例如，MetaStock），能让使用者便捷地在图表上设置这类基准。

何谓有效的峰位和谷底

在大多数情况下，不同的上升波和折返走势能够自我确认，所以我们可以容易地判断这些转折点是否为有效的峰位和谷底。从技术分析的角度看，多头或空头行情的回档幅度应该为前期波动幅度的 1/3～2/3。在图 1-6 中，从第一个谷底到随后的峰位是 100% 的上升波，其后的折返走势幅度将会达到前一个上升波的 50% 或 50% 以上。有些情况下，回档的幅度甚至达到 100%。但是如果一个回档的幅度不

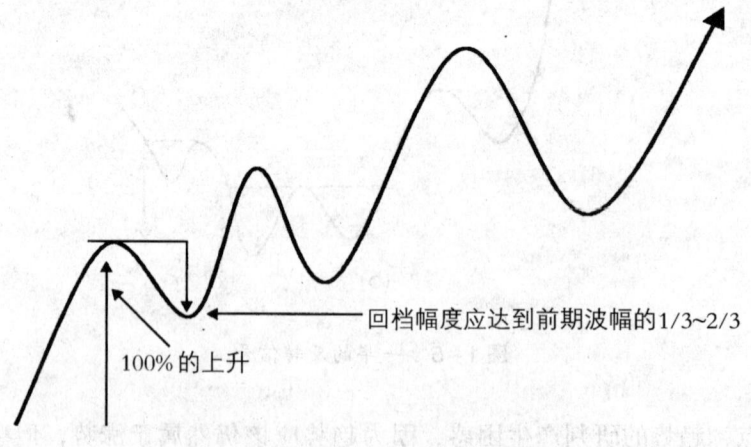

图 1-6 峰位和谷底的研判（幅度）

足1/3（最小的幅度）时，峰位和谷底的有效性就值得怀疑，此时的技术分析的精确度就会大为降低。

投资者喜欢通过一条有效控制的线，限制获得收益或遭受损失的区间。如果回档的幅度低于"大约1/3"的最低要求，投资者要减少操作，在这种情况下，有效的峰位和谷底更多的建立在对回档持续时间的研判基础上。研判的原则是回档持续的时间，至少达到前期上升或下降时间长度的1/3～2/3。图1-7中高点和低点的时间长度是100%的信号。向下突破前的整理时间至少达到上升时间长度的1/3～2/3，投资者才有充分的时间在高位卖出，否则行情将继续创新高。但有时整理的时间可能超过前期行情的100%。事实上，整理的时间越长，多空双方的分歧越大，向上和向下的突破信号就越明显。

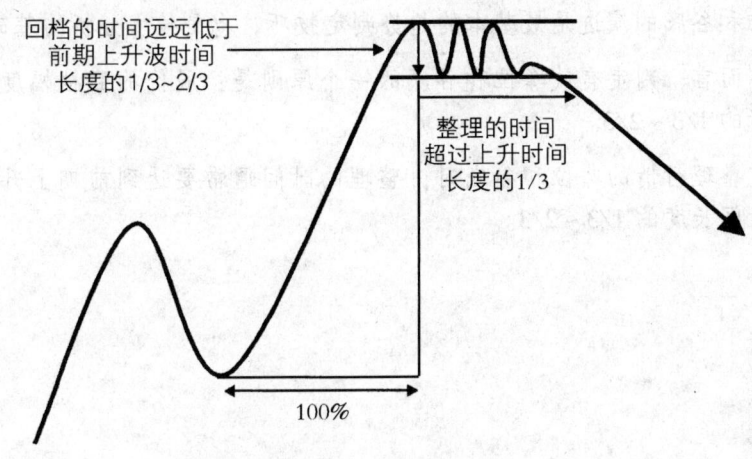

图1-7　峰位和谷底的研判（时间）

在最后的分析中，有一个大致的研判原则，即依靠经验、常识和感觉作出判断，也许最为重要的是考虑其他的因素，如成交量、支撑位和阻力位等等。我们主要研究的一直是上升趋势的情形，其实这些技术分析原理也完全适用于对下降趋势的研判，下跌行情中的反弹也应该达到前期下跌幅度的1/3～2/3。同时，整理的时间也要至少达到前期下跌行情时间长度的1/3。

我们必须正确判定所观察到的趋势属于哪种类型。如果一系列上升波和折返走势的持续时间都是2～3周，它们形成的反转可能为中期反转，这是因为振荡走势本质上是短期行情。另一方面，在盘中走势中，对于峰位和谷底的反转判定，时间越长，可靠性越高。所谓的时间长短取决于采用的时间参数，如1小时或5分钟。

小　结

- 在证券市场中，大量不同的趋势同时影响着价格水平。
- 最重要的3种趋势分别为主要趋势、中期趋势和短期趋势。
- 技术分析原理适用于盘中股价走势，但由于盘中股价走势更多的表现为随机波动，其分析的可靠程度通常低于较长期的趋势。
- 长期或极长期的趋势会影响主要多头和主要空头趋势的幅度。
- 峰位和谷底的演进是最基本的趋势判定技巧，也是技术分析的基础。
- 总体而言，判定有效峰位和谷底的一个原则是：股价的回档幅度达到前期行情的 1/3～2/3。
- 判定整理行情的峰位和谷底时，整理的时间通常要达到前期上升或下跌行情时间长度的 1/3～2/3。

# 第二章
金融市场与商业周期

本书的基本内容是讨论技术分析方法，但是我们也应该知道，股票、债券和商品价格的主要趋势取决于投资者对商业周期景气的态度。在经济循环中，各个市场的峰位和谷底通常都会以一定的先后顺序，稳定地出现在商业周期的某一时刻。了解债券、股票和商品市场之间的相互关系，有助于我们建立一个整体框架，识别每个市场的主要趋势反转。

金融市场的预先反映机制

所有金融市场的趋势基本上取决于投资者对经济前景的预期，经济状况变化对特定金融市场的价格可能产生的影响，以及投资者对这些基本面因素的心理态度。市场参与者通常会预期未来经济和金融的发展，采取适当的行动买入或卖出一定的资产，使得市场通常先于实际的发展而发生趋势反转。

经济活动处于扩张阶段有利于股票价格，经济萧条时债券价格会上升，经济过热对工业品价格有利。在某一时间，3个市场的发展方向经常不同，因为它们都预先反映不同的状况。

经济很少处于稳定状态；一般而言，它要么处于扩张阶段，要么处于衰退阶段。因此，金融市场也处于持续性的波动状态。经济学中有一个假设，经济总是围绕均衡点（equilibrium）波动，如图2-1所示。简单来说，均衡点是经济增长为零的区间，处于均衡状态的经济既不扩张，也不衰退。实际上，这种均衡状态十分少见（如果有的话），因为无论是在扩张阶段还是在衰退阶段，整个经济都充满着强大的动能，所以即使反转的时候也很难处于均衡状态。

在任何情况下，"经济"是由许多部门所构成，这些部门在同一时间会向不同的方向发展。因此，在商业周期的初期，一些领先的经济指标，例如房屋开工率（housing starts），可能处于上升状态，但资本支出和就业率等滞后指标仍可能下滑。

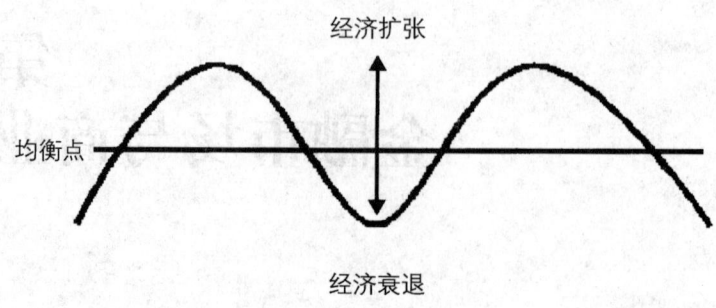

图2-1 理想的经济循环

金融市场的投资者不会对持续的均衡状态感兴趣,因为在均衡状态期间价格波动较小,没有迅速获利的机会。商业周期周而复始的循环特征,为投资者和交易者提供了大量的获利机会,因为不同行业在同一时间处于不同的经济状态。由于房地产领先于经济,在经济复苏的开始阶段,房地产股票会上升,而资本密集型企业的股票,例如钢铁行业,仍然处于不景气状态。随着经济循环的发展,房地产股票首先到达峰位。有关不同行业在循环过程中的经济状况,我们将在第十九章中详细讨论。

因为金融市场领先经济行情,所以最大的获利机会出现在经济处于最严重的扭曲(即最严重的不均衡)之前。一旦投资者发现经济运行的方向正朝着均衡点发展,他们就会预先反映这种经济发展状况,买进或卖出合适的资产。很显然,经济失调和波动的程度越严重,经济恢复到均衡状态的潜在可能性就越大,而且经济朝另一个极端点摆动的幅度也可能越大。但如果投资者介入过早,也会承担较大的风险。在这种情况下,金融市场的获利可能性也越大,因为它们通常也会易于表现出较大幅度的价格波动。

市场走势和商业周期

债券(利率)、股票和商品价格的主要走势,与经济活动的变化有着密切的关系。请注意,这里的商品价格(commodity prices)是指对经济状况敏感的工业品价格,而不是指气候型商品,如谷物等。图2-2是一个典型的商业周期,两个谷底之间的时间为3~5年。水平线代表零增长的均衡水平,其上侧代表经济处于扩张阶段,下侧代表经济处于衰退阶段。在经济循环经历过峰位后,经济仍然会持续增长,但增长率已经减缓,直到经济循环低于均衡水平,经济活动开始紧缩。图2-2

中的箭头表示与商业周期对应的各个金融市场的峰位和谷底。

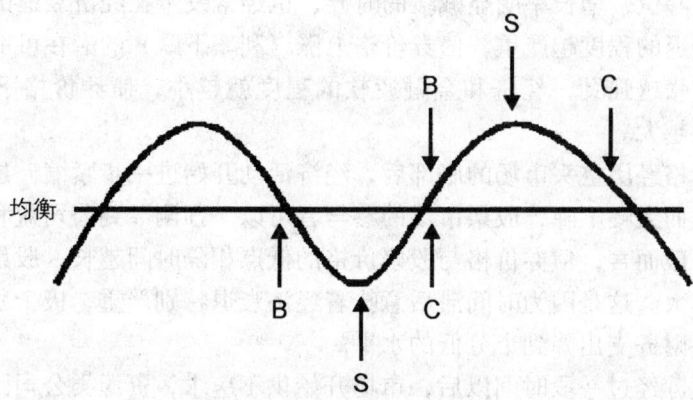

图2-2 理想的商业周期与金融市场的峰位和谷底（B=债券，S=股票，C=商品）

一般而言，经济扩张持续的时间长于衰退期，因为建设所需要的时间总会比破坏长。因此，股票多头市场持续的时间通常比空头市场长。利率和商品市场同样如此，但是其主要趋势的幅度和持续时间取决于极长期趋势的方向，我们在第一章曾经讨论过。

图2-3显示短期利率、商品和股票3个市场与商业周期的关系。图中对利率曲线进行了倒置处理，用相反的债券价格表示，债券的多头市场（利率下跌）以上升的曲线表示，空头市场（利率上升）以下降的曲线表示。

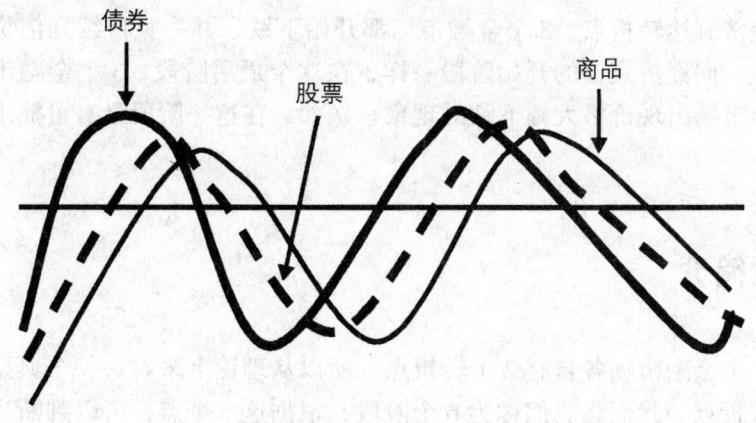

图2-3 3个市场理想的波动曲线

在图 2-2 中，我们发现债券市场是第一个开始多头行情的市场，它通常出现在经济刚经过峰位，增长率明显减缓的时候，也经常发生在经济衰退的初期。一般而言，经济衰退的程度越严重，债券价格上涨（利率下跌）的潜在可能性越大。反过来，经济扩张越强劲，经济和金融疲软的程度就越小，债券价格下跌（利率上升）的可能性越大。

在债券价格经历空头市场的底部后，经济活动开始进一步紧缩。这时公司盈利因为经济衰退而大幅下降，股票市场的参与者可以"预测"到公司盈利的底部，并开始进货。一般而言，债券价格与股票价格的低点相隔时间越长，股票市场上涨的潜在可能性越大。这是因为时间滞后意味着经济衰退特别严重，极个别的公司财务大幅紧缩，将财务支出降到十分低的水平。

在经济复苏经过一段时间以后，市场开始供不应求，资源类公司因价格上涨盈利提高，商品价格从底部逐渐上涨。在某些情况下，商品价格大幅上涨之后，由于投机者在经济衰退期严重的卖空，工业品价格到达底部。但是该底部通常需要后市的验证；在经济复苏几个月之后，一波持续的涨势才会开始。这时 3 个金融市场都会出现上涨的趋势。

随后，经济衰退所造成的经济和金融疲软逐渐消失，对信贷的价格（利率）产生压力。由于利率上升意味着债券价格下跌，所以债券市场到达头部，开始进入空头市场。厂房设备和劳动力的超额生产能力依然存在，投资者对经济前景保持乐观态度。由于股票市场可以预先反映公司盈利状况，所以股票价格保持上涨趋势，直到投资者察觉经济过热、公司盈利增长可能放缓时，才开始减持股票，股票市场进入空头阶段。随后，利率的提高影响整个经济，商品价格开始下滑。

一旦经济到达转折点，3 个金融市场都开始下跌，并一直持续到信贷市场的底部出现为止。同经济衰退的开始阶段一样，在这个最后阶段，3 个金融市场中通常至少有 1 个市场出现价格大幅下跌的现象。例如，在这一阶段最有可能出现恐慌性的行情。

6 个阶段简介

由于 3 个金融市场各自有 2 个转折点，所以从理论上来看，一个典型的经济循环有 6 个转折点。我们将它们称为 6 个阶段，根据这 6 个点，可以判断当前经济循环所处的阶段。图 2-4 显示经济循环的这 6 个阶段。

当我们判断经济循环所处阶段时，必须了解所有的 3 个市场长期所处的技术性位置，以便使它们之间相互验证。划分这些阶段也适用于对某一特定时期的特定行

第二章 金融市场与商业周期

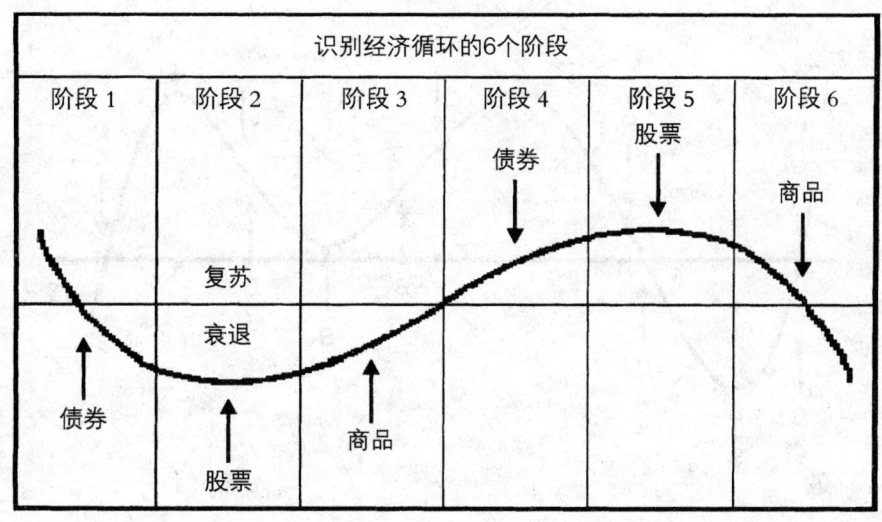

图 2-4　一个典型经济循环的 6 个阶段

业的分析。当经济循环处于第一个阶段和第二个阶段，债券价格上涨，利率下跌时，流动性偏好（liquidity-driven）的投资者可能更善于进行操作。另一方面，当经济循环处于第四个阶段和第五个阶段，商品价格上涨时，收益性偏好（earnings-driven）的投资者获利机会更大。有关这方面的问题我们将在第十九章进行全面讨论。

较长的周期

在某些情况下，经济扩张可能持续较长的时间，中间至少包含一个经济增长减缓的期间，随后再呈现第二轮经济扩张。这需要将整个经济扩张期划分为两三个部分，每一部分对应一个完整的金融市场循环。我们称之为"双循环"（double cycle）。图 2-5 是双循环的情形。

在 20 世纪 80 年代和 90 年代，美国经济各出现过一次双循环的现象。例如，在 80 年代中期，美国部分地区的商品和工业品价格走势非常低迷，但东部和西海岸地区的经济仍然持续扩张。后者抑止前者的经济衰退，于是整个经济避免了一次衰退。虽然在许多经济循环中都存在 6 个阶段，但我们应该知道也有例外。因此，我们认为最好将 6 个阶段视为概念性的框架，而不是一成不变的教条。例如，在过去的 200 年间，最意外的一次出现在 20 世纪 90 年代，当时美国股票市场经历着前所未有的大牛市，与循环阶段的划分完全不吻合。

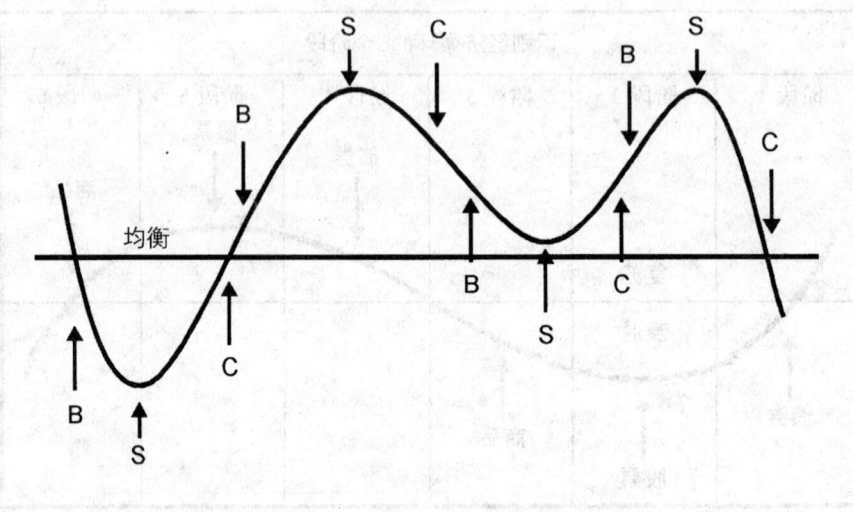

图 2-5 双循环中金融市场的峰位和谷底

技术分析的作用

当各个市场已经进入新的阶段时，技术分析有助于我们判断市场所处的位置。我们可以运用以后各章介绍的种种技巧进行判断，诸如移动平均线穿越、长期动能方向变化等等。这样，每个市场都可以与另外两个市场相互验证。例如，如果有足够的技术证据显示债券市场已经到达底部，但商品价格仍然处于空头市场，我们随后要做的就是寻找指示股票市场到达底部的技术信号。

市场历史：1966～2001年

走势图2-1显示各个市场在1966～1977年间的峰位和谷底。请注意，我们用倒置的短期利率走势代替债券价格。这是因为相对于长期利率，股票价格与短期利率之间的关系更为密切，部分原因是公司在货币市场中的融资多于债券市场。另外，市场参与者利用信用借贷购买股票，融资的成本也取决于短期利率水平。短期利率与其他各种利率相比，波动性更大。

走势图2-1中各个市场的峰位和谷底，与理论上的预期十分吻合。尽管时间上发生的先后顺序相当完美，但每一周期中的领先和滞后的程度有很大差异，这是因为每次循环的特征都有所不同。例如，在1966年，债券和股票市场几乎同时到

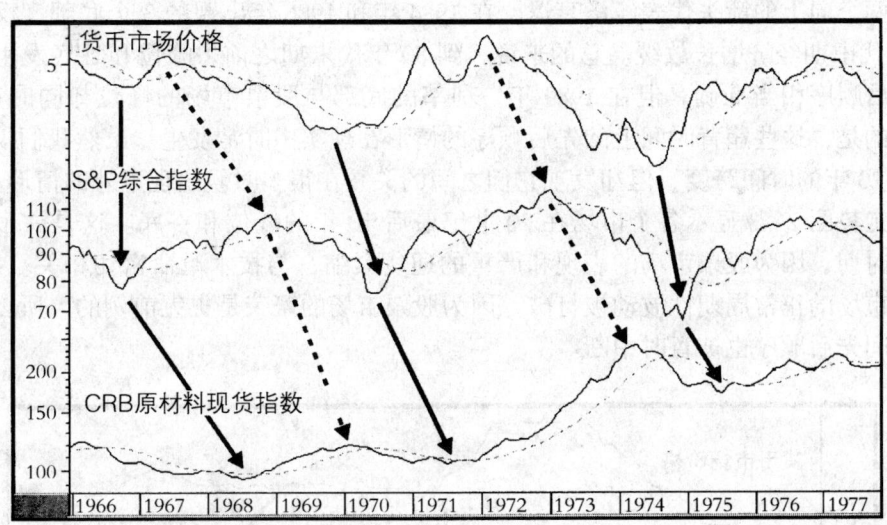

走势图 2-1　3 个金融市场的走势（1966~1977 年）

（资料来源：*Intermarket Review*）

达底部，而商品市场的底部却滞后一年才出现。

走势图 2-2 显示 3 个市场在 20 世纪 80 年代的峰位和谷底。在 1982 年和 1990

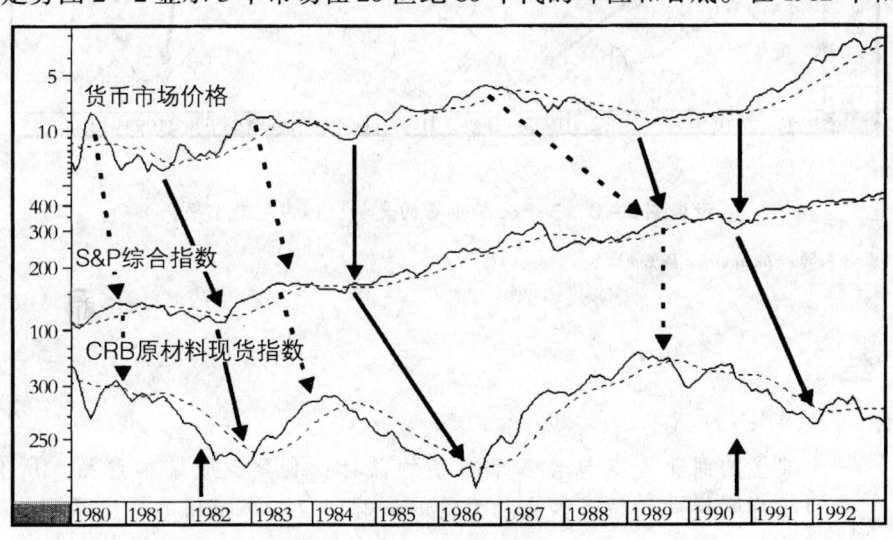

走势图 2-2　3 个金融市场的走势（1980~1992 年）

（资料来源：*Intermarket Review*）

年，两个向上的箭头代表经济衰退。在1984年和1986年出现的3个底部，反映出80年代中期经济增长放缓。总的来说，到80年代末期之前，峰位和谷底发生的时间先后顺序相当准确，但在1989年，利率的底部与股票市场的峰位却同时产生。不幸的是，这些违背时间上的先后顺序的情形在现实中时常发生。虽然我们仅仅考察了20年的时间跨度，但却发现它们之间的关系在很多时候出现意外的情形。

走势图2-3显示各个市场在20世纪最后10年的峰位和谷底。这是一个最意外的时期，因为股票市场的表现和严重的通货紧缩，与技术革命密切相关。结果，股票市场的正常周期性波动被打破。因为股票市场的繁荣是史无前例的，所以正常的时间先后顺序也被暂时中断。

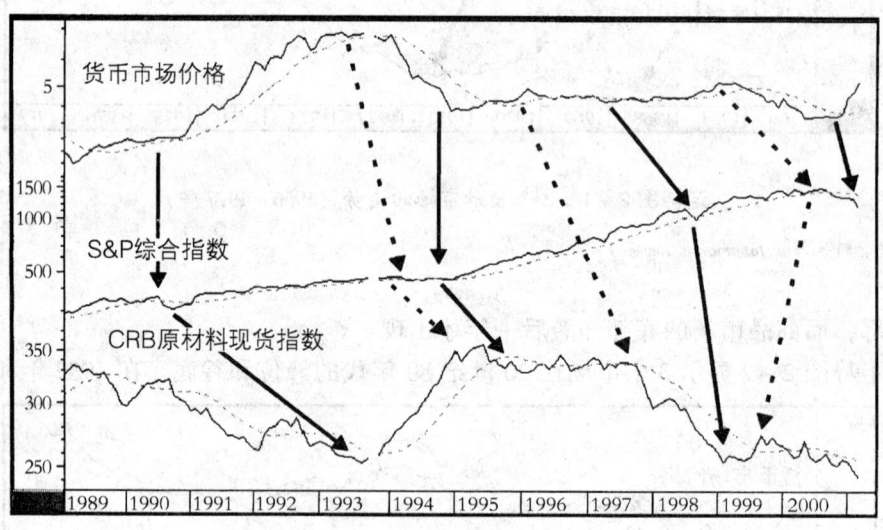

走势图2-3 3个金融市场的走势（1989~2001年）

（资料来源：*Intermarket Review*）

小　结

- 一个典型的商业周期包含3个市场的循环：利率、股票和商品。所有这3个市场都同样受到经济和金融力量的影响，但各个市场的反应不同。
- 在大多数经济循环中，3个市场按时间顺序先后出现峰位和谷底。
- 在某些经济循环中，虽然出现经济增长放缓现象，但不属于真正的经济衰退。不过，3个市场之间仍然经历时间上的先后顺序。

第二章 金融市场与商业周期

- 在各个市场循环之间,领先和滞后的时间各不相同,几乎无法预测。
- 在各个金融市场中,峰位和谷底发生的时间先后顺序,可以作为一种参考框架,以判断特定市场在多空循环中的位置。

第三章
道 氏 理 论

道氏理论是识别股票市场主要趋势最古老、最广为使用的方法。有关道氏理论有许多很好的书籍，本书没有必要再详细展开讨论。我们只做简短的阐述，因为在技术分析的其他领域，也运用道氏理论的基本原理。

道氏理论的目的是判定市场中主要趋势的变动。一旦趋势形成以后，该理论假设趋势将继续下去，直至发生反转为止。道氏理论关注趋势的方向，对趋势所持续的时间和幅度不进行预测。

假设投资者根据道氏理论发出的每一个买入和卖出信号进行操作，从1897年开始，投资于道·琼斯工业股票指数，并将获利部分再投入，到1990年1月，其最初投入的44美元将增长为51268美元。① 如果投资者采用买入—持有策略，则1897年的原始投资44美元仅增长为2500美元。事实上，根据道氏理论进行投资所获得的收益中，有相当大的一部分要支付交易成本和资本利得税。但是，即使考虑在投资中可能发生的许多错误，运用该理论进行投资的业绩仍然远远高于买入—持有策略的业绩。在1990~2001年期间，道氏理论仍然是非常有效的，虽然在这轮壮观的多头行情中，依据道氏理论进行投资和根据买入—持有策略进行投资两者之间并没有被比较过。

我们应该认识到，道氏理论发出的买入和卖出信号并非总是与市场一致；它有时也会使投资者产生困惑，因而绝对不是一种始终正确的理论，因为它偶尔也会导致较小的损失。这里需要强调的是，尽管机械的分析方法可以有效预测股票市场，但必须用其他资料做进一步的分析，才能作出全面综合的评估。请记住，道氏理论所产生的买卖信号只是技术分析中充分证据的一部分。

道氏理论源于查尔斯·H.道（Charles H. Dow）的研究，1900~1902年间，他在《华尔街日报》上发表了许多有关市场行为的评论。最初，道氏根据股票市场的行为评估经济运行状况，并没有利用它预测股票价格本身的运动。他的继承者威廉·

---

① 这是假设在1897年已有道·琼斯工业指数。事实上，道氏理论首次登载于1900年的《华尔街日报》。

彼得·汉密尔顿（William Peter Hamilton）进一步发展了他的理论，形成我们今天所知道的理论。汉密尔顿在1922年出版的《股市晴雨表》（*The Stock Market Barometer*）一书中，他的思想尚未形成系统的理论。直到1932年，罗伯特·瑞（Robert Rhea）出版《道氏理论》（*Dow Theory*），才形成较为完整和正式的理论体系。

这套理论假定，大多数的股票在大部分时候，会跟随市场的基本趋势。为了衡量"市场"，道氏构建了两种指数，一种是道·琼斯工业指数，由12只绩优股所构成（目前有30种成分股票）；另一种是道·琼斯铁路指数，由12只铁路股票所构成。铁路指数最初目的是代表运输类股票，但随着其他运输工具（如航空运输）的发展，原来的铁路指数有必要修正，应该包含铁路以外的产业。后来，该指数的名称改为道·琼斯运输指数。

理论阐述

为了正确的阐述这套理论，我们需要上述两种价格指数的每日收盘价，以及NYSE的每日成交量。① 道氏理论一共有以下6个基本原则。

1. 指数预先反映一切

每日收盘价的变动反映股票市场参与者——包括当前的和潜在的市场参与者——的总体评价和判断。因此，我们可以假设，市场预先反映了所有已知和可预测的一切，而这一切都会影响股票的供求关系。虽然"上帝的行为"不可预测，可一旦发生，也将反映在指数之中。

2. 市场中包括3种趋势

在同一时刻，股票市场同时存在3种趋势。

主要趋势（Primary Movement）　主要趋势是最重要的趋势，通常又称为多头（上涨）或空头（下跌）市场，持续的时间可能从10多个月到若干年。

主要空头市场（primary bear market）是一种长期下跌趋势，中间包含着多个重要的反弹。在主要空头市场的最初阶段，人们购买股票的动机开始降低。在第二阶

---

① 由于盘中股价走势比较容易受人为的操纵，所以我们必须采用收盘价。

段，经济活动和公司盈利持续下降。最后，当投资者不考虑股票的内在价值抛空股票时（因为沮丧的消息，或者保证金催付通知的清仓压力），空头行情发展到顶点。这些现象象征着空头市场的第三个阶段。

主要多头市场（primary bull market）是一种普遍的上升趋势，中间包含着若干次级折返走势（secondary reaction），一般平均持续时间至少为18个月。最初，大盘指数已经预先反映最坏的利空消息，投资者对未来的信心开始恢复。在第二个阶段，投资者对经济状况的好转产生反应。在第三个阶段和最后阶段，投资者的信心过度高涨，投机气氛浓厚，股价的上涨通常脱离股票的价值基础。

次级折返走势（Secondary Reaction） 次级折返或中期折返（intermediate reaction）定义为："多头市场中一种重要的下跌走势，或空头市场中一种重要的上涨走势，通常持续3周到几个月的时间，在此期间内，折返走势的回档幅度为前一次次级折返走势后价格主要变动幅度的33%～66%。"[①]（我个人认为，次级折返走势的持续时间最短应该为4周）图3-1显示了这种关系，其中图3-1（a）为上涨行情，图3-1（b）为下跌行情。

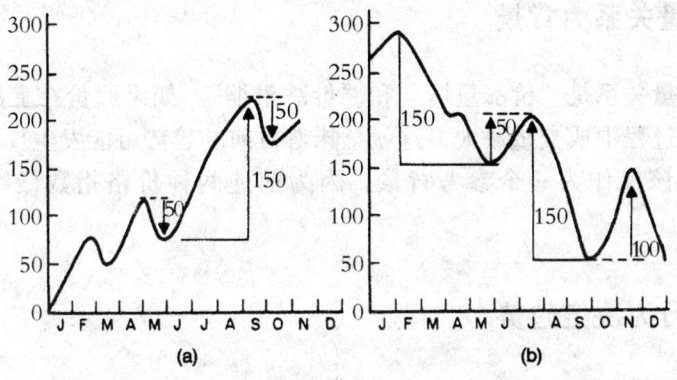

图3-1 次级折返走势的回档

有些情况下，次级折返走势的回档幅度也会达到前期主要走势幅度的100%，但通常的折返走势回档至前期主要走势的1/2～2/3，最为常见的折返幅度为50%。随后的章节中我们将详细讨论令道氏理论专家最为困惑的问题：怎样才能正确区分新的主要趋势的开始和既有主要趋势的次级折返走势。

---

① Rhea，《道氏理论》，New York：Barron's，1932年。

短期趋势（Minor Movement） 短期趋势持续的时间为1~2周，最长达到6周。短期趋势的重要性在于它是主要趋势或次级趋势的组成部分，对长期投资者来说，它的预测价值不大。我们必须知道，短期趋势在某种程度上会受到人为因素的操纵，但次级趋势和主要趋势则不易被人为操纵。

3. 窄幅盘整

罗伯特·瑞将"窄幅盘整"（line）定义为："一种持续2~3周以上的股价走势，在此期间内，两种指数的波动范围大约是5%左右（围绕平均值）。窄幅盘整走势表示进货 [（accumulation），强势且买入，代表多头]，或者出货 [（distribution），弱势且卖出，代表空头]。"[①]

如果股价向上突破窄幅整理区间，表示多头取得优势，则股价将进一步走高，反之亦然。如果窄幅整理发生在主要上升行情的中段，则形成横向的次级走势，事实上也应该如此判断。

4. 以价量关系为背景

正常的价量关系是"价涨量增"和"价跌量缩"。如果股价在上涨过程中成交量萎缩，下跌过程中成交量放大，这就意味着目前的趋势可能发生反转。但这种价量关系原则应该仅作为一个参考背景，因为前述两种价格指数最终决定趋势的反转。

5. 价格行为决定趋势

如果一系列涨势的高点不断抬高，回档走势的低点也高于前期的低点，表示市场多头走势。反之，一系列的高点和低点不断降低，是空头市场信号。

图3-2（a）至（d）显示理论上的多头走势，中间包含着次级折返走势。在图3-2（a）中，指数的走势形成3个峰位和谷底，每一波的峰位和谷底都高于前期，但第四波的涨势未能超过第三个峰位。在随后的跌势中，指数跌破前期的低点，在X点确认进入空头走势。在图3-2（b）中，紧随着多头走势第三个峰位的下跌走势，指数跌破前一个次级走势的谷底，发出空头市场的信号。在这种情况下，前一个次级走势属于多头行情的一部分，但第三个峰位之后的谷底则属于空头

---

① Rhea,《道氏理论》, New York：Barron's, 1932年。

市场，如图3-2（a）所示。对于图3-2（b）中的走势，许多道氏理论专家认为X点的向下突破并不一定是进入空头市场的信号，他们倾向于采取较为保守的立场，等待下一波反弹后的下跌走势，在Y点跌破前期的低点。

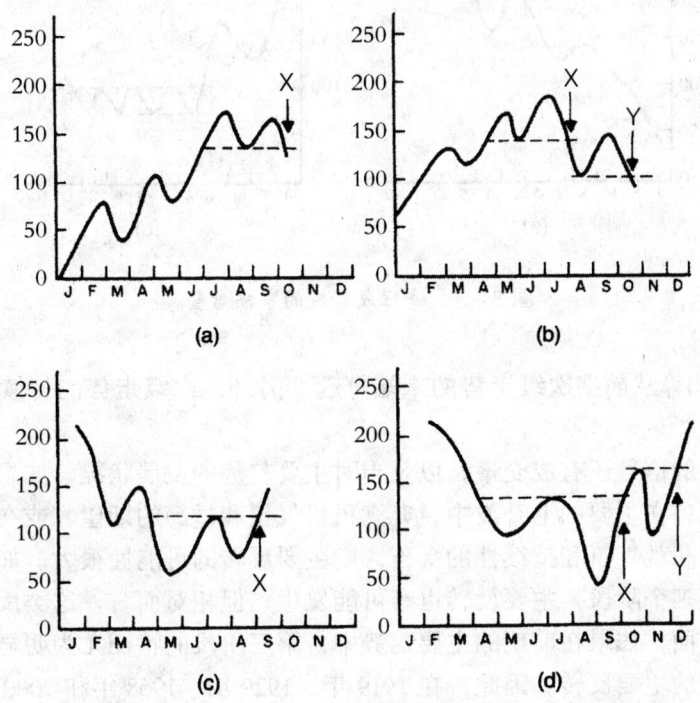

图3-2 主要趋势反转

对于上例中的X点，我们的判断应该格外谨慎。如果此时成交量形态也显示空头信号，而且行情刚经历过多头市场明显的投机阶段，我们可以较为可靠地假定该空头信号是有效的。反之，如果行情缺乏这些特征，我们应该对多头市场的判断有所保留，采取较为保守的态度。请时刻牢记，技术分析是一门基于足够的证据识别趋势反转的艺术。道氏理论只是这些证据的一部分，因此，如果其他四五种指标也都显示趋势反转，通常认为X点的半个反转信号是完全的趋势反转。图3-2（c）和图3-2（d）显示空头市场底部的类似情形。

在图3-3（a）和图3-3（b）中，显示股价在峰位或谷底进行窄幅整理，主要反转会如何发生。我们必须区分和识别有效的次级折返走势和新主要趋势的开始。这也许是道氏理论中最难以理解的一部分，毫无疑问也是最为重要的一部分。判断的一个基本原则是，次级折返走势的回档幅度至少达到前期主要走势的

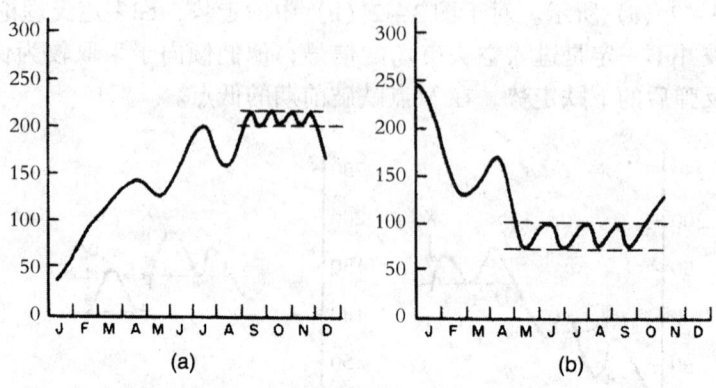

图3-3 峰位或谷底的窄幅盘整

1/3，其幅度测算从前期次级走势的末端算起。另外，次级走势的持续时间至少达到3~4周。

其他重要的信号还有成交量，以及当时主要趋势的发展状况。如果市场已经进入第三个阶段，在主要的上升波中，充满投机气氛和过高的期望，或在主要的下降波中，充斥着悲观气氛和持续性的卖压，则主要反转的可能性很大。如果市场不是明确地处在第三个阶段，主要反转也有可能发生，但相对而言，这类反转通常都很短暂。另一方面，如果在前期的主要走势中，第三阶段的特征尤为明显，往往可能发生最大幅度的主要反转。因此，在1919年、1929年、1968年和2000年，市场充满浓厚的投机气氛时，随后的纳斯达克指数（NASDAQ）都表现为强烈的反转。在第四章中，我们将详细讨论中期趋势。

6. 指数必须相互确认

在道氏理论中，一个最重要的原则是必须同时考虑道·琼斯工业指数和道·琼斯运输指数，即两种指数必须相互确认。

两种指数相互确认的原则基本符合逻辑，因为如果股票市场是未来经济运行状况的晴雨表，在经济扩张期，投资者应该买进制造业的股票，也应该买进运输业的股票。经济在健康发展阶段，所制造的产品不应该卖不掉，也就是说，应该运输到市场中销售。图3-4（a）和图3-4（b）显示指数相互确认的情形。

在图3-4（a）中，道·琼斯工业指数在A点首先发出空头趋势的信号，但直到道·琼斯运输指数在B点确认后，市场才真正进入空头市场。图3-4（b）显示多头市场初期的情形。在经过大幅的下跌之后，工业指数创新低，然后是一波反弹

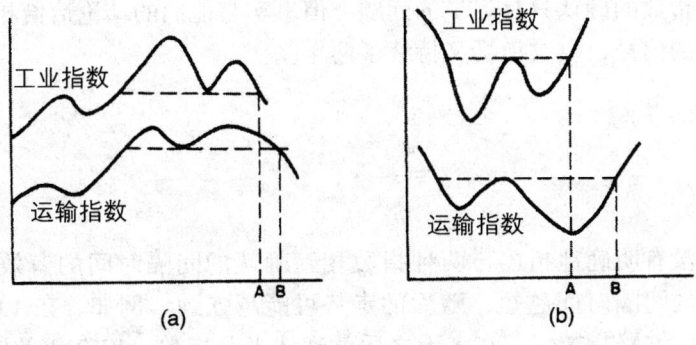

图 3-4 道氏理论要求两种指数必须相互确认

行情，但随后的回档并未跌破前期的低点。当工业指数在 A 点突破前期反弹的高点时，发出多头信号。同时，运输指数还在创新低。这种情形引发一个问题：哪种指数更为准确地代表当前的趋势？因为技术分析假定，趋势将持续下去，直到有足够的证据显示趋势反转为止，所以，在这种情形下，运输指数代表真正的趋势。

只有当运输指数在 B 点突破前期次级走势的高点时，两种指数才确认新的多头市场开始，道氏理论发出买入的信号。如果某种指数不支持另一种指数，所发出的信号往往是错误的，如图 3-5 所示，它显示了 1930 年的走势。

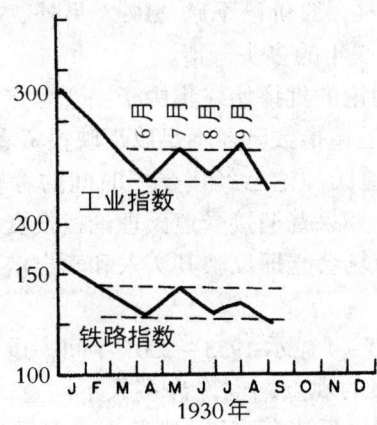

图 3-5 1930 年的情形

1929～1932 年的空头市场始于 1929 年 9 月，两种指数在 10 月底得到相互确认。在 1930 年 6 月，两种指数都在创新低，反弹之后，8 月又同时回档。随后，工业指数在 9 月超过前期高点。当时，许多观察家认为这是大幅下跌后空头市场结束的信号,铁路指数的确认只是迟早的问题。但事实与他们的结论恰恰相反,工业指数发出了错误的信号,空头市场又持续了两年。

额外考虑

　　道氏理论没有明确地指出,两种指数相互确认的间隔时间的有效性。一般而言,相互确认的间隔时间越短,随后的走势可能越强劲。例如,在1929~1932年的空头市场中,铁路指数仅仅在一天之后就确认工业指数。1962年的空头市场中,两种指数在同一天得到相互确认。

　　道氏理论的一个主要缺点是,它发出的许多信号都很滞后,买入和卖出信号通常发生在指数到达峰位或谷底之后20%~25%的位置。为了及早预测可能的反转,道氏理论专家往往注意观察工业指数的收益率。从历史走势分析,当工业指数的收益率降至3%或3%以下时,通常表明市场已经处于头部状态。同理,当指数收益率达到6%以上时,往往是可靠的市场底部信号。如果指数的收益率达到了上述水平,两种指数却没有相互确认,道氏理论专家也没有必要将它们看做买入或卖出的信号,但可以考虑调整持股的比例。这种操作策略有助于提高道氏理论的投资收益,但并非总能带来高收益。以1976年的头部为例,指数收益率一直没有达到3%,当两种指数相互确认时,股价已下跌20%。另外,在20世纪90年代末,按照3%的头部特征,将错失5年的多头行情。

　　许多年以来,对道氏理论的批评始终集中于一个焦点:铁路业经常受到严格的管制(在战争期间),或是运输指数已经不足以反映投资者对未来货物运输的预期。尽管如此,表3-1显示,道氏理论已经接受了时间的考验。事实上,对道氏理论有各种批评很正常,因为,如果普遍接受道氏理论,投资者完全机械地判断各种信号,不需要经验的判断,市场会立即反映其买入和卖出信号,这样的话,将无法依据道氏理论获得投资收益。

　　走势图3-1至走势图3-4显示1953~2001年间,道氏理论发出的买进和卖出信号。这些信号仅代表本书的观点,也许许多人不同意。依据这些买进和卖出信号,投资者的收益也许是"事后诸葛亮"。然而,本书尽量采取保守的态度。走势图3-3和走势图3-4描述两种指数的走势特征。这里没有选择第一章结尾时讨论过的一半信号。

　　毫无疑问,对道氏理论的解释很多时候非常具有主观性。因此,我们应该将道氏理论发出的信号,作为"一堆足够证据"中的一个部分。

第三章 道氏理论

表3-1 道氏理论分析

买进信号*			卖出信号		
信号日期	道·琼斯指数	信号发生后的卖空获利	信号日期	道·琼斯指数	信号发生后的做多获利
1897年7月	44		1899年12月	63	43
1900年10月	59	6	1903年6月	59	0
1904年7月	51	14	1906年4月	92	80
1908年4月	70	24	1910年5月	85	21
1910年10月	82	4	1913年1月	85	3
1915年4月	65	24	1917年8月	86	32
1918年5月	82	5	1920年2月	99	22
1922年2月	84	16	1923年6月	91	8
1923年12月	94	-3	1929年10月	306	226
1933年5月	84	73	1937年9月	164	95
1938年6月	127	23	1939年3月	136	7
1939年7月	143	5	1940年5月	138	-7
1943年2月	126	8	1946年8月	191	52
1948年4月	184	4	1948年11月	173	-6
1950年10月	229	-32	1953年4月	280	22
1954年1月	288	-3	1956年10月	468	63
1958年4月	450	4	1960年3月	612	36
1960年11月	602	2	1962年4月	683	13
1962年11月	625	8	1966年5月	900	43
1967年1月	823	9	1969年6月	900	9
1970年12月	823	9	1973年4月	921	12
1975年1月	680	26	1977年10月	801	18
1978年4月	780	3	1981年7月	960	23
1982年8月	840	13	1984年2月	1186	41
1985年1月	1261	-6	1989年10月	2510	104
1990年12月	2610	-1	1998年8月	8490	225
总平均 10%			总平均 46%		

* 在评估结果时请注意，所有的信号都经过解释，某些收益甚至是事后分析的结果。一些道氏理论专家未必同意这种解释，但无可否认的事实是，道氏理论确实有效。

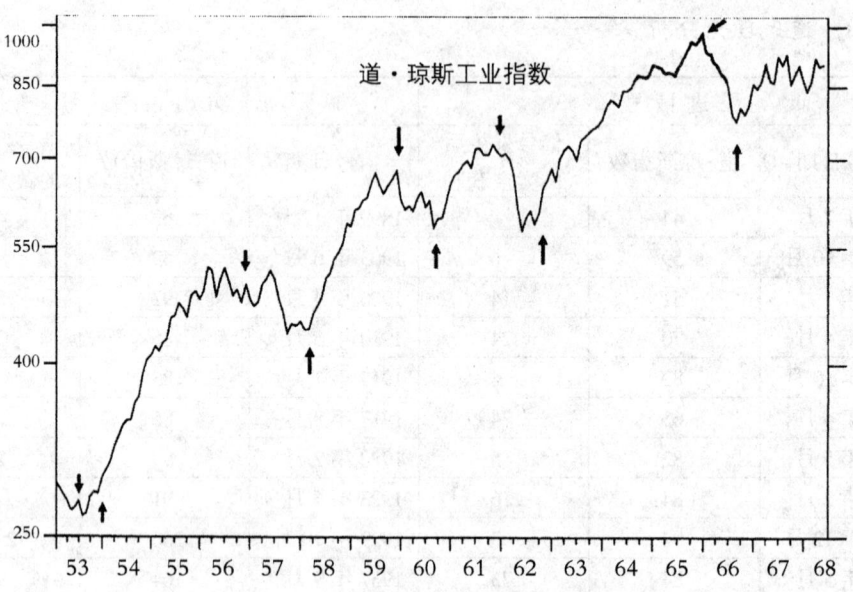

走势图 3-1　道氏理论发出的信号（1953～1968 年）

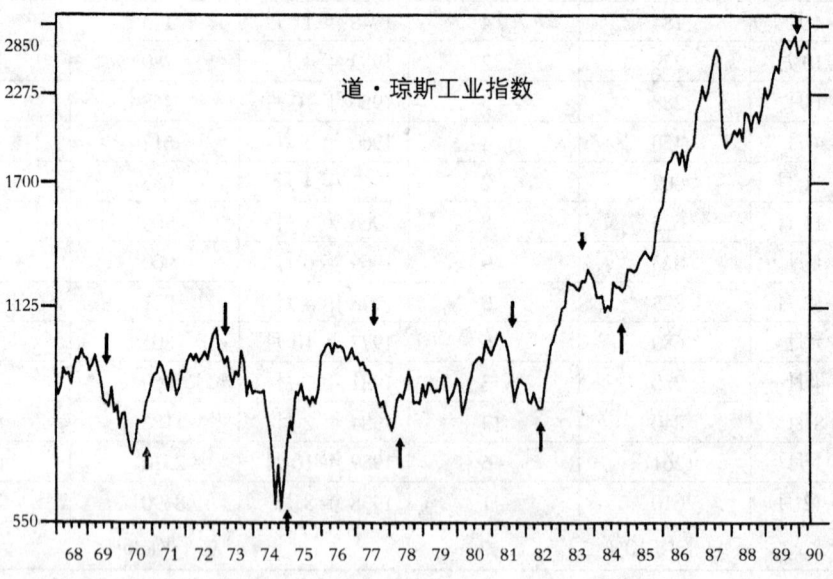

走势图 3-2　道氏理论发出的信号（1968～1990 年）

第三章 道氏理论

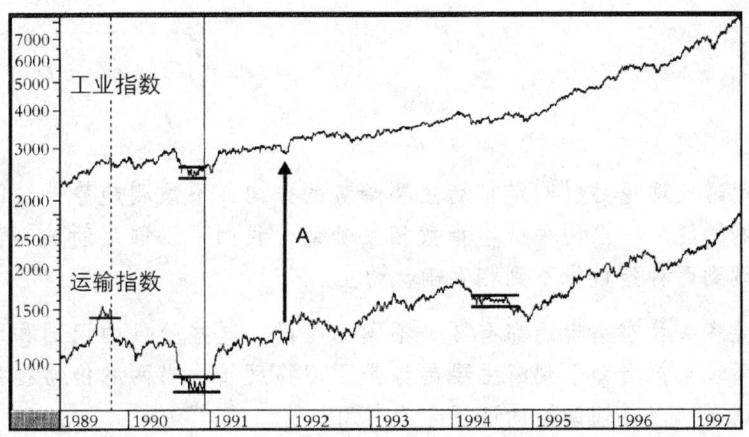

走势图3-3 道氏理论发出的信号（1989~1997年）

当工业指数和运输指数跌破双头（窄幅盘整形成）后，在1989年10月发出卖出信号（图中的垂直虚线）。因为工业指数的第二个峰位稍高于前一个峰位，工业指数可能会上升。即使工业指数继续创新高，但运输指数始终没有确认。如果两种指数都突破1990年中期的交易区间，它们才会相互确认，但这并没有发生。随后的买入信号（实体竖线）以同样的方式发生在1990年12月，也是在窄幅盘整之后。箭头A处显示工业指数向下突破盘整，但并没有得到运输指数的确认，所以将继续多头趋势。1994年运输指数向下突破盘整，但也没有得到工业指数的确认。

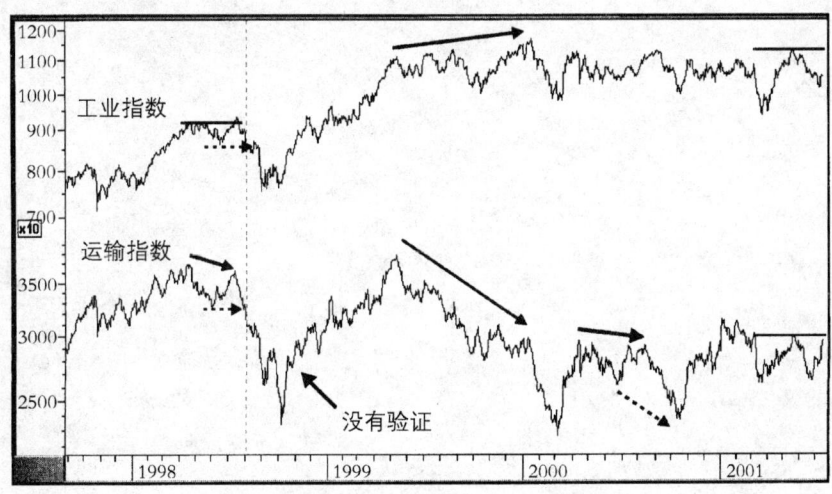

走势图3-4 道氏理论发出的信号（1997~2001年）

1990年的多头信号一直持续到1998年8月，当时两种指数在一波中级反弹之后创出新低。工业指数发出的卖出信号（竖的虚线）稍微有些异议，因为该指数实际上同1989年的情形一样创出新高。然而，如果把1998年中期的股价走势看做窄幅盘整，则卖出信号是有效的。在这段时间内，NYSE的腾落线向下穿越200日移动平均线。随后，两种指数在一段时间内形成一系列不断抬高的中级峰位和谷底。工业指数在2000年1月创新高，但运输指数并没有确认。实际上，两种指数在1999年早期都创出了新高，但没有经过窄幅盘整，1998年的低点也没有得到中期验证。2000年初之后，工业指数不断抬高的峰位和谷底的演进并没有延伸下去。2001年的横向盘整预示一轮新的多头行情，两种指数应该相互确认。

33

小 结

- 利用道氏理论可以判定市场主要趋势的方向，不预测趋势持续的时间和波动的幅度。一旦两种价格指数相互确认，我们可以假定新的趋势形成，并持续到两种指数得不到相互确认为止。
- 主要多头和空头市场都有3个不同的阶段。这些阶段的识别和价量关系的背离现象，有助于判断主要趋势是否即将反转。当两种价格指数未能相互确认时，上述辅助性的证据尤为有用。

第四章
中期趋势的典型参数

一些基本的观察

在前两章中,我们讨论了价格波动的主要趋势,也就是说,对应经济循环(通常为 3、4 年)中经济活动变化的价格走势。了解主要趋势的方向和发展程度显然很重要,但为了提高交易的成功率,并进一步评估主要趋势的发展态势,我们也必须了解中期趋势的某些典型特征和持续时间。

有效分析任何市场或股票的中期趋势,有如下几个优点:

- 中期趋势的变化,有助于识别主要趋势的转折点;
- 根据中期趋势的买入或卖出信号,进行交易的次数少于短期趋势,因而交易费用较低;
- 中期趋势每年反转多次,如果准确把握,可以迅速获得相对高的资本收益。

中期循环的定义

一个主要趋势通常由 5 个中期趋势所构成,其中 3 个与主要趋势方向相同,另两个与主要趋势方向相反。在多头市场中,中期的逆趋势表现为下跌走势;在空头市场中,它们表现为反弹走势,并被 3 个中期的下跌走势分开,如图 4-1 所示。

由此我们了解到,中期价格走势基本上可以划分为两种类型。第一种类型与主要趋势的方向一致,称为**主要中期价格走势**(primary intermediate price movement)。第二种类型是一种重要的中期价格走势,持续时间通常为 4 周~3 个月,有时会更

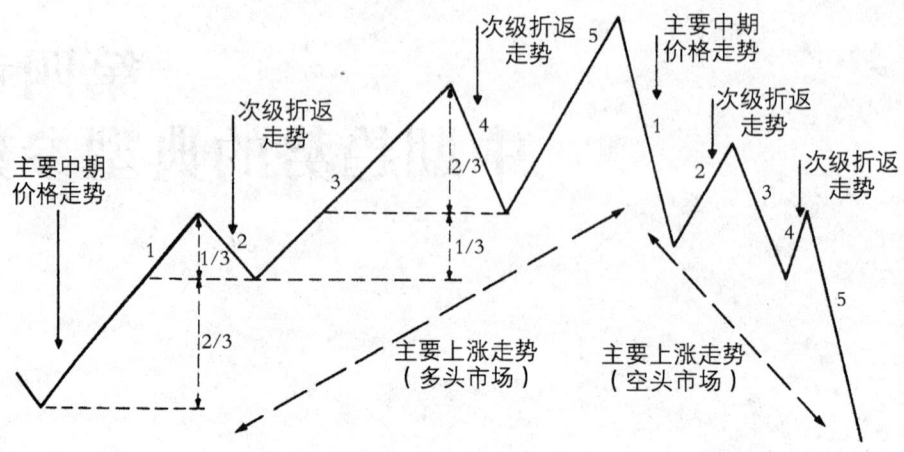

图4-1 主要趋势的中期循环

长,正常的回档幅度为前一个主要中期走势的1/3~2/3,这种价格走势与主要趋势的方向相反,称为**次级折返走势**(secondary movement or reaction)。由于主要中期价格走势的方向与主要趋势相同,所以持续的时间通常大于次级折返走势,价格波动的幅度也较大。

次级折返走势在性质、幅度和持续时间方面,都十分难以预测。因为从本质上来说,它们经常会使大众不知所措,几乎总是发出令人迷惑的虚假信号,所以从交易角度看,投资者通常应该尽可能避免介入这种走势。根据中期价格走势设计的机械性交易系统,获利大多来自与主要趋势方向相同的主要中期趋势,亏损通常来自逆主要趋势的次级折返走势。对于缺乏耐心、不愿进行长期投资的交易者来说,把握好中期趋势可以获得较高的收益。而短期趋势如盘中的震荡,在很大程度上遵循随机走势,获利的时机则难以把握。这种获利机会的变化趋势近年来显得尤为重要,每当意外的经济数据公布时,价格就会发生情绪化的大幅波动。

次级折返走势在多头市场中不一定下跌,在空头市场中也不一定反弹。它可以是横向整理,如同道氏理论中的窄幅盘整。

中期循环

中期趋势与主要趋势的方向或者相同,或者相反,意味着存在着中期循环,如同主要循环一样。一个中期循环由一个主要中期走势和一个折返走势构成,其长度为一个中期趋势的低点到另一个中期趋势的低点,如图4-2所示。

在多头市场中,中期循环上升阶段的持续时间应该较长,幅度也应该较大。次

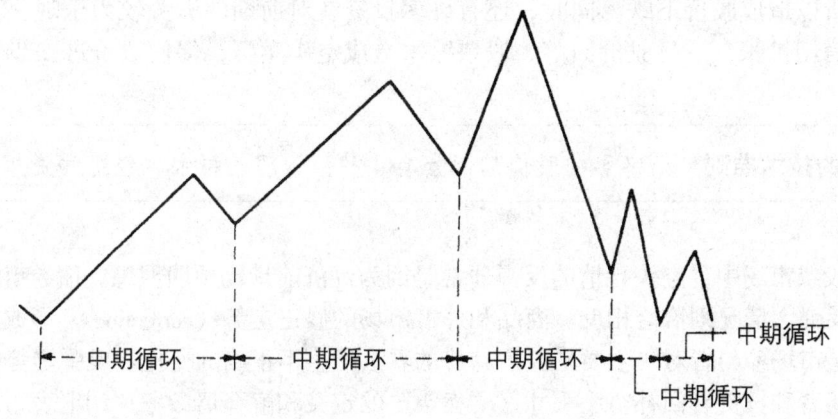

图 4-2　中期循环

级折返走势的低点应该高于前一个低点。空头市场的情形刚好相反,也就是说,下跌阶段的时间较长,幅度也较大,反弹的时间短且走势陡峭,但幅度较小。因此,当第三个中期循环将要结束时,技术分析师马上要警惕主要趋势发生反转的可能性。同时,当股价接近前一个中期趋势低点(高点)时,也要关注整个技术面是否转弱(转强)。最后,必须关注股价是否有效向下(向上)突破重要价位。

一个主要趋势并非一定由3个主要中期价格走势所构成,情况常常不是如此。主要趋势中包括3个主要中期趋势是正常的现象,但多于或少于3个也不奇怪。

次级折返走势的形成原因

因为股票价格的主要趋势取决于投资者对公司未来盈利的态度,而公司盈利又在很大程度上取决于经济周期的发展,所以次级折返走势中断较长期的趋势,似乎是不合乎逻辑的现象。例如,在空头市场中,反弹的幅度非常大。

历史走势表明,次级折返走势的形成原因,一是技术面的失真,这种情形可能由于投资者过度乐观(或过度悲观),二是新的情况显示经济不如当初所预期的理想(或不理想),三是整个情形正朝相反的方向发展。例如,在股票市场多头行情的第一波中期涨势中,折返走势的形成可能是由于投资者预先反映强劲的经济复苏,但随后又有数据显示经济可能不景气。这种恐惧事后证实毫无根据,但当时足以造成逆循环的中期折返走势。另一种可能性是担心利率上升,会阻碍经济复苏。因为股价已经预先反映了强劲的经济复苏,这种感觉上的变化导致投资者产生悲观情绪，所以造成股价下跌。同时，还有许多投资者对前期的涨势较为乐观，大量融资导致信用扩张，一旦股价回落，股票缩水造成空头卖压，促使股价进一步下跌。

> **主要的技术准则** 始终影响股价的因素有4种：心理、技术、经济和货币。

在股票市场中，空头行情的反弹通常是因为经济前景比预期理想。债券市场的空头行情反弹，情况则恰恰相反。商品和外汇市场的修正走势（corrections）形成的根本原因，是市场参与者对（主要）经济趋势的看法产生不正确的变化。反弹走势的催化剂是交易者和投资者回补空头头寸（"卖空"的定义和解释请参考"词汇表"）。我们必须强调的是，修正走势的表面推动原因未必与经济前景和汇率有直接的关系。

其他因素也可能对逆周期的中期价格走势产生影响。例如，政治或军事事件的预期解决或恶化可能会对逆周期的中期价格走势产生影响。基本而言，预期状况的变化和修复前一个主要中期趋势在技术面上的失真，以及股价剧烈波动，这些因素足以使大多数市场参与者产生困惑。只有人们正确预期经济由复苏转为衰退（反之亦然），股票市场的主要趋势才有可能发生反转。

H.M.加特利（Gartley）在《股市掘利》（*Profits in the Stock Market*）[①] 一书中指出，到1935年为止的40多年时间里，美国股票市场的所有多头市场的中期修正走势中，有2/3表现为两波段的跌势，中间夹杂着一个短期反弹，反弹的幅度为第一波跌幅的1/3～2/3。1935年以来的修正行情也支持这个发现：大多数的中期走势包括两波段的下跌走势，而不是一波段或三波段。不幸的是，空头市场的中期修正走势不易相类比，因为有些修正走势表现为单一的反弹，有些包括许多小反弹，甚至有一些呈现横向的震荡走势。尽管加特利所研究的是股票市场，但这种修正走势形态同样适用于其他所有的金融市场。

主要中期趋势和随后折返走势的关系

在《股市掘利》一书中，加特利采用罗伯特·瑞提出的中期趋势分类方法给出了许多图表，并得出一个结论：主要中期趋势的幅度越小，次级折返走势的幅度就越大，反之亦然。他指出这种现象普遍存在于多头行情的折返走势和空头行情的反弹走势中。观察1933年以来所有市场的实际走势，都支持这个假设。

---

① Lambert Gann Publishing, Pomeroy, Washington, 1981年。

第四章 中期趋势的典型参数

举例来说，1962年股票市场由低点反弹的幅度仅为18%，而1933~1982年间的平均反弹幅度为30%。这波反弹是双重底形态的一部分，因此属于第一波主要中期反弹。紧随这波幅度相对较小的反弹之后，是一波幅度高到71%的折返走势。但是，1962年底至1963年中的第二波中期反弹的幅度为32%，随后的折返走势幅度较小，只有25%。我们可以得出一个较为满意的结论：涨得高未必跌得深，反之亦然。

1976~1980年的黄金多头市场非常强劲，但中期修正走势相当短暂。另一方面，1982~1990年的涨势强度较弱，但随后的修正走势的幅度却相对较大。

运用中期循环判定主要反转

中期循环的个数

一个主要趋势通常包括2½个中期循环（参见图4-1）。不幸的是，并非所有的主要趋势都属于正常情形；主要趋势有时会包括1~4个中期循环。而且，这些中期循环持续的时间和幅度也大相径庭，往往需要在事后才能归类和识别。尽管如此，在大多数情况下，对中期趋势的分析仍然是判定主要趋势发展程度的基础。

每当两个中期循环完成之后，第三波的主要中期趋势又有相当大的发展，技术分析师应该警惕主要趋势本身可能即将反转。另外，如果主要趋势仅完成一个中期循环，股价创新高（空头市场创新低）的机会非常大。

主要趋势中最后一个中期循环的特征

除了实际计算主要趋势的中期循环个数外，我们也需要比较某一特定循环和典型反转周期的特征，这些特征表现为如下几个方面。

由多头反转为空头市场 由于量在价先，成交量在主要中期趋势的前一个循环高点未能放大，是空头的信号。另外，当中期反弹接近前一个循环高点时，成交量持续3~4周连续放大，但股价未能向上突破，应视为震荡出货行情，是空头信号。如果市场出现上述特征，再配合股价向下穿越40周移动平均线（参阅第九章），或者中期动能指标发生背离现象（参阅第十章），则投资者需要多加小心。

如果中期循环的下降阶段具备以下两个特征，一是股价下跌伴随着成交量放大，二是折返走势的幅度达到同一循环上升阶段的80%以上，则表示空头市场的开始。折返的幅度越大,主要趋势发生反转的可能性越大,因为如果折返的幅度超过100%,意味着股价已经跌破一系列不断抬高的谷底,所以大大增加了主要趋势发生反转的可能性。

其他的信号还包括股价进入过度超卖(mega-oversold)或极端摆动(extreme swing)区域(参阅第十章有关动能指标的解释)。

由空头市场反转为多头市场 多头市场的第一个中期循环上升阶段通常伴随着成交量的放大,而且明显大于前一个中期上升阶段(参见图4-3)。也就是说,在多头市场的开始阶段,吸引大量买盘,成交量远远大于前期空头市场的中期反弹。由空头市场反转为多头市场的另一个信号是折返走势的幅度,至少达到前一波下跌幅度的80%。与多头市场向空头市场反转一样,折返的幅度越大,主要趋势发生反转的可能性越大。如果折返的幅度超过100%,意味着股价已经突破不断下跌的峰位,空头市场发生反转的可能性非常大。

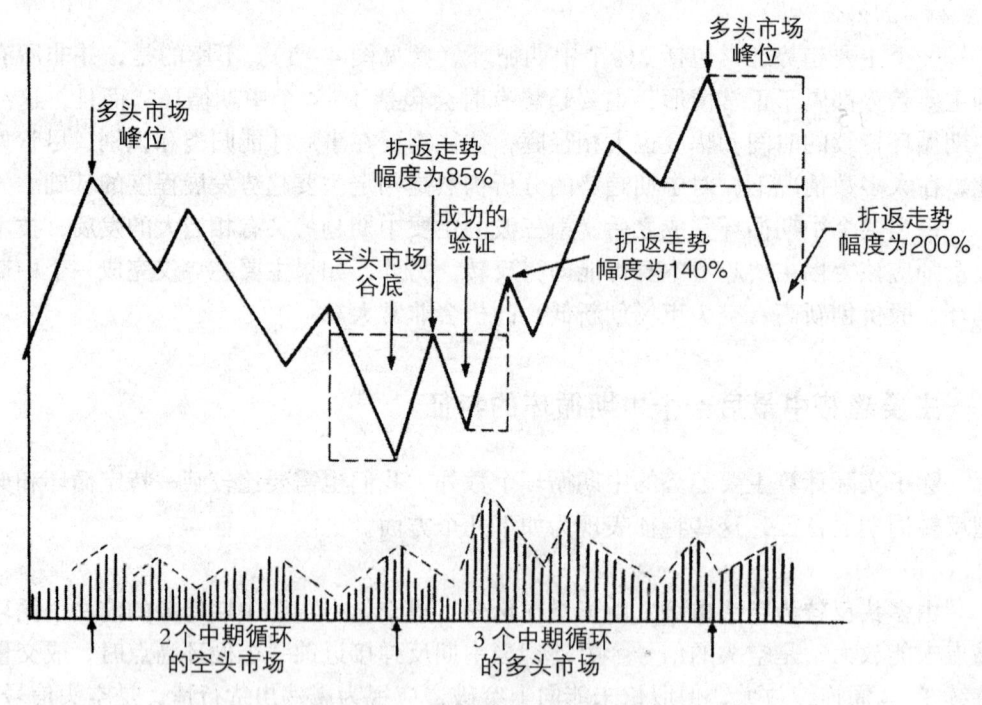

图4-3 中期趋势和成交量

在空头市场的中期下降阶段,股价创低点时,通常伴随着成交量的放大,所以中期跌势的成交量一旦萎缩,必须注意空头市场可能即将结束。如果中期跌势不再创新低,空头市场尤其可能即将反转为多头市场,因为中期循环中不断下滑的一系列低点是空头市场的特征。

走势图5-10(P68)显示,整个成交量的峰位出现在1962年6月,而成交量在8月到10月的跌势中明显萎缩。在走势图5-7(P65)中,成交量在低点没有明显萎缩,但在1975年1月的涨势中显著放大,同时股价向上突破1974年10月和11月的高点(即100%的折返走势),这些特征意味着空头市场已经结束。10月的最后一跌是空头市场第三个中期循环的下降阶段,在其后的行情发展中应该注意主要趋势可能发生反转。最终的反转信号可能还有股价进入过度超买或极端摆荡区域(请参阅第十章有关概念的解释)。

美国股票市场的中期趋势(1897~1982年)

主要中期上升趋势的幅度和持续时间

1897~1933年期间,《道氏理论》的作者罗伯特·瑞将主要多头市场的中期上升趋势划分为53个,它们的涨幅在7%~117%之间,如表4-1所示。

表4-1 主要中期上升趋势(1897~1933年)

中期走势的次数百分比	价格波动幅度
25	7~14
50	15~28
<u>25</u>	28~117
100	
中位数20	

本书根据1933~1982年的数据资料,划分出35个中期趋势,由低点到高点的中位数(median)为22%,这些结果列在表4-2中。

表4-2 主要中期上升趋势(1933~1982年)

	由低点到高点的涨幅(%)	持续时间(周)
平均数	30	22
中位数	22	24
区 间	10~105	3~137

从 1897 年以来，主要中期上升趋势的涨幅中位数大约为 20%～22%。1933～1982 年期间的主要中期上升趋势的涨幅中位数，与罗伯特·瑞对 1897～1933 年的划分区别不大。但中期上升趋势持续时间的中位数则有很大不同，由 1897～1933 年的 13 周增加到 1933～1982 年的 24 周。

主要中期下跌趋势的幅度和持续时间

根据罗伯特·瑞的划分，1900～1932 年期间共有 39 个主要中期下跌趋势，归纳的结果如表 4-3 所示。

表 4-3　主要中期下跌趋势（1900～1933 年）

中期走势的次数百分比	价格波动幅度
25	3～12
50	13～27
25	28～54
100	
中位数 18	

根据我个人的研究，1932～1982 年期间共有 35 个主要中期下跌趋势，下跌幅度的中位数为 16%（从高点测算），归纳结果如表 4-4 所示。

表 4-4　主要中期下跌趋势（1933～1982 年）

	由低点到高点的涨幅（%）	持续时间（周）
平均数	18	17
中位数	16	14
区　间	7～40	3～43

1897～1933 年与 1932～1982 年的结果没有太大区别。罗伯特·瑞的跌幅中位数为 18%，而最近为 16%；罗伯特·瑞的持续时间中位数为 13 周，而 1932～1982 年为 14 周。

多头市场次级折返走势的幅度和持续时间

在 1898～1933 年期间，罗伯特·瑞将多头市场的次级折返走势划分为 43 个。

第四章 中期趋势的典型参数

根据前一个主要中期涨势的幅度测算，次级折返走势的幅度为12.4%~180%，中位数为56%。1933~1982年的折返走势幅度为25%~148%，中位数为51%。在1898~1933年，次级折返走势所涵盖期间的中位数为5周，而在1933~1982年为8周。根据前一个主要中期涨势的峰位测算，次级折返走势在1933~1982年间的跌幅中位数为12%（平均为13%）。

空头市场次级折返走势的幅度和持续时间

罗伯特·瑞估算，根据前一个主要中期跌势的幅度，空头市场中期反弹的幅度为30%~116%，中位数为52%。在1932~1982年期间，中期反弹的幅度为26%~99%，中位数为61%。空头中期反弹走势持续时间的中位数在1898~1933年为6周，在1932~1982年为7周。如果根据前一个主要中期跌势的谷底测算，空头中期反弹走势在1933~1982年期间的涨幅平均数为12%，中位数为10%。

美国股票市场的中期趋势（1982年以后）

走势图4-1和走势图4-2显示S&P综合指数在1982年底到21世纪初的走势情况。粗竖线表示中期涨势的峰位，细‖线表示中期走势的谷底。走势图下方为中

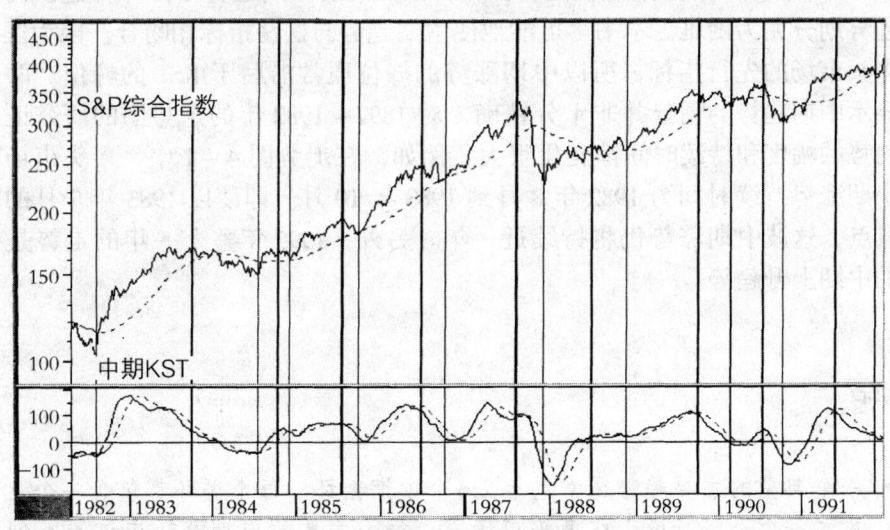

走势图4-1　S&P综合指数和中期KST指标（1982~1991年）

（资料来源：www.pring.com）

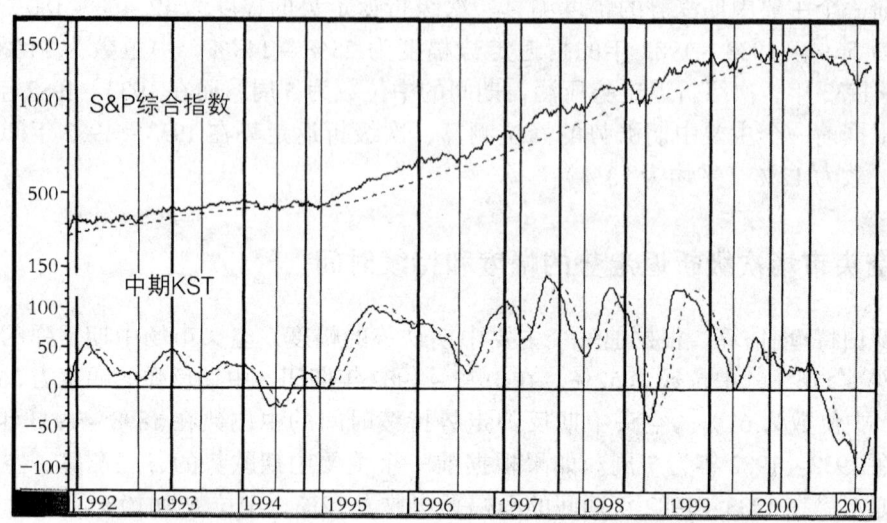

走势图4-2 S&P综合指数和中期KST指标（1991～2001年）

（资料来源：www.pring.com）

期摆荡指标和反映转折点的中期KST（有关涵义参见第十二章）。这波极长的多头行情始于1982年，结束于21世纪初。相对于以前的中期趋势划分，对这段时期的中期趋势划分尤为困难。本书尽可能地使中期趋势与摆荡指标相吻合。因为摆荡指标是多头市场的先行指标，所以中期涨势的峰位通常滞后于KST的峰位。两张走势图显示中期趋势的划分并非十分精确，对1897～1982年的走势图的研究证实了中期趋势的幅度和持续时间都变化很大。例如，在走势图4-1中，多头市场的第一波中期涨势持续时间为1982年8月到1983年10月。即使以1983年7月的高点为衡量点，这波中期涨势仍将持续近一年。另外，1995年整个一年的走势是一个完整的中期上升趋势。

小 结

- 一个典型的主要趋势通常包括 $2\frac{1}{2}$ 个中期循环，每个循环都包含一个上升阶段和一个下降阶段。在多头市场中，每个主要的中期涨势应该不断创循环高点；在空头市场中，每个主要的中期跌势应该不断创循环低点。跌破不断抬高的低点，或向上突破不断下降的峰位，虽然是判断主要趋势发生反转的重要信号，但不是明确的结论。为了得到充分的证据，技术分析师应

第四章 中期趋势的典型参数

该综合分析各种技术指标。

- 次级折返走势是中期循环的一部分，与主要趋势的方向相反，在多头市场是向下的回档，在空头市场是向上的反弹。次级折返走势通常的持续时间为 4 周到 3 个月，折返走势的幅度为前期主要中期走势的 $1/3 \sim 2/3$。次级折返走势也可能表现为窄幅盘整或横向整理。
- 研究中期循环的特征，有助于判定主要趋势的反转。
- 一般来说，主要中期走势的幅度越大，则随后的次级折返走势的幅度越小，反之亦然。

第五章
价 格 形 态

基本概念

从本章到第十六章所讨论的技术分析技巧，是关于在自由市场上买卖双方相互作用所决定的价格趋势。

图5-1和图5-2可以阐释价格形态的概念。图5-1表示一个典型的股票市场周期，包括上升、横向和下跌3种趋势。横向趋势基本上是一种水平走势或过渡走势，将上升趋势和下跌趋势两个主要趋势分隔开。在有些情况下，如图5-2所示，市场由于高度情绪化，不经历过渡性的走势，但这种情形极为少见。试想一列高速行驶的列车，需要一段时间来降低速度，才可以转向，金融市场通常也是如此。

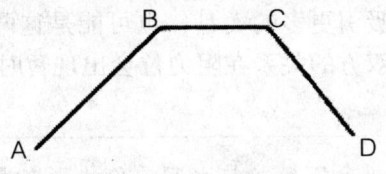

图5-1　正常反转

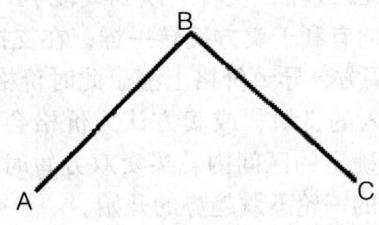

图5-2　V形反转

对技术分析师而言,过渡阶段具有重要的指导意义,因为它标志着上升和下跌行情的转折过程。如果价格持续上涨,买方的乐观情绪超过了卖方的悲观情绪,推动价格继续上涨。在过渡阶段,买卖双方的力量基本保持平衡,直到由于某些原因,多空平衡被打破,如果卖方的力量超过买方,则导致价格趋势向下发展。空头市场的末期,情况正好相反。

这些过渡阶段几乎总是表现为某种明确的价格形态。完整的价格形态可以使技术分析师判断趋势反转的可能性。图5-3展示了这种现象,它显示在经过长期上涨之后价格的行为。一旦价格向上穿越至BB线段以上,价格走势就进入过渡区域,虽然这种现象还需要一段时间确认。

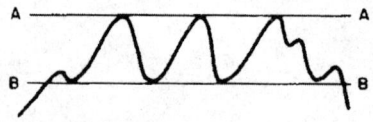

图5-3 矩形区间

价格一旦进入这个区域,就可以上升到AA线段,该线段在技术分析中称为"压力区域"(resistance area)。使用"压力"一词是因为价格上涨到此价位会受到压力。与之相反的是"支撑区域"(support area),我们将在第十五章进行详细讨论。当价格上升到AA线段时,由于阻力位的作用,股票的供需关系会迅速由平衡状态转变为有利于卖方,导致价格下跌。这种暂时性的反转,或许是因为买方不愿追高,或许是因为价格走高吸引更多的卖盘,也可能是这两种因素共同作用的结果。我们必须了解的是,买卖双方的关系在阻力位会出现暂时性的反转。

主要的技术准则 在上升和下跌趋势之间,价格形态通常表现为过渡走势。

当价格未能有效突破AA线段,反转下跌到线段BB为止,该线被称为"支撑位"。如同在AA多空平衡向有利于卖方反转一样,在支撑位BB,供需关系会迅速由平衡状态转变为有利于买方,导致价格上涨。此时价格在支撑位BB上涨的原因在于,买方认为是逢低介入的良机,或卖方认为价格会再次上升到AA而不愿杀跌。在线段AA和线段BB确定的区间内,买卖双方暂时处于僵持状态。最后,价格跌破支撑线BB,预示新的一轮下跌趋势的开始。

为了易于理解,我们将买卖双方的对立关系,比喻为两支军队之间展开的一场阵地战。在图5-4(a)中,军队A和军队B相互对峙。AA线代表军队A的防御阵地，BB 线代表军队 B 的防御阵地。两线之间的箭头代表双方的攻击方向，双方都依托自己的阵地攻击对方，但是未能突破对方的防线。在图 5-4（b）中，军队 B 终于突破军队 A 的防线。于是军队 A 被迫退守第二条防线（A_2A_2 线）。在股票市场中，AA 线表示卖压位，一旦被突破，意味着买卖双方的平衡被打破，并朝有利于买方的方向发展，结果导致价格迅速上涨，直到新的卖压区为止。第二条防线 A_2A_2 代表价格进一步上涨的阻力位。

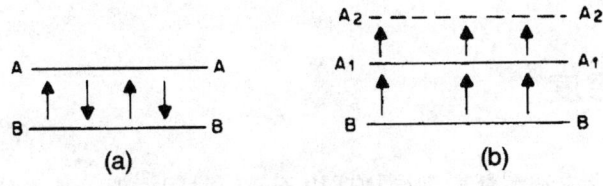

图 5-4　阵地战（a）、（b）

另一方面，军队 B 可能十分容易地突破 A_2A_2，但如果对所取得的进展未加巩固而继续向前推进，战线就会拉得过长，可能遭受重创。因此，在突破防线后，需要稍事修整。

在金融市场上，如果价格过度延伸，没有经过一段时间消化所获收益，可能遭受卖方的反攻，发生意外的反转。

矩形形态简介

我们知道，水平阶段或过渡阶段将上升和下跌价格趋势分隔开，这种形态被称为矩形（rectangle）形态。它相当于道氏理论中的窄幅盘整。图 5-3 中的矩形形态，显示由空头市场转为多头市场，是一种反转形态。在市场头部出现的反转形态属于出货（distribution）形态（股票从信息强势群体转到信息弱势群体手中）；在市场底部出现的反转形态属于进货（accumulation）形态（股票从信息弱势群体转到信息强势群体手中），参见图 5-5（a）。如果价格向上突破 AA，矩形形态以买方获胜结束［参见图 5-5（b）］，则显示上升趋势没有发生反转。价格向上突破 AA，已经再次确认原来的趋势。在这种情况下，矩形形态的修正阶段暂时中断了多头市场，属于整理（consolidation）形态，也称为连续（continuation）形态。

在矩形形态的形成过程中，没有人可以预知价格的最后突破方向；所以，我们应该一直假定：当前的趋势将持续下去，直到有证据显示发生反转为止。

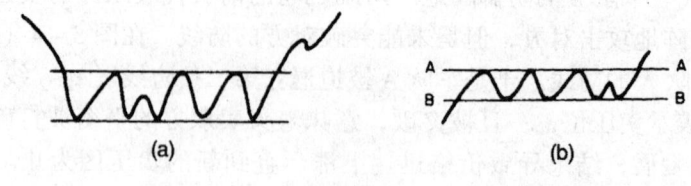

图 5-5　(a) 矩形反转、(b) 矩形整理

持续时间和深度

价格形态的形成和解释原理同样适用于任何时间框架,从 1 分钟棒线图到月或年线图。尽管如此,价格形态的指导意义在于它与波动幅度和持续时间成正比例的关系。

> **主要的技术准则**　一种价格形态的持续时间越长,价格波动幅度越大,该形态完成之后的趋势可能越强劲。

因此,一个月的价格走势图形成的形态,指导意义要强于盘中走势图形成的价格形态,以此类推。如同一座摩天大楼需要牢固、宽深的地基一样,价格上涨的幅度也取决于其牢固的基础。

对于金融市场的价格,其基础由进货形态来表示,它是买卖双方非决定性的交战区域。因为市场的底部总是形成于利空消息充斥的时候,所以我们采用"进货"这一词汇。这种情况会促使信息弱势的投资者卖出,因为这时他们预期市况不会改善。在进货阶段,精明的投资者和市场专业人士预期市况在未来 6~9 个月将改善,开始购进各种资产。在这期间,资产由弱势的交易者或投资者手中,转到强势的投资者手上。进货形态持续的时间越长,由弱势投资者转到强势投资者手中的股票越多,则推动价格上涨的基础就越牢固。

在市场头部,情况恰恰相反。在市场底部进货的强势投资者,将资产"出货"给弱势的市场参与者,这些弱势投资者认为价格将继续上涨,预期基本面将进一步改善。当强势投资者出货的时候,通常形成一个较长的价格盘整期或头部区域。

完成价格形态所需的时间,是一个重要的因素,因为价格形态完成的时间关系到资产换手的数量,并且当价格突破形态的上界或下界时,意味着买卖双方的平衡已经改变。当价格在某一价格区间僵持相当长时间时,投资者已经习惯于在某一低价位买入，在另一高价位卖出，一旦价格突破这一区间，意味着多空双方的力量对比发生根本变化，对市场心理产生很大的影响（见图5-6）。

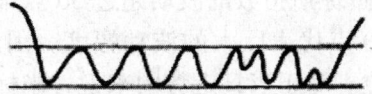

图5-6　较长的矩形形态

价格形态完成的深度，也是一个重要的影响因素。用阵地战来比喻，如果交战双方非常接近（比如100码），一旦一方胜出，获胜方的战果也不大，但是在同样的情况下，如果双方对峙的距离达数英里，战斗将更为激烈，获胜方也会取得较大的战果。金融市场同样如此，宽深的交易基础会产生更大的心理影响。

衡量的涵义

大多数的技术分析，通常不会衡量一个趋势最终持续的时间，但价格形态是个例外，因为其结构提供了在一定条件下进行预测的可能性。由于坐标单位的选择影响了衡量涵义的显著性，所以我们有必要首先明确两种坐标单位：一是算术坐标单位，二是对数或比率坐标单位。

算术坐标单位

在采用算术坐标单位的走势图中，垂直轴或y轴采用算术的衡量单位，水平轴或x轴显示时间，如图5-7所示。绘图时垂直轴的所有单位都代表相同的距离，因此2与4之间的距离，等于20与22之间的距离。对于价格的长期走势来说，算

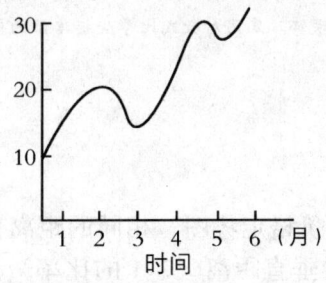

图5-7　算术坐标单位（相同的垂直距离=相同的价格波动）

术衡量方法不是最佳选择,因为从 2 涨到 4,代表一倍的涨幅,而从 20 涨到 22,仅有 10% 的涨幅。

在美国股票市场上,道·琼斯指数的波动超过 50 点很常见。然而,在 1932 年,当时的指数不到 100 点,50 点代表巨大的波动幅度。因此,长期走势图的绘制应该采用比率或对数坐标单位。对于当日走势图来说,坐标单位的选择不会产生重大的影响,因为价格波动幅度相对有限。但当价格走势超过一年时,价格的波动幅度较大,本书主张采用比率的坐标单位。

走势图 5-1 对 S&P 综合指数所采用的算术和比率坐标单位进行了比较。采用算术坐标单位的走势图较为失真。

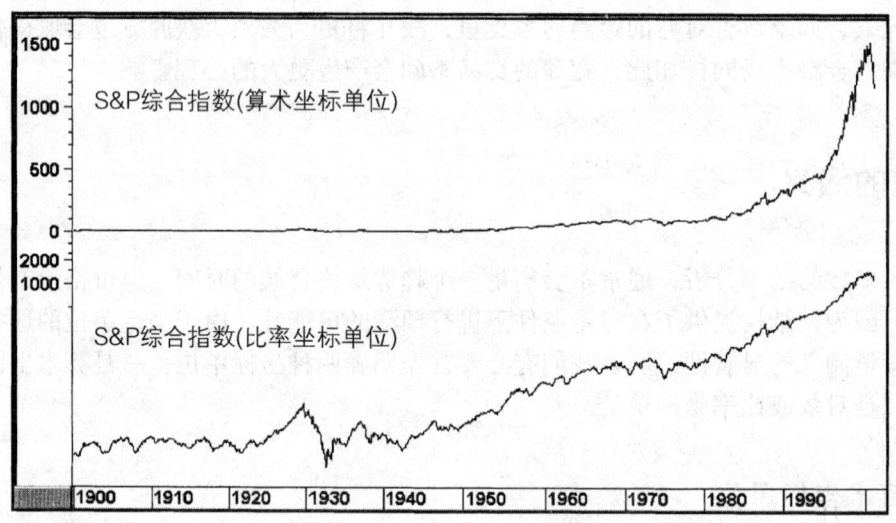

走势图 5-1　采用算术和比率坐标单位的 S&P 综合指数

该走势图采用算术和比率两种坐标单位绘制。请注意,采用算术坐标单位的走势图完全熨平和消除了 20 世纪初价格的波动,而在最后 20 年左右又夸大了价格走势。在算术坐标的走势图中,甚至没有显示 1929~1932 年期间最为严重的一轮跌势。采用对数或比率坐标单位的价格走势图则(从市场角度)描述了这些价格走势特征。

比率坐标单位

采用比率坐标单位绘制价格走势图,相同的距离代表相同的价格百分率变动。在图 5-8 中,1 与 2 之间的垂直距离(2∶1 的比率)是 1/2 英寸。同样地,2 与 4 之间也是 2∶1 的距离,在走势图中也是 1/2 英寸。不论价格的水平如何,在走势图中某一特定垂直距离总是代表相同的价格百分率变动。如果图 5-8 中的垂直轴向上延长，1/2英寸总是代表两倍的关系，如1到2、16到32、50到100等。如同1/4英寸代表50%的价格升幅一样，1英寸代表4倍的关系。几乎所有的计算机软件，都为使用者提供了可选的算术或对数坐标单位。

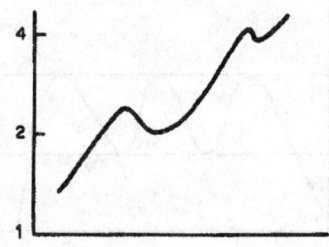

图5-8　比率坐标单位（相同的垂直距离＝相同的价格百分率变动）

我们必须记住，市场价格取决于投资者对基本事件的心理态度。由于这种态度具有成比率变动的特点，所以我们采用比率坐标单位，以便反映价格按相同的比率变动。

图5-9显示在市场头部形成的矩形（出货）形态。该矩形形态的目标价位是上下界之间的垂直距离，也就是说，AA与BB之间的距离，并由BB向下衡量。采用比率坐标衡量，如果AA代表100，BB代表50，则下档的目标为50%。由BB向下衡量50%，其衡量的涵义表示目标价位为25。虽然衡量公式具有粗略的指导意义，通常仅表示最低的预期，但价格常常会超过预测的目标价位。在大多数情况下，如果价格趋势暂时失去方向，由衡量公式推导出的目标价位，则表示重要的支撑位或阻力位。

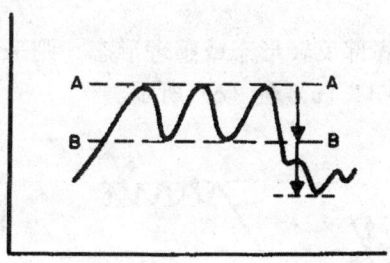

图5-9　矩形形态的目标价位

图5-10显示了采用对数坐标单位的重要性。在图5-10（a）中，价格向下回档，并突破矩形区间的下界。如果采用算术坐标单位，价格在100～200之间形成矩形形态，向下突破后的目标价位为0，显然在实际中不太可能发生。另一方面，

图 5-10（b）采用对数坐标单位，对应于同一走势所衡量的目标价位为 50。

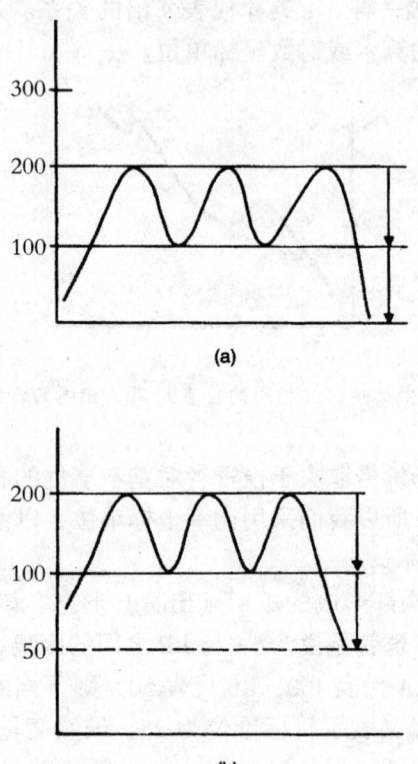

图 5-10 衡量的涵义 (a) 算术坐标单位、(b) 比率坐标单位

如果矩形形态表现为底部反转形态或整理形态，则采用与出货形态相同的法则来衡量目标价位，如图 5-11（a）至（c）所示。

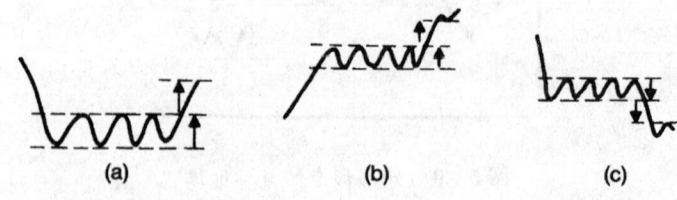

图 5-11 目标价位的衡量 (a)、(b)、(c)

如果一个新趋势的最终方向与最低目标价位一致，在价格持续朝原来方向发展

之前，经常需要经过大量的进货或出货。因此，如果一个矩形形态持续两年时间完成，价格下跌到所衡量的目标价位后，尽管价格可能进一步下跌，但通常需要以前出货的时间（两年）构建新行情的基础，才可以发展为一个有效的上涨趋势。①

在某些情况下，价格可能突破目标价位。如果价格走势强劲，将可能达到数倍目标价位的位置，这些价位都将成为重要的支撑位或阻力位。

有效突破的确认

价　格

到目前为止，我们一直假定不论幅度多小的价格形态，其突破走势都是趋势反转或连续（如果价格形态是一种整理形态）的有效信号。但是，我们也会经常遇到错误的趋势反转信号，这些错误的信号称为假突破（whipsaws）信号，因此我们有必要建立一定的准则，最大限度地避免错误的解释。传统的经验认为，3%以上的突破才是有效的突破，该确认准则可以排除大量假突破信号，但信号在时间上也会滞后一些。

> **主要的技术准则**　衡量的目标是最小的最终目标价位。

这种方法产生于20世纪50年代前，当时市场参与者持股的时间比较长。目前，盘中走势图已经相当普及，3%的幅度可以代表一波走势。对于长期走势来说，价格波动的幅度较大，所以本书不反对将3%的幅度作为一个基本的确认准则。然而，在确认突破是否有效时，最好的方法还是基于过去每次特定情形所获得的经验和评估技巧。确定一个可代表有效突破的具体百分比虽然不是件难事，但不幸的是，许多突破的确认依赖于所采用的时间框架和特定股票的波动性。

举例来说，相对于采矿类股票，电子公用事业类股票的价格波动则非常平稳。两类股票采用相同的百分比突破准则显然不合适。根据个人过去的经验、经历和失误来判断价格突破的有效性，可以大大降低判断错误的可能性。这种判断应该考虑

---

① 请注意：目标价位代表最小的最终目标，通常不是一波走势就可以完成。一般而言，在向上突破时需要一系列的涨势和折返走势，在向下突破时需要一系列的跌势和反弹走势，才可以达到目标价位。

多种因素，包括所观察的趋势类型、股票的波动性、成交量和动能等技术指标。

在早期阶段判断突破是否有效的另一个应考虑的因素是时间。实际上，一个有效的突破应该保持一定的时间。例如，在当日走势图中，观察到价格走势由矩形形态向上突破，但如果价格不能在突破价位以上保持一天，这种突破信号就很值得怀疑。这类突破发生后，技术面通常会走弱。因为这种突破没有显示空方力量衰竭，而空方力量衰竭之后，往往紧随着强劲的价格趋势，其方向与假突破所显示的方向相反。走势图 5-2 显示高登公司（Gold）股票在 2001 年 6 月发出假突破信号的情形。

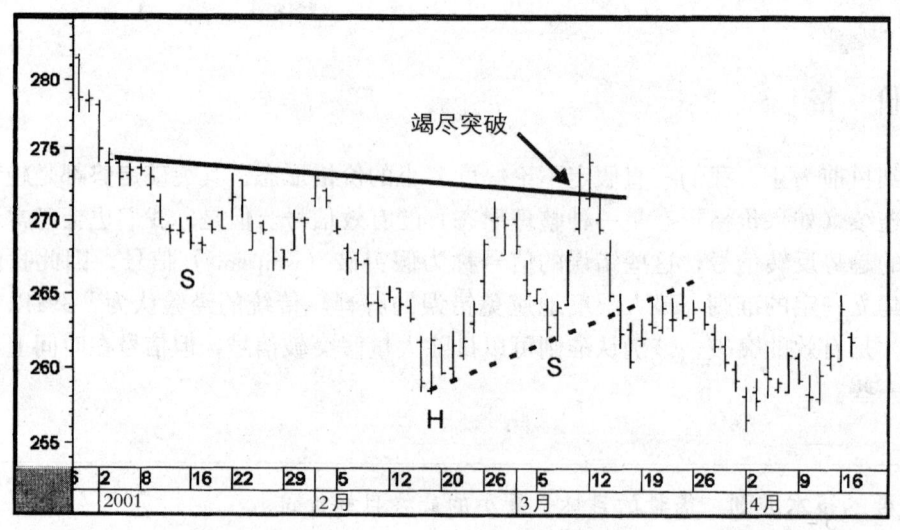

走势图 5-2 高登公司股票的假突破

2001 年 6 月高登公司股价由头肩底形态（H&S）向上突破，不幸的是，该突破信号是假突破，因为股价未能保持在颈线之上。在这种情况下，一旦发现突破为假突破，通常最好的方法就是卖空股票。当股价跌破突破价位时，或股价跌破头肩底右肩的颈线时，或股价直接跌破头肩底的右肩时，都是卖空股票的 3 个时机。股价跌破上述 3 个价位的幅度越大，向下突破的可靠性越强，但可能承受较大的风险。

（资料来源：Intermarket Review）

根据价格形态的突破信号进行交易或投资，我们必须预先判断可能造成假突破的价格形态类型。例如，价格跌破前一个次低点与跌破预定的突破价位，是两种不同的形态类型。当价格低于这些关键的价位时，应该暂停交易。此时，投资者应该考虑自己愿意承受的可能损失，以及最初设定的交易价位；也就是说，该突破点不具有可操作性。未能提前作出这样的决策，意味着投资者卖出行为很可能是根据自己的情绪和对消息事件下意识的反应，而不是按照设计好的符合逻辑的操作计划。

走势图5-2显示假突破造成损失的可能价位，在该价位，价格冲击趋势线发生背离现象。

成 交 量

成交量一般与价格趋势保持一致；也就是说，价升量增，价跌量缩。这是一种正常的价量关系，如果价量发生背离现象，应该认为是当前趋势即将发生反转的信号。图5-12显示了这种典型的价量关系。

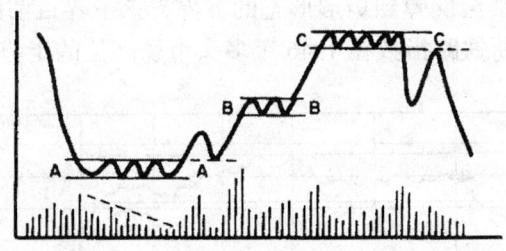

图5-12　价量关系的分析

> **主要的技术准则**　成交量总是相对于过去来衡量。

在图5-12中，底部的垂直线段表示成交量，它是某一特定单位时间内某种资产的换手数量（股数或合约数）。当价格接近前期低点或矩形区间AA时，成交量稍稍放大，但价格在进货形态形成期间，交投清淡，成交量则明显萎缩。

当价格形态趋于完成的时候，成交量明显萎缩，表明多空双方都在观望。但是，当价格向上突破阻力位时（矩形形态的上界），交投迅速活跃起来，成交量则明显增加。在有些情况下，我们连接成交量的峰位可以绘制一条趋势线，如图5-12所示。正是成交量的明显放大，才得以确认突破的有效性。如果价格突破时，没有成交量的放大，则该突破信号就很值得怀疑，因为较小的成交量无法推动价格沿突破方向运动。

当价格脱离矩形区间大幅上涨后，追涨的热情开始降低，价格呈现横向整理走势，同时伴随着成交量的萎缩。这是一种相当正常的价量关系，因为成交量随着价格的上升而增加，随着价格的下跌而缩减。随后，价格又向上突破，成交量明显放大，再次确认原来的主要上升趋势。最后，买方力量衰竭，价格走势形成另一个矩形形态（矩形区间CC），成交量持续萎缩，但这次价格却是向下反转。

我们应该注意，在价格突破矩形区间 BB 时，成交量虽然增加，但相对低于价格突破矩形区间 AA 时的成交量。从整个循环角度看，这是一种空头的信号。

在这个例子中，成交量在价格进入矩形区间 BB 时已达到峰位，而价格在矩形区间 CC 内才达到峰位。

在矩形形态 CC 的形成过程中，成交量萎缩，但当价格向下突破时，成交量却明显放大。价格向下突破矩形形态的下界，成交量放大现象虽然可以显现行情的空头特征，但却不是有效向下突破信号的必要条件，这与向上突破不同。价格向下突破之后，经常会再次反弹。这种反弹总是伴随着成交量的萎缩，是进一步显示空头市场的信号。价格通常会反弹到矩形形态的下界，该下界目前已经称为阻力位。走势图 5-3 显示道·琼斯铁路指数在 1946 年多头市场高位的走势。

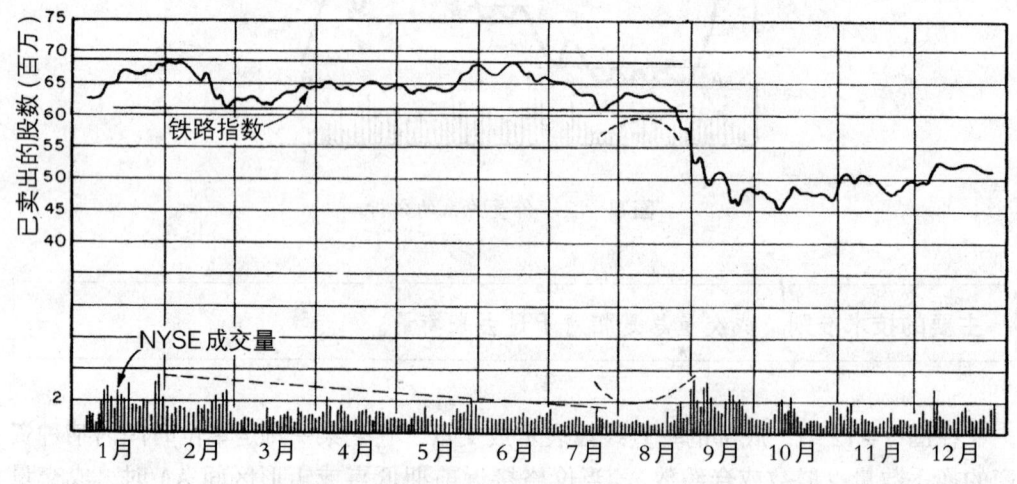

走势图 5-3　道·琼斯铁路指数（1946 年）

在 1942~1946 年多头市场的高位，铁路指数走势形成典型的矩形形态。请注意，虚线显示成交量的变化，在矩形形态中成交量不断萎缩。值得一提的是，在 7 月末到 8 月初的反弹走势中，成交量呈现圆弧底形态。指数在 8 月末向下突破，伴随着成交量的放大，是明显的空头信号。

（资料来源：*Intermarket Review*）

主要的技术准则　成交量通常是价格的先行指标。

我们接着进一步讨论其他的价格形态，首先讨论最著名的形态之一：头肩形态。

头肩形态 (head-and-shoulders, H&S)

反转的头肩形态

头肩顶 头肩形态可能是所有图形形态中最为可靠的价格形态。头肩形态分为两种，发生在市场头部称为头肩顶（H&S top），发生在市场底部称为头肩底。图5-13是典型的头肩顶出货形态（也可参见走势图5-4）。

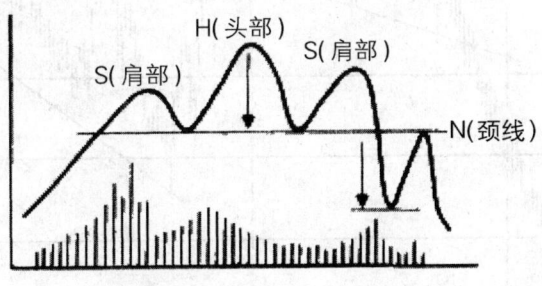

图5-13 典型的头肩顶

这种典型的头肩顶出货形态由一波最后的涨势（头部）和两波较小的涨势（肩部）构成，两波较小的涨势（两肩）的高度不一定相同。如果两波涨势为中期趋势，左肩是多头市场的倒数第二波涨势，右肩是空头市场的第一波反弹。当然，头部是多头市场的最后一波中期涨势。在评估这些形态的有效性时，成交量是非常重要的因素。在左肩的形成过程中，成交量通常最大；在价格接近头部峰位时，成交量也相当大。构成头肩顶形态的关键之处在于右肩，它总是伴随着成交量的明显萎缩。更为常见的是，当价格到达右肩的峰位时，成交量减少。连接两肩底部的线段称为颈线（neckline）。

仔细观察图5-13中的价格走势，就会发现颈线的突破也是一个趋势反转的信号，前期不断抬高的峰位和谷底，至少出现一个下跌的峰位和谷底。右肩代表第一个下跌的峰位，价格跌破颈线的低点代表下跌的谷底。

头肩顶形态的目标跌幅，是头部与颈线之间的距离，并由颈线向下测量，如图5-13中的箭头所示。头肩顶形态的幅度越大，持续时间越长，完成之后的空头跌势就越猛。有些情况下，头肩顶之后将是一波漫长的下跌走势；但有时头肩顶完成之后的跌势会很快结束。

一般而言，交易者观察到头肩顶头部的形成时，就会预测价格将向下突破。仅

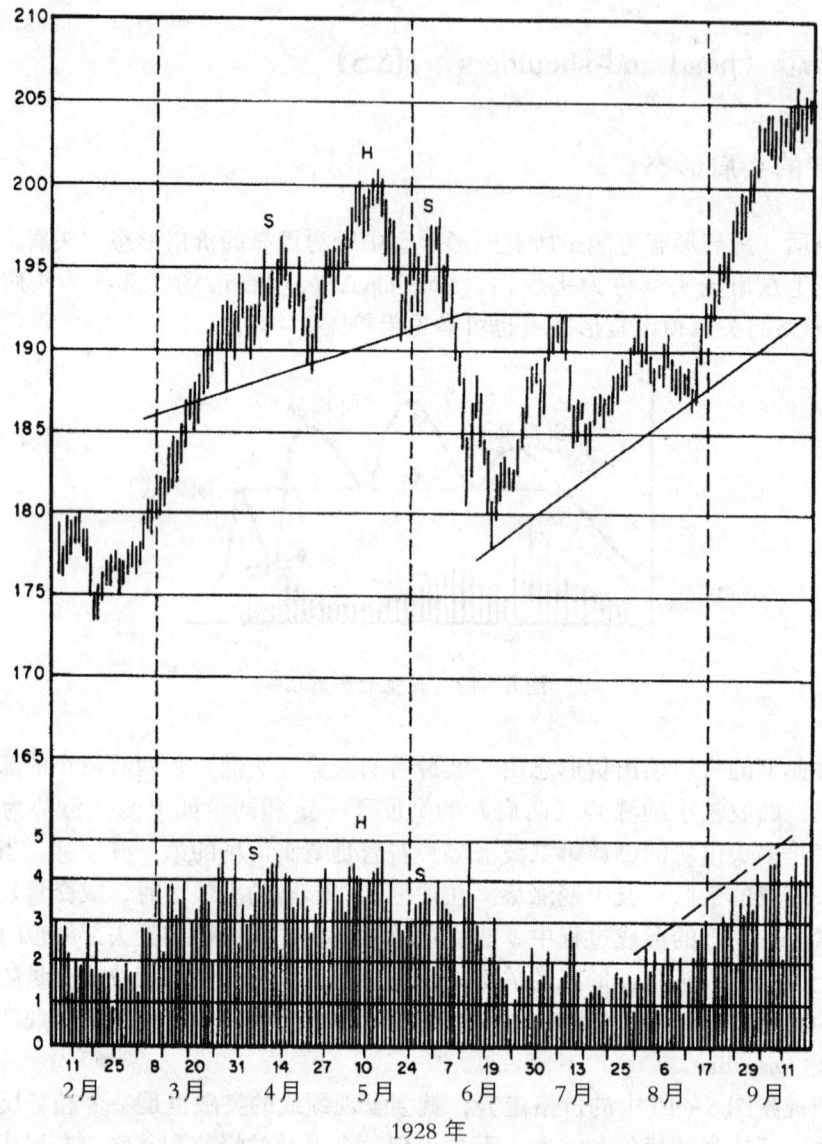

走势图 5-4　纽约时报指数（1928 年）

纽约时报指数由 50 种铁路股票和工业股票构成，在 1928 年 3~5 月间，形成了一个向上倾斜的头肩顶。指数跌破颈线之后，很快达到最小的目标跌幅（182 点），但随后卖压减轻，构筑长达 3 个月的三角形形态，与头肩底形成的时间相当。最后，指数向上突破，又恢复为主要上涨趋势。请注意，左肩和头部的成交量较大，右肩的成交量相对较小。另外，在三角形形态的形成过程中，交投清淡，但指数在 9 月向上突破时，成交量明显放大。

仅根据这个信号作出判断是不正确的，因为我们并不知道当前的趋势是否会继续，也不知道价格跌破颈线后是否会发生反转，多年来，许多精明的分析师就是根据未完成的头肩顶，预测行情即将转为空头市场。我们已经知道，在技术分析中，当前趋势将持续下去，直到有足够的证据显示趋势反转为止。一个未完成的头肩顶显然不是充分的证据，而仅仅是形态中的一部分。

头肩顶形态的形成时间可能是 10～15 分钟，也可能是数年。一般而言，头肩顶形成的时间越长，出货的压力越大，随后的空头趋势持续的时间也越长。较大的头肩顶形态通常十分复杂，由数个小的形态构成，如图 5－14 所示。

在图 5－13 和图 5－14 中，头肩顶的颈线呈现为水平状，但许多情况下未必如此 [参见图 5－15 (a) 至 (c)]。但是，一旦头肩顶完成之后，所有的头肩顶形态具有相同的空头涵义。

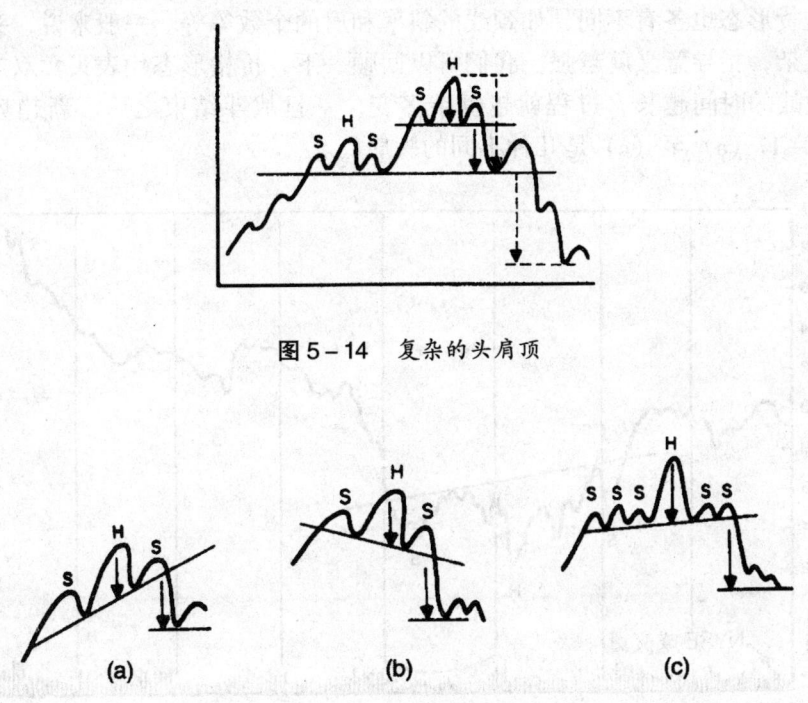

图 5－14　复杂的头肩顶

图 5－15　各种头肩顶 (a)、(b)、(c)

头肩底　在图 5－16 中，头肩形态形成于市场底部，通常称为头肩底 (H&S bottom)。

头肩底形态中，在左肩的底部和头部形成过程中的成交量相对较大。最值得观察的是头肩底的右肩，价格下跌到右肩的谷底时，成交量明显萎缩，而一旦价格向

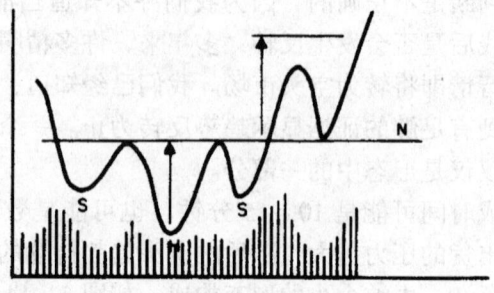

图 5-16 典型的头肩底

上突破,成交量又显著放大(参见走势图 5-5)。如同头肩顶的出货形态一样,头肩底的进货形态也各有不同,如颈线的斜率和肩的个数等等。一般来说,头肩底的形态越复杂,指导意义就越强。我们可以回顾一下,价格形态代表买卖双方之间的战斗:激战的时间越长,过程就越复杂多变,一旦战斗结束之后,新趋势就越明显。图 5-17(a)至(c)是几种不同的头肩底。

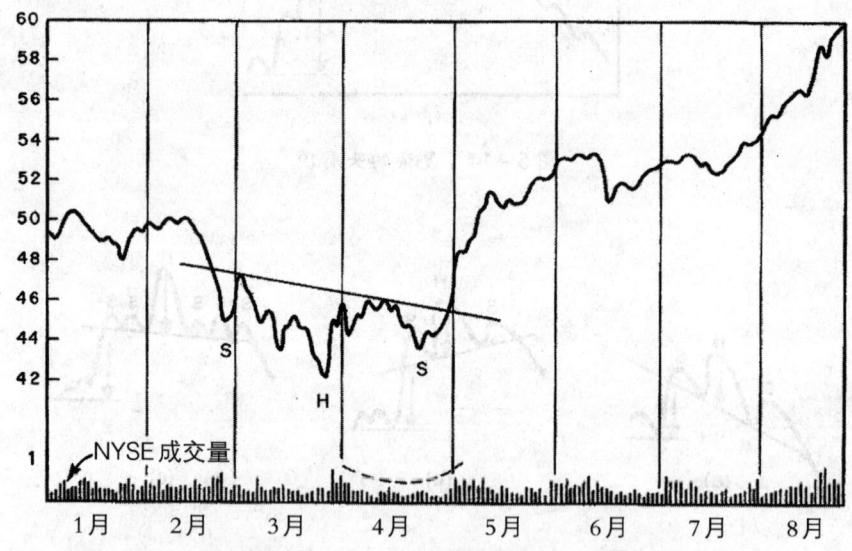

走势图 5-5 道·琼斯工业指数(1898年)

在1898年春,道·琼斯工业指数形成向下倾斜的头肩底形态。请注意,4月涨势的成交量很小。随后的回档成功地确认了3月的低点,然后向上突破颈线,成交量放大。到8月,指数达到60.97点,在1899年4月涨到77.28点。

第五章 价格形态

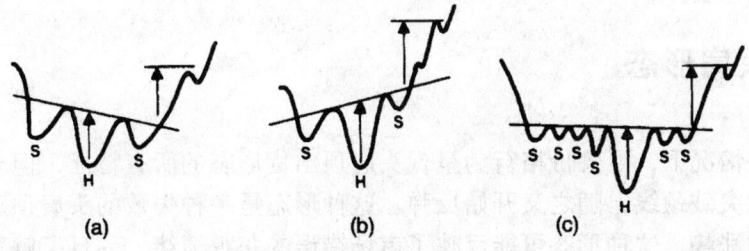

图5-17 各种头肩底 (a)、(b)、(c)

头肩底是一种非常可靠的价格形态,当它们彻底形成后,通常发出趋势反转的强烈信号。

连续的头肩形态

在价格走势图中,头肩顶和头肩底偶尔也会表现为连续形态。其目标价位的衡量和成交量的特征,都与反转形态相同。惟一的区别是连续形态形成于趋势的发展过程中,而不是在行情结束的时候。在走势图5-6中,连续的头肩形态形成于下降趋势中。

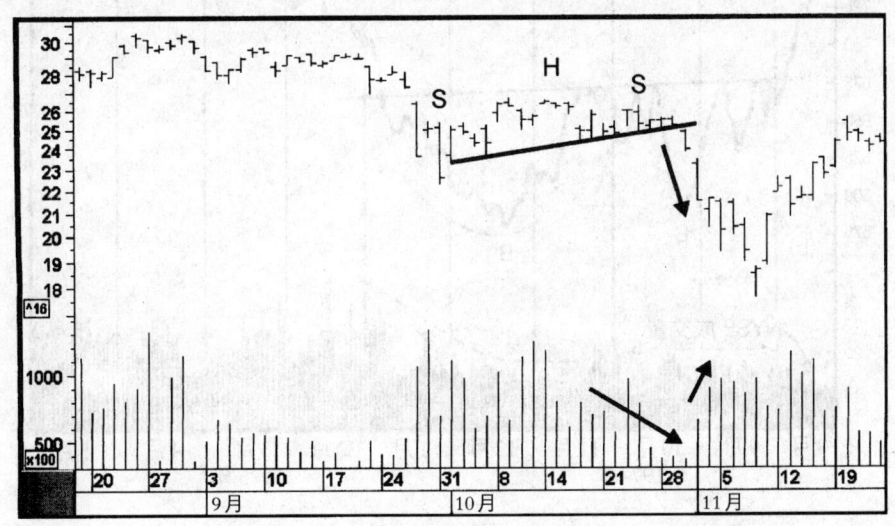

走势图5-6 花旗集团 (citigroup) 股票连续的头肩顶形态

在1998年,花旗集团股票形成一个连续的头肩顶形态。请注意,在左肩和头部的形成过程中,成交量明显放大。另外,价格跌破颈线时,成交量又显著增加。

失败的头肩形态

在某些情况下，尽管价格行为呈现头肩顶出货形态的所有特征，但未能跌破颈线，或暂时突破颈线，随之又开始反弹。这种形态是一种失败的头肩顶，通常会发生爆炸性的涨势。这种形态可能反映了市场错误的悲观情绪，一旦了解真正的基本面状况，不仅吸引场外的买盘，而且持有空头头寸的交易者也会被迫回补。担心踏空对价格的推动力量，远胜于贪婪，所以空头回补非常强烈地推动价格上涨。

走势图 5-7 是道·琼斯工业指数在 1975 年的收盘价，它非常清晰地表现出失败的头肩顶形态，随后的价格呈现一段非常可观的涨势。但是，这种失败的头肩顶仍然显示，上涨行情的时间跨度非常有限。

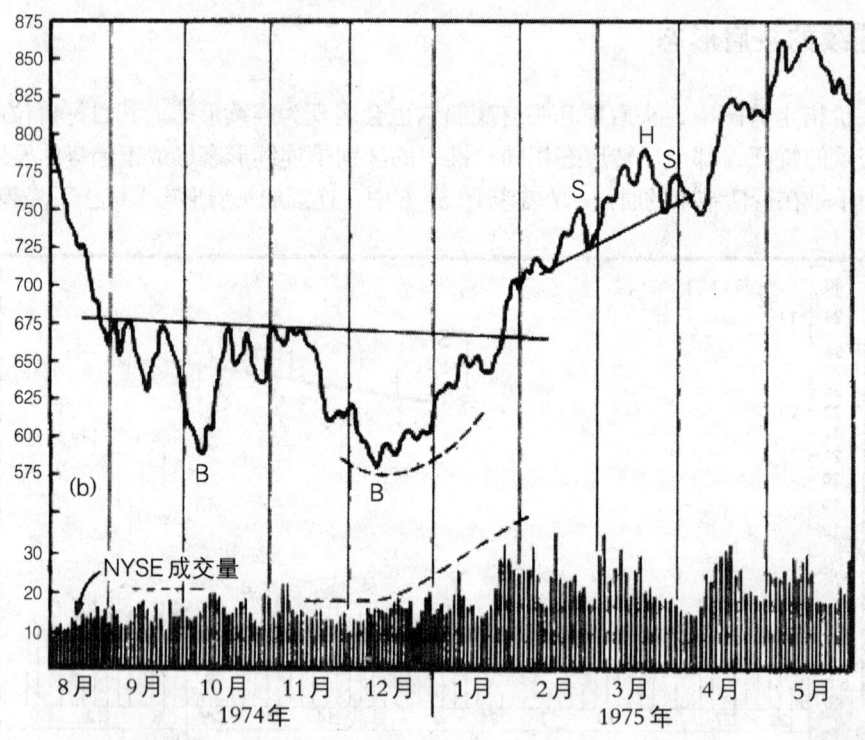

走势图 5-7 道·琼斯工业指数的双重底形态（1974～1975 年）

请注意，在 1974 年 12 月，道·琼斯工业指数在第二个低点的成交量较小。在 1975 年初，形成一个失败的头肩顶。

（资料来源：*Intermarket Review*）

不幸的是，头肩形态本身无法显示失败的信号。在某些情况下，可以从其他技术指标中寻找证据。例如，如果技术指标即将出现逆趋势信号，头肩形态很可能失败。在走势图 5-7 中，失败的头肩顶是多头市场卖空的信号。走势图 5-8 中的阿尔伯特·卡弗（Alberto Culver）公司股票，是另外一个失败头肩顶的例子。

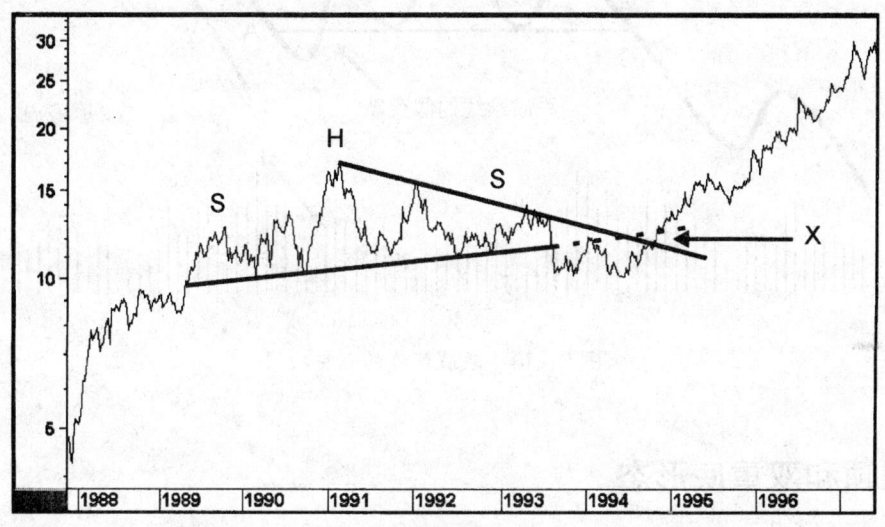

走势图 5-8　阿尔伯特·卡弗公司股票的失败头肩顶

阿尔伯特·卡弗公司股票走势图是经典的失败头肩顶。在 1993 年中，价格跌破颈线，随后价格反弹，但当 1994 年初跌势未能创新低时，开始出现头肩顶可能失败的信号。随后，价格涨到颈线以上，显示头肩顶失败的可能性更大。当价格上涨到连接头部和右肩的下降趋势线之上时，完全显示头肩顶失败，最后，价格在 X 点向上突破右肩。

（资料来源：Intermarket Review）

过去头肩顶失败的情形非常少见，但目前已较为常见，所以我们进行交易时有必要等待颈线的有效突破。对于失败的头肩顶形态，如果我们希望采取某些行动，应该在价格向上突破右肩，同时伴随着成交量放大时，作出交易决策（参见图 5-18）。通常，这种形态是价格在非常短的时间内大幅上涨的信号，值得进行操作。头肩底的形态也可能失败。同理，头肩底一旦失败以后，往往出现一轮暴跌，因为市场参与者原来预期价格会向上突破，却突然发现基本面已恶化。

主要的技术准则　　如果某种技术信号失败，通常是因为主要趋势正在发生反转。

技术分析

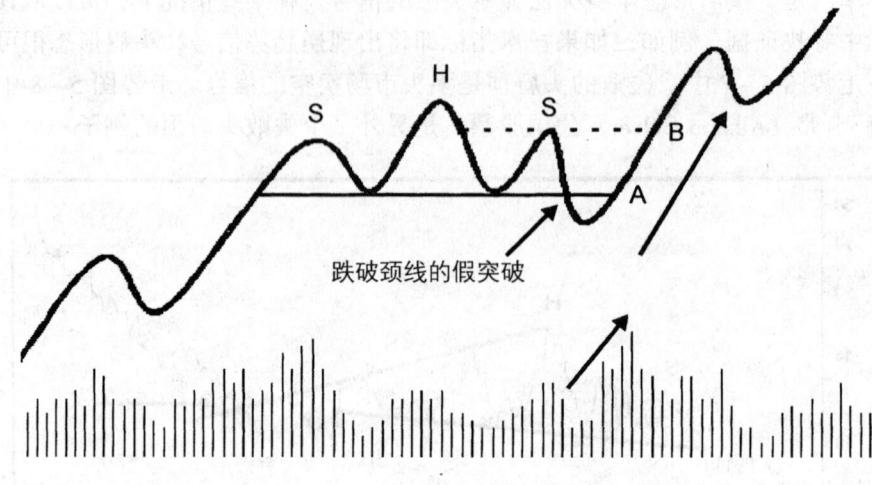

图 5-18 跌破颈线的假突破

双重顶和双重底形态

双重顶（double tops）由两个峰位所构成，中间包含着一波折返走势或一个谷底。双重顶的主要特征是第二个头部的成交量远远低于第一个头部的成交量（参见走势图 5-9）。正常的情况下，两个头部一样高，但第二个头部也可能稍稍高于或略低于第一个头部。请记住，虽然该理论不是精确的科学，但它是对买卖双方之间

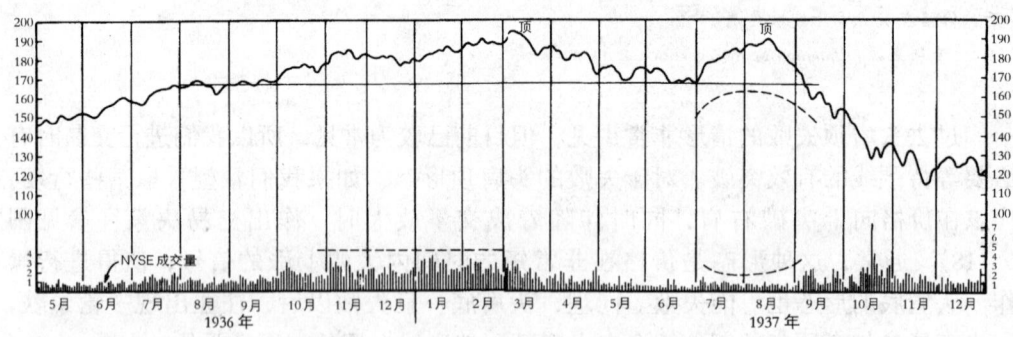

走势图 5-9 道·琼斯工业指数的双重顶（1936～1937 年）

经过从 1932 年开始的大幅上涨，经济大萧条之后的第一个多头行情于 1937 年结束。该走势图是经典的双重顶形态。请注意，7~8 月的头部成交量远远低于 1~3 月的头部成交量。

（资料来源：*Intermarket Review*）

激战的经验总结。

双重顶最小的目标跌幅如图 5-19 所示,其测算方法与头肩形态相似。

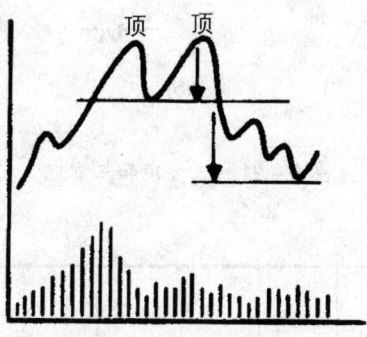

图 5-19 双重顶

双重底的形态如图 5-20 所示。在典型的双重底形态中,第一个底部伴随着较大的成交量,第二个底部的成交量很小,但向上突破时必须有大成交量的配合。通常第二个底部会高于第一个底部,但不论第二个底部是否达到(或者稍稍高于)第一个底部,双重底形态都同样有效。

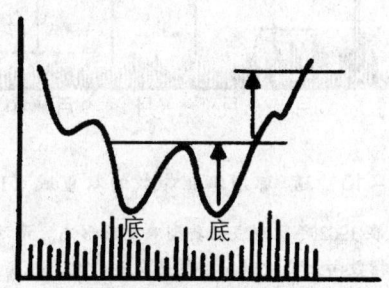

图 5-20 双重底

双重顶(底)形态可能延伸为三重顶(底),甚至是四重顶(底),或者其他更为复杂的形态。图 5-21 (a) 至 (c) 显示各种不同的双重顶或双重底形态。

所有这些形态的目标价位,都是按照头部(底部)到颈线的距离,由颈线向下(向上)衡量。走势图 5-7 和走势图 5-10,分别是道·琼斯工业指数在 1962 年和 1974 年形成的典型双重底。

67

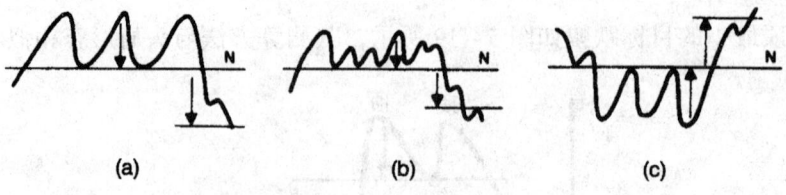

图 5-21 三重顶和三重底

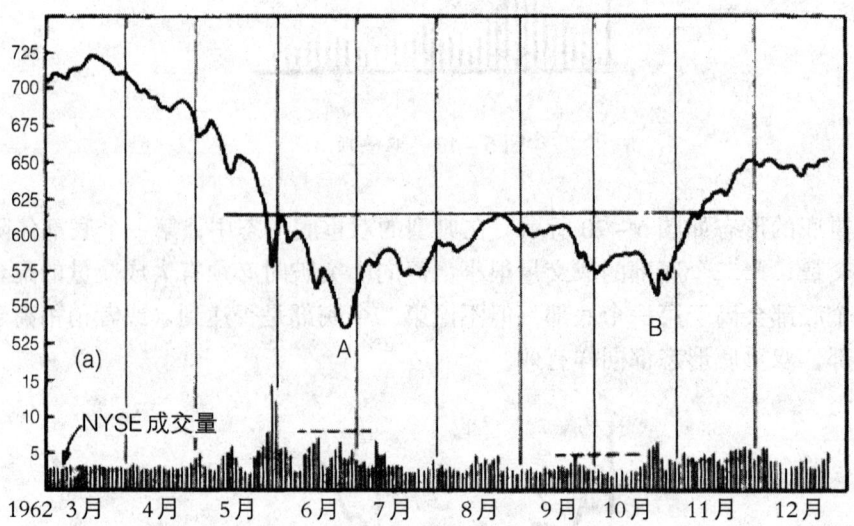

走势图 5-10 道·琼斯工业指数的双重底（1962年）

该走势图是道·琼斯工业指数在 1962 年所形成的典型双重底形态。请注意，第二个底部的成交量小于第一个底部的成交量。在 1962 年指数向上突破时，虽然成交量放大，但指数的上涨幅度十分有限。

扩散形态

直角扩散形态

扩散形态（broadening formation）由 3 个或 3 个以上波动幅度越来越大的价格走势所构成，所以连接峰位和谷底的两条趋势线会向外张开。最容易识别的扩散形态是头部或底部出现的"平坦状"（flattened）形态，如图 5-22（a）和 5-22（b）所示。

第五章 价格形态

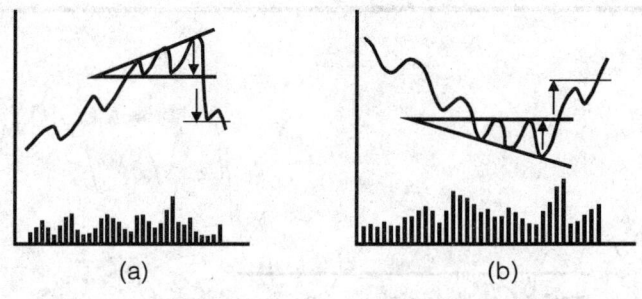

图 5-22 扩散形态 (a)、(b)

图 5-22 中的形态有时又称为直角扩散形态（right-angled broadening formation）。由于波动幅度不断增大的价格走势是市场高度情绪化的行为表现，所以成交量很难呈现一定的特征，但在市场的头部，涨势通常伴随着成交量的放大。扩散形态与头肩形态在形状上相似，但扩展形态的头部总是最后才形成。价格向下的有效突破代表空头信号，向下突破的成交量可大可小，但如果突破伴随着成交量的放大，空头的迹象更为明显。

由于头部平坦的扩散形态是一种进货形态，所以价格在向上突破时必须伴随着成交量的放大，如图 5-22（b）所示。走势图 5-11 和走势图 5-12 都是扩散形态

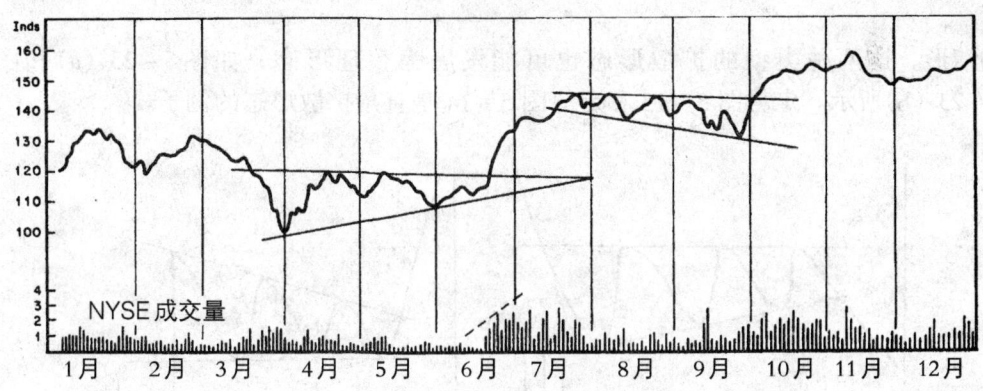

走势图 5-11 道·琼斯工业指数的直角扩散形态（1938 年）

在 1937~1938 年间空头市场的底部，道·琼斯工业指数形成典型的直角扩散形态。请注意，指数向上突破时伴随着成交量的放大。突破之后，指数又形成一个带有平坦状头部的直角扩散形态。通常在这些整理形态之后，价格呈现强劲的走势。在 11 月，道·琼斯工业指数创出 1938~1939 年多头市场的新高，158 点。

（资料来源：*Intermarket Review*）

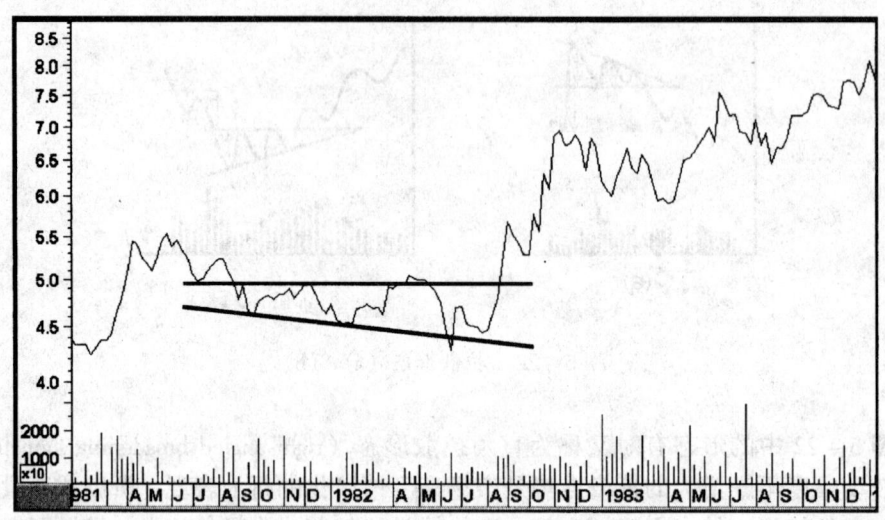

走势图 5-12　格林杰公司股票：直角扩散形态

该走势图为格林杰公司（WW Grainger）股票所形成的直角扩散形态。请注意，趋势线很难保证准确地连接该形态所有的峰位和谷底。最重要的特征是底部要向外张开，头部的高度大致相同。这是一种行情不断向下发展的不确定信号，可能会意想不到地向上发展。

（资料来源：*Intermarket Review*）

的情形。这两种类型的扩散形态也可能发展为整理形态，如图 5-23（a）和图 5-23（b）所示。走势图 5-13 和走势图 5-14 是直角扩散形态的例子。

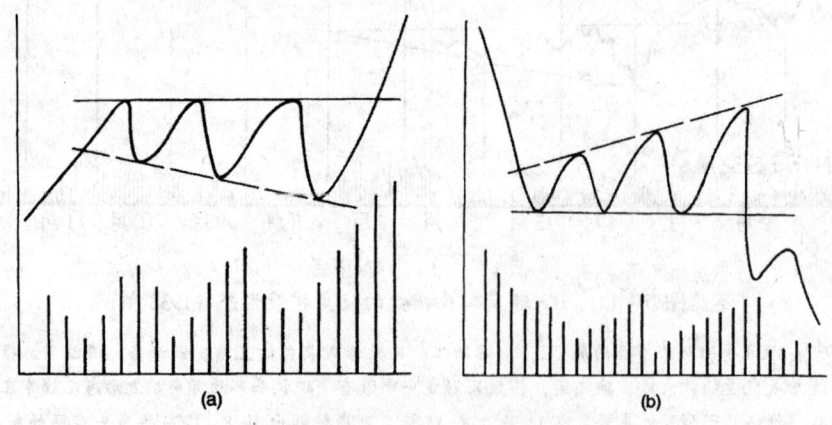

图 5-23　整理扩散形态 (a)、(b)

第五章 价格形态

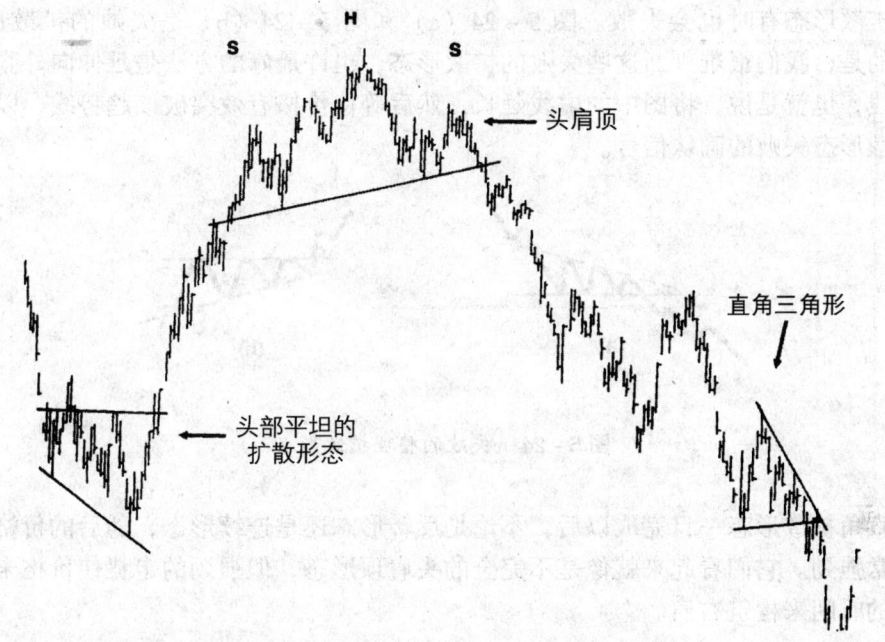

走势图5-13 90天国库券的不同价格形态

(资料来源：*Intermarket Review*)

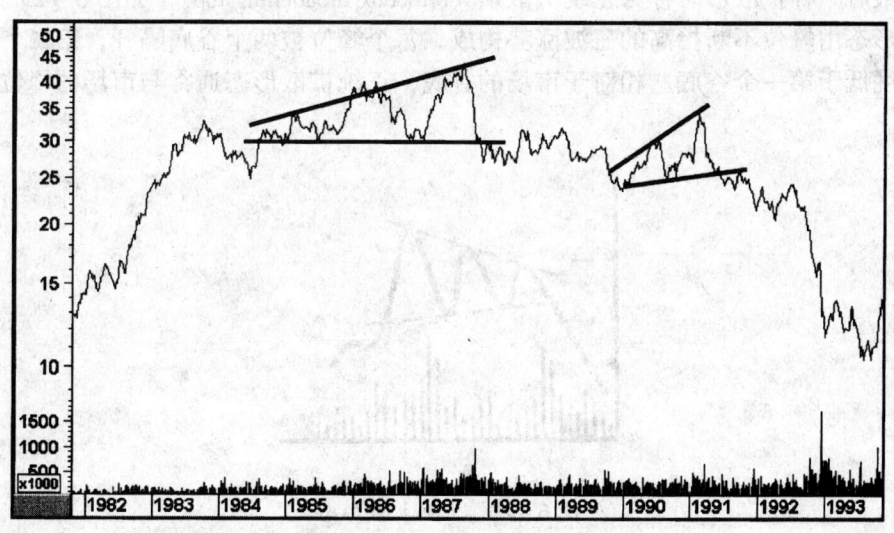

走势图5-14 IBM——扩散形态

(资料来源：*Intermarket Review*)

扩散形态有时也会失败。图5-24（a）和图5-24（b）是失败的扩散形态。不幸的是，我们很难判断这些失败的扩散形态，也许最好的方法是延伸向外张开的趋势线，也就是说，将图中的虚线延长，然后等待价格有效突破该趋势线，以此作为扩散形态失败的确认信号。

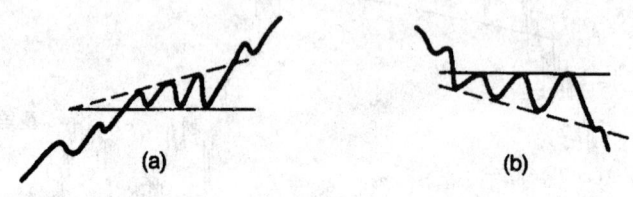

图5-24 失败的整理扩散形态

直角扩散形态一旦完成以后，不论是反转形态还是连续形态，随后的价格走势都非常强劲。它们看起来就像是不完全的头肩顶形态，但强劲的走势使价格未能有充分的时间来构筑右肩。

正统扩散形态

最后一种扩散形态称为正统扩散顶（orthodox broadening top），如图5-25所示。这种形态由峰位不断抬高的三波涨势构成，每个峰位被两个谷底隔开，第二个谷底的高度低于第一个谷底。相对于市场的谷底，正统扩散形态通常与市场的峰位关系密切。

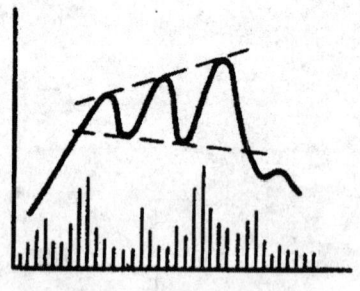

图5-25 正统扩散形态

由于正统扩散形态缺乏明确的支撑价位，所以非常难以识别，除非是在最后的头部已经形成之后。价格和成交量的情绪化波动行为，使得投资者备感困惑，加大了界定这些形态的复杂程度。在这种情况下,对突破的判断显然也很困难,但如果形态呈现相当的对称性,价格有效地突破连接两个底部的向下趋势线,或者跌破第二个底部,通常是价格开始大幅下跌的信号。

衡量扩散形态的目标价位也很困难,但通常扩散顶的价格波动的特征是大量出货。因此,在这类形态成功完成之后,价格通常会出现相当大的跌幅。

三角形形态

在本章所讨论的价格形态中,三角形是最为常见的形态,但也是最不可靠的形态。三角形可以是反转形态或连续形态,一般划分为两类:对称三角形和直角三角形。

对称三角形

对称三角形(symmetrical triangles)由两个或两个以上的涨势和折返走势所构成,其中,峰位不断下降,谷底不断抬高(参见图5-26)。由于连接峰位和谷底的趋势线收敛(converge),所以三角形形态与扩散形态刚好相反,而扩散形态的趋势线则是发散(diverge)。

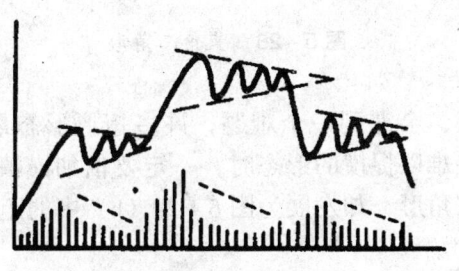

图5-26 对称三角形

这类价格形态也称为螺旋形态(coils),因为价格的波动幅度和成交量会随着该形态的完成而逐渐减小。最后,当价格突破三角形形态时,价格和成交量(通常情况下)会出现剧烈的反应,就像越拧越紧的弹簧突然释放一样。一般而言,在涨幅最宽处到三角形顶点的1/2~3/4的范围内,三角形的突破最为有效(参见图5-27)。其他形态的成交量法则同样适用于三角形形态。

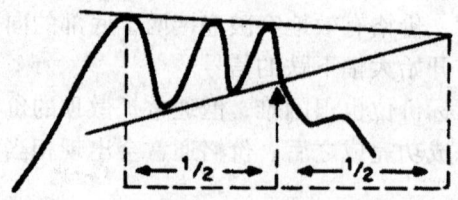

图 5-27　典型的对称三角形突破

直角三角形

直角三角形（right-angled triangles）实际上是一种特殊形式的对称三角形，这是因为其中的一条边为水平线［参见图 5-28 中的（a）和（b）］。对称三角形没有显示价格最终可能突破的方向。但在直角三角形形态中，价格通常朝水平边的方向突破。走势图 5-13 是一个向下突破的直角三角形形态。

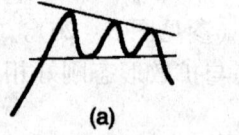 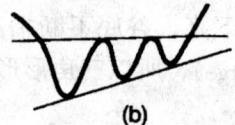

图 5-28　直角三角形

在解释这些形态时，会遇到一个难题，许多矩形形态最初都呈现为直角三角形。因此，在评估这些难以捉摸的形态时，一定要倍加谨慎。在图 5-29（a）中，一个倾斜向下的直角三角形，却发展为图 5-29（b）中的矩形形态。

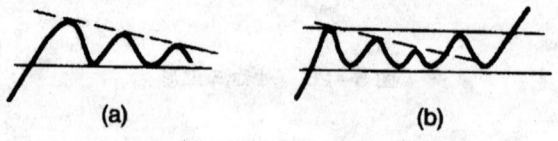

图 5-29　失败的三角形

三角形形态突破后的目标价位，传统的衡量方法是在第一波涨势后的谷底（或第一波跌势之后的峰位）画一条虚线，该线（图 5-30 中的 BB 线）代表价格预期达到或超越的目标价位。

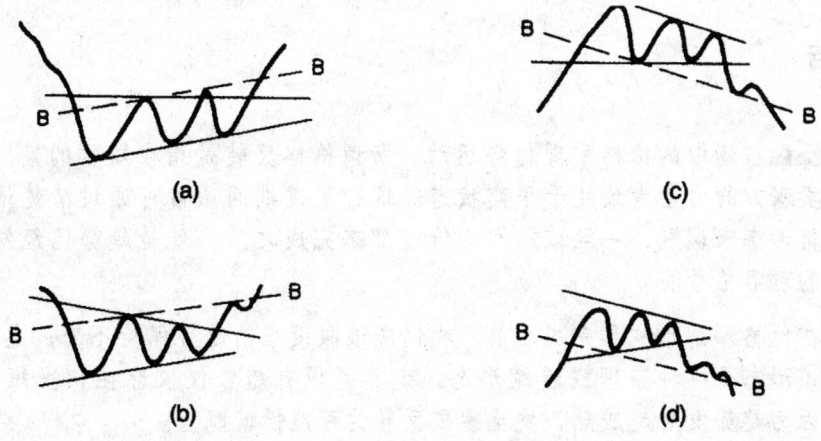

图 5-30　三角形形态的目标价位

图 5-30（a）和（b）分别显示在市场底部，对称三角形和直角三角形的目标价位。

图 5-30（c）和（d）是市场头部相反的情形。当三角形形态为连续形态时，采用相同的方法来衡量目标价位。但是，根据我个人的经验，我还没有找到特别有效的方法。我倾向于把三角形形态视同为其他形态，先计算最大幅度，然后衡量三角形形态突破后的目标价位，如图 5-31 所示。

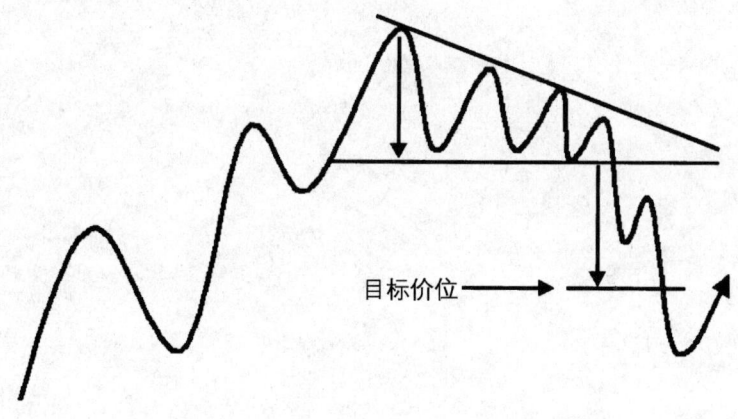

图 5-31　目标价位的另一种衡量方法

小 结

- 金融市场中的价格呈现趋势运动。所谓价格反转是指在短暂的期间内,买卖双方的力量大致处于平衡状态。这种过渡期间通常可通过清楚地界定价格形态来识别,一旦该期间的价格形态完成之后,就是趋势已经发生反转的可靠信号。

- 在价格形态形成和完成之前,我们应该假设当前趋势保持不变;也就是说,该形态是一种整理或连续形态,尤其是现有趋势仅仅存在相当短的期间,因为趋势发展越成熟,发生重要反转的可能性就越大。

- 价格形态的形成时间可长可短,所经历的时间越长,形成期间的价格波动幅度越大,则随后的价格走势可能越强劲。

- 大多数的价格形态都可以衡量目标价位,但所衡量的目标价位通常为最低目标。通常,实际的价格走势远远超过这个目标价位。

- 目标价位通常不会在一波的走势就会达到,而需要经过一系列的涨势和反弹走势后才能达到。

第六章 小型的价格形态

第五章所讨论的价格形态，大多数是反转或连续形态。本章所讨论的形态多数发生在价格趋势的形成过程中，所以属于各种不同的连续形态。由于这些形态反映了涨势中多头的获利回吐或跌势中的多头回补，所以大多数形态形成的时间十分短，远远短于第五章所讨论的形态。这些形态在每日的盘中走势图中最为常见。

旗 形

顾名思义，旗形（flags）在价格走势图中看起来就像一面旗子。在价格剧烈的近乎直线式的涨势或跌势中，旗形形态代表价格暂时歇息，并伴随着成交量下降的趋势。旗形形态完成之后，价格将朝原来的趋势方向突破。涨势和跌势中的旗形形态如图6-1（a）和（b）所示。基本上而言，旗形的形状为一个平行四边形，可以分别用两条平行的直线连接上涨波的峰位和下降波的谷底，这两条线可能与原来的趋势方向相反。在上涨行情中，旗形通常会稍微向下倾斜；在下跌行情中，旗形

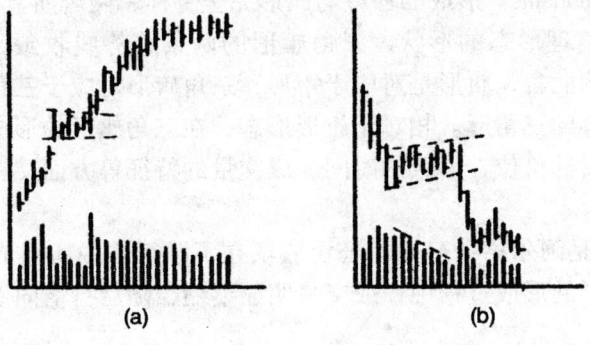

图6-1　旗形

会向上倾斜。有些情况下，旗形也表现为水平状。

在上涨行情中，这种形态通常出现在两段近乎垂直涨势的中间。在旗形刚开始形成之前，成交量通常会放大很多。随着旗形形态的发展，成交量逐渐萎缩，直到形态完成时成交量再次放大。旗形形态所形成的时间，短的可能是5天，长的可达3～5周。基本上说，在上涨趋势中，旗形形态代表多方的获利回吐和充分换手。

在下降趋势中，旗形形态的形成也伴随着成交量的萎缩。由于这类形态会向上倾斜，价升量缩的价量关系显示空头信号。当价格突破旗形形态之后，会继续暴跌。当价格突破旗形的下界时，成交量通常会增加，但不必放大很多，只有在多头市场向上突破时才需要成交量的明显放大。

对于这些形态，我们必须注意价量之间的关系。例如，价格在大幅上涨之后，出现整理走势，看起来似乎是旗形形态，但如果成交量没有萎缩，此时得出多头市场的结论还为时过早，因为可能它是矩形的反转形态。如果旗形形态持续的时间超过4周以上，我们也应该小心谨慎，因为根据定义，旗形是大幅涨势中间的暂时歇息。4周以上的时间对获利回吐的换手来说未免过长，因此形成真正的旗形形态可能性很小。

从预测的角度来看，旗形通常是一种可靠的形态，因为它不仅显示最后突破的方向，而且随后的走势往往具有很强的操作性。旗形通常发生在一轮行情的中段，用技术行话来说，这种形态称为"下半旗"。我们可以根据旗形形态发生之前的涨幅，衡量价格突破后的目标价位。由于旗形形态的发展时间相对较短，一般不会出现在日线图和周线图中。

三角旗形

三角旗形（pennants）形成的环境与旗形完全一样，两者所具备的性质也相似，惟一不同的是其整理形态的形状，三角旗形的两条趋势线收敛，如图6-2（a）、(b) 所示。就形状而言，旗形是对应于矩形，三角旗形对应于三角形，因为三角旗形实际上是非常小的三角形。相对于旗形形态，在三角旗形的形成过程中，成交量更趋于萎缩。在目标价位、形成的时间、成交量的特征等方面，三角旗形和旗形完全一样。

走势图6-1是阿尔科（Alcoa）公司股票在下跌行情中所形成的三角旗形。请注意，在三角旗形的形成过程中，成交量明显萎缩，随后行情向下突破时，成交量又显著放大。

第六章 小型的价格形态

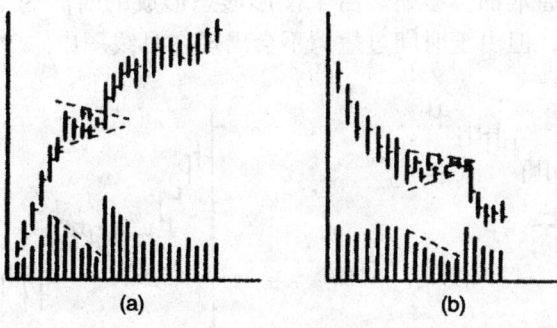

图6-2 三角旗形

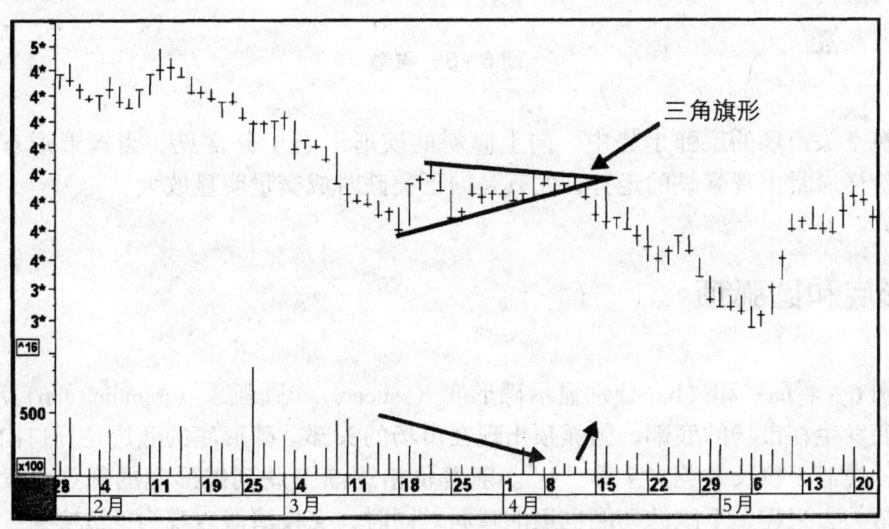

走势图6-1 阿尔科公司股票的三角旗形

(资料来源：*Intermarket Review*)

楔 形

楔形（wedges）与三角形十分相似，因为连接一系列峰位和谷底的两条趋势线也收敛，如图6-3（a）和（b）所示。但三角形形态由一条上升和下降或水平的趋势线所构成，而楔形形态的两条趋势线的方向相同。向下倾斜的楔形代表上升趋势的暂时中断，向上倾斜的楔形代表下降趋势的暂时中断。在这两种楔形形态的形成过程中，成交量通常都会萎缩。由于楔形形态形成的时间为2～8周，所以有时会出现在周线图中，但由于时间过短，不会出现在月线图中。

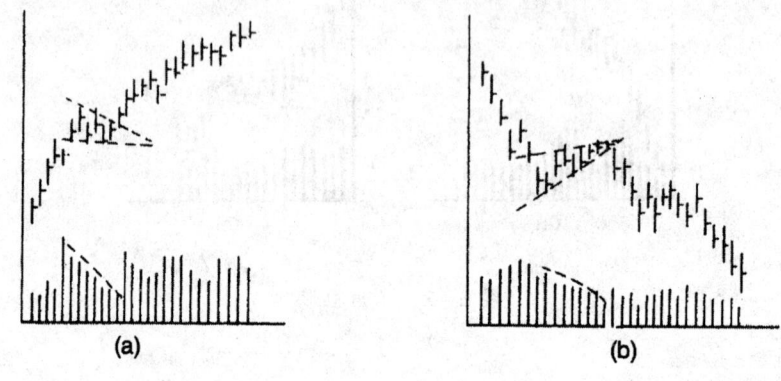

图6-3 楔形

在空头市场的反弹走势中，向上倾斜的楔形形态十分常见。当楔形形态完成后，价格通常出现暴跌的走势，尤其是向下突破时成交量明显放大。

碟形底和圆弧顶

图6-4（a）和（b）分别显示碟形底（saucer）和圆弧顶（rounding top）形态。碟形底发生在市场的底部，圆弧顶出现在市场的头部。碟形底的底边是开口向上的弧线，类似于拉长的英文字母"U"。随着价格逐渐下跌到碟形底的低点，投资者对行情失去兴趣，下跌的动能也逐渐减弱。同时，交投清淡表现为低成交量，在价

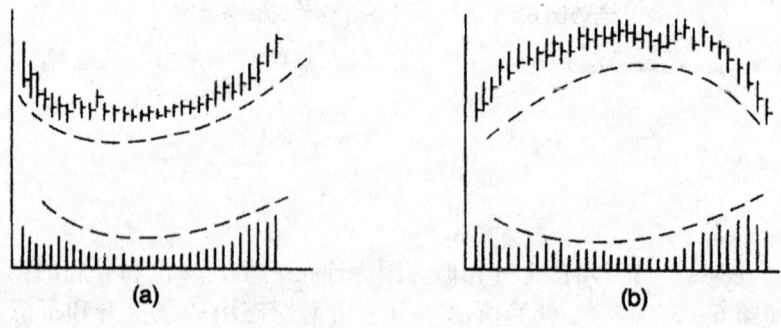

图6-4 碟形底和圆弧顶

第六章 小型的价格形态

格跌到碟形底的低点时，成交量极度萎缩。随后，价格和成交量温和放大，最后，价量明显放大，形成向上加速的爆炸性行情。

圆弧顶的价格行为与碟形底的几乎完全相反，但两者的成交量特征一致。因此，如果在价格曲线的下方绘制成交量曲线，几乎可以连成一个圆弧，如图 6-4（b）所示。在圆弧顶的形成过程中，价格达到最高点时，成交量萎缩，价格下跌时，成交量放大，这种价量背离现象是空头信号，有关这方面的内容将在第十八章详细讨论。

圆弧顶和碟形底都是表示供求关系逐渐发生变化的最好情形，它们慢慢积蓄与当前趋势方向相反的动能。显然，很难判断这两种形态的突破位置，因为它们的发展都非常缓慢，而且没有明确的支撑位或阻力位可供参考。即使如此，识别这些形态很有价值，因为它们通常都紧随着幅度相当大的走势。圆弧顶和碟形底可以是整理形态，也可以是反转形态，形成的时间短则3周，长达数年。

缺　口

在一个特定交易期间，当价格的最低价高于前一个交易期间的最高价时［参见图 6-5（a）］，或者是最高价低于前一个交易期间的最低价时［参见图 6-5（b）］，都会出现缺口（gap）。在日线图中，交易期间为一天，而在周走势图中，交易期间为一周，依次类推。

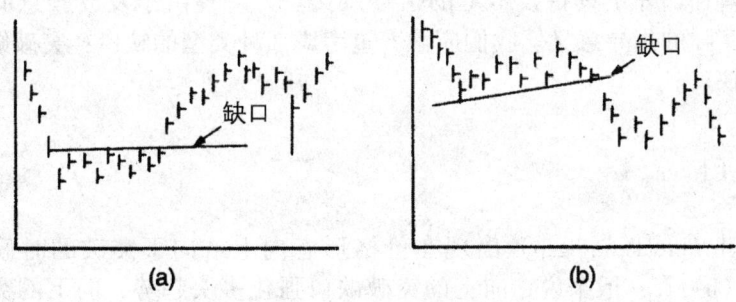

图 6-5　缺口

根据定义，缺口会出现在盘中价格走势图、日线图、周线图或月线图中。缺口是指两个交易期间的垂直空当。当利空或利好消息散布后，隔日的交易中会出现缺口。日线图的缺口比周线图的更为常见，因为如果周线图上出现缺口，周一至周五的价格不可以与前一周重叠，也就是说，周线图出现缺口的机会只有日线图的1/5。

月线图上的缺口更为少见，因为要求当月的价格不可以与前一个月重叠。最常见的缺口是盘中走势图中的开盘价缺口，我们随后将要讨论。

当价格返回缺口，回档封闭整个缺口范围时，称为"填补"（fill）缺口。填补缺口所需要的时间，有时是几天，有时需要数周或数月。但缺口始终不补的情形非常少见。

> **主要的技术准则** 有一个古老的法则：市场憎恨真空，大多数缺口最终都会被填补。

实际上，虽然所有的缺口几乎最后都会得到填补，但也不是必然的现象。因为可能数月甚至数年之后才会填补缺口，所以我们的交易策略不应该一成不变地假定缺口将在近期得到填补。在大多数情况下，虽然市场总是试图填补缺口，但更为常见的是，价格仅仅填补部分缺口，就可以再恢复到前期趋势。大多数缺口之所以可以填补，是因为它们是市场情绪化的表现，是交易者较强投机心理的反映。随着趋势方向的变化，交易者会出现过度恐慌或贪婪，从而不计成本地买入或卖出，使得交易决策不再是一个理性的过程，当市场冷静下来以后，人们才有第二次思考的机会。在这种情形下，填补缺口或部分填补缺口，都是第二次思考的表现。

我们应该尊重缺口，但不应该过分强调它们的重要性。在价格形态形成的过程中出现的缺口，称为"普通缺口"（common gap）或"区域缺口"（area gap），通常很快会得到填补，并不具备技术上的指导意义。另一种由于发放股息而形成的缺口，也没有实际的指导意义。我们应该着重考虑3种类型的缺口：突破缺口、逃逸缺口和竭尽缺口。

突破缺口

突破缺口（breakaway gap）出现在价格形态向上或向下突破的时候［参见图6-5（a）和（b）］。一般来说，向上的突破缺口强化多头趋势，向下的突破缺口加强空头趋势。虽然如此，向上的突破还必须伴随着成交量的放大。由于在技术分析中，"必然的事件"是不存在的，所以带有缺口的突破也未必有效，但以跳空方式突破，相对来说有效性更强。向下的突破缺口不需要伴随着成交量的放大。

连续或逃逸缺口

逃逸缺口（runaway gap）出现在报价变动十分迅速、市场高度情绪化的直线状涨势或跌势中。这类缺口或者迅速填补，例如一天左右，或者保留相当长的时间，直到市场主要或中期趋势发生反转时往往才会填补。逃逸缺口通常发生在前一波突破行情和最后一波行情的中段。因此，逃逸缺口有时又称为"衡量缺口"（measuring gap）［参见图 6-6（a）和（b）］。

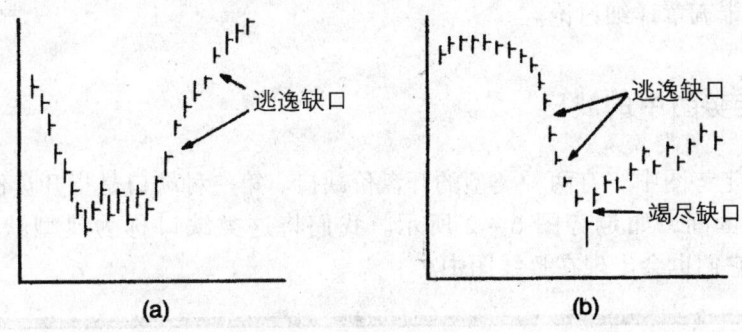

图 6-6　逃逸缺口和竭尽缺口

竭尽缺口

一波价格走势可能包含一个以上的逃逸缺口。这表明走势十分强劲，但出现第二个或第三个缺口时，技术分析师也应该警觉走势的动能可能会衰竭。因此，第二个或第三个缺口可能是最后一个缺口。竭尽缺口（exhaustion gap）预示着强劲涨势或跌势的最后阶段，是一系列逃逸缺口的最后一个［参见图 6-6（b）］。

判断一个缺口是否是竭尽缺口的依据是看成交量水平。通常，缺口发生当天的成交量会明显放大。竭尽缺口发生的成交量通常会逐渐增加，高于前期的水平。有时候，当天的收盘价会很接近缺口，远离与趋势同方向的极端价位。如果第二天的交易价格形成一个完全孤立的"岛状"（island），而价格朝反方向跳空，通常强烈显示这个缺口是转折点。这个信号仅表示多头或空头力量的暂时衰竭，但利用财务杠杆进行操作的交易者必须谨慎，至少应该平掉一部分的仓位。

如果缺口是一波走势的第一个缺口，很可能是逃逸缺口，而不是竭尽缺口，尤其是价格形态的目标价位尚未达到时，更有可能是逃逸缺口。竭尽缺口虽然不应该看做是趋势发生主要反转的信号，但至少预示着一定程度的整理走势。

情绪化缺口的重要性

随后我们将会了解到，缺口开始出现或结束的价位在走势图上是潜在的关键价位，因为它们代表市场高度情绪化。如果你们和一位朋友发生争论，你们中的其中一位在某一时刻大声地喊叫，你一定会记住这个特殊时刻，因为此时代表情绪的极端化。技术分析同样如此，也是由于价格走势图实际上是市场心理情绪的反映。这意味着缺口有可能成为支撑位或阻力位，使短期趋势发生反转。有关这方面的内容我们将在第十五章详细讨论。

盘中走势图中的缺口

在盘中走势图中，有两种类型的开盘价缺口。第一种缺口是指开盘价超过前一段价格交易区间，如走势图6-2所示。我们将这类缺口称为典型缺口（classic gap），因为它们也会出现在日线图中。

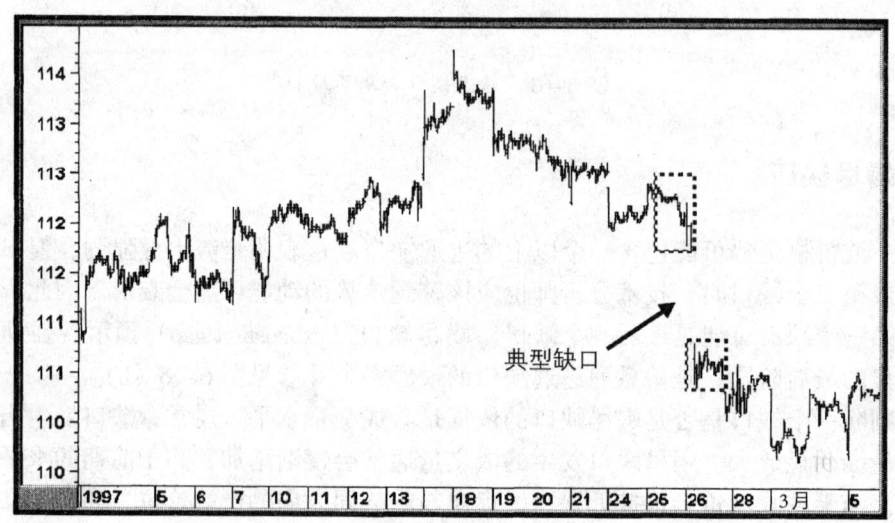

走势图6-2　1997年3月债券的15分钟棒线图

（资料来源：*Martin Pring's Introduction to Daytrading*）

第二种缺口较为常见，指新的一天的开盘价远离前一天的收盘价，这类缺口仅在盘中走势图中出现。我们将这类缺口称为盘中缺口（intrabar gap），因为它们发生在盘中走势图上两根棒线的中间。例如，在走势图6-3中，开盘价高于前一个收盘价，形成盘中走势图中的缺口。如果观察价格走势，会发现前一天的交易区间并没有超过当天的开盘价，所以在日线图上不会出现缺口。

如果交易者手中有2~3周的盘中走势图，相对于1~2天的盘中走势图，更易于采用不同的方式分析缺口的涵义。

第六章 小型的价格形态

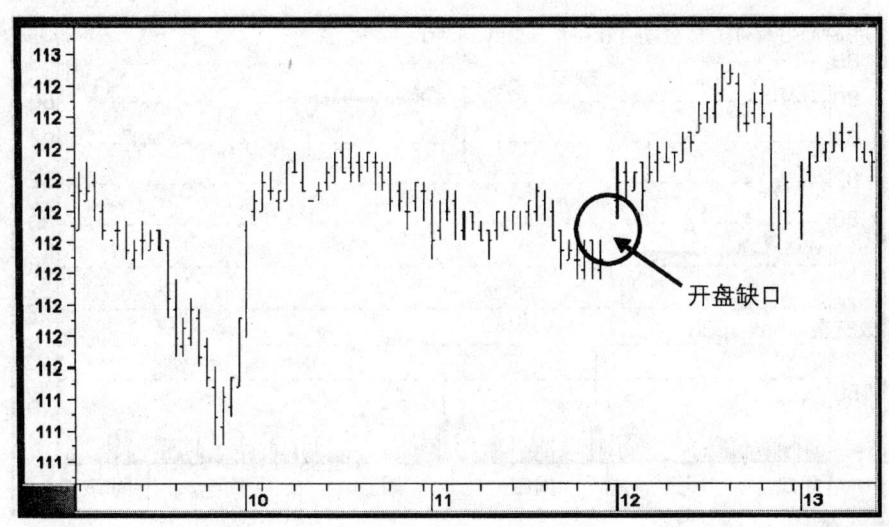

走势图6-3 1997年3月债券的15分钟棒线图

(资料来源：*Martin Pring's Introduction to Daytrading*)

当典型缺口出现的时候，交易者应该尽力避免冲动，因为几乎所有的缺口最后都会填补。典型缺口有时可以保留几个小时，有时可以保留2~3周。因此，在走势图6-3中，如果在开盘缺口以上价位买入，将承受不久后缺口被填补的风险，这是因为你并不知道该缺口是保留2天还是4周。

当开盘价过高或过低时，建议盘中短线交易者采取观望的态度，这种情况可能是因为报价不平衡造成的。为满足市场需求，造市商被迫卖出股票，他们实际上希望卖出价略高于开盘价，以便随后价格下跌一点时，可以回补全部或部分空头头寸。所以，我们必须注意开盘价之后的价格行为。一般情况下，如果开盘后的价格高于跳空缺口和开盘价，至少下一个数小时内，或更长的时间内，价格走势处于强势。

另一方面，在几根棒线之后，如果价格接近缺口，是走势趋弱的信号。在走势图6-4中，美林公司（Merrill Lynch）股票在星期三发生开盘缺口。股价在回档填补缺口之后，全日逐渐走弱，在股价跌破趋势线后，开盘缺口完全失效。请注意，随后的走势中，趋势线成为阻力位。星期四又出现一个开盘缺口，但由于价格持续缓慢攀升，仅有一小部分缺口被填补。随后，股价远离开盘价形成涨势，全日的走势渐强。星期五跳空高开后，出现第三个缺口，随着股价跌落到旗形整理趋势线86美元的价位，开盘缺口完全填补，在经过一波反弹之后，该趋势线成为全日的阻力位。

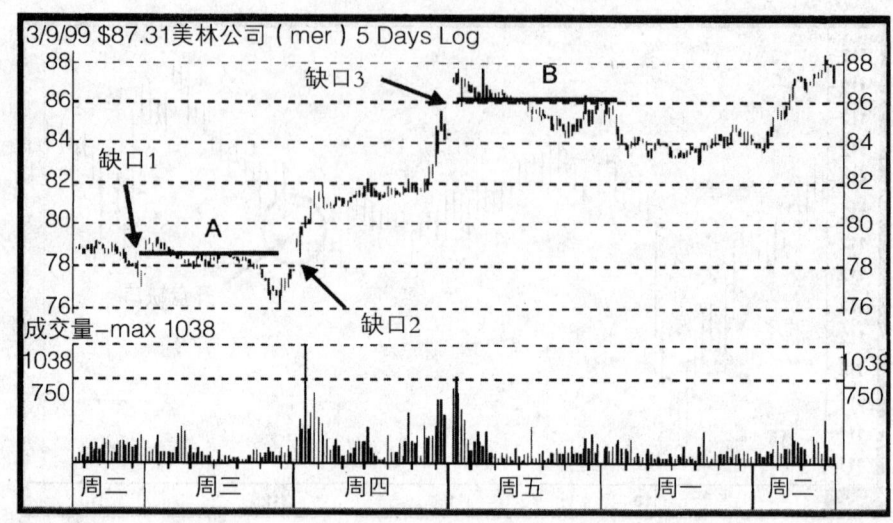

走势图6-4 美林公司股票5分钟棒线图（Telescan）

岛形反转

岛形反转（island reversal）是一个孤立的密集交易区间，出现在持续性趋势的末端，与前期走势间隔一个竭尽缺口，与随后的走势间隔一个突破缺口。图6-7和走势图6-5为典型的岛形反转。

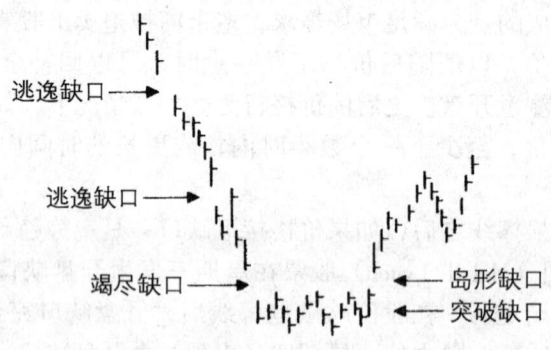

图6-7 岛形反转

岛形反转本身通常不表示主要趋势反转。但它们经常出现在中期趋势或者主要趋势的末端，构成某种整体价格形态的一部分，例如，头肩顶的头部或头肩底的底

第六章 小型的价格形态

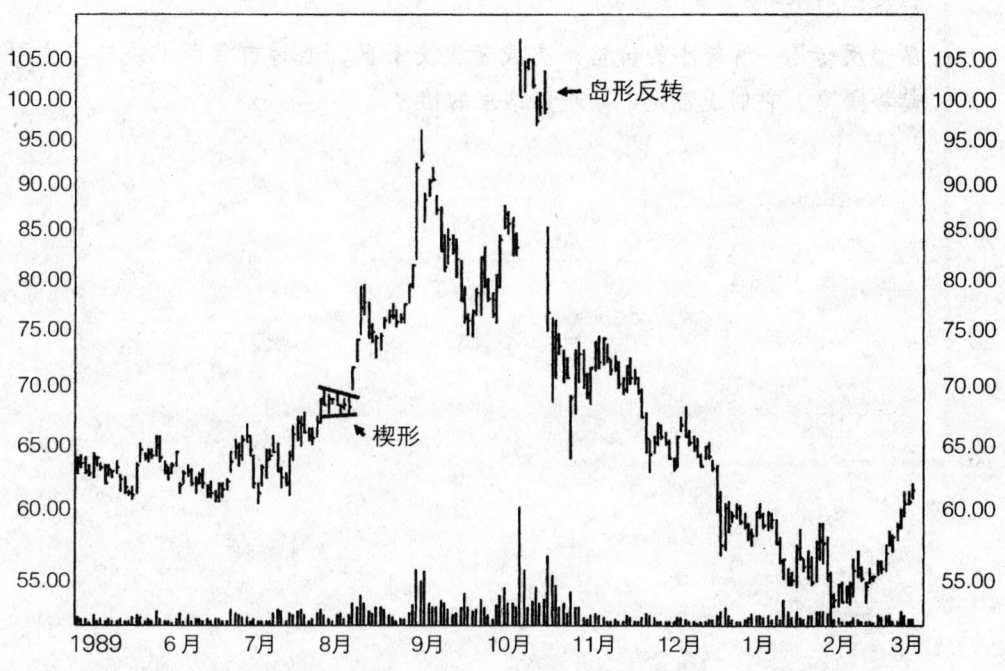

走势图6-5 美国航空公司股票的岛形反转

(资料来源：*Intermarket Review*)

部。在某些情况下，岛形反转可能一天就会完成。

小　结

- 旗形、三角旗形和楔形都属于短期价格形态，通常出现在一波强劲走势的中途。它们一般会在3周内完成，价格的波动平稳，成交量萎缩。这3种形态几乎都属于连续形态。
- 碟形底和圆弧顶通常属于反转形态，随后通常出现大幅的价格走势。在这两种形态的形成过程中，两端的成交量最大，朝中心萎缩。
- 缺口本质上是棒线走势图中的价格空当。除息和区域缺口的指导意义不大。突破缺口是走势最初的缺口，逃逸缺口出现在走势的中途，竭尽缺口发生在走势的末端。

- 岛形反转是一种较小的价格形态或密集交易区，通过前后两个缺口与主要趋势隔离。它们通常是中期趋势结束的信号。

第七章
单根和两根棒价格形态

背 景

到目前为止，我们所讨论的价格形态通常由 15 根以上的棒所构成。它们反映买卖双方力量关系的变化，体现市场心理的反转。

本章所讨论的价格形态，过去习惯上称为单日和两日或一周和两周价格形态。盘中走势图出现之后，"内侧日"（inside days）、"外侧日"（outside days）等等都不再是基本的术语。因此，本书用"棒线图"（bars）一词表示这些形态，因为棒线图已运用于所有的价格走势图，从 1 分钟棒线图到月棒线图。

> **主要的技术准则**　单根和两根棒线图形态反映市场心理的变化，影响价格的短期走势。

我们已经知道，影响价格形态涵义的关键因素是时间。根据定义，单根和两根棒形态形成的时间比较短，仅仅具有短期的参考意义。例如，在正常的市场环境下，单日形态仅会影响随后 5～15 天的价格走势；两根 10 分钟棒线图形态将影响随后 50 分钟至 1 小时左右的价格走势。详细研究这些价格形态，将有助于提高预测短期趋势反转的能力。

> **主要的技术准则**　对于单根和两根棒形态，应该研究棒实体部分的涵义，而不是研究棒的黑色或白色线体部分，因为相对于另一些形态，某些棒的形态可以更强烈地反映多空双方的力量变化。

各种单根和两根棒形态具有不同的涵义。我们研究的对象是特定反转现象所蕴涵的多空双方力量对比的强弱信号。例如，我可以直接说出"救救我"，但是，如果我从屋顶上大声地喊叫，人们就可以更清晰地听到我的求助信号。市场也同样如此，举例来说，如果外侧棒（outside bars）的交易区间由3根或4根棒构成，在其他条件不变的情况下，相对于单根棒线图，指导意义更强，以此类推。

我们在解释单根和两根棒形态的涵义时，应该记住以下几点研判准则：

- 单根和两根棒形态通常代表多空双方力量的变化。在上升趋势中，如果买方暂时将价格推得过高，以至于需要消化整理，结果就形成单根或两根棒形态。在下跌趋势中，价格过低使得股票的供给很少，因为卖方卖空了手中的股票。这些形态几乎总是影响当前趋势的反转。

- 这些形态必须出现趋势反转的信号，才视为有效。也就是说，头部的反转需要先有一波明显的涨势，底部的反转需要先有一波剧烈的下挫。

- 解释这些形态的涵义时，不仅应该研究棒中黑色或白色的线体部分，而且还应该重点研究实体阴影部分的涵义，因为不同的价格形态形成的方式不同。某些形态可以非常强烈地显示价格走势的所有特征；而另一些形态较弱地显示价格走势特征。相对于"两颗星"（two-star）形态来说，显示价格走势所有特征的"五颗星"（five-star）形态显示趋势反转的可能性更大。因此，我们在根据价格形态显示趋势即将反转的基础上，有必要根据一定的经验，解释这些形态的涵义。

外侧棒形态

外侧棒是指价格交易区间完全包含前一根棒的价格形态。在上涨和下跌趋势之后，都会形成外侧棒形态，是多空双方力量发生强烈变化的信号。图7-1（a）和（b）是头部反转的情形，图7-2（a）和（b）是底部反转的情形。

对于不熟悉棒线图的人来说，我们有必要在这里简要解释棒线图的涵义。棒的顶端代表最高价，底端代表最低价，左边的横线代表开盘价，右边的横线代表收盘价。

根据外侧棒形态进行交易决策时，需要考虑以下的研判准则：

- 相对于前一根棒，外侧棒的交易区间越宽，趋势发生反转的信号就越强烈。

第七章 单根和两根棒价格形态

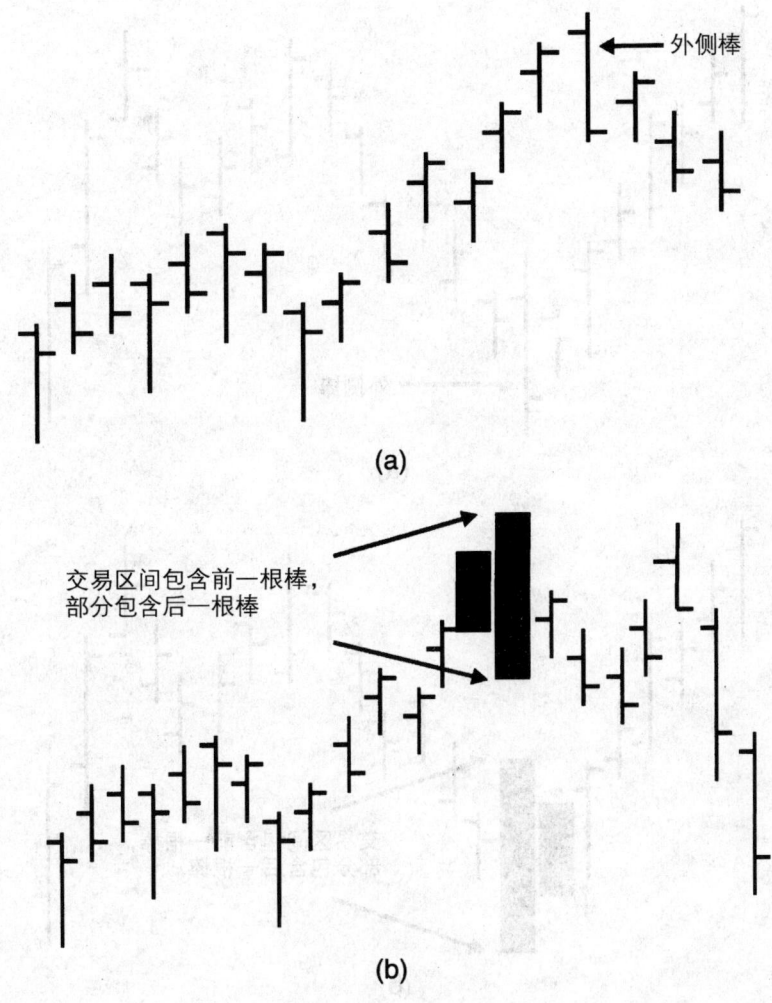

图 7-1 头部的外侧棒形态

- 外侧棒之前的涨势（折返走势）越强劲，其指导意义越强。
- 外侧棒包含棒的根数越多，信号越可靠。
- 相对于前一根棒，伴随外侧棒的成交量越大，信号越强烈。
- 收盘价越接近与前期趋势相反的棒的端点，信号越可靠。例如，如果前期走势为下降趋势，相对于收盘价接近于外侧棒的最低价来说，收盘价越接近最高价，行情的发展越为有利。

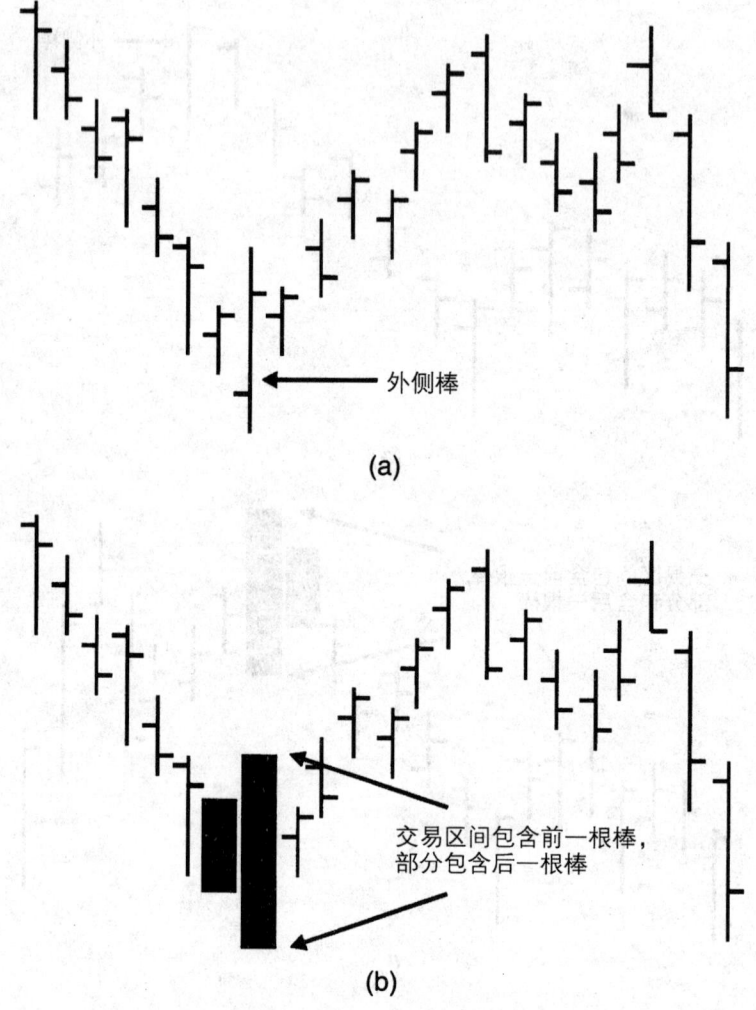

图7-2 底部的外侧棒形态（a）、（b）

在图7-3中，对外侧棒形态的强势和弱势特征进行了比较。

对于外侧棒或其他单根和两根棒形态，我们必须考虑一个问题：这些形态蕴涵着后市心理如何变化的价格行为？较宽的交易区间、前期强劲的涨势或折返走势，以及放大的成交量，都显示前期人气趋势的变化。

走势图7-1是美林公司股票的外侧棒形态，它反映了我们称之为五颗星的形态，因为它显示了完全反转的全部特征。

在21日下午，美林公司股票价格走势呈现持续下跌趋势。随后形成的外侧棒

第七章 单根和两根棒价格形态

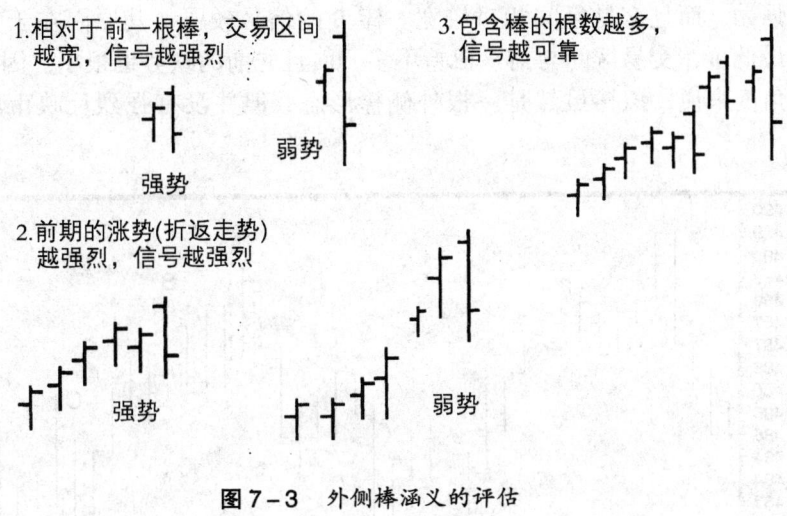

图7-3 外侧棒涵义的评估

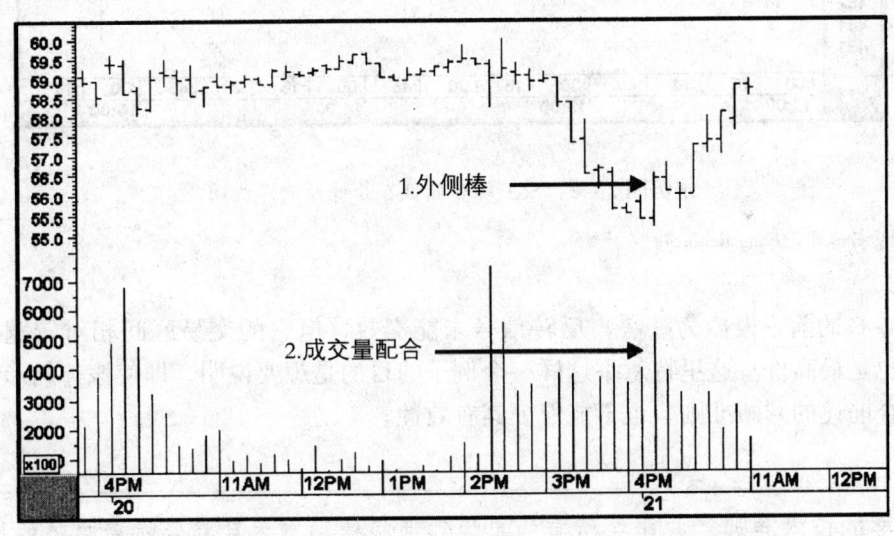

走势图7-1 美林公司股票10分钟外侧棒线图

(资料来源：Pring Research)

形态，完全包含前一根棒的交易区间。这是一个十分强烈的反转信号，因为该棒的开盘价接近最低价，又几乎以最高价收盘。请注意，这根外侧棒伴随着成交量的增长明显放大。

在走势图7-2中，出现几根明显的外侧棒。棒A的信号较强，因为它先前的涨势较强劲，而且交易区间相对较宽。棒 B 的信号较弱，其原因在于它的收盘价刚好是最低价，交易区间与前一根差不多，而且先前的跌势也很小。因此，从严格的技术角度来说，该棒虽然是一根外侧棒形态，但并没有强烈反映市场人气的变化。

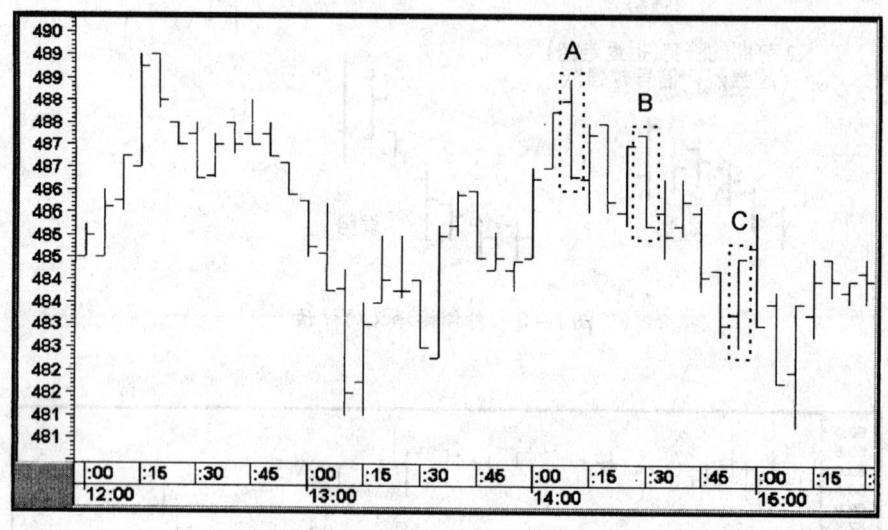

走势图 7-2　S&P 综合指数 5 分钟外侧棒线图

（资料来源：*Pring Research*）

棒 C 的前一根棒为跌势，反转信号未能奏效，但它的交易区间相对较宽，收盘价也是最高价。这里特意举这样一个例子的目的是想要说明，即使该棒的形态比较符合前述的判断准则，也不能保证其有效性。

> **主要的技术准则**　并非在所有的单根和两根棒形态之后都紧随着趋势的反转。例如，在某些情况下，一波涨势或跌势之后，价格呈现整理走势，单根和两根棒形态之后是趋势的变化。

最后，走势图 7-3 是道·琼斯工业指数在 2001 年 3 月的外侧棒形态。第一根外侧棒代表由下降趋势反转为上升趋势。第二根外侧棒显示头部非常强烈的上涨，请注意，该棒的交易区间非常宽，包含前 3 根棒，且与上升趋势线发生背离现象，而随后的走势也表明向上突破是假突破，市场人气发生戏剧性的变化。

第七章 单根和两根棒价格形态

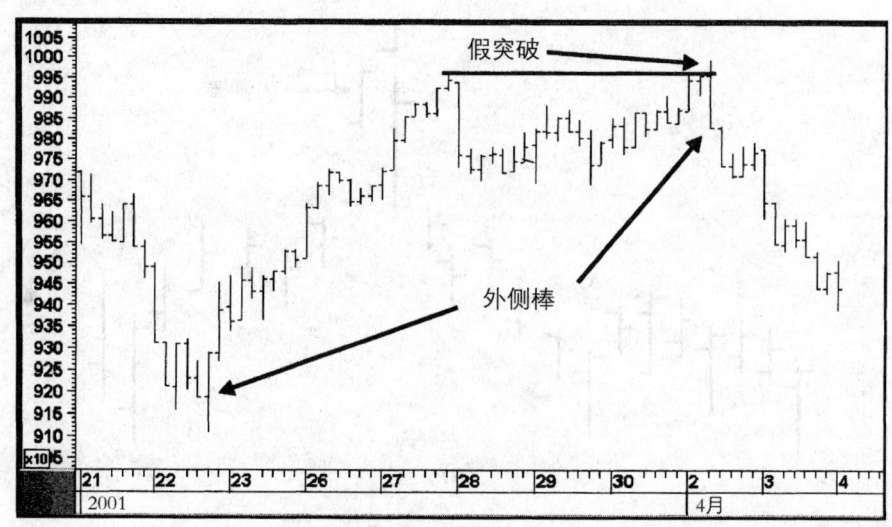

走势图7-3 道·琼斯工业指数60分钟外侧棒线图

（资料来源：*Pring Research*）

内侧棒形态

内侧棒（inside bar）与外侧棒相反，因为它们完全包含在前一根棒的交易区间内。外侧棒代表市场人气的强烈反转，而内侧棒反映价格暴涨或暴跌之后买卖双方的平衡状态，随后的走势通常恢复到前期的趋势。在前一根棒中，买方或卖方根据趋势的方向顺势而为，内侧棒的形成反映买卖双方势均力敌，价格走势与前一根棒趋势相反。图7-4（a）和（b）以及图7-5（a）和（b）是内侧棒的情形。

内侧棒涵义的研判准则为：

- 前期趋势越强劲，信号越强。

- 相对于前期的棒线来说，第一根棒的交易区间越宽，信号越强，当前趋势创新高或新低的动能较强。

- 相对于外侧棒，内侧棒越小，买方/卖方的力量变化越明显，信号也就越强。

- 内侧棒的成交量，应该明显小于前一根棒，因为它代表买卖双方力量更为均衡的状态。

95

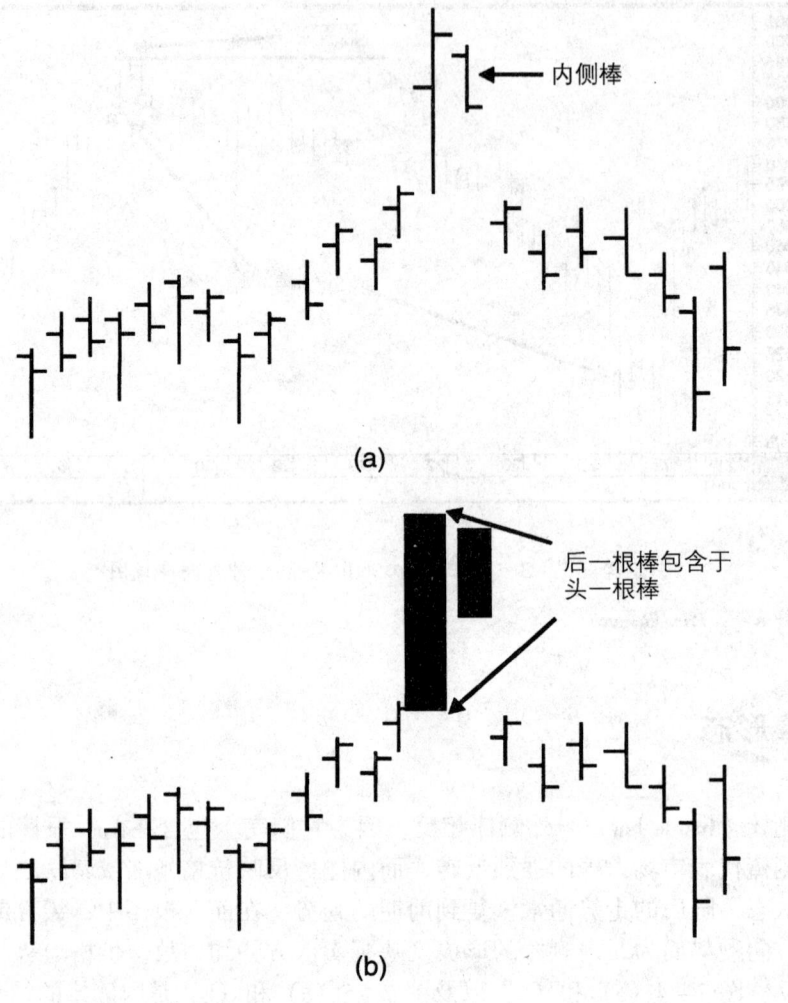

图7-4 头部的内侧棒形态

走势图7-4显示两个内侧棒的情形。第一个内侧棒形态处于9～11月大幅跌势的末端。请注意，头一根棒的交易区间很宽，后一根棒的交易区间相对较窄。伴随着第一根棒的成交量明显放大，价格大幅下跌，市场人气毫无疑问倾向空头一边。随后，第二天的成交量明显萎缩，交易区间也显著缩小，显示多空双方处于均势状态。虽然价格处于下跌趋势的底部，但随后的短期走势基本上呈现横向盘整。我们经常会发现，内侧棒形态显示与反转趋势相反的变化。

第二个内侧棒形态出现在一波涨势的中途，随后的价格交易区间为横向波动。

第七章　单根和两根棒价格形态

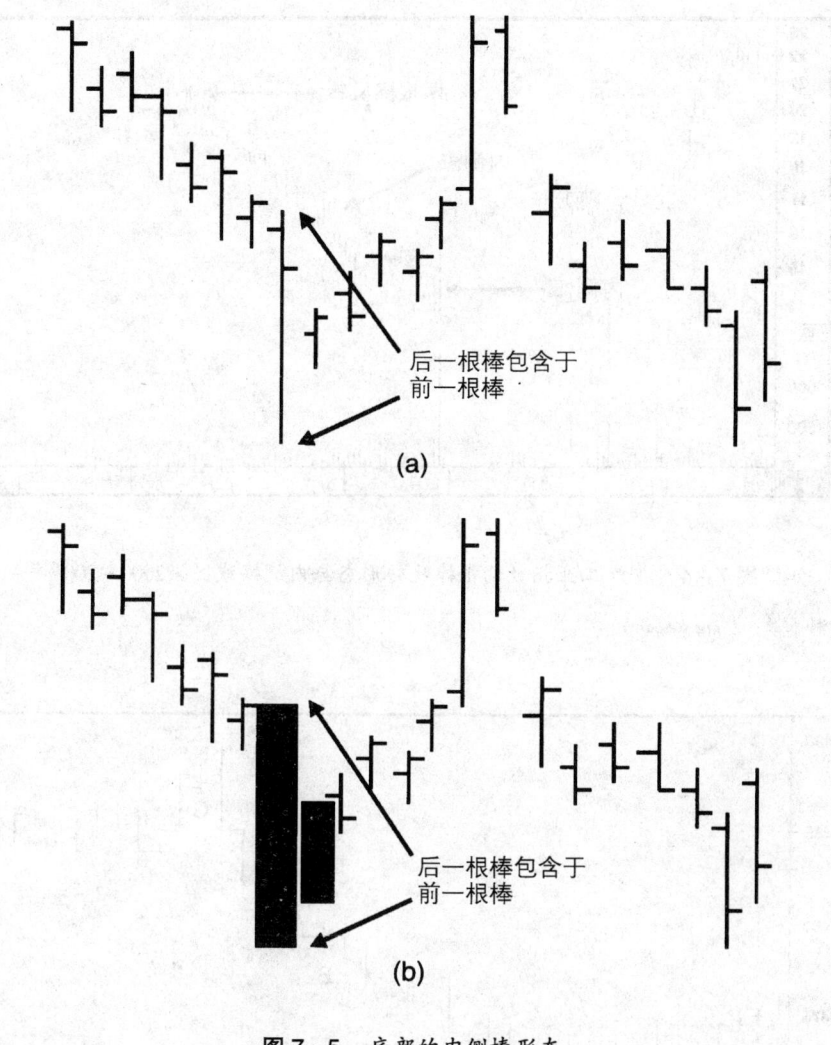

图7-5　底部的内侧棒形态

在两根棒形态之后，价格走势形成头部，有关两根棒形态的涵义我们将在下一节讨论。

走势图7-5显示多个内侧棒形态，该走势图为盘中走势图。棒A之后是一波漂亮的涨势，但信号并不明显，因为后一根棒的交易区间与前一根棒差异不大。棒B是一个完全的失败形态，因为随后的价格继续上涨，这表明当趋势十分强劲时，价格形态可能会失败。实际上，完全失败的价格形态常常是原来趋势十分强劲的信号。

最后，棒C是一个典型的内侧棒。前一根棒的交易区间相当宽，后一根棒相

97

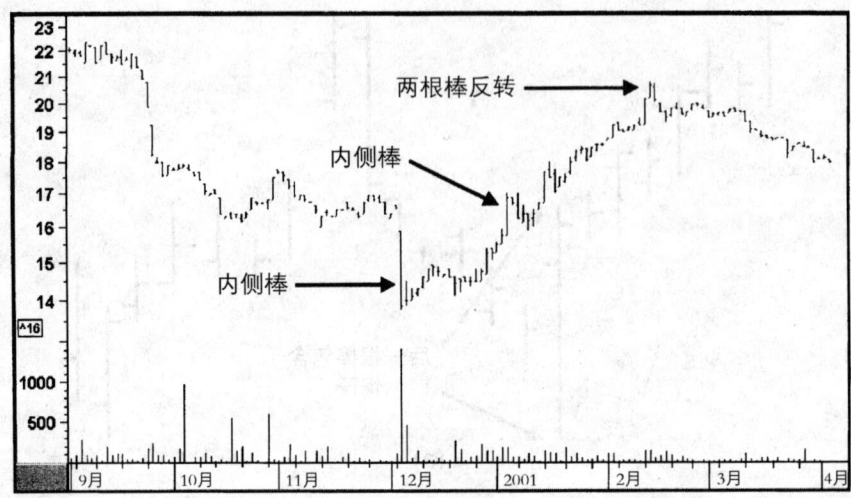

走势图7-4 牛津工业指数两根棒反转形态与内侧棒线图（2000~2001年）

（资料来源：Pring Research）

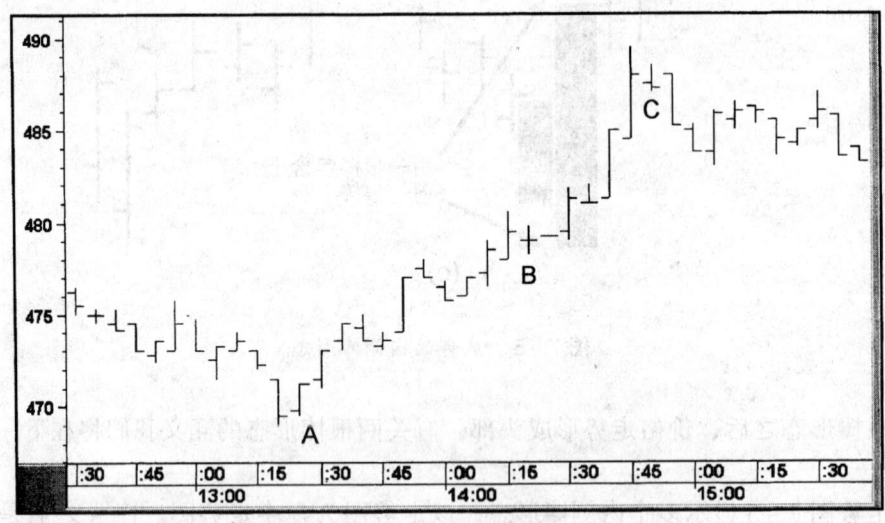

走势图7-5 S&P综合指数5分钟内侧棒线图

（资料来源：Pring Research）

对较窄。请注意，该棒的开盘价和收盘价几乎是相同的价格，因此，该价格形态确认买卖双方处于完全的均势。

两根棒反转形态

两根棒反转是典型的反转形态，走势图上显示多头或空头力量的衰竭。这种形态出现在延长的涨势或跌势中，如图7-6、图7-7和图7-8所示。

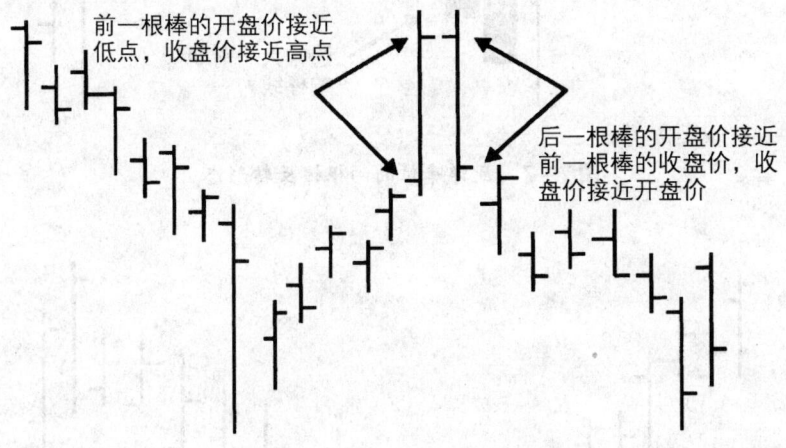

图7-6 头部的两根棒反转形态

前一根棒的形态与前期趋势的方向完全一致。对于上升趋势的五颗星形态，棒的收盘价必须是最高价或十分接近最高价。下一个交易日开盘时，多头后市看涨，因而承接有力，开盘价应该十分接近前一根棒的最高价。但只有当后一根棒的收盘价稍微高于或低于头一根棒的最低价，市场心理发生变化时，才会出现两根棒反转的信号。因此，以开盘价介入的市场参与者的乐观预期，在这段交易期间的末端，就会变得完全沮丧起来。价格创出新高或新低，两根棒反转形态才会有效，所以两根棒反转形态应该尽可能包含以下特征：

- 先前为持续性的趋势，走势越强劲，信号越强。
- 前后两根棒十分突出，因为相对于其前期的棒线，交易区间明显加大（参见图7-7）。
- 两根棒的开盘价和收盘价应该接近棒的端点。

99

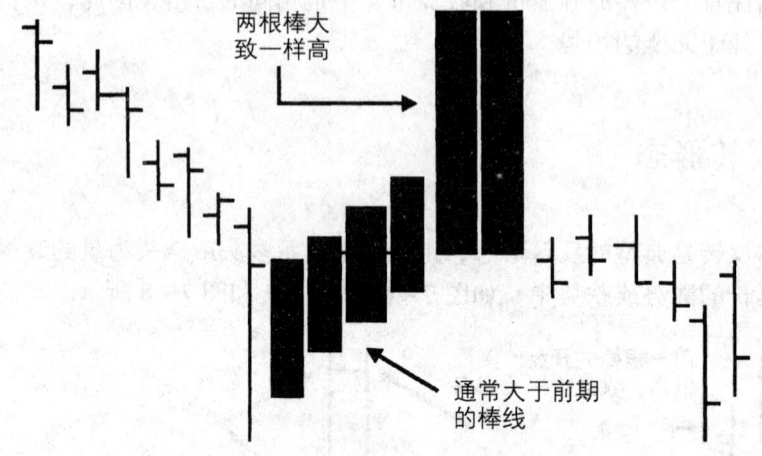

图7-7 反弹峰位的两根棒反转形态

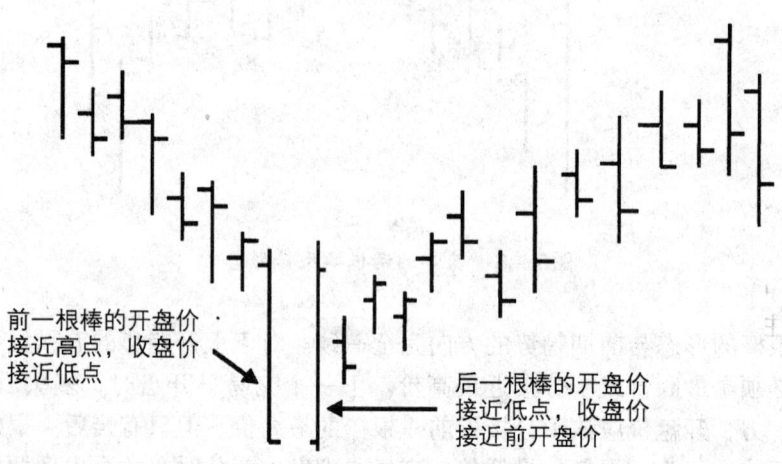

图7-8 底部的两根棒反转形态

- 伴随着两根棒的成交量放大，显示市场人气的变化。

走势图7-6是6个月黄金期货在2001年3月所形成的两根棒反转形态。在很多情况下，这种形态紧随着一波中期涨势。在走势图7-6中，由于其他证据也显示趋势反转，涨势推迟一天。在两根棒反转形态发生之后，出现一根内侧棒。注意，这种"双重"（double）形态通常是十分有效的反转信号。在两根棒反转形态中，后一根棒的交易区间包含前一根棒。实际上，后一根棒是一根外侧棒。虽然两

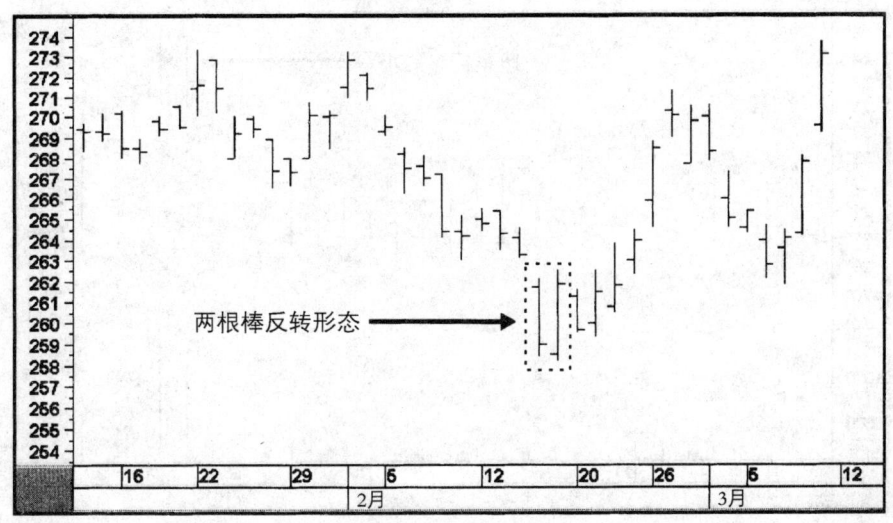

走势图7-6 6个月黄金期货的两根棒反转形态

（资料来源：*Pring Research*）

根棒反转特征并不要求出现外侧棒，但这种形态更可以显示市场人气的强烈变化，并且已经确认趋势反转。如果我们寻求可靠性高的反转信号，两根棒反转形态及内侧棒显然较为可靠。

走势图7-7是美国班考普公司（Bancorp）在2000年秋形成的头部两根棒反转形态。请注意，成交量明显放大，而且第二天的成交量略高于第一天的成交量，更加显示价格走势有利于空头一方。

这些单根和两根棒形态通常具有短期的指导意义，所以并不适用于长期投资者。但是对于寻求最佳买入和卖出时机的交易者来说，这些形态具有非常高的参考意义。

关键反转棒形态

关键反转棒（key reversal bar）是指在延长的涨势或折返走势之后出现的形态。在关键反转棒形态出现之前，价格趋势往往会呈现加速迹象。典型的关键反转棒形态具有如下的特征：

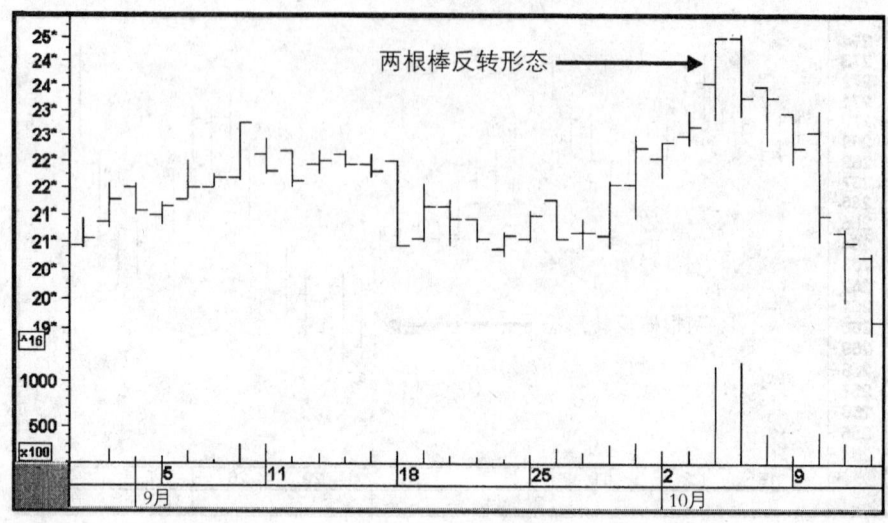

走势图 7-7 美国班考普公司股票的两根棒反转形态

（资料来源：Pring Research）

- 开盘价跳空，与当前趋势的方向一致。
- 相对于前期的棒，该棒的交易区间非常宽。
- 收盘价接近或低于前收盘价（在下降趋势反转中，收盘价接近或高于前收盘价）。
- 伴随着关键反转棒形态的成交量应该最大。

图 7-9 是关键反转棒形态。在许多情况下，回档走势（参见图 7-10）之后会出现一根关键反转棒（参见图 7-11），特别是当最初的反转趋势发生剧烈变化时。反转棒的极端点通常不会太远。图 7-11 是底部关键反转棒形态。

走势图 7-8 是 1999 年 9 月后出现的典型关键反转棒形态，因为伴随着成交量的显著放大，出现交易区间较宽的关键反转棒，于是短期涨势达到顶点。在关键反转棒之后，通常趋势会发生剧烈变化，紧随着一波回档走势。这与走势图 7-8 的情形完全吻合，因为在关键反转棒之后的第四根和第五根棒中，价格走势出现反弹。请注意，外侧棒形态显示这波短暂的涨势即将结束。虽然整体而言，单根和两根棒形态仅具有短期的研究意义，但它们往往是主要趋势发生反转的第一张多米诺骨牌。反转信号的可靠性取决于趋势的发展程度以及长期指标的位置。

走势图 7-8 中第二个关键反转棒也较为典型，因为同样伴随着成交量的放大，

第七章 单根和两根棒价格形态

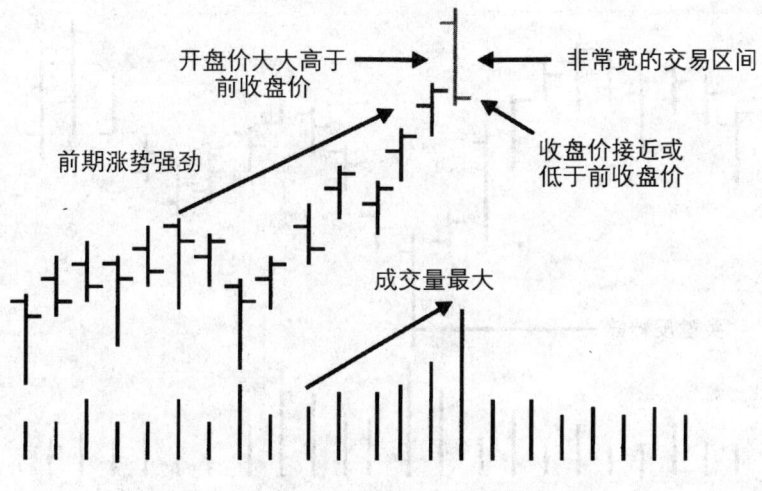

图 7-9 头部的关键反转棒形态

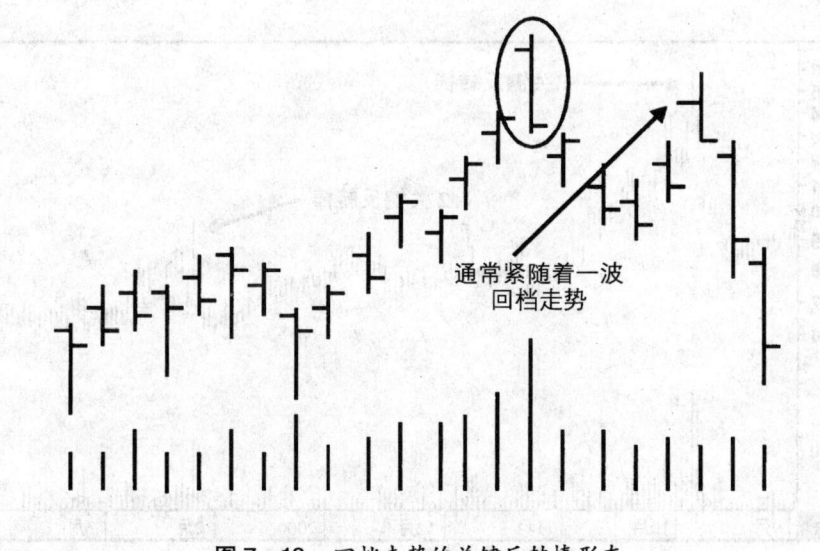

图 7-10 回档走势的关键反转棒形态

交易区间加宽。但由于前期的涨势并不强劲，所以随后反弹的棒的根数少于第一个反转形态。

走势图 7-9 是美林公司股票在 1998 年的底部价格走势。请注意，形成底部的当天是一根典型的关键反转棒，而且得到大成交量的配合。虽然可以绘制一条较小的下降趋势线，但棒线与趋势线的背离确认了反转棒形态的有效性。

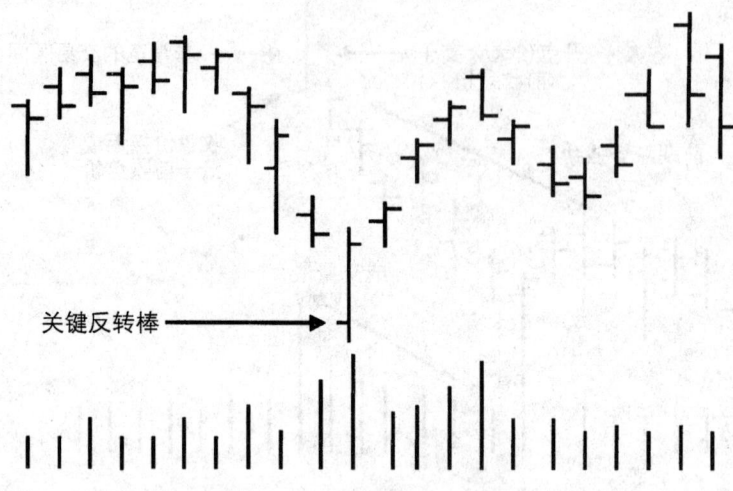

图7-11 底部的关键反转棒形态

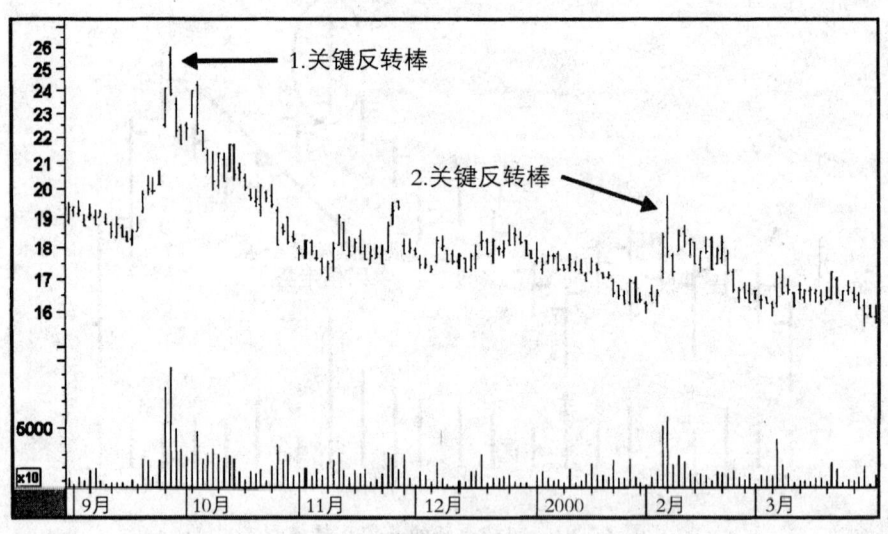

走势图7-8 拜瑞科·高登公司（Barrick Gold）股票的两根棒反转形态（1999~2000年）

（资料来源：Pring Research）

走势图7-10是盘中走势的情形，除了开盘价略高于前一个收盘价外，该棒形态几乎符合所有的反转棒的特征。然而，这根棒却显示价格走势的衰竭。其中一个征兆是棒的上端就像大拇指一样突出在前两根棒的上面。也就是说，虽然价格强劲

第七章 单根和两根棒价格形态

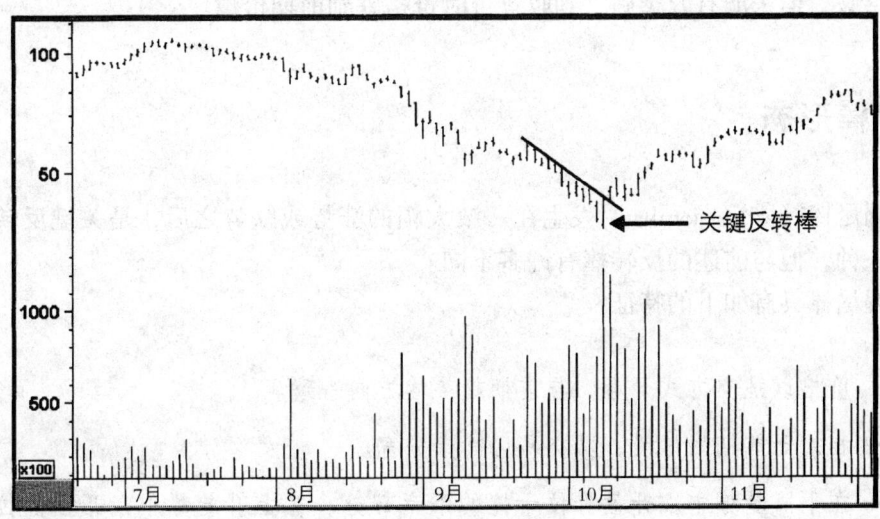

走势图7-9 美林公司股票的关键反转棒线图（1998年）

（资料来源：*Pring Research*）

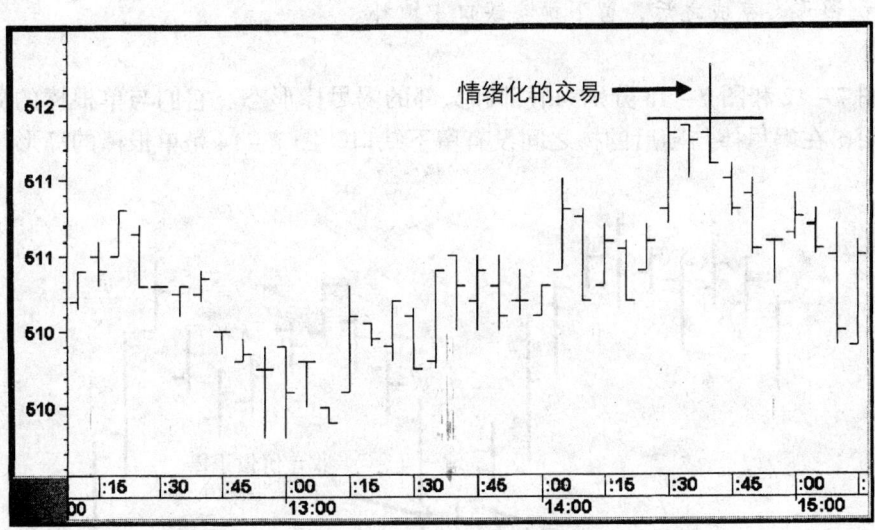

走势图7-10 S&P综合指数5分钟匹诺曹棒线图

（资料来源：*Pring Research*）

向上突破，但未能有效突破，到收盘价时价格跌到前期价位。

竭尽棒形态

竭尽棒（exhaustion bar）发生在一波大幅的涨势或跌势之后，是关键反转棒形态的一种，但与前述的反转棒有许多不同。

竭尽棒具有如下的特征：

- 价格以跳空方式开盘，与前期趋势的方向一致。
- 相对于前期的棒线，其交易区间十分宽。
- 在下降趋势中，开盘价位于棒的下半部分；在上升趋势中，开盘价位于棒的上半部分。
- 在下降趋势中，收盘价应该高于开盘价，位于棒的上半部分；在上升趋势中，收盘价应该低于开盘价，位于棒的下半部分。
- 该形态完成之后，留下跳空缺口未填补。

图7-12和图7-13分别为底部和头部的竭尽棒形态。它们与单根棒的岛形反转不同，在竭尽棒与随后的棒之间没有留下缺口。图7-14是单根棒的岛形反转形态。

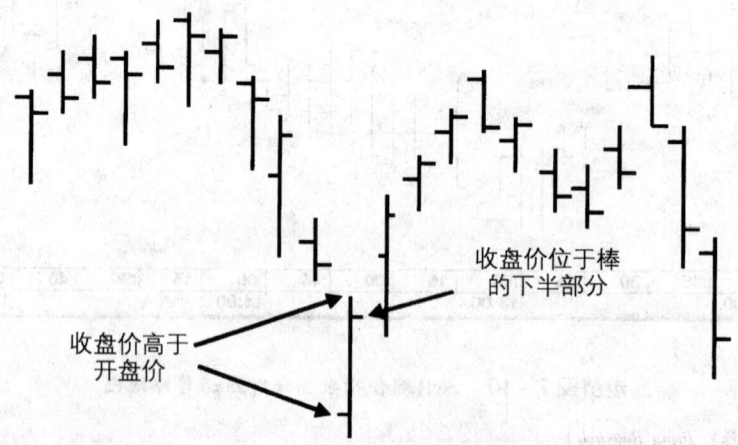

图7-12 底部的情绪化棒形态

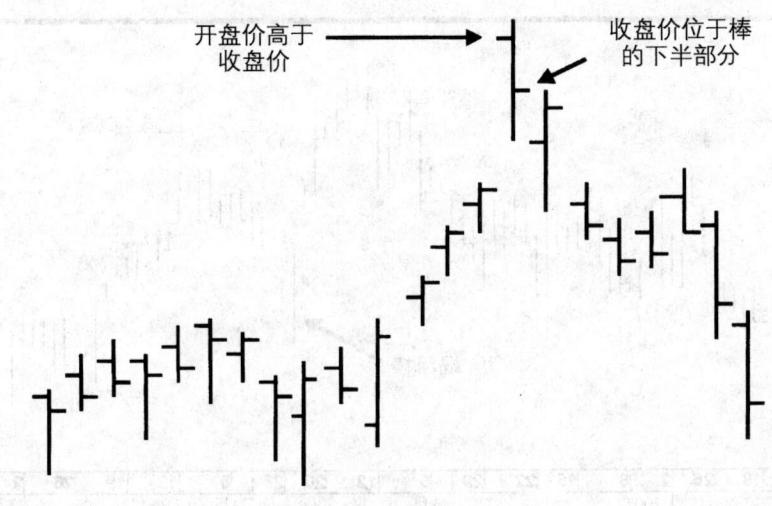

图7-13 头部的情绪化棒形态

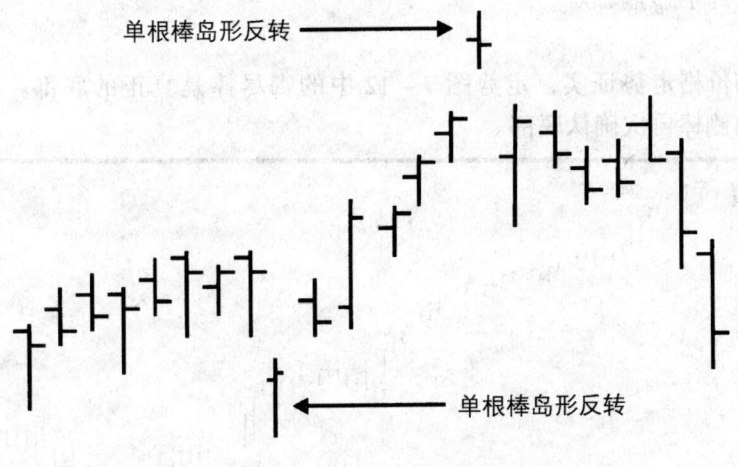

图7-14 单根棒的岛形反转形态

这种形态的价格波动幅度非常大,而且先前已经有一波强劲的走势。竭尽棒以巨大的跳空缺口开盘,收盘价却与跳空方向相反,反映市场心理的反转。巨大的跳空缺口和较宽的交易区间,都显示强劲的趋势反转。

走势图7-11是凯尔伍德(Kellwood)公司股票的日走势图。竭尽棒形态之后是一波10天的涨势,细心的读者一定还记得,所有的这些单根和两根棒形态都只具有短期的参考意义。

107

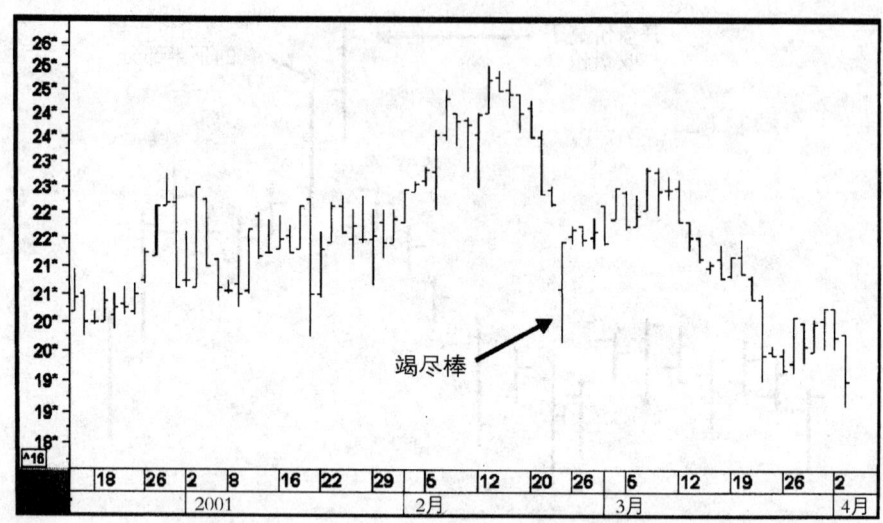

走势图 7-11 凯尔伍德公司股票的竭尽棒线图（2001年）

（资料来源：*Pring Research*）

随后的价格走势证实，走势图 7-12 中的竭尽棒是真正的底部。请注意，10月中旬的内侧棒再次确认底部。

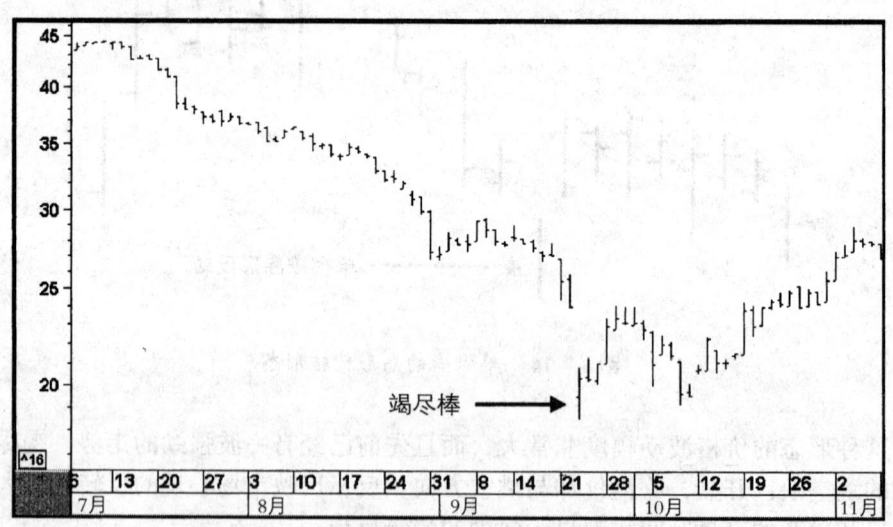

走势图 7-12 瓦纳科（Warnaco）公司股票的竭尽棒线图

（资料来源：*Pring Research*）

由于隔了一夜市场心理发生变化，开盘跳空缺口几乎总是出现在盘中走势图中，意味着竭尽棒在非常短的走势图中更为常见。走势图 7-13 为 NYSE 成分指数发生竭尽棒的情形。该棒具有竭尽棒所有的特征：巨大的跳空缺口，收盘价高于开盘价，宽的交易区间等等，而且随后出现的内侧棒，更加证实了趋势已经反转。

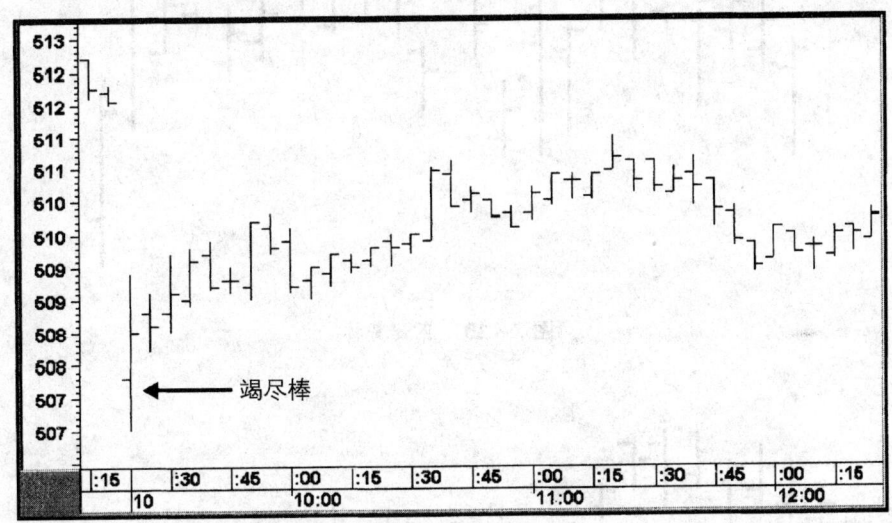

走势图 7-13　NYSE 成分指数 5 分钟竭尽棒线图（1997 年）

（资料来源：Pring Research）

匹诺曹棒形态

竭尽棒形态也可能以其他的形式出现，这些形式与我们前述所讨论的特征不同，我们称之为匹诺曹（Pinocchio bar）棒形态，因为这种棒会发出错误的走势信号。在这种棒线图中，大量的交易集中在前后棒的交易区间之外，因而产生错误的突破信号。匹诺曹棒不能掩饰自己在"说谎"，因为它的鼻子变得很大。在棒的开盘价和收盘价之上（下降趋势中为开盘价之下）的部分，就是匹诺曹棒的大鼻子，它可能在棒的末端发出错误的趋势反转信号。图 7-15 和图 7-16 是两个匹诺曹向上假突破的情形。图 7-16 显示，当价格向上突破下降趋势线为假突破时，该棒会显示走势的衰竭，因为价格不可能保持在代表强劲阻力位的趋势线之上。

走势图 7-14 和走势图 7-15 是股票市场中匹诺曹棒的例子。第一个匹诺曹棒的突破价位在交易区间之上，但收盘价显示突破无效。第二个匹诺曹棒为向下假突

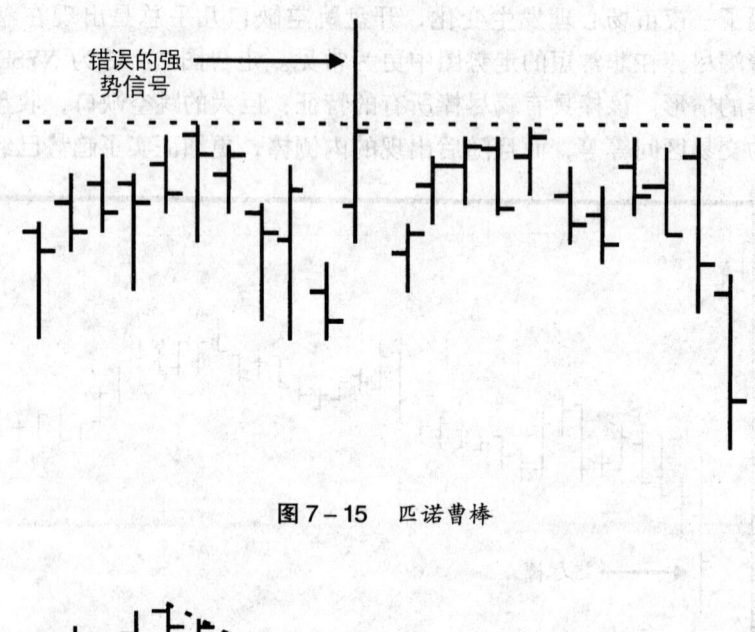

图 7-15 匹诺曹棒

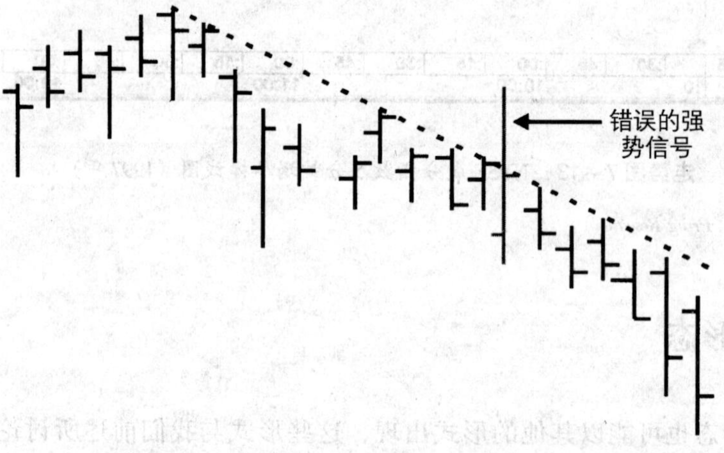

图 7-16 匹诺曹棒

破的情形。通常在假突破之后,价格走势的方向与突破方向相反。

值得注意的是,匹诺曹棒的极端点往往是重要的支撑位或阻力位。从这个角度来看,最佳的交易策略是设置止损位,价位略高于匹诺曹棒的极端点,这可能会带来相当的风险回报。

第七章 单根和两根棒价格形态

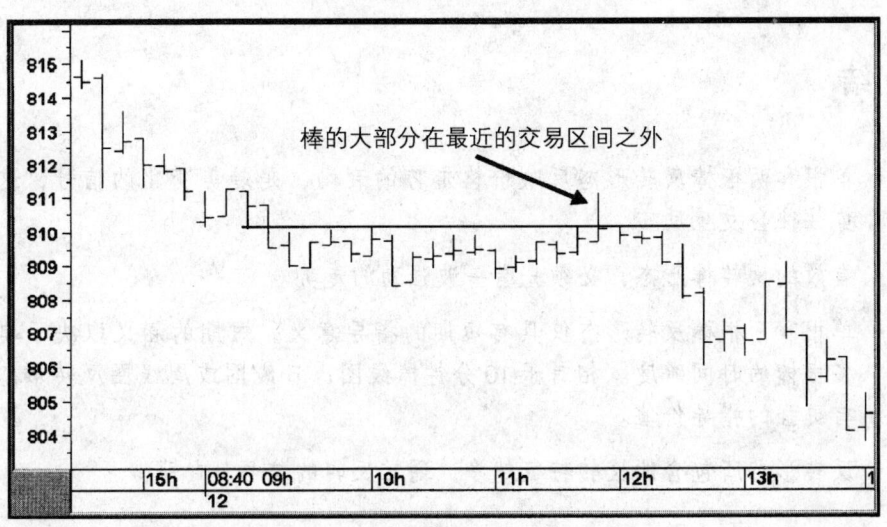

走势图 7-14 S&P 综合指数 10 分钟匹诺曹棒线图（1997 年）

（资料来源：*Pring Research*）

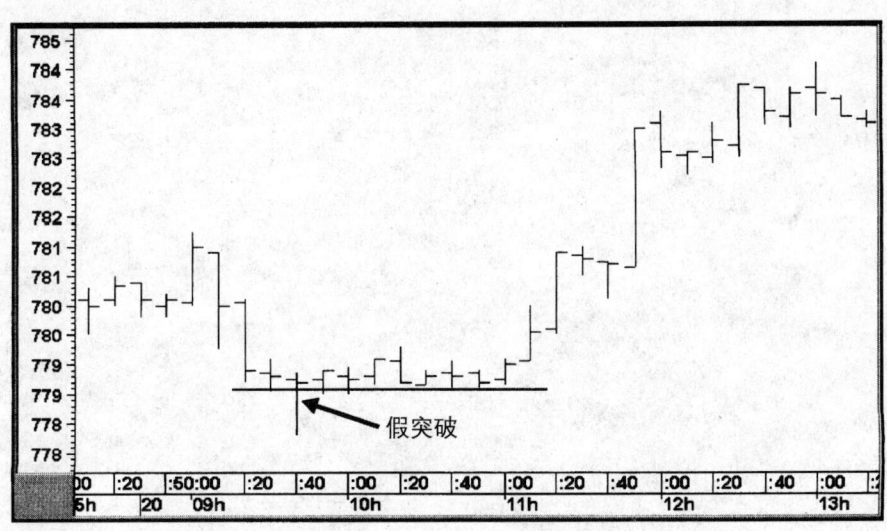

走势图 7-15 S&P 综合指数 10 分钟匹诺曹棒线图（1997 年）

（资料来源：*Pring Research*）

111

小 结

- 单根和两根棒反转形态反映价格走势的衰竭，是趋势变化的信号，这时趋势往往会发生反转。
- 有效的反转棒形态，必须先有一波强劲的走势。
- 单根和两根棒反转形态仅具有短期的指导意义。短期的涵义取决于单根和多根棒的时间跨度。相对于10分钟棒线图，日线图或周线图反转形态则具有更强的指导价值。
- 反转形态所包含的反转特征越多，通常反转的信号就越强。

第八章
趋　势　线

观察任何一个价格走势图，我们很快会发现价格通常呈现趋势变动。在上升趋势中，经常可以将价格走势的底部连接成一条直线；同样在下跌趋势中，也可以将价格走势的顶部连成一条直线。这些直线称为"趋势线"（trendline），虽然结构较为简单，却是技术分析中很有价值的工具［参见图8－1（a）和（b）］。

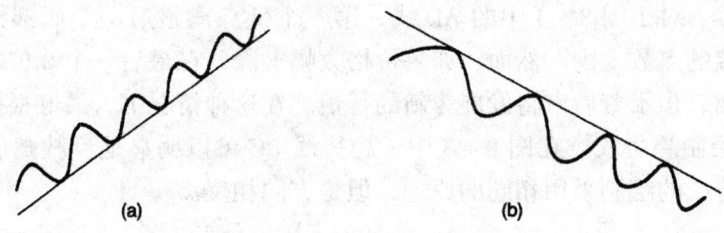

图8－1　上升和下降趋势线

主要的技术准则　趋势线是一种动态的支撑线或压力线。

如何绘制趋势线

正确的趋势线需要连接两个或两个以上的峰位或谷底；否则，该趋势线虽然表现为一定的区域，但没有参考意义。经常有人只通过一个点绘制趋势线，如图8－2所示。一定要记住，有效的趋势线是代表随后趋势的图表。因此，如果趋势线只通过一个点，那不是真正的趋势线。

在图8－3中，连接涨势的第一个底部与最后一个低点，就形成理想的上升趋

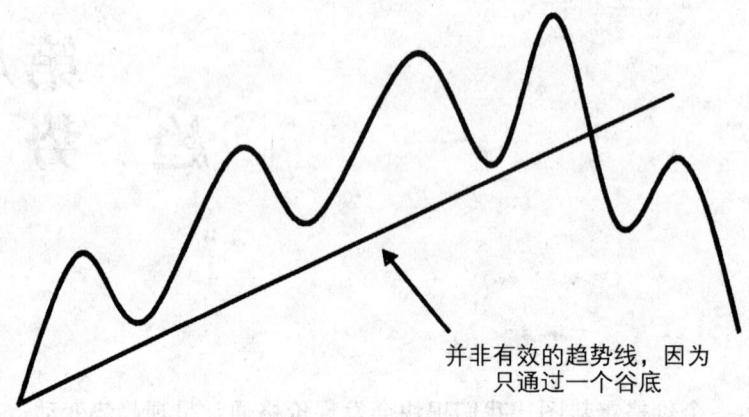

图8-2 不是趋势线

势线 BC。在主要上升趋势中,趋势线一定要通过空头行情的低点和第一个中期底部,反之亦然。对于图 8-3 中的 AD 线,第一个低点离最后一个底部太近,以至趋势线所衔接的点数太少。然而,如果价格大幅上涨,在最后一个峰位之后,与趋势线发生背离,预示着后市将发展为新的行情。在这种情况下,最好根据价格的变动趋势重新绘制趋势线。在图 8-3 中,趋势线 BC 可以明显地反映随后的价格趋势。下降趋势线的绘制采用相同的原理,但是方向相反。

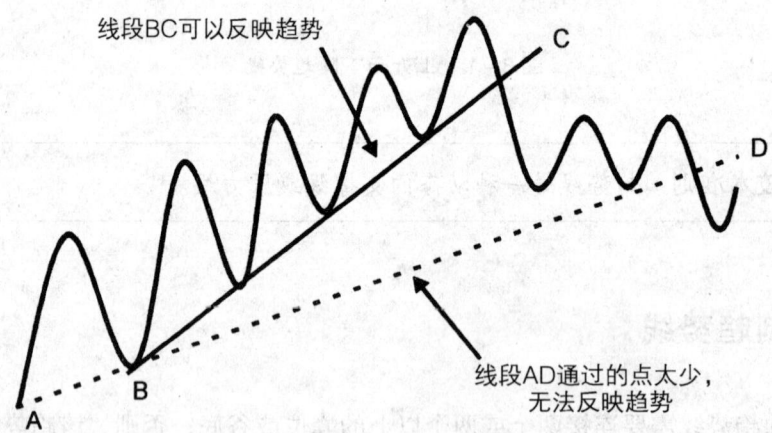

图8-3 趋势线

棒线走势图与收盘价走势图

从前几章我们已经看到，有些走势图可以用棒线绘制，另一些走势图可以用分时走势图（line chart）表示。我们应该采用哪种形式的走势图研判趋势和进行趋势线分析呢？在大多数情况下，棒线走势图发出的信号快一些，不论是峰位与谷底的演进、价格形态的形成，还是趋势线的背离等信号。技术分析常存在一个问题，技术信号滞后于价格走势，而且价格走势经常发生假突破现象。在传统的日走势图或周走势图中，收盘价非常重要，因为它是愿意隔夜或隔周持有头寸与不愿意持有头寸的分隔点。相对于最高价和最低价，传统的观点认为以收盘价绘制的价格走势图更为重要。

另外，当市场没有预期到的消息被公布时，市场会情绪激昂，在走势图中经常出现随机的最高价和最低价，所以通常在绘制趋势线时都采用收盘价。但是根据我们所讨论的研判准则，某些采用棒线图的趋势线比只采用收盘价的趋势图具有更强的指导意义，所以也不是一概采用收盘价走势图。因此，综合运用经验判断和严格的技术准则往往是最重要的。

价格突破趋势线可能代表反转或整理

某些趋势可能为横向整理，所以趋势线呈现水平状。头肩形态的颈线，矩形形态的上界线和下界线，实际上都是趋势线。价格突破这些趋势线，如上升趋势线或下降趋势线，都是趋势可能发生变化的信号。事实上，这些趋势线代表支撑位（上升趋势线）或阻力位（下降趋势线）。

矩形形态完成之后，可能有两种发展趋势：（1）与前期趋势方向相反，这种矩形形态被称为反转形态；（2）继续沿前期的趋势发展，这种矩形形态被称为整理或连续形态。同理，趋势线的突破可能形成趋势反转或连续。图8-4是上升趋势线的情形。在图8-4（a）中，价格最终跌破连接一系列谷底的趋势线。第四个峰位是多头行情的最高点，价格跌破趋势线，是空头行情开始的信号。

图8-4（b）中上升趋势线和跌破趋势线的情形，与图8-4（a）完全相同，但随后的价格走势却截然不同，因为跌破趋势线仅代表价格继续上涨，但上涨的步调较为平缓。随后价格走势形成新的趋势线。

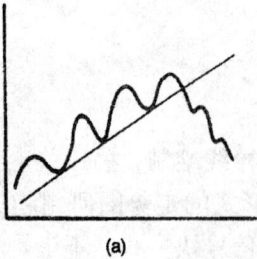 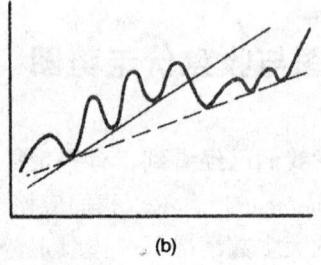

图 8-4　反转突破和连续形态

主要的技术准则　一般而言，以较大的上升或下降角度突破趋势线，后市整理的可能性比反转的可能性大。

不幸的是，在价格跌破趋势线的当时，我们无从判断后市的发展态势。但是我们还是可以通过运用其他的技术指标，通过评估整个市场的技术结构的健康状况（将在第二部分至第四部分讨论）来进行判断。运用第五章所讨论的技巧也会有所帮助。例如，在多头行情中，趋势线的突破可能发生在某种反转形态完成时或完成之后。图 8-5 和走势图 8-1 是可能发生的一些情形。在图 8-5 (a) 中，连接一系列的谷底绘制成上升趋势线，但最后三波走势构成头肩顶形态。图 8-5 (b) 和 (c) 是矩形形态和扩散顶的情形。

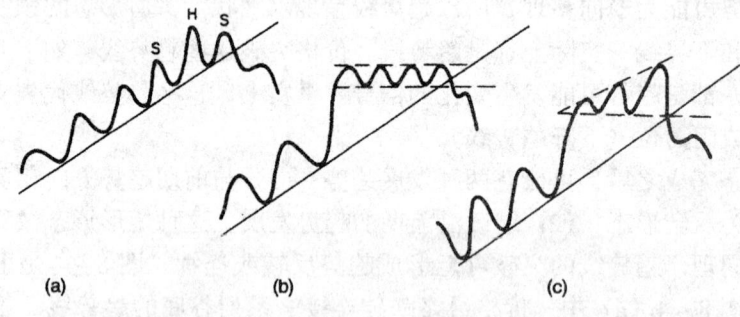

图 8-5　头部的趋势线和价格形态同时突破

图 8-6 是空头市场反转的类似情形。如果趋势线的突破发生在反转形态完成时或完成之后，两种突破的效果可以相互强化。在有些情况下，如图 8-7 所示的情形，趋势线的突破发生在价格形态完成之前。在这种情况下，趋势线的突破应该

第八章 趋势线

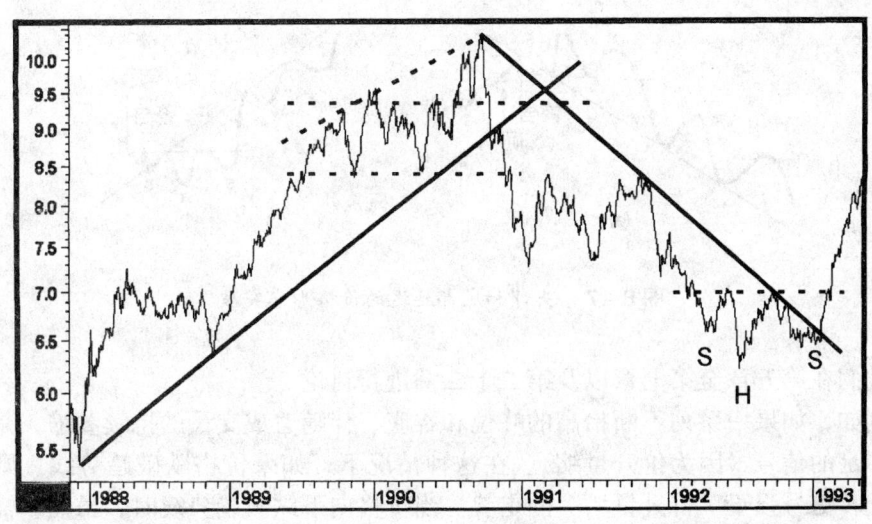

走势图8-1 英维科（Invesco）能源基金趋势线和价格形态的同时突破

该走势图是趋势线和价格形态几乎同时突破的情形。在1990年末，英维科基金价格曲线向下突破趋势线，紧接着完成直角三角形扩散顶形态。当基金曲线向上突破另一条下降趋势线时，就完成了反转的头肩底形态，显示跌势的结束。

（资料来源：www.pring.com）

被视为前期趋势中断的信号，而不是趋势发生反转的信号，因为我们一直假定趋势将持续，直到有足够的证据显示趋势反转为止。

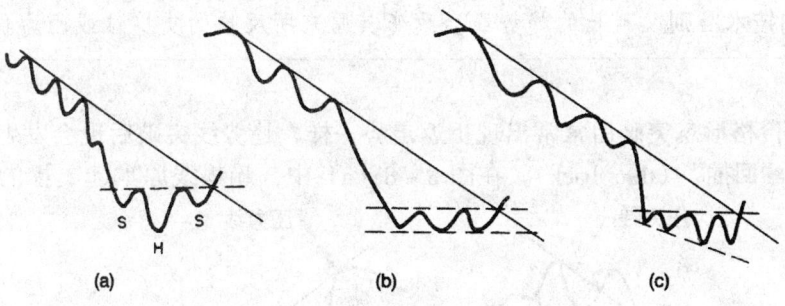

图8-6 底部的趋势线和价格形态同时突破

在上升趋势中，如果回档低于前一个低谷，该趋势应该会继续发展下去，这实际上已确认了趋势的反转。在下跌趋势中，情况相反［参见图8-7（b）］。另外，我们还可以通过分析成交量的特征来判断趋势线突破所代表的涵义，有关成交量的

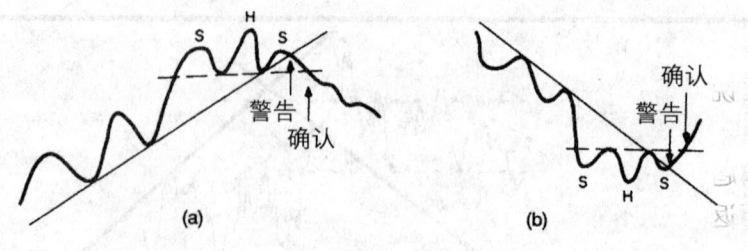

图8-7 头部和底部延迟的价格形态突破

特征我们在第五章至第七章以及第二十二章进行讨论。

例如，如果一系列不断抬高的峰位和谷底，伴随着成交量的持续萎缩，是上涨动能不足的信号（因为价升量缩）。在这种情况下，如果价格跌破趋势线，则很可能是反转信号强于"价升量增"的走势。当价格向下跌破趋势线时，虽然不需要伴随着成交量的放大，但放量突破更能强化空头的气氛，因为它显示股票的供需关系有利于卖方。

延长的趋势线

大多数投资者观察到趋势线突破后，会假定趋势已经反转，从而忘记这条趋势线。这是一种错误的看法，因为延长的趋势线与原来的趋势线同样重要。

> **主要的技术准则** 延长的趋势线会改变其原来所反映的支撑位或阻力位。

如同价格形态突破后常常出现折返走势一样，趋势线突破后也会发生类似的走势，称为"回抽"（throwback）。在图8-8（a）中，趋势线原本起支撑的作用，但

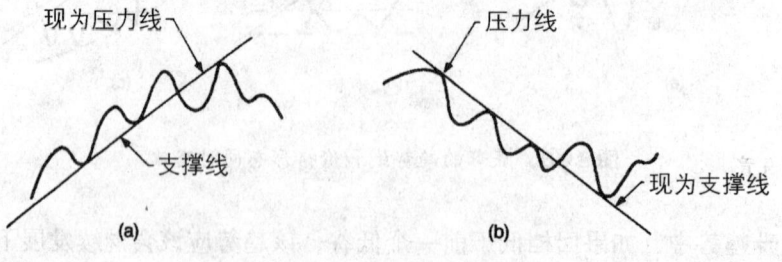

图8-8 头部和底部延长的趋势线

第八章　趋势线

在突破后的回抽走势中，原来的趋势线却成为压力线。图8-8（b）是下跌行情中的类似情形。

举例来说，走势图8-2是摩根斯坦利国际资本（Morgan Stanley Capital International，MSCI）东欧股票指数（Eastern European）上升趋势线跌破的情形。指数跌破相对倾斜的趋势线，是一种整理突破。上升趋势线成为压力线，指数两次上冲压力线都无功而返。

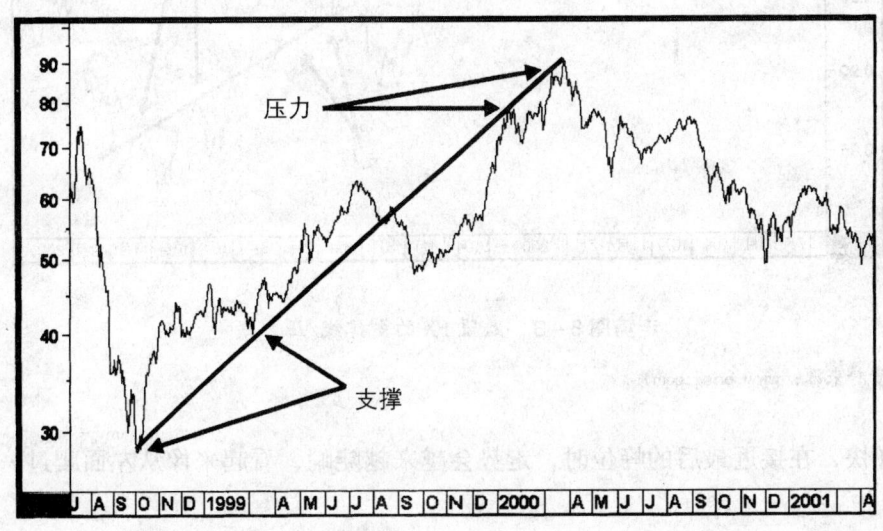

走势图8-2　摩根斯坦利国际资本东欧股票指数重要的延长线

（资料来源：www.pring.com）

走势图8-3是欧盟FX下降趋势线突破的类似情形。在走势图8-3中，趋势线起到压力线的作用，当指数突破压力线时，压力线成为趋势线，起支撑的作用，最后指数跌破趋势线，趋势线又成为压力线。

对数（比率）与算术坐标单位

在第五章中，我们曾经讨论过，相对于算术坐标单位，采用对数坐标单位的优越性。在趋势线的分析中，坐标单位的选择尤为重要，它影响判断的精确性和时效性，因为在主要趋势即将结束之前，价格通常会沿前期趋势方向加速运动，也就是说，在多头行情的末端，价格会加速上涨；在空头行情的末端，价格会剧烈下跌[参见图8-9（a）和（b）]。在多头行情刚发动的时候，价格上涨较为平缓，然后

119

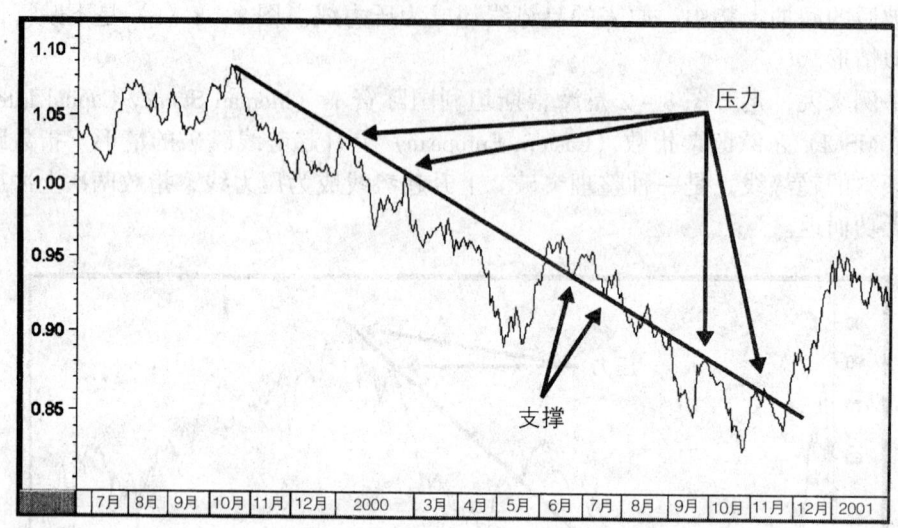

走势图 8-3 欧盟 FX 的支撑线/压力线

（资料来源：www.pring.com）

逐渐加快，在接近最后的峰位时，走势会越来越陡峭，看起来像从左面爬过一座山一样。

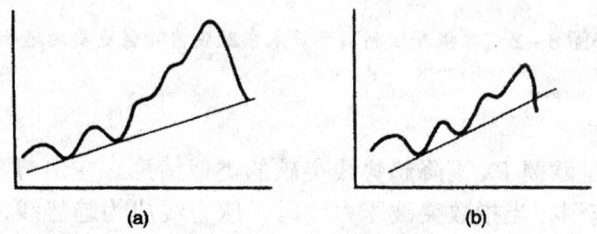

图 8-9 头部的算术坐标和比率坐标突破

在走势图 8-4 中，采用算术坐标单位，强劲的走势使阿森 SE 指数（Athens General SE Index）在 1999 年末远离趋势线，所以在指数回落时，也需要相当大的跌幅才会跌破趋势线。因此，上升趋势线在对数坐标中比较容易突破，在走势图 8-4 中用箭头表示。相反，下降趋势线在算术坐标中比较容易突破。请注意，在走势图的末端，上升趋势线在对数坐标中已经突破，而在算术坐标中还没有突破。

一般而言，在对数坐标中趋势线突破所显示的反转信号，优于算术坐标。

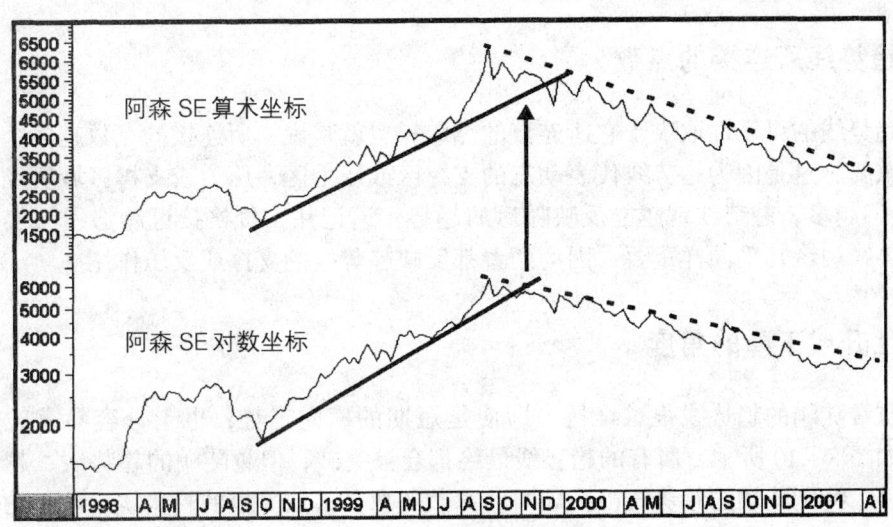

走势图8-4 阿森SE指数采用算术坐标和比率坐标的区别

（资料来源：www.pring.com）

趋势线的意义

趋势线突破可能代表趋势的实际反转，也可能代表趋势的步调放缓。虽然我们未必能判断后市的发展态势，但仍然有必要了解趋势线突破所蕴涵的重要意义；以下所讨论的准则有助于这方面的评估。

> **主要的技术准则** 趋势线的重要程度取决于趋势线的长度、所连接的点数和上升或下降的角度。

趋势线的长度

和价格形态一样，趋势线的长度是一个重要的因素。如果一系列不断抬高的谷底发生的时间跨度为3～4周，这条趋势线不是很重要。然而，如果趋势线延伸的时间超过1～3年，则趋势线突破的意义重大。请记住，大的趋势线代表大的信号，小的趋势线代表小的信号。

趋势线所连接的点数

趋势线的可靠性取决于它所连接的点数；也就是说，所连接的点数越多，趋势线越重要。这是因为趋势线代表动态的支撑区或压力区，压力或支撑区域所经历的"考验"越多，趋势线就越能反映随后的趋势。请记住，价格接近趋势线与实际接触趋势线两者几乎同样重要，因为两者都反映趋势线的支撑或反压作用。

上升或下降的角度

非常陡峭的趋势线很难维持，即使是短期的横向走势，也十分容易突破趋势线，如图8-10所示。所有的趋势线最终都会被突破，但越陡峭的趋势线，越容易被突破。特别陡峭的趋势线被突破时，突破的意义不如平坦的趋势线。陡峭的趋势线被突破，通常会发生短期修正走势，价格走势随后仍会恢复原来的趋势，但步调会减缓。一般而言，陡峭趋势线的突破代表连续走势，而非反转走势。

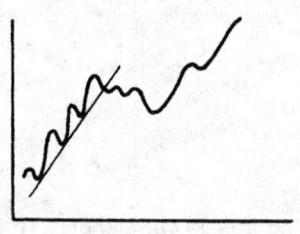

图8-10 陡峭的趋势线

衡量目标价位

如同价格形态一样，趋势线被突破时，可以衡量目标价位。在上升趋势中，先测算价格峰位到趋势线的垂直距离（图8-11中的A_1），然后再从趋势线的突破点

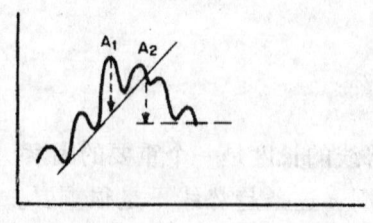

图8-11 目标价位

向下衡量（A_2）。

目标价位（price objective）一词或许会造成误解。当趋势线突破代表反转时，目标价位通常都会达到，但实际的价格经常超出目标价位（价格形态同样如此），所以目标价位在大多数情况下代表最低的预期。在图8-12中，目标价位是次级折返走势的支撑位，而当价格显著地穿越目标价位时，该目标价位反而成为随后涨势的阻力位。图8-13是向上突破趋势线的情形，目标价位成为后市的支撑位。

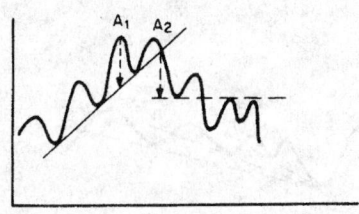

图8-12 向下突破的目标价位

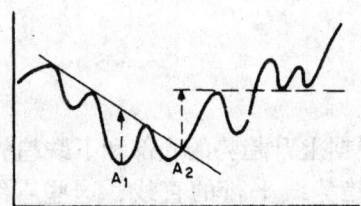

图8-13 向上突破的目标价位

一般而言，这些目标价位都是重要的阻力位或支撑位。不幸的是，我们无从判断在这些区域发生的实际转折点是涨势还是跌势。这再次强调了我们前面所谈到的一种观点：没有一种可靠的方法可以判断价格走势的持续期间。我们只能推测价格在某一特定区域发生重要反转的可能性。

修正扇形原则

在主要多头行情的开始阶段，最初的中期涨势通常最具爆发性，价格上涨很快而无法持续。这是因为它是前期长期下跌走势的第一波涨势，具有技术性调整的涵义，如空头投机者会回补仓位。由多头市场的起点到第一波中期折返走势低点的趋势线，因斜率过于陡峭，所以很快会被突破。

图8-14中AA线是第一条趋势线。根据第二波中期折返走势的低点，我们可以再绘制一条新趋势线AB，与第一条趋势线相比，AB线的上升速率较为平缓。最后，再重复上述过程，绘制第三条趋势线AC。根据扇形原则（fan principle），一旦第三条趋势线被突破，就确认多头行情已经结束。从另外的角度来看，这3条趋势线可以看作是多头行情或空头行情的3个阶段（参见第三章）。扇形原则同样适用于空头行情，而且也可以根据扇形趋势线的突破来判断中期趋势和主要趋势的结束。

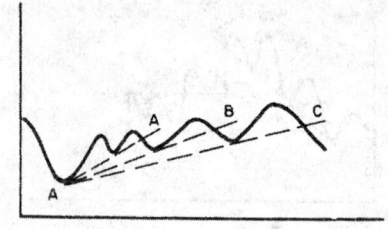

图8-14 修正扇形原则

趋势通道

截至目前，我们都是根据上升趋势的底部和下跌趋势的顶部来绘制趋势线。我们也可以绘制与这些基本趋势线平行的直线，这些直线称为折返趋势线（return trendline），如图8-15（a）和（c）所示。在上涨行情中，折返趋势线连接一系列涨势的峰位 [图8-15（a）中的AA线]；在下跌行情中，折返趋势线连接一系列跌势的谷底 [图8-15（c）中的BB线]。在两条趋势线之间的区域称为趋势通道（trend channel）。

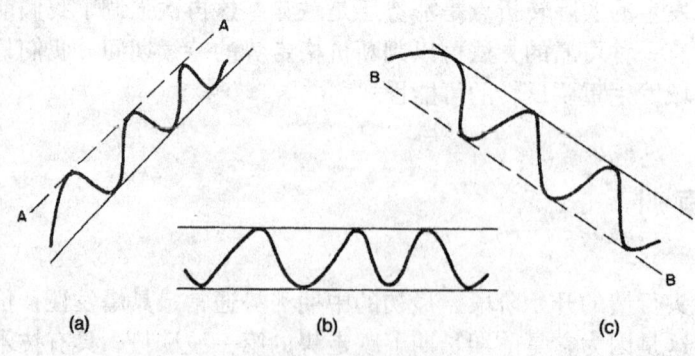

图8-15 趋势通道

我们可以从两个方面运用折返趋势线。第一，它代表上升趋势的压力线，或下降趋势的支撑线。第二，或许是更为重要的，当价格突破折返趋势线时，代表两种可能的信号，或者是价格趋势加速发展，或者是基本趋势即将反转，至少是暂时反转。

在图8-16（a）中，价格突破折返趋势线时，代表价格涨势开始加速。图8-16（b）是向下突破的类似情形。在图8-16（a）中，趋势通道实际上是一个上升的矩形形态，趋势线的突破就是矩形形态的突破。

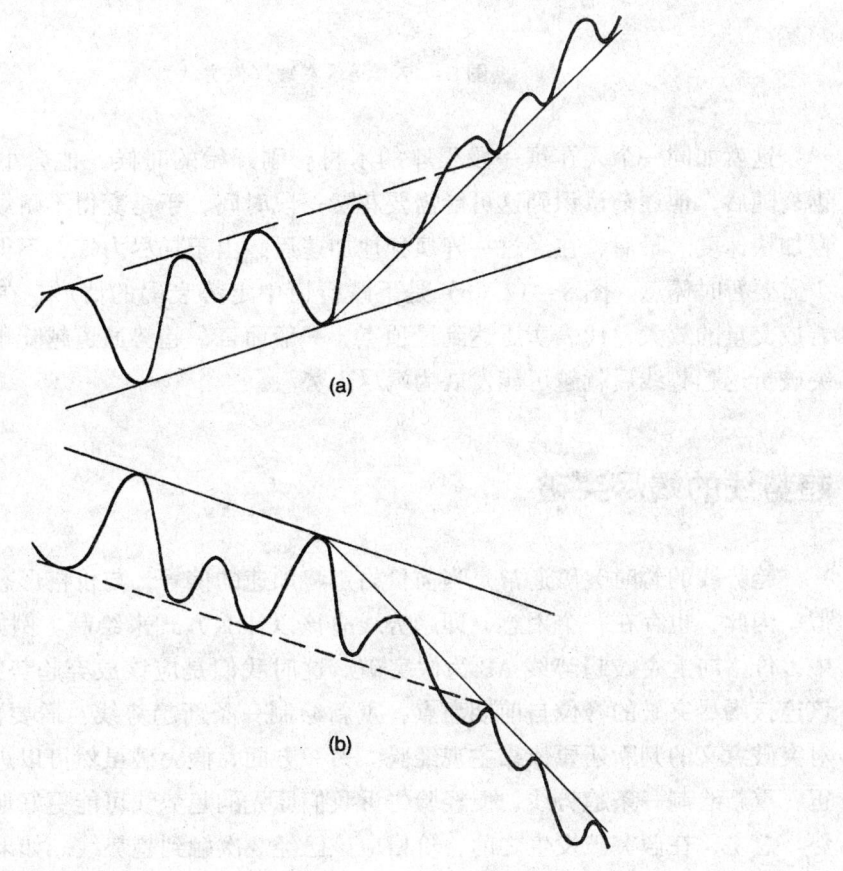

图8-16　成功突破趋势通道

另一方面，如果趋势通道十分陡峭，如图8-17（a）中的情形，突破折返趋势线代表一轮涨势的衰竭。当价格无法维持在折返趋势线之上（之下）时，是趋势发生反转的信号。如果成交量配合放大，情况更是如此。

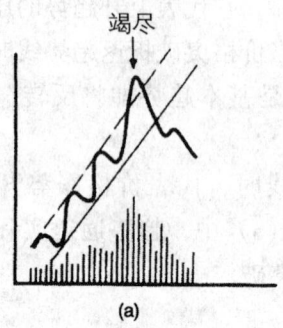 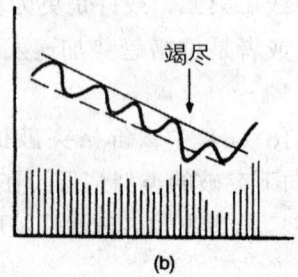

图 8-17　竭尽突破（假突破）

这就如同一个人在锯一段很厚的木材。刚开始的时候，他会小心翼翼慢慢地锯；随后，他逐渐认识到这可能需要花费一段时间，于是变得不耐烦起来，开始慢慢加快速度。最后，在经过一阵疯狂地加速后，由于耗尽力气，不得不停下来，至少需要暂时休息。图 8-17（b）是下跌行情中走势衰竭的情形。在价格低点伴随着成交量的放大，代表卖压达到最顶点。一般而言，趋势通道越陡峭，价格走势在突破折返趋势线后就越可能发展为竭尽走势。

趋势线的竭尽突破

趋势线的暂时突破通常是当前价格走势加速的信号，与价格形态的假突破相类似。因此，也存在一个困惑，即趋势线应该以什么方式来绘制。例如，在图 8-18 中，价格向上突破趋势线 AB 为假突破。这时我们是应该放弃趋势线 AB，还是应该连接竭尽突破的峰位与前期高点，重新绘制一条新趋势线？需要再次强调的是，对突破意义的判断还要依靠主观经验。另一方面，假突破虽然可以进行技术性的修正，重新绘制一条趋势线，但经验告诉我们原先的趋势线可能更好地反映随后的趋势。总之，在假突破发生之前，价格应该已经 3 次触到趋势线。如果根据假突破绘制趋势线，则价格仅有两次触到趋势线，一次是趋势的起点，一次是假突破的峰位。从某种角度来看，假突破可以增加趋势线的可信性，因为价格无法在趋势线之上维持。如果我们在假突破之后，重新绘制一条趋势线，很显然趋势线 AB 远远优于趋势线 AC，因为前者连接的点数多于后者。

第八章 趋势线

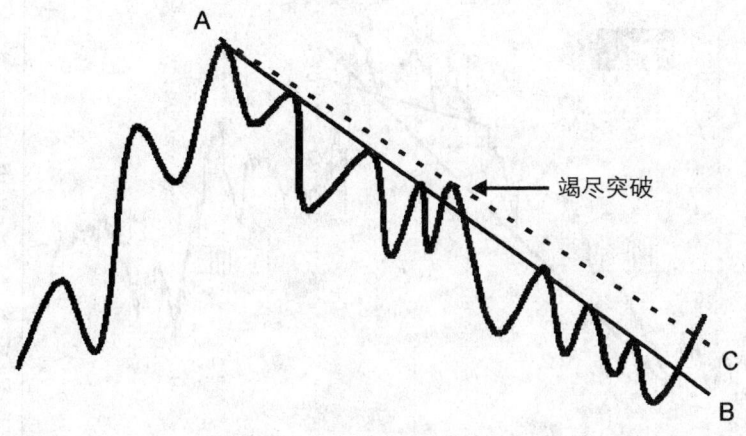

图 8-18 下降趋势的竭尽突破

> **主要的技术准则** 当价格走势暂时高于下降趋势线（或低于上升趋势线），而随后的反抽低于（或高于）趋势线的时候，就会发生趋势线的竭尽突破。

小　结

- 趋势线可能是最容易了解的技术分析工具，但需要经过大量的练习和实践，才能成功掌握。
- 趋势线的突破可能有两种发展态势，或者是当前趋势的反转，或者是当前趋势的暂时中断。在判断上我们必须参考其他的技术分析依据（参见走势图 8-5）。
- 趋势线的重要程度，取决于趋势线的长度、所连接的点数和上升或下降的角度。
- 一条理想的趋势线可以反映基本的趋势，代表重要的支撑位或阻力位。
- 延长的趋势线非常重要，不能忽视（参见走势图 8-6）。
- 趋势线的竭尽突破可以提高趋势线的预测能力。

走势图 8-5　价值线综合指数（1989~1990 年）

这是主要趋势线的突破与价格反转形态完成的情形。这里的价格形态是略为向上倾斜的扩散顶形态（底部几乎是平坦的）。我们经常需要灵活地解释走势图，因为该形态不是严格具有水平底部的扩散顶，但结果确实相同。

（资料来源：www.pring.com）

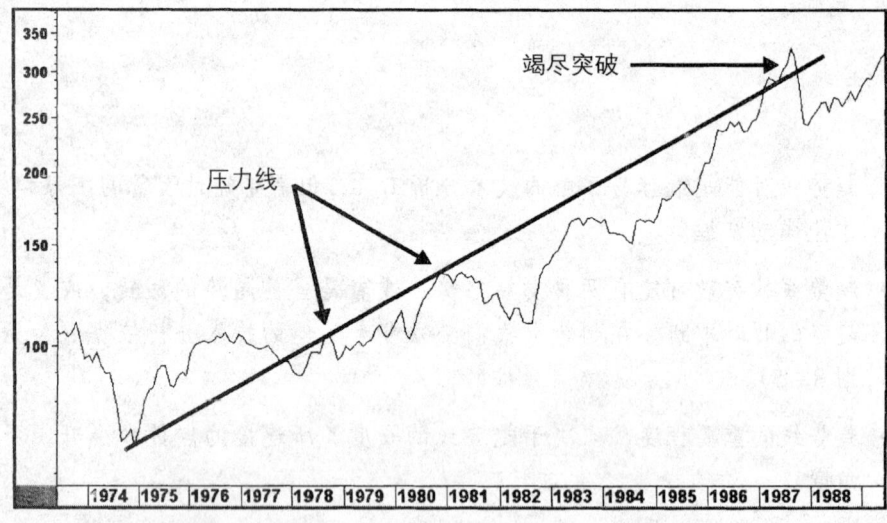

走势图 8-6　S&P 综合指数 1966~1989 年期间的竭尽突破

该走势图是 S&P 综合指数暂时突破连接 1974 年低点和 1978 年高点的压力线的情形。由于指数未能有效地保持在压力线之上，该突破为竭尽突破。突破失败之后，随之而来的是 1987 年的股灾。虽然并非所有的竭尽突破都能导致如此剧烈的下跌，但竭尽突破明确显示了可能的危机，绝不应该被忽视。

（资料来源：www.pring.com）

第九章
移动平均线

很显然,股票价格的运动趋势是非常不稳定的,有时几乎是任意的。处理这种现象的一种方法就是运用移动平均线(Moving Average,MA)。移动平均线可以缓和价格的波动性,使价格的运动趋势变得平滑,使价格的各种扭曲减至最小。在技术分析中运用了多种形式的移动平均,其中最常用的有 3 种:简单移动平均,加权移动平均和指数移动平均。这些类型的移动平均在结构上和应用上都不相同;因此,每一种类型需要分别讨论。

简单移动平均线

到目前为止,简单移动平均线(Simple MA)应用最为广泛。它是通过将观测的数据加总,然后除以观测数据总个数得到的,所得到的数值即所谓的平均数,或均值。为了使平均数能够"移动",将一项新的观测数据加入求和数据序列,而把原来数据序列中的第一项去掉,所得新和数再除以数据的总个数即得到新的平均数,重复上述过程即可得到移动的平均数。

例如,表 9-1 中的 10 周移动平均线的计算就遵循了该方法。3 月 12 日,该日收市时 10 周的总股价之和是 966,966 除以 10 得到平均数 96.6。3 月 19 日,把数据 90 加入,而将 1 月 8 日的数据删除,这样除以 10 的数是新和数 955。对于 13 周移动平均线,就将需要 13 周的数据加总,然后除以 13。为了得到移动的平均数,就需要重复这种计算。走势图 9-1 上半部分中的虚线是 13 周移动平均线。一般来说,上升的移动平均线预示着市场强势,而下降的移动平均线预示着市场弱势。

价格指数线与 13 周移动平均线相比表明,移动平均线的变化方向在价格曲线的峰位或谷底之后,因而变化方向也要"落后"。这是因为移动平均线在第 13 周绘制,而观测到的 13 周的平均价格实际发生在 13 周时间跨度的中间部分,即第 7 周。

技 术 分 析

表 9-1　简单移动平均线的计算

月	日	指　　数	10周之和	移动平均线
1	8	101		
	15	100		
	22	103		
	29	99		
2	5	96		
	12	99		
	19	95		
	26	91		
3	5	93		
	12	89	966	96.6
	19	90	955	95.5
	26	95	950	95.0
4	2	103	950	95.0

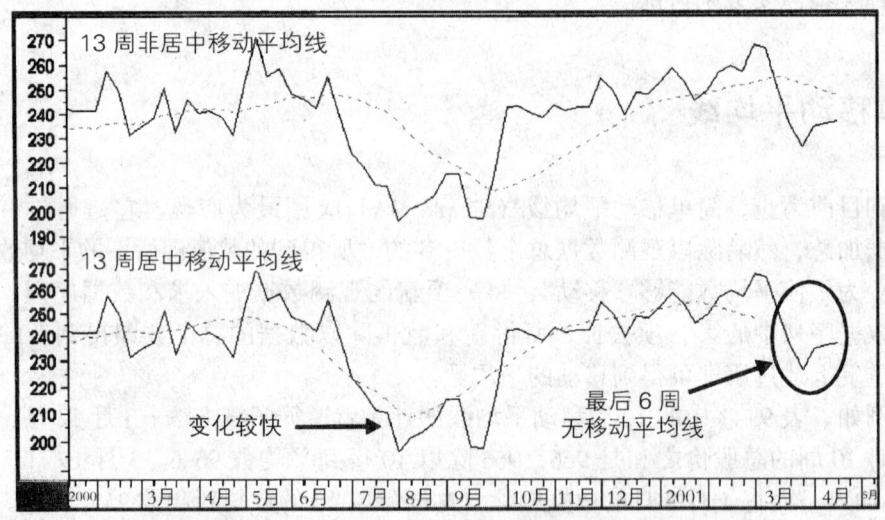

走势图 9-1　Cash Wheat 居中与非居中移动平均线

（资料来源：www.pring.com）

主要的技术准则　价格趋势的各种变化通过价格穿越其移动平均线来识别，而不是通过移动平均线方向的反转来识别。

如果要正确地反映价格变化趋势，最近的移动平均线应当绘制在期限的中点或描绘在第7周，如走势图9-1下半部分所示。

如果在该例子中应用中心描点技术（Centering Technique），就必须等待6周才能够知道移动平均线是否已经改变方向。这就是为什么在走势图9-1中最后一个移动平均点和最后一个数据点之间存在一块空白区域的原因。

尽管时滞（Time Delay）是一个障碍，但在分析其他的时间序列数据时并不特别重要，比如经济数据。但是，如果金融市场中价格运动相对迅速并伴随潜在的利润损失，那么这种时滞是完全不能接受的。技术分析师已经发现，为了识别价格趋势的反转，把移动平均线描绘在最后一个时间跨度可以达到最好的效果。

当价格运动到移动平均线以下时，表明市场发生从涨势到跌势的变化。当价格向上穿越移动平均线时，预示着看涨信号的来临。由于应用移动平均线可以给出明确的买卖信号，它们有助于消除趋势线在绘制和解释上的一些主观问题。

如果所考虑的特定的时间跨度已经证明在过去是可靠的，那么通常根据移动平均线的穿越信号采取行动是值得的。正如下文所述，精确性在很大程度上依赖于移动平均线的选择，还依赖于所讨论证券的波动性。移动平均线的长度也将对其精确性产生影响。一般来说，时间跨度越长，移动平均线越可靠。事实上，在日走势图上给定时间跨度的移动平均线，可能不如月走势图上根据月末数据绘制的移动平均线可靠。尽管如此，我们仍需要非常详细地讨论移动平均线的若干特征。

简单移动平均线的特征

尽管本节和以后诸节的例子刻画的是简单移动平均线的特征，但所强调的原则可以应用于后面将要讨论的加权移动平均线和指数移动平均线。解释移动平均线的主要技术原则如下：

- 移动平均线是一种经过平滑处理的价格趋势，平均线本身是一个支撑和压力区域。在上涨行情中，当价格的向下折转在移动平均区域内得到支撑时，价格的反应往往是向上反弹。类似地，在下降行情中，向上反弹往往遇到移动平均线的压力而向下折转。一条移动平均线被触及的次数越多（即，该移动平均线具有支撑或压力区域的作用），该移动平均线一旦被突破，其意义就越大。

- 谨慎选定的移动平均线应能反映股价的基本变化趋势；因而，它的背离预示趋势的变化可能已经发生。如果移动平均线是平坦的或者已经改变了方向，它的背离就清楚而且毋庸置疑地表明先前的趋势已经反转。

- 如果背离发生时，移动平均线仍明显地按当前趋势运行，则这种情况应视为趋势发生反转的一个最初的警告。要想确认，须等到上升或下降的角度变得平坦，移动平均线自身改变方向，或者有其他技术资料显示趋势已发生反转。具有上升或下降锐角的移动平均线的穿越类似于具有锐角的趋势线的背离。

- 一般来说，移动平均线所覆盖的时间跨度越长，穿越信号的意义就越重要。比如，18个月移动平均线的背离比30天移动平均线的穿越具有更重要的指导意义。

- 移动平均线方向的反转通常比移动平均线的穿越更可靠。在一些情况下，移动平均线的方向在市场行情转折点附近发生变化是一个非常有力而且可靠的信号。但是，在大多数情况下，移动平均线的反转会发生在一个新趋势已经开始之后，因而仅对趋势确认有用。

总而言之，将移动平均线视为一种类型的移动趋势线，其重要性在于其长度（时间跨度）、被触及或被接近的次数以及上升和下降的角度。

何为有效穿越

穿越（Crossover）是指价格曲线对移动平均线的突破。但是，如果认真观察任何一个移动平均线走势图，经常会发现许多虚假或错误的穿越信号。那么我们怎样才能判断哪些是有效的穿越信号呢？不幸的是，没有绝对可靠的办法。事实上，许多虚假穿越现象是不可避免的，而且应当视为无法更改的事实。但是，通过应用过滤技术可以避免一些错误的穿越信号。而所应用的过滤类型取决于所考虑问题的时间跨度，同时也可能是一个人的经验。

例如，我们可以根据穿越移动平均线3%的信号采取行动而不考虑其他的穿越信号。对于40周移动平均线，3%的背离可能导致15%～20%的平均价格变化，在此情形下，3%的穿越将是合理的过滤，走势图9-2给出了这样一个例子。另一方面，对于10日移动平均线，由于3%的穿越可能包含了10日移动平均线穿越所预示的整个价格走势，这种过滤对10日移动平均线将无任何意义。

> **主要的技术准则** 如果价格穿越一条移动平均线，但同时背离一条趋势线或价格走势已经形成，那么这些信号将相互强化，因而无需过滤技术。

第九章 移动平均线

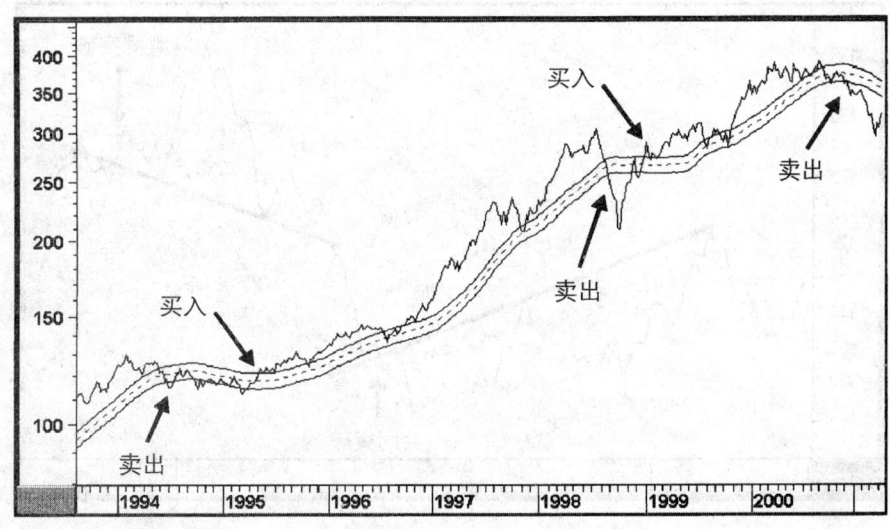

走势图 9-2 欧洲领先指数（Eurotop）40 周移动平均线和 3% 的过滤带

该图描绘了欧洲蓝筹股的欧洲领先指数以及 40 周移动平均线（虚线）。实线是 40 周移动平均线 ±3 个百分点，当价格向上穿过 3% 过滤带的上边界线时，预示着买入信号，当价格向下穿过 3% 下边界线时，预示着卖出信号。

（资料来源：www.pring.com）

一些技术分析家认为，由于单一期间虚假穿越是很常见的，所以要获得移动平均线的穿越信号至少要等待一段时间。就日数据来说，该方法意味着只有等到第 2 天或第 3 天才能得到价格背离移动平均线的结论。因此，在判断一个穿越是否有效时，一种比较明智的办法是综合利用期间和百分比穿越的原则。

走势图 9-3 给出了这样一个例子，该图显示了费城金银成分指数（Philadelphia Gold and Silver Share Index）在 1994 年 8 月份同时背离了趋势线和移动平均线。此后，我们可以看到移动平均线的一次突破和一个头肩顶的形成，两者几乎是在同一个时期完成的。对于阿尔伯特·卡弗（Alberto Culver）价格指数及其 50 日移动平均线来说，走势图 9-4 表现出类似的情形。

移动平均线通常根据收盘价绘制。收盘价比最高价、最低价或开盘价更可靠，因为它们反映了投资者愿意持有过夜的价格；如果是周线图，则反映了投资者愿意持有到下一周的价格。盘中价格容易被投资者操纵，或被对未经证实的新闻事件的态度扭曲。因此，最好等到收盘价突破移动平均线，才能作出穿越已经发生的结论。如果是考虑一段时期内的价格对移动平均线的背离行为，通常最好的办法是根据每天的最低价或最高价计算移动平均线。

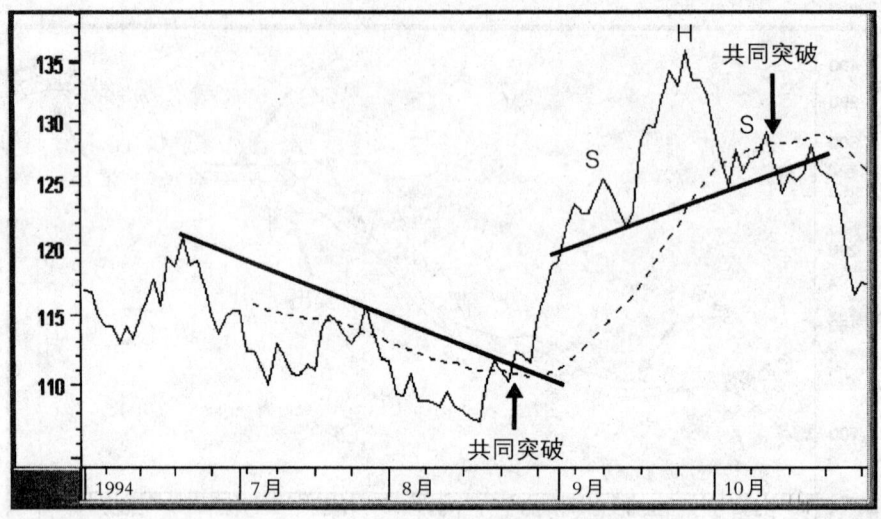

走势图9-3 费城金银成分指数的走势（1994年）

（资料来源：*Martin Pring's Introduction to Technical Analysis*）

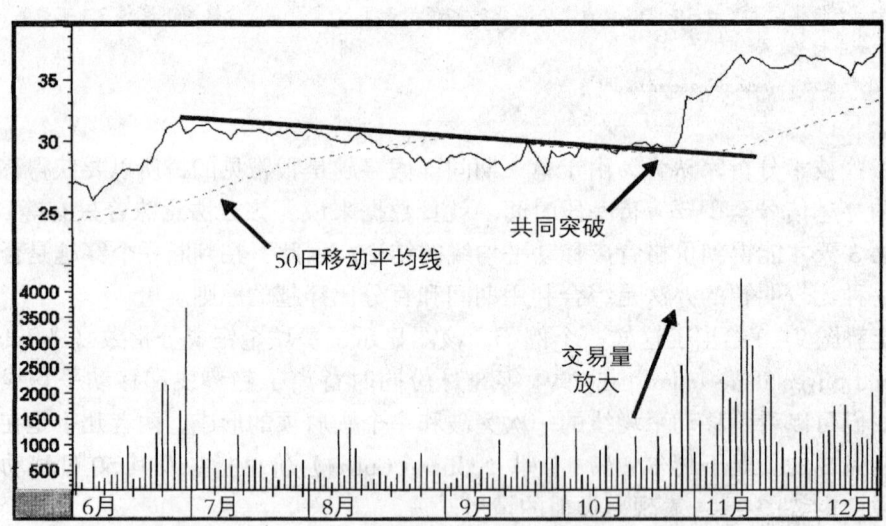

走势图9-4 阿尔伯特·卡弗公司股票和移动平均趋势线的同时突破

该图描述了阿尔伯特·卡弗公司股票及其50日移动平均线。请注意如何绘制一条与移动平均线相交的趋势线。由于两者都表现为阻力位，所以对它们的共同突破表示了价格冲高的两个证据。第三个证据就是成交量的放大。

（资料来源：www.pring.com）

当棒线图多次触及某条移动平均线时，意外就会发生。在许多情况下，移动平均线很明显是一个重要的支撑/压力区域，因而对它的背离要认真地对待。

在走势图9–5中，虚线是根据盘中的最低价计算的25日移动平均线。实线是根据每天的收盘价计算的25日移动平均线。如果把前者在盘中的向下穿越作为止损信号，就会比应用收盘价计算的移动平均线产生的虚假信号少得多。

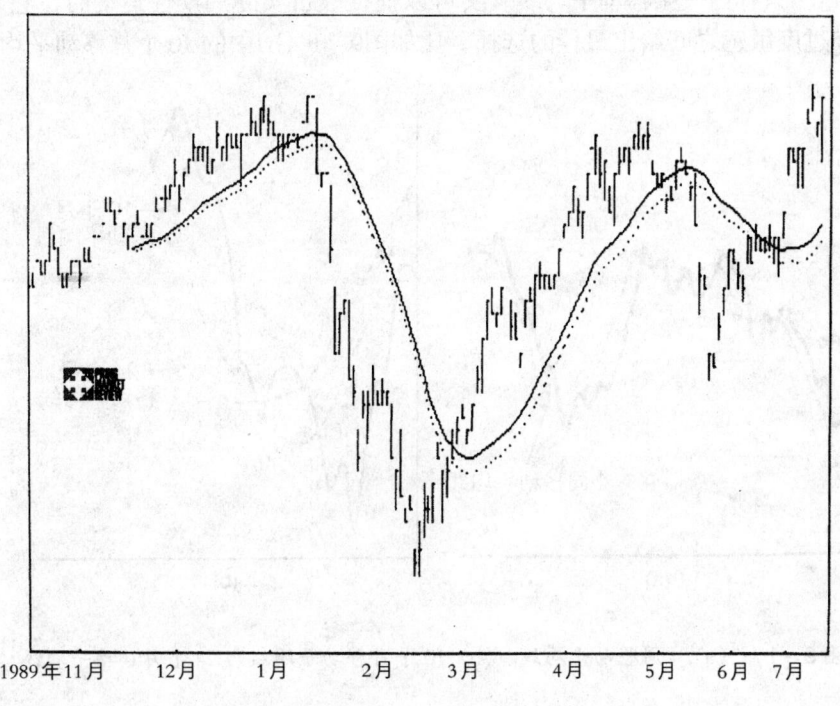

走势图9–5　加拿大元价格走势和两条移动平均线

（资料来源：www.pring.com）

时间跨度的选择

任何时间跨度（Time Span），不论是几天、几周、几个月、甚至几年，都可以绘制移动平均线。时间长度的选择是非常重要的。比如，如果假定一个完整的多头市场和空头市场的循环周期需要持续4年，那么时间跨度超过48个月的移动平均线将丝毫不能够反映该周期。这是因为它掩盖了这一段时间内发生的所有波动，并将呈现为一条穿越价格中间值的近似水平的直线。另一方面，5日移动平均线将能够捕捉股票循环周期中每一个微小的价格走势，但要想通过它识别整个周期实际的峰位和底部却是无效的。即使将48个月移动平均线缩短成24个月移动平均线，将5日移动平均线扩展成4周移动平均线，也无法捕捉到股价实际的周期性运动。比如，应用24个月移动平均线的穿越信号就会使对股价趋势变化的确认过于迟缓，而4周移动平均线会过于敏感以至于会不断发出误导或虚假穿越信号［参见图9-1 (a)］。只有当一条移动平均线确实可以捕捉股价实际周期性运动时，它才能够在迟缓和过度敏感之间给出最佳的选择，比如图9-1 (b)中的10个月移动平均线。

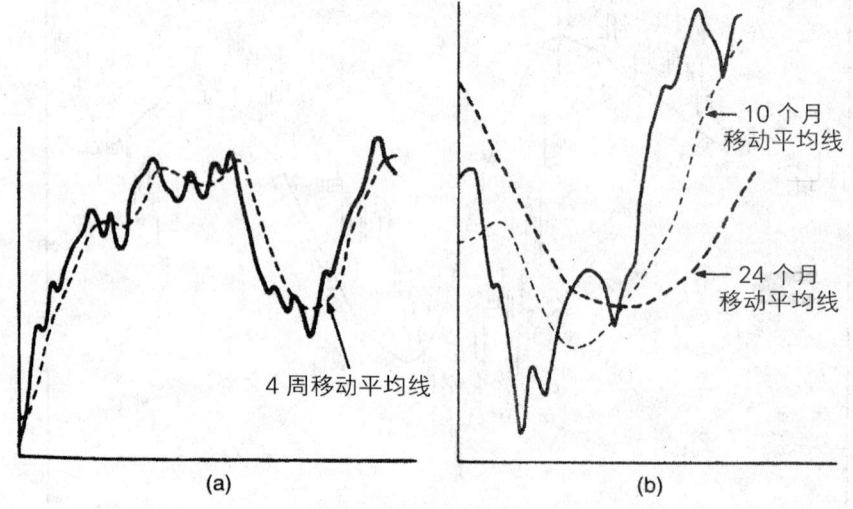

图9-1　(a) 4周移动平均线、(b) 10个月移动平均线与24个月移动平均线

　　移动平均线时间跨度的选择取决于要识别的市场趋势类型：短期、中期或长期趋势。因为不同的市场趋势具有不同的特征，而且相同的市场趋势也会经历不同的周期现象，所以没有所谓完美的移动平均线。近年来，人们借助计算机进行了大量的研究，来寻找最优的移动平均时间跨度。来自于各个方面的资料表明，不存在一个完美的时间跨度。

　　在一个特定的时期内，能够在一个市场中充分发挥作用的移动平均线，不可能完全适用于未来。当我们谈论时间跨度的选择时，我们实际上是在试图寻找适用于某一特定时间范围——短期、中期或长期——的一条移动平均线，它在大多数时间内能够发挥作用。一般来说，长期时间跨度比短期时间跨度较少受市场操纵和对意外消息下意识的随机反映的影响。这就是为什么长的时间跨度往往给出最佳的测试结果。走势图9-6给出的是40周移动平均线的例子。研究也表明，简单移动平均线的表现一般优于加权移动平均线和指数移动平均线。在认识到这些限制以后，

第九章 移动平均线

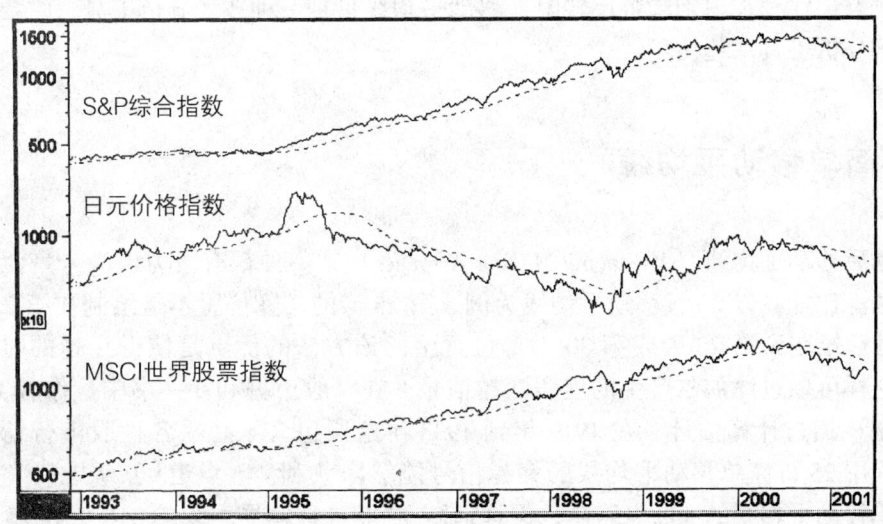

走势图 9-6 S&P 综合指数，日元价格指数，MSCI 的世界股票指数以及 40 周移动平均线

该走势图表明了 40 周移动平均线在 3 个不同市场中的运行情况。每一个指数的穿越都多次出现虚假信号，但总体上来说，该移动平均线仍然是相当可靠的。请注意，40 周移动平均线始终处于支撑或阻力位。

（资料来源：www.pring.com）

表 9-2 对时间跨度的选择给出了一些建议。

表 9-2 建议的时间跨度

短 期	中 期	长 期
10 日	30 日	200 日/40 周/9 个月*
15 日	10 周（50 日）	45 周**
20 日	13 周（65 日）	
25 日	20 周	12 个月***
30 日	26 周	18 个月
	200 日	24 个月

* 由威廉·戈登（William Gordon）推荐，*The Stock Market Indicators*，Investors Press, Palisades Park, N.J., 1968.

** 根据罗伯特·科尔比（Robert W. Colby）和托马斯·梅耶斯（Thomas A. Meyers）在 *The Encyclopedia of Technical Market Indicators*（Dow Jones-Irwin, Homewood, Ill., 1988）中的说法，这是美国股票市场应用周数据的最佳移动平均线。

*** 同上，这是美国股票市场应用月数据的最佳移动平均线。

千万记住,在识别趋势反转时,移动平均线只是一种技术分析工具,它要与其他技术分析工具一起使用。

延后简单移动平均线

延后移动平均线(Advancing Moving Averages)是一种很有潜力但尚未广泛采用的方法。比如,以 25 日移动平均线为例,第 25 天的实际位置不是绘制在第 25 天,而是延后绘制到第 28 天或第 30 天等位置上。该方法的优点是使得穿越的时间推迟,这样可以过滤偶尔产生的虚假穿越信号。在《股市掘利》一书中,作者 H.M. 加特立[①]通过计算估计,在 1919 年到 1933 年这段包含了几乎各种股市行情的时期,利用 25 日简单移动平均线的穿越信号能够净获利 446 点道·琼斯指数(比 30 日简单移动平均线的 433 点略高,但远远高于 40 日移动平均线的 316 点和 15 日移动平均线的 216 点)。但是,当把 25 日移动平均线绘制在第 28 日时,穿越信号使获利增加 231 点,达到 677 点。对于 30 日移动平均线,当把时间延后 3 天绘制的时候也产生很好的结果,获利增加 204 点,达到 637 点。走势图9-7给出 3 条移动平均线,是加特立计算时采用的。虽然这些移动平均线按正常方法绘制,但正如走势图所示,若将移动平均线延后 3 日,则可以避免许多虚假穿越信号。

虽然延后 3 日的 25 日移动平均线最终未必是最佳组合,但将延后绘制移动平均线的方法应用到技术分析中显然是有意义的。将移动平均线延后多长时间往往难以知道,只有靠经验。一种可能的方法是将移动平均线延后的时间取为时间跨度的平方根。比如,36 日移动平均线延后 6 天绘制(36 的平方根是 6)。[②]参见走势图9-8,它刻画了马德里(Madrid General)综合指数的特征。

简单移动平均线的收敛性

在剧烈的价格走势发生之前,通常会有一段逐渐变窄的交易区间。事实上,价格波动的减缓反映了买卖双方力量之间一种非常微妙的平衡。一旦这种平衡被某一方打破,价格就会释放能量展开一波大幅走势。

[①] 道·琼斯工业指数和 3 条移动平均线 (H.M.Gartley, *Profits in the Stock Market*, Lambert Gann Publishing, Pomeroy, WA, 1981)。

[②] Arthur Skarew, *Techniques of a Professional Commodity Chart Analyst*, Commodity Research Bureau, New York, 1980.

第九章 移动平均线

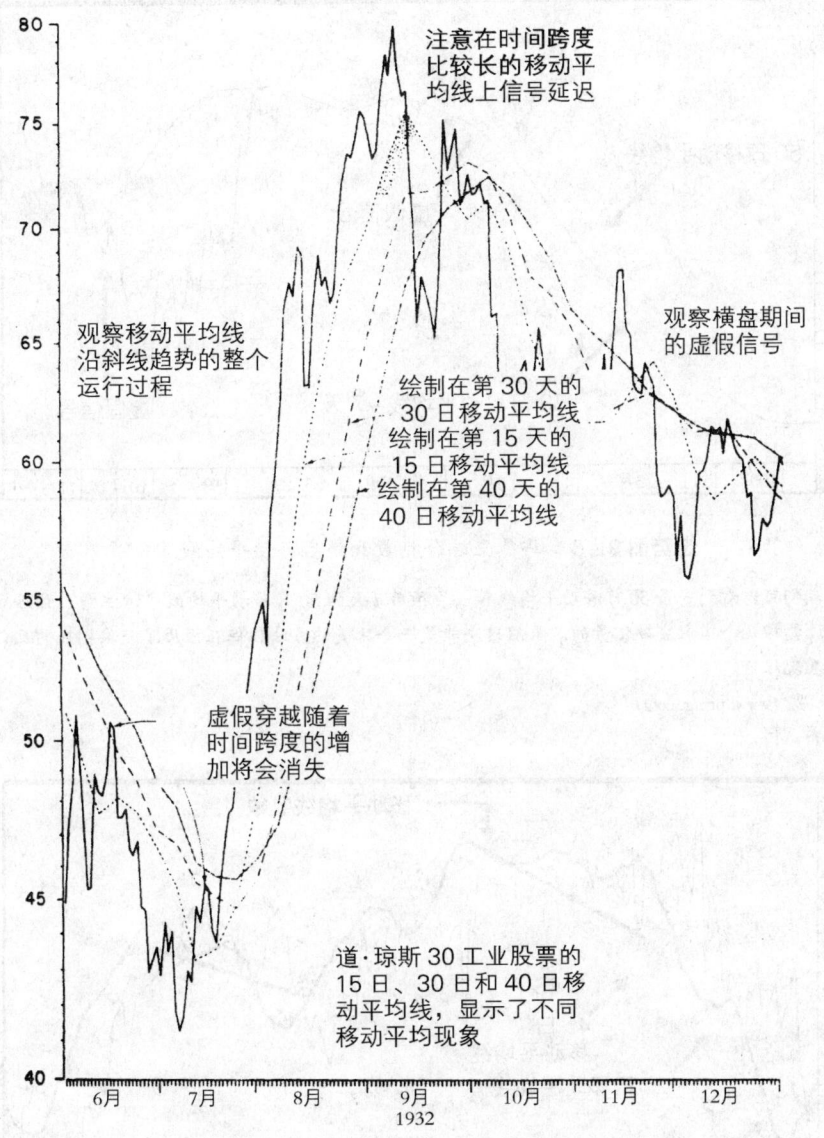

走势图 9-7 道·琼斯工业平均指数和 3 条移动平均线
(H.M.Gartley, *Profits in the Stock Market*, Lambert Gann Publishing, Pomeroy, Washington, 1935 年)

这种情况通常可以通过绘制几条移动平均线，并观察它们何时逼近于同一点得到确认。走势图 9-9 表示的是，2000～2001 年间现货欧洲日元（Spot Euroyen）的价格走势以及 3 条具有不同时间跨度的移动平均线。请注意，就在 2000 年 11 月价

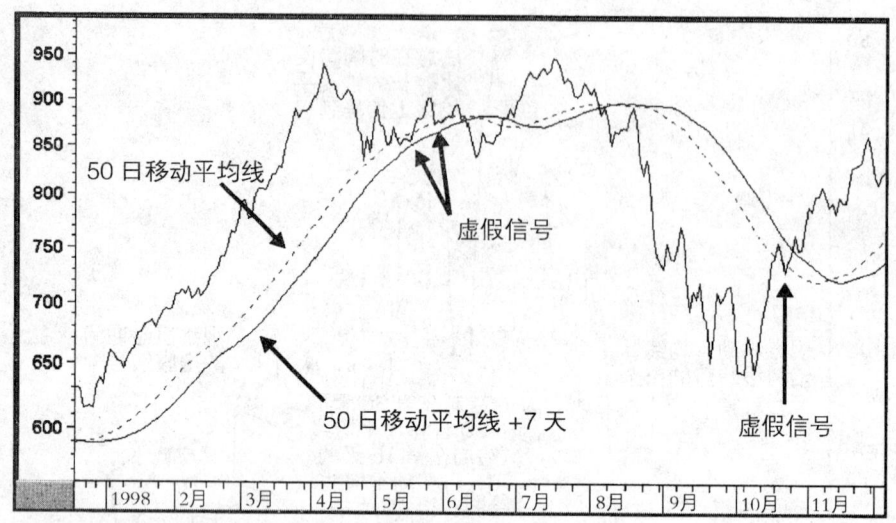

走势图9-8 马德里综合指数和延后移动平均线

在这里我们可以看到一条50日移动平均线和一条预后7天的50日移动平均线。请注意，预后移动平均线是如何过滤掉几个虚假突破信号的。虽然这决非是一个完美的方法，但在经历了一次剧烈的反弹或下跌以后它仍表现很好。

(资料来源：www.pring.com)

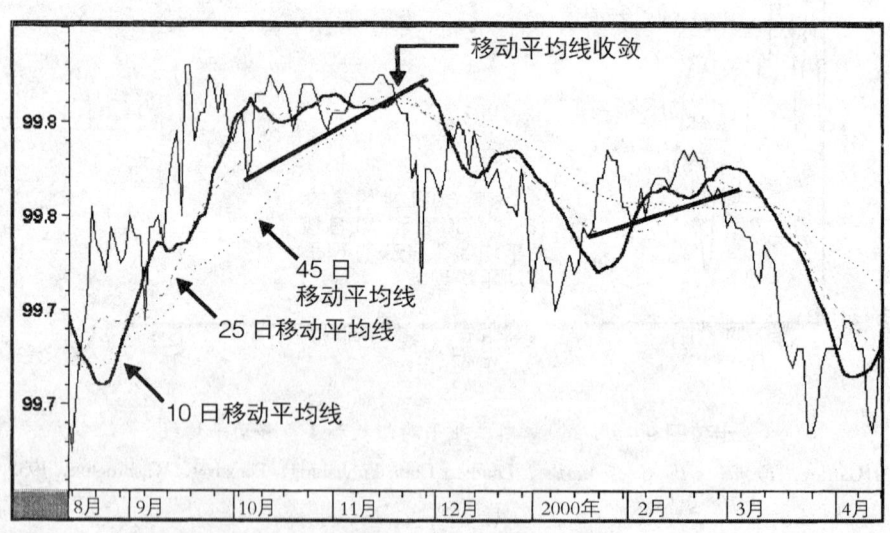

走势图9-9 现货欧洲日元价格指数和3条移动平均线

(资料来源：www.pring.com)

格开始暴跌之前，3条移动平均线是如何几乎完全收敛于一点的。移动平均线的收敛告诉我们，买卖双方之间的力量已达到极端的均衡，并预示着市场可能发生一波重大的走势。但是，实际信号来自于对上升趋势线的突破。类似的情况发生在2001年2月，只有这一次25日移动平均线没有收敛。

多条简单移动平均线

有些趋势判断方法同时用到多条移动平均线，因为一条短期移动平均线向上或向下穿越一条长期移动平均线能够提供许多趋势信号。该方法的优点是使价格数据两次得到平滑，这就减少了虚假信号发生的可能性，同时对已经发生的趋势变化也能相当快地作出反应（参见走势图9－10）。在确定市场长期走势方面，我们发现10周和30周移动平均线一起使用比较可靠。为了简化计算，这里用的是周收盘价，而不是5日平均价。

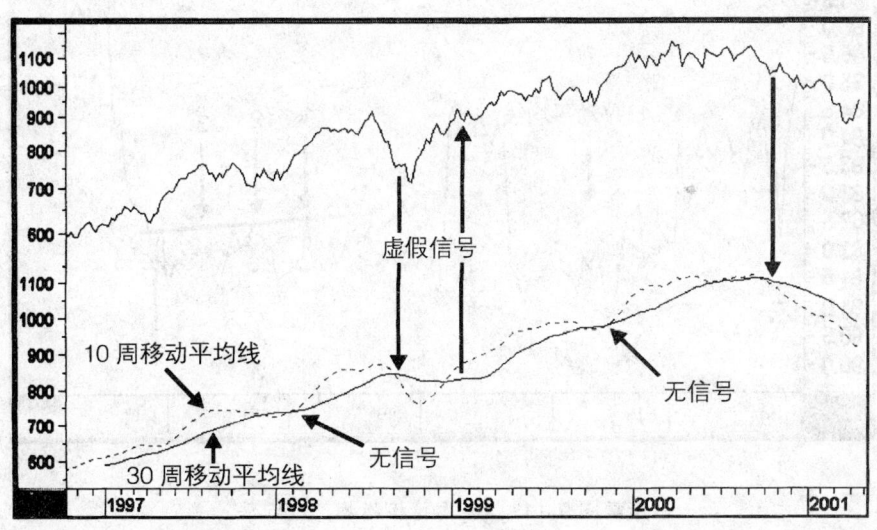

走势图9－10　MSCI的世界股票指数和两条移动平均线

该走势图是摩根斯坦利资本国际世界股票指数，在1998年早期和1999年后期10周移动平均线向下穿越30周移动平均线。但是，30周移动平均线仍然向上运行，所以没有什么买卖信号。1998年后期的下跌表明市场处于弱势，因为明显的中期回落在底部产生了卖出信号。由于是V形底，所以在价格经历了很好的反弹以后出现了买入信号。在此之后，10周和30周移动平均线经历了一段长期的上升才发生反转。

（资料来源：www.pring.com）

当10周移动平均线向下穿越30周移动平均线，而30周移动平均线本身正在下降时，这种态势预示着大势正在下跌。只有当两条移动平均线同时上升，而且10周移动平均线高于30周移动平均线时，才能认为市场出现反转行情。但是，当10周移动平均线向上穿越30周移动平均线，而30周移动平均线仍然在下降时，这种态势不是有效的反转信号（对于看涨行情，反之亦然）。根据定义，这些穿越预警信号总是发生在股票价格的峰位或底部之后，并且常常用来表示对价格趋势变化的"确认"（Confirmation），而其本身并不代表实际的价格转折点。

移动平均线"总是"与其他指标一起使用，这是因为价格有时会出现长期的、幅度较大的横盘走势，由此产生一系列的误导信号。走势图9-11表示的是1995年的美元价格指数。图中显示，有一段时期出现了许多误导性穿越信号。通常，在这种令人沮丧的横盘之后往往会有一波非常强的走势，在横盘期间因虚假突破信号造成的损失在这波行情中会得到较大的补偿。

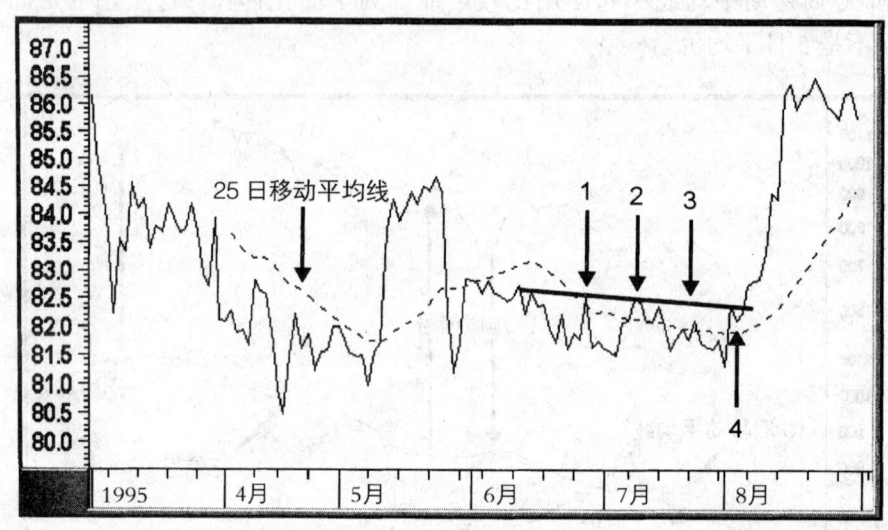

走势图9-11   美元价格指数，1995年

（资料来源：*Martin Pring's Introduction to Technical Analysis*）

无论何时，当一条移动平均线进入一个横盘区域后，显然有可能出现两三次虚假突破信号，最好不要管它，而是集中精力关注连接各个价格峰位和谷底的趋势线，如走势图9-11和走势图9-12所示的区域，把对它们的突破作为买入或卖出的原则。

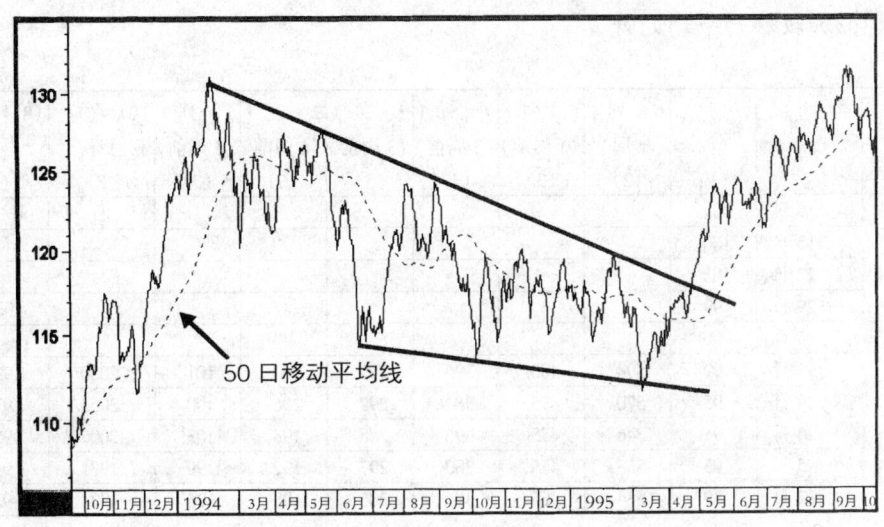

走势图 9-12　欧洲领先指数（Eurotop Index），1993~1995 年

加权移动平均线（Weighted MA）

从统计学的观点来看，只有把移动平均线绘制在价格时间跨度的中点，才能正确地反映价格的运动趋势，但这会使信号在时间上滞后，其理由在前面已经讨论过。解决这个问题的一种办法是，增加新近数据的权重。根据这种方法绘制的移动平均线与简单移动平均线相比，能够较快地扭转方向，而简单移动平均给所有数据以相同的权重。

对价格数据加权有无数种方法，但最常用的方法是，将第一期的数据乘以 1，第二期的数据乘以 2，第三期的数据乘以 3 等等，依次类推直到最后一期，然后将各期结果相加，再除以权重的和。在简单移动平均中，除数是期间的个数，但在这里，除数是各权重的和，即 1+2+3+4+5+6=21 之类。对 10 周加权移动平均来说，其权重之和将是 1+2+3+4+5+6+7+8+9+10=55。表 9-3 说明了怎样进行加权平均计算。另一种加权的方法是，采用简单移动平均，但最近的观察数据应用了两次，其权重也相应地翻了一倍。

对加权移动平均的理解不同于简单移动平均，因为加权移动平均比较敏感。通过加权移动平均线方向的变化，就能给出趋势反转的信号，而不能等到价格穿越趋势线才给出。

表 9-3 加权移动平均的计算

月份	日期	指数①	6×列1 (本周)	5×列1 (1周前)	4×列1 (2周前)	3×列1 (3周前)	2×列1 (4周前)	1×列1 (5周前)	(2)~(7) 列总计	(8)列÷21
		(1)	(2)	(3)	(4)	(5)	(6)	(7)	(8)	(9)
一月	8日	101								
	15日	100								
	22日	103								
	29日	99								
二月	5日	96								
	12日	99	594	480	396	309	200	101	2080	99.1
	19日	95	570	495	384	297	206	100	2052	97.7
	26日	91	546	475	396	288	198	103	2006	95.5
三月	5日	93	558	455	380	297	192	99	1981	94.3
	12日	89	534	465	364	285	198	96	1924	92.5

指数移动平均（Exponential MA）

加权移动平均线有助于用来识别趋势反转。但是，在计算机广泛使用之前，计算这样的移动平均线耗时较长，严重影响其实用性。在某种程度上说，指数移动平均（EMA）是一种简单形式的加权移动平均。为了计算 20 周 EMA，首先必须计算一个 20 周简单移动平均线，即 20 周观察数据的和除以 20。在表 9-4 中，截至 1 月 1 日的 20 周简单移动平均线的数值（99）填在第 6 列。

表 9-4 EMA 的计算

日 期		价 格	上周的 EMA	差〔列(1) -列(2)〕	指 数	列(3)× 列(4)+/-	EMA = 列(2)+ 列(5)
		(1)	(2)	(3)	(4)	(5)	(6)
1月	1	…	…	…	…	…	99.00
	8	100.00	99.00	1.00	0.1	+0.10	99.10
	15	103.00	99.10	3.90	0.1	+0.39	99.49
	22	102.00	99.49	2.51	0.1	+0.25	99.74
	29	99.00	99.64	(0.64)	0.1	-0.06	99.68

---

① 原文列标有误,计算从第 6 周开始——译注。

20周的简单移动平均线值成为指数移动平均的起点，下周将其转登在第2列。其次，将第21周（1月8日）的价格与该EMA比较，其差值（100 – 99 = 1.00）填在第3列。然后将该差值乘以指数，对20周EMA，所乘指数是0.1。再将通过指数处理的差 1.00 × 0.1，加到前一周的EMA上，即得到本周的EMA，以后各周的EMA重复以上方法即可。在本例中，1月8日经过指数处理的差是0.1，加到前一周的平均数99.00上，得到1月8日的EMA是99.10。最后可以根据填在表9–4第6列的数据绘制EMA线。

如果该周新观察的价格数据与前一周的EMA数据的差是负值，比如像1月29日的价格99.00与指数移动平均99.64，经过指数处理的差就要从前一周的EMA中减掉。

如果移动平均的时间跨度不同，那么所用的指数也不相同。不同时间跨度所用的正确指数由表9–5给出，其中时间跨度的单位是周。但事实上，指数0.1可以用于以20为时间跨度的任何时间单位，比如小时、日、周、月、年或更长的间限。

表9–5　不同时间跨度的指数因子

周　　数	指　　数
5	0.4
10	0.2
15	0.13
20	0.1
40	0.05
80	0.025[①]

除了表9–5给出的时间跨度以外，其他时间跨度的指数，可以通过这些时间跨度除2得到。比如，5周移动平均线的敏感性应该是10周移动平均线的2倍，因此，2除以5得到5周移动平均指数是0.4。另一方面，20周移动平均线的敏感性应当是10周移动平均线的一半，所以20周的指数（0.1）也应当是10周指数（0.2）的一半。

就所分析的趋势来说，如果某一条EMA太敏感，一种解决办法就是增加时间跨度。另一个解决办法是，将该EMA再做一次EMA。该方法就是，利用一条EMA，并再利用另一个指数重复以前的EMA计算过程。当然，你可以进行3次或4次指数移动平均的计算，但所得到的EMA将越来越平滑，敏感性就会越来越差。

---

① 原文是0.25，有误，因为按照文中定义，指数与时间跨度的乘积应当为2——译注。

切记，所有形式的移动平均线都是时效性和敏感性的一种折中。

根据定义，EMA 的穿越与反转会同时发生。因此，所产生的买入和卖出信号与简单移动平均线的穿越信号相同。

在《技术分析指标百科全书》中[①]，科尔比和梅耶斯对 1968 年到 1987 年美国股票市场 1 周到 75 周的 EMA 进行了检验，他们发现 42 周的 EMA 效果最佳，并提供了 97+点的股票收益，但是落后于 45 周的简单移动平均线，后者提供的收益是 111+点。走势图 9-13 描绘了阿尔伯特逊股票（Albertson's）的 65 周 EMA。

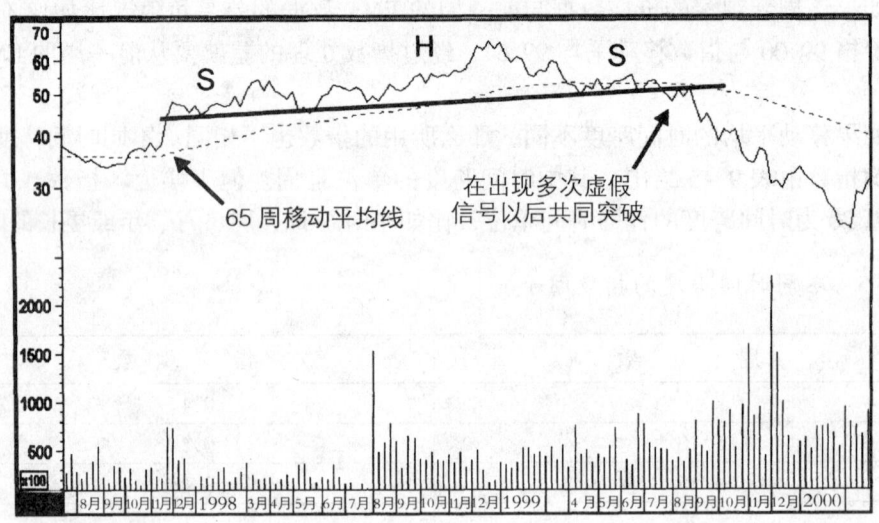

走势图 9-13　阿尔伯特逊股票价格走势的完成和移动平均线的穿越同时发生

我所喜欢的移动平均之一是 65 周 EMA。正如该图所示，到 1999 年底，我们可以看到该股票的一个头肩顶。请注意，EMA 曲线和颈线是怎样几乎在相同的区域内相交的。这种价格行为使突破的意义显得更加重要。

（资料来源：www.pring.com）

包络线（Envelopes）

我们已经确信，移动平均线可以作为支撑和压力区域重要的接合点。就此而言，时间跨度越长，移动平均的重要性就越大。这种支撑和压力原则可以进一步延

[①] 罗伯特 W. 科尔比和托马斯·A. 梅耶斯，*The Encyclopedia of Technical Market Indicators*, Dow Jones-Irwin, Homewood, Ⅲ., 1988。

伸,即构建与移动平均线平行且对称的曲线,我们称之为"包络线"(参见图9-2)。该技术基于这样的原则:股票价格围绕某一特定趋势以合理的大致相同的比例做周期性波动。换言之,正如移动平均线可以作为重要的接合点一样,特定的与移动平均线平行的线同样可以。按照这种观点,移动平均线实际上是价格趋势的中心,而包络线是由背离移动平均线的最大和最小价格组成的。

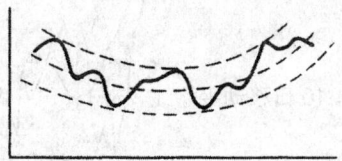

图9-2 单一包络线

对绘制包络线的具体位置没有严格的规定,因为只有通过对所研究价格的波动性和移动平均线的时间跨度进行反复试验,才能发现包络线的具体位置。该方法可以进一步推广,比如图9-3,包括了4条包络线(其中两条在移动平均线上方,两条在移动平均线下方),每一条都与前一条保持相同比例的距离。该图中,包络线以10%的比例绘制。比如,如果移动平均值是100,那么包络线就分别以90和110绘制,其余类似。走势图9-14描绘的是马斯科(Masco)股票的走势。

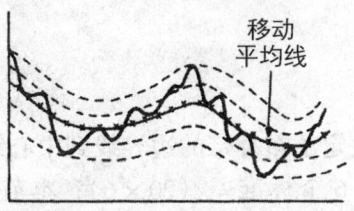

图9-3 多重包络线

布林带(Bollinger Bands)

约翰·布林(John Bollinger)发明了一种新的包络线分析方法。[①] 布林带不是按照高于和低于某条移动平均线的固定百分比来绘制,而是根据收盘价高于和低于其

---

① 约翰·布林, Bollinger Capital Management, P.O.Box 3358, Manhattan Beach, CA 90266 (www.Bollingerbands.com)。

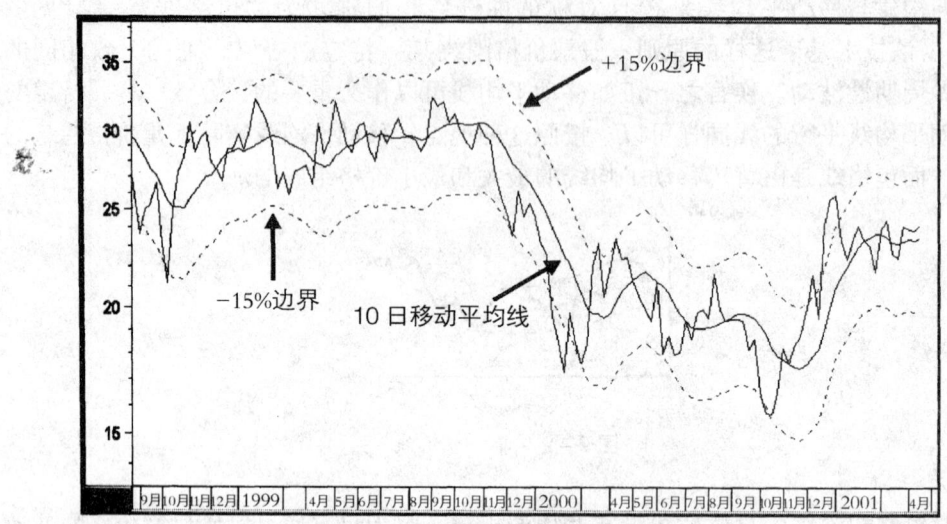

走势图 9-14　马斯科股票，1998~2001 年

图中绘制了 10 日移动平均线及其 ±15% 的区域。

平均值的标准差来绘制。其设计思想遵从了这样的理念：价格波动强烈时布林带变宽；否则布林带变窄。

解释规则

设定布林带的标准差决定了布林带的边界线到中心线的距离。走势图 9-15 设定的是 20 日移动平均线和 6 个标准差（20×6）；本节其他走势图的绘制参数是 20×2。显然，标准差设置太大没有指导意义，因为这样可能永远触不到布林带的边界线。类似地，如果标准差设置太小，则会出现过多的虚假穿越信号。

对布林带有如下几条解释规则：

- 当布林带变窄时，价格走势随后会出现明显的变化。当然，有另外一种说法，即当交易价格处于一个窄的区域而且失去波动性时，供需处于一种微妙的平衡状态。在这种背景下，布林带变窄总是相对于最近的过去，而正是在那里，布林带能够帮助你看清变窄的过程。这些也给我们提供何时会实现突破的信号，因为价格一旦开始启动，布林线就会分离。走势图 9-16 中有两次出现这种情况，在那里也可以绘制趋势线，标出突破点。

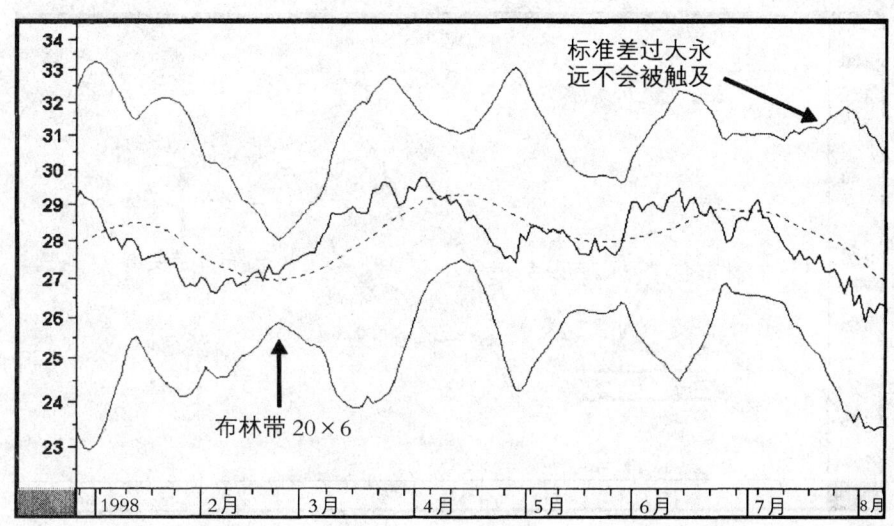

走势图 9–15 北方联邦（Northern States）股票和布林带（20×6）

（资料来源：www.pring.com）

- 如果价格突破布林带，则走势有望持续。这实际上是说，如果价格向上穿越布林带，则说明向上的动能很强，最终足以使股价抬得很高；反之亦然。在走势图 9–16 中我们可以看到，在经历了两次突破以后，价格立即向上脱离布林带。穿越布林带往往预示着会出现短期竭尽走势，并再一次迅速回档。但是，这仅仅是一个暂时的休整过程，此后走势将会继续下去。现在你会注意到，在走势出现反转之前价格常常会多次穿越布林带。就此而言，明显的问题是：你如何知道何时是最后一次穿越？换言之，你知道如何识别一波走势的头部和底部吗？问题的答案依赖于下面的规则。

- 在价格穿出布林带以后，如果价格呈现反转形态，则预示着趋势反转。走势图 9–17 中给出了这样几种情形，第一次发生在 4 月，第二次发生在 6 月。在这两种情形中，在价格形态完成以前，价格试图穿越布林带，但没成功。

小 结

- 技术分析的基本假设之一是，股票价格的运动具有趋势性。由于价格的主

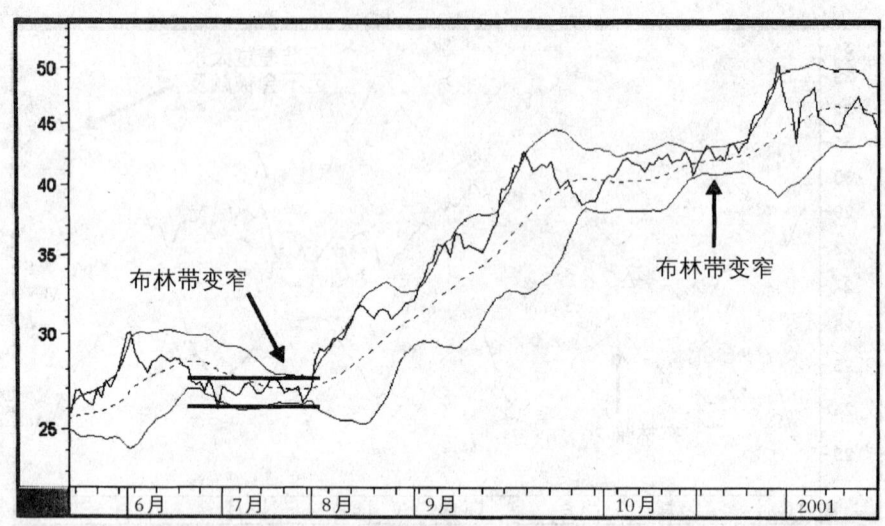

走势图 9-16 欧尼克（Oneok）股票及其不断变窄的布林带

(资料来源：www.pring.com)

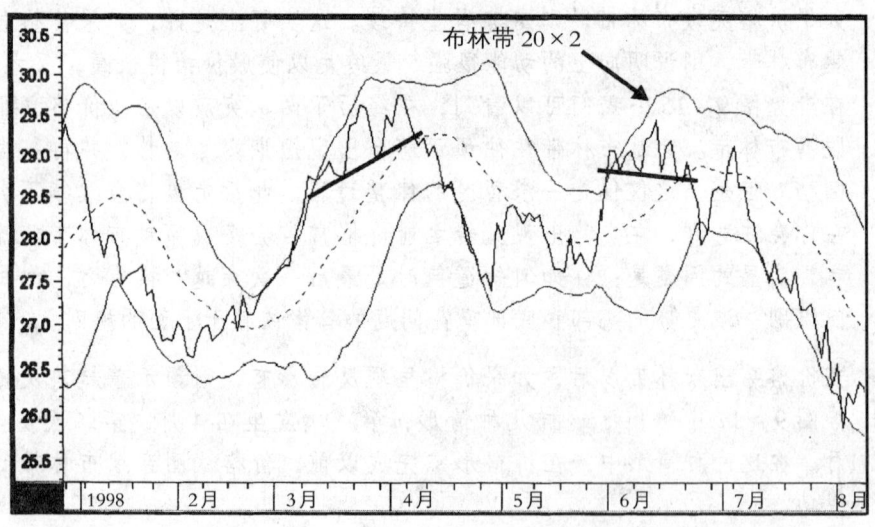

走势图 9-17 北方联邦股票及其布林带（20×2）

(资料来源：www.pring.com)

第九章 移动平均线

要趋势包含许多微小波动,所以绘制移动平均线有助于使数据平滑化,并使基本趋势显得更加清晰可见。

- 在理想的情况下,将简单移动平均线描绘在所用时间期限的中点[此过程称之为"置中"(centering)],但由于这样可能造成时滞现象——在滞后的这段时间中,股票价格可能会迅速变化,错失潜在获利的机会——因而还是考虑将移动平均线描绘在期限的末端。

- 通过应用移动平均线的穿越信号,以及加权或指数移动平均线,上述缺陷可以在很大程度上得到克服,因为前者可以提供趋势发生反转的预警信号,而后者对当前的趋势变化特别敏感,因为后者对近期的数据赋予较大的权重。

- 不存在所谓完美的移动平均。对时间跨度的选择往往反映了对时效性和敏感性的权衡。前者是指在早期阶段捕捉股价的走势,后者是指能够很早知道趋势的反转以及引起虚假信号的数量。对于短期趋势,建议采用10日、25日、30日和50日时间跨度,但对于长期趋势来说,建议简单移动平均使用40周、EMA使用65周的时间跨度。如果应用月度数据,可以采用的时间跨度有6个月、9个月、12个月、18个月和24个月。

第十章
动 能 原 理

到目前为止，我们所考虑的趋势判定方法都是通过趋势线、价格形态和移动平均线来分析股票价格本身的走势。虽然这些方法非常有用，但它们都是分析趋势"已经发生以后"的现象。

本章将研究动能分析的一般原理，它们在某种程度上适用于所有动能指标（Momentum Indicators）。本章研究的是变动率，随后两章将讨论其他动能指标。

引 言

向上动能（Upside Momentum）的概念可以通过下面的例子来解释。当我们把一个球向上抛向空中后，起初它会以很快的速度沿着一定的轨迹前进，这就是说，它拥有很强的动能。在球上升的过程中速度会渐渐地消失，直到最后有一个短暂的停留，然后在重力作用下返回。这种速度放慢的过程，称为"上升动能丧失"（Loss of Upward Momentum），在金融市场中也会出现这种现象。球的飞行轨迹相当于市场价格的走势，在价格还没有达到最终顶峰之前，其上升的速度就开始显著地放慢。

> **主要的技术准则** 利用动能指标，往往能够在最终转折点发生之前，预先知道所监测指标或价格可能出现的强、弱走势。

另一方面，如果是在房间里向上抛球，当其动能仍然向上的时候撞击到天花板，那么球和动能都会同时反转。不幸的是，金融市场中的动能指标与此并无差异。这是因为在动能和价格同时达到峰位时，要么是由于在顶部遭遇到卖盘的压力，要么是买盘的力量暂时耗尽。在此情况下，动能"水平"（Level）与其"方向"

（Direction）往往同样有助于估计价格走势的特征。

为了更好地理解向下动能（Downward Momentum），我们可以将其比作刚刚翻越山顶的轿车。轿车开始沿山坡向下滑行，由于坡度原因，轿车开始加速下行，直到在坡底速度达到最大。此后尽管速度开始减小，但轿车仍继续行驶，最后它会停止。市场价格也会表现出类似的行为：在价格达到最低价之前，价格下降的速度（或动能丧失）往往开始减小。但是，情况并非总是如此，因为当价格遇到主要支撑位时，价格和动能有时会在谷底一起反转。虽然如此，根据动能领先价格的程度，往往足以预先判断所监测指标或大盘指数潜在的趋势反转。

动能是一类术语的通称。就像水果包括苹果、橘子、葡萄等等一样，动能也包含许多不同指标，比如，变动率（Rate of Change，ROC）、相对强弱指标（Relative Strength Indicator，RSI）、指数平滑异同移动平均（Moving Average Convergence Divergence，MACD）、加权总和变动率（Know Sure Thing，KST）、宽度摆荡指标（Breadth Oscillator）和扩散指数（Diffusion Indexes）等。

考察动能有两种主要的方法。第一种方法是，利用单一考察对象的价格数据，比如，货币、商品、股票或大盘指数，通过统计处理，然后构建出摆荡指标，我们称之为"价格动能"（Price Momentum）（成交量可以通过同样的方式处理）。第二种方法也是构建摆荡指标，但该方法是对大量市场指标的统计处理，比如在 NYSE 中，股票价格指数超过 30 周移动平均线的百分比，该方法就是所谓的"宽度动能"（Breadth Momentum），我们将在第二十四章进行讨论。可以对任何价格序列计算价格动能指标，但只有对能够划分为多种成分的价格序列，才能计算宽度动能指标。

> **主要的技术准则** 动能解释的原则和特征对所有指标是相同的，但是有些需要专门构建，以显示其独特性。

本章以 ROC 为例，简要说明一些基本的动能原理。切记，ROC 仅仅是一种价格动能指标。第十一、十二、二十三和二十四章将讨论价格动能和宽度动能的其他摆荡指标。

值得注意的是，通过动能指标的信号判断的趋势反转类型，取决于计算动能指标所采用的时间跨度。在实际中，为人们所接受的做法是，利用日数据判断短期趋势，利用周数据判断中期趋势，利用月数据判断长期趋势。

动能指标在应用上有一个假设：证券的价格要经历正常的周期性循环，而这种周期性循环表现为价格行为的反弹和折返走势。注意到这一点非常重要。但是，在

第十章 动能原理

一些情况下，逆周期的折返走势几乎是不存在的。因而，价格运动表现为线性上涨趋势或下跌趋势。这是一种不寻常的现象，但此时却使动能和摆荡指标不能发挥作用。

> **主要的技术准则** 在利用动能指标进行分析时，结合价格指数自身的一些趋势反转信号是极为重要的。

ROC 指 标

测量动能最简单的方法就是计算证券价格在给定时间内的变动率，即所谓的 ROC 指标。比如，要想计算时间跨度是 10 周的 ROC，当前的价格要除以 10 周前的价格。如果最新价格是 965，而 10 周前的价格是 985，则 ROC 或动能指标就是 98.0（%），即 965 除以 985。下一个 ROC 就可以通过下一周的价格除以 9 周前的价格得到（参见表 10－1）。最后得到围绕某中心参照点振荡的一系列数值，其水平均衡线表示从 10 周前到现在不变的价格水平（参见图 10－1）。如果 ROC 是通过一个始终不变的价格计算得到的，则该摆荡指标就用一条水平直线表示。

表 10－1 10 周 ROC 的计算

日　　期	道·琼斯工业平均指数（1）	10 周前道·琼斯工业平均指数（2）	10 周变动率（列 1 ÷ 列 2）（3）
1 月 1 日	985		
1 月 8 日	980		
1 月 15 日	972		
1 月 22 日	975		
1 月 29 日	965		
2 月 5 日	967		
2 月 12 日	972		
2 月 19 日	965		
2 月 26 日	974		
3 月 5 日	980		
3 月 12 日	965	985	98.0
3 月 19 日	960	980	98.0

(续　表)

日　期	道·琼斯工业平均指数（1）	10周前道·琼斯工业平均指数（2）	10周变动率（列1÷列2）（3）
3月26日	950	972	97.7
4月2日	960	975	98.5
4月9日	965	965	100.0
4月16日	970	967	100.3
4月23日	974	972	100.2
4月30日	980	965	101.6
5月7日	985	974	101.1

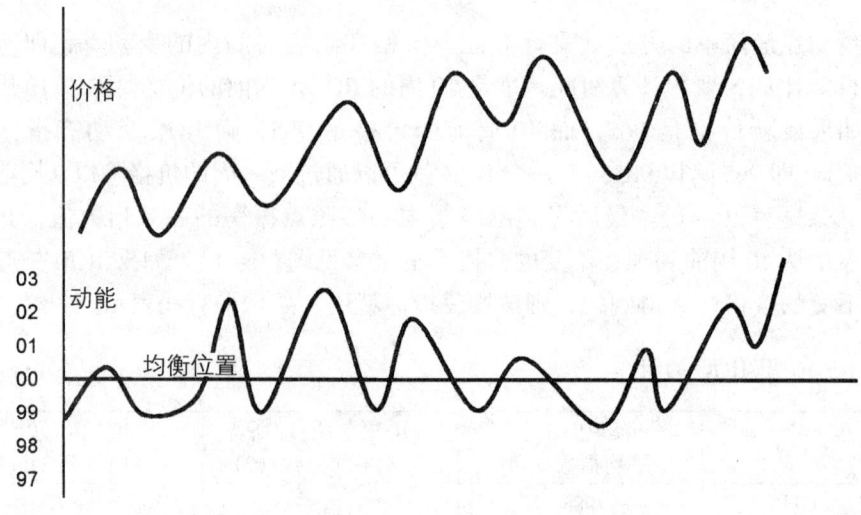

图 10-1　通过百分比绘制 ROC

当 ROC 在参照线上方时，所度量的市场价格高于 10 周前的平均价格水平。如果 ROC 还是上升的，则当前价格与 10 周前平均价格水平的差距正在增大。如果 ROC 在中心参照线以上，但是正不断下降，则当前价格将仍高于 10 周前的平均水平，但是两者之间的差距正在缩小。当 ROC 在其中心参照线下方并不断下降时，则当前价格将低于 10 周前的平均水平，而且两者的差距正在变大。如果 ROC 在其中心参照线下方，但在不断上升，则当前价格仍低于 10 周前的平均水平，但其下降的速度正在放慢。

简言之，不断上升的 ROC 隐含着速度的增加，而不断下降的 ROC 隐含着动能

第十章 动能原理

的损失。上升的动能表示着多头市场,而下降的动能则表示为空头市场。

ROC 指标也可以通过减法来计算,亦即:当前的价格减去(而非除以)N 期以前的价格。一些走势图软件包应用该动能指标,但它的确是一种变动率。我特别喜欢用除法计算 ROC,因为它以类似的方式表达了价格走势与比率标准之间的比例关系。这意味着,在长期走势图上,用除法计算的 ROC 指标不会像用减法计算的 ROC 指标那样被扭曲。

对 ROC 图形的绘制有两种方法。由于方法的选择并不影响指标的趋势或水平,所以选用的方法并不重要,但我们还是依次解释两者的涵义,因为两种方法可能会混淆。第一种方法是前面用到的方法,如图 10-1 所示,其中 100 成为中心参照点。在该例中,100(当前的观察值)除以 99(10 周前的观察值)近似地在图中标记为 101,100 除以 98 记为 102,100 除以 102 记为 98,等等。

第二种方法是,取 ROC 指标与参照水平 100 之间的差,并将所得到的差以正、负数形式绘制在以 0 为水平参照线的上下方。在该例中,101 在图上标记为 +1,102 记为 +2,98 记为 -2,等等(参见图 10-2)。

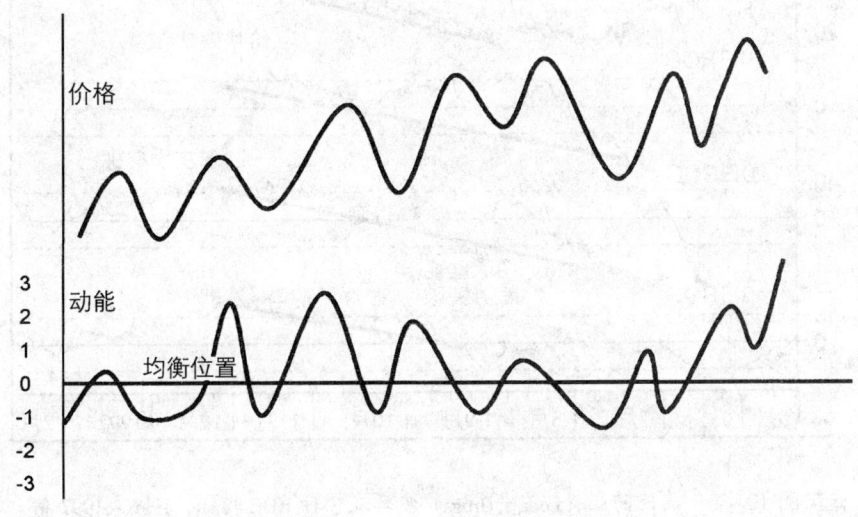

图 10-2 通过正负差绘制 ROC

时间跨度的选择

正确地选择时间跨度是很重要的。对于长期趋势来说,12 个月或 52 周的时间跨度一般是最可靠的,尽管 24 个月或 18 个月的期限也证明是有用的。对于中期趋势，9个月，26周（6个月）或13周（3个月）的时间跨度能够发挥很好的作用。更短期限的价格走势，常常可以通过10日、20日、25日或30日的时间跨度来反映。比较可靠的短期/中期走势往往用45日（9周）和65日（13周）时间跨度来反映。

这样，在一种时间跨度下不明显的趋势线、价格形态和背离，在另一种时间跨度下就会显得很明显。因而，通过不同时间跨度下的多种指标发现的趋势反转信号，进一步增加了证据的力度。走势图10-1就是这样一个例子。

主要的技术准则　对于任何价格走势，通过计算多种不同时间跨度的动能指标，可以提高技术分析的准确性。

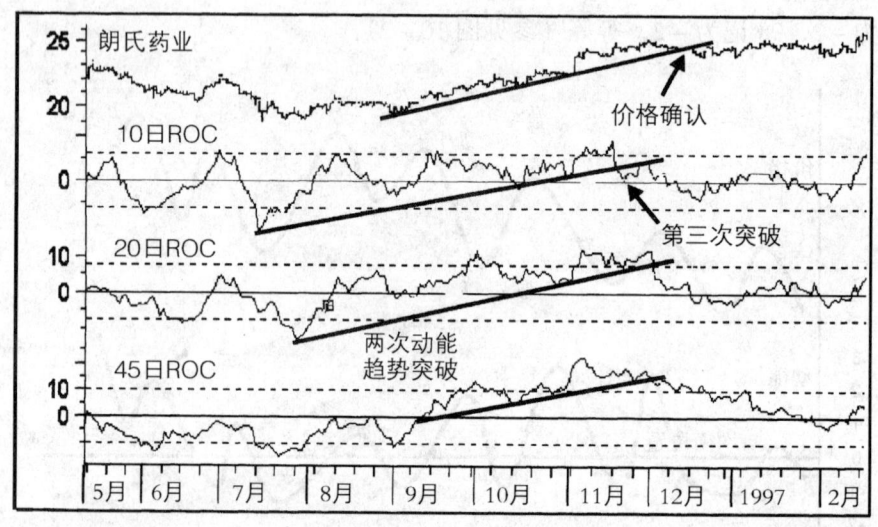

走势图10-1　朗氏药业（Long's Drugs）股票及3种ROC指标，1996～1997年
（资料来源：www.pring.com）

动能指标的原理和运用

以下有关动能指标的原理和运用的解释，适用于所有类型的摆荡指标，无论这些摆荡指标是根据单一价格序列计算的，还是根据衡量市场内部动能的指标计算

的，比如第二十四章所讨论的那些指标。

这些原理可以粗略地分为如下两大类：

- **用于判断超买和超卖情形、背离以及类似情况的准则**　我将这些准则称为"动能特征"（Momentum Characteristics）。如果你对动能指标或摆荡指标进行了研究，你就会发现它们具有某些特征，这些特征与基础价格潜在的强、弱趋势有关。这非常像在发动机罩下看发动机，在大多数情况下，你能够在发动机出现毛病以前就作出故障诊断。动能指标和人气指标具有密切的关系，这种关系我们将在第二十六章研究市场人气时进行讨论。
- **根据动能指标本身识别趋势反转的准则（动能趋势反转技术）**　在此情形下，我们假设当动能趋势发生反转时，价格趋势迟早会发生反转。

趋势判定技术，比如趋势线背离、移动平均线穿越等等，用于动能指标与价格指标同样有效。一个重要差别是，动能趋势反转仅仅是动能的趋势反转。在特殊情况下，动能随同价格一起反转，不过往往会有一点儿滞后，这是因为摆荡指标改变方向并不总是意味着价格也会改变方向。正常情况下，动能趋势的反转是对价格趋势反转信号的确认。事实上，动能信号是对我们已有证据的补充。稍后我还会再次提到这一点，但是现在要特别注意这样一个事实，即实际买、卖信号只能来自于实际价格趋势的反转，而不是动能趋势的反转。

对动能特征的解释

超买和超卖水平

也许动能解释方法最为广泛的应用是对超买和超卖水平（Overbought and Oversold Level）的评估。这就好比一个人牵着一条桀骜不驯的狗漫步，狗锁链不断地被这条想获得自由的狗左右拉来拉去。尽管狗可以自由活动，但是，它的活动区域仅仅是锁链所及的范围。

对于市场动能指标，该原则同样成立，只不过要把市场的"锁链"看成弹性的，使其对特别强或特别弱的价格趋势，动能指标能够超过正常的限度，此即所谓的"超买"和"超卖"水平，将其画在图上就是与均衡线上、下保持一定距离的区域，如图10-3所示。但是，实际的边界取决于所考察价格的波动性，以及计算动能指标所应用的时间跨度。

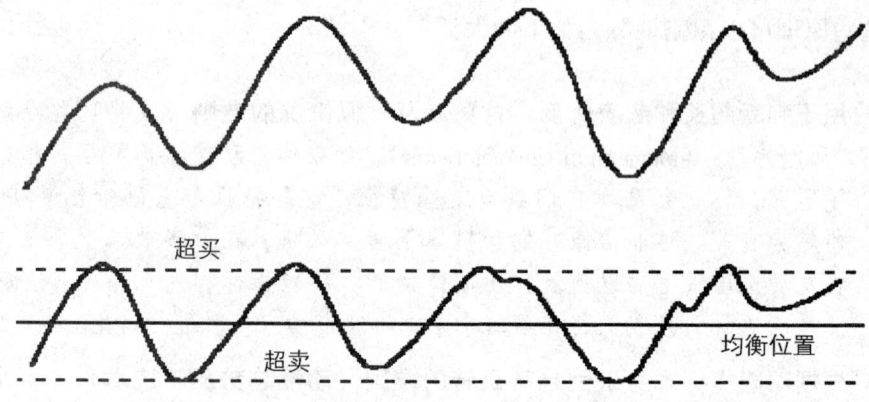

图 10-3 超买和超卖区域

比如，在一个较长的时间跨度内比在一个较短的时间跨度内，ROC 指标更有向两个极端方向移动的倾向。价格在 10 日时间跨度内变化 10% 是极不可能的；但是，在长期的多头行情中，对于 12 个月的时间跨度，25% 的增长并不少见。有些指标，诸如 RSI 指标和随机指标，专门绘制在预先确定的区域内。

当价格达到超买或超卖的上下限时，有可能但并不能一定保证趋势将要反转。超买信号预示着一种考虑卖出的时机，而超卖信号预示着当前的技术位置是买入时机。在许多情况下，当价格达到超买指标的上限时，会出现利好消息，市场参与者表示乐观，而且人的本性告诉我们买入。不幸的是，事情可能恰好相反。另一方面，超卖信号往往与消极的消息面有关，此时我们要做的事情是，高举我们颤抖的手，拿起电话，通知我们的好朋友经纪人，叫他/她买入，如果所有技术位置有利的话，这往往是一个合理的买入时机。

考虑到指标的波动性，比如 ROC，究竟应该将超买和超卖线画在什么位置，没有硬性的规定，只有通过研究所观测证券的历史和特征才能确定。但是，这些线在绘制时应当能够代表那些关键点，即当触及或稍微超过该线时，摆荡指标就会出现反转。当发生特别激烈的价格走势时，这些边界可能会完全失效。不幸的是，这是无法更改的事实，但是，总体上通常可以建立对价格敏感的超买和超卖标准。再说，市场的锁链是弹性的，并能长期地保持在超买和超卖区域。因此，在采取严厉的措施以前确认价格自身趋势的反转是非常必要的。

摆荡指标在长期多头市场和空头行情中的特征

本书前面曾经讨论过，摆荡指标的特征会随市场状况而变化。在多头行情中，摆荡指标将很快进入超买状态，并保持很长的时间；在空头行情中，摆荡指标也能够很快进入超卖状态，并保持相当长的时间。

事实上，摆荡指标就像北半球的候鸟。在图10-4中，我已经把价格行为分为空头行情，紧接着是多头行情，最后是另一个空头行情。当市场进入空头市场阶段，摆荡指标的主要变动范围靠下，就像北半球的候鸟为了逃避北方严寒的冬天向南方迁徙一样；然后，当多头行情开始时，摆荡指标的形态就会再一次向上移动，就像候鸟一样北上迁徙；最后，当新的空头行情开始以后，摆荡指标再次下移。就其本身来说，这些信息是有用的，因为如果能够在摆荡指标的两侧划出两条平行线，这些信息就能对当前主要趋势是上涨还是下跌提供有价值的线索。

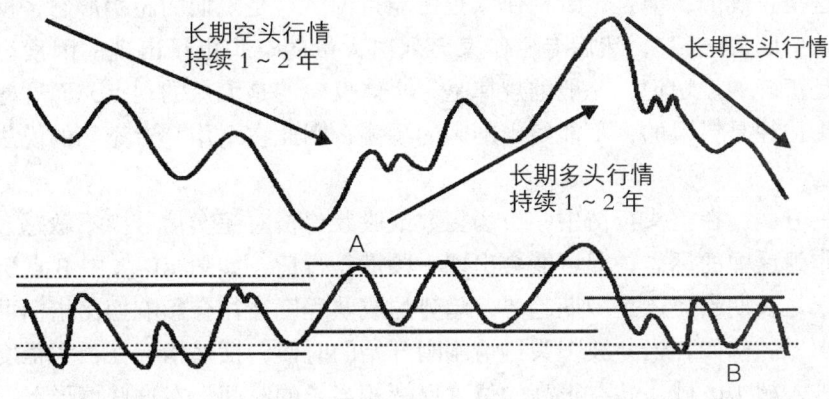

图10-4　在多头行情和空头行情中动能特征的变化

> **主要的技术准则**　摆荡指标具有不同的表现形式，这些形式取决于市场主要或长期趋势的方向。

第二点是，如果你有长期趋势的指导理念，你就能从特殊的超买或超卖读数预测可能要发生的事情。在多头行情中，价格对超卖形态极其敏感。这就是说，当你非常幸运看到这样一种形态时，你就去寻找那些确认价格即将上升的信号，比如对下降趋势线的背离信号，等等。解释这种敏感性的理由是基于这样的事实：超卖信号完全能够反映极短时间内的市场人气。市场参与者时刻关注着最新的坏消息，并以此作为卖出的根据。由于市场正处于多头行情，市场参与者最好牢记不久将会出现有利的长期上涨趋势，并以市场的这种弱点作为买入的时机。

在空头行情中会出现相反的情况。当市场参与者正密切关注使价格下降的坏消息时，广播中突然传出一些利好消息，此时价格骤然上涨。但是，当该消息完全消化以后，大多数人认识到事情实际上一点儿都没有发生变化，而且价格继续下跌。这样，超买信号往往会与空头行情中反弹的峰位相呼应。

从另一种观点看，在多头行情中价格对超买形态缺乏敏感性。超买往往会带来小幅下跌或一段横盘，如图10-4中的A点所示。那么这里的原则是，多头行情中的一个短期超买形态不会触发一波大的跌势，因为这种可能性太小。

最后，人们常常能够识别出一种超卖形态，并以此作为他们判断反弹行情的根据。最受欢迎的金融专栏作家或许会说："分析家指出，市场已经过度超卖，预期会有一波迅速的反弹行情。"再次提醒，这完全取决于市场所处的环境。在多头行情中，这是正确的；但是，专栏作家很可能是说"这是短期的超卖形态，预计价格还要下跌，因为……"，然后专栏作家会列出大量的空头市场出现的因素，来证明其观点是正确的。切记，一般的规律是，媒体反映的是大众的观点，而这些观点在紧要关头往往是错误的，不能给出准确的预测，因此在引用"专家"的说法时要特别注意。

另一方面，在空头行情中，市场指数或股票价格对超卖信号极不敏感，往往不能以此作为反弹的标志，但可能会出现一段横盘行情，如图10-4中B点所示。

无论是长期趋势还是中期趋势，趋势的成熟程度往往会影响摆荡指标可能达到的极限水平。例如，当一波多头行情刚刚开始的时候，摆荡指标在很大程度上倾向于快速进入超买区域，并在很高的位置保持相当长的时间。在这些情形下，超买读数表现出的下跌信号通常会过早。在多头行情的早期，上升动能强劲，超卖读数更是对价格走势反转的反映，因而这一指标提供了更可靠的信号。只有当多头行情快结束，或者在空头行情阶段，超买读数才是可靠的短暂上升信号。一个指标长期以来不能保持或达到某个超买水平，这一事实本身就是市场上升动能减小的信号。对于空头行情，结论恰好相反。

超买和超卖穿越

在大多数情况下，当动能指标穿越超买或超卖边界，然后又折返穿越边界向中心位置"0"返回时，就产生了非常有价值的买入和卖出信号。图10-5表明了这种可能性。该方法可以避免许多过早的买入和卖出信号，这些买卖信号是当动能指标刚刚到达其超买或超卖边界时产生的。但是，在采取行动之前，你仍应该等待价格本身趋势发生反转。

第十章 动能原理

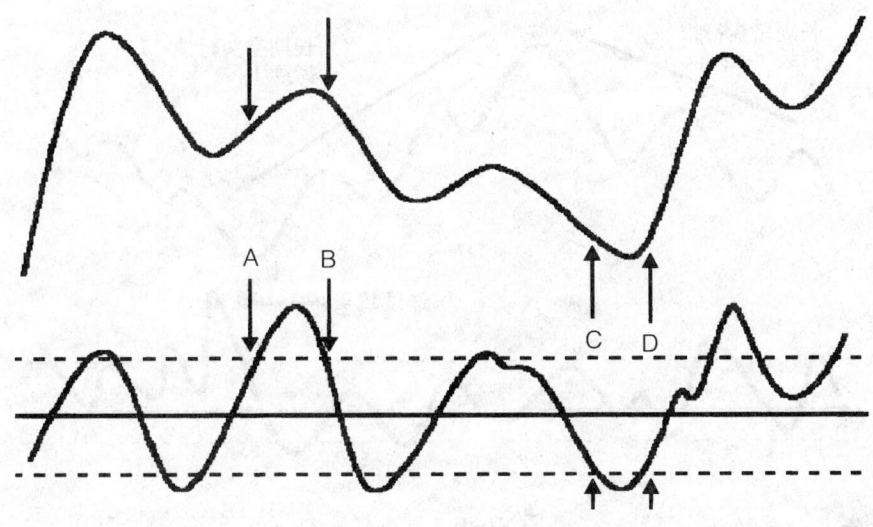

图 10-5 超买和超卖穿越

过度超买和超卖

正如第二十六章之讨论，市场人气指标与摆荡指标之间有着密切的联系。由于市场人气在多头行情与空头行情中存在巨大的差异，因此这些情绪波动偶尔能够反映在动能指标的变化上。通过短期摆荡指标观察这些变化特征，是使我们能够在早期识别出长期走势发生反转的少有的方法之一。

正如前面几章讨论的，本书称其中一些现象为过度超买（Mega-Overboughts）和过度超卖（Mega-Oversolds）。过度超买是继空头行情最后一跌之后，人们对多头行情最初的期盼。就动能指标来说，其水平远远超过人们在先前的多头市场或空头行情中所见到的正常超买量，而且应当是多年来的最高点。这种状态常常是多头行情初期市场不稳定的表现。一个摆荡指标若能够反弹到如此高的程度，再有其他趋势反转信号配合，就预示着一轮新的多头行情已经开始。这表明买方和卖方的均衡已经毫无疑问地转向买方。设想这样一种情况，一个人竭尽全力破门而入。由于使尽了巨大的力量，一旦门被撞开，你就无法再阻止他/她进入。同样，过度超买一旦使价格挣脱空头行情的制约，就会使它走过一波新的多头行情。在图10-6中可以看到这样的情形。

过度超买大概是从超买状态打开一个多头仓位的惟一的合理情形。虽然如此，有些人认为这只能在长期内是合理的。这是因为，摆荡指标无论何时表现出过度超买，在经过短期的回档或整理之后，几乎总会出现较高的价格。从事高杠杆交易的

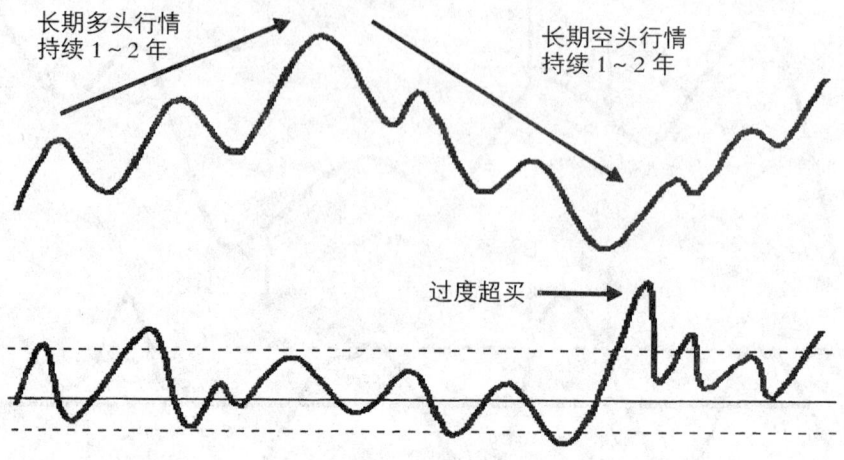

图 10-6　过度超买

交易者可能会抵抗不住财务方面的压力或逆势行情，而长期投资者则可以。在大多数情况下，你可能会发现过度超买之后紧接着的回落会比较缓慢，而不是骤然下降，但是偶尔出现的例外足以使从事高杠杆交易的交易者栽跟头。

由于过度超买状态与多头行情的第一次反弹密切相关，那么在这种状态下观察成交量是否也在放大就是一个好主意。如果该特定证券的成交量创下天量，那么该信号就非常重要。因为在长期下跌以后，成交量创造天量往往是新一轮多头行情的可靠信号。量的放大或多或少是一个必要条件，因为这与买方现在已经占据优势以及人们的心理已经完全改变的观点一致。

我们已经说过，也存在这样的情况，即过度超买状态之后趋势并没有发生反转，而是发生变化。换言之，先前的空头行情将进入长期的横盘，而不是进入多头行情。这里的关键是，在正常情况下，过度超买之前的底部肯定在多年之内不会发生反转。

对过度超卖的情形，则会出现相反的概念。因此，在多头行情的最高位之后出现的价格下跌，将动能指标推向多年的极端低位，这种低位在先前的多头市场或空头行情中从来没有见到过，则其涵义是卖方现在已占主力位。动能指标可能会急剧猛烈且快速下跌的事实本身就是市场行情已经发生变化的标志。当你看到这种行为时，你至少应当对这种多头行情表现出的现象提出质疑。寻找新一轮空头行情可能来临的可疑信号。在随后的反弹行情中成交量的结构如何？与以前上涨行情中成交量也呈现上涨趋势相比，现在价格上涨的时候成交量趋于减少吗？

与趋势反转相反，同样可能的变化也可用于过度超卖行情，特别是该过度超卖是空头行情的第一次下跌，但有时候也可能预示着从长期多头行情向多年横盘的转变。图10-7是过度超卖的一个例子。两种过度交易形态，往往能够通过短期的摆荡指标得到最好的观察，该短期摆荡指标的时间跨度从10天到30天不等。在绘图时，它们的指标没有像RSI和随机指标那样被限制在0~100之间。走势图10-2显示的是过度超买和过度超卖的例子。

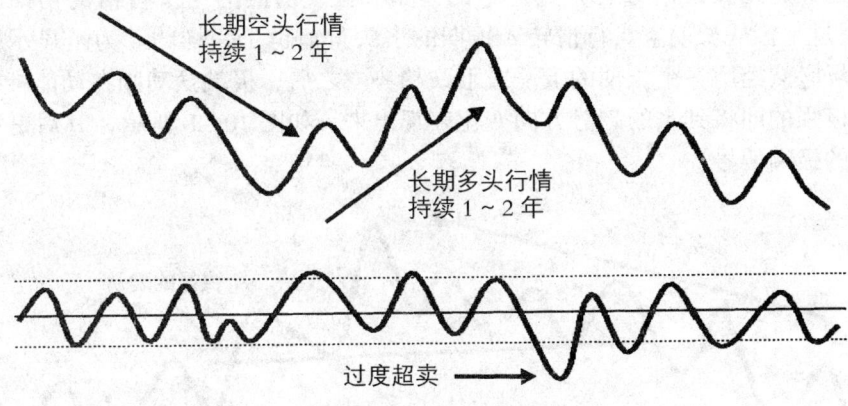

图10-7 过度超卖

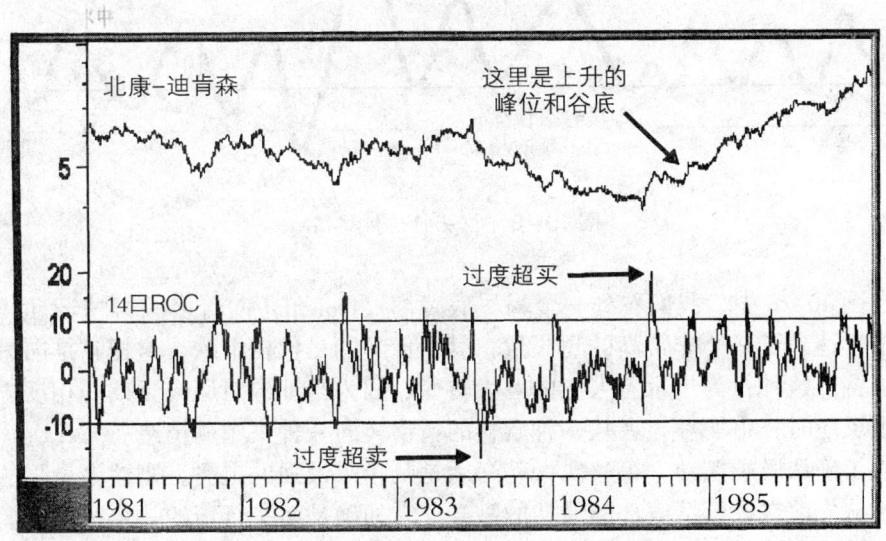

走势图10-2 北康-迪肯森（Beckton Dickinson）股票及过度超买和过度超卖，1981~1985年

（资料来源：www.pring.com）

极端摆动

极端摆动（Extreme Swing）是预示心理变化的另一种现象。它反映了这样一种思想，一些长期趋势反转通过一种摆动得到预示，即从不相信繁荣的趋势（因为多头行情已经达到其最高峰位）到完全的失望和沮丧（因为空头行情的初期已经到来）。反过来，从长期空头行情转入长期的多头行情也是一样的。为了显示极端摆动，市场必然经历一个长期的上涨或下跌趋势。之后，极端摆动则在动能指标中通过一个极强的即将到来的趋势方向变化表现出来，如图 10-8 所示，其后是相反方向出现的极端信号。

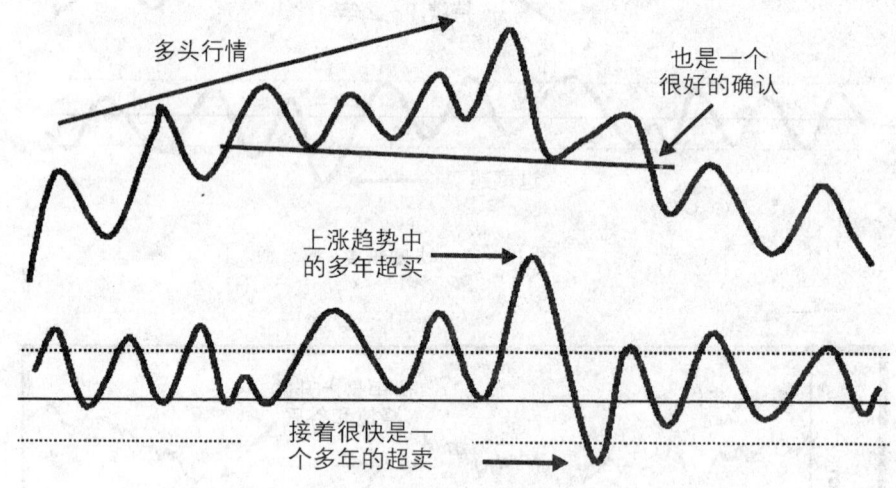

图 10-8　空头行情极端摆动

在图 10-8 中，我们看到一个竭尽底背离（blowoff）向着多头行情运动，因为动能指标达到了一个非常高的超买量。其后伴随的是价格下跌，这把它推向另一个极端位置。这种行为预示着人气的巨大转变，因为当证券对原来预期的相反方向最终发生反应时，市场参与者从一种欣喜的情绪转向一种失望的情绪。

为了确认极端摆动，第一次摆动必须是几年来最强的走势，当然该最强的走势来自于从先前空头行情底部的最初的戳升，它的确是多头行情的一个最高点。第二次向下的摆动应当确实是一个过度超卖，尽管在一些情况下，一次极端超卖就够了。

这种现象毫无疑问会形成，因为第一次摆动鼓励了那些对当前市场趋势判断正确的参与者，而使判断错误者失去信心。在多头行情下，最后的上升也会挤出所有仍保留在市场中的看空者，这样，当趋势反转时，实际上没有来自保护空头头寸的投机者的买入活动。先前明显的上涨趋势也鼓励了那些认为价格只有一种上涨趋势的买入者的士气。因此，买方匆匆作出决策，没有考虑到价格可能会走向相反的方向。当他们这样做了以后，这些投资者会被市场驱逐出去而毫无收获。因为很少有空头卖方能够重新爬起来，所以价格凶猛地下跌。

极端摆动也发生在长期空头市场和多头市场趋势中，如图10-9所示。即使在这种情况下，情绪摆动也会来自完全的失望和消沉，因为空头行情在急剧和持续的下跌趋势中将最后的乐观者挤出，甚至最强大的乐观者也被迫屈服，最终没有剩下的东西可以出售。在反弹期间，空头受到保护，新的买盘来临，因为基本面发生了可以感觉到的变化。由于实际上没有剩下的东西可以出售，价格就急剧攀升，于是过度超买也就发生。

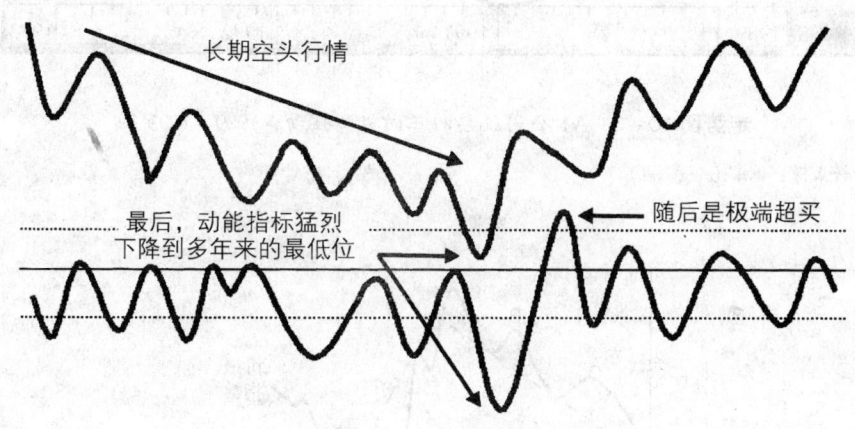

图10-9　多头行情极端摆动

不必说，极端摆动是非常少见的，但当你能够看见它们时，步其后尘的确是要付出代价的，因为新的趋势总要发生。在走势图10-3中，有一个多头行情极端摆动的例子，刻画了VF公司的特征。

背离（Divergence）

本章开始时用的抛球例子表明，球在离开手之后不久速度达到最大。类似地，金融市场中的价格也是如此，动能在价格达到峰位之前达到最大，在图10-10中，正如A点所示。如果价格创了新高，且通过动能指标得到确认，则不会出现技术面转弱的迹象。另一方面，如果动能指标没有确认（B点），则动能与价格之间出

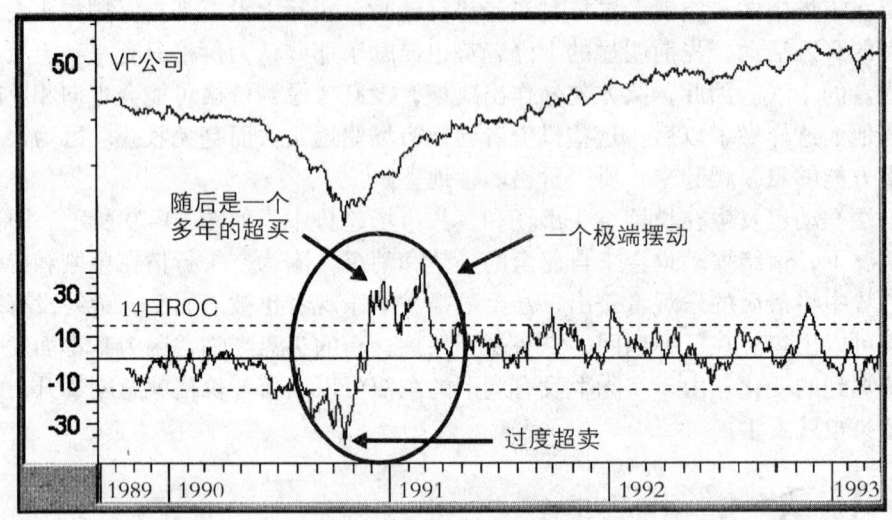

走势图 10-3　VF 公司股票的正向极端摆动，1989～1993 年

(资料来源：www.pring.com)

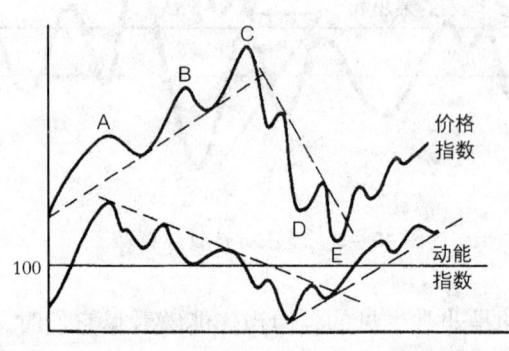

图 10-10　动能指标和背离现象

现"负"（negative）背离现象，这预示着技术面出现转弱的信号。这些背离现象在正常情况下意味着价格可能会经历一段修正过程。这种修正可能是横向整理或水平向的横盘，或（更可能）是一段下跌过程。可是，价格有时会继续上升到第三个峰位，而动能指标甚至出现更大的弱势或背离（C 点）。在有些情况下，动能指标的第三次峰位会比第二次来得高，但是比第一次要低。无论哪一种情况都需要小心，因为这种特征是一个明显的警告，即价格可能大幅下跌或需要长期的整理。

第十章 动能原理

> **主要的技术准则** 切记，背离在技术分析上仅仅预示着股价处于弱势还是强势，而不代表实际的买入和卖出信号。

图 10-10 也显示了"正背离"（Positive Divergence）。在这种情况下，价格在 E 点达到其最低价，但是以 D 点为底位的摆荡指标领先于它。

每当动能与价格之间发生背离，必须等待价格本身确认其趋势也发生反转。确认可以通过下列方式实现：（1）价格突破趋势线，如图 10-10 所示；（2）移动平均线的穿越；（3）价格形态的完成；（4）在峰位/谷底的反转。这些保险措施值得采用，因为在长期的循环性涨势中，动能指标会不断地上下波动而没有遭遇趋势突破。这方面的例子有 20 世纪 90 年代的美国股票市场和 1982 年到 1990 年的日本股票市场。

> **主要的技术准则** 一般而言，负背离的次数越多，基本结构就越弱；反之亦然。

一个最好的例子可以在走势图 10-4 中看到，图中显示在 13 周 ROC 指标与指数发生了数次负背离以后，日经指数（Nikkei Dow）突破了一条重要的 3½ 年的中期趋势线。因此，最后的涨势几乎没有方向向上的动能配合。在先前的背离现象中卖出也许是错误的，但指数本身跌破趋势线是非常及时的卖出确认信号。

在图 10-11 的 C 点处，价格攀升至非常高的峰位，但动能指标仅仅能够保持在均衡位置的上方。当伴有趋势突破时对这种情况要特别地小心，因为这往往是一个极端的技术弱势信号，而且常常（当然不是总是）伴随着向下的跌势。在空头行情中，相反的情况（参见图 10-12）应当视为极有利的信号特征，特别是价格的上涨趋势发生突破，而且伴随着很高的成交量。成交量越高，信号越可靠。

> **主要的技术准则** 动能指标在均衡线附近发生的背离往往伴随着急剧的价格波动。

在某种意义上，动能背离和价格趋势突破，就如同乌云和暴雨之间的关系。如果你仰望天空发现乌云密布，常识会告诉你老天可能要下雨了，但直到你伸出手并

技术分析

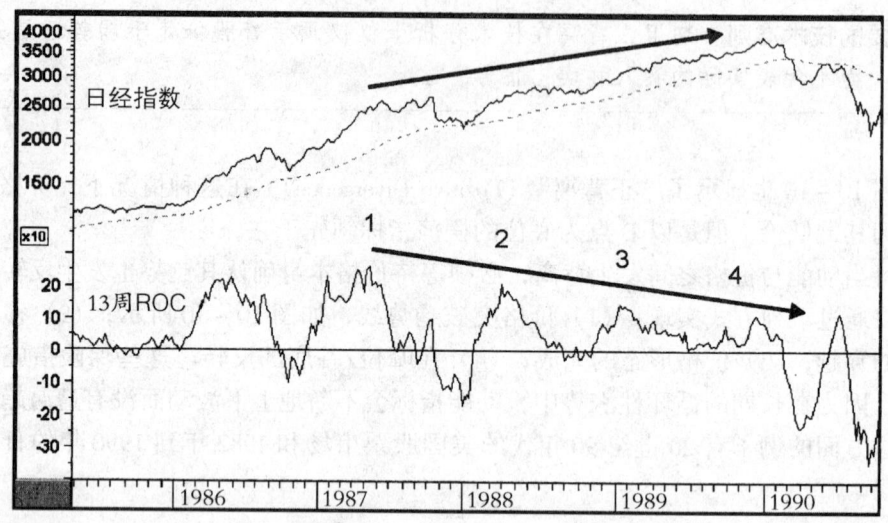

走势图10-4 日经指数的负背离，1985～1990年

在1990年的峰位，日经指数与其13周ROC发生了多次背离。这些背离通过价格最终突破其1986～1990年的上涨趋势线和随后在65周EMA线下方发生交叉得到确认。这些负背离发生在3年时间内，因此并不奇怪日经指数随后经历了长期的跌势。

（资料来源：www.pring.com）

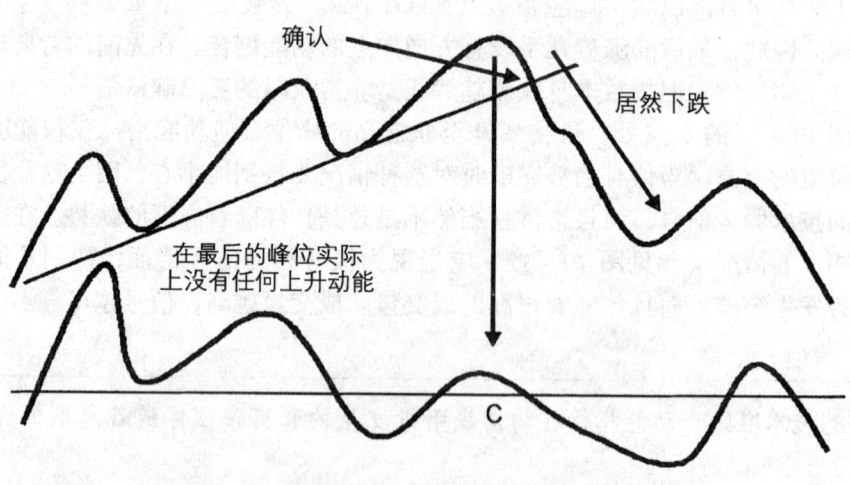

图10-11 极端空头市场背离

真正地感觉到雨滴之前，你还不能够确定要下雨。换句话说，乌云（就像背离）预

第十章 动能原理

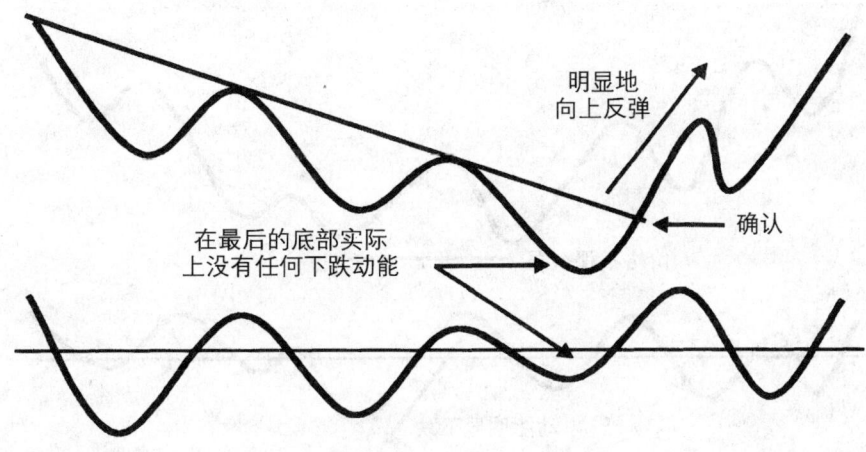

图 10-12 极端多头市场背离

示着坏天气（技术面），但天气的变化只有第一滴雨下来（价格反转）才能发生。将该比喻做进一步延伸，我们可以得到这样的结论：乌云越浓重（背离的次数越多），暴风雨（价格下跌）就越猛烈。

价格差异背离（Price Discrepancy Divergence）

当动能指标在一个方向上变化强时，就进一步预示着一种微妙的强势和弱势，但伴随着的价格指数的运动非常小。这种发展过程预示着，股价在当前趋势方向上运行乏力，因为尽管摆荡指标有强大的推动能力，但价格不能够作出反应。这种不同寻常但能量强大的现象，可以通过图 10-13 和图 10-14 的峰位和底部得到说明。

复合背离（Complex Divergence）

人们普遍认识到价格走势同时受到多个周期现象的影响。由于一个动能指标只能反映其中的一个周期，所以将不同时间跨度的不同动能指标相互比较是一个好办法。

一种方法是，在同一个走势图上绘制两个不同时间跨度的动能指标，如图 10-15 所示。由于该方法试图反映两个不同的周期，两个时间跨度的选择最好要有足够的差异。例如，通过比较 12 周和 13 周的 ROC，我们的收获可能甚微，因为它们的运动状况会非常接近。而比较 13 周和 26 周的 ROC 则能够清楚地反映两个不同

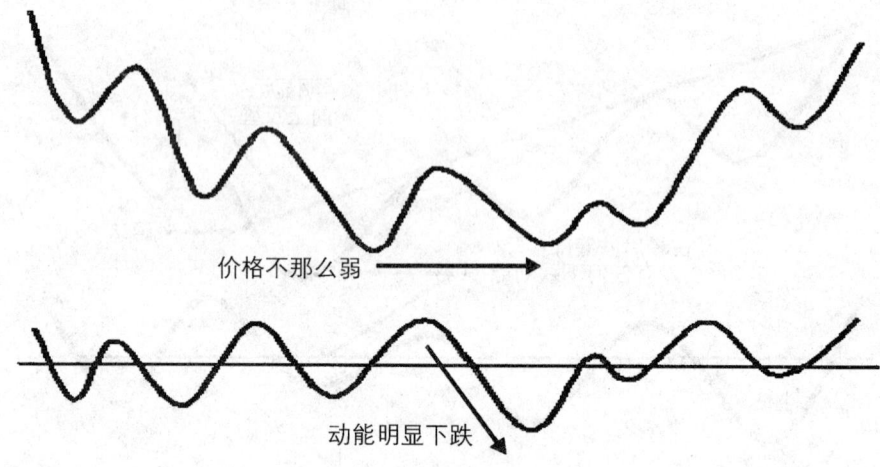

图 10-13 上涨行情价格差异背离

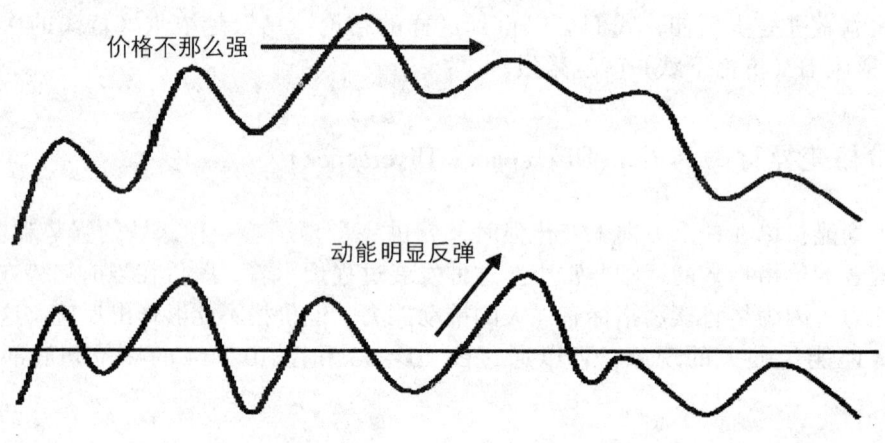

图 10-14 下跌行情价格差异背离

的周期。

在大多数时候,两个指标的行为是一致的,所以这种研究不会给我们提供太多的信息。但是,当长期指标创了新高,而短期指标位于或接近均衡线,则两者明显不一致或相互背离(参见图 10-15 中的 A_2)。这通常(但非必然)预示着价格趋势即将发生反转,而且往往是重要的反转。虽然如此,这种背离还是必须通过价格本身的趋势反转得以确认。在图 10-15 中,价格突破了趋势线和移动平均线,但是

第十章 动能原理

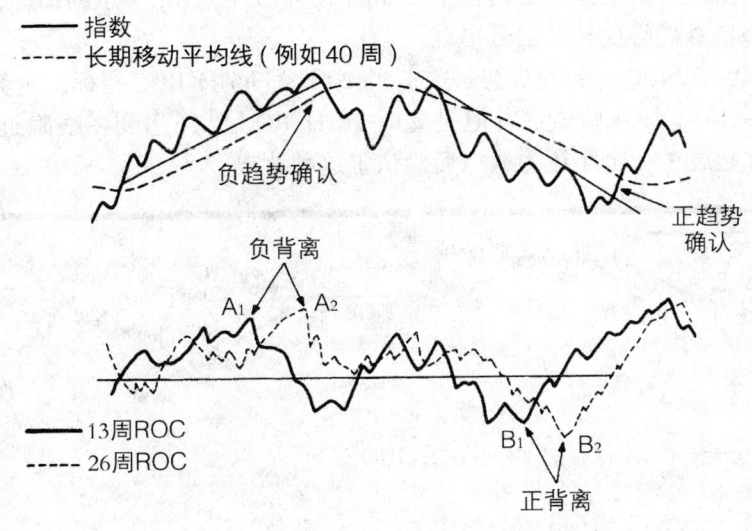

图 10-15 复合背离

在图 10-16 中,价格趋势没有发生反转而且还持续上涨。

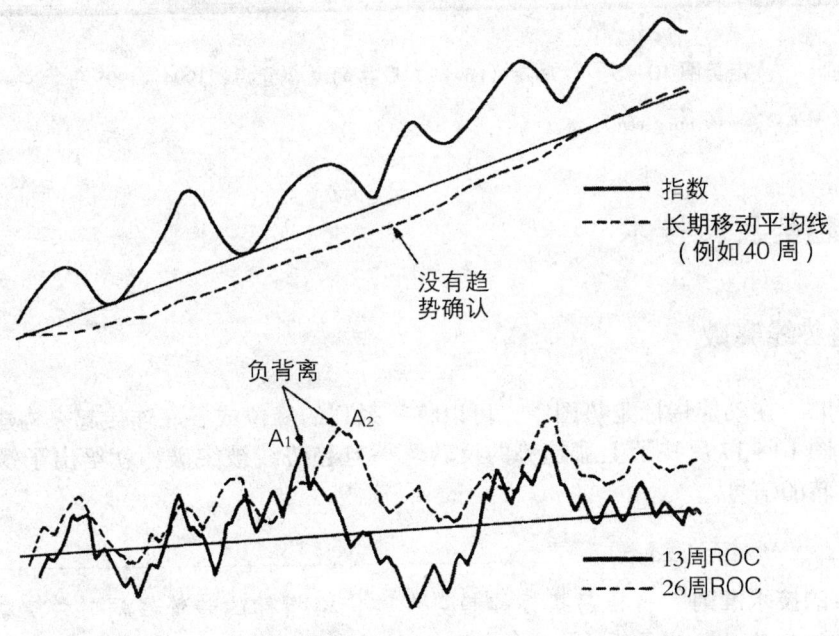

图 10-16 没有确认的复合背离

复合背离也发生在正背离的组合中，如图 10-15 中点 B_1 所示的那样，但必须要再等到价格自身趋势反转的信号出现。

走势图 10-5 刻画了劳厄斯（Lowe's）的 20 日和 45 日 ROC 指标的走势。45 日的 ROC 在 1995 年 1 月开始做底，但是此时 20 日 ROC 已经达到零线附近。不久，价格向上反弹超越了一个小压力线以后确认了这种背离。

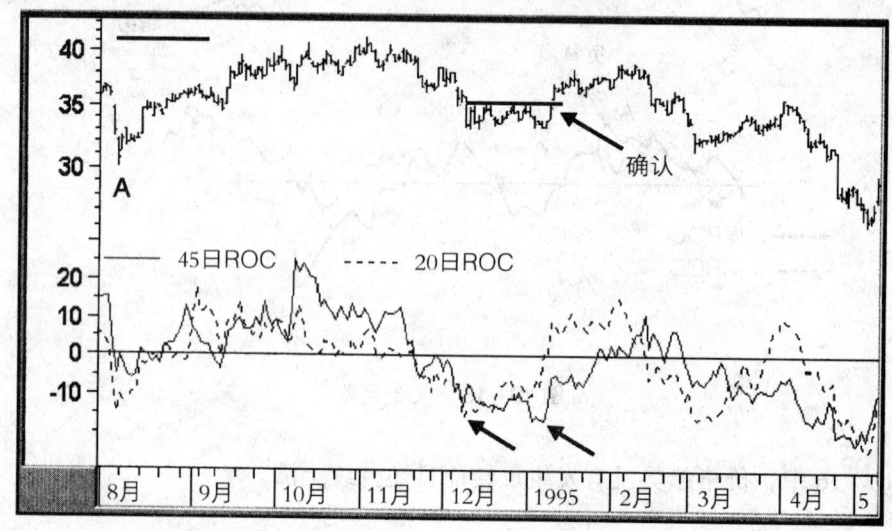

走势图 10-5　劳厄斯（Lowe's）股票的复合背离，1994～1995 年

（资料来源：www.pring.com）

动能趋势反转技术

趋势线突破

有时，在动能指标走势图中，可以将一系列的峰位或谷底连接起来构建一条趋势线。图 10-17 反映了上涨趋势的反转。一旦趋势线被突破，就给出了摆荡指标趋势反转的信号。

> **主要的技术准则**　当摆荡指标的趋势线和价格指标的趋势线同时被突破时，其反映的信号往往最强。

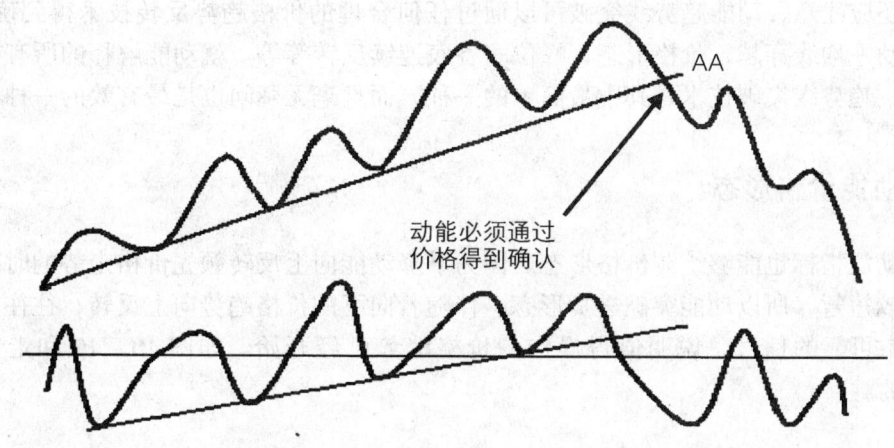

图 10-17 下跌行情中动能趋势突破

突破的形成和意义基于第八章所强调的原理。这种动能衰弱的形态应被视为一种警讯，而且只能在价格突破自身趋势确认以后（图 10-17 中的 AA 点），才能采取行动。事实上，动能趋势的突破加强了价格趋势的突破，而且还额外提供了趋势已经反转的证据。

一个新的上涨趋势的信号在图 10-18 中得到刻画。有时候动能趋势突破发生在价格趋势突破之前，但一般也不会因此而失去其预测力。

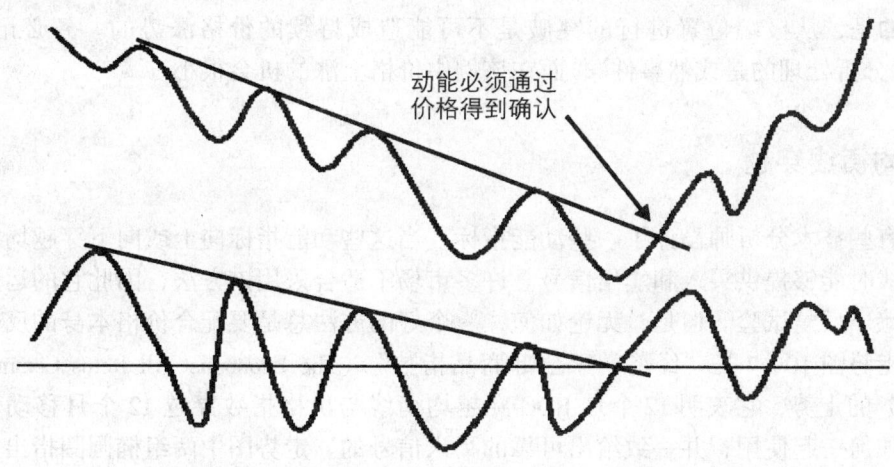

图 10-18 上涨行情中动能趋势突破

175

还应注意，动能趋势线突破可以通过任何合理的价格趋势反转技术得到确认，如移动平均线穿越，价格形态，峰位—谷底连续反转等等。就动能解释的所有方法来说，趋势线突破技术是其中最简单的一种，而且毫无疑问也是最有效的一种。

动能价格形态

动能指标也能够绘制价格形态。因为下降动能向上反转领先价格走势的时间通常比较短暂，所以动能突破进货形态，伴随着向下的价格趋势向上反转，往往是一个非常可靠的信号，说明值得操作的价格涨势已经开始。如图 10－19 和走势图 10－6。

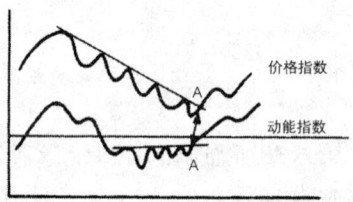

图 10－19　动能价格形态完成

在解释动能价格形态时，运用一些普通常识非常重要。例如，在图 10－20 中，动能在超买状态下突破"头肩底"形态。这并不是说这种信号从来无效，但是显而易见的是，从极端位置进行的突破是不可能造成持续的价格涨势的。务必记住，"技术分析处理的是或然事件"，而在该例中价格上涨的机会很小。

均衡线穿越

有些技术分析师设计了一些动能指标，当这些动能指标向上或向下穿越均衡线或零线时能够提供买入和卖出信号。许多市场不适合采用该方法，因此它的运用主要依赖于反复试验。但是，无论如何，一个好的方法总是要配合价格本身的反转信号。走势图 10－7 是"经济学家全部商品指数"（The Economist All Items Commodity Index）的走势，它表明 12 个月 ROC 穿越均衡线与价格指数穿越 12 个月移动平均线是如何一起使用，并一致给出可靠的买入信号的。走势图中两组椭圆圈指出了少见的虚假信号。

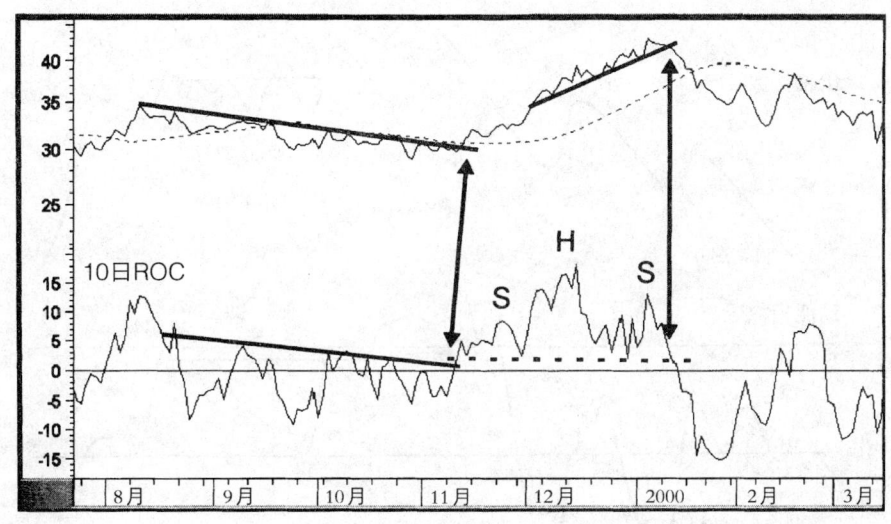

走势图10-6 美国铝公司（Alcoa）股票及动能价格形态，1999~2000年

该走势图刻画的是美国铝公司的10日ROC的走势。请注意ROC指标反转的H&S形态是如何恰好在价格突破一个小型向上的趋势线之前完成的。该信号另外一个意义是这样的一个事实，即价格向上穿越移动平均线与价格突破趋势线几乎是同时进行的。由于趋势线和移动平均线都表示阻力位，这种突破提供了趋势已经反转的双重证据。ROC一旦突破趋势线，就会形成"头肩顶"形态。从该动能分布的形态来看，动能突破不久就通过价格突破一个小型上升趋势线得到确认。

（资料来源：www.pring.com）

动能指标和移动平均线

到目前为止，所有用于价格的趋势决定技术显然都可以用于动能指标。对动能指标的解释，正如前面所述，在很大程度上依赖于主观判断。减小这种主观性的一种方法是，应用移动平均线的方法将ROC指标进行平滑处理。把该动能指标对移动平均线的穿越视为趋势可能发生反转的信号，如图10-21所示。

该方法存在的问题之一是，动能指标的波动往往比所要度量的价格指数的波动较为严重，这就导致了许多不可接受的虚假穿越信号。通过应用两条移动平均线可以过滤掉其中一些虚假信号，如图10-22所示。当短时间跨度的移动平均线向上或向下穿越长时间跨度的移动平均线时，就代表着买入或卖出信号。

动能的这一概念将在下一章进行详细的讨论，因为平滑的动能指标是构成趋势偏离和MACD指标的基础。

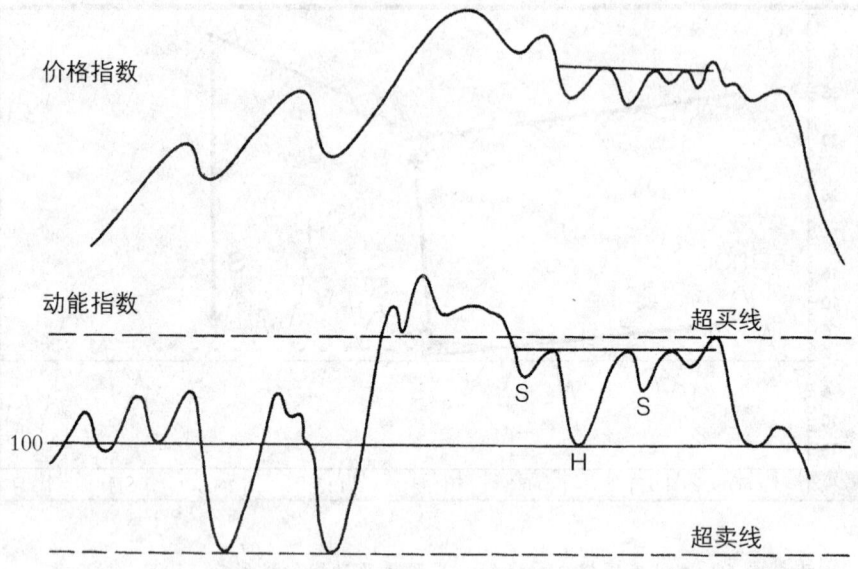

图 10-20 超买动能形态的完成

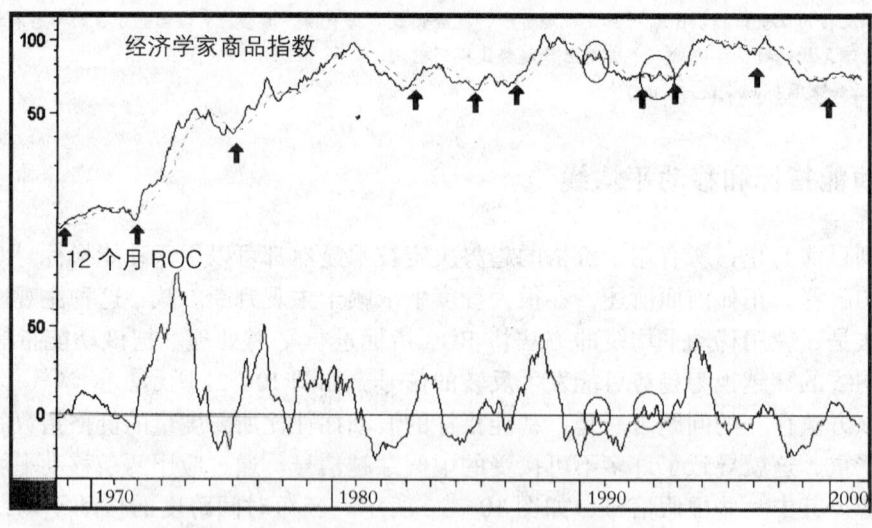

走势图 10-7 经济学家商品指数的均衡线穿越，1968~2001 年

(资料来源：www.pring.com)

第十章 动能原理

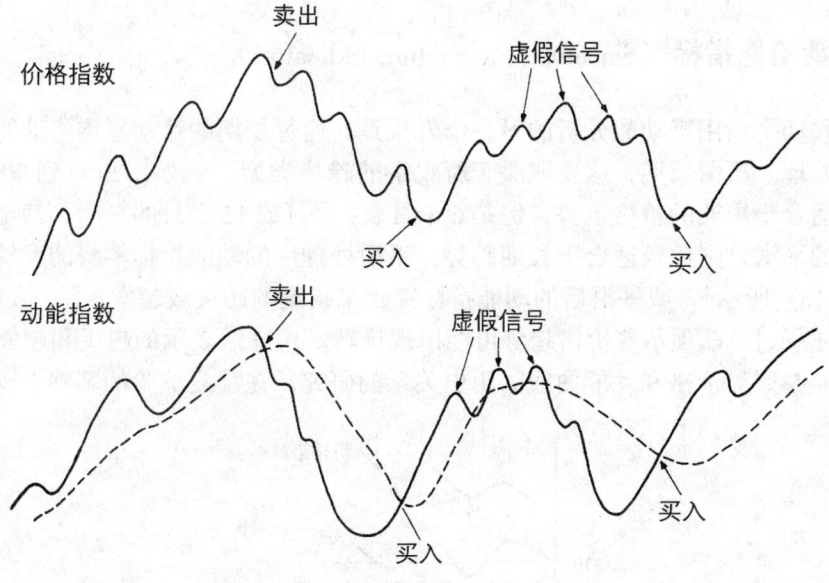

图 10-21 移动平均线穿越

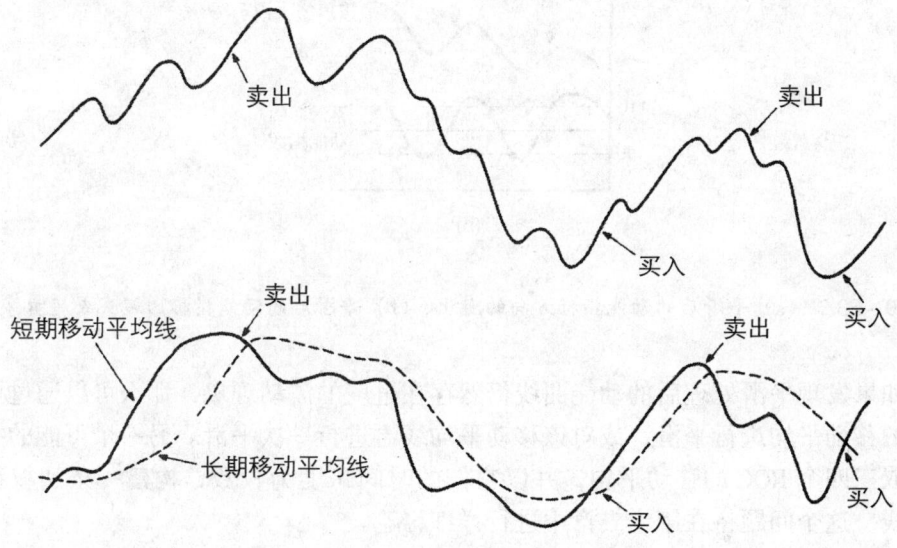

图 10-22 移动平均线穿越平滑后的动能指标

平滑动能指标（Smoothed Momentum Indicators）

把移动平均用于动能分析的另一个方法是，通过长期的移动平均将动能指标进行平滑处理。所谓长期，这要取决于所观察的趋势类型。例如，20日到30日的时间跨度适合于短期的价格走势，但是6个月、9个月或12个月的平滑，甚至更长时间跨度的平滑，则比较适合于长期趋势。平滑处理后的动能指标本身的反转［如图10-23（a）所示］，或平滑后的动能指标穿越某指定的超买或超卖水平［如图10-23（b）所示］，都预示着价格趋势可能出现反转。用虚线表示的超买和超卖界限的设定，要参照对价格和动能曲线的历史关系的研究，在反复试验的基础上进行。

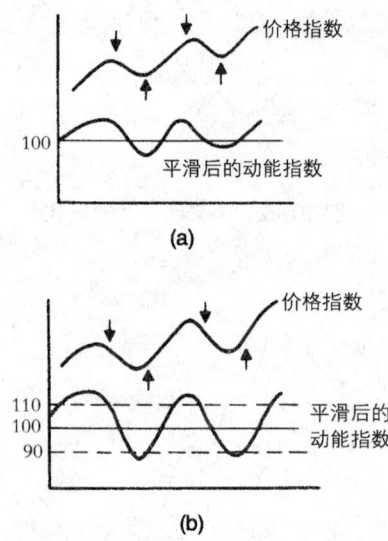

图10-23　（a）平滑后的动能指标方向的变化、（b）平滑后的动能指标的超买或超卖穿越

如果发现平滑处理后的动能曲线仍然存在过度的波动现象，那么可以通过更长时间的移动平均进行平滑，或对该移动平均线再进行一次平滑。另一个可能的办法是，取三四个ROC的移动平均，并以它们的时间跨度为权数，构建一条加权移动平均线。这个问题将在第十二章中进行详细讨论。

走势图10-8表明了将两个平滑后的ROC指标结合起来的有效性。在该例中，先取S&P综合指数月收盘价的11个月和14个月ROC，然后再取10个月期间的加权移动平均。由于人们发现该指标仅在市场的底部有效，而不是头部，所以该动能曲线只有在其跌破零线并进行反转上升时才有意义。图中箭头表明，在1960～2000

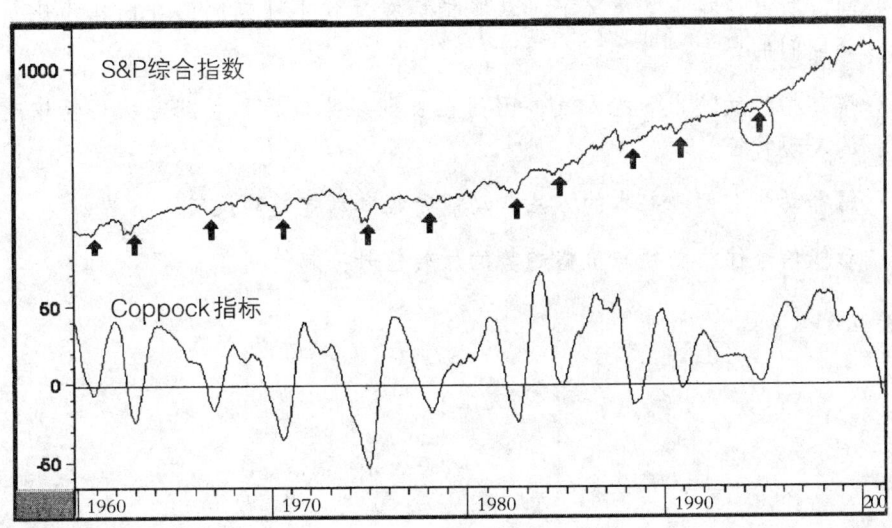

走势图10-8 S&P综合指数与Coppock指标（平滑的长期动能指标），1960~2001年

（资料来源：www.pring.com）

年间，多头行情信号特别及时。图中的椭圆表示该指标也很及时地给出信号，尽管此时动能曲线没有跌破零线。我将该指标追溯至1900年，发现几乎很少出现虚假信号。这些信号也许在等待12个月移动平均线的穿越确认的过程中已经消失。显然，这是一个非常好的历史记录（来自由E.S.C.Coppock发现的方法）。

构造平滑动能指标的另一种方法是，计算价格指数自身移动平均的ROC。该方法与先前的方法在程序上恰好相反，因为它不是先构建ROC，然后将所得到的动能指标进行平滑处理，而是首先将价格指数通过移动平均进行平滑处理，然后再取ROC。

小　结

- "动能"是一种泛称，它包括许多不同类型的摆荡指标。

- 动能衡量价格上涨或下跌的速度，并对价格趋势潜在的强势或弱势发出有用的信号。这是因为价格在达到峰位之前往往以最快的速度攀升，而在达到最终底部之前常常以最快的速度下跌。

- 在一般情况下，由于市场行情在上涨过程中比在下跌过程中花费更多的时间，所以，在正常情况下，动能指标在反弹上涨期间的导向作用比折返走势期间的要大。

- 摆荡指标反映市场的人气，因而在长期多头市场和长期空头行情中有不同的表现特征。
- 解释动能有两种基本的方法：动能特征和动能趋势反转。
- 动能信号往往必须与价格趋势的反转信号一起使用。

第十一章
动能指标 1

我们将在本章和下一章讨论几种特殊的动能指标。读者应该了解每一项指标，然后从中选择三四种你最有信心且最感满意的指标。采用过多的指标往往会造成混淆。

相对强弱指标（RSI）

公　式

相对强弱指标（Relative Strength indicator，RSI）是由韦尔斯·怀尔德（Welles Wilder）提出的[1]。该动能指标，或摆荡指标，是衡量证券自身内在相对强度的指标。不要将其与比较两种不同证券业绩的"比较相对强度指标"相混淆。RSI 的计算公式是：

$$RSI = 100 - \frac{100}{1 + RS}$$

$$RSI = \frac{x \text{ 天的平均上涨点数（收盘价）}}{x \text{ 天的平均下跌点数（收盘价）}}$$

其中 RS 等于 x 天的平均上涨点数（收盘价）与 x 天的平均下跌点数（收盘价）之商。该公式的目的是为了克服动能指标构建过程中存在的两个问题：（1）不规则变动和（2）为了比较的需要而设立固定的交易区域。不规则变动是由股价剧烈的运动引起的，但在计算中逐渐消失。例如，对于 20 日 ROC 指标，过去 20 天剧烈的下跌或上升可能造成动能曲线的突然改变，即使当前的价格几乎没有发生变化。

---

[1] Wells Wilder, *New Concepts in Technical Trading Systems*, Trend Research, Greensboro, NC, 1978.

RSI试图消除这种扭曲现象。

RSI公式不仅能够提供这种平滑特征，而且可以产生一个能够在0~100之间固定区域内变动的指标。怀尔德推荐的默认时间跨度是14天，他论证了应用月周期28日的一半是有效的。

RSI 使证券之间的比较成为可能

RSI的计算特征使得不同证券在同一个走势图上进行精确的比较成为可能。在走势图11-1中，有两种指数，即道·琼斯公共事业指数和费城金银成分指数。图的上半部分描绘的是45日ROC指标，其下半部分描绘的是45日RSI指标。就ROC来说，要想通过它来比较这两种指数是不太可能的，这是因为公共事业指数变化比较稳定。另一方面，你可以看出其波动性发生的背离也不大。正因如此，可以非常容易地设立多种超买和超卖标准。如果应用14天的默认时间跨度，那么超卖标准传统上设定为30，超买标准设定为70。

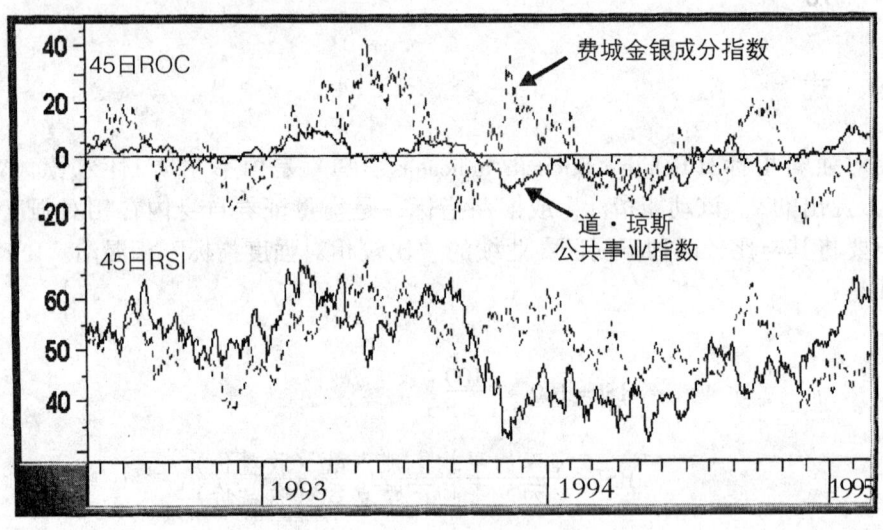

走势图11-1　RSI 与 ROC

（资料来源：www.pring.com）

设立超买/超卖线

计算RSI的默认时间跨度是14天，特地将超买和超卖线分别设定为70和30。

第十一章 动能指标1

在《RSI 的行为》一文中①，彼得（Peter W. Aan）指出 RSI 头部和底部的平均值分别接近于 72 和 32。这一研究将表明，由怀尔德推荐的 70 和 30 的水平可能不能够很好地反映平均的超买和超卖量。

RSI 的摆荡幅度与大多数其他的动能指标的变动幅度是相反的，注意到这一点非常重要。比如，时间跨度越长，ROC 指标的摆荡幅度越大，而对于 RSI 则相反。对于 RSI，其均衡点是中点，在该例中即为 50。因此，传统的方法是将超买和超卖线设定在该点两边等距离的位置处。

大家要记住，在 RSI 计算中时间跨度越长，摆荡越窄；反之亦然。因此，当时间跨度在各方面与 14 日的标准期限略微有一点差异时，70/30 的组合就是不恰当的。例如，走势图 11-2 刻画了欧洲美元 14 日 RSI 的特征，其中 80/20 的组合对超买和超卖这种极端情形给出的感觉比 70/30 的默认值要好。这是因为较短的时间跨度会产生较宽的 RSI 摆荡幅度。图的下半部分刻画了一个 65 日 RSI，其中比较窄的摆动产生了比较恰当的 65/35 组合。在此情形下，默认值 70/30 从来没有达到过。

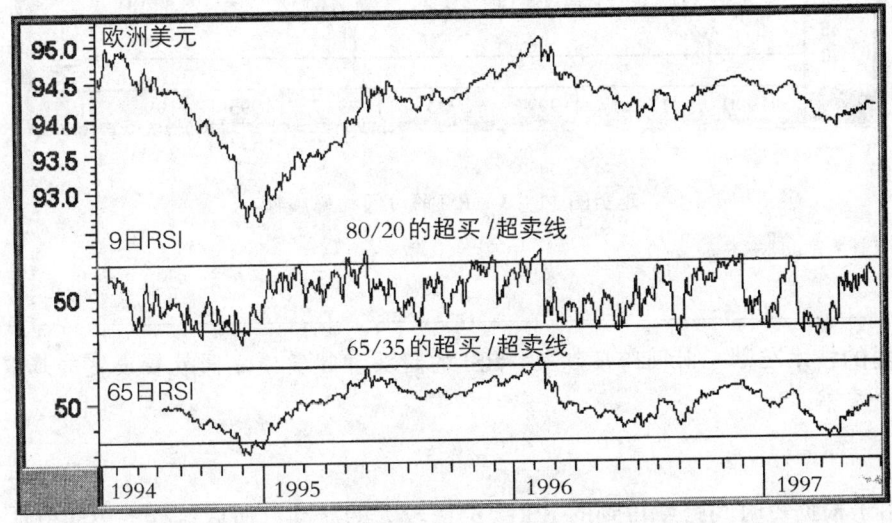

走势图 11-2 欧洲美元价格走势及 RSI 超买/超卖线，1994～1997 年

（资料来源：www.pring.com）

这里时间跨度的"长"和"短"要参照所考虑数据的类型，它是一个相对的概念。例如，60 日 RSI 相对日数据来说就是一个长的时间跨度，但是对于月数据，60

---

① Peter W. Aan, *How The RSI Behaves*, *Futures*, January 1985.

日（2个月）时间跨度就显得有点儿太短。因此，当对特定 RSI 的时间跨度作出选择时，一些需要考虑的因素必须考虑。走势图 11-3 描绘了同一时间段的两条 RSI 曲线（60 天或 3 个月）。但是，超买和超卖线绘制的位置不同，因为一个依据的是日数据，而另一个依据的是月数据。

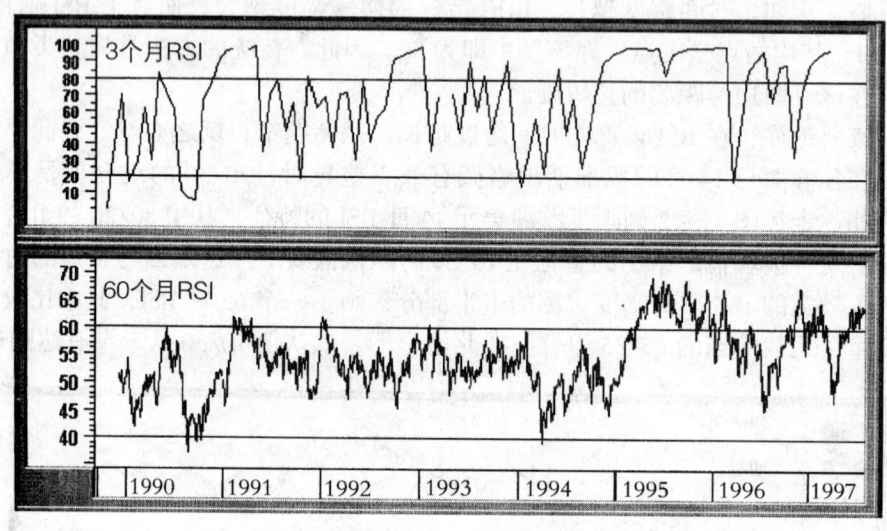

走势图 11-3　RSI 的时间构架比较

（资料来源：www.pring.com）

> **主要的技术准则**　时间跨度越长，RSI 的超买和超卖线之间就要设定的越窄；反之亦然。

由于根据短时间跨度得到的 RSI 要经历较大的波动，所以这样的 RSI 更适合于指出超买和超卖状态。另一方面，比较长的时间跨度具有更加稳定的曲线，因而更有助于绘制趋势线和价格形态。

时间跨度

我们可以画任何时间跨度的 RSI 曲线。佩里·考福曼（Perry Kaufman）在其著作《新商品交易系统》(*New Commodity Trading Systems*) 中对 14 日时间跨度（大多数走势图分析包中的默认值）选择的惟一性提出了质疑。他指出当移动平均线恰好在大周期时间跨度一半的位置时，会出现最大的背离。换言之，如果假设股票市场的长期趋势大约会在 4 年的商业周期中循环出现，那么 24 个月的移动平均线将会在该周期的最高和最低点处发生最大的背离。在以 28 日为周期的情形下，14 日当然是正确的选择，但更重要的是除了月周期以外还有许多其他的周期。就此假设而言，则意味着如果大周期的时间跨度不是 28 小时，那么 14 小时的 RSI 是不合适的。这种分析对周数据和月数据均成立。

在实践中，14 日的时间跨度用起来很好，但仅对短期数据适用。我也用 9 日、25 日、30 日和 45 日的时间跨度。对于周数据来说，季度数据用起来有效，因此 13 周、26 周、39 周和 52 周时间跨度可以采用。至于月走势图，对 ROC 推荐的时间跨度也适用于 RSI，即 9、12、18 和 24 个月。

对长期走势图，比如包含两年的周数据，大概 8 周的时间跨度就能够提供足够的信息来识别中期转折点。一条 26 周的 RSI 曲线能够产生一系列在相对窄的区域内摆荡的动能指标，但是即便如此，也有助于趋势线的绘制。更长期的趋势图，比如延续 10~20 年，似乎 12 个月的时间跨度比较适合。穿越 30% 的超卖线和 70% 的超买线为我们提供了一个非常好的长期买点和卖点。当 RSI 突破这些极端位置并返回 50 水平位时，这往往预示着长期趋势的反转。

对独立的大买家，重要的是要切记最佳的买入机会是在长期动能指标（诸如 12 个月的 RSI）的超卖位置。如果你也能够判断中期和短期的 RSI 处于超卖状态，那么长期、中期和短期 3 种趋势的最佳结合可以给出非常可靠的买入信号。

RSI 解释

极端读数和摆动不足（Extreme Readings & Failure Swings）　在任何时候，RSI 向上穿越其超买区域或向下穿越其超卖区域，都预示着所分析证券的反转时机已经成熟，其重要性取决于所考虑的时间跨度。例如，走势图 11-4 中 14 日 RSI 显示的超买读数远不如走势图 11-5 中 12 个月时间跨度所计算的 RSI 所显示的超买读数重要。超买或超卖读数仅仅表明折返过度或过迟的可能性大小。它们代表一种考虑买入或卖出的"时机"，但并不是"实际"的买进或卖出信号。只有当价格本身发出趋势反转信号时，实际的买进或卖出信号才能到来。

例如，走势图 11-6 描绘了森特拉银行（Centura Banks）价格指数的特征，图中显示 2000 年 6 月的超买信号通过价格趋势线的美妙突破得到确认，正如此前发生在 2 月份的超卖信号也得到了价格趋势线的突破来加以确认一样。而 1999 年 12 月的超卖信号却没有得到价格突破趋势线的确认，因此没有形成有意义的反弹。

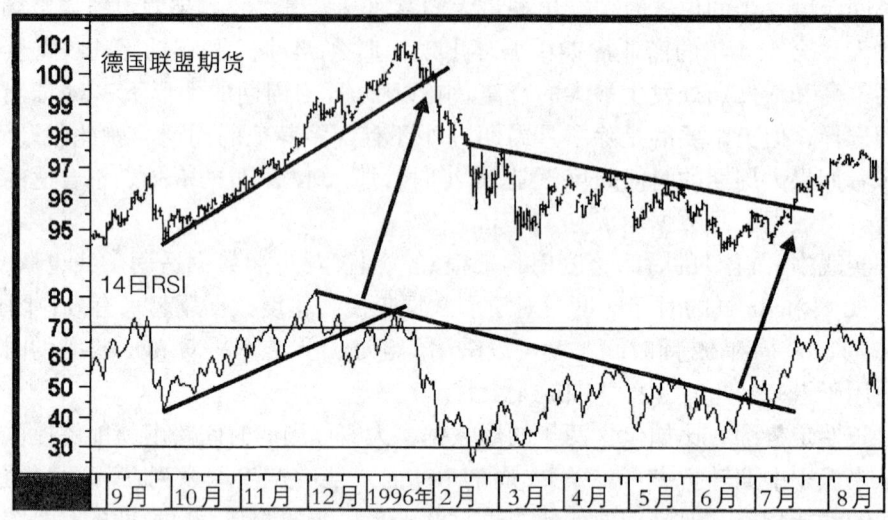

走势图 11-4　德国联盟期货（German Bunds）的 RSI 和趋势线，1995~1996 年
（资料来源：www.pring.com）

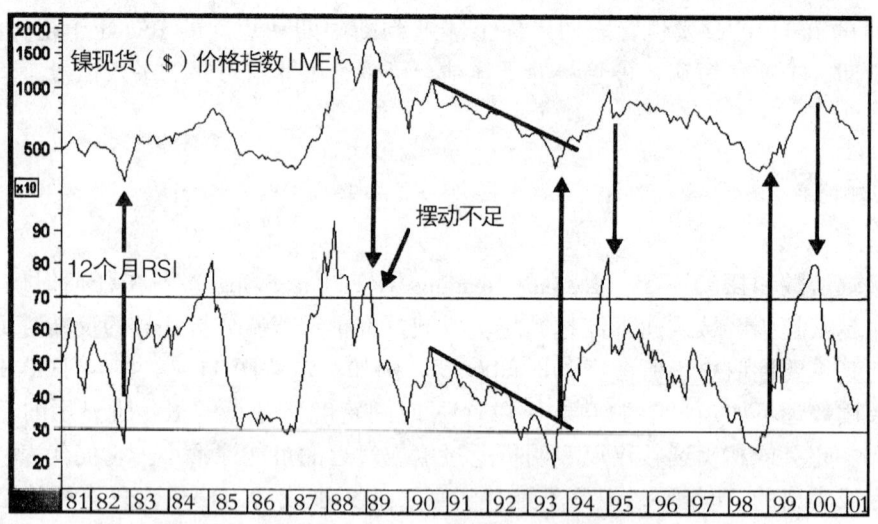

走势图 11-5　镍现货价格指数的 RSI、趋势线、摆动不足和极端穿越，1981~2001 年
（资料来源：www.pring.com）

第十一章 动能指标 1

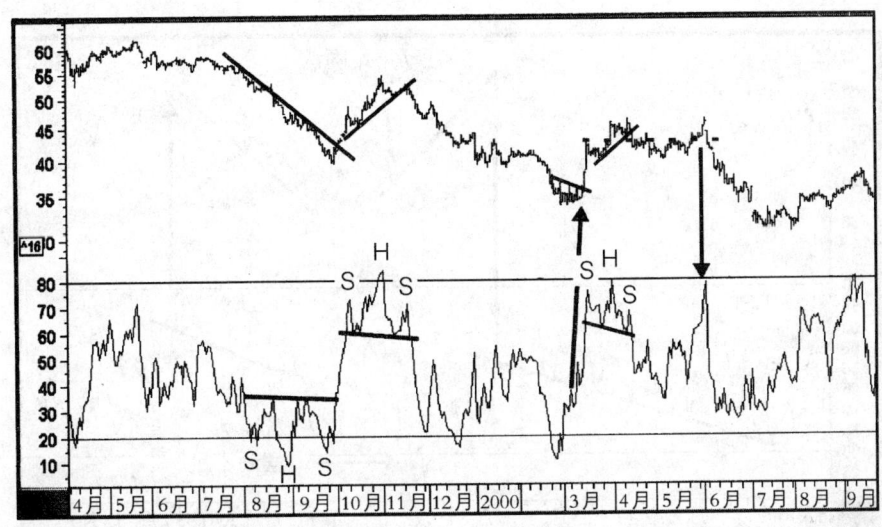

走势图 11-6 森特拉银行价格指数的 RSI、趋势线和价格形态，1999~2000 年

（资料来源：www.pring.com）

RSI 时常能描绘出价格的背离走势，如图 11-1 所示。在该例中，在点 A 和 B 的第二次对极端位置的穿越往往提供了买入和卖出信号。这些背离现象往往称为"摆动不足"（Failure Swings）。走势图 11-7 显示了 2000 年 10 月 J.P. 摩根股票价格指数看涨行情中的摆动不足。走势图 11-5 显示了镍现货（Spot Nickel）价格指数长期摆动不足。

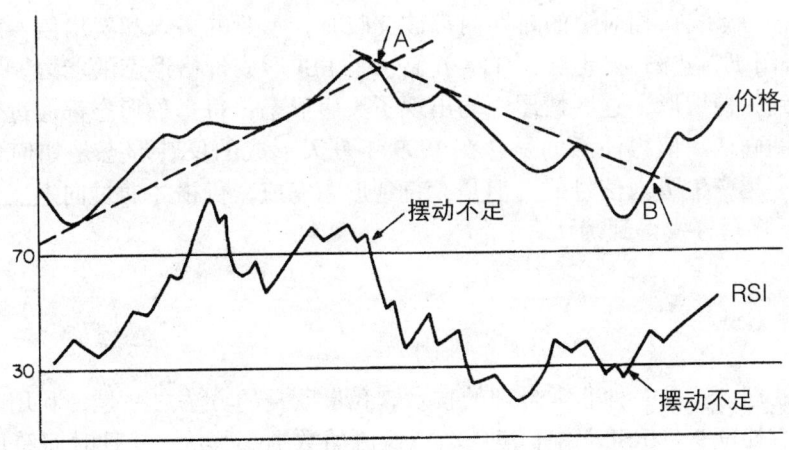

图 11-1 RSI 摆动不足

189

技术分析

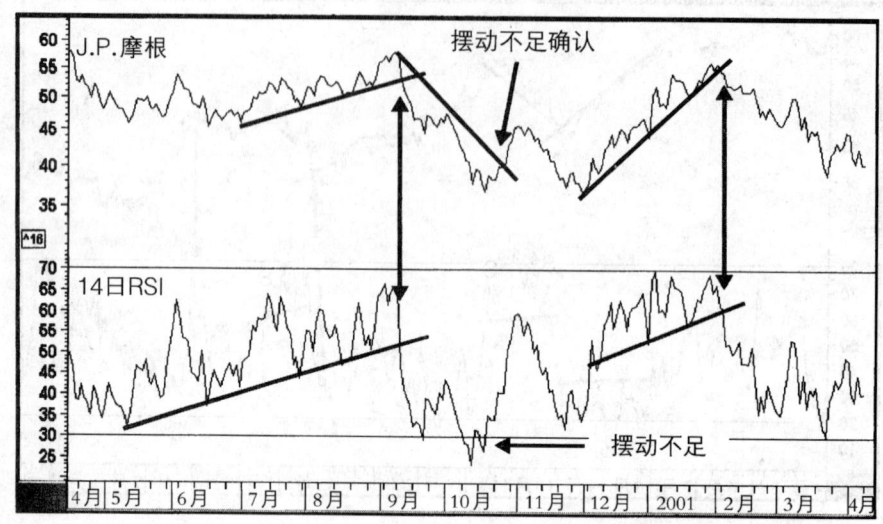

走势图11-7 J.P.摩根股票的RSI、趋势线和摆动不足，2000~2001年

该图显示了J.P.摩根的14日RSI的走势。特别注意，有两次对趋势线的向下突破，分别发生在2000年9月和2001年2月。在2000年10月还有一次看涨摆动不足。的确，价格在趋势线突破以后得到确认，但是该趋势线并不令人满意，因为该趋势线太陡，而且只有一次反弹触及。不足为奇的是，股价在发起上攻以前需要再一次确认底部。

（资料来源：www.pring.com）

趋势线突破和价格形态的完成 RSI也可以使用趋势线突破理论。一般来说，对任何特定的期限（日、周、月），时间跨度越长，越适合使用趋势线。当价格趋势线和RSI趋势线在相对短的时期内都被突破时，重要的买入和卖出信号就出现了（参见走势图11-4图）。走势图11-6显示了RSI形成价格形态的能力，从图中我们可以看到3种情形，这些情形中均出现了头肩形态，每一种形态都通过价格趋势的突破得到确认。值得注意的是，在1999年夏天形成的反转形态是如何包含多次虚假超卖穿越产生买入信号的。但是，直到形态完成，价格才通过向上反弹穿越其3个月的下降趋势线得到确认。

平滑RSI

平滑处理RSI是一种非常合理的技术。我最欣赏的方法之一是，利用8日移动平均线平滑处理9日RSI。由于其变动不像原始数据那样大，9日时间跨度的超买和超卖线可以绘制在70和30的位置，而不像我通常默认的80和20的位置。

走势图11-8刻画了这样一种指标，它与30年政府债券价格收益曲线的绘制方向相反。当该指标的变化超越正常的超买和超卖极端位置时，从预测反转的观点来看，这种平滑技术是非常有用的。带箭头的虚线表明，RSI 向着极端位置的运动发出了价格趋势即将反转的信号，但价格却没有给出合理的确认。带箭头的实线显示了这样的 3 种情况，即超买和超卖的极端位置通过价格突破趋势线而得到确认。若非在很强的直线上涨趋势或下跌趋势行情中，这种解释非常有效。

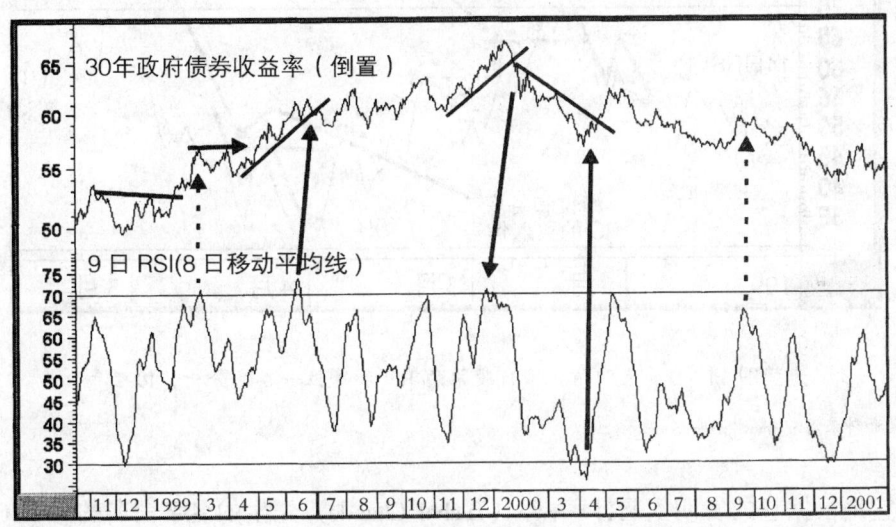

走势图 11 - 8 30 年政府债券收益率，RSI、超买和超卖穿越，1998～2001 年

(资料来源：www.pring.com)

用于峰位—谷底的形成

　　RSI 常常呈现出一系列持续上升或下降的峰位和谷底，当行情发生反转时，这就提供了重要的买入和卖出信号。走势图 11 - 9 表明太阳信托银行（SunTrust Banks）的 14 日 RSI 经历了两次峰位—谷底反转，每一次都通过价格趋势线的突破得到了确认。这些在图中用箭头做了标志。

RSI 的两种拓展形式

乔德动能摆荡指标

　　乔德动能摆荡指标（Chande Momentum Oscillator，CMO）是 RSI 的一种拓展形

191

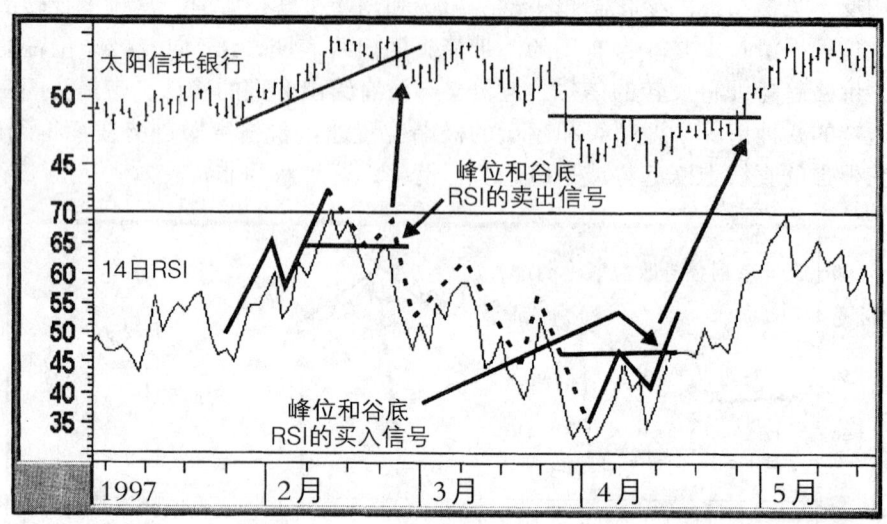

走势图 11-9 太阳信托银行股票的 RSI 和峰位—谷底分析，1997 年

（资料来源：www.pring.com）

式，它是根据它的发明人屠沙·乔德（Tushar Chande）先生的名字命名的。CMO 有 3 个特征：

- 其计算所依据的数据未经平滑处理。这意味着极短期的变化没有被隐藏，因此该指标经常达到超买和超卖极端位置，但并没有导致过多的信号。
- 其数值范围限制在 -100 ~ +100 之间。这意味着 0 是均衡点位。对于 RSI，50 是均衡点位，而且并不容易识别。将 0 作为均衡点位，容易发现哪些时期动能是正的，哪些时期动能是负的。因而，以 0 作为均衡点位使不同证券之间的比较变得非常容易。
- 计算公式中既用上涨天数又用下跌天数。

对 CMO 的解释

走势图 11-10 将 14 日的 RSI 和 14 日的 CMO 进行了比较。要注意的第一件事是，CMO 达到超买和超卖极端点位的次数比 RSI 要多，比如在 2000 年 2 月和 6 月以及 2001 年 1 月。有时可以对 CMO 绘制更及时的和更好的趋势线，尽管偶尔会起到相反的作用。比如，2000 年 3 月对趋势线的突破，CMO 的表现不如 RSI 好；对

第十一章 动能指标 1

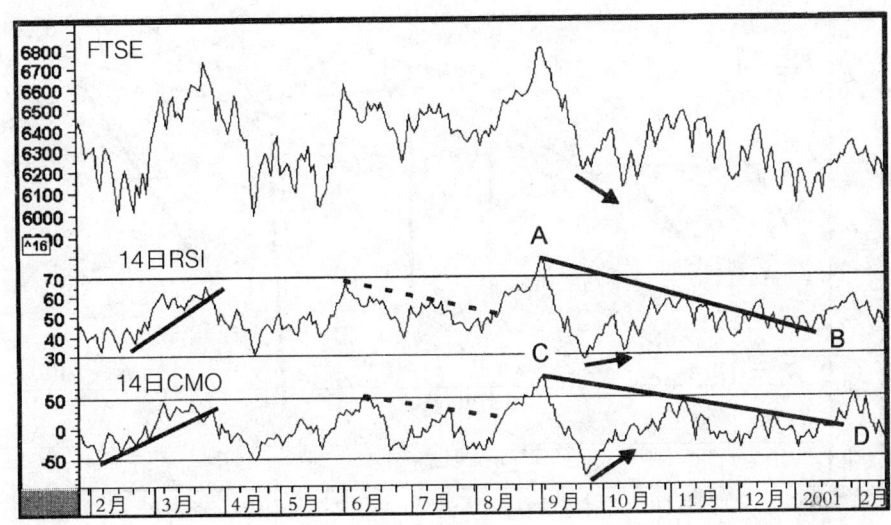

走势图 11-10 FTSE 的 RSI 与 CMO 比较，2000~2001 年

(资料来源：www.pring.com)

趋势线 AB 和 CD 的突破具有类似的结果。2000 年夏天的这两条趋势线对 RSI 来说稍微好一些。还要注意的是，两个指标在 2000 年 10 月的最低位都经历了正背离，但是 CMO 表现的信号要强烈些，因为 9 月的底部比 10 月中旬的底部高。人们并不总是赞同 CMO 指标发出的信号，但是我喜欢该指标，因为它有比较多的超买和超卖读数并进行正负调整，这使我们能够比较容易地认出正负读数。

我发现的一种有用方法是，绘制 20 日 CMO，并用 10 日移动平均线使之平滑处理，如走势图 11-11 所示。我将该指标进行了平滑处理，紧靠 CMO 的虚线就是平滑处理后的 CMO。在该例中应用的是 10 日简单移动平均线，然后用移动平均线的穿越信号来产生买入和卖出预警信号。但是，由于存在许多穿越，考虑到那些在极端位置产生信息的精确性比较高的这一事实，所以重要的是仅通过这些信息去尝试排除那些不可能发挥作用的信号。再进一步通过价格本身的趋势突破，就可以使买入和卖出信号得到确认。这样的一些情况在走势图 11-11 中得到了显示。

相对动能指数

相对动能指数（Relative Momentum Index，RMI）是 RSI 的另一种拓展形式。在 RMI 的计算中，对标准的 RSI 公式进行了修正，考虑了动能因素。该指标第一次引起我的注意，是因为罗杰·阿特曼（Roger Altman）于 1993 年发表在《股票和商品》

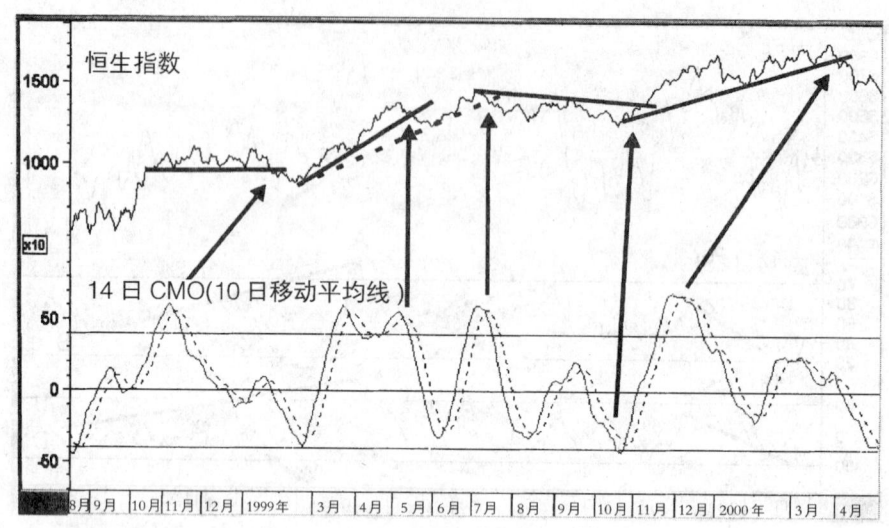

走势图 11－11 恒生指数（Hang Seng）及平滑过的 CMO，1998~2000 年

（*Stocks and Commodities*）杂志上的一篇文章。

这一修正有两个方面的作用。第一，它使该指标平滑；第二，它着重强调波动的程度。其结果是使表现出过多超买和超卖信息的摆荡指标的参差不齐的形状得以减少。RMI 需要两个参数：时间跨度和动能因子。

如果 RMI 的动能因子等于 1，则该指标就是 RSI。只有当动能因子大于 1 时这两个指标才不相同。

走势图 11－12 显示了两种 RMI。中部的 RMI 具有 14 日时间跨度和 8 日动能因子；下部的 RMI 具有 45 日的时间跨度和 10 日的动能因子。由于 RMI 是一个基于 RSI 的指标，所以长期的时间跨度隐含着低的波动性。注意，45 日 RMI 的波动性比 14 日的波动性要明显的低许多。

一般来说，比较长的时间跨度能够提供比较缓慢的、微小的变化，这有助于它们更容易地绘制趋势线。走势图 11－12 显示了这样几个例子。我特别欣赏 1998 年晚期的信号，因为它通过价格指数同时向上突破趋势线和 200 日移动平均线得到了确认。无论何时价格向上同时穿越趋势线和可靠的移动平均线，都是对信号的加强，因为它们作为动态压力区域在互相加强对方。

RSI 结 论

大多数情况下，RSI 及其两种拓展形式，像所有的动能指标一样，不能够告诉

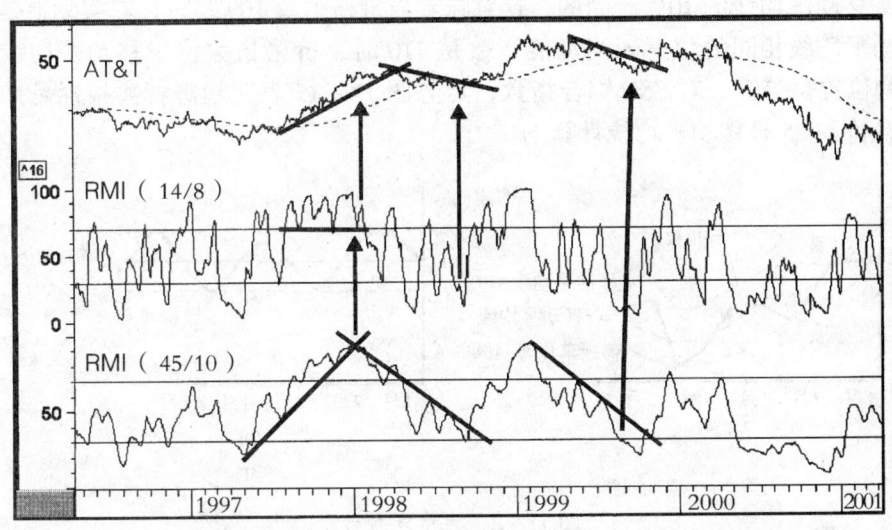

走势图 11－12　AT&T 股票的两种 RMI，1996～2000 年

(资料来源：www.pring.com)

我们更多的信息。但是，当其引发背离、完成价格形态、或者突破趋势线时，RSI 确实有用。当这类事件发生并通过价格自身的趋势反转信号得到确认时，引起注意是明智之举，因为 RSI 有良好的可靠性记录。

趋势背离指标（价格摆荡指标）

趋势背离指标（Trend-Deviation Indicator，也叫价格摆荡指标，即 Price Oscillator）是通过价格除以或减去移动平均得到的，该指标往往是某种形式的移动平均线。趋势背离指标也可以利用线性回归技术得到。但是，我们这里集中考察移动平均线方法，该方法在有些走势图软件包中也称为价格摆荡指标，有两种计算方法：减法和除法。除法是优先的选择，因为它更能反映成比例的变化。对此方面的讨论请参阅第五章和第八章，它们讨论了对数算法和算术算法。

由于移动平均代表了所监测的趋势，所以这种摆荡指标预示着价格相对于趋势涨落的快慢。基于趋势背离指标计算的摆荡指标事实上是第九章讨论过的包络线分析中的水平（或横向）表示，但是在该图形格式下，它仍然能够显示基本技术强势和弱势的微妙变化。

图 11－2（a）和（b）显示了同一个指标的两种计算方法。上下包络线都是按

照实际移动平均线的10%绘制的,这意味着当价格触及100线时,它实际上是处于与移动平均线相同的位置。当动能指数是110时,价格指数位于移动平均线上方10%的位置,等等。对S&P综合指数,走势图11-13表明趋势背离指标是如何利用收盘价和25日移动平均线计算的。

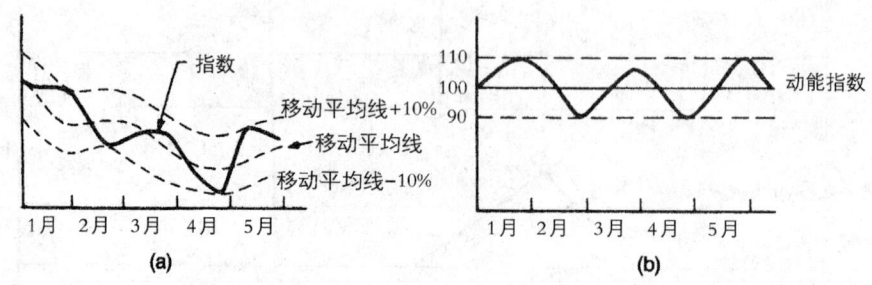

图11-2 包络线和动能

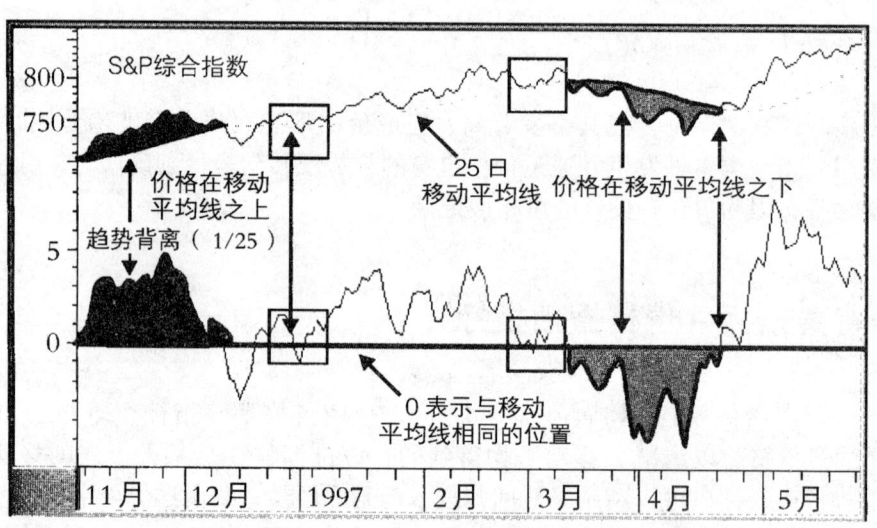

走势图11-13 S&P综合指数,1996~1997年,趋势背离指标的计算

(资料来源:www.pring.com)

对趋势背离指标的解释基于与第十章相同的原则。该方法可以用于识别偏离和超买超卖区域,但是,似乎它理应与趋势线绘制和移动平均线穿越一起使用。

第十一章 动能指标 1

趋势线绘制

走势图 11－14 显示了摩根斯坦利资本国际的匈牙利指数（Hungary Index），并通过收盘价除以 45 日移动平均线来计算趋势背离指标。这是一个相当参差不齐的指标，其本身有助于进行超买/超卖分析、趋势分析和价格形态分析。在 2000 年 3 月，我们看到该指标完成了头肩顶形态，并在随后通过价格突破趋势线得到确认。紧接着，该摆荡指标形成了一个双重底结构，而且价格突破了一条 3 个月下降趋势并向上穿越了 25 日移动平均线。这也许有正当理由被认为是一个好的反弹，但相反的是价格开始上涨，然后进入横盘整理区域，再后来进入新一轮的跌势。

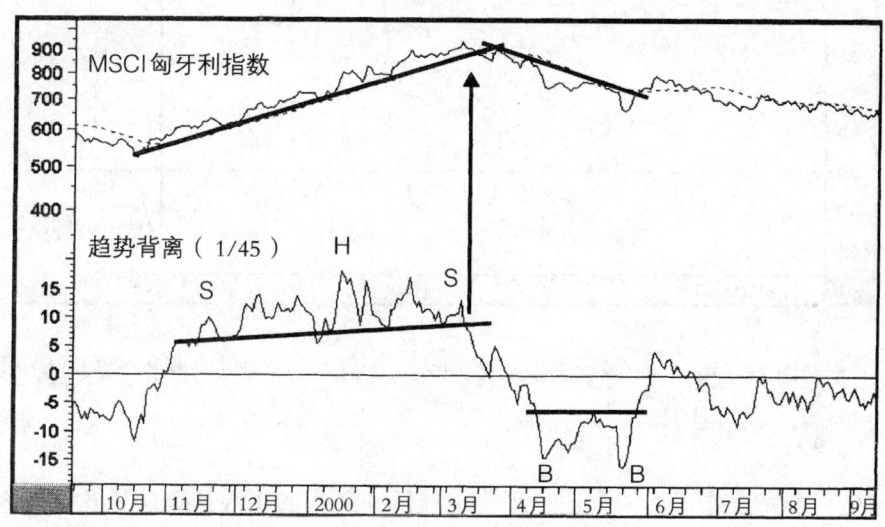

走势图 11－14 MSCI 匈牙利指数和一个趋势背离指标，1999～2000 年

（资料来源：www.pring.com）

理论上讲，这一突破应当已经发挥作用。我们再回过头来看，这是因为价格已经开始进入熊市行情。但是，无论如何该例很好地暗示我们，即使是精心策划的最佳技术原则也可能而且确实一次又一次地失灵："更重要的理由是要在进行交易或投资之前制定一个退出策略，以防事情不能按计划进行。"

趋势背离和移动平均线

获得趋势背离指标的另一种方法是通过利用两条移动平均线进行平滑，以消除不想要的波动性，如走势图 11-15 所示。实际的趋势背离指标是通过收盘价的 26 周移动平均线除以 52 周移动平均线计算得到的，并用 10 周移动平均线对该指标进行平滑处理。当平滑处理后的趋势背离指标向上或向下穿越 10 周移动平均线时，就引发了买入和卖出预警信号，然后通过价格自身寻找确认。走势图 11-15 中有两个例子，一个发生在顶部，另一个发生在底部。

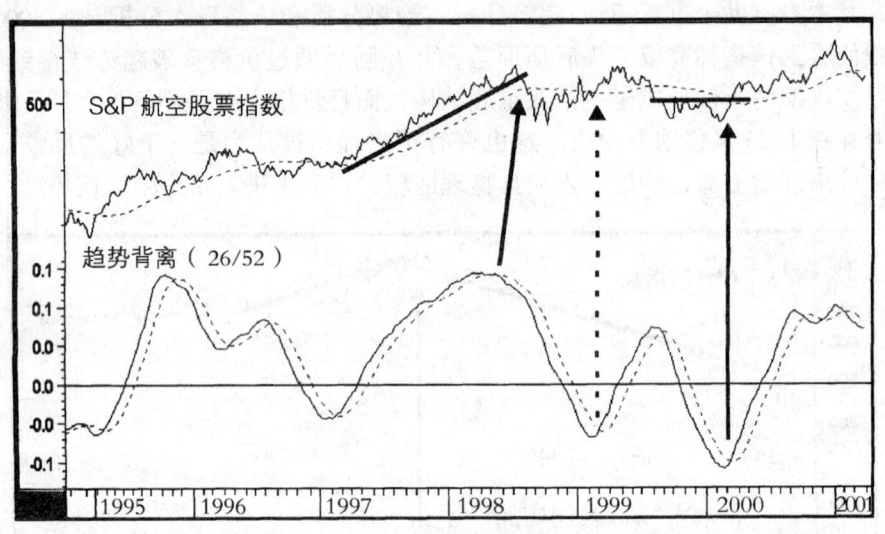

走势图 11-15　S&P 航空股票指数，1995～2001 年，平滑后的趋势背离指标

（资料来源：www.pring.com）

　　这是一个完全非正规的方法，因为虚线箭头所指的买入预警信号几乎发生在反弹行情的顶部。该例表明在众多信号中进行选择的重要性，只能选择那些与反转点接近的信号。如果不采用这种过滤方法，则存在巨大的操作风险，即在趋势接近结束时才采取行动。

　　一种有用的能够明显减少这种错误行动并能及时提供信号的方法是，在计算趋势背离指标时，将 52 周移动平均线提前 10 周。这意味着除数是取 52 周移动平均线发生在 10 周前的数据，这种新的计算结果绘制在走势图 11-16 的中部。

　　在该例中，发生在 2000 年后期的虚假信号被过滤掉了，因为趋势背离指标没有明显地穿越到移动平均线的下方。我并不是要建议将其作为周走势图惟一合理的组合，但是它的确是表现很好的组合之一。当你试图减小信号的敏感性时，你总要进行权衡，而且在本例中与未经提前的 52 周移动平均线相比，我们发现偶尔会出现微小的时滞现象。在该走势图中，最明显的一次发生在 1997 年初期，其中在走势图中间，时滞数据以略微高的价格穿越了移动平均线。但是，在大多数情形下，

第十一章 动能指标 1

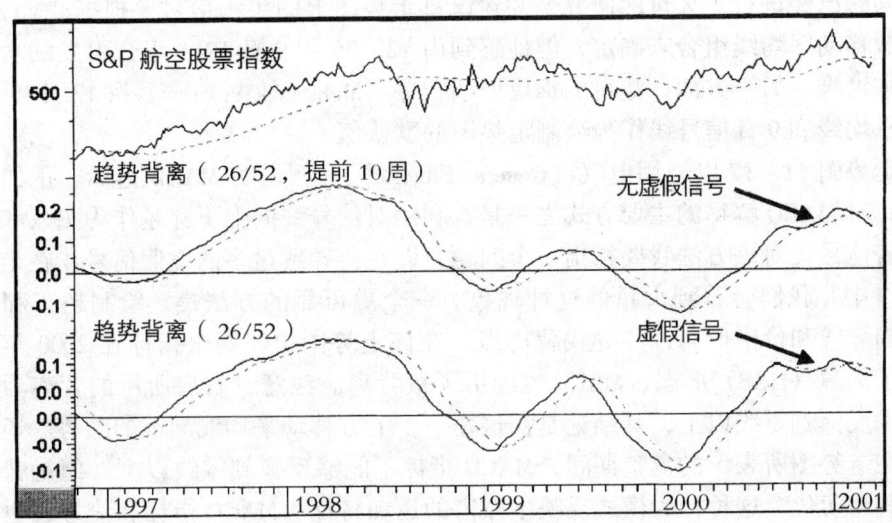

走势图 11-16 S&P 航空股票指数及两种平滑后的趋势背离指标，1995~2001 年

（资料来源：www.pring.com）

如果需付高昂代价的虚假信息能够避免的话，这仅是一个很小的支付价格。

平滑异同移动平均指标

平滑异同移动平均指标（Moving Average Convergence Divergence，MACD）交易方法是趋势背离指标的一种形式，它应用了两个移动平均线指标，其中短期的移动平均线要除以长期的移动平均线。这两个移动平均线指标通常根据指数方法计算获得，该方法对近期的数据要赋予较大的权重，这与简单移动平均线不同。正常情况下，要将 MACD 通过第三条指数移动平均线进行平滑处理，该 EMA 在走势图中是单独绘制的。这种 MACD 的移动平均线称为"信号线"（Signal Line），它的穿越产生了买入和卖出信号。该指标的名称来自这样一个事实，即这两条 EMA 线之间经常彼此靠近和分离。近几年 MACD 分析已经颇为流行，但事实上，它只是趋势背离指标的另一个拓展形式，它应用两条 EMA 作为其背离指标的计算。因此，对 MACD 的绘制与走势图 11-13 非常类似。

MACD 适用于多种时间跨度。信号警报公司[①]的杰拉德·阿培尔（Gerald Appel）

---

① Signalert, 150 Great Neck Road, Great Neck, NY 11021.

就此问题已经进行了大量的研究，并建议日走势图上的买入信号要根据 8、17 和 9 日指数移动平均线组合来确定，但他感到由 12、25 和 9 日 EMA 组合引发的卖出信号更加可靠。另一方面，流行的梅塔股票程序（MetaStock Program）将 12 日和 17 日移动平均线和 9 日信号线作为绘制走势图的默认值。

走势图 11-17 以通用电气（General Electric）为例说明 MACD 指标。正如以上所说，对 MACD 解释的主要方式之一是，利用对信号线的上下穿越作为买入和卖出的预警信号。对该方法我要指出一个问题，即它会导致过多的虚假信号。在走势图 11-17 中，我们会看到大量的这种现象。一个更可靠的方法是，绘制超买和超卖线、趋势线和价格形态，并寻找背离点。在该走势图中，两个指标在 2000 年末都完成了头肩（H&S）形态，MACD 也经历了负背离。注意，右肩所示的背离为何几乎很少反弹到零线以上，其结论是：这是一个上方移动平均线向下的跌势。还要注意，在走势图所表示的盘整期间，MACD 指标不能够反弹到零线以上，但是曾多次触及其超卖位。这种行为模式反映了熊市的运动特征。MACD 指标和信号线也常常绘制成直方图形式，如走势图 11-18 所示。

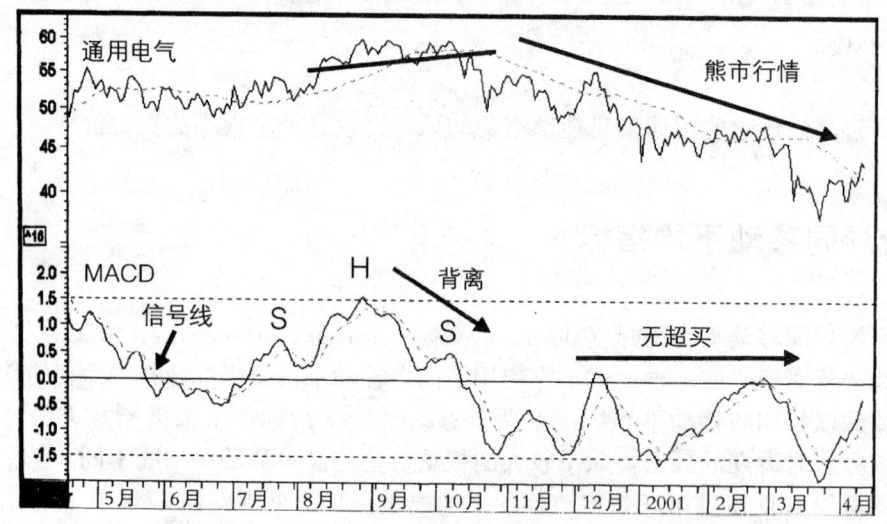

走势图 11-17 通用电气股票的 MACD 指标，1999~2000 年

（资料来源：www.pring.com）

另外，应用两个期限相对长的移动平均线，可以将 MACD 绘制成比较平滑的曲线。这种更加精细的指标则更有助于信号线穿越。例如，在以小时为时间单位的走势图中，65/90 小时的移动平均线和 12 小时的信号线组合具有非常好的表现。同样

第十一章 动能指标 1

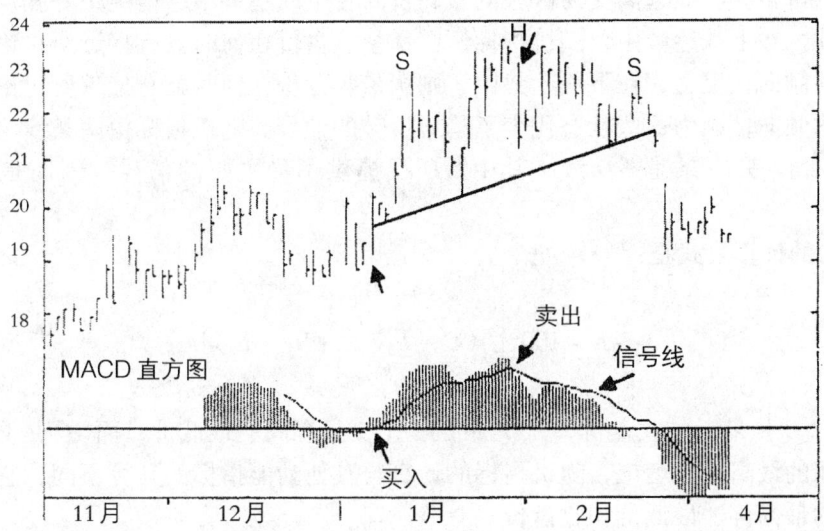

走势图 11-18 霍姆斯帝克矿业公司（Homestake Mining）股票及其 MACD 指标的直方图格式

该走势图显示了一个经典的头肩形态。注意，随着价格形态的发展，MACD 直方图逐渐走弱。这仅仅是一个短期的卖出信号，但价格最终下降到信号线水平以下。

（资料来源：Telescan）

的原理可以应用于以日、周或月为时间单位的走势图中。具有讽刺意味的是，以日为时间单位的走势图的默认时间跨度（26/12 日移动平均线，9 日信号线）在以月度为时间单位的走势图上表现得更好，因为它能够成功地保留长期趋势的摆动，而且使信号线的虚假穿越达到最小。

随机指标

引言和公式

随机指标（Stochastic Indicators）最早在期货交易圈内非常盛行，因此标准公式使用的时间跨度都非常短。该指标是由乔治·雷恩（George Lane）发明的，[1] 其隐含的理论是：在上涨趋势中，收盘价格倾向接近于交易区域的最高价；在上涨趋势末

---

[1] Investment Educators Incorporated, Des Plaines, IL 60018.

期，收盘价格会明显远离交易区域的最高价。在下跌趋势中，情况正好相反。

因此，在上涨趋势中，随机指标试图衡量收盘价在何时具有接近所讨论时间内最低价的倾向；反之，在下跌趋势中，则衡量收盘价在何时具有接近所讨论时间内最高价的倾向，因为这些状态代表了趋势反转的信号。随机指标由两条线组成，一条是%K线，另一条是%D线。其中%D线提供了最主要的信号，因而是最重要的。

%K的计算公式是：

$$\%K = 100\left[(C - L_5)/(H_5 - L_5)\right]$$

其中C是最近的收盘价，L_5是最近5个交易期间的最低价，而H_5是同样5个交易期间的最高价。切记，随机指标的计算与其他动能指标的计算不同，它需要相关期间的最高价、最低价和收盘价。

随机指标与RSI走势图的绘制类似，其数值始终界于0~100之间，但随机指标是衡量收盘价与所选定期间的整个价格区域的关系。偏高的随机指标，比如超过80，将使该期间的收盘价推向交易区域的顶部；而偏低的随机指标，比如低于20，将使该期间的收盘价推向交易区域的底部。

第二条线%D是对%K线的平滑。正常值是三期。%D的计算公式如下：

$$\%D = 100 \times (H_3/L_3)$$

其中H_3是$(C - L_5)$的三期之和，而L_3是$(H_5 - L_5)$的三期之和。

通过这些计算得到的动能指标是两条线，它们在0~100之间上下波动，其中%K线通常用实线表示，而%D线通常用虚线表示。区分两者的最好的方法是，将变化快的%K视为"快速反应指标（Kwick）"，而将变化慢的%D视为"慢速反应指标（Dawdle）"。

随机指标之所以受到广泛的应用，毫无疑问是它的平滑性质，它可以平滑地从超买状态转入超卖状态，使交易者感到价格趋势的变化非常有序，而不像从RSI或ROC指标看到的那样。

应用在月线图和周线图的长期随机指标，远比应用在期货日线图的短期随机指标要理想。科尔比和梅耶斯在《市场指标技术分析百科全书》[①]中发现，随机指标

[①] 罗伯特·W.科尔比和托马斯·A.梅耶斯，*The Encyclopedia of Technical Market Indicators*，Dow Jones-Irwin, Homewood, IL, 1988.

比移动平均线和其他动能指标的穿越相对要少。

随机指标的超买边界线通常绘制在上方的75%~85%范围之间,而超卖边界线通常绘制在下方的15%~25%范围之间,实际位置要取决于指标计算中所应用的时间跨度。当%D线穿越上方极端位置时,预示着超买情况发生,但实际的卖出信号发生在%K线向下穿越%D。当这两条曲线交叉时,他们的行为非常像两条移动平均线。如果你等待穿越,那么你可以避免掉入涨势中的空头陷阱,或跌势中的多头陷阱。

解　释

穿越　正常情况下,变化快的%K线的方向变化要快于%D线。这意味着,穿越可能会在%D线改变方向之前发生,如图11-3(a)所示。当%D线首先改变方向时,就会表现出一种缓慢、稳定的方向变化,此时%D就可看做是更加可靠的信号,如图11-3(b)所示。

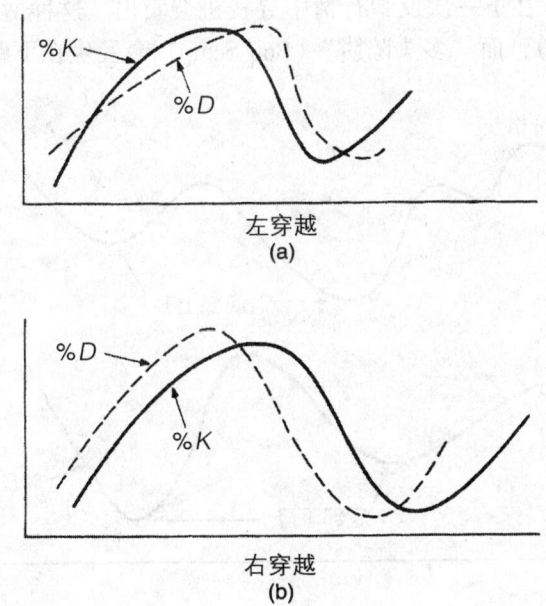

图11-3　随机指标穿越

背离失败　%K线穿越%D线,又再返回验证其极端位置,但未能够穿越%D线,这是价格趋势可能发生变化的重要征兆,如图11-4所示。

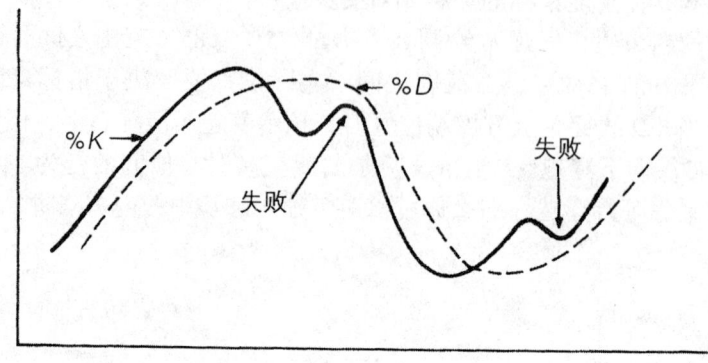

图 11-4　随机指标失败

逆向背离　在某些情况下，在上涨趋势中，%D 线会创造比较低的低点，而与其相对应，价格则会出现比较高的低点，如图 11-5 所示，这是空头的征兆。明智的操作建议通常是，在下一次反弹行情中寻找机会卖出。这种情况有时也称为"空头陷阱"（Bear Setup），而"多头陷阱"（Bull Setup）会发生在下跌趋势的后期。

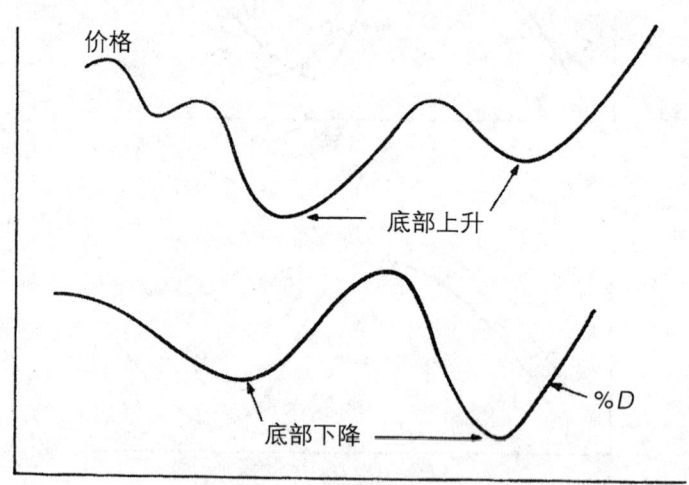

图 11-5　随机指标逆向背离

极端值　有时，%K 的值会达到极端值 100 或 0，这表明非常强劲的走势，因为价格总是不断地在其最高位和最低位收盘。如果对这种极端情况的验证取得成功，那么随后出现的折返走势常常被视为最理想的进场点。

转折点（Hinge）　无论是%K线还是%D线，在经历了速度变化减缓而使曲线变得平坦之后，通常预示着在下一个时期将会出现反转，如图11-6所示。

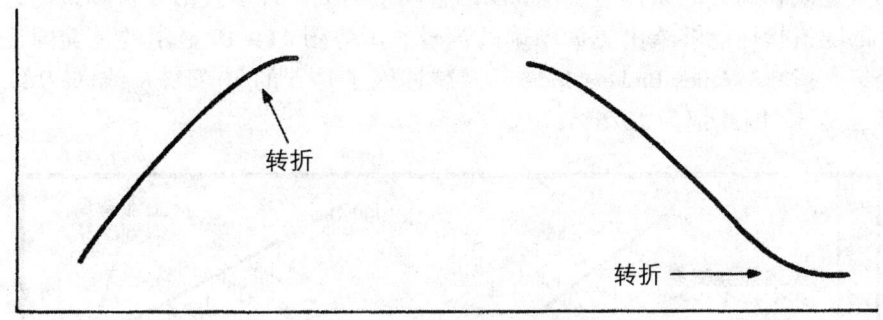

图11-6　随机指标转折点

背离　与其他摆荡指标类似，随机指标通常产生正背离和负背离。图11-7显示了其中的某些情况。在背离发生之后，%K线穿越%D线就代表了买入和卖出信号。

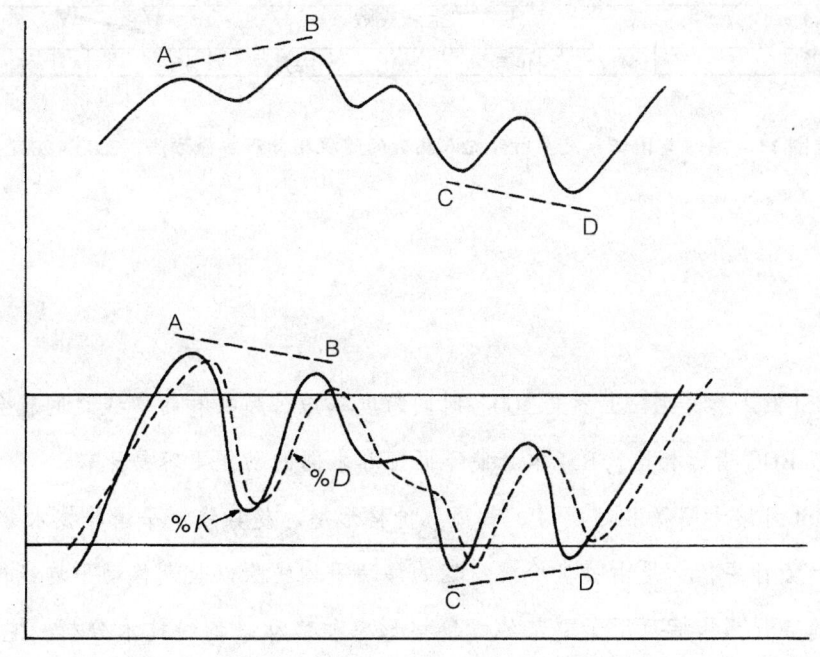

图11-7　随机指标背离

速度减慢的随机指标（Slowed Stochastic Indicator） 为了应用一种速度减慢的随机指标，我们可以将其计算推广。在这种情况下，以%D线代替%K线，将%D线视为快速线，而另一条慢速线是%D的移动平均线。许多技术分析师认为，这种修正后的随机指标能够给出更为精确的信号。走势图11-19显示的是美国证券交易所经纪人指数（Amex Brokers Index）及减速因子是5的10日%K线。%D线的减速因子也是5，因此记为10/5/5。

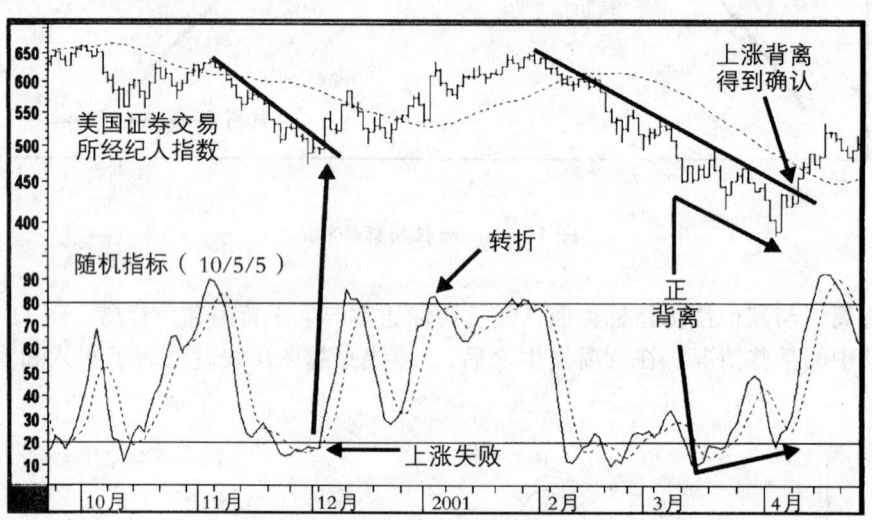

走势图11-19 美国证券交易所经纪人指数的随机指标和解释方法，2000~2001年

（资料来源：www.pring.com）

小 结

- RSI的下界是0，上界是100。时间跨度越短，超买和超卖线之间就会越宽。
- 与ROC指标相比，RSI本身使不同证券之间的动能更容易比较。
- RSI可用于超买和超卖线、背离、价格形态、趋势线、平滑等技术分析。
- 趋势背离指标是由收盘价或短期的移动平均线除以长期移动平均线得到的。
- 趋势背离指标可用于趋势线、价格形态和移动平均线技术分析。它们本身适合于超买、超卖分析，以及背离分析。
- MACD是趋势背离指标的一种形式。

- 随机指标的假设是，在上涨趋势的后期，价格收盘于最低价附近；在下跌趋势的后期，价格收盘于最高价附近。
- 随机指标限制在 $0 \sim 100$ 之间，$\%K$ 线和 $\%D$ 线也是如此。
- 随机指标适合于穿越、背离、转折点、极端值和逆向背离分析，而且常常以其速度减慢的随机指标进行绘制。

第十二章
动能指标 2

加权总和变动率（The Know Sure Thing，KST）

长 期 KST

在第十章曾经解释了变动率 ROC 的概念，它衡量在特定时间跨度内价格上涨或下跌的速度，计算方法是以当期价格除以 N 期以前的价格，而且所考虑的时间跨度越长，所衡量的趋势就越重要。10 天期的 ROC 走势远不如 12 个月或 24 个月期的 ROC 走势有意义。

应用 ROC 指标有助于解释市场走势的一些周期性现象，并对当前趋势的反转给出预先的警告信号，但计算 ROC 时应用的是一个特定的时间跨度，所以只能反映一个周期。如果该特定周期不能发挥作用，并受另一个周期或几个周期的影响，则 ROC 不具有任何价值。

> **主要的技术准则**　任何时刻的价格都是由许多不同时间周期的交互作用决定。考虑这些因素的指标如果比较及时，则不会丢失过多敏感的信息。

这一点可以通过走势图 12-1 来说明，它给出了 3 个不同时间跨度的 ROC 指标：6 个月、12 个月和 24 个月。6 个月的 ROC 可以用来反映所有的中期走势，而 24 个月的 ROC 可以反映长期的主要走势。图中箭头标明了主要的转折点。在很大程度上它们表明，一旦新趋势来临后，所有这 3 个 ROC 指标都表现出相同方向的走势。有一个惟一的例外发生在 1984 年的底部，在这里我们看到价格上升，但是此后不久，24 个月 ROC 指标开始下降，而其他指标继续上扬。在箭头 A 所示的期间内，价格上升的速度开始放慢，因为这3个周期趋势之间发生冲突。尽管如此，随后3个ROC指标又表现出相同的上涨走势，而且由箭头B表示的上涨走势更加陡峭。事实上，当有几条周期曲线变得走向一致而且快速上升时，大的转折可能就要发生，而且当更多的周期曲线按照相同的方向运行时，下跌趋势就必然会发生。这是一个相当有局限性的看法，因为在任何一个时点都有多于3条的周期曲线。

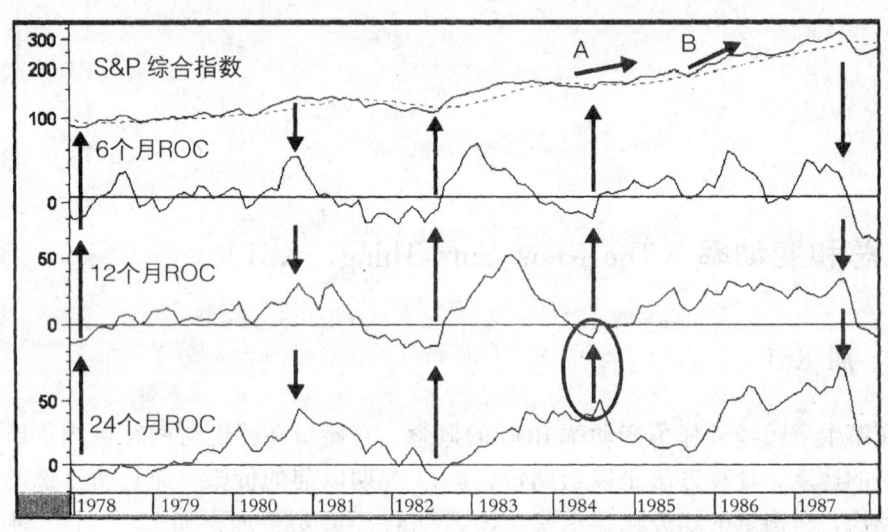

走势图 12-1 S&P综合指数和3条ROC曲线，1978～1988年

（资料来源：www.pring.com）

显然，一个时间跨度的ROC指标尽其所能也不会给我们提供一个完整的画面，这是我在设计KST指标时所要考虑的因素之一。另一个因素是，我要求一个指标能够非常近似地反映在所考虑时期价格的主要摆动，比如月走势图反映的长期趋势，日走势图反映的短期趋势，等等。

走势图12-2反映的是S&P综合指数在1974～1990年的走势，摆荡指标是一个24个月的ROC，并通过9个月移动平均线进行了平滑处理。该指标当然反映了该时期的长期趋势的摆动情况。但是，如果我们应用该指标方向的变化作为信号，则通过密切的观察可以发现，的确存在一些想得到的东西。例如，1984年价格指数的底部与摆荡指标ROC的峰位相对应。类似地，1989年价格指数的峰位几乎与摆荡指标ROC的底部相对应。我们需要的是，一个能够反映主要趋势、也对趋势的反转有足够的敏感性并与价格的转折点相当接近的指标。达到这一目的的好方法是，建立一个能够包括几个不同时间跨度ROC的指标，其中较长时间跨度的ROC指标的作用是反映长期摆动趋势，而较短时间跨度的ROC指标则有助于加速转折点。计算 KST 的公式由表 12-1 列示。

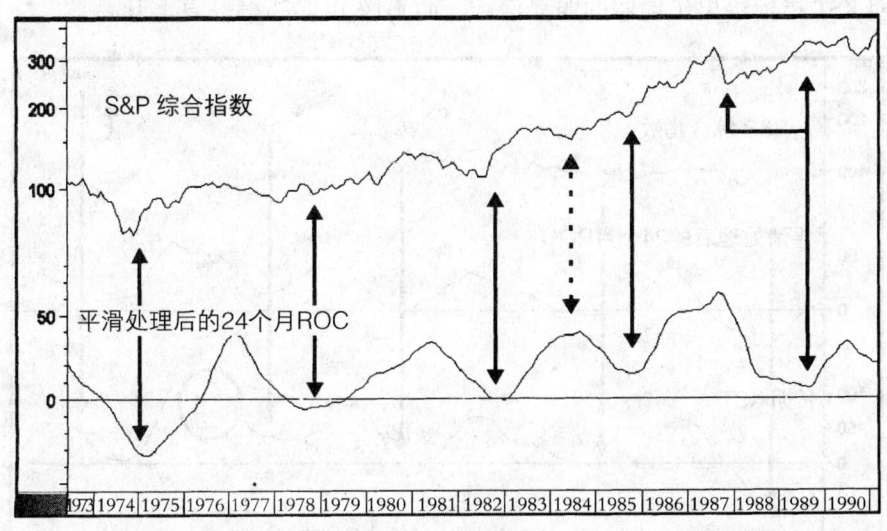

走势图 12-2　S&P 综合指数与平滑后的 ROC，1973~1991 年

（资料来源：www.pring.com）

表 12-1　时间跨度的公式

时间跨度	平滑处理		权　重
9 个月	6-移动平均线	×	1
12 个月	6-移动平均线	×	2
18 个月	6-移动平均线	×	3
24 个月	6-移动平均线	×	4

由于该指标最重要的特征是反映长期的摆动情况，所以该公式中对期限较长并起决定作用的时间跨度赋予较高的权重，以便其能够发挥比较大的影响。

走势图 12-3 对经过平滑处理的 24 个月 ROC 指标和长期的 KST 指标的功效进行了比较。很显然，KST 指标反映了平滑处理后的 24 个月 ROC 指标所经历的所有摆动。但是，KST 的转折点发生的要比 ROC 的早。图中竖箭头将 ROC 指标从其底部进行了分割，在每一种情况下，KST 指标都在箭头之前调头向上，领先的时间因周期不同而不同。注意 1988 年的 KST 是如何从 1987 年的底部之后调头的，而且恰好发生在市场准备发动向上的攻势之时。ROC 在很久以后才反转方向。有一段时期 KST 的表现不好，这段时期发生在 1986~1987 年间，如图中的椭圆形所示。这段时期 KST 指标给出了虚假的弱势信号，而不像 ROC 指标一直上升。

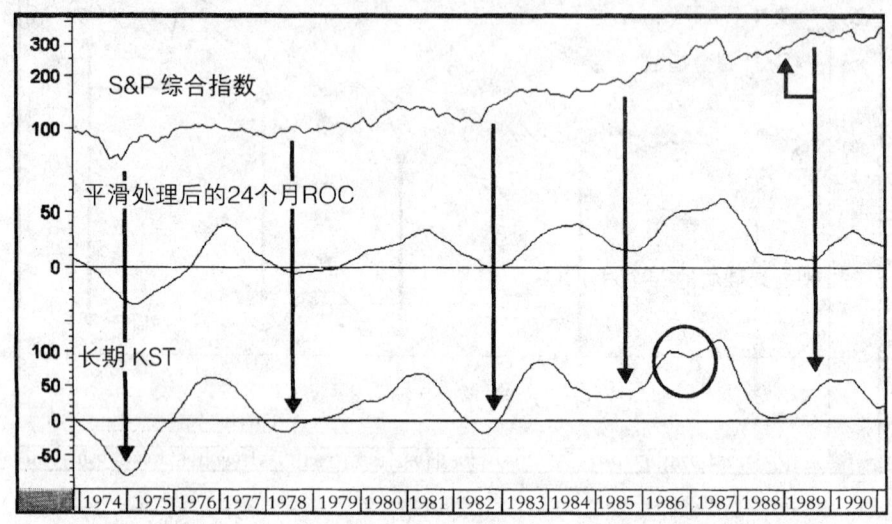

走势图 12-3　S&P 综合指数，平滑后的 ROC 与 KST 对比，1973~1991 年

（资料来源：www.pring.com）

在 KST 计算中起支配作用的时间框架是 24 个月的时间跨度，它是期限为 4 年的商业周期的一半。这意味着，当所讨论的股票在这个商业周期内经历长期的上涨和下跌走势时，KST 指标表现不错。例如，走势图 12-4 显示的是 20 世纪 60 年代和 70 年代的 KST，其间 S&P 综合指数处于明显的商业周期型交易区域。指数峰位和底部的形成和分布就发生在 KST 及其移动平均线改变方向的时期。

确实存在 3 个层次的信号：其一发生在 KST 指标本身改变方向的时候；其二发生在指标穿越其移动平均线；其三发生在指标的移动平均线也改变方向。在大多数情况下，移动平均线的穿越能及时提供最佳的综合性信号，而且将虚假信号减至最小。9 个月移动平均线方向的变化能够提供最可靠的信号，但是这些信号常常发生在转折点之后。因此，最及时而可靠的信号发生在移动平均线反转接近转折点的时候。

在很大程度上，该指标一直是非常可靠的，但和其他技术分析方法一样，它也绝不是一个完美无缺的技术。举例来说，走势图 12-5 是日经指数及其 KST，并按照相同的方法计算。在长期或线性上涨走势期间（如发生在 70 年代和 80 年代的日本的股票市场），该方法产生了相反的结果，因为其间发生了许多虚假的空头信号。但是，绝大多数的市场行情对商业周期表现出了敏感性，而 ROC 加权总和的理念

第十二章 动能指标 2

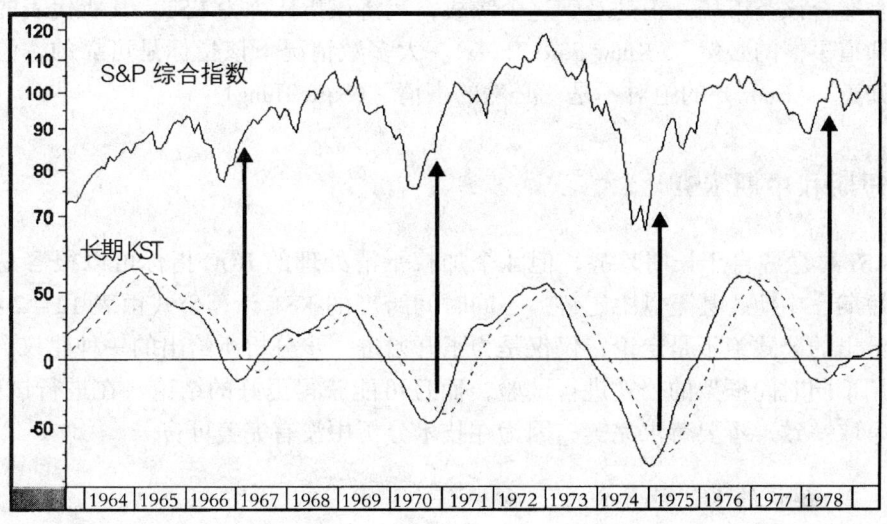

走势图 12-4　S&P 综合指数和一个长期 KST，1963~1979 年

(资料来源：www.pring.com)

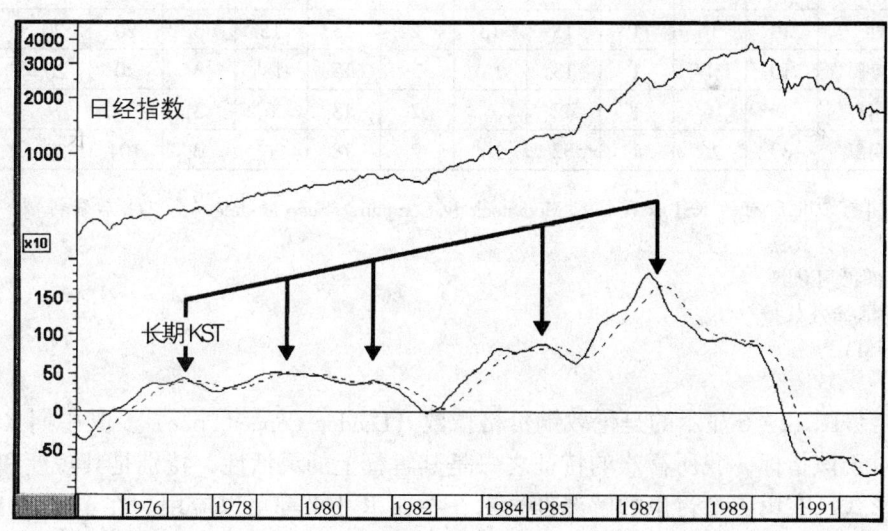

走势图 12-5　日经指数及其长期 KST，1975~1992 年

(资料来源：www.pring.com)

则非常适合该类市场。正是基于这个缘故，我将该指标称为 KST，其所代表的意义是"知道事情的必然"（Know Sure Thing）。大多数情况下该指标是可靠的，但是你所"知道"（Know）的绝对不是"必然的事情"（Sure Thing）。

短期和中期 KST

KST 概念源自于长期趋势，但 4 个加权平滑处理的 ROC 指标可以很容易地应用于短期、中期、甚至盘中走势。不同时间跨度的 KST 计算公式由表 12－2 给出。这里给出的公式绝不是定论，仅仅是为了开始进一步分析所给出的一种建议。读者可以用不同时间框架的公式进行试验，而且可能获得更好的结论。在进行试验时，可以争取一致，不要苛求完美，因为在技术分析中没有完美可言。

表 12－2　建议的 KST 计算公式*

	ROC	移动平均线	权重	ROC	移动平均线	权重	ROC	移动平均线	权重	ROC	移动平均线	权重
短期†	10	10	1	15	10	2	20	10	3	30	15	4
短期‡	3	3Ï	1	4	4Ï	2	6	6Ï	3	10	8Ï	4
中期‡	10	10	1	13	13	2	15	15	3	20	20	4
中期‡	10	10Ï	1	13	13Ï	2	15	15Ï	3	20	20Ï	4
长期§	9	6	1	12	6	2	18	6	3	24	9	4
长期§	39	26Ï	1	52	26Ï	2	78	26Ï	3	104	39Ï	4

*［可以把所有的 KST 公式编入 MetaStock 和 Computrac Snap Module（参见书后资料）］
†根据日数据
‡根据周数据
§根据月数据
Ï EMA

走势图 12－6 显示的是伦敦铜价格指数（London Copper Price）及其中期 KST 指标。对于该指标，我所喜欢的特征之一是其解释上的灵活性，特别是其短期和中期表达形式。在第十章讨论的解释性技术，在这里几乎都可以应用。在走势图 12－6 中，我们可以看到在 1994 年末出现了超买穿越信号。这并没有说明什么问题，因为价格趋势没有发出任何反转信号，尽管随后在 1995 年早期出现了一次负背离、一次超买穿越、一次 65 周 EMA 的穿越、一次头肩顶价格形态——这些都是经典资料。在下跌趋势中有一两次虚假买入信号，但是 KST 指标反弹的峰位有助于绘制一条美好的趋势线。在 1996 年后期，趋势线的背离、超卖穿越、价格底部的完成

第十二章 动能指标 2

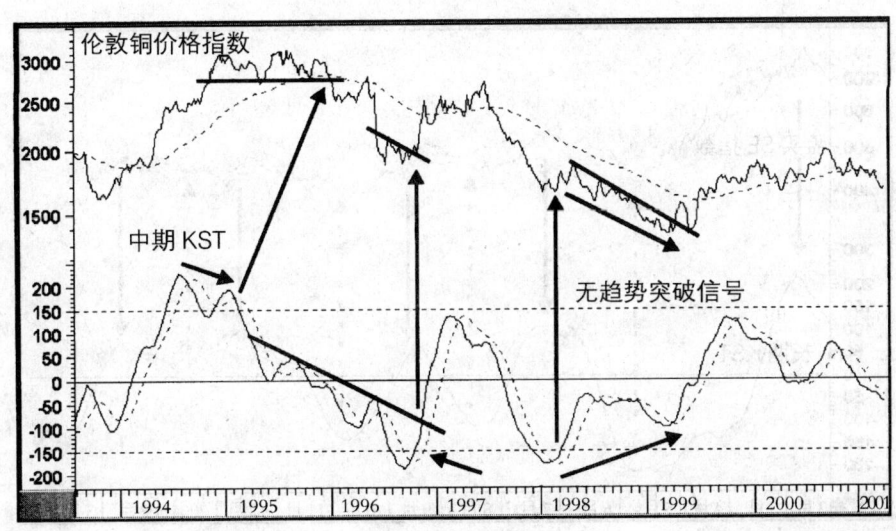

走势图 12-6　伦敦铜价格指数及其中期 KST 指标，1993～2001 年

（资料来源：www.pring.com）

诸信号一起预示着一个很好的买入机会。KST 在 1998 年第二次穿越其超卖位，没有看到令人满意的价格趋势的反转信号。在 1999 年初并非这样，此时出现的正背离、KST 指标向上穿越其 EMA 和价格突破趋势线都提供了非常及时的进场点。值得注意的是，在价格向上突破下跌趋势线以后，又使该趋势线成为其支撑线。

走势图 12-7 和 12-8 刻画了一个适合应用日数据的短期 KST 的特征。首先，孟买 SE 指数（Bombay SE Index）的 KST 在 2000～2001 年第一季度期间经历了多次漂亮的波动。走势图中的箭头指出了 KST 反转和向上、向下穿越其 10 日移动平均线的近似期限。这些移动平均线穿越是经典的穿越方式，其中应用了 KST 指标。不幸的是，并非所有的情形都符合该例。

例如，走势图 12-8 显示的是美国证券交易所经纪人指数及其 KST 指标。在经历了两次虚假的 KST 指标穿越其移动平均线以后，指数最终在 1999 年春季进行了趋势突破和一个 KST 的负背离。有时，KST 会以非常平静的、受抑制的态势运行，如图中两条收敛的趋势线所显示的 1999 年秋季的走势。一旦该指标出现突破，并通过价格得到了确认，则常常表明是一种强烈、可靠的反转信号。

走势图 12-9 显示的是苹果计算机公司（Apple Computer）股票指数的 15 分钟棒线图和适用于分析盘中交易的短期、中期 KST 指标。有几次超卖穿越信号在图中得到了反映。一般来说，月 KST 指标远比日和周 KST 指标可靠。对于其中任何一个时间跨度，成功的程度将取决于所考察市场的特征以及趋势的本质。就其同样

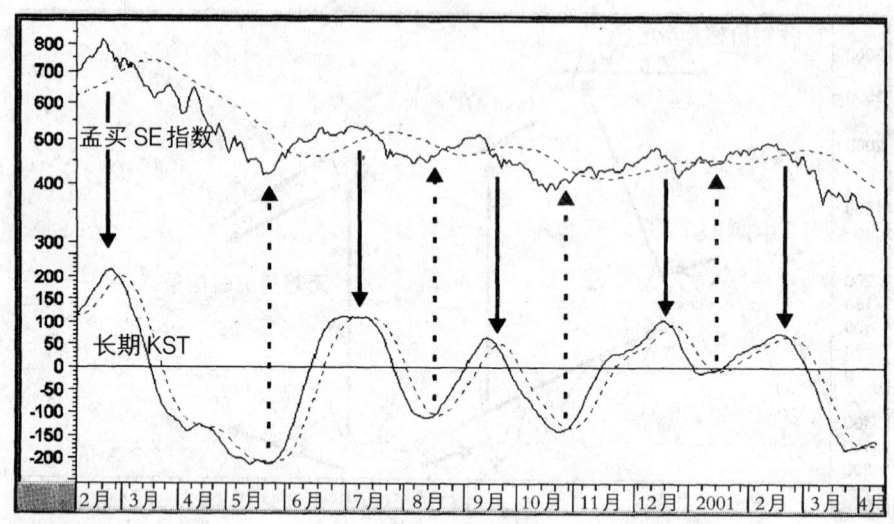

走势图 12-7 孟买 SE 指数及其短期 KST 指标

(资料来源: www.pring.com)

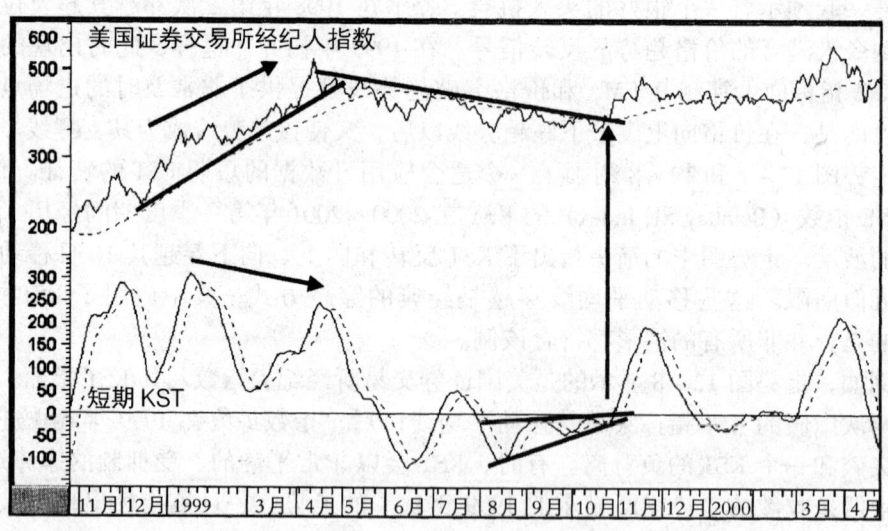

走势图 12-8 美国证券交易所经纪人指数及其短期 KST 指标, 1998~2000 年

(资料来源: www.pring.com)

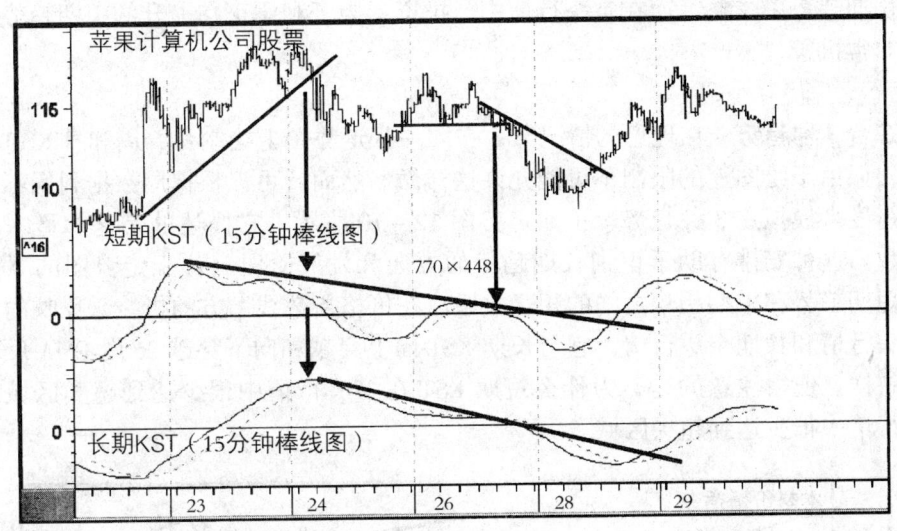

走势图 12-9　苹果计算机公司股票和两种盘中 KST 指标

（资料来源：www.pring.com）

的计算方法而言，计算公式假设的是市场受到期限为 4 年的商业周期的影响。无论何时，该时间跨度若被不适当地缩短或延长，月 KST 指标都不会有理想的表现。

将 KST 指标用于市场周期模型

3 种主要趋势　第一章中曾经解释过，在任何一个特定的时刻，市场都存在多种趋势，这些趋势从盘中趋势、小时趋势一直到时间期限为 20 年或 30 年的非常长的长期趋势。为了投资的目的，被广泛认可的趋势是短期趋势、中期趋势和长期趋势。短期趋势通常通过日线图来分析，中期趋势通过周线图来分析，而长期趋势通过月线图来分析。在第一章的图 1-1 中，有一个假想的钟形曲线综合了 3 种趋势。

从投资的观点来看，极为重要的是要弄明白主要趋势或长期趋势的方向，由此得以了解当时行情在整个周期中的地位。对长期 KST 指标的构建是非常有益的出发点，由此可以判断长期市场周期的转折点。通过短期和中期 KST 指标的引入，也能使我们解释市场的周期模型。

最佳的投资时机是，长期趋势处于上升阶段，而中期和短期趋势正由谷底攀升。在主要空头行情中，最佳的卖出时机是当中期趋势和短期趋势正翻越峰位之时。

在某种意义上，在多头行情的早期和中期阶段作出的任何投资，都会从正在上升的长期趋势中受益。而在空头行情中，投资者为了利用正在上升的中期趋势，不得不非常机警。

综合3种趋势　在理想的情况下，在同一张走势图上绘制月、周和日 KST 非常有用，但由于绘图上的限制不可能允许这样做。然而，可以根据周数据利用不同的时间跨度来模拟这3种趋势，正如走势图 12-10 所示，它描述的是芝加哥木材价格指数。这种安排有助于识别长期趋势的方向和发展阶段（位于走势图的下方），以及短期趋势和中期趋势之间的相互关系。在价格指数线上方的折线，反映的是长期多头行情和长期空头行情，它与长期 KST 向上穿越和向下穿越 26 周 EMA 反映的行情一样。值得注意的是，为什么短期 KST 在多头行情中很少达到超卖区域，在空头行情中很少达到超买区域。

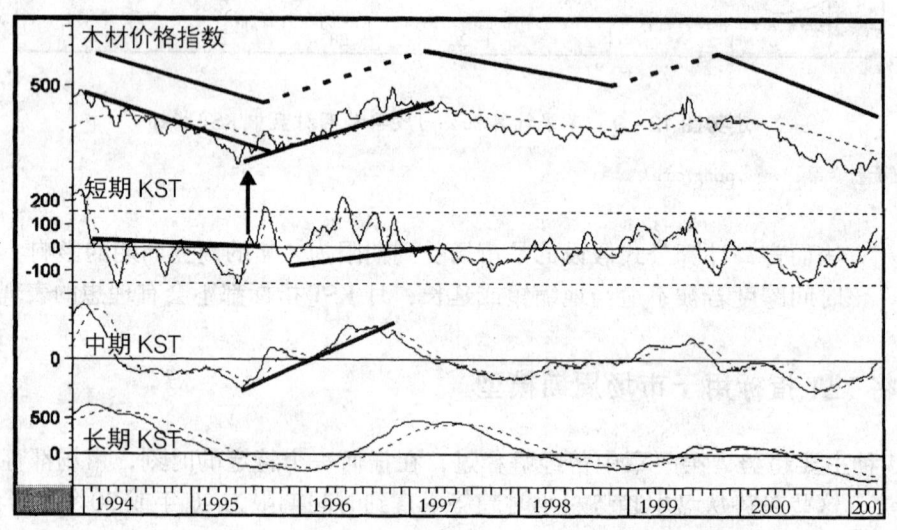

走势图 12-10　芝加哥木材价格指数及其3条 KST 曲线，1994～2001 年

（资料来源：www.pring.com）

最佳的买入时机，似乎是在长期 KST 指标处于下跌趋势的最后阶段，或者是正处于上涨趋势但还没有达到过度上涨的阶段。这些指标与前面走势图的指标不同，因为它们是通过 EMA 来平滑，而不是通过简单移动平均线来平滑。反复试验显示，这种替代比较适合这种类型的安排。长期 KST 指标是根据月 KST 指标的时间跨度来计算；这样，12 个月就成为 52 周，等等。

就指数平滑处理后的动能指标来说，"只有实际的穿越 EMA"才能够称得上是买入或卖出信号，而不能依据方向的反转行事。长期 KST 指标往往非常稳定而不会改变方向，因此使观察者拿不准其真正的意图。但是，如果将短期和中期 KST 指标的行为与价格自身的行为结合起来，我们往往可以收集到许多重要的线索。

例如，在 1997 年早期，长期 KST 指标很稳定，但在此之前，中期 KST 指标已经穿越其 EMA，而且已经突破了趋势线。短期 KST 指标也已经完成了头部，并向下穿越零线，而此时价格本身已经向下突破了一个非常好的上升趋势线。所有这些信号预示着，价格最多会形成调整走势。甚至在此情形下，长期的 KST 指标会给人以下跌的印象，因为从这些信号来看，向上的动能可能已经发生了大量的消耗。

KST 指标也能适应相对强度分析。当应用于行业板块和个股时，长期 KST 指标是特别有用的。这是因为，行业板块围绕着商业周期滚动意味着线性上涨或下跌趋势远比绝对价格数据发生的要少。对该类问题更全面的讨论，建议读者参阅第十六章的相对强度指标，第十九章的板块轮动，以及第三十一章的个股选择。对那些没有机会通过走势图软件包绘制 KST 的朋友，一个有用的替代指标是 MACD，相应地要用长期的移动平均线进行平滑。

定向运动系统

定向运动系统（Directional Movement System）是由威尔斯·怀尔德（Welles Wilder）设计的，其目的是要确定市场可能要经历一轮上涨或下跌趋势，还是要进行横盘整理。这种区别是非常重要的，因为有趋势的市场可以通过选择趋势指标（比如移动平均）得到比较好的预警信号，而横盘状态更适合于运用摆荡指标。在实践中，定向运动系统实现这一目标的能力并没有给我留下深刻的印象，但是可以用于识别趋势的变化。另一方面，还可以通过其他几种方式，使该指标得到有价值的应用。

概 念

定向运动系统指标的计算是非常复杂的，而且时间上也不允许我们在这里进行全面的讨论。为此，建议读者参阅怀尔德的《技术交易的新概念》（*New Concepts in Technical Trading*）一书。

为使事情简化，定向运动指标通过计算价格曾经达到的最大区域来绘制，要么是在所考虑时期内的最大区域（1天，1周，10 分钟，等），要么是以前期限并在该期限内达到的极端点。事实上，该系统衡量的是定向运动。由于价格有两个可以运动的方向，因此存在两个定向运动指标，称之为 + DI 和 – DI。由于从计算中得到的原始数据过于波动，因此把这些指标都设计成给定时期内的平均值，而且计算结果都绘制在走势图上。正常情况下，DI 指标在同一个走势图上要发生重叠。标准的（或默认的）时间跨度是 14 期。走势图 12-11 中显示的是两个 14 天期的 DI 指标。两个 DI 指标之间的交叉则用做买入和卖出的信号。

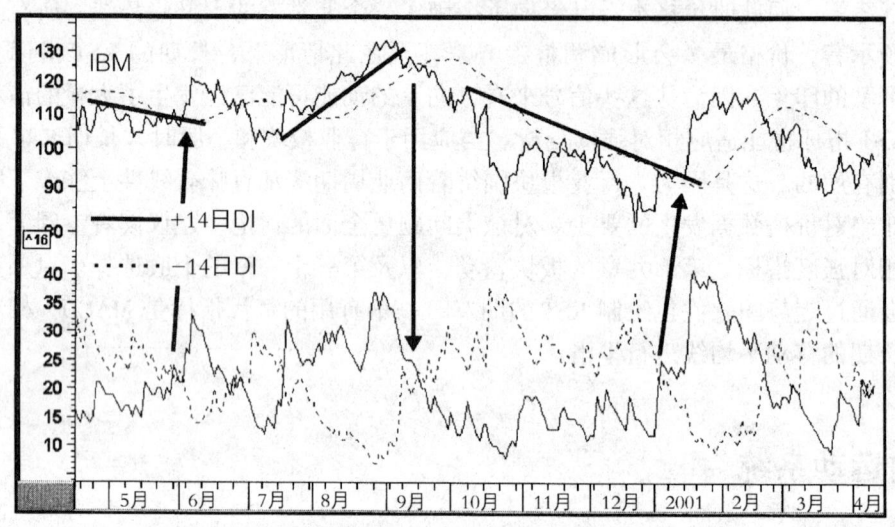

走势图 12-11　IBM 股票的两个 DI，2000~2001 年

（资料来源：www.pring.com）

在该定向运动系统中还有另一个重要的指标，即平均定向指数（Average Directional Index，简称 ADX）。ADX 仅仅是 +DI 和 -DI 在特定时期内的移动平均。事实上，ADX 是从正定向运动的天数中减去负定向运动的天数。然而，当 -DI 比 +DI 大的时候，负号就被忽略，这意味着 ADX 仅仅告诉我们所考虑的股票是否正在经历定向运动。另外，正常默认的时间跨度是 14 天。

ADX 的计算方法使其总是限制在 0~100 之间变化。如果 ADX 值高，说明股票正以某种趋势运动（股票有许多定向运动）；如果 ADX 值低，说明股票缺乏定向运动，而且更多地表明股票处于横盘状态。与其他动能指标不同的是，ADX 没有告诉我们价格正在运动的方向，仅仅告诉我们价格的趋势运动或非趋势运动特征，但如果利用其他摆荡指标就可以完成这一任务。

+DI 和 -DI

走势图 12-11 描绘了 IBM 股票价格指数及其两个 14 日的 DI 指标。当 +DI 穿越-DI时,预示着买入信号;反之亦然。在该例中,有多次机会确认这类穿越和价格趋势线的突破。移动平均线的穿越或价格形态可以非常容易地被取代。在该例中,所有的穿越都非常漂亮,而且没有任何虚假信号。不幸的是,事情并非总是如此。这就是为什么要通过价格来确认这种穿越是很重要的缘由之一。处理该问题的另一个方法是,将两个DI进行平滑处理,就像我在走势图12-12中所做的那样。这一做法当然可以减少虚假信号,但该信号因缺乏敏感性有时会滞后,所以在应用中要进行权衡。

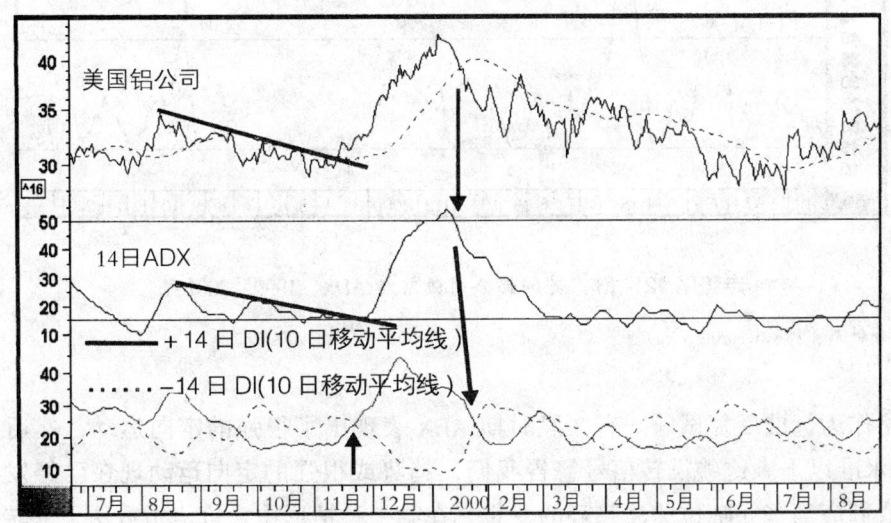

走势图12-12　美国铝公司股票与两条平滑处理的DI和一条ADX,1999~2001年

(资料来源:www.pring.com)

ADX指标

高的ADX指标并不能告诉我们市场处于超买阶段并可能会下跌。注意,趋势的变化不同于趋势的反转,因为趋势的变化可以由涨势转为跌势,由涨势转为横盘,或由跌势转为涨势。类似地,下跌趋势可能变为横盘或上涨趋势。

在走势图12-13中,绘制了美国铝公司的14日ADX,我还在15的位置上设置了一条超卖线(很少有定向运动),在50[①]的位置设置了一条超买线(有许多定向运动)。由于每一个股票的波动性是不同的,在绘制这些线时要(尽可能)将历

---

① 从走势图来看应该是40——译注。

技术分析

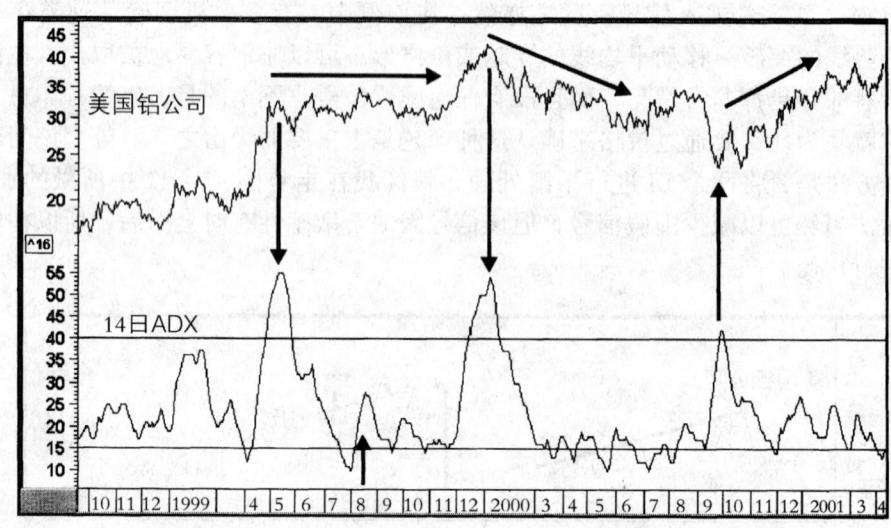

走势图 12-13　美国铝公司股票与 ADX，1999~2001 年

（资料来源：www.pring.com）

史价格作为标准反复试验。有 3 段时期 ADX 表现出了很强的定向运动，然后回落到 40 水准以下。这些反转信号警告我们，趋势或很强的定向运动现在已经发生反转，我们应当坚守哨位关注趋势的变化。在第一种情形中，价格指数从上涨转为横盘，在第二种情形从上涨转为下跌，而位于走势图最右端的是从下跌转为上涨。

对任何指标来说几乎没有最优的时间跨度。然而，对 ADX 来说则不同，14 期或与此接近的时间跨度似乎表现最佳。走势图 12-14 显示了两个极端的情形：6 日期和 30 日期。它们从图中表明，短期的时间跨度得到的是过于波动的 ADX，而长期的时间跨度则导致漫步一样的形态。

走势图中 6 日 ADX 的箭头也说明，方向发生反转并不总会导致价格趋势发生变化。在此例中，定向运动的减少通过反转得到精确的预测。不幸的是，这种减少不足以导致趋势的变化，仅表明现有的（下跌）趋势放慢。所幸的是，这种行为是一个例外，而非一般规则。

在走势图 12-12 中，将其中之一时间跨度调整到零位，但它也包括 14 日上涨和下跌 DI 的一条 10 日移动平均线。显示这些是为了提供关于 ADX 反转所隐含的一些信息。该例中，在 ADX 穿越 50 水平位之后（注意，这个超买指标与走势图 12-13 中的不同），紧接着是平滑后的 -DI 穿越 +DI 之上。这预示着 ADX 反转之后可能出现下跌趋势。

222

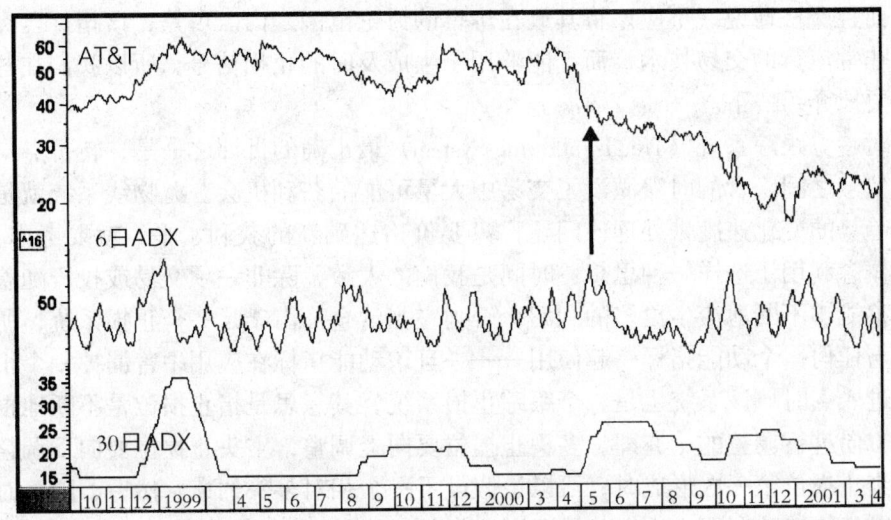

走势图 12-14　AT&T 股票与两条 ADX，1998～2001 年

（资料来源：www.pring.com）

> **主要的技术准则**　当 ADX 指标处于高位并开始反转时，当前的趋势可能发生变化。

若 ADX 指标处于较低的位置，则预示着缺乏定向运动，而且当正在进行的定向运动的上升趋势变得相当明显时，这些低的 ADX 指标也是有用的。考虑 1999 年 11 月的情况，ADX 指标在很低的位置进行窄幅整理，然后突然向上突破。这预示着价格趋势现在可能要发生变化，但向哪一个方向变化？答案就隐藏在所考察的两条平滑过的 DI 线和价格曲线之中。此时，+DI 向上穿越 -DI，而且价格通过一个漂亮的突破得到确认。切记，ADX 的上升并不预示着价格的上涨，仅预示着上升的定向运动。如果 -DI 向下穿越 +DI，而且价格趋势向下突破，则 ADX 的下降可能会与价格的下跌趋势有密切的关系。

抛物线指标

概　念

抛物线系统（Parabolic System）是由威尔斯·怀尔德发明的，不是一个动能指标，而且严格地说，不应该将其放在本章的讨论范围之内。可是，该指标已经成为一个非常流行的交易技术，而且能够用于生成及时的止损信号，所以我们在这里还是简要地介绍一下。

对趋势跟踪系统（Trend-Following System）最正确的批评之一是，转折点与趋势反转信号之间隐含的时滞湮没了交易中大量可能的获利机会。抛物线系统就是通过增强趋势的变化速度来处理该问题，只要价格达到新的获利水平，就要考虑止损。这一概念利用了这样一种思想：时间是我们的大敌，除非一项交易或投资随着时间的推移能够不断地产生更多的利润，否则应当清仓。由于是一个止损系统，所以它可以与任何一个动能指标一起使用———旦该动能指标在应用中曾漏掉一个很好的交易进入点时。该系统也是一个跟踪止损系统，其意思是指止损位是不断地根据头寸的方向进行调整的，亦即，多头止损位要向上调整，空头止损位要向下调整。

当止损位第一次形成时，可以说假设了一个相对多头约束。然后，随着时间的推移以及价格的上涨，止损位就渐渐地收紧。"抛物线"的说法来自于止损曲线在走势图中的形状。在上升的行情中，止损位被不断地抬高，永远不会被压低。在下跌的行情中，止损位被不断地压低，永远不会被抬高。

如何运作？

抛物线指标在走势图上表现为抛物线形状的曲线，并绘制在价格曲线的上方和下方，如走势图 12 – 15 所示。该曲线常常称为 SAR 曲线，其所代表的涵义是：止损和反转系统（Stop and Reversal system）。这是因为该抛物线，当被触及以后，不仅常常表示一种行情的停止，而且也常常表示实际行情的反转。这样，一条抛物线就能够同时引发多头市场清仓并进入空头市场。

就个人的观点来说，我喜欢选择一个进场点，并用抛物线系统设置止损位，而不是不断地倒换止损位。切记，当你逆大势方向而行的时候，必然会造成巨大的损失。完全严格地运用抛物线和 SAR 方法会忽视这一戒律。这就是我喜欢将抛物线系统仅用作止损系统，而不用作止损和反转系统的缘由。

严格地运用抛物线系统包括，当价格曲线向上穿越抛物线时买入，并就在买入价下方设置止损位。设在下方是因为在这一点存在巨大的风险。渐渐地，抛物线开始加速上行，而且当向上的动能增加时风险则显著地减小。在走势图 12 – 15 中，卖出信号恰好就在上涨行情的峰位产生。在 11 月的空头信号也产生了很好的效果。

像其他指标一样，抛物线指标在横盘区域表现不佳。这是因为，在横盘区域它不可能集中足够的动能迅速地减少风险。在走势图 12 – 16 中，我们可以看到有 5 笔交易，其中有 3 次多头（实线箭头所示）和 2 次空头（虚线箭头所示）。没有一

第十二章 动能指标 2

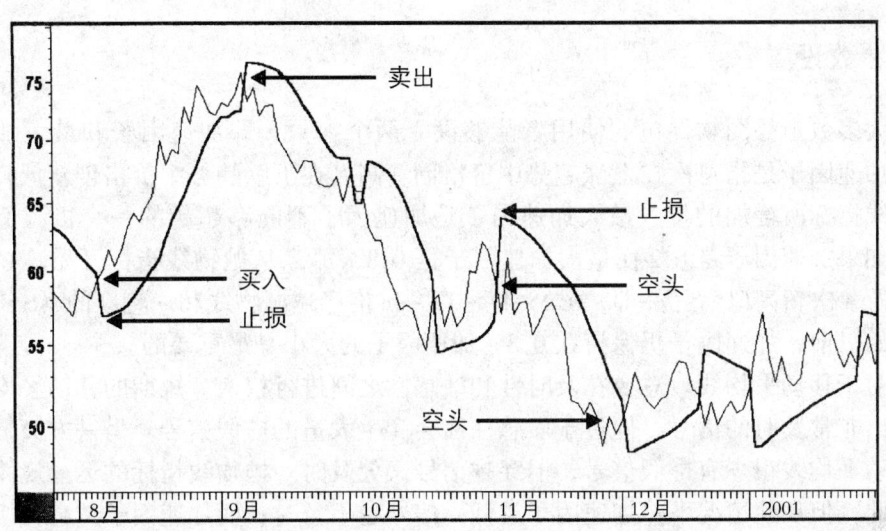

走势图 12-15 通用汽车股票及抛物线指标，2000~2001 年

(资料来源：www.pring.com)

次充分获利，但获利者数目稍微比损失者多，即 3:2。

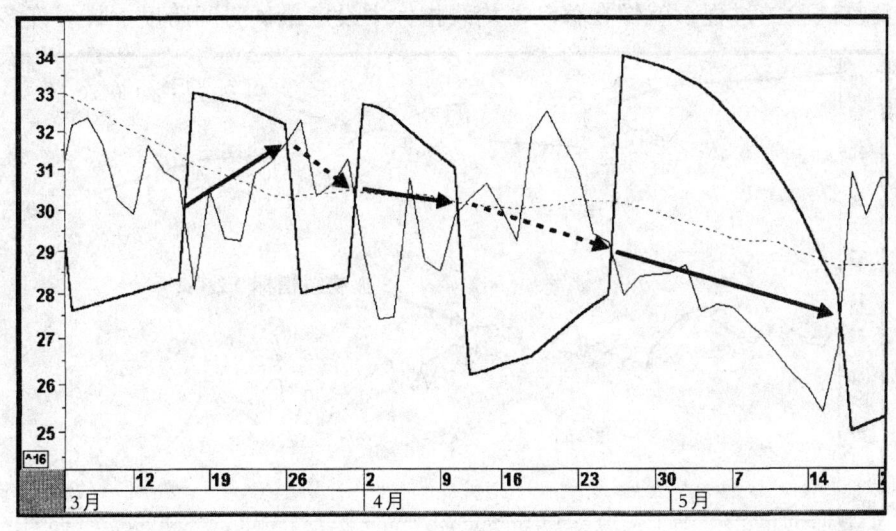

走势图 12-16 惠普股票和一个抛物线指标

(资料来源：www.pring.com)

225

参数设置

大多数走势图软件包的使用者能够设立两个参数，即加速因子和最大加速因子。加速因子是指每次在上涨趋势中价格创新高（在下跌趋势中价格创新低）以后抛物线指标所增加的量。最大加速因子是加速因子不能够超越的一个极限值。例如，如果加速因子是 0.2 而最大加速因子是 0.8，那么从抛物线指标开始，在价格创造了 4 次新高以后（亦即，0.2×4），直到价格穿越抛物线和一轮新的（SAR）交易开始以前，加速因子仍保持在 0.8。加速因子的大小是最重要的。

对于移动平均线，总要在及时性和敏感性之间进行权衡。短期的移动平均线可以给出非常及时的信号，但过于敏感往往会产生大量的虚假信号。另一方面，长期的移动平均线很少有虚假信号，但穿越信号又欠及时。抛物线指标的运行规律也恰恰如此，但在此情况下，加速因子越低，信号越不及时；而加速因子越高，信号越敏感而且越及时，然而却会造成更多的虚假信号。

在走势图 12-17 中，上方的走势图刻画的是一个 0.01 的加速因子和一个 0.2 的最大加速因子，而下方的走势图显示的是一个更快的 0.2 的加速因子和 0.2 的最大加速因子。差异非常明显，上方具有较小加速因子的走势图比下方具有较大加速因子的走势图产生的虚假信号要少，但是前者缺乏及时性。加速因子的设定过程是一个反复试验的过程，就像在移动平均线指标中设定最优时间跨度一样。许多软件

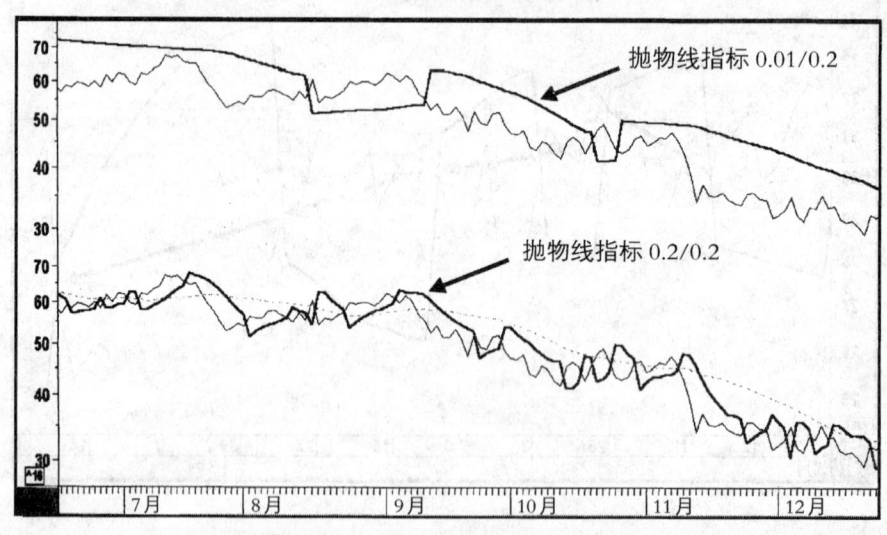

走势图 12-17 惠普股票和两个抛物线指标

（资料来源：www.pring.com）

程序中提供的默认值和怀尔德推荐的值都是 0.02（加速因子）和 0.2（最大加速因子），根据我个人的经验，它们在大多数情况下还是非常令人满意的。

一个实际应用

对抛物线指标的应用有许多方式，我最喜欢的应用之一是，在发生移动平均线穿越时进场，在发生移动平均线反向穿越时离场。但是，如果抛物线指标穿越移动平均线，则应当退出交易。走势图 12 – 18 是通用汽车股票的价格走势，图中给出了这样的例子。若想更深入的探究，请参阅我的《动能精解》一书（*Momentum Explained*）和光碟（CD – ROM）手册。

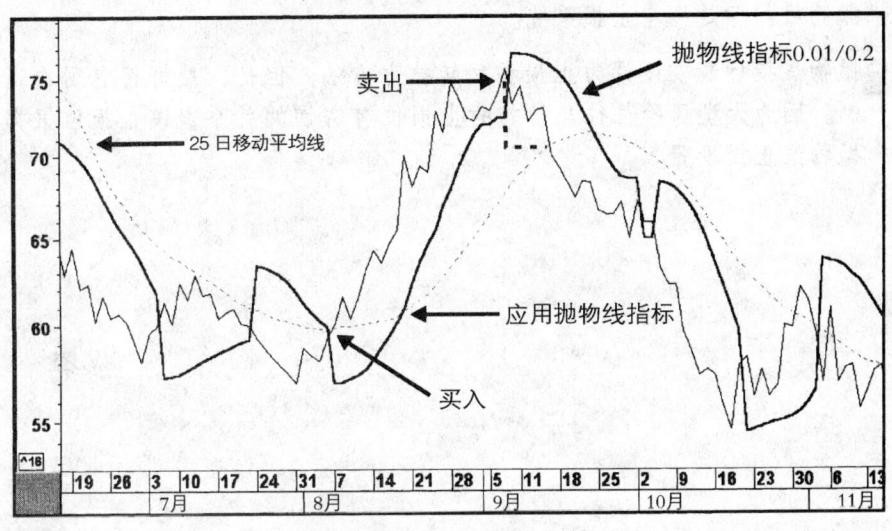

走势图 12 – 18　通用汽车股票，一个抛物线指标与一次移动平均线穿越

（资料来源：www.pring.com）

小　结

- 对任何时间跨度都可以构建 KST 指标，从盘中走势到长期趋势均可。
- KST 指标是由经过平滑处理的 4 个时间跨度的 ROC 指标所构成，每一个指标都根据时间长短来加权。
- 长期、中期和短期 KST 指标可以同时绘制在一个走势图上，以反映市场周期模型。

- KST 指标适合于大量的动能解释技术，而且能成功地应用于相对强度的分析。
- +DI 和 –DI 指标用于衡量价格走势的正、负短期方向。
- 当两条原始 DI 或平滑处理后的 DI 交叉时，是买入或卖出动能信号。
- ADX 指标衡量价格趋势的定向运动。
- ADX 的上升预示着定向运动的增加；反之亦然。
- 若 ADX 指标在很高的位置时反转方向，则当前的价格趋势可能发生变化。
- 抛物线指标是一个止损系统。
- 抛物线指标最初设计为止损和反转技术方法。但是，最好将它用作退出机制，因为大型风险往往与最初的止损位有密切的关系，该止损位根据初始抛物线止损设置。

第十三章
K线图

K线图的结构

K线图（Candle Charts）在几个世纪以前起源于日本，但最近已经在许多国家得到应用。与大家熟悉的棒线图一样，它是另一种绘制价格数据的方法。K线图可以用于识别价格形态，而且有助于趋势线的绘制。它是由特定时期（如小时、日、周）的开盘价、最高价、最低价和收盘价构成的。

棒线图是用竖线表示的，左右各有一个小横线，分别表示开盘价和收盘价价位。而K线图绘制成竖立的长方形和两头延伸的竖线，长方形将开盘价和收盘价联系起来，竖线则反映最高价和最低价。棒线图差不多同等对待所有数据，但是，区分开盘价和收盘价哪一个更高也是非常重要的。

> **主要的技术准则**　在K线图中，最重要的是开盘价和收盘价及它们之间的交易区域。

K线图只有当市场的开盘价、收盘价、最高价和最低价都知道时才能绘制。该系统的支持者相信，它不仅提供了棒线图所包含的所有信息，而且提供了只有在K线图中才会有的更多的理念。K线图不是"圣杯"（the Holy Grail），但是它无疑是技术分析武器库中一件有用的工具。为了描述方便，我们将只考虑日K线，因为"日"是最常用的时间框架。但是切记，可以对任何时间跨度建立K线图。

一个典型的K线由两部分组成：实体部分和影子部分。实体部分就是长方体部分，而影子部分（也叫烛心线）就是两端的垂直延长线。长方体的顶端和底端通过当天的开盘价和收盘价确定。如果收盘价高于开盘价（实体），就绘制成白色（表示阳线）；当收盘价低于开盘价，就绘制成黑色（表示阴线），参见图13–1

(a) 和 (b),实体的顶端代表开盘价,底端代表收盘价,这与阳线(白色长方体)表示的情况完全相反,这里收盘价绘制在顶端,而开盘价绘制在底端。

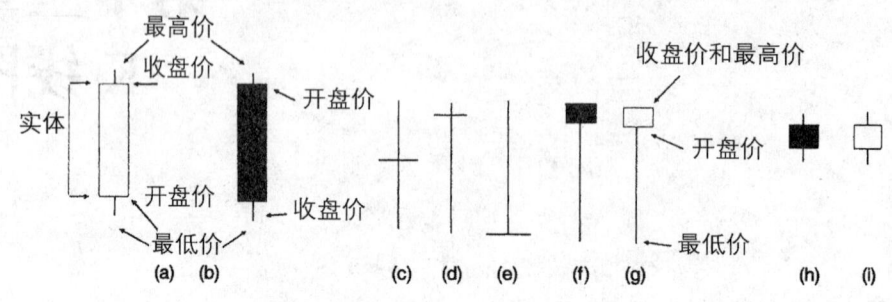

图13-1 几种主要的单K线图

从实体部分突出的细长的垂直影子部分,反映当天的最高价和最低价。由于开盘价和收盘价可能相同,或者与最高价相同,或者与最低价相同,所以可能出现许多种组合,图13-1中仅给出其中的一部分。

烛心线本质上提供与棒线图相同的信息。但是,烛心线对数据更明显的表示,使得技术分析师能看到棒线图上不太明显的特征。在棒线图上能够说明的某些现象,在K线图上也有相同的名字,诸如棒线图中"关键反转日"(Key reversal days)或"岛状反转日"(Island reversal days)之类的名字与K线图中的相同。由于单个时期和包括几个时期的价格模式有大量的可能的变种,所以对各种可能的K线起一些奇特的名字已经成为习惯。图13-1中也给出了一些比较常见的K线图的特征。

图13-1 (a) 显示的是"大阳线"(Long white line),表示宽幅交易区域,其中开盘价接近最低价,而收盘价接近最高价,这种K线表示行情看涨。图13-1 (b) 是"大阴线"(Long black line),表示开盘价接近最高价而收盘价接近最低价的宽幅交易区域,这种K线表示行情看跌。图13-1 (c) 到 (e) 显示的是"十字线"(Doji line),其开盘价与收盘价相同,对它们的解释取决于它们所处的具体行情,但本质上它们预示着买卖双方的平衡。图13-1 (f) 和 (g) 显示的是"伞状线"(Umbrella lines),这类K线的实体比较窄,而且当天的交易区域主要集中在高价位。伞状线在底部表示行情看涨,在峰位表示行情看跌。图13-1 (h) 和 (i) 显示的是"陀螺"(Spinning top)状K线图,表示交易区域非常小的交易时期,它们在横盘整理时期没有多大的意义,但在随后将要讨论的几种价格模式中非常重要。

就像棒线图一样,K线图也提供反转现象和连续现象的信号。在本章中通过几个走势图解释了烛心线价格模式(参见走势图13-1到13-4)。烛心线就其本身来说可识别短期反转和持续状况。

第十三章　K线图

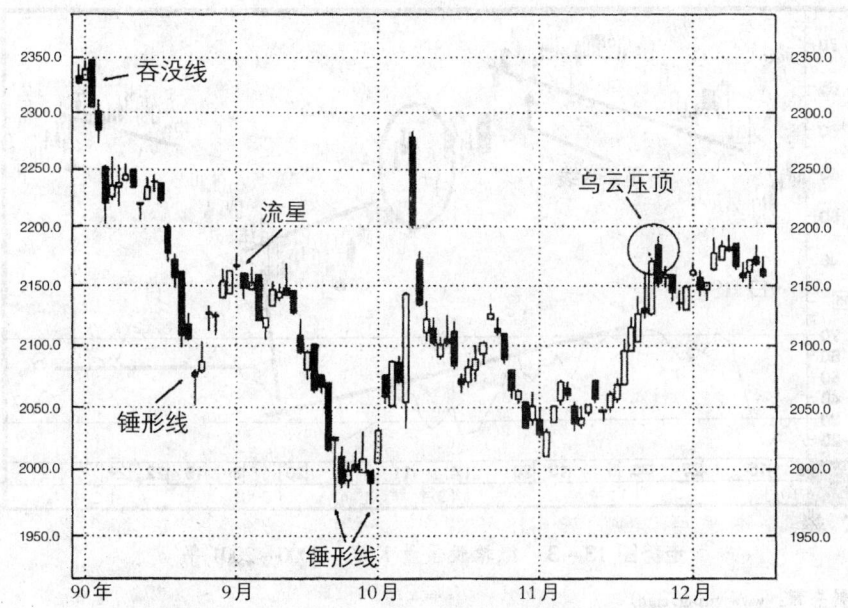

走势图 13-1　《金融时报》股票交易 100 现钞，1990 年

（资料来源：www.pring.com）

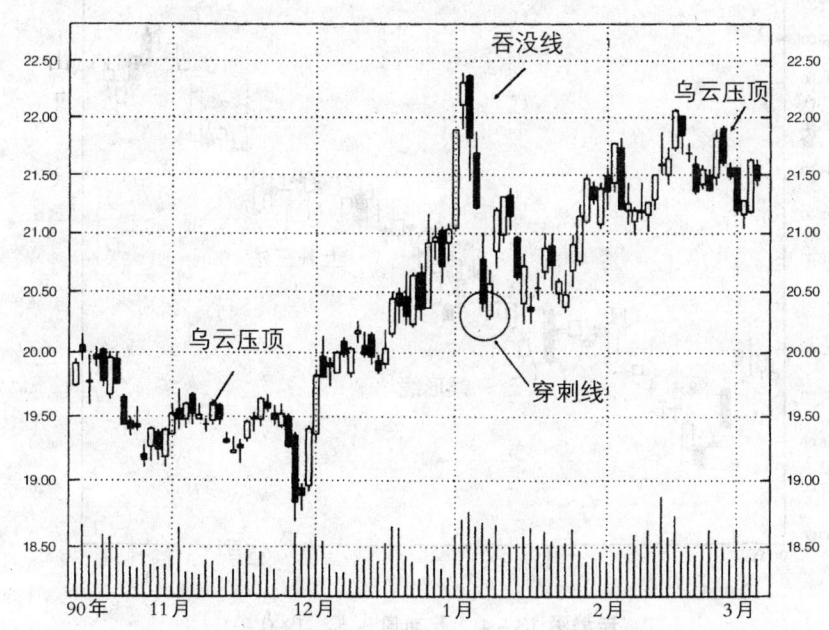

走势图 13-2　纽约轻原油 3 个月的持续期，1989～1990 年

（资料来源：www.pring.com）

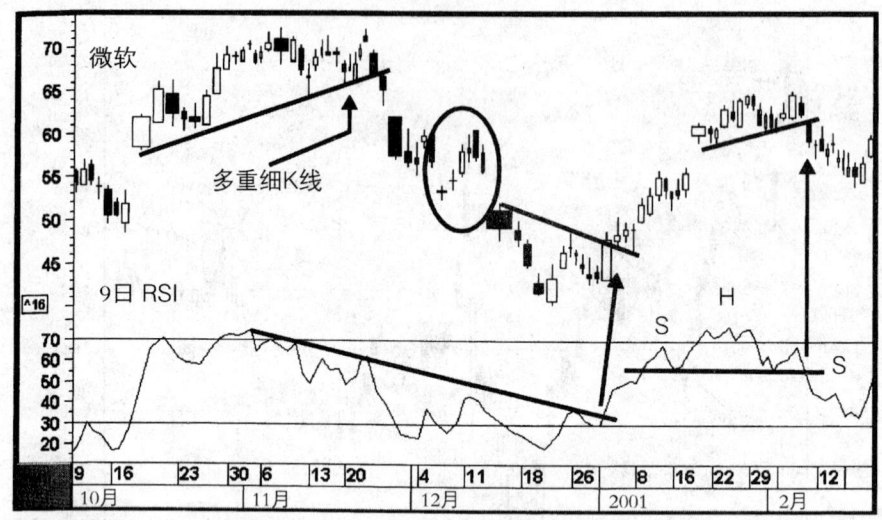

走势图13-3　微软股票量K线，2000~2001年

（资料来源：www.pring.com）

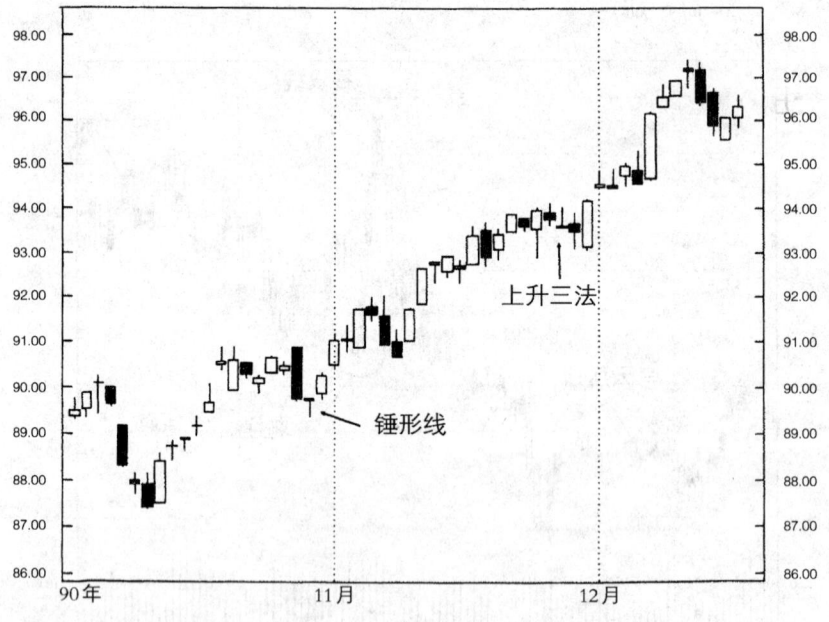

走势图13-4　长期国库券，1990年

（资料来源：www.pring.com）

第十三章 K 线图

反转现象

锤形线和上吊线（Hammers & Hanging man）

这些价格形态［参见图 13-1 (f) 和 (g)］与其他价格形态相比，可能早就为人们熟知，就是因为其使人难忘的称谓。上吊线（Hanging man）是一个伞状线，它发生在上涨行情之后，其形状正如其名字隐含的意思那样，看起来像一个人正悬着双腿上吊，它表示行情看跌。如果上吊线发生在持续向上的行情之后，就要给予特别关注，特别是发生在跳空缺口之后。识别上吊线的方法是，影子线或烛心线的长度至少是实体部分高度的两倍，而实体部分的颜色并不重要。

锤形线与上吊线的形状一样，但它发生在市场下跌之后，此时它表示的是行情看涨的信号。其名字的涵义源于这样的思想，即价格正在"锤平"底部。事实上，它代表了交易日的种类，此时价格发生短暂、迅速、非常剧烈地下跌，因为在出售停止以前有一段竞卖趋势。即便如此，该技术位置足以把买方引入市场，把价格推向开盘价或超过开盘价。

乌云压顶（Dark Cloud Cover）

在现实生活中，乌云（参见图 13-2）预示着大雨的来临，因此，"乌云"（Dark Cloud）般的 K 线模式隐含着较低的价格。在上涨趋势中或交易密集区域明显地预示着看跌行情。这是关键反转的一种形式，因为当天价格在跳空高开以后收于较低的位置。这种形式由两天的 K 线组成，第一天的 K 线是一个强势线（白色实体，阳线），而第二天的 K 线是一个阴线（黑色实体），其收盘价位于前一个 K 线实体的下半部。

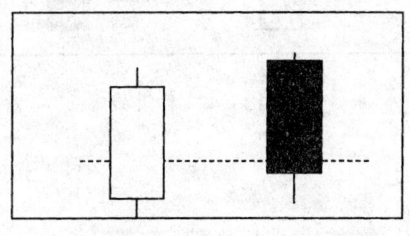

图 13-2　乌云压顶

穿刺线（Piercing Line）

这种 K 线（参见图 13-3）也许称为"晴天"（Sunny Sky）比较合适，因为它与"乌云"线恰好相反，因而是看涨行情的象征。最重要的是，要注意第二天阳线的收盘价是否位于前一天阴线实体的上半部分。如果不是，常识表明可能会再一次出现弱势。

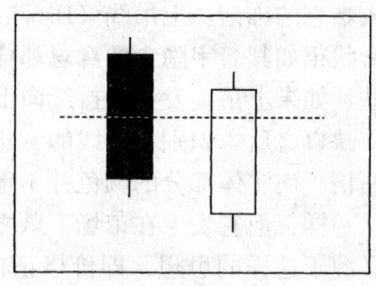

图 13-3 穿刺线

吞没线（Engulfing Pattern）

这种 K 线（参见图 13-4）在市场经历了一段价格走势以后很有意义，其特征是：它由两个连续的阴阳线组成，其中第二天的 K 线实体吞没了第一天的 K 线实体。在下跌趋势中，若第二天是阳线，则意味着看涨行情；在上涨行情中，若第二天是阴线，则意味着看跌行情。

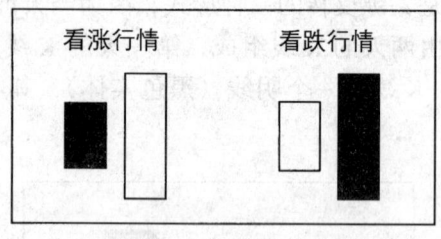

图 13-4 吞没线

星 K 线（Stars）

星 K 线在 K 线图中是最常见的现象，并有 4 种反转形态。星 K 线由比较长的实体 K 线和陀螺 K 线组成。启明星（Morning Star）预示着新的一天（上升趋势），是看涨行情。它包括两个长的实体线和一个陀螺线，陀螺线将两个实体线从中间分开。陀螺线代表的是星K线，通过它可以产生缺口。第三个实体应当是阳线，而且其收盘价要位于第一个实体的中部以上，如图13-5中水平虚线所示。黄昏之星（Evening Star）是夜晚来临的使者，它与启明星有着相反的特征和涵义。

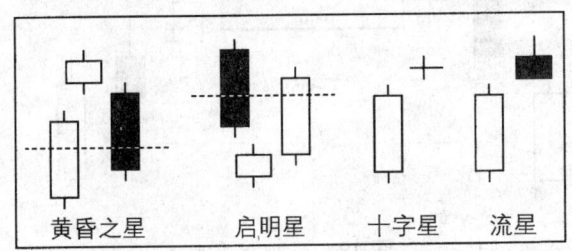

图13-5　星K线

十字星（Doji Star）是看跌行情的信号，而且常常发生在过分反弹之后，它由一个跳空缺口和一个十字线组成。流星（Shooting Star）像一个短期的峰位，在这里当天的价格行为经历了一个小的跳空，而且在形成一个长烛心线或上影线之后收阴。

向上缺口与乌鸦双飞（Upside Gap Two Crows）

这是看跌行情的价格形式（参见图13-6），它由一个大阳线和后面的两个阴线组成。第一个阴线向上跳空。第三天常常会填补缺口，但由于其是阴线，即收盘价低于开盘价，所以隐含着看跌行情。

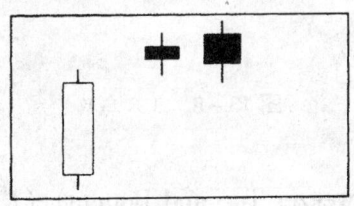

图13-6　向上缺口与乌鸦双飞

3只乌鸦（Three Black Crows）

在图13-7中，3只黑乌鸦的K线形式由3条下跌的阴线组成，这是发生在一

235

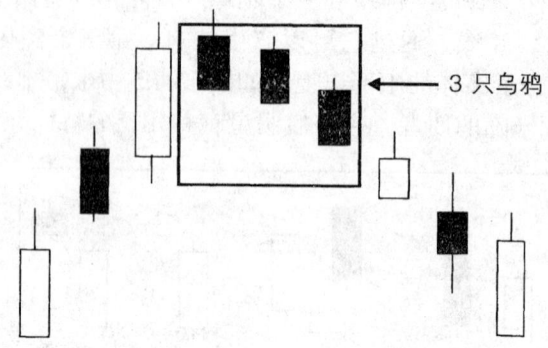

图 13-7 3只乌鸦

波上涨行情之后。它们预示着价格下跌。每一个阴线的开盘价都低于前一个开盘价,而以当日最低价或接近于当日的最低价收盘,参见图 13-8。你可以发现,每一个 K 线实体都没有下影线(参见图 13-9),而且每一个 K 线的开盘价都位于前一个 K 线的实体之内。

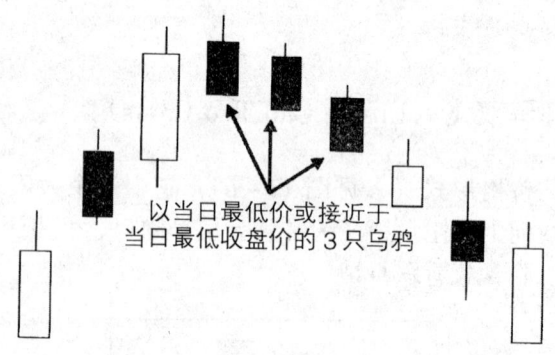

图 13-8 3只乌鸦

镊形顶和镊形底 (Tweezer Top and Bottom) (Kenuki)

如果你竖握一个镊子,你就会发现两个尖在同一个水平位置(参见图13-10)。镊形顶 (Tweezer Top) K 线图也是这样,它由两个当天最高价相同的 K 线组成。实际上,也可以由两个以上具有相同最高价的 K 线组成。不要搞错,我们说的是最高价,它可能是影线或实体、收盘价或开盘价。这种价格形态表示短期看跌行情,因为第一天的最高价成为阻力位;当第二天的价格不能够穿越该阻力位时,就预示

第十三章 K线图

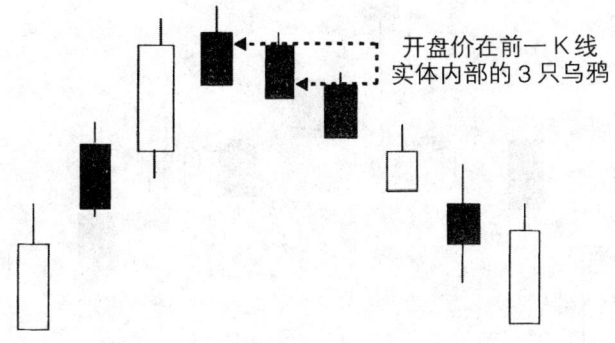

图13-9 3只乌鸦

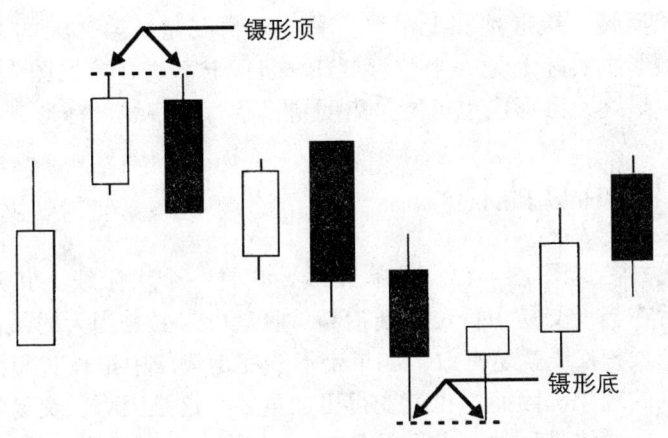

图13-10 镊形顶和镊形底

着向上动能的损失。在该例中，第二天的K线同时也是一个吞没线，这是一个非常重要的顶点，因为一个镊形K线图通常要包含一个价格形态作为其构成的一部分。

镊形底（Tweezer Bottom）往往发生在下跌行情以后，它由两个或多个具有相同最低价的K线组成。这又预示着下跌动能的损失，因为价格在该区域的最低价位获得支撑。在图13-10中，我们看到一个镊形底完全得到确认，因为第二个K线的最低价触及水平压力线，它是锤形K线图的一部分。

能够增加镊形K线图重要性的一个因素是价格形态自身的特征。例如，如果镊形顶第二天的K线是一个上吊线，如图13-11所示，则我们有两方面的证据表

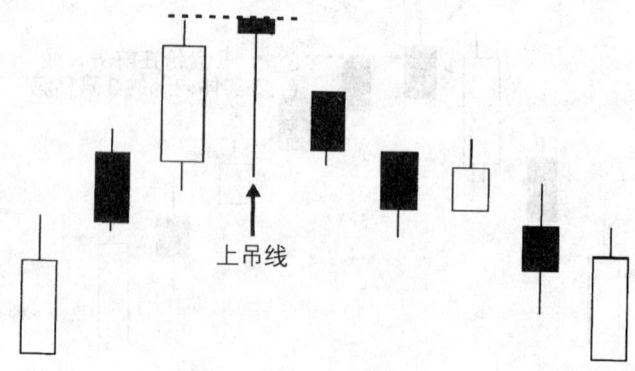

图 13–11　镊形顶和上吊线

明趋势可能出现反转：镊形顶和上吊线。另一种情况是，第二天的 K 线如果是一个十字线，则镊形线实际上是一个孕育（Harami）十字线（参见图 13–20）。也可能是一个流星。最终，镊形底也可能是启明星，孕育十字线，锤形，等等。

带形线（Belt-Hold Lines）

看涨带形线（参见图 13–12）是单 K 线，它是一个大阳线，其开盘价在当天的最低位，然后在当天交易中价位不断抬高。收盘价未必是当天的最高价，但是 K 线的实体部分越长，K 线就越有效。如果带形线在走势图中很长时间没有出现，那么这也是很少见的现象。因而，也就变得更加重要。这是因为，交易者正在就他们对市场的感情，通过将带形线与前面出现的正常的小 K 线进行比较，制造出强烈

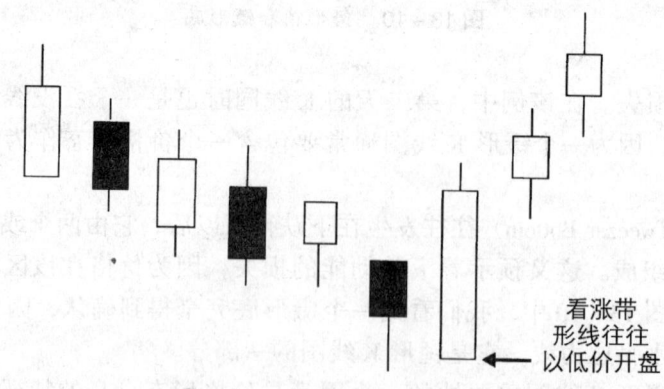

图 13–12　看涨带形线

的效果。试想在低沉的人群中,突然发出了一声洪亮的吼叫。显然,这个人是想让大家听见。恰好,在经过长期的小K线以后,带形线的出现可以达到类似的效果。这是1天的价格形态,它在大声地说:"听着,我现在告诉你们,短期趋势已经发生变化!"

看跌带形线恰好相反(参见图13-13),此时的带形线是一个大阴线,其开盘价是当天的最高位,然后在当天交易中价位不断降低。带形线往往是极为重要的时期,因为最高价和最低价有时候成为随后价格行为的支撑位和阻力位。为了分析价格在今后的摆动过程中可能存在的反转,带形线实体的中间位置也应当作为监测的对象。

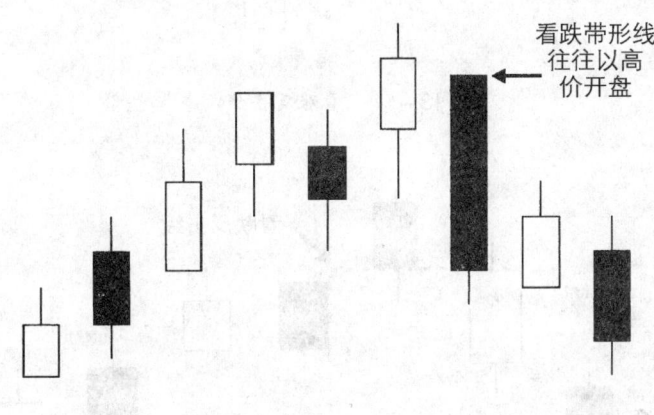

图13-13 看跌带形线

反击线或汇合线(Counterattack or Meeting Line)

在经历了一波下跌行情以后,当一个阴线后紧跟着是一个阳线,而且两者在同一个价位汇合时,所形成的价格形态就是看涨"反击线"(Counterattack Lines)(参见图13-14)。这也就是为什么这种2天的价格形态有时候称为"汇合线"(Meeting Lines)的缘由。第一天往往是一个大阴线,第二天在非常低的价位开盘,使大多数交易者感到价格将继续走低。但是,到交易日快结束时,价格又重收失地(通过买方的反击),而且收盘价与前日相同。因此,汇合线预示着下跌的动能已经完全消耗殆尽,而且价格趋势可能会发生反转。

在经历了一波上涨行情以后,当一条阳线后紧跟着是一条阴线,而且两者的收盘价在同一个价位汇合时,所形成的价格形态就是看跌反击线或汇合线(参见图13-15),其背后隐含的心理学涵义非常明显。第二天明显的高开,表示人们对上涨行情的欣快情绪,因为这些新获的收益来自已经明显上涨行情的头部。但是,当

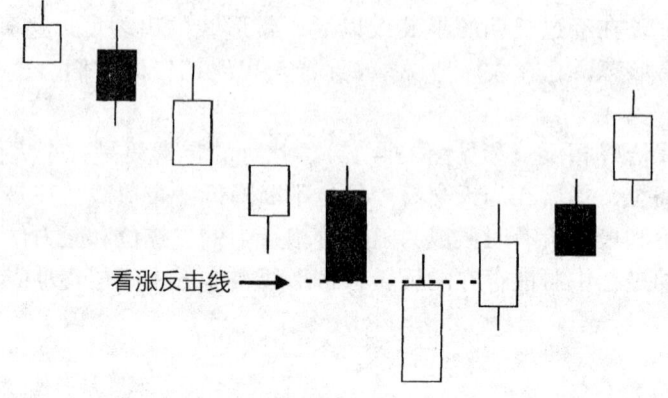

图 13-14　看涨反击线

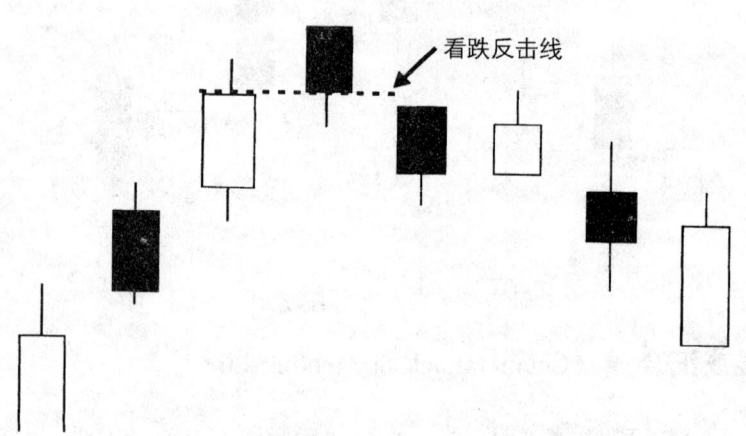

图 13-15　看跌反击线

价格意外地返回到前日收盘价的时候，这一欣快的情绪就变成了失望。

下面是识别这些价格形态更具体的规则：

- 第一天 K 线的颜色表示的是当前的趋势，而第二天的颜色相反（阳/阴表示顶部，阴/阳表示底部）。
- 两个实体都是当前趋势的反映，而且都很长。
- 收盘价相同。

连续形态

向上缺口（Upside Gap）

向上缺口（参见图13-16）发生在上涨趋势中，要求是在上方，而且阳线向上跳空，随后的阴线不能使缺口回补。这种类型的价格形态常常伴随着较高的价格。但是，如果缺口得到填补，则价格形式退回到向上缺口以下，形成一只乌鸦，而且看涨行情的征兆也就消失。

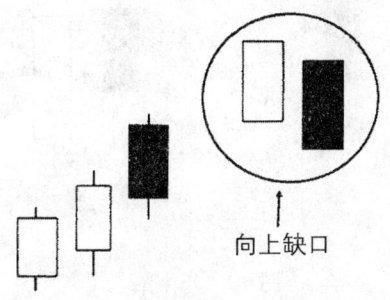

图13-16 向上缺口

上涨三法和下跌三法（Rising and Falling Three Methods）

这些排列［参见图13-17（a）、（b）］在概念上非常类似于棒线走势图中形成的旗形，只不过这里只考虑几天的K线，而不是数周。上涨三法是一个看涨价格形态，它由一个很强的阳线和随后的三四条下跌的小阴线组成。这些K线伴有明显的成交量萎缩，表明在买方和卖方之间正在形成一种非常微妙的平衡。该价格形

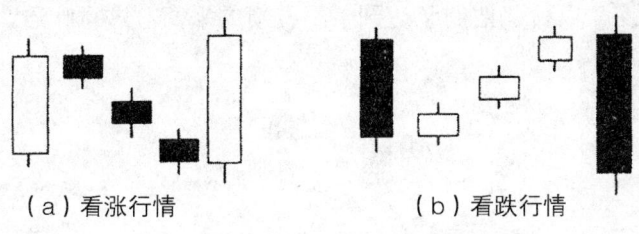

图13-17 上涨三法和下跌三法

态的最后是一个非常强劲的大阳线，它的收盘价将价格推至新高。如果能够获得关于成交量的数据，则能够看到最后一天的活跃程度会显著增加。看跌行情中的下跌三法恰好相反，只不过要注意最后一天成交量的特征不显著。如图 13-17（b）所示。

窗（Windows）

日本的技术分析师将缺口称为"窗"（Windows）（参见图 13-18）。因而，在传统的棒线走势图中，对缺口来说是"填补"（Filled）；在 K 线图中，对窗来说是"关闭"（Closed）。所以，窗与缺口具有相同的技术涵义（参考第七章）。

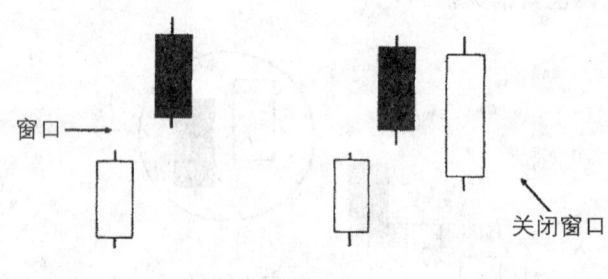

图 13-18 窗

孕育线（Harami line）

在第八章中我们曾经提到，趋势线突破以后伴随的是趋势反转或短暂的整理走势。图 13-19 中显示的是孕育价格形态（Harami Formation），它类似于趋势线突破之后的整理走势，因为它预示着动能的损失。主要差异是，孕育线的期限比较短，而且由 2 天的价格行为组成；第二个差异是，孕育出的实体非常小，以至于被前一天的长实体吞没。如果孕育出的是一个十字线，如图 13-20 所示，则称之为孕育十字线（Harami Cross）。在经历了明显的反弹和折返走势以后，这些形态预示着在买方或卖方完成控盘以后，他们又达到了一种新的平衡。这意味着，孕育线通常是

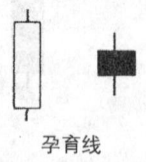

孕育线

图 13-19 孕育线

趋势变化即将来临的信号。在一些情况下，价格趋势会从上涨行情或下跌行情转为横盘整理，而在另外一些情况下，则会发生实际的反转。

孕育十字线

图13-20　孕育十字线

K线图与西方技术

许多技术分析师倾向于孤立地看待K线图。想起前面讨论过的方法的重要性，我喜欢将几种重要的西方走势图分析技术与K线图结合起来使用，其中包括将价格形态、趋势线和摆荡指标用于技术分析。

例如，走势图13-5表示的是微软股票的头肩顶形态，它在2000年11月已经形成。请注意，右肩处的低价抛盘是地道的3只乌鸦价格形态。随后，我们可以看到双重底。从第二个底部开始的反弹由一个看涨带形线组成，其本身预示着价格被推至较高的位置。该底部也与RSI的反转的头肩形态有关。最后，RSI的头肩顶通

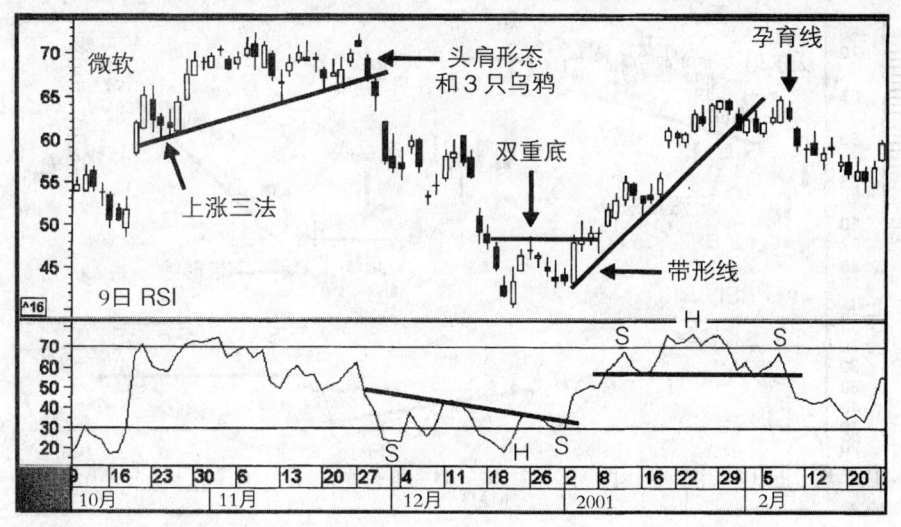

走势图13-5　微软的K线图和RSI线，2000~2001年

(资料来源：www.pring.com)

过一个孕育线得到确认。

一个重要问题是,在哪儿划趋势线。它应该与影线、实体连接,还是应该与两者的组合连接?问题的答案取决于常识。由于开盘价和收盘价一般要比最高价和最低价重要,因此,趋势线只与实体连接一般要比只与影线连接更有意义。但是,一个有更多机会被触及而且只触及影线的长趋势线,要比一个相对短的而且只与两个K线实体连接的趋势线更重要。

量 K 线图(Candle Volume Charts)

量 K 线图与通常的 K 线图类似,但有一个重要的差异。实体宽度随特定时期内成交量的不同而变化。成交量越大,实体越宽;反之亦然。这是一种非常有用的表达数据的方法,因为这些信号在通常的 K 线图中没有体现,而实体的宽度可以对成交量的形态提供一种快捷的了解。在第二十二章和二十三章,我们将对成交量作更多的介绍,包括等量的概念,它是量 K 线图技术的基础。

走势图 13-6 显示的是沃尔玛(Wal-Mart)的量 K 线图。请注意,11 月早些时候的窗(其后紧跟的是看涨吞没形态)是如何在不久以后被关闭的。但是,包含在折返走势中的非常细的 K 线预示着缺乏成交量,这正好是这类折返走势所要求的东西。在这种情况下,巨大的成交量将隐含着卖方压力,与这里的情况相对立的是

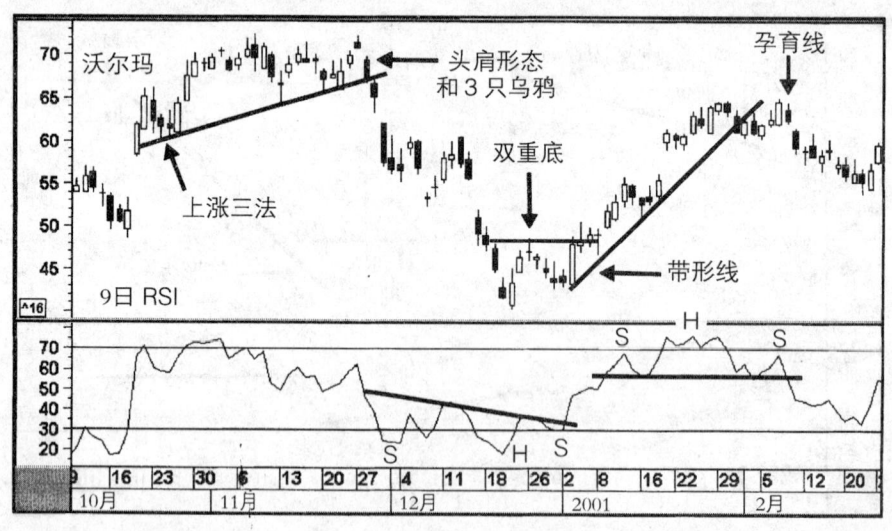

走势图 13-6　沃尔玛的量 K 线图,2000~2001 年

(资料来源:www.pring.com)

价格明显下跌，因为买方缺乏兴趣。

先前的反弹经历了一系列非常细的K线，这预示着价格是低量上涨。这与正常情况相反，正常情况下价格和成交量是同步运行的。因此，非常细的K线警告我们反弹的日子不会长。

11月末和12月初的反弹有比较宽的K线配合，这是一个好信号。但是，从第四周起，K线图开始横盘整理，但整理幅度非常小。这预示着买卖双方的力量达到均衡。最高一天的十字线也反映了这种均衡。这种特征往往伴随着趋势反转，特别是当成交量在下方放大的时候。这恰恰是这里所发生的情况，因为向上的趋势线已经被突破，而且K线开始变粗。

在12月末形成的大阳线当时看上去非常好，因为该K线图非常宽，这预示着巨大的成交量。但是，在上方没有坚持到底，这预示着这条大阳线是买方的最高点。这一点通过第二天形成的孕育线得到确认以后，又通过一条折返的大阴线得到确认，这条大阴线包含了大阳线赢得的所有领域。

走势图13-7和走势图13-5是微软同一个时期的走势图，但这一次是量K线图。注意，从11月30日开始，K线图的体态很细，预示着低成交量。惟一存在的粗K线是那些阴线，它们预示着潜在的卖方压力。最终，右肩反弹由几个细K线组成，预示着低成交量（看跌行情）。12月早期的熊市反弹也与细K线有关。在成交量低的情况下的价格上涨是看跌行情，因为它预示着价格在缺乏卖方的情况下反

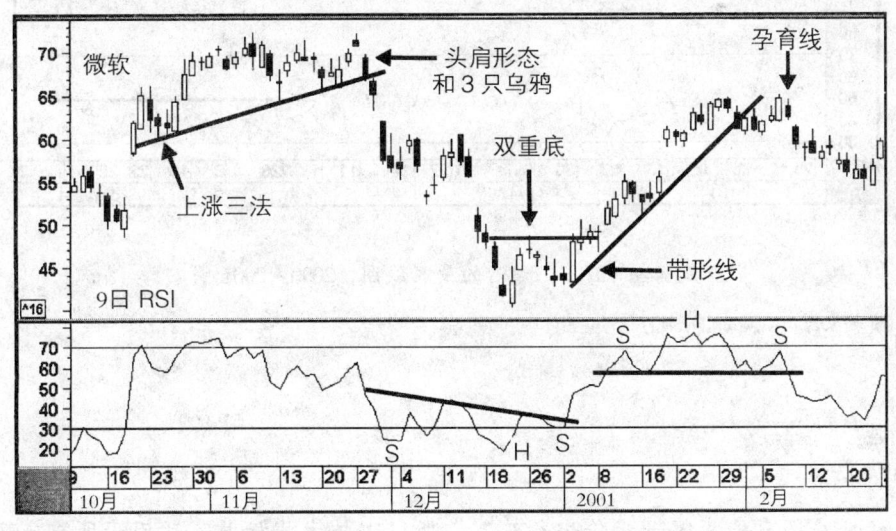

走势图13-7　微软量K线图，2000～2001年

（资料来源：www.pring.com）

弹，而不是热买情况下的反弹。那么，在反弹的最高点，相对粗的阴线预示着牛市的日子已经不多了，因为卖方的压力开始加大。

你会看到在2月发生的对下降趋势线的突破与一个粗带形线和一个RSI趋势线的突破有关。重要的是，要注意RSI随量K线变化的本质，因为较宽的K线隐含着价格较慢的变化，但就摆荡指标来说，却意味着更微妙的价格行为。当然，这些线也会发挥相反的作用。

走势图13-8是波音（Boeing）公司的量K线走势图，它在10月份有一个穿刺线。注意，阳线非常细。正常情况下，我们愿意看到一条粗的K线，因为那意味着量的放大。1月份的吞没线是一个粗K线，成交量很大，这表明将加重价格形态的下跌行情。最后，注意K线在RSI完成筑底的同时，是如何从对称三角形突破的。

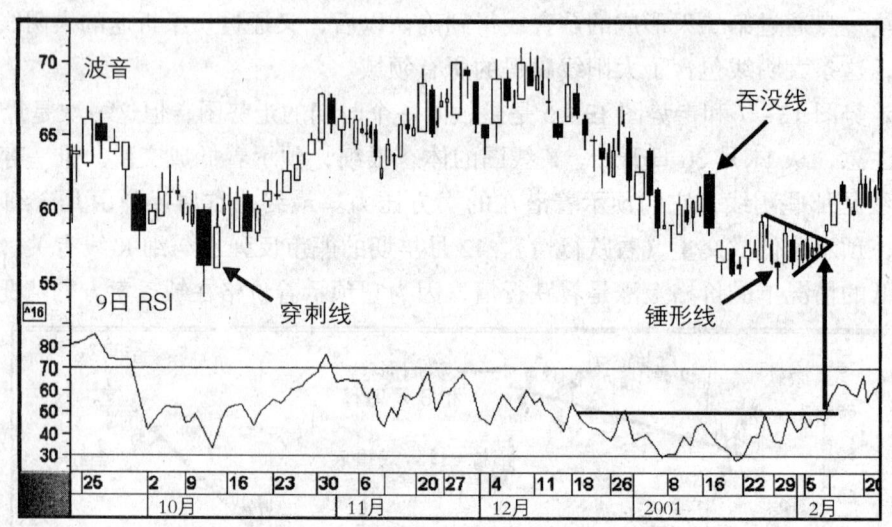

走势图13-8　波音的量K线图，2000~2001年

（资料来源：www.pring.com）

小　结

- K线图只能根据开盘价进行绘制，所以该技术指标并不适用于所有市场。
- K线图提供了一种独特的可视效果，强调的是从棒线图中不易识别的特定市场特征。

第十三章 K线图

- K线价格形态本质上可以有反转或连续形态。
- 为了得到更好的结果,可以将西方走势图分析技术与K线图一起使用。
- 量K线图增加了对量的分析。

第十四章
点 状 图

点状图与棒线图比较

点状图（Point and Figure Chart）与棒线图存在两个方面的主要差异：第一，棒线图绘制在每个特定的时间区间，无论价格是否发生变化。而点状图则不同，只有当价格发生指定量的变化时，新的点才在图中显示。点状图只考虑对价格的衡量，而棒线图同时衡量价格（在纵轴上）和时间（在横轴上）。

第二个主要差异是，棒线图记录所衡量时间内价格的每一次变化，但是点状图忽略指定价格变化范围下的所有价格波动。例如，如果每格代表道·琼斯工业指数5个点，只有价格变化超过5个点才会被记录，而小于5个点的波动则不在图中出现。

点状图的绘制

点状图通过 O 和 X 的组合来绘制，即所谓的"格"（Box）（所以点状图也叫 OX 图）。X 表示价格正在上涨，O 表示价格正在下跌。在准备好要绘制的历史数据以后，在绘制点状图以前还有两方面的重要决定要做。

首先，每格代表的点数大小必须确定。对于个股，其惯例是价格在 20 美元以上的股票，每格代表 1 点；低于此价格的股票，每格代表 1/2 点。但是，对于极长期的走势图或大盘指数的走势图，如果其数值很大，则用每格代表 5、10 或 20 个点比较方便。当每格代表的点数减小时，图形上所显示的价格变化的详细程度就会增加；反之亦然。在研究个股或市场多年的价格行为时，应用相对大的点数比较方便，因为小点数会使走势图显得过大，不好处理。通常，一个比较好的办法是绘制两三个版本的 OX 图，就像绘制日、周和月棒线图那样处理。

其次，要确定是用正常 OX 图（Regular point and figure）还是用反转 OX 图（Reversal point and figure）（请不要与反转形态混淆）。正常 OX 图直接绘制所记录的数据。如图14-1（a）所示，如果价格从64上涨到65，就画5个X，每一个X代表20分。如果价格从67下跌到66，就画5个O。而反转OX图遵从预先确定的规则：只有当价格出现与当前趋势方向相反的指定量的变化时，才能绘制新的X或O。因此，反转方法的应用有助于减少误导或虚假信号，而且可以极大地压缩走势图所占的空间，绘制更多的数据。图14-1（b）是用线绘制的相同数据的走势图。

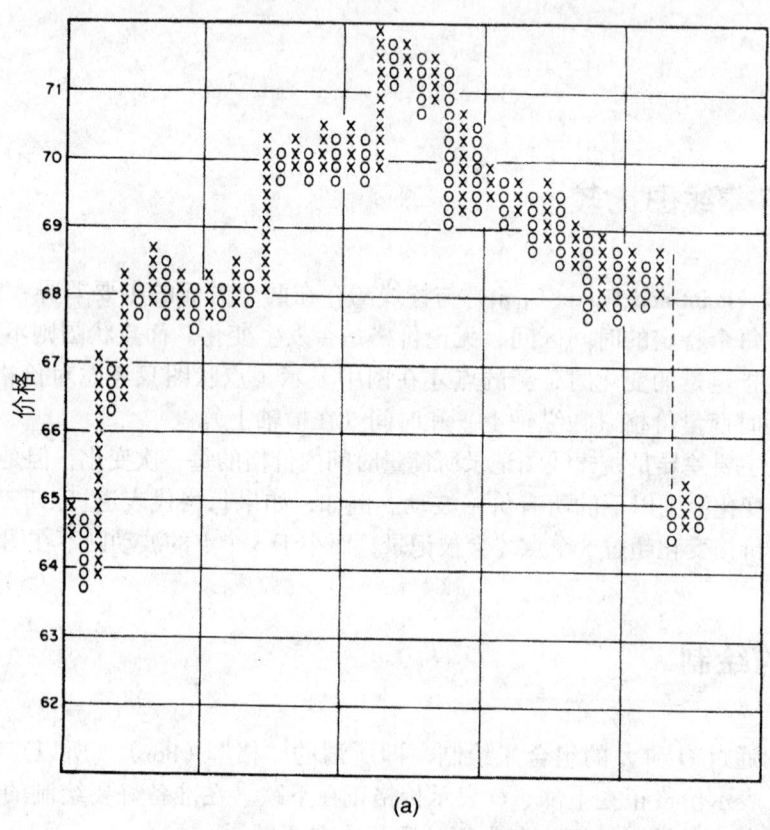

图14-1（a）　　20分点状OX图

1/2点、5点、10点的OX图，或任何其他点数单位的OX图的绘制方法与上述方法相同，只不过只有价格达到指定点数才能标注一个新格，这些指定点数分别是1/2点、5点或10点。由于OX图只记录价格，所以可能需要数天或数周才完成一个新格。因此，习惯的做法是，将时间标注在OX图的下面或格内适当点位。对长期走势图，时间的两种标注方法都可能用到。例如，将年份标注在每年第一次绘制的栏的底部，而在每月开始将月份用数字标注在格内，1代表1月，2代表2月，等等。

对于格子单位大小（亦即，要绘制一个新O或X所要求的价格变化程度）的

第十四章 点状图

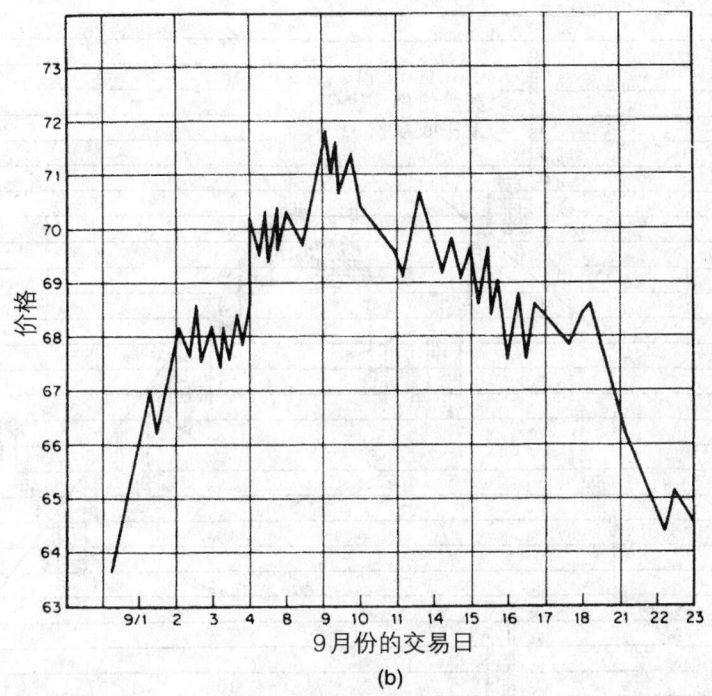

图 14-1（b） 收盘价（线状 OX 图）

确定，基本上取决于个人的判断，它是根据价位的高低和所考虑指标、股票或市场的波动程度决定的。减小格子单位的大小（数字），所描绘的价格走势的详细程度就会增加。格子单位增大，会增加所要包含的数据，但却使能够通过图形说明的波动次数受到限制（参见走势图 14-1）。根据一个市场的日、周或月棒线图，可以得到相应的几个不同单位格的 OX 图。

OX 图是根据算术比例来绘制的。如果绘制在纸上，传统的做法是每英寸绘制 8、10 或 12 个格。有时候 OX 图根据半对数或比率绘制，这不是规范的做法，因为价格目标与正规 OX 图的计算方法不同，存在时间调整。

在金融报纸上刊登的个股数据有最高价、最低价和收盘价，不适合绘制精确的 OX 图。例如，如果一个价格为 15 美元的股票，盘中价格变化幅度为 1½ 美元，就 OX 图来说，则不可能知道从 14½ 美元到 16 美元之间的价格变化过程。如果价格从 14½ 美元一次涨到 16 美元，这在以 1/2 点为单位的 OX 图中将通过 3 个 X 来表示。股价也可能从 14½ 美元涨到 15½ 美元，又返回到 14½ 美元，然后再涨到 16 美元，这就会在 OX 图中产生 2 个 X、2 个 O 和然后又是 3 个 X。股价的反弹特征对 OX 图

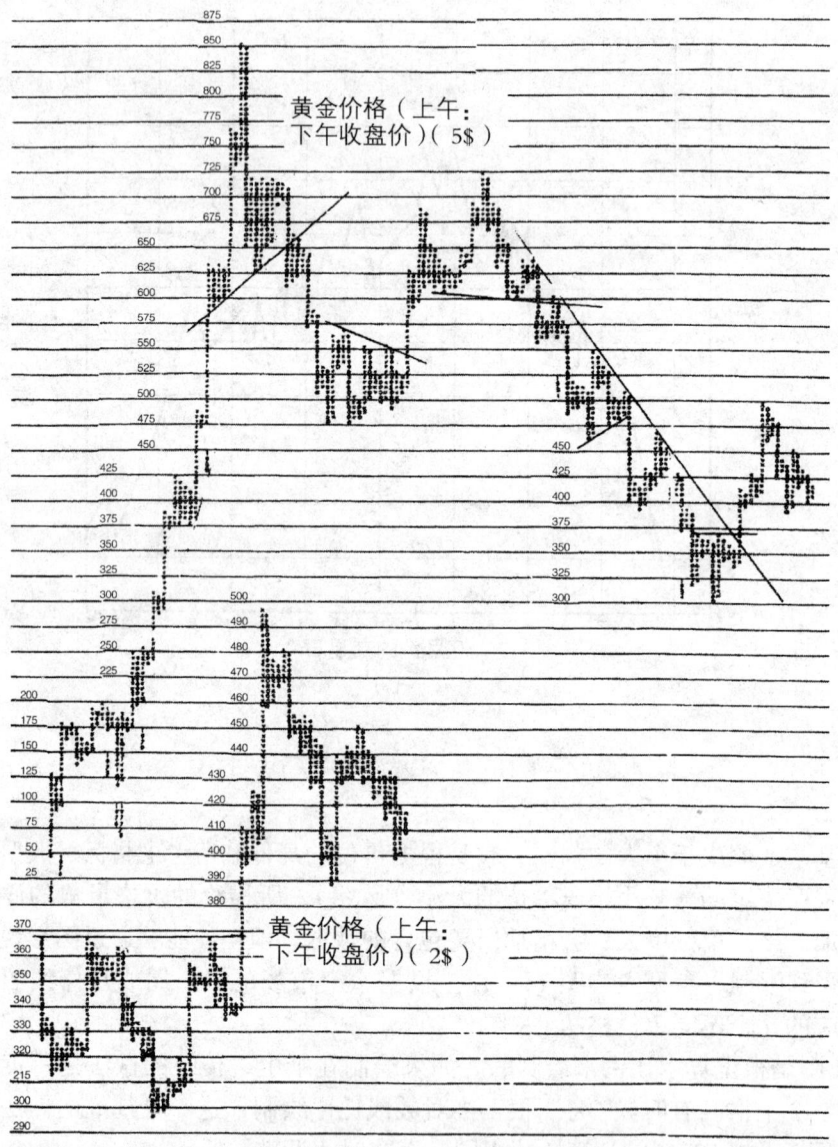

走势图14-1 黄金价格的5美元和2美元反转OX图

这两个OX图显示的是黄金价格5美元和2美元的反转OX图。趋势线非常明显,无须再加说明。请注意,5美元反转OX图非常简明地概括了10年的历史资料;而2美元反转OX图涵盖了1982年3月到11月的数据,给出了非常详细的价格走势。

(资料来源:Chart Analysis London)

的绘制有非常重要的意义。

在处理这类金融报纸公布的数据时，格的单位最好大些，以便股价在盘中的波动不会过分扭曲 OX 图。如果要绘制详细的 OX 图，所用的数据最好从出版盘中价格走势的资讯机构购买。能够刻画盘中走势的走势图软件包，若有生成 OX 图的功能，则不受上述问题的影响。

为了在 OX 图上绘制实际价格未知的数据，一般公认的规则是：

- 如果开盘价接近最高价而非最低价，则假定价格的发展过程是：开盘价、最高价、最低价、收盘价。
- 如果开盘价接近最低价而非最高价，则假定价格的发展过程是：开盘价、最低价、最高价、收盘价。
- 如果开盘价也是最高价，则假定价格的发展过程是：开盘价、最高价、最低价、收盘价。
- 如果开盘价也是最低价，则假定价格的发展过程是：开盘价、最低价、最高价、收盘价。
- 如果开盘价是最低价，而收盘价是最高价，则假定价格的发展过程是：开盘价、最低价、收盘价、最高价。
- 如果开盘价是当天最高价，而收盘价是最低价，则假定价格的发展过程是：开盘价、最高价、收盘价、最低价。

解释 OX 图

一般解释

由于 OX 图不包含成交量、移动平均线和时间，所以价格行为是其考察的惟一要素。因此，棒线图的基本分析原理可以应用在这里。OX 图在应用上有一些缺陷，例如，关键反转日、岛形、缺口及诸如此类的价格形态不能在 OX 图中得以显示。另一方面，如果走势图绘制得当，则它们可以显示所有重要的价格摆动，即便是盘中走势。它们有效地强调了重要的支撑与压力区域。例如，在周棒线图中，单个棒线代表了一周的价格行为，但只能通过一条线体现。然而，如果在该周中出现剧烈的波动，那么支撑位和阻力位可能会被触及三四次，这些在 OX 图中可能形成密集的交易区。因此，技术分析师会注意这些重要价位，然后以充分的理由解释任何可能发生的突破的重要性。

OX图的形态本质上类似于棒线图的价格形态,也可以分为连续型和反转型。最常见的在图14-2中列出。头肩顶和头肩底形态、双重顶和双重底、圆形顶和碟形底可以很容易地识别,因为在价格形态上OX图与棒线图相同或类似。图14-2

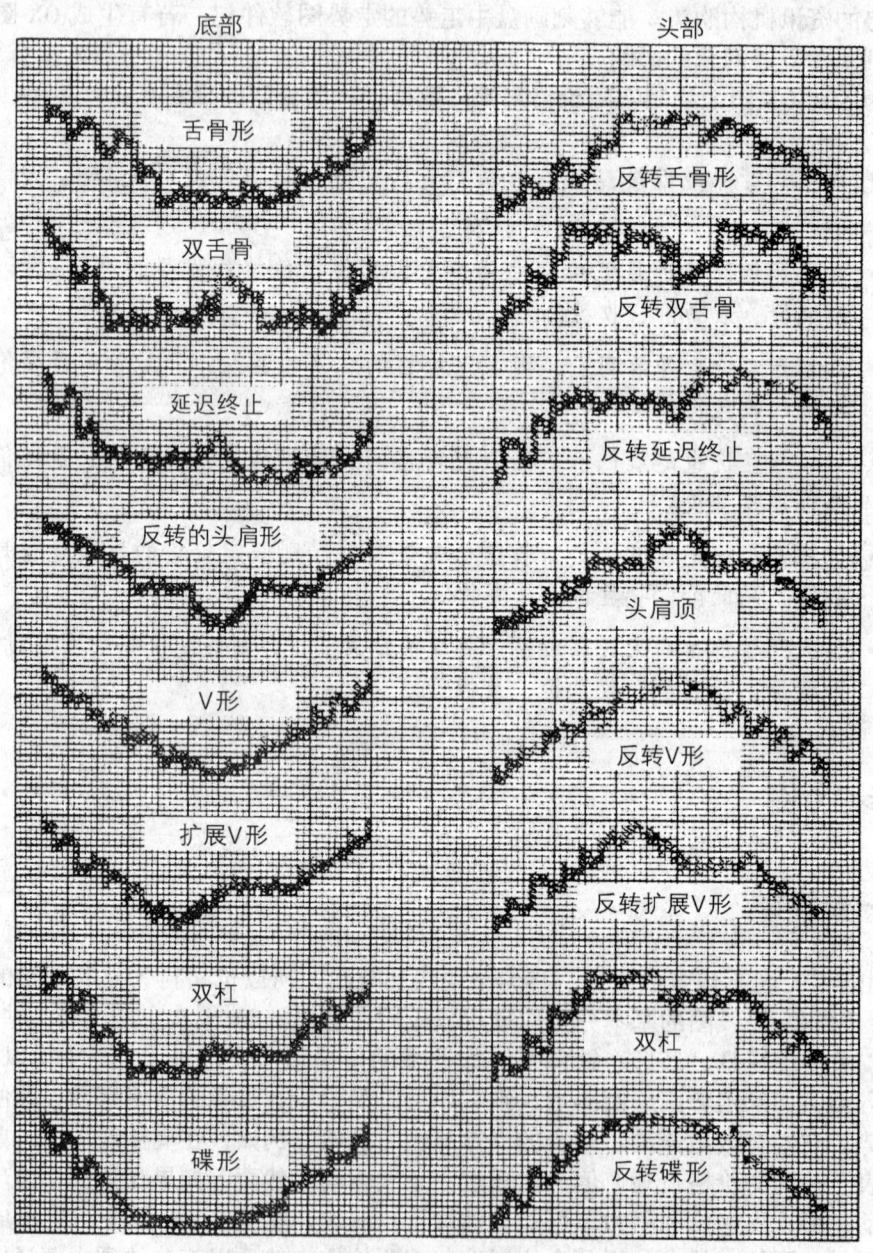

图14-2 OX图价格形态(OX技术研究资料)

中，大多数价格形态可以通过第五章的方法解释。

计 数 法

第五章曾经指出，头肩顶下方的最低目标价位，是由头部到颈线的垂直距离，并由颈线向下衡量。在 OX 图中，衡量价格形态的"宽度"(Width)用于确定目标价位，该宽度又从突破点开始计算。据我所知，到目前为止还没有人能够满意地解释这一原理为什么有效，但似乎是基于这样的思想：在 OX 图上水平和垂直走势互成比例。换句话说，在两个给定的点位之间的价格波动（像价格形态显示的那样）次数越多，一旦突破后其最终走势幅度可能就越大。在 OX 图上，价格的整理或反转形态，可以通过将格子的数目加总，然后由突破的位置向上或向下衡量。

计数法的问题是，不规则的价格形式会使从何时开始计数变得模糊。最佳的办法是，选择一条重要的水平线，计算它所涵盖的格数，然后再由该水平线向上或向下衡量。

在任何情形下，OX 图的预测价位绝非百分之百准确。总之，在多头市场中，实际价位会超过上档预测价位；在空头市场中，实际的价位会超过下档预测价位。对于逆势的预测，还无法实现，比如在多头市场中预测下档价位。走势图 14-2 给出了两个计数法操作的例子。

> **主要的技术准则** 基于 OX 图的价格预测和基于棒线图的价格预测之间的基本差异是，OX 图的计量方法是水平计数而非垂直计数。

趋势线和 OX 图

在 OX 图上，把一系列下降的峰位连接起来可以绘制一条下降趋势线，而上升趋势线则可通过将一系列上升的底部连接起来得到，水平趋势线则可以通过连接相同的支撑位或阻力位得到。第八章讨论过的解释原则，也适用于解释 OX 图的趋势线。趋势线的重要性取决于多个方面，包括趋势线的长度、上升或下降的角度、被触及的次数。误导或虚假信号有时也会发生，但是，如果精心选择绘制 OX 图的反转格数，这些虚假信号可以降为最小。另一个可行的办法是，在实际趋势线上方（或下方）向上升（或向下降）一格绘制一条平行线，以此作为过滤器，用作买入（或卖出）的信号。虽然这些方法明显失去了时间性，但确实能够提供保护，免受

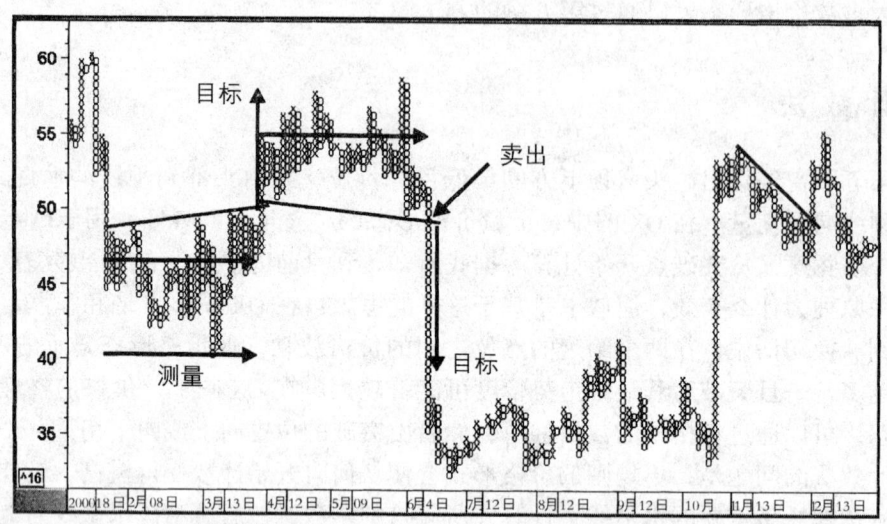

走势图 14-2　哈尼威尔（Honeywell）股票（0.5×1）

　　该走势图刻画了哈尼威尔价格形态的一些特征，应用的是（0.5×1）组合的 OX 图。请注意，左侧的基本测量目标几乎已经达到。随后的头肩顶提供了一个非常好的卖出信号，因为颈线已被突破。在此情形下，其目标价位是前期最低点。在走势出现反转之前，该价位已被向下突破。请注意后面反弹行情的阻力位是如何形成的，该阻力位几乎在同样的目标价位。最后，我们在走势图的右侧可以看到一个漂亮的趋势线突破。

（资料来源：www.pring.com）

误导性价格走势之害。

　　在 OX 图上也可以绘制摆荡指标，并将其绘制在 OX 图的下方。由于在 OX 图中不考虑时间，所以这里摆荡指标的表现也不同于正常的走势图。在正常走势图中，每一时间单位（小时、日、周等等）都需要绘制。走势图 14-3 绘出了一条 14 周的 RSI 曲线。

小　结

- OX 图仅衡量一个方面：价格。
- OX 图通过 X 栏和 O 栏绘制，分别表示上涨和下跌的价格走势。
- OX 图通常要比棒线图更好地突出支撑/压力区域，因为它们强调在给定的交易密集区内价格摆动的次数。

第十四章 点状图

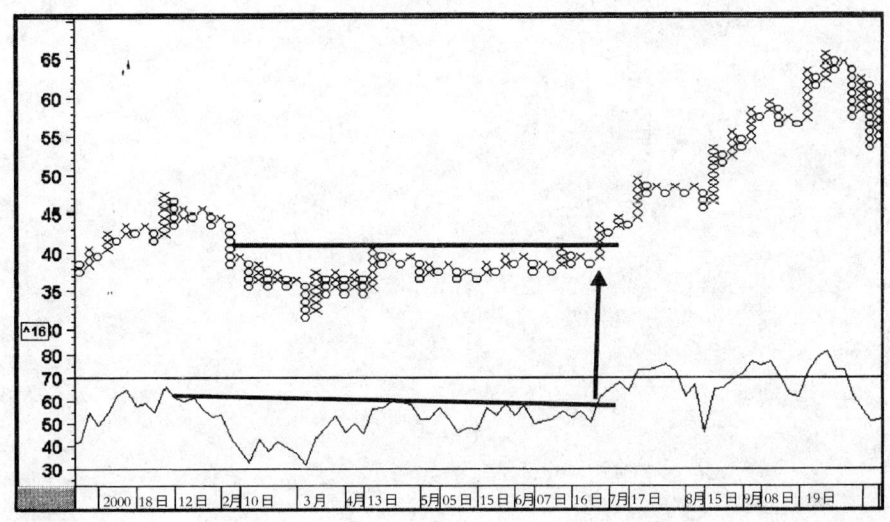

走势图 14-3 波音股票（1×1）OX 图和 RSI

该图表明可以将摆荡指标与 OX 图绘制在一个走势图中。6月16日的价格和 RSI 的联合突破提供了及时的买入信号。

（资料来源：www.pring.com）

- OX 图的解释类似于棒线图，主要的例外是目标价位的衡量方法，这种方法通过计数原理实现。

第十五章
判定趋势的其他技巧

本章讨论的两种技术是：支撑与压力（Support and Resistance）和比例（Proportion）。它们可对趋势的潜在幅度（Extent）与期限（Duration）进行估计。这些指标与我们前面讨论过的大多数指标形成鲜明的对照，后者是对已经发生的趋势改变进行确认。这两种方法只能用于预测走势变化的可能幅度，而不能作为实际预测。

支撑和压力定义

对支撑和压力这两个术语我们已经非常耳熟，但是对其涵义我们中有许多人并不清楚。许多老练的专家经常把实际的压力说成是支撑，而把实际的支撑说成是压力。存在这样的混淆并不奇怪。在走势图上，支撑和压力是指当前的趋势可能中止或反转的点位。

> **主要的技术准则**　没有任何一种已知的方法可以精确地预测价格趋势的幅度和期限。

支撑是指"由于买盘的集中，使下降趋势有望暂时停止的点位"，而压力是"由于卖盘的集中，使上升趋势可能暂时停止的点位"。

显然，买盘和卖盘总是相等的，这样买盘集中的区域意味着买方的热情要比卖方的高，并因此更愿意报比较高的价格；反之亦然。

在图15-1中，开始时价格处于下跌趋势，然后在B点位反弹。由于以前的底部和头部代表了潜在的转折点，所以有理由认为价格会在下一次下跌到B点位。但是，事情并非如此，价格却迅速地下跌到A点位。在A点位下跌行情停止，市

技术分析

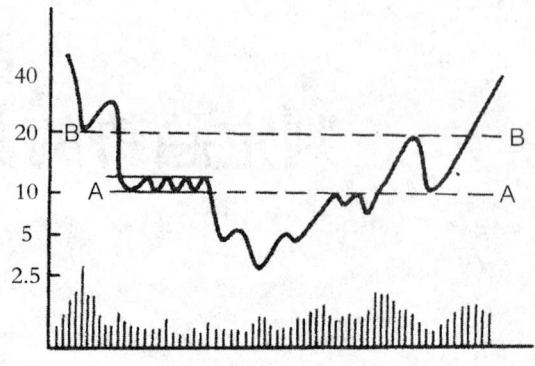

图 15-1 支撑和压力

场进入整理模式（矩形形态），由于不能够守住 A 点位，价格最终向下跌去。按照技术分析的行话，我们说支撑位被突破。如果你在破旧的高层建筑的第 10 层上下跳跃，最终它会塌掉。这第 10 层就是你的支撑位，假设现在已经被破坏，考虑到人身安全，你现在必须寻找新的支撑位，这就是第 9 层。股票市场也是如此，当特定的支撑位被突破，你必须在下面再寻找一个新的支撑位。

价格达到其最低价位后，经过短期的整理，会向上反弹。这种上升趋势在虚线点位停止，该点位是矩形形态的底部。在矩形形态形成过程中，买入的人们现在又回到该点位，而且大多数人渴望将手中的股票兑现，既不赚也不赔。因而，在该点价位形成集中买盘区域，先前的支撑位转化为现在的阻力位。这些点的价位往往是10、50、100 等整数，因为它们表示了简单的心理点位，投资者通常据此作出买卖决策。然后，价格在稍微回落以后，即展开下一轮向上突破 AA 阻力位的攻势，但仍然有大量的股票抛售。这是非常重要的，因为这是技术分析的一个规律，即下跌行情中的支撑位，本身就是上涨行情中的阻力位。再回过头看我们前面从第 10 层楼跳下，并在第 9 层获得支撑的例子。你如果想再跳回到第 10 层，你就不得不跃过第 9 层的天花板，因为它现在成了阻力位。股票市场也是如此。

最终，阻力位 AA 被突破，价格上涨至第二个阻力位 BB。先前下跌行情的支撑位又一次成为现在上涨行情的阻力位。其基本原理基于这样的事实：许多在 B 点位买入股票的人，当股价再次由低价位返回该点位时，他们会将手中的股票兑现。既然价格再一次返回到 B 点位，它们就有可能再一次破位，因此许多人利用这个机会卖掉所持股票。你也会发现，一旦向上突破阻力位，这一阻力位就会成为随后下跌趋势的支撑位。因此，最后的下跌趋势在 A 点位停止。这样，阻力位被再一次突破后就变成了支撑位。

第十五章 判定趋势的其他技巧

估计未来的支撑/阻力位

下面是一些识别潜在的支撑区域或压力区域的指导原则：

- 在走势图中，整数是关键点位。我们常常听见人们说："当价格上涨到某某点位，我就把它卖掉。"那好，如果要他们凭空选一个价格，他们就会选25、50、100等整数。对于下跌行情也一样，你会说："如果价格跌到10、5或某一特定值，我要买一些股票。"因此，整数点位往往会成为支撑和压力区域。我说"区域"（Zone）而不是"点位"（Level），是因为价格往往会超过或低于实际的整数，所以"区域"是一个更准确的说法。

- 先前的峰位和谷底最可能成为支撑或压力区域。你会再一次听到有人说："如果股价上涨到过去某某最高位，我就卖出，"或"如果股价跌到过去某某最低位，我就买进。"例如，如果股价反弹到20美元，然后返回，再上涨到（比如说）24美元，则容易判断的预测回调的最终位置将是20美元的区域。这是因为先前的最高位可能会转变其压力角色而成为下跌趋势的支撑位。

- 趋势线和移动平均线是动态的支撑和阻力位。我们在前面几章中曾经看到，好的趋势线和可靠的移动平均线本身就是支撑和压力线。因此，在上涨行情中，当价格回落到趋势线区域之内时购买股票是有意义的。如果其他指标一致，则这是一个低风险交易或投资，因为你能够在趋势线之下立即止损。如果趋势线受到冲击，你就会知道趋势线反映的支撑位已被突破。

- 走势图上的情绪点位（Emotional Points）通常表示重要的潜在支撑或阻力位。这些点位包括缺口的开盘价和收盘价，关键反转日的最高价和最低价，匹诺曹最高价和最低价，等等。

- 本章随后将要讨论的折返点，斐波纳契和甘氏扇，对预测潜在的支撑位都很重要。

走势图15-1显示了几个有趣的支撑和压力特征。首先，围绕整数价位50的区域，在2000年末阻止了两次下跌趋势，并成为2001年初发生的一系列反弹的阻力位，而且是稍后一个缺口的开盘价。2000年10月下方缺口的底部成为随后几个月非常重要的阻力位。即使此后有几个交易日价格成功反弹到该阻力位以上，但是还是受到阻力，并一路急剧下跌。最后，发生在2001年4月缺口的开盘价成为下跌趋势的支撑位。

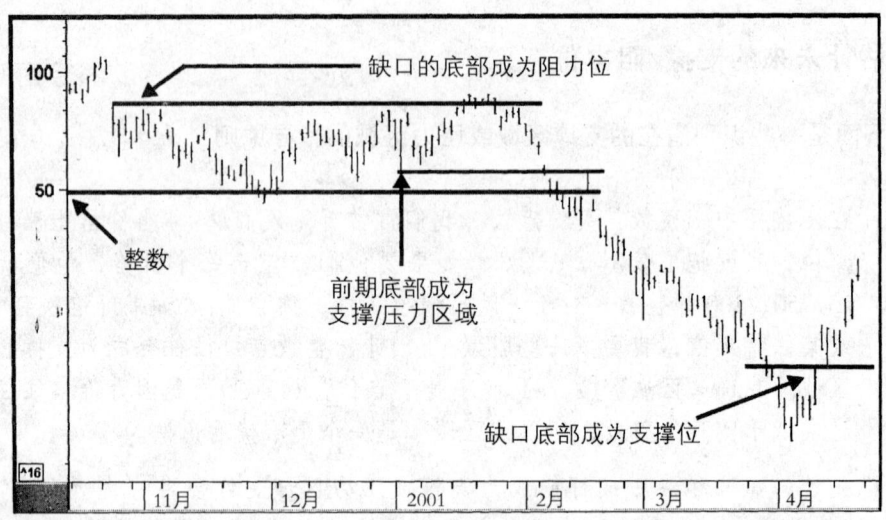

走势图 15-1 实用迈克（Applied Micro）公司股票的支撑和压力区域，2000~2001 年

（资料来源：www.pring.com）

如何判断支撑和压力区域的重要程度

有很多规则可以判断一个支撑和压力区域的重要程度，但下面的 4 个规则非常重要：

- 一个区域阻止或使价格趋势发生反转的次数越多，则该区域的重要程度越高。这也许是最重要的规则。照此规则，如果价格不断触及某支撑位，则人们就会对此习以为常。那么，当价格最终突破支撑位，那些习惯于在此区域内买入，并在适当点位卖出获利的人，就会被迫赔钱卖出。其他人也许会在支撑位以下的某个点位止损。这一区域越长，成为止损位就越明显。当支撑位垮掉以后，市场就令人失去了信心，直到更低的支撑价位建立。在反弹行情中，该规则对压力区域同样适用。

- 在给定的支撑或压力区域形成之前，价格走势越剧烈，其重要程度越高。假设你要举起一个重物，如果你在剧烈的长跑以后来举重物，那么你不可能比没有长跑的人有更多的获胜机会。市场也是如此。已经急剧上涨或急剧下跌的价格比经历了缓慢而稳健的上涨或下跌以后的价格更需要适度的支撑或阻力位，这一点可能非常重要。

- 在给定的支撑或压力区域，证券的换手率越高，则该区域越重要。人们往往会记住他们自己的经验。这意味着，在特定交易区内人们买卖的数量越多，该区域作为潜在的支撑或压力区域的重要程度就越高。如果大量股票交易者以 8 美元买入，而价格跌到 6 美元，则当价格反弹到 8 美元时会有大量的卖单，因为人们要挽回损失，但更满意的是不赚不赔。

- 建立潜在的支撑和压力区域的第四个规则是，考察形成最初的密集交易区所花的时间，以及其间整个市场发展的特征。例如，6 个月前形成的密集交易区要比 10 年或 20 年前形成的密集交易区重要的多。即使如此，非常令人惊奇的是，某些支撑或阻力位即使在数年前发挥了作用，现在仍然不止一次地发挥着作用。

比例（Proportion）

根据运动定律，任何作用都有反作用。在金融市场中，正如各种趋势反映的价格，也是对公众心理作用的一种真实的衡量，所以也遵循该定律。衡量价格形态、趋势线、移动平均线、包络线等的目标价位都是比例原则在实际中的应用。

支撑和阻力位有助于我们判断价格趋势可能在何处暂时被中止或反转。比例原则对此也有帮助，但是这些原则能够更进一步。例如，当一个证券创历史新高，而且是空前的高位时，由于已经没有交易发生，因而也就没有产生压力的任何迹象。在此情形下，比例的概念就可以提供可能变盘的线索。

> **主要的技术准则** 支撑和阻力位是预测趋势反转的可靠点位，因而是技术分析中又一个重要工具。

也许流传久远的比例原则是"50%规则"（50 Percent rule）。例如，就道·琼斯工业指数来说，在许多空头行情中经常下跌 50%。比如，在 1901～1903 年、1907 年、1919～1921 年和 1937～1938 年这些空头行情中，指数分别下跌了 46%、49%、47%和 50%。在 1929～1932 年的空头行情中，第一波走势于 1929 年 10 月的 195 点终止，大约是 9 月份最高点的一半。有时，一段涨势的中点代表着均衡点位，通常可以给出所讨论走势的最终幅度的线索，或者，预示折返走势的重要转折点。因此，在 1970～1973 年间，市场指数从 628 点上涨到 1067 点。该段上涨行情的中间点位是 848，或者说近似于 1973～1974 年空头行情第一波结束时的最低点。

类似地，在上涨行情中，压力往往会在最低位向上二倍的位置出现。在1932～1937年的上涨行情中，第一波反弹即从40点涨到81点，翻了一番。

事实上，在第三章曾经讨论过1/3和2/3的折返走势，而50%就是1/3到2/3的中点。这些1/3和2/3的比例在股票市场中经常可以看到，而且也是非常重要的支撑或压力区域。比率图有助于这些点的确定，因为相同比例的走势图能够容易地前后比较。

比例原则也可应用于个股。走势图15-2显示，通用汽车股票经常以50%的比例上涨。在下跌走势中，则表现出从最高价到最低价33%的幅度。在这里，55%和35%的比例及其倍数常常代表着支撑和压力区域的重要点位。因此，对1974年大约32点的低位，在乘上150%以后就得到65点的目标价位。事实证明，65点区域确实是1976年和1977年的强力支撑位，但同时是1978和1979年的阻力位。

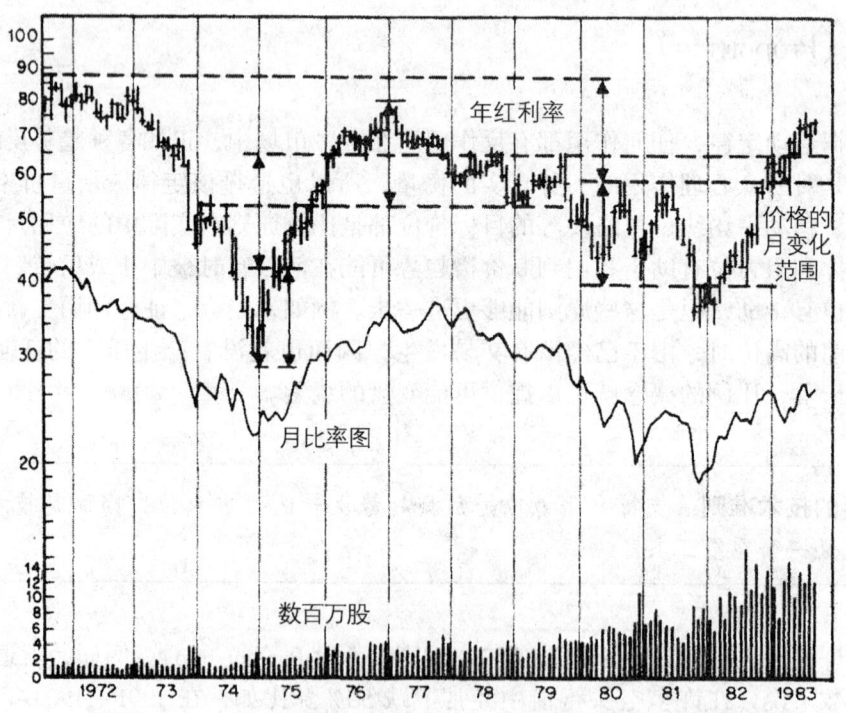

走势图15-2　通用汽车股票在1972～1983年的50%摆动区域

(资料来源：Securities Research, Boston, MA)

无法预测一波特定的走势适用多大的比例。但是，前后走势的摆动幅度是充分一致的，以此可以判断峰位和谷底之间可能的反转点。如果整个市场条件和其他技

第十五章 判定趋势的其他技巧

术分析所得结果一致,则根据比例预测的反转点可能非常准确。

切记,技术分析处理的是或然事件,这意味着仅应用该方法进行预测是不行的。如果你根据比例规则预测了目标价位,则一个好想法是,把它与以前的支撑或阻力位进行比较,看看是否一致。如果一致,则该区域作为反转点或至少是一个暂时的障碍区域的几率就会非常高。当价格创历史新高时,可以延伸上升的趋势线,延伸趋势线与用比例规则得出的目标价位的交叉点,往往代表重要的反转点与时间。经验表明,每一个市场、股票或商品都有自己的特征,有些适用于该方法,而有些则根本不适合。

走势图15-3刻画了SDL的走势特征,它再一次表明如何应用比例折返技术。0%表示走势的头部,因而不存在折返。100%表示了整个走势的折返。

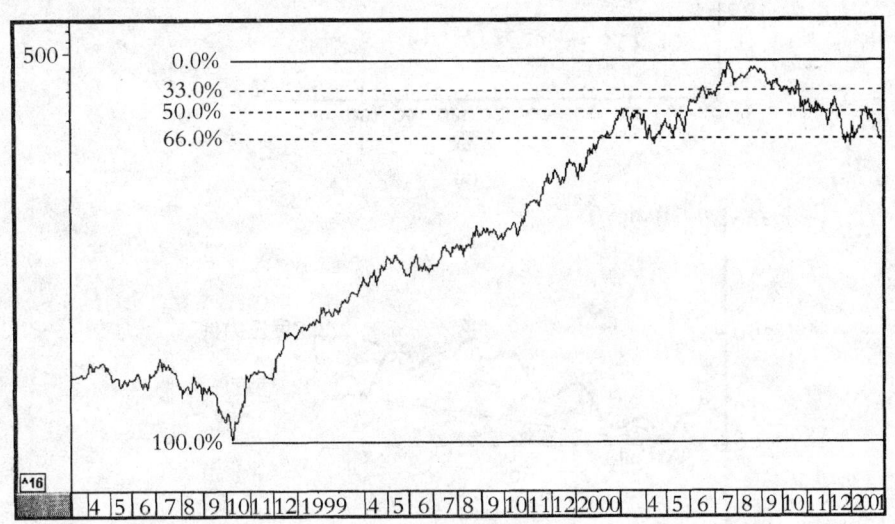

走势图15-3 SDL按照比例折返的走势图,1998~2001年

该走势图显示的市场是从1998年的底部到2000年夏天多头行情最高位的几条折返比例线。注意,33%的折返水平表示的是交易区域的近似低点。50%的点位是两次反弹的阻力位,这两次反弹有"可能"形成一个头肩顶价格形态。注意,所谓"可能"是因为该价格形态还没有完成。最后,66%的点位是关键点位,2000年初和年末的两次下跌趋势都在此点位发生反转。

(资料来源:www.pring.com)

速度压力线(Speed Resistance Lines)

这个概念应用了1/3和2/3的比例规则,但并不是用它们作为可能的目标价位的基础，而是用作上涨或下跌的速度。在向下的折返走势中，当价格到达其前期底部到前期峰位 1/3 或 2/3 的上涨速度线时有望获得支撑，图 15-2（a）和（b）对此进行了说明。A 标注的是谷底，B 标注的是峰位。从 A 到 B 上涨了 100 点，花了 100 天，于是上涨的速度是每天 1 点。1/3 速度压力线将以 1/3 的速度上升（即每天 1/3 点），而 2/3 速度线将以每天 2/3 点的速度上升。

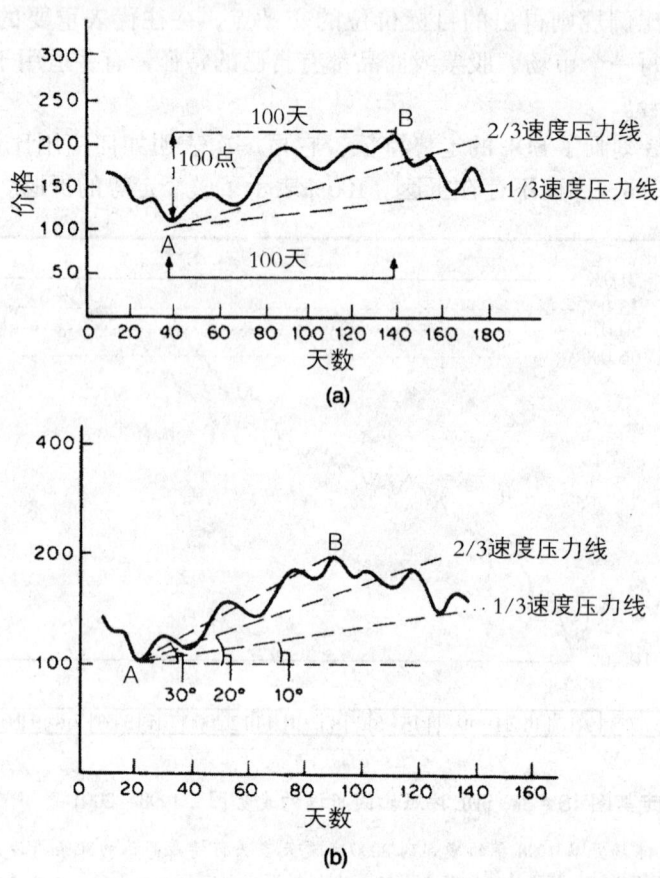

图 15-2　速度压力线（多头折返）

上涨和下跌是通过盘中最高价和最低价衡量的，而不是通过收盘价。为了在图 15-2（a）中绘制 1/3 速度压力线，必须在 A 点的价格上增加 33 个点（100 点上涨幅度的 1/3），并直接在 B 点下方绘制该点。在此情况下，A 是 100 点，所以在 B 下方 133 点处绘制一点，然后将该点与 A 相连，并向图的右侧延长。类似地，2/3 线是连接 A 点与 B 点下方 166 点位的一条直线。

第十五章 判定趋势的其他技巧

如果走势图是根据比率绘制，则绘制更简便，所需要的只是连接 A 和 B 的直线 [这在图 15-2（b）中已经给出]。在该例中所标注的仰角是 30 度。据此，1/3（10 度）和 2/3（20 度）的两条线就绘制出来。图 15-3 也显示了空头市场中的类似过程。一旦绘制完毕，速度压力线就可以作为重要的支撑和压力区域。

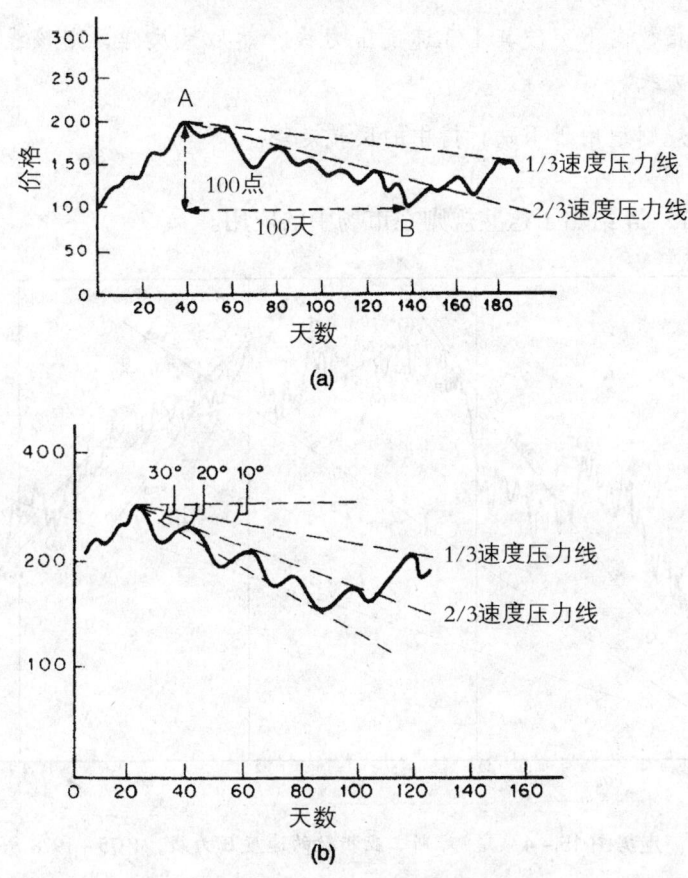

图 15-3 速度压力线（空头折返）

解释规则

更明确地说，这些线的应用基于下列规则：

- 上涨走势以后的折返走势中，价格将会在 2/3 速度压力线获得支撑。如果该线被突破，则会在 1/3 速度压力线获得支撑。如果指数跌至 1/3 压力线以下，这意味着上涨走势已经完结，而且指数将跌至新低，也可能跌至速度压力线所在的最低点以下。

- 如果指数能够守住1/3速度压力线，则价格上涨的下一个压力线将会是2/3速度压力线。如果指数向上突破2/3速度压力线，则有望创出新高。
- 如果指数向下突破其1/3速度压力线，然后又反弹，则该线将会成为反弹的压力线。
- 以上规则适用于下跌行情中的反转走势。

走势图15-4给出了这些规则在市场中的应用。

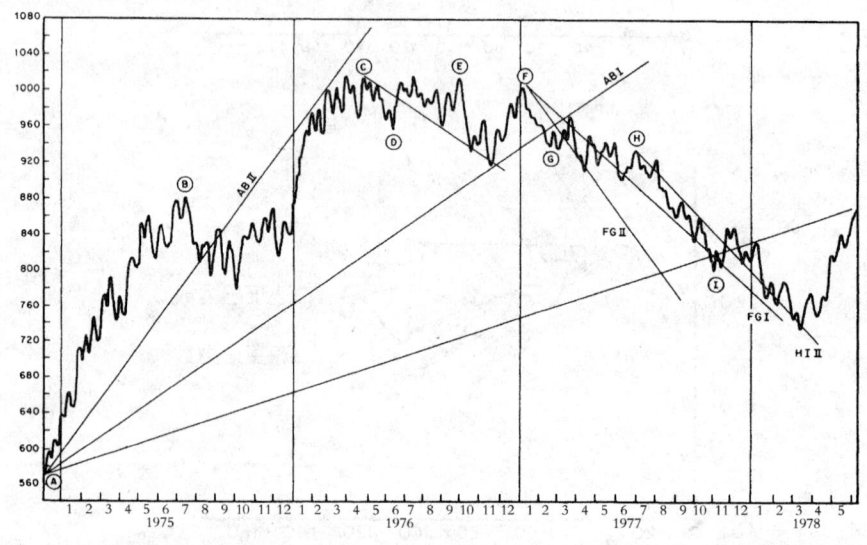

走势图15-4 道·琼斯工业指数的速度压力线，1975～1978年

(资料来源：www.pring.com)

斐波纳契折返（Fibonacci Retracements）

斐波纳契数（Fibonacci Numbers）是由13世纪的数学家利昂纳多·斐波纳契（Leonardo Fibonacci）发现的一个数列。它是从2开始，依次将其与前一个数相加得到的数列，即 $2+1=3$，$3+2=5$，$5+3=8$，等等。该数列即为1，2，3，5，8，13，21，34，55，89，144，233，等等。

该数列有许多性质，比如，一个数与相邻的最大数之比约为 61.8∶100，任何数与其相邻的最小数之比约为 161.8∶100，而 1.68 与 0.618 的积近似等于 1。

对于时间和价格，在预测未来转折点的时候斐波纳契数列受到技术分析师的广泛应用。该数列一个最实际的应用就是斐波纳契折返。第一步是测量最低价与最高价之间的距离。在走势图 15-5 中，由粗黑箭头表示。斐波纳契数用作可能的折返目标价位。这些目标在走势图中用其他水平线表示。第一次下跌是 61.8%（跌到 A 点），随后的反弹是 100%，它形成了双重顶形态的第二个顶（B 点）。当随后的下跌创造新低的时候，接下来的反弹在 50% 的位置受到压力（C 点）。下一个要注意的事情是，4~6 月的一系列峰位在 100% 的折返位置受到压力，亦即开始时的点位。最后，在 2000 年 9 月和 12 月之间出现了 3 次底部，而且均在 100%~161.8% 的矩形形态内。

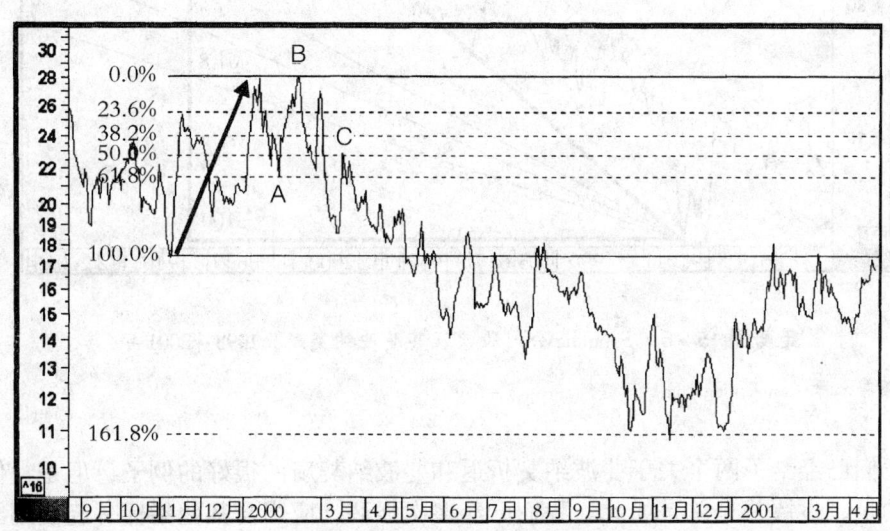

走势图 15-5　斯坦普斯公司股票及其斐波纳契折返，1999~2001 年

（资料来源：www.pring.com）

显然，并非所有的转折点位都具有斐波纳契特征。但是，当价格逼近一个已知的斐波纳契折返点的时候，分析走势图是否有其他的变化迹象当然是有意义的。

斐波纳契扇（Fibonacci Fan）

另一个技术是，在多头市场中测量最低价和最高价之间的垂直距离（在空头市场中，反之亦然）。下一步是测量该垂线上的某斐波纳契点。在走势图 15-6 中，我已经标注了 38.2%，50%，61.8% 和 100%。100% 表示整个垂线的长度，61.8% 表示从峰位向下的长度，等等。再一步是，连接垂线上的那些特殊点与初始最低点，并向右延长。这些就是将来用于预测可能的价格转折点的"扇"。走势图 15-6 表明，38.2% 和 61.8% 两条线支撑住了 Sanmina 公司股价两次严重的下跌。

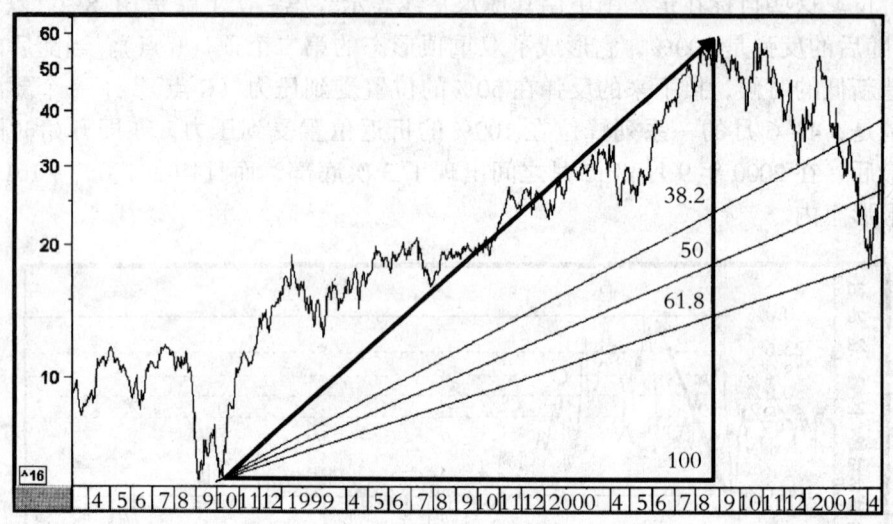

走势图 15-6　Sanmina 公司股票及其斐波纳契扇，1998~2001 年

（资料来源：www.pring.com）

我们已经给了两个关于斐波纳契折返和斐波纳契扇的很好的例子，但是，值得强调的是，事情并非总是如此。我们已经多次强调，应当与其他指标一起使用。因为与技术分析武器库中的其他分析方法一样，这两个武器也不应当单独使用，因为任何指标都可能失效。

甘氏扇（Gann Fan）

甘氏线（Gann line）是根据 20 世纪早期的商品交易商 W.D.Gann 的名字命名的，它有 3 种表现形式：甘氏线，甘氏扇，格子（Grid）。最实用的是甘氏扇方法，其概念和应用与前面讨论过的速度压力线非常类似。甘氏的思想是，特定的几何形态和角度对价格转折点的预测具有独特的表现。该方法的本质是时间和价格之间的均衡。这样，按他的话来说，45 度角是时间和价格之间最完美的均衡。这种情况在走势图上只有当价格和时间长度相同的时候才能达到，因而就需要对价格轴进行

第十五章 判定趋势的其他技巧

算法上的调整。走势图 15-7 给出了这样的一个例子，其中绘制了 9 条推荐的甘氏线（甘氏角）。

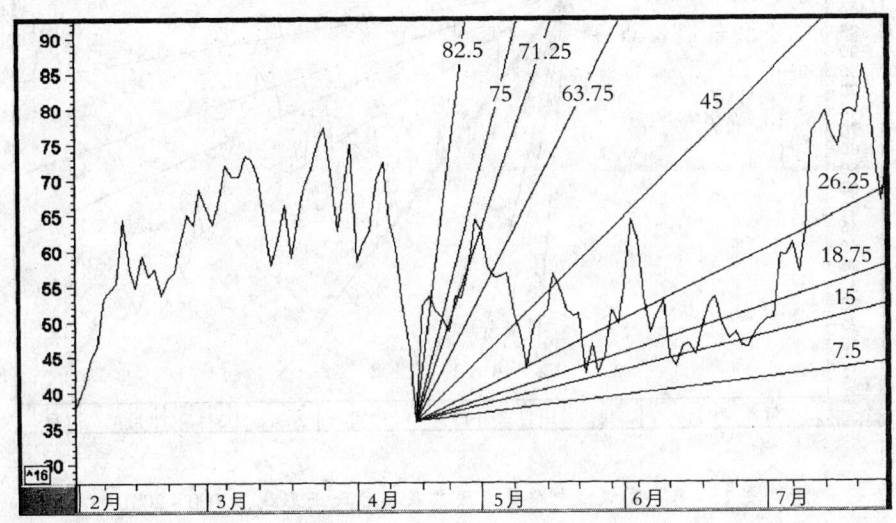

走势图 15-7 高级微电路公司（Advanced Micro Circuit）股票及其甘氏扇形线，2000 年

（资料来源：www.pring.com）

走势图 15-8 给出一些甘氏扇。在该例中，中心线是连接最高价与 12 月最低价的连线。价格上涨和时间变化的比例相同，中心线反映 1×1 变化，最上面的线反映 8×1 变化，等等。但是，由于价格和时间长度不同，因而这些线有不同的角度。而解释方面的原则是相同的，因为已经假定当一条线被穿越时，价格会在另一条线上受到阻力或在其刚刚穿越的甘氏线上获得支撑。这样，这些线不断变换其支撑和阻力功能。可以考察一下第一次反弹是如何在 2×1 线上遇阻的。该线在价格随后的上涨中被突破，并成为后面两次折返的支撑位。这里还应再次强调，还有比那些反转点更多的情况可以弥补这些规则。当然，这意味着，如果用甘氏扇预测反转价位，还要考虑其他指标的表现。

小 结

- 支撑区域是需求集中的区域，足以暂时阻止价格的下跌。
- 压力区域是供给集中的区域，足以暂时阻止价格的上涨。

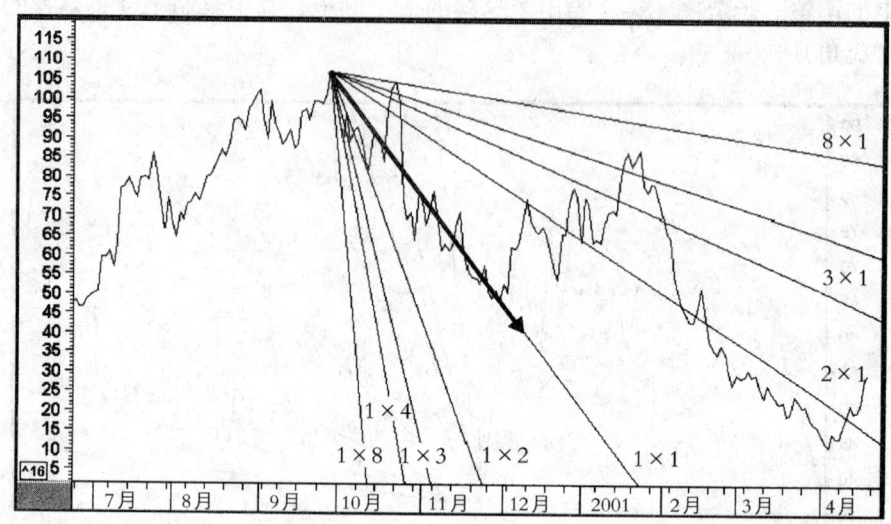

走势图 15-8 高级微电路公司股票及其甘氏扇形线，2000~2001年

(资料来源：www.pring.com)

- 支撑区域一旦被价格向下穿越，就成为价格反弹的压力区域。
- 压力区域一旦被价格向上穿越，就成为价格下跌的支撑区域。
- 支撑和压力区域的重要程度，可以通过其成功地将价格趋势扭转的次数得到判断，在该区域内的成交量越大，前期价格走势的速度就越快。
- 寻找潜在的支撑和压力区域的点位可通过前期最高价和最低价、折返比例、趋势线、移动平均线以及情绪点来判定。
- 支撑和阻力位技巧只是技术分析领域中的又一门工具，它应该与其他技术一起使用。它们只是预测趋势反转的可靠点位。
- 价格走势经常呈比例进行，最经常出现的比例是 1/2、1/3 和 2/3。
- 斐波纳契数列可用于预测未来的转折点位。这门技术包括：斐波纳契折返、斐波纳契扇和斐波纳契数。
- 甘氏认为，特定的几何形态和角度对价格转折点位的预测具有独特的表现。

第十六章
相 对 强 度

概 念

相对强度（Relative Strength，RS）是一种用来衡量两种资产相对价格的技术工具。值得注意的是：不要将这里强调的相对强度与韦达（Welles Wilder）所提出的相对强弱指数（Relative Strength Indicator，RSI）相混淆，后者在第十一章做了较为详细的分析。

这里讨论的 RS 是一种相对 RS，表示为两种资产价格相除，然后把结果描绘成一条连续的曲线。RS 运用的方式有多种，具体如下：

- RS 可用来比较两种资产的相对强度，以便决定买入哪一只或更好地理解市场间关系。举例说明，我们可以比较黄金与债券的相对价格，以便判定相对于债券，黄金价格是否处于上升趋势。如果的确处于上升趋势，就可能意味着市场呈现出通货膨胀的倾向。此外，如果技术面分析表明美国与日本的股票市场都处于多头行情，那么我们可以根据两个市场的 RS 趋势来确定表现更为理想的市场。

- 在商品交易中，价差（Spread）就是一种相对强度。这里的价差既可以表示两种商品（例如玉米与羊毛）之间的关系，也可以表示远期合同与即期合同之间的关系。在后一种情况下，交易者试图根据价差来挖掘一些不同于常规的关系，直到两类合同趋于一致。

- 外汇市场所呈现出的就是一种真正的相对强度关系。由这种角度来看，并不存在所谓的"美元市场"，只有美元/欧元、欧元/日元等市场，这是因为每一种货币的价格必须用另一种货币来表示。

- 相对强度最重要、最常见的运用方式就是来衡量个股相对于大盘的业绩表现。例如，我们可以比较微软相对于 S&P 综合指数的业绩。在这种情况下，相对强度成为一种个股选择的有力分析工具。我们本章就是集中来分析个股与大盘指数的相对表现。务必注意：除非做特别声明，本章中所有的 RS 比较都是相对于 S&P 综合指数。

RS 线的构建

RS 线可表示为两种资产价格相除。一般来说，分子代表个股的价格，分母代表大盘指数——例如，NASDAQ 指数或 S&P 综合指数。当然，这一概念也可以延伸到商品市场，可比较个别商品（例如玉米）相对于商品指数（例如商品研究局综合指数，CRB）的价格。图 16-1 的上方绘出个股的收盘价格走势，而下方列出相应的 RS 走势。当 RS 线上升，代表个股的表现比较理想，这里的分母为 S&P 综合指数，因此上升的 RS 线代表个股的表现要优于 S&P 综合指数。随后，个股继续反弹，但 RS 线却由峰位处反转回落，这代表此时大盘的表现要优于个股。此外，我们也可以比较一个国家的股票或股指与全球性指数（例如，摩根斯坦利全球股票指数）。只要适当调整计值货币，所有的原理都是相同的。

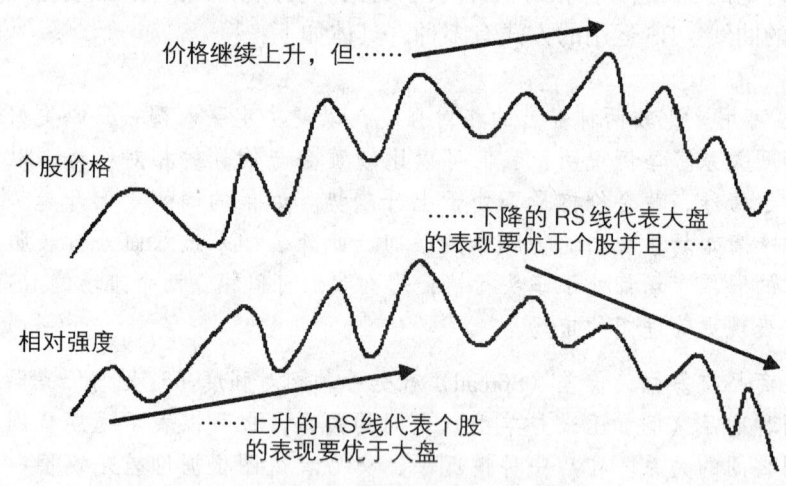

图 16-1　RS 与价格

主要的技术准则　RS 趋势的变动类似于绝对价格的趋势变化。这表明 RS 也适合于趋势反转的技巧，例如：价格形态、趋势线、移动平均的穿越。

有关价格的原理也可用于解释 RS 的相对趋势。然而，我们必须注意的是，RS 指标正如其名所显示，仅是一种相对的概念。就个股的 RS 而言，当它处于上升状态，并不代表个股的价格上涨，而仅代表个股的表现要优于大盘，或相对于大盘指数上涨。举例说明，假定大盘指数（用 S&P 综合指数来表示）下跌 20%，而个股价格下跌 10%，尽管两者都在下跌，但 RS 却处于上升状态，这是因为个股的表现要优于大盘。

RS 的解释

对相对趋势的解释与对绝对价格趋势的分析相类似。然而，对相对趋势的分析表明：RS 指标的波动程度却远大于价格本身。这是因为在比较两个序列（例如价格序列与摆荡指标序列）时，经常会出现细微的差异。

由于 RS 趋势较绝对价格趋势表现出更明显的随机性，因此总的来说，我们发现基于周、月度数据绘制的图形要比基于 RS 日度数据绘制的图形更为可靠。这一原则也适用于绝对价格，但在相对趋势中表现更为明显。

RS 的正向背离与反向背离

当价格与 RS 都处于上升状态，我们就将其称为"相互配合"（in gear）。重要的趋势通常都以两序列相互配合开始，但最后 RS 线将无法确认价格本身所创的新高。这种情形表明股票相对于大盘的表现已经由强转弱。然而，RS 转弱并不代表股价即将下跌的绝对卖出信号；而仅代表一个相对弱势信号——换言之，此时投资人应进行换股操作，买进其他表现相对强劲的股票。

尽管如此，多头行情中出现的一系列价格与 RS 之间的背离现象，往往预示着即将陷入困境，这一信号随后必须经价格本身的趋势反转加以确认。在图 16-2 中，价格与 RS 指标在开始时处于相互配合状态，但随后 RS 与价格出现 3 次反向背离。最终，价格完成筑顶，反转回落。

在空头行情中，情况恰好相反。此时，RS 领先价格上升代表一个技术面转强信号，随后这一信号经价格的趋势线突破加以确认，可参考图 16-3。

趋势反转技术

移动平均线的穿越　有时，价格穿越其移动平均线可提供可靠的趋势反转信

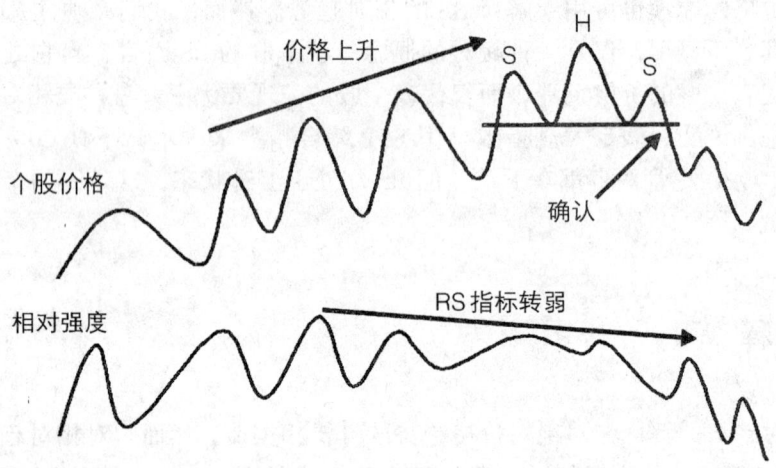

图 16-2　RS 与一个反向背离

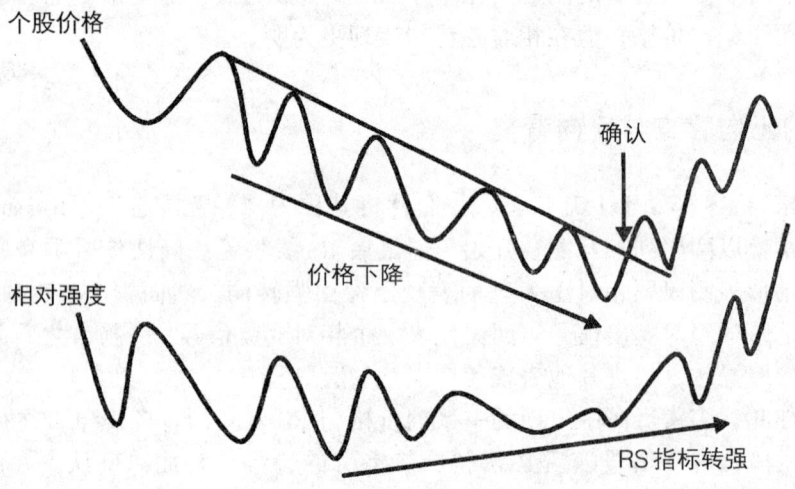

图 16-3　RS 与一个正向背离

号。同样，RS 指标穿越其移动平均线也可提供同样的信号，然而，由于 RS 的波动非常剧烈，因此其移动平均线的穿越经常产生许多错误信号。这在短期趋势中尤为显著。然而，甚至一些长期的移动平均线，例如 40 周简单移动平均线或 65 周 EMA，也经常产生过多的错误信号。图 16-4 给出一个解决办法，图中绘出两条移动平均线，一条短期平均线，一条长期平均线，并将两条移动平均线的穿越作为趋

第十六章 相对强度

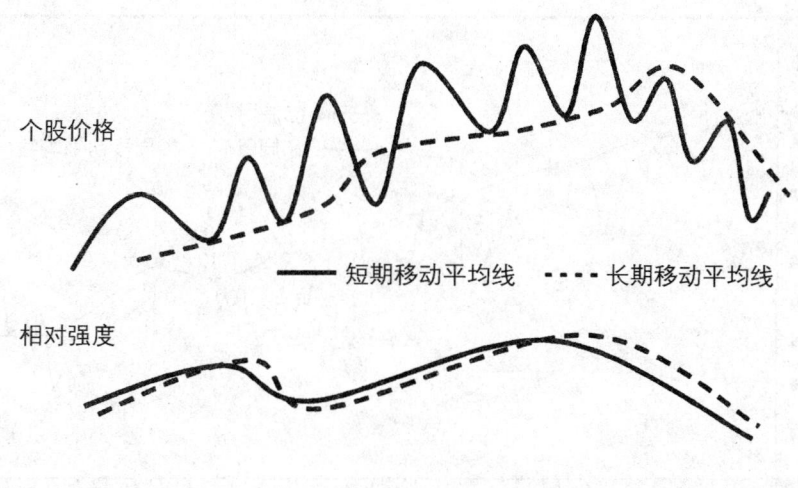

图 16-4 RS 与移动平均线

势反转信号。这一方法无疑大大减少了错误信号数,但付出的代价是发出的若干信号并不及时。

我们以走势图 16-1 为例来加以说明,图中绘的是通用汽车股票走势。我们注意到 65 周 EMA 发出了许多错误信号,图中用椭圆标示出。而走势图 16-2 绘出 65 周 EMA 及其 10 周 EMA,并将两条 EMA 的穿越信号作为趋势反转信号。从图中可

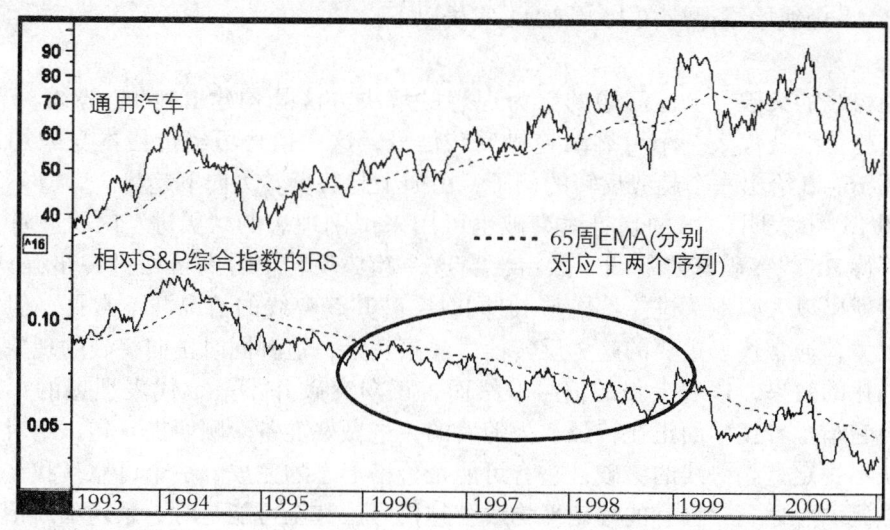

走势图 16-1 通用汽车股票及 RS 穿越移动平均线的信号,1993~2001 年

(资料来源:www.pring.com)

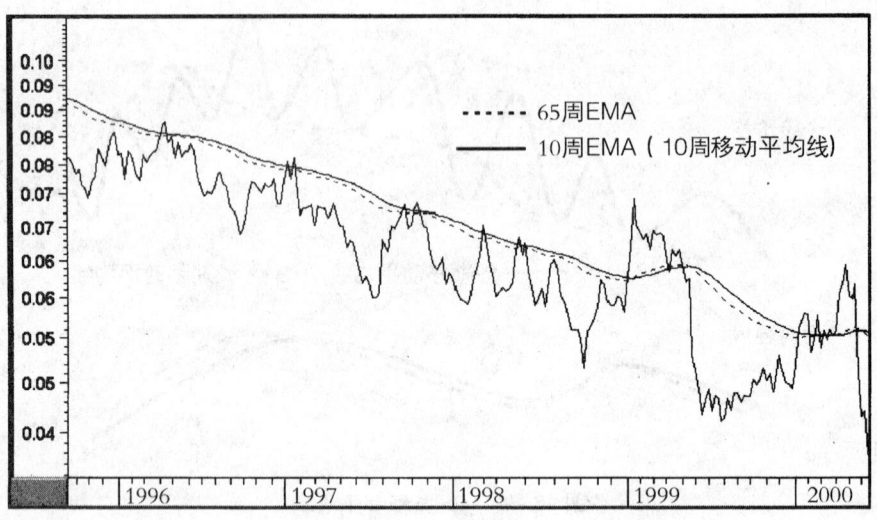

走势图 16-2 通用汽车股票及 RS 穿越移动平均线的信号，1995～2000 年

（资料来源：www.pring.com）

看到，1996～1998 年期间的绝大多数错误信号被剔除。尽管仍不可避免地留有少数几个错误信号，但整体上消除了 1996～1998 年期间的混乱局面，因为在整个期间，65 周 EMA 虚线始终保持在 10 周 EMA 实线以下。

趋势线的突破 上述问题的更为理想的解决方法是构建 RS 的趋势线。当 RS 突破其趋势线就代表一个可靠的趋势反转信号，这一信号可经价格本身来加以确认。图 16-5 给出一个趋势反转的例子，由向上趋势反转为向下趋势。

图 16-6 表明，RS 的趋势线突破也可用来识别理想的"买进"时机。首先我们要等待 RS 线突破其趋势线，然后，当这一趋势反转信号经价格进一步确认后，投资者就可以大胆地买进。价格与 RS 同时突破其趋势线的情况并不常见，但它们一旦发生，通常代表重要的趋势反转信号。事实上，这种同时正向突破的现象具有相互强化的效果，代表走强的信号。然而，正向突破并不一定代表理想的买入信号，但它暗示着技术面正在转强，为随后的买进做好准备。顺便提一句，绝对价格的确认不一定是趋势线的突破；它有可能是价格形态的完成、一个可靠（我在这里特别强调"可靠"一词）的移动平均线穿越信号、甚至可能是对一系列不断抬高的峰位与谷底的反转。务必记住一点：新一轮趋势的规模主要取决于图中的时间跨度与趋势线的长度。举例说明，盘中突破仅对应于短期趋势，而根本无法像月度走势图中的趋势突破那般显著。

第十六章 相对强度

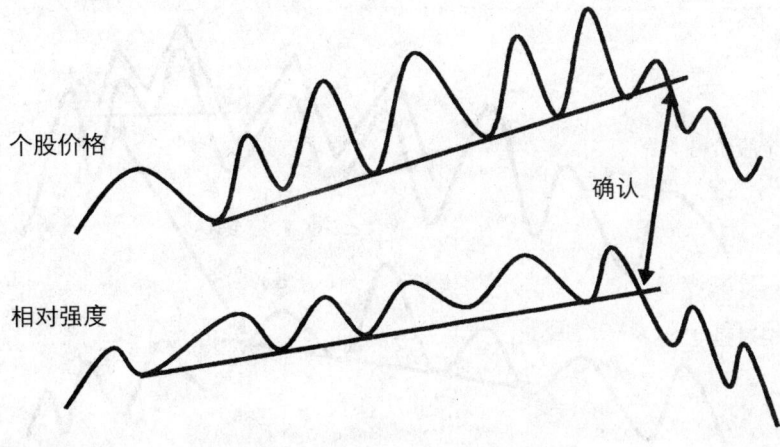

图 16-5 RS 及其向上趋势线

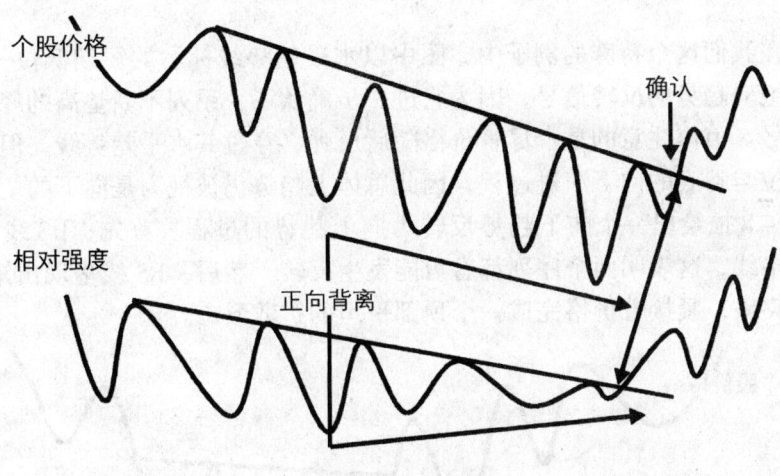

图 16-6 RS 及向下趋势线

价格形态

价格形态也可用来分析 RS 的趋势。图 16-7 显示出 RS 完成一个头肩顶形态。这毫无疑问表明 RS 趋势已经反转，此时投资者应积极进行换股操作，选择 RS 趋势走强的股票。然而，这并不一定预示着价格本身即将下跌，尽管在许多情况中的

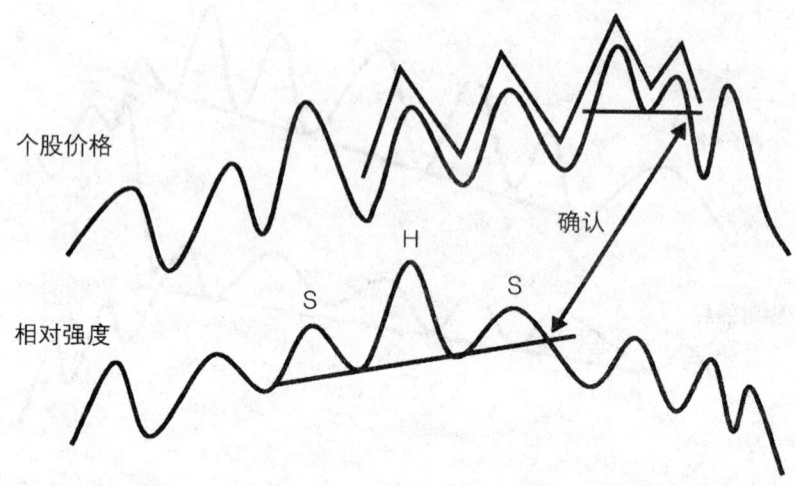

图 16-7 RS 及价格形态

确如此。在我们这个特殊的例子中，图中以水平趋势线标示的短期低位一经突破，就代表着绝对趋势的反转信号，因为它进一步确认了一系列不断垫高的峰位与谷底的反转信号。值得注意的是：尽管价格随后反弹，穿过其水平趋势线，但这并没有反转其峰位与谷底的向下演进过程，因此总体上趋势仍被视为是向下的。

图 16-8 描绘出一个向下趋势反转为向上趋势的过程。首先，RS 线正向背离其绝对价格线，这表明两个序列都有可能发生反转。然后，RS 线呈现出矩形走势，随后向上突破，紧接着价格完成一个顶部平坦的扩散形态。

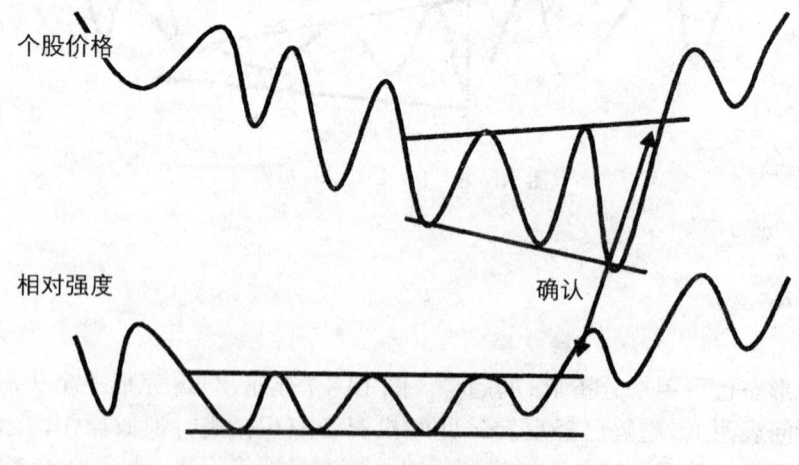

图 16-8 RS 及价格形态

280

长期 RS

走势图 16–3 显示出 S&P 国产石油股指相对于 S&P 综合指数的季度 RS 线。这是一个长期走势图，涵盖了 20 世纪的大部分时期。这一图形是非常有用的，因为它表明 RS 呈现出价格形态及趋势性。这些价格形态经常是不完整的，但它们通常却持续多年。我们应该铭记这一点，因为尽管大多数的价格形态在图中看起来非常渺小，但它们往往却持续相当长的时期。因此，价格形态的完成可能预示着一个已持续多年（可长达 10 年）的行情发生转换。举例说明，图中的 RS 线在 20 世纪 50 年代末完成一个持续了 15 年的头肩顶形态，而这一形态的向下突破预示着长期存在的市场情绪已发生变化。事实上，直至 60 年代末 RS 线才回到其最初的突破点。

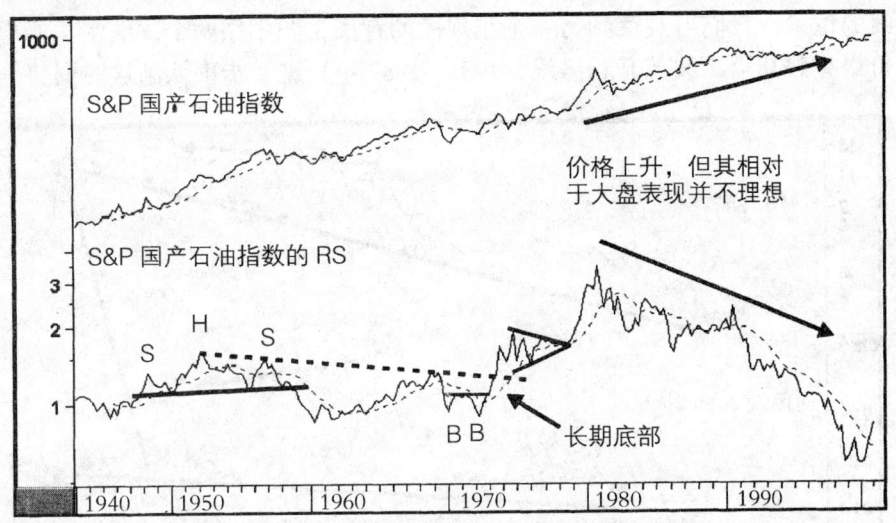

走势图 16–3　S&P 国产石油指数及 RS 价格形态，1940～2001 年

（资料来源：www.pring.com）

接下来，我们可观察到一个双重底形态的向上突破，从而形成了持续大约 25 年的反转头肩形态的右肩。其中，颈线用图中的虚线标出，但省略了 SHS 的标注，这样可使图形看起来简洁、清晰。大规模的形态就意味着大幅的变动，这一点在本例中得到了明显的体现。在随后的上升趋势中，有近一半的部分呈现出对称三角形态。

最后，值得注意的是，石油指数在 1980 年至 20 世纪末这一时期经历了大幅的反弹，这是否意味着在这 20 年里石油是一个非常好的投资领域？事实并非如此，这是因为 RS 的持续下降表明石油板块相对于大盘表现并不理想。

很明显，我们不可能每周都来分析这些长期走势图，但一季度来分析一次 RS 的长期技术走势以便及时识别主要的趋势变化是非常有意义的。此外，我们也可以观察间隔更短的月度走势图，随后再进一步按周、按日进行细分。

个股与 RS 分析

走势图 16-4 比较了 1984～1987 年期间通用汽车的绝对股价走势与其 RS。图中的两个大箭头标明两个走势发生反向背离，这暗示着技术面转弱，但并不表示应立即卖出该股。随后，RS 完成一个头肩顶形态，这表明 GM 有可能反弹，但其反弹程度要弱于大盘。这明显代表一个即将转弱的信号。随着 RS 进一步回落至其长期颈线的位置，我们可观察到另一个小规模的背离，图中用两个虚线箭头标出。最后，价格突破其第二波上升趋势线（1984～1987 年）进一步确认了这一弱势信号。

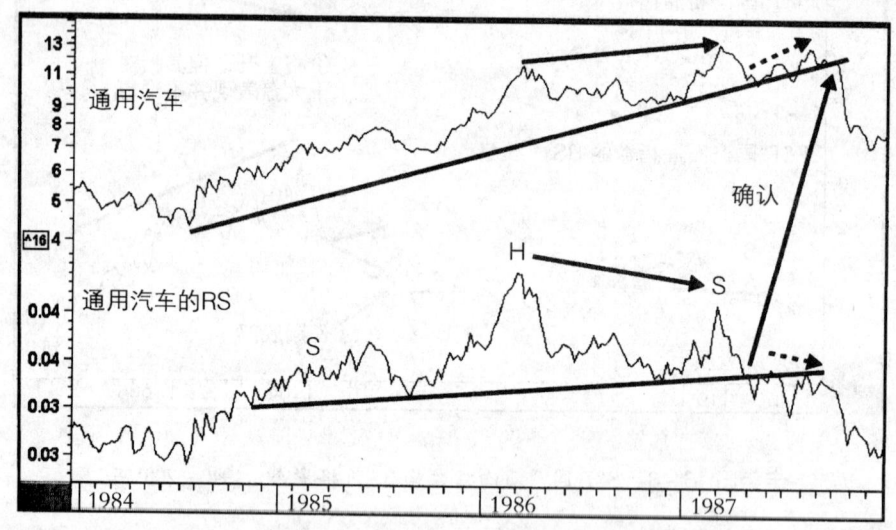

走势图 16-4　通用汽车股票及 RS 的趋势线突破，1984～1987 年

（资料来源：www.pring.com）

RS 与动能指标

长期趋势　由于传统的趋势确定技术可用于分析 RS 线的趋势，因此我们可将

第十六章 相对强度

该技术进一步延伸，将 RS 衍生出的动能指标引入到分析中来。尽管常见的做法是使用短期摆荡指标来分析 RS 线，但到目前为止，我认为分析相对强度最好的动能指标是经过平滑处理后的长期摆荡指标，因为它消除了不必要的价格波动。

走势图 16-5 列出康纳格拉（ConAgra）食品公司的 RS 走势，及 RS 的一个长期 KST 指标。RS 线对应的波浪线反映了 KST 指标的波动。KST 指标的峰位基本上对应着波浪线的峰位，反之亦然。正如我们在第十九章中要学到的，RS 较绝对价格的形态呈现出更为明显的周期性，因此我们可以运用长期平滑摆荡指标，例如 KST（参考第十二章），来更加精确地预测出主要的趋势。记住：绝对价格表现出明显的线性趋势，这意味着即使是设计最佳的长期平滑摆荡指标也将发出过早的买进与卖出信号。当然，我们并不是说分析相对强度的 KST 指标就绝对不会发出此类信号，只不过发生的可能性很小罢了。

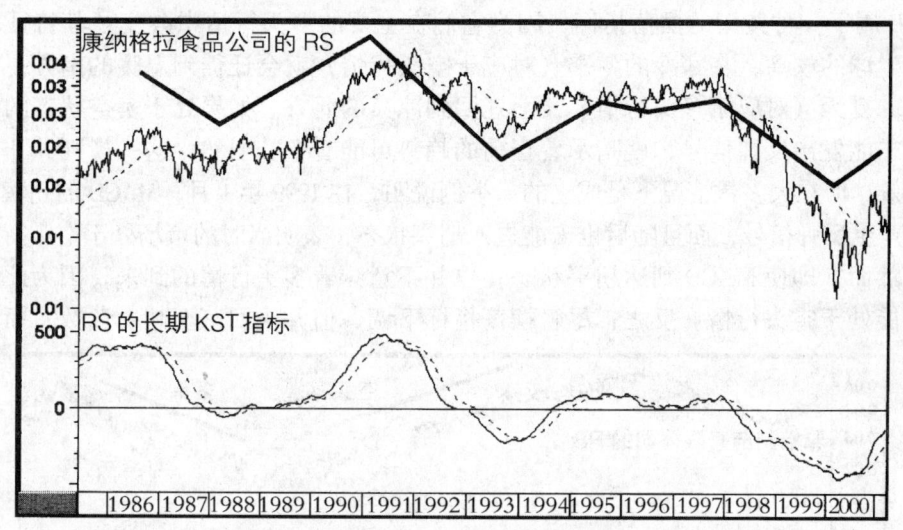

走势图 16-5 康纳格拉食品公司股票及 RS 的长期平滑动能指标，1985～2001 年

（资料来源：www.pring.com）

我们的主要目的就是来选择一只具有如下特征的股票：其长期 KST 指标位于零线以下，且其绝对价格向上穿越其 26 周 EMA。附带提一句，图中对应于 RS 的均线是 65 周 EMA。值得注意的是，即使如此长的时间间隔（这里是 65 周），在 1987～1989 年，1994～1997 年期间，也曾经发生多次虚假突破。这就是我为何喜欢将 RS 的趋势线突破信号与 RS 的长期 KST 指标的反转信号结合起来使用的原因之一。尽管它们绝对不完美，但却相当可靠。在本例中，我选用的是 KST 指标，但这仅仅是个人偏好而已，我也可以用其他的经过平滑处理的长期动能指标来代替，

例如，随机性指标、平滑异同移动平均指标，或其他的趋势确定指标。指标选择的基本思路是：要求该指标不仅捕捉到主要的上升或下降波，而且要充分接近实际的转折点。同时，为了获得一致性，应该在不同的时期对多个股票进行测试。此外，不要过于追求完美，因为这是永远不可能达到的。

一旦确定了 RS 线长期趋势的方向与持续期，我们就可以来分析其短期趋势。

短期趋势 走势图 16-6 的上方显示出雅培制药有限公司（Abbott Labs）股票的 RS 及 RS 的 14 日 RSI，而图的下方显示出 RS 的 MACD。从图中可明显看出，存在两个主要的行情——1999 年底至 2000 年初的空头行情以及随后的多头行情。现在我们来仔细观察 MACD 的变化。在空头行情中，MACD 未能到达超买状态，而且超卖读数也未能发出反弹信号；而在多头行情中，情况恰好相反。从中可看出，MACD 属于一种典型的摆荡指标，因为它们在主要的多头行情中改变了其特征。就像北半球的候鸟，在寒冷的冬季（对应于空头行情）就会迁徙到温暖的南方；而在炎热的夏天（对应于多头行情）又会迁回到凉爽的北方。如果处于卖空状态的摆荡指标未能发出反弹信号，就暗示着当前的趋势可能看空。当然，这一规则并非每次都有效，但在大多数情况下是成立的。举例说明，在 1999 年 1 月，MACD 的超卖状态未能产生反弹信号，而且随后也未能进入超买状态，表明当时的市场处于空头行情。

然而，即使 MACD 到达超买状态，也并不意味着多头行情的到来，因为此时仍有可能处于空头行情。反之，尽管摆荡指标下调，但并未回落至超卖读数，而是仍

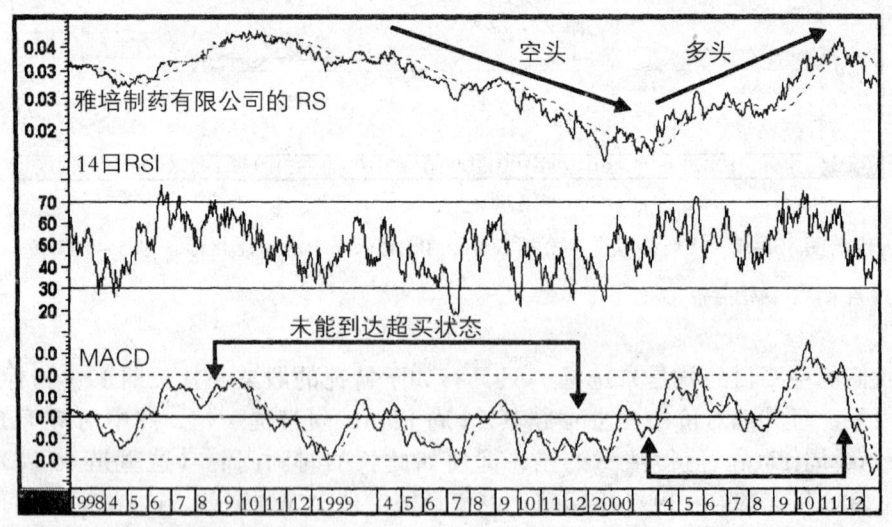

走势图 16-6 雅培制药有限公司股票的 RS 线及短期 RS 动能指标，1998~2001 年

（资料来源：www.pring.com）

保持在零线以上,此时表明 MACD 的基本特征可能已经转好,意味着多头行情即将到来。

走势图 16-7 针对相对指标展开了更为详细的分析,具体从 1998 年 10 月的市场头部开始着手。当 RSI 与 MACD 同时背离其向上趋势线时,代表一个走弱信号,这一信号随后经 RS 本身背离其向上趋势线来加以确认。然而,所有这些变化并不足以表明空头行情的到来,而仅是暗示上升趋势可能要停滞数月。事实上,雅培制药有限公司在这段时期内的表现不可能优于大盘。如果你仔细观察,就会发现 RSI 的趋势线实际上属于头肩顶形态的颈线。

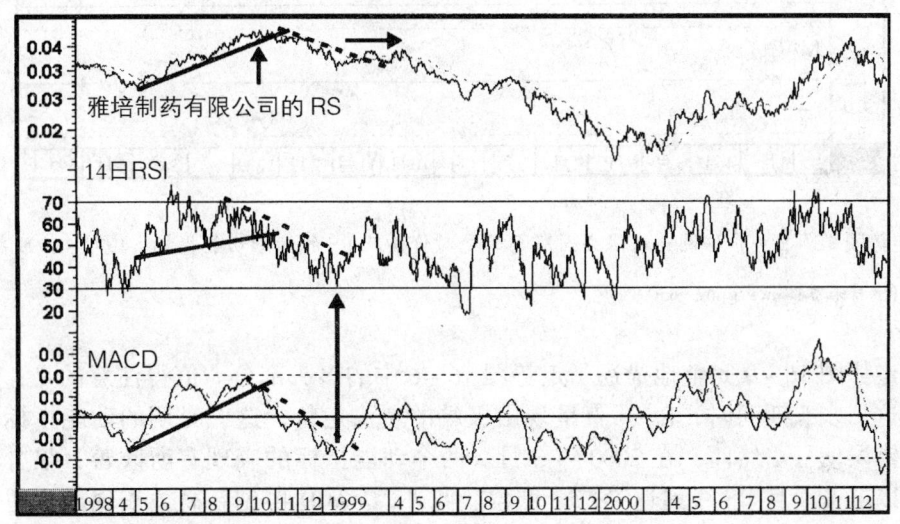

走势图 16-7　雅培制药有限公司的 RS 线及短期 RS 动能指标,1998~2001 年

(资料来源:www.pring.com)

随着价格的变化,RS 的表现越发令人失望。1 月份的卖空状态仅激发一个横向交易区间走势,随后继续呈下降趋势。此外,我们观察到 3 条向下虚趋势线的突破现象,这本来预示着随后将大幅反弹,但事实上却并没有出现反弹,这往往暗示着空头行情的到来。

走势图 16-8 在走势图 16-7 的基础上,又附加一条绝对价格线。图中向上的虚趋势线标示出相对卖出信号的大概位置,但请注意:此时绝对价格继续反弹。随后,绝对价格与其 RS 出现反向背离,表明基础技术面转弱。然而,绝对价格一直保持在向上趋势实线以上,直至 1999 年 1 月为止。如果 RS 先前发出的卖出信号还不足以促使投资者下定清仓决心,那么绝对价格背离其趋势线毫无疑问坚定了投资者的卖出决定。

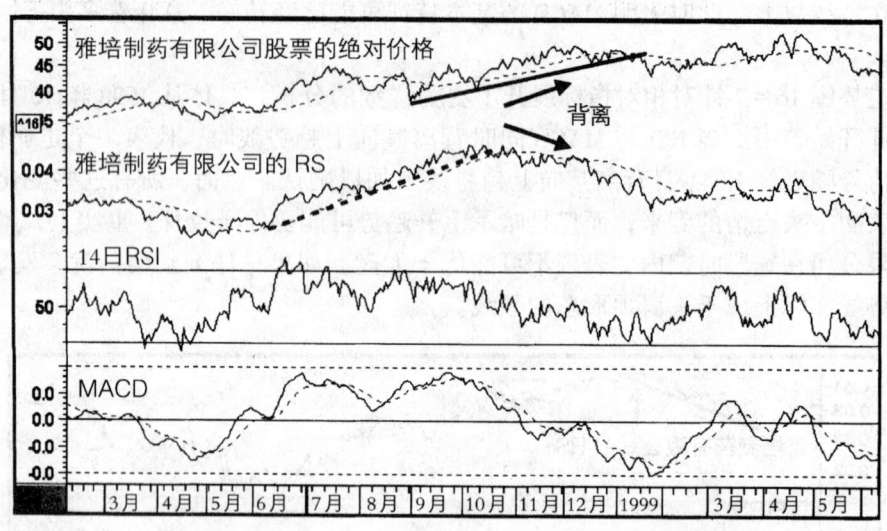

走势图 16-8　雅培制药有限公司股票的绝对价格及 RS 的短期动能指标，1998~1999 年

（资料来源：www.pring.com）

走势图 16-9 完整地描述了走势图 16-6 中的多头部分。值得注意的是：最初进入这一多头期间时，RS 一直呈现出极端的空头走势，这一时期的动能指标经常发出错误信号。然而，在 2000 年 3 月，两个动能指标的表现有所改善，很少落到均线以下，而且 RS 线到达第二个低位。此外，MACD 再创新高，表现出更适合多头行情的特征。

最后，RS 线向上突破其水平趋势线，形成双重底形态的顶部，确认了动能指标发出的多头信号。与此同时，它还进一步确认了峰位与谷底的不断抬高。而在整个空头行情中，每一次反弹峰位都低于其前一次反弹峰位；谷底也同样如此。

价　差

RS 被广泛运用在期货市场中的"价差交易"（spread trading）中，市场参与者希望通过市场扭曲来获利。这些价格扭曲是由于不正常的基本面发展所造成的，且暂时影响着正常的价格关系。价差通常是以减法表示，而并非像 RS 一样是以除法表示。我个人更加偏爱以除法表示，因为它可以直接显示出比例关系。然而，如果价格的计算期间相对短暂（例如，少于 6 个月），那么以除法表示或以减法表示并没有太大的差别。

第十六章 相对强度

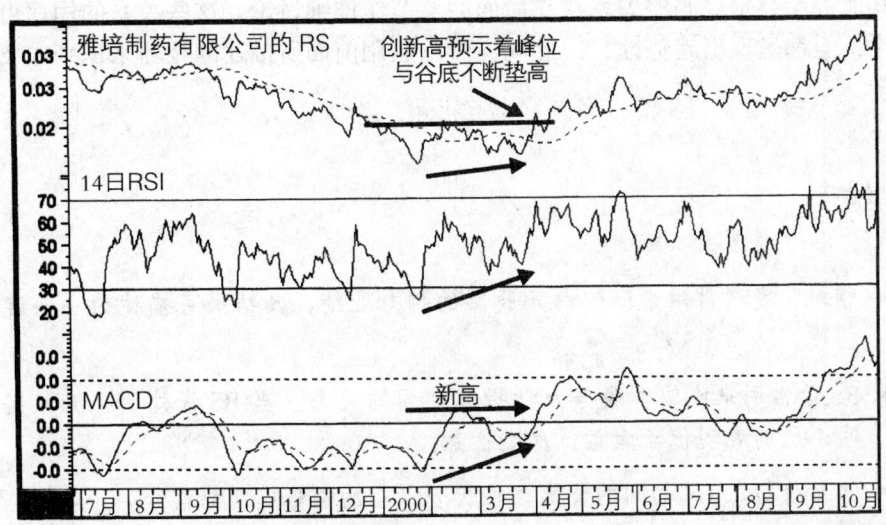

走势图 16-9 雅培制药有限公司的 RS 及 RS 的短期动能指标，1999~2000 年

（资料来源：www.pring.com）

价差关系主要来自于以下 6 项因素：

- 产品的关系，例如黄豆与黄豆油或黄豆饼，原油与汽油或取暖油。
- 使用上的关联，例如玉米与活猪、活牛或烤鸡。
- 替代性，例如小麦与玉米，活牛与活猪。
- 地理上的关联，例如伦敦的铜与纽约的铜，加拿大的糖与纽约的糖。
- 持有成本的关联，例如明显不同于其他月份的某一特定交割月份。
- 品质之间的价差，例如国库券与欧洲美元，S&P 与价值线。

其中的某些相对关系，例如伦敦的铜与纽约的铜，实际上属于套利的范围，不适合个体投资者或交易者。

另一方面，所谓的"TED 价差"是用于度量高等级的国库券与低等级的欧洲美元之间的关系，它是一种非常盛行的交易工具。

在某些情况下，尽管价差已经呈现出历史的极端水准，但仍然有可能继续扩大扭曲程度。因此，在进行这类交易之前，应该等待出现某种趋势反转信号。即使如此，也不表示这类交易完全没有风险，但风险的确被大大降低了。

其他资产类别之间的关系将在后面的章节作详细讨论。这些关系的用途可能有所不同，但都呈现出趋势性，因此同样可以运用前面所描述的技巧来识别主要的趋势反转。

小　结

- 相对强度通常用来比较两只股票的相对业绩，其结果可描述为一条连续的曲线，称为 RS 线。
- RS 最常用来比较个股与大盘指数之间的关系。当 RS 线处于上升状态，表明个股的表现优于大盘，反之亦然。
- 绝对价格与 RS 之间的背离往往代表潜在的强势或弱势信号。
- RS 的变化具有趋势性。一般的趋势确定技术都可用来分析相对强度的趋势。
- 分析 RS 的主要趋势的一个最有用的技术就是运用长期平滑摆荡指标，特别是 KST 指标。

第十七章
综合讨论：以道·琼斯交通运输指数为例（1990~2001年）

现在我们就将目前为止讨论过的所有指标都结合起来分析长期走势图。为此，我选择1990~2001年期间的道·琼斯交通运输指数为例来进行分析。走势图17-1绘出了道·琼斯交通运输指数，及其9个月移动平均线。道·琼斯交通运输指数是最佳的检测指数之一，这一指数是通过将1931~2000年的数据进行最优化处理而得到的。

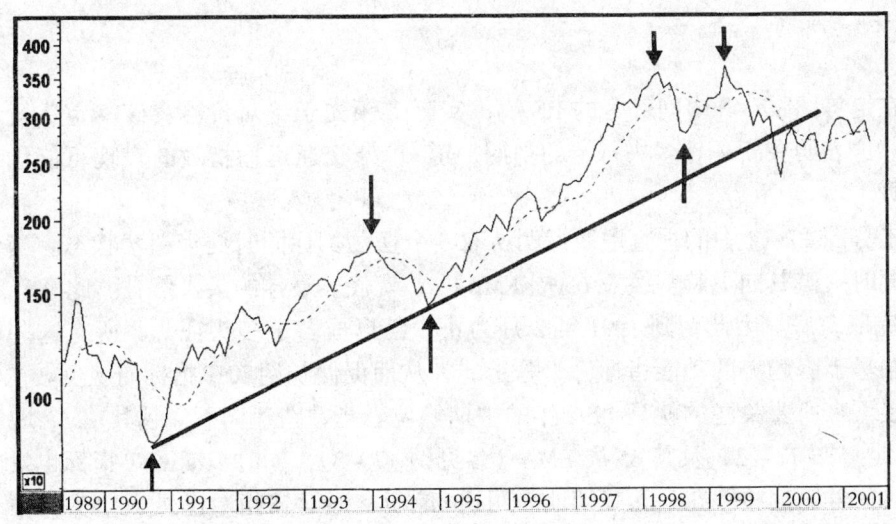

走势图 17-1　道·琼斯交通运输指数及相应的转折点，1989~2001年

（资料来源：www.pring.com）

图中的向上、向下箭头标示出这一时期主要的转折点。其中，1990年的底部

并不容易识别，因为指数突然发生反转。走势图 17-2 显示出，18 个月 ROC 指标领先价格向上突破其急剧下降趋势线。

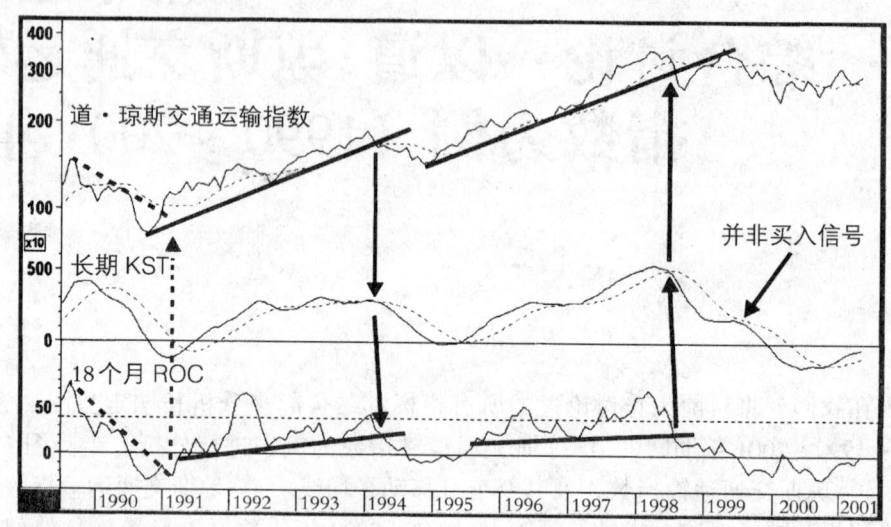

走势图 17-2　道·琼斯交通运输指数及长期动能指标，1989~2001 年

（资料来源：www.pring.com）

在走势图 17-3 中间部分的 RS 线，实际上领先于绝对价格突破其空头行情趋势线。这表明在新一轮多头行情的初期，道·琼斯交通运输指数的表现可能优于大盘指数。

走势图 17-4 中的垂直虚线标明所有 3 个摆荡指标同时处于超卖状态。当价格几乎同时突破其向下趋势线及 65 周 EMA 时，就代表最佳的买入信号。此外，39 周 CMO 完成筑底。因此，到 1991 年 2 月为止，已形成若干多头征兆，所有这些征兆都表明呈下降趋势的动能指标已十分走弱，从而促使长期 KST 指标向上反转。

接下来所要关注的就是 1992 年的中期峰位。指数快速向下穿越其 12 个月 EMA （参见走势图 17-2）及其 65 周 EMA（参见图 17-3），同时长期 KST 指标也发出逆向反转信号。这些征兆毫无疑问地表明道·琼斯交通运输指数已进入空头行情。然而，一旦运输指数与长期 KST 指标（参见图 17-2）回转向上穿越其各自的移动平均线时，大多数投资者就不再看空。

不幸的是，有时逆向反转信号也可能代表某种类型的横向整理。在这种情况下，我们就需要借助其他指标。从走势图 17-4 可看出，20 周 CMO 突破其底部，同时若干下降趋势线也被突破，因此大量证据显示出趋势已发生反转。

第十七章 综合讨论：以道·琼斯交通运输指数为例（1990～2001年）

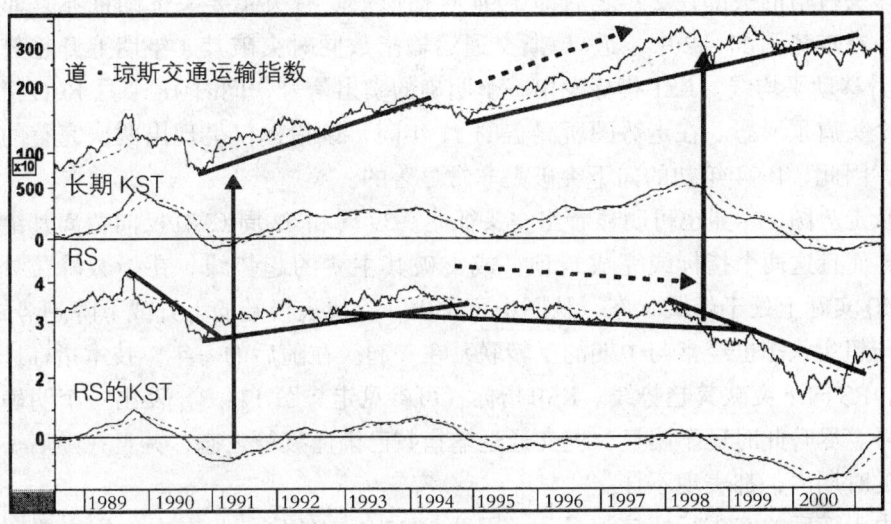

走势图 17-3 道·琼斯交通运输指数及 RS，1989～2001 年

（资料来源：www.pring.com）

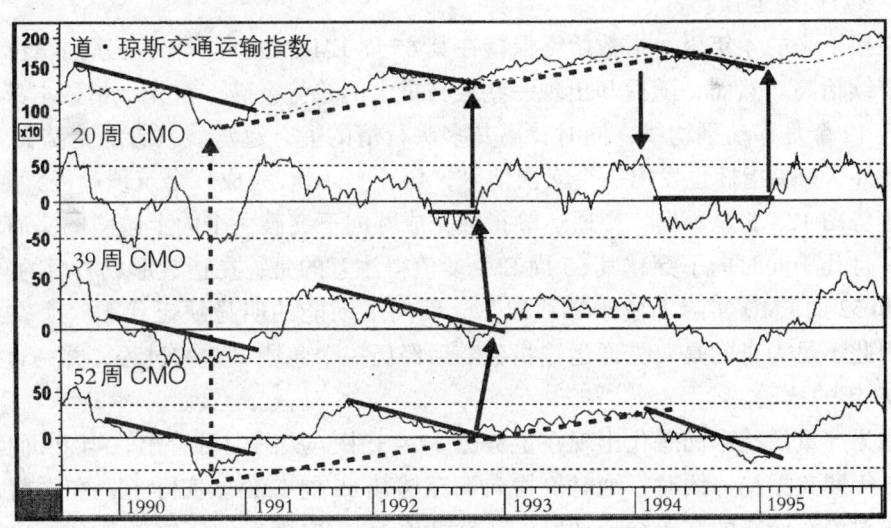

走势图 17-4 道·琼斯交通运输指数及 3 周的 CMO，1989～2001 年

（资料来源：www.pring.com）

多头行情的头部在2年之后即1994年初形成。有关主要头部的征兆是非常广泛的。在走势图17-2中，道·琼斯交通运输指数同时突破其4年期上升趋势线及12个月移动平均线。KST指标发出一个明确的卖出信号，同时18个月ROC指标完成一个头肩顶形态。在走势图所涵盖的11年间，该指标仅呈现出两次完整的价格形态，因此，1994年初的向下突破是非常显著的。

从走势图17-4也可明显看出空头征兆。39周和52周CMO反向背离其绝对价格线，而且这两个指标或完成筑顶，或突破其主要的趋势线。在指数峰位处，20周CMO实际上处于超买状态。从图中可看出，除代表极端的上升或下降趋势之外，超买与超卖状态也经常与中期的反转联系在一起。在随后的一年，技术指标进一步恶化，RS向下突破其趋势线。KST指标（可参见走势图17-3）发出一个明确的卖出信号。尽管此时还不明显，但交通运输指数已渐露疲软之态，并且在随后一段相当长的时期内，都表现不佳。

由于随后的空头行情较为温和，因此1995年初的底部只有在每周走势图中才能显示出来。但从走势图17-4也可看出一些重要的征兆：52周CMO突破其下降趋势线，20周CMO完成筑底。此外，道·琼斯交通运输指数本身几乎同时向上突破其空头行情下降趋势线和65周EMA。与此同时，长期KST指标也（可参见走势图17-3）逐渐走强。

在接下来的4年里，指数始终保持在其65周EMA之上，同时一系列峰位与谷底仍继续抬高。然而，随后却出现一些极其重大的趋势突破。首先，指数本身向下穿越其12个月移动平均线，同时背离其多头行情的上升趋势线（参见走势图17-2）。此外，KST指标也发出一个卖出信号，18个月ROC完成一个筑顶过程。

走势图17-5显示出，交通运输指数完成并向下突破一个向上倾斜的头肩顶形态，并且几乎同时向下穿越其65周EMA。值得注意的是：在指数形成右肩的同时，39周和52周CMO实际上位于零线以下。而向上动能的明显缺乏代表一个空头信号。因此不足为奇的是，交通运输指数随后经历一个急剧下跌的过程，并一直持续到1998年的秋天。

最为严重的技术面恶化出现在走势图17-3中。从图中可看出，当RS向下突破其6年期支撑趋势线时，绝对价格向下穿越其65周EMA。实际上，在之前，RS丝毫未对绝对价格的多头行情加以确认就已预示着RS随后的疲软表现。在1998年指数到达峰位之前，RS就已发生过一次明显的反向背离。继1993年之后，RS在1996年底又创新低，这实际上已暗示投资者此时应积极出货，转而投资于其他板块。

与1990年相比，1998年的底部更难捕捉，因为其反转过于急剧。从走势图

第十七章 综合讨论：以道·琼斯交通运输指数为例（1990～2001 年）

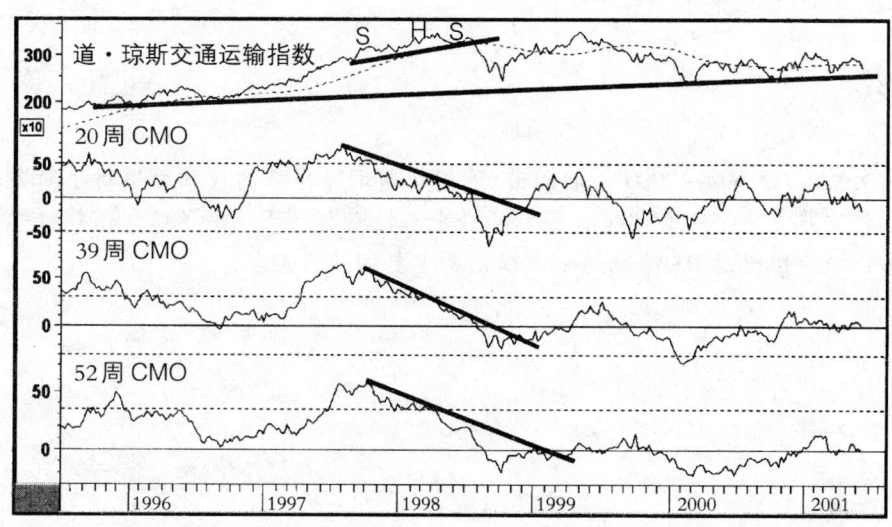

走势图 17-5 道·琼斯交通运输指数及 3 周的 CMO，1995～2001 年

（资料来源：www.pring.com）

17-5可看出，3 个 CMO 指标同时突破其下降趋势线，但指数本身在从底部反弹一段时期之后才向上穿越其移动平均线。由于价格并没有呈现出下降趋势，因此这还不能真正算是一个有效的多头范例。如果趋势反转的证据不充分，明智的选择就是避开所讨论的股票。无论如何，最为重要的因素应当是 1998 年初 RS 的向下突破，因为它拉开了随后几年交易行为的序幕。

事实上，1998～1999 年的上涨是一波高于移动平均线的反弹行情，因为所有的价格都反弹回升至 1998 年高点处的阻力位和被延长的多头行情趋势线。然而，在整个时期内，KST 指标未能发出买入信号，而且走势图 17-3 中的 RS 也从未回转向上穿越其 65 周 EMA。

最后，在本世纪初，指数突破其 1990～2000 年的上升趋势线。实际上，1990～2000 年的上升趋势线并不是一条真正的趋势线，尽管它涵盖的时期很长，但它仅仅被触及两次，因此并不能真正反映基本的趋势。然而，随后的多头走势表现疲软，基本上是一个为期 2 年的横向整理走势。其后，一个重要的发展是由 1996～2001 年期间的一系列底部衔接而成的趋势线，向下突破该趋势线，即使没有其他的证据，也意味着技术面严重恶化。

小 结

以上我们对 1990~2000 年期间道·琼斯交通运输指数的技术面进行了简要的描述。尽管它并没有将所有的指标都包括进来，但它有助于我们了解如何将价格的趋势指标、动能指标及 RS 结合起来，以识别主要的转折点。

Part 2
第二部分
市 场 结 构
Market Structure

第十八章
价格：主要的价格指数

在对整体市场结构的强度进行分析时，价格是最为合理的逻辑起点。

没有任何一个指数可以绝对理想地代表"整个市场"的走势。尽管在大部分时间里大多数股票都会呈现出同一方向的走势，但有些时候某些特定的股票或若干板块也会逆着整体市场趋势的方向而变动。总体上，有两种方法可以用来衡量股价的一般水平。第一种称为非加权指数，该方法是计算成分股的平均价格；第二种也是计算成分股的平均价格，但在这种情况下，要以每只成分股的流通市值（股票发行数量乘以每股市价）来进行加权处理。第一种方法可用来监测大多数挂牌股价的走势，但由于第二种方法赋予大型公司较大的权重，因此用这种方法构建出的市场指数的走势能够更好地反映整个市场组合结构的变化。基于此，加权平均指数常用来代表整个市场的行情，这些指数通常是由那些代表着公众的参与程度、市场的领导地位，以及行业重要性的股票编制而成。

人们已经开发了多个价格指数来衡量整个市场不同组成部分的表现。它们之间的相互关系有助于判断整体市场的技术状况。本书在第三章曾详细地探讨了道·琼斯工业指数和道·琼斯运输指数之间的相互关系，但还有其他一些非常有用的指数，例如道·琼斯公用事业指数，非加权平均指数和一些具有指标性的个股。本章我们将考察这些指数对美国股市整体技术结构的影响。

综合市场指数

道·琼斯工业指数是世界上最为广泛使用的股票市场指数。该指数是将 30 只成分股的价格加总然后除以一个特定的除数而得到的。这一特定除数定期刊登在《华尔街日报》和《巴隆》杂志上，并由于股票分割、股息分派以及指数中成分股的更换而不时发生变动。严格来讲，它并不是一种综合指数，这是因为该指数并未包含如交通运输与公用事业等行业。然而，道·琼斯工业指数成分股的市值约占整个

NYSE 挂牌股票总流通市值的相当比例，因此该指数通常可以代表整体市场的波动情况。

在一个指数中仅包含种类较少的成分股，最初这是为了计算的方便。这些指数多年来都是靠人工的方式费力地计算出来的。随着计算机的出现，指数便可以包含范围更广的成分股。

构建道·琼斯工业指数所用方法的一个缺陷是，如果某只股票的价格上涨而没有进行分割，那么该股对指数就会产生很大的影响，特别是其他的道氏股票在股价上涨的同时进行了分割更是如此。尽管有这项不足以及其他一些缺陷，但相对于其他一些包含范围更广的指数来说，道氏指数多年来始终表现得相当稳定。

另一个广为采用的股价指数是 S&P 综合指数，该指数是由 500 只成分股构成，市值占 NYSE 总流通市值的 90% 以上。它的计算方法是将每只成分股的价格乘以相应的流通股数，将得到的结果进行加总，然后再表示为指数的形式。

多年来，S&P 综合指数已成为专业基金经理们进行决策的基准。同时，该指数也构成了交易最为活跃的股权期货合约。

在大多数情况下，道·琼斯工业指数与 S&P 综合指数会呈现出相同方向的走势，但有时当某一指数创历史新高或新低时，另一项指数却并未加以确认。一般来说，这种背离的程度越大，随后指数反向走势的幅度也就越大。以走势图 18-1 为例，S&P 综合指数在 1968 年底创历史新高，而道·琼斯工业指数却未能超越其在 1966 年的峰位。这一情况预示着空头行情即将到来。果不其然，两项指数随后都经历了一轮高达 40% 的跌幅。另一方面，两项指数在 1973~1974 年的空头行情底部，都呈现双重底的形态，其中道·琼斯工业指数在 1974 年 12 月的第二个谷底处，价位低于 10 月所出现的第一个谷底；而 S&P 综合指数却并未确认道·琼斯工业指数的新低。在随后的两年内，道·琼斯工业指数上涨了大约 80%。这一点也可从走势图 18-1 看出。

走势图 18-2 比较了世纪之交时，道·琼斯工业指数与 S&P 综合指数的走势。在 20 世纪 90 年代的大部分时间内，两项指数的走势是一致的。然而，道·琼斯工业指数在 2000 年 1 月到达了峰值，而 S&P 综合指数却是在同年的 3 月和 9 月到达其峰值。这表明两项指数的走势彼此并不一致。在同一年晚些时候，两项指数同时突破各自的向上趋势线，这进一步确认了空头行情即将来临。

NASDAQ 综合指数是一个包含了 5000 只股票在内的市值加权指数。由于该指数包含了大部分有影响的高科技公司，例如微软（Microsoft）、思科（Cisco）、英特尔（Intel），因此是一个与高科技密切相关的指数，在本章的后面我们将更为详细地讨论该指数。

NYSE 也构建了一种涵盖其所有挂牌股票的指数，称为 NYSE 综合股价指数

第十八章 价格：主要的价格指数

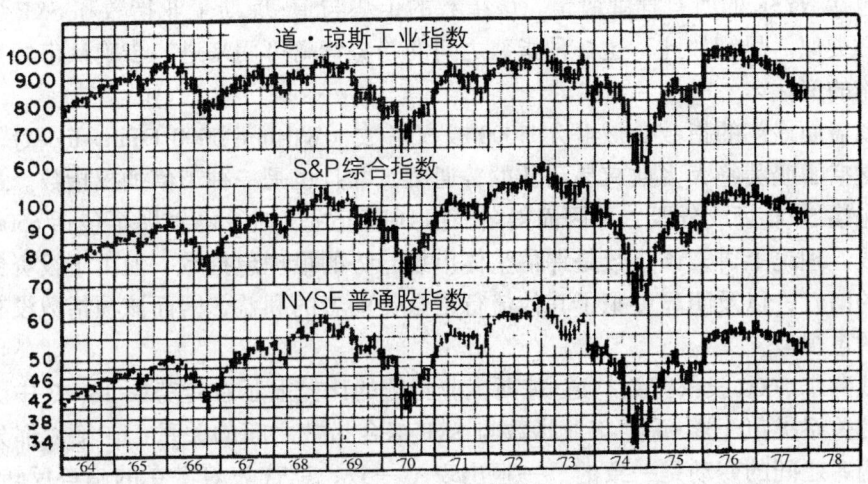

走势图 18-1　重要的市场指数，1965～1978 年

（资料来源：Securities Research）

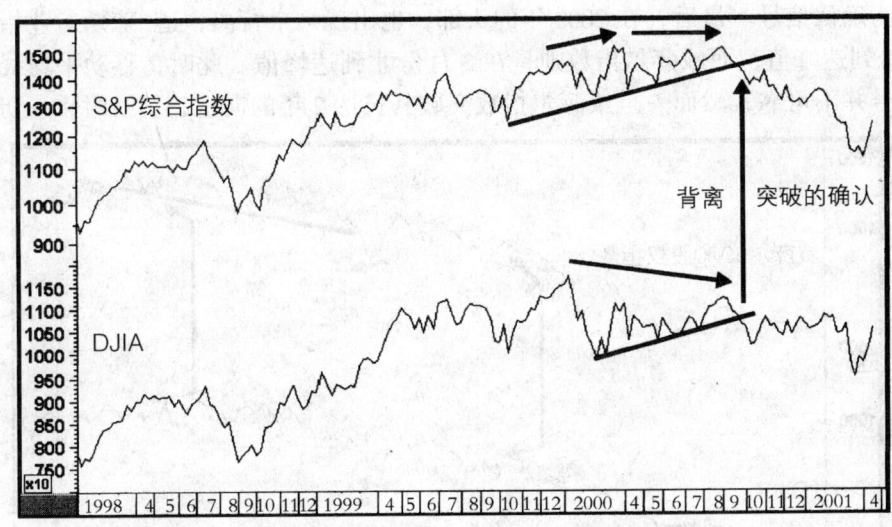

走势图 18-2　道·琼斯工业指数与 S&P 综合指数及两指数之间的背离，1998～2001 年

（资料来源：www.pring.com）

（NYSE Composite）。从某种意义上讲，这是一种理想的股价指数，因为该指数的成

分股包括 NYSE 的所有挂牌股票。该指数的走势与道·琼斯工业指数和 S&P 综合指数非常类似。尽管如此，这 3 种指数之间的趋势背离可用来进一步确认市场整体技术结构的变化。

涵盖面最广的指数是威薛尔 5000 股权指数（Wilshire 5000 Equity Index），其成分股囊括了全美绝大多数交易活跃的普通股，并且也是一种市值加权指数。最初该指数包括 5000 只成分股，并因而得名，但到世纪之交时，已发展至包括 6500 多只成分股。理论上讲，该指数是评估整体市场趋势的最理想指数，但由于投资界普遍存在的惰性，以及明显侵犯了其他流行指数赞助者的利益，因而该项指数没有得到应有的重视。

威薛尔 5000 股权指数与道·琼斯工业指数的比较显示在走势图 18-3 中。两者之间的关系类似于道·琼斯工业指数与 S&P 综合指数之间的关系：在绝大部分时间里，两者之间的变动是一致的。一旦出现不一致，就代表着潜在的趋势反转信号。我们可以参看一下 1997 年的情况。然而当时并没有发生趋势反转。在这种情况下，最好是等待某种趋势反转信号来加以确认。在本例中，两项指数都未突破各自的 40 周移动平均线，尽管道·琼斯工业指数非常接近该平均线。之后，我们可以看到在 1998 年的底部，两者发生正向背离。两项指数随后向上穿越各自的移动平均线可作为确认信号。最后，在 2000 年的头部，也出现一个背离，道·琼斯工业指数在 1 月份到达峰值，而威薛尔指数则是在 3 月份才到达峰值。此时，移动平均线的穿越信号并不可靠，然而一旦威薛尔指数突破其长达 2 年的向上趋势线时，一切就变

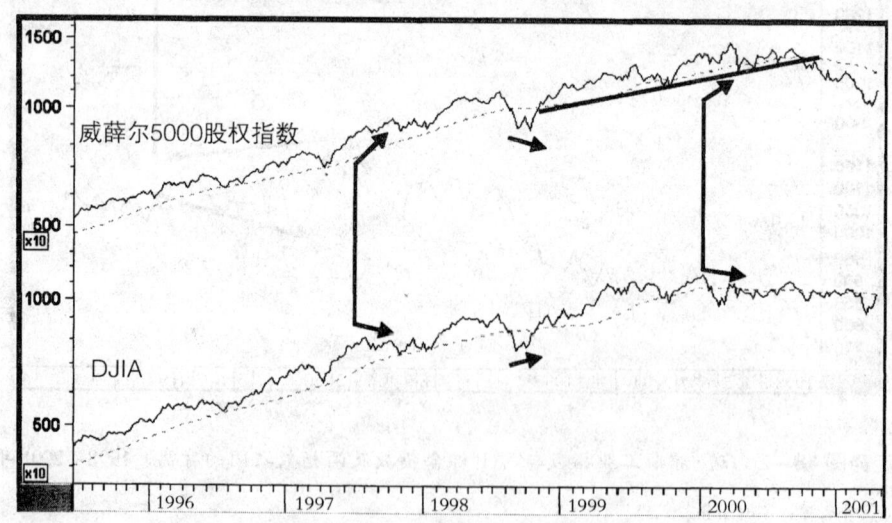

走势图 18-3　道·琼斯工业指数与威薛尔 5000 股权指数及两指数之间的背离，1995~2001 年

（资料来源：www.pring.com）

第十八章　价格：主要的价格指数

得毫无疑问了。事实上，这正是向上倾斜的头肩形态的颈线。

大盘指数与移动平均线

若从判定趋势的角度来运用移动平均线时，首先必须估计所要考虑的周期类型。近数十年来，4年的股票周期与经济周期大致对应。由于股票市场主要是受经济周期发展的影响，因此这个4年的周期（确切地说是41个月）对于趋势的判定是非常重要的。因此，我们应当选择适当的移动平均来反映这类价格波动，移动平均的时间跨度必须小于整个周期的时间跨度，也就是41个月，否则涵盖了整个周期的移动平均将会平滑掉周期内的波动，于是移动平均在理论上将成为一条直线。实际上，由于周期的时间跨度未必恰好是41个月，并且价格变化的幅度也可能各不相同，因而这类的移动平均还是会发生波动。计算机所进行的研究表明[1]，在1910年至20世纪90年代初之间，S&P综合指数的12个月移动平均线是最为可靠的。当然，这仅仅是对于整段期间而言，并非每段期间都是如此。

在《股票市场技术指标》(*The Stock Market Indicators*) 一书中，作者威廉·戈顿(William Gordon) 以40周移动平均线的穿越信号为依据，给出了道·琼斯工业指数在1897～1967年之间的29个买入和卖出信号。所有多头信号（换言之，在买入信号与卖出信号之间）的平均收益为27%，而所有卖出信号的平均变化为4%。对于根据买入信号来购买股票的投资者而言，有9个信号导致了损失，但最大损失也不超过7%，但收益却相当高。自1967年以来，这套方法的绩效还是相当理想的，但需要指出的是在20世纪70年代末，S&P综合指数的40周移动平均线的穿越信号却产生了许多错误信号。正如经常所发生的，在产生了许多错误信号之后，1982年的买入信号却是非常正确的。这一信号让投资者捕捉到了1982～1987年的第一波多头行情。1984年2月的卖出信号与当年8月的买入信号一样非常及时，这一买入信号一直持续到1987年股市崩盘的那个黑色星期五之前。

走势图18－4的下半部分列出了1990～2001年期间道·琼斯工业指数与其40周移动平均线的走势，而上半部分是基于40周穿越信号的权益线（equity line）。我们仅考虑多头头寸的情况，当指数低于其移动平均时，可以赚得4%的利率，这里不考虑保证金要求，并且来回手续费仅为1%。除了在1994年以及1999～2001年的横盘走势期间外，这一方法的表现都相当理想。这也证实了在横盘走势中使用趋势

---

[1] Robert W. Colby and Thomas A. Meyers, *The Encyclopedia of Technical Market Indicators*, Dow Jones-Irwin, 1988年。Investors Press, Palisades, N.J., 1968。买入信号的实际运用规则如下：如果200日（40周）移动平均线由下跌趋于平坦，或是处于上升状态，且股票价格向上穿越其移动平均线时，就代表主要的买入信号。

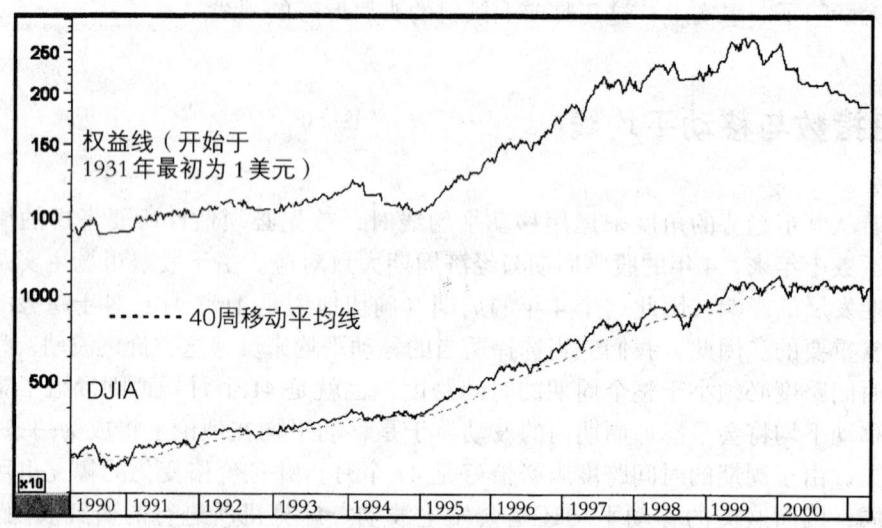

走势图 18-4　道·琼斯工业指数，1990～2001 年

（资料来源：www.pring.com）

跟踪法（trendfollowing approach），例如摆荡指标的移动平均，不失为一理想选择。

就中期走势而言，13 周和 10 周（50 天）移动平均线的穿越信号被证实最具有代表性，但由于其所涵盖的时间跨度相对短暂，因此有可能产生许多错误信号，其可靠性不如 40 周移动平均线。对于更短期的走势来说，30 日（6 周）移动平均线的表现较好，然而也有某些技术分析师偏爱使用 25 日移动平均线。

主要指数与 ROC

有许多方法可以将第十章中所讨论的技术用来判断主要指数的趋势。例如，走势图 18-5 与 18-6 列出了 S&P 综合指数及其 9 个月 ROC 指标的走势。当 ROC 指标回转向上穿越其 -20% 的超卖线，或触及 -20% 超卖线后向上反转时，就代表一个理想的中、长期底部信号。同样地，当 ROC 指标回转向下穿越 +20% 超买线时，就代表一个相当可靠的中期头部或空头行情信号。当然，这并不是一个完美的指标，但在大多数情况下却有着相当高的统计可靠性。一些最为明显的错误信号在图中用椭圆标示出。最初的错误信号出现在 1929～1930 年，此时的信号明显过早了。随后在 20 世纪 90 年代末期又出现若干错误信号，此时的信号就是完全错误的。在真正的强市或弱市行情中有可能激发过早信号，此时理想的选择就是等待 9 个月或

第十八章 价格：主要的价格指数

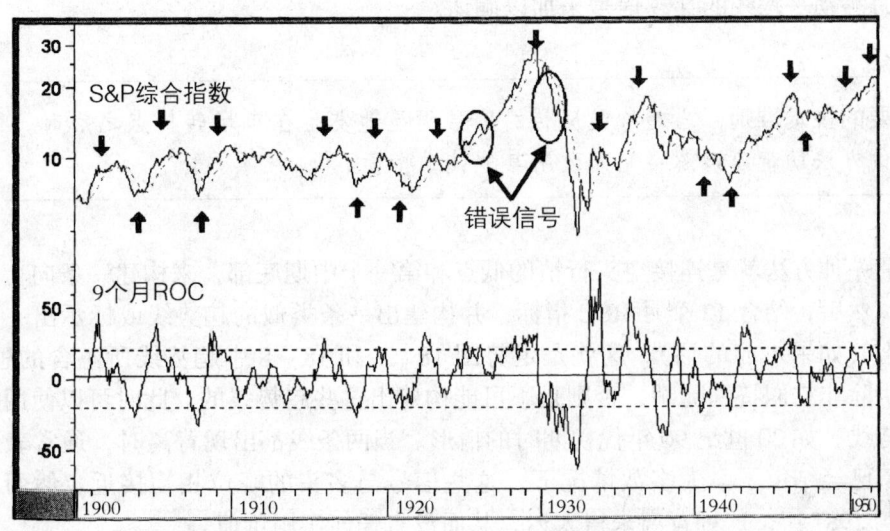

走势图 18-5 S&P 综合指数及 9 个月 ROC 指标，1900~1950 年

（资料来源：www.pring.com）

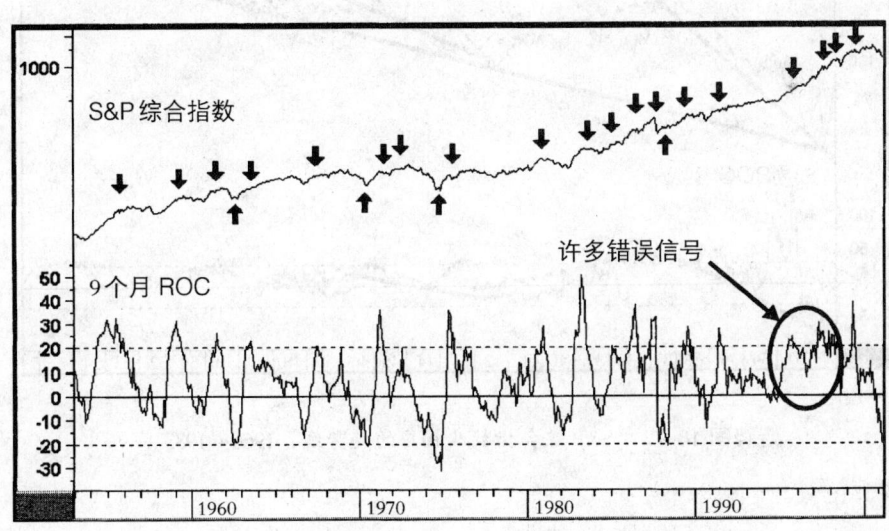

走势图 18-6 S&P 综合指数及 9 个月 ROC 指标，1950~2001 年

（资料来源：www.pring.com）

12个月移动平均线的穿越信号来加以确认。

> **主要的技术准则** 当趋势线反转的信号明显地发生在市场转折点之后时，最好的方法就是应该忽略它而改用其他技术指标。

另一种方法就是连接空头行情的低点和第一个中期底部，来构建一条向上的趋势线。然后，结合12个月ROC指标，并构建出一条类似的趋势线或标示出一个价格形态（如果可能的话）。这就是走势图18-7和18-8中趋势线所蕴含的思想。有时，除非它们特别陡峭，否则是不可能构建出这些趋势线的。此时可以使用第二种趋势线，如20世纪90年代初期时的情形。当两条线都出现背离时，通常表示多头行情已经结束了。大多数情况下，这些信号与多头的峰位相当接近。然而，在1982与1987年，这种背离来得太迟，从而没有任何实用价值。

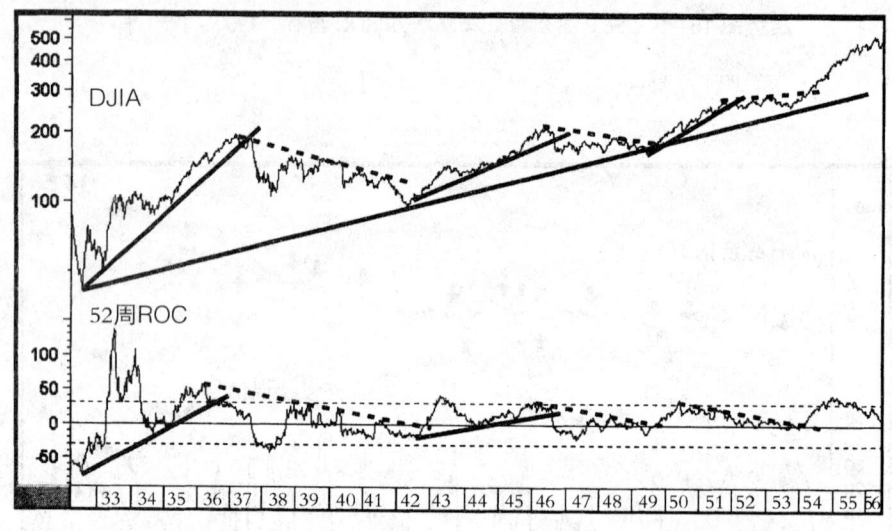

走势图18-7　S&P综合指数及相应的趋势线，1966~1983年

（资料来源：www.pring.com）

虽然这种方法在20世纪运用得很好，但也有失灵的时候。例如在1998年，价格和动能指标同时突破趋势线最终证实是一个错误信号。走势图18-9中运用了同一种方法，但这次用的是每周收盘价和52周ROC。

这种替换掉13周ROC的方法也可以用来发现中期的趋势反转。走势图18-10

第十八章 价格：主要的价格指数

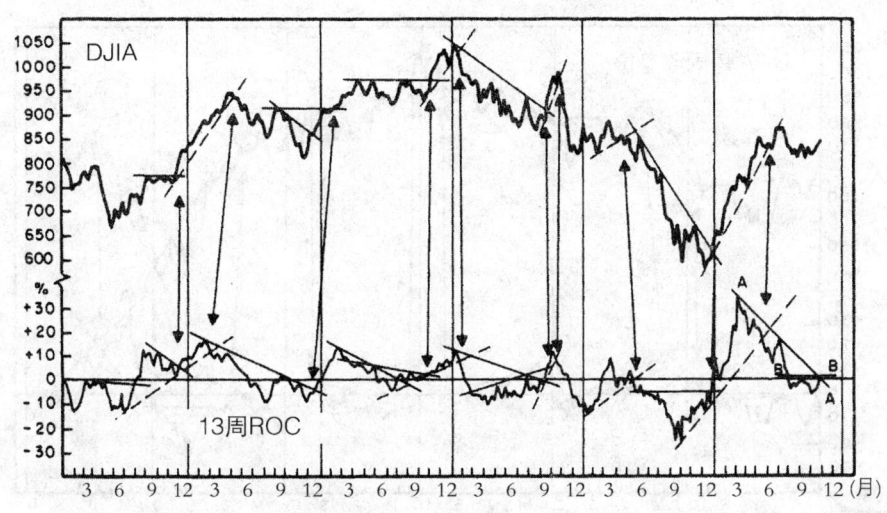

走势图 18-8　S&P 综合指数及相应的趋势线，1984~2001 年

（资料来源：www.pring.com）

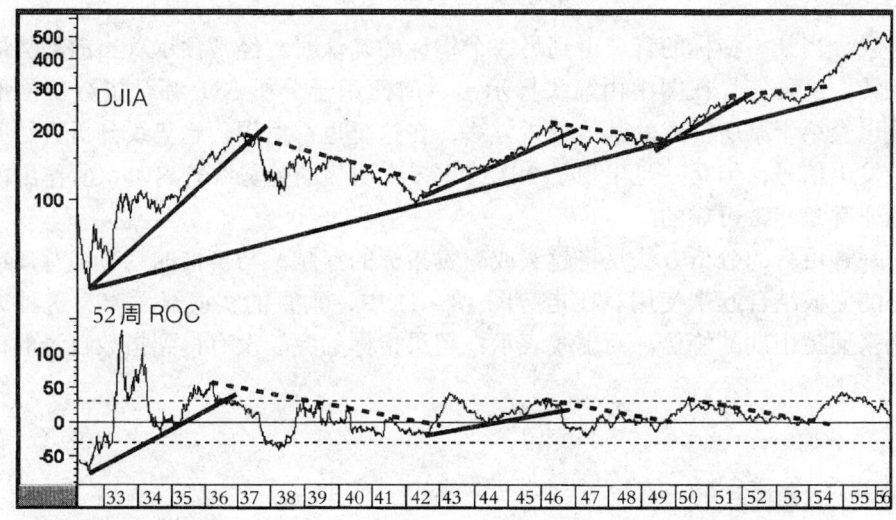

走势图 18-9　道·琼斯工业指数及一个 52 周 ROC 指标，1931~1956 年

（资料来源：www.pring.com）

给出了相应的范例。该图列出了道·琼斯工业指数每周收盘价格与其 13 周动能指标

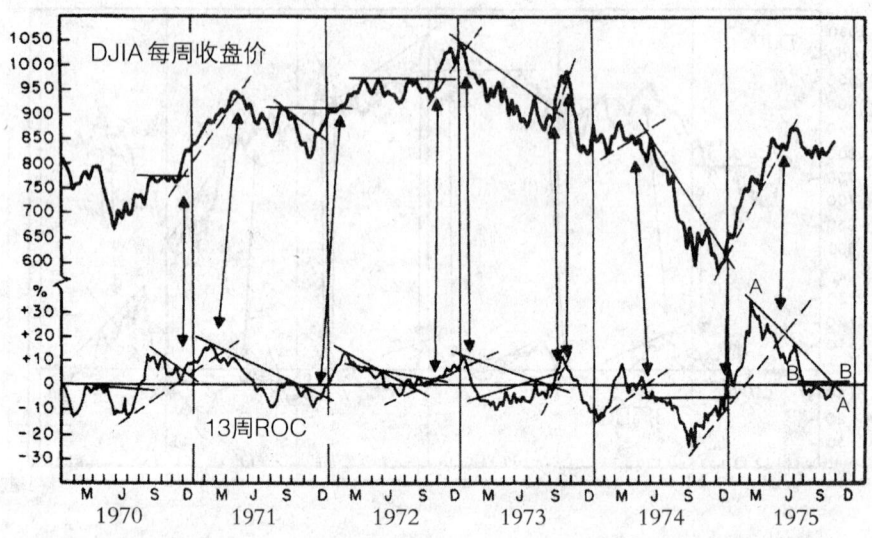

走势图 18-10　道·琼斯工业指数及一个 13 周 ROC 指标，1970～1975 年

（资料来源：www.pring.com）

的趋势线。当某一指标的背离得到另一个指标的确认时，经常预示着当前趋势即将发生反转。这种信号在图中由箭头标示出。前面用于分析 S&P 综合指数价格形态的方法以及第十章所描述的其他分析方法，在这里也都适用。趋势线分析方法并不总是会发出信号，但是一旦出现了 3 次或更多次明显的趋势线背离时，所作出的相应结论通常是非常可靠的。

另一种可行的分析方法是将超买或超卖指标的穿越，与价格的趋势线背离或价格形态的完成结合起来使用。在走势图 18-11 中，垂直的实线显示出：这种方法可以用来捕捉中期的峰位。而虚线表示：超买指标的穿越没有得到指数自身的任何确认。

道·琼斯运输指数

在 19 世纪后半叶与 20 世纪前半叶，铁路是主要的运输工具，因此仅由铁路股构成的指数可以很好地反映运输板块的走势。1970 年，铁路指数还包括其他的运输工具，由此名称更改为运输指数。

运输指数主要受两个因素影响：商业成交量和利率的变化。首先，当经济开始

第十八章 价格：主要的价格指数

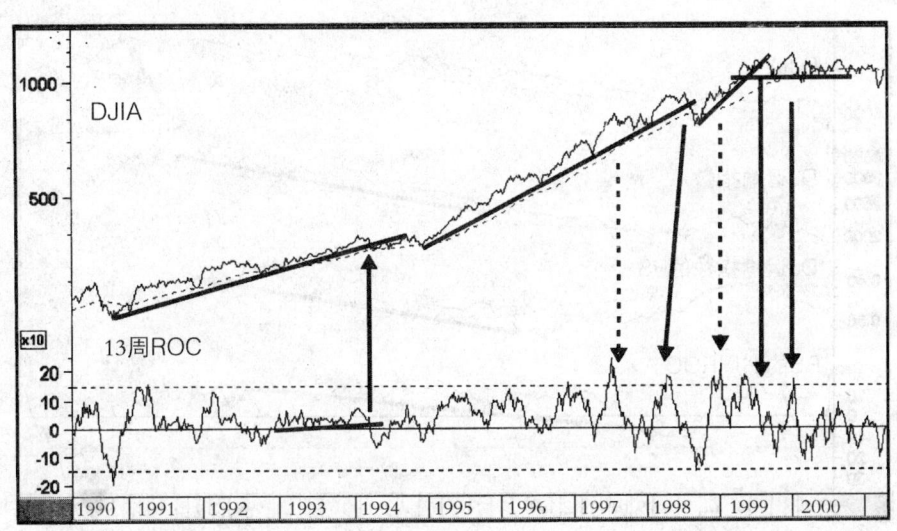

走势图 18-11 道·琼斯工业指数及一个 13 周 ROC 指标，1990～2000 年

（资料来源：www.pring.com）

复苏时，库存水平较低，而且需要原材料来发展生产。随着运输量的增加，投资者预期到了这种变化趋势，因而开始推高运输类板块股票的价格。在商业周期的峰位，企业通常会有过多的库存，由此导致的结果是：随着销售量开始下降，对原材料的需求也相应降低。运输量因此而锐减，该板块的股票也随之下跌。其次，与工业类公司相比，运输类公司更多地依赖于债务融资。由于这种较高的债务水平，此类公司的利润对利率与商业状况的变化也更为敏感。从而，在一些关键的转折点上，运输指数通常领先于工业指数。

道氏理论要求：工业指数与运输指数必须互相确认，关于这一要求的重要性，现在应该是很清楚了。工业板块的变化的确与运输量的增加有关，这可从运输类板块出现相似变化反映出来。同样道理，如果工业类公司的生产与销售后继乏力，那么运输类股票的上涨也将是短暂的。也正是由于它们与业务状况的密切相关，导致了运输指数与工业指数的长期周期大致相同。因此，在前面针对工业指数，所描述过的各种技术分析方法、移动平均时间跨度的选择以及 ROC 指标等也都适用于运输指数。

不能应用于工业指数却可以应用于运输指数的一项技术是相对强度。在这两种指数不能互相确认的情况下，这项技术尤为适用，这是因为相对强度经常可以揭示出，这种背离将如何得到解决。1998 年夏季所发生的情况就是一个典型的范例，当时道·琼斯工业指数创下了新高。走势图 18-12 显示出，尽管运输指数仍然位于

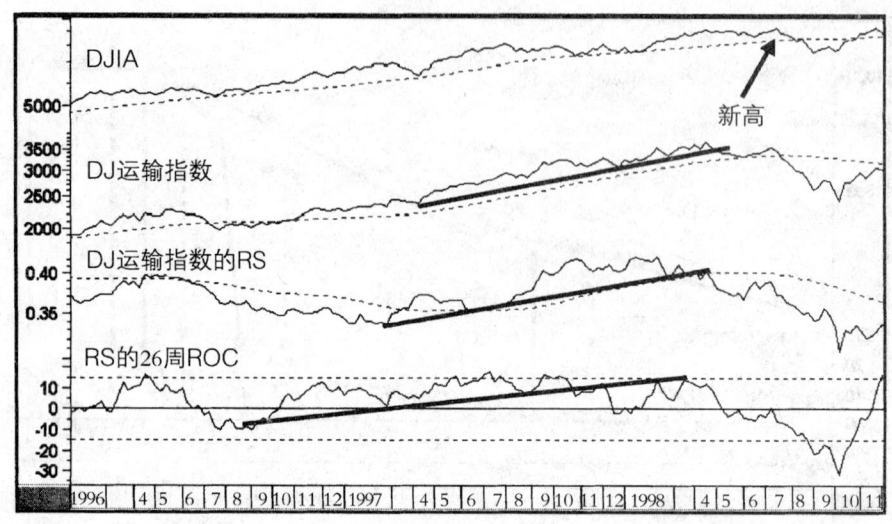

走势图 18-12　道·琼斯运输指数及 3 个指标，1996~1999 年

（资料来源：www.pring.com）

其 40 周移动平均线之上，但该指数已经背离了相应的上升趋势线，从而显示出潜在的弱势。结果是，当工业指数创下新高时，运输指数却回落到先前曾背离的长期趋势线位置处。然而，运输指数不可能对工业指数加以确认的真正原因是，运输指数的 RS 线在 1998 年 4 月就已经向下穿越其移动平均线与上升趋势线。同时，RS 的 26 周 ROC 也背离其上升趋势线。因此，当工业指数在 7 月创下新高时，运输指数的 RS 线正处于下降状态，并远低于其移动平均线。最终，ROC 也没能够反弹至零线以上，这又是一个脆弱性的征兆。

道·琼斯公用事业指数

道·琼斯公用事业指数是由涵盖电力、天然气管道（瓦斯）、电话等行业的 15 支成分股所构成。从历史的角度来看，这一指数是预测工业指数表现的最可靠指标之一。这是由于公用事业股票对利率的变化极为敏感，而利率又总是领先于整个股票市场。

利率变化对公用事业股票是非常重要的，原因有两点。第一，公用事业公司经常需要通过债务融资来获得大量的资金。随着利率的上升，续借已有债务或重新举债的成本也随之提高，这会对利润造成压力。当利率下降时情况恰好相反，利润会

第十八章 价格:主要的价格指数

增加。其次,公用事业公司的利润通常以股息的方式派发,因此该类板块的投资者在重视潜在资本利得的同时,也很重视股息的收益率。当利率上升时,债券——投资者也是出于收益率的考虑而买入债券——的价格将会下跌,此时债券就变得比公用事业股票更具有吸引力。因此,投资者倾向于抛售公用事业股票而买进债券。反之,当利率下降时,资金又会回流到公用事业股票,从而导致其价格上涨。

总的来说,当工业指数处于上升趋势,而公用事业指数由上升转为平坦或下降趋势时,这往往表示工业指数即将发生反转。在多头行情的峰位,公用事业指数领先于工业指数的例子有:1937年、1946年、1953年、1966年、1968年、1973年、1987年以及1994年;相反,在空头行情的谷底,公用事业指数也领先于工业指数的例子有:1942年、1949年、1953年、1962年、1966年、1974年、1982年和1998年。在其他重要的行情转折点上,两种指数大多呈现出一致的走势,但偶尔,例如1970年的市场底部与1976年的头部,公用事业指数也会落后于工业指数。

> **主要的技术准则** 由于利率趋势的变化通常发生在股市反转之前,因此对利率极其敏感的公用事业指数往往会在市场头部与底部领先于道·琼斯工业指数

公用事业指数与工业指数之间的相互关系常常受到了忽视,这是由于它总是在最狂热的行情下,默默发出信号。在行情的头部,当投资者、分析师与新闻媒体都陶醉在一片上涨的期待中时,公用事业指数已经处于下降状态。走势图18-13给出了一个典型的范例。在1987年8月,当工业指数创下历史新高时,公用事业指数已经明显处于空头。在行情的底部,当市场充斥着恐惧、衰退甚至恐慌的气氛时,公用事业指数却已开始缓步回升。

非加权指数

非加权指数是加总所有成分股的价格,然后再除以成分股的家数。通过这种方法得到的指数因而是以股价而不是以市值为权数。最广泛采用的该类指数是价值线算法(Value Line Arithmetic)指数。

非加权指数之所以有用,是由于它可以反映个人投资者所持有投资组合的平均股价,这与机构投资者通常所持有的绩优股不同。另外,非加权指数也有助于分析市场的技术结构,因为在行情的头部,它们通常会领先于市场(例如道·琼斯工业

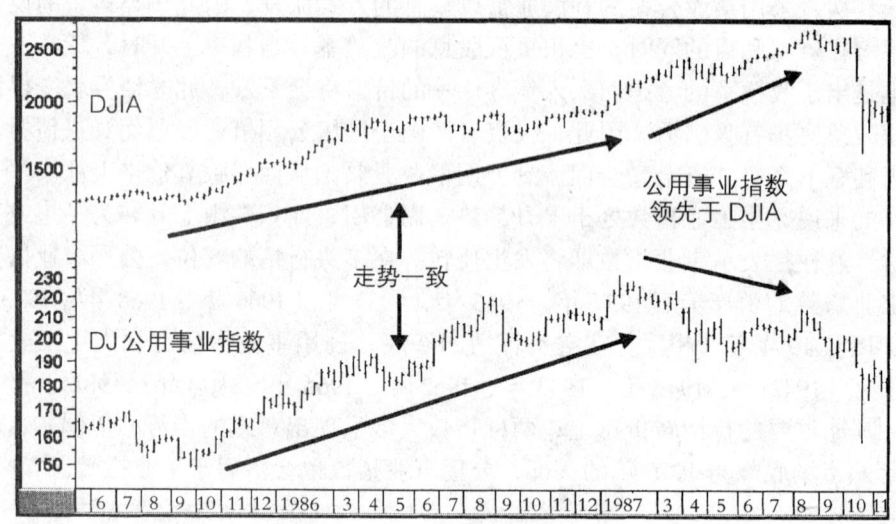

走势图 18－13 道·琼斯工业指数与 DJ 公用事业指数，1985～1987 年

(资料来源：www.pring.com)

指数)。当道·琼斯工业指数与价值线指数之间产生持续性背离时，道·琼斯工业指数总是要受到拖累。一旦出现了背离现象，必须倍加谨慎，直到这两种指数都突破价格形态或趋势线。

当大盘指数呈现出持续性弱势时，如果非加权指数出现理想的相对强度，这经常代表跌势结束后，大盘将出现大幅上涨。这类现象曾发生在 1978 年，当时价值线算法指数在 1977 年底出现了低点，比道·琼斯工业指数提前了数个月。走势图 18－14 列出了 1985～1990 年价值线算法指数与 S&P 综合指数的走势。在 1985 年底，相对于年初的底部，价值线算法指数再创新低，而 S&P 综合指数却形成了一个较高的底部。这种背离现象代表一个弱势信号，但没有经 S&P 综合指数穿越其 40 周移动平均线来加以确认。在 1986 年，可以看到类似的情形，但仍没有得到确认。然而，1990 年的情况却不同，这是因为 S&P 综合指数不仅穿越了其移动平均线，而且穿越的还是一个主要的上升趋势线。

这再次验证了一个重要的原则，即确认原则。我们可以采用多种方式来比较两个指标或指数，并观察两者之间是否发生了背离。然而，正如摆荡指标的背离需要价格来确认一样，指标间的背离，不管这种背离是正向的还是反向的，都必须经过确认才能用来判断当前趋势是否发生反转。

第十八章 价格：主要的价格指数

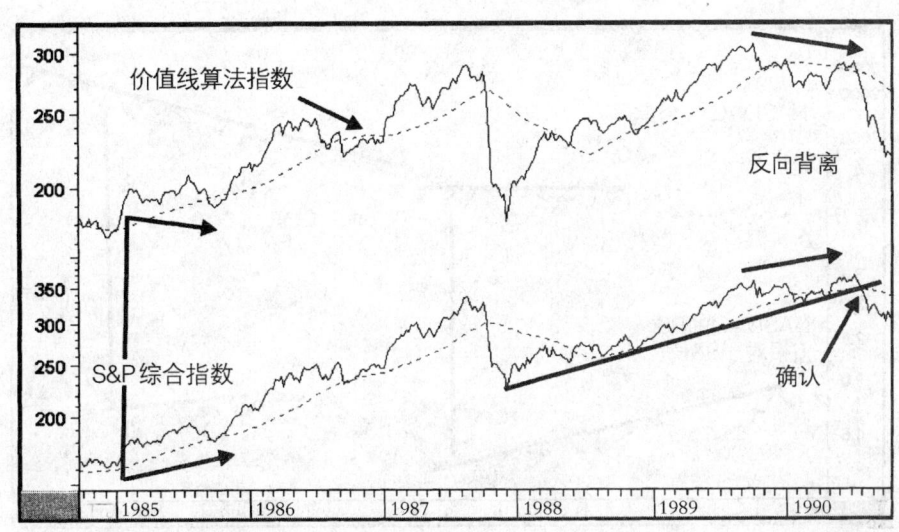

走势图 18－14 价值线算法指数与 S&P 综合指数

（资料来源：www.pring.com）

NASDAQ

20世纪90年代高技术的兴起赋予了 NASDAQ 综合指数前所未有的重要性。这一按市值加权的指数受大型高科技公司的影响甚大，因此代表了高科技板块。NASDAQ 综合指数不具有如公用事业指数一样的领先特征，但可用于相对强度分析。

走势图 18－15 给出了 NASDAQ 综合指数以及其相对于 S&P 综合指数的 RS 线。请注意，在1991年，两指标同时背离各自的趋势线代表一个强劲的反弹信号。接下来，RS 背离其下降趋势线代表另一个趋势反转信号，这一信号随后经指数本身向上突破其阻力位趋势线得以进一步确认。然后，随着 NASDAQ 综合指数快速冲向峰位，这种多头行情的速度也随之加快。

通用汽车

有一种说法："对通用汽车有利的事件，对美国也是有利的"，就股市而言，最近50年左右的记录证实，这一说法是有效的，这是因为通用汽车是一支典型的指

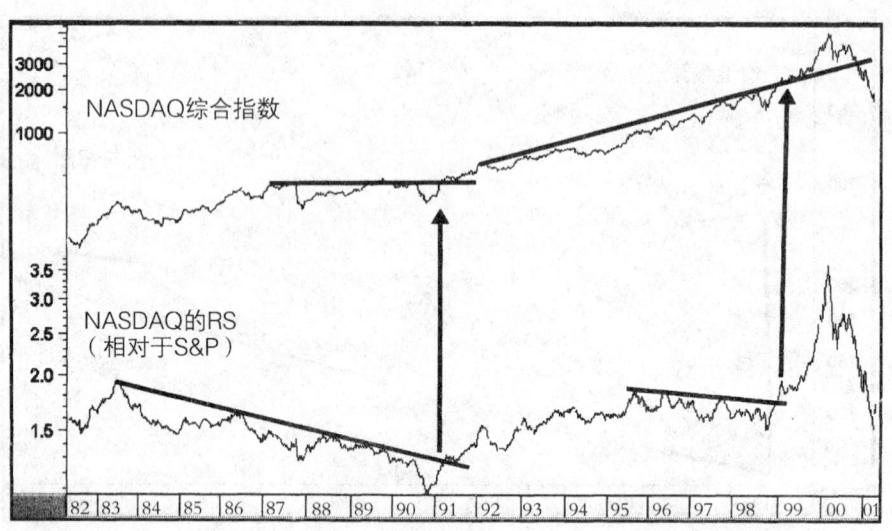

走势图 18-15　NASDAQ 综合指数及其相对强度，1982~2001 年

（资料来源：www.pring.com）

标股。

通用汽车拥有数以万计的员工和上百万的股东，其经营业务对信用情况极其敏感。它仍然是美国最大的汽车制造商，而美国相当一部分的就业机会都直接或间接地依赖于汽车产业。

因而，大部分时间里，通用汽车的股价与道·琼斯工业指数或 S&P 综合指数一致地涨落。在行情的头部，通用汽车通常领先于大盘，因此，如果道·琼斯工业指数或 S&P 综合指数所创下的新高未得到通用汽车的确认，就代表一个趋势反转的征兆。另一方面，由于通用汽车在行情底部时常常落后于市场，因此它在行情底部的作用不大。走势图 18-16 清楚地显示出通用汽车的长期走势。需要注意的是，在 1928~1929 年期间，通常汽车形成一个巨大的头肩形态（H&S），而在 1964~1966 年期间，又形成一个直角扩散顶形态。这两个长期出货形态的完成导致股价的大幅下跌。

走势图 18-17 比较了通用汽车与 S&P 综合指数在 20 世纪末的走势。图中的垂直虚线显示出，通用汽车在行情底部通常落后于大盘。在垂直实线后，GM 股价仅仅检验了先期低点，但并没有超越它；而 S&P 综合指数却在垂线后形成了一个较高的底部。接下来我们考虑通用汽车在中期以及多头行情峰位处的领先特征。1997 年与 1998 年的股价下跌都代表着 GM 与 S&P 综合指数发生了反向背离。2000 年春季在通用汽车领先于 S&P 综合指数处也发生了反向背离。然而，随后的反向背离

第十八章 价格：主要的价格指数

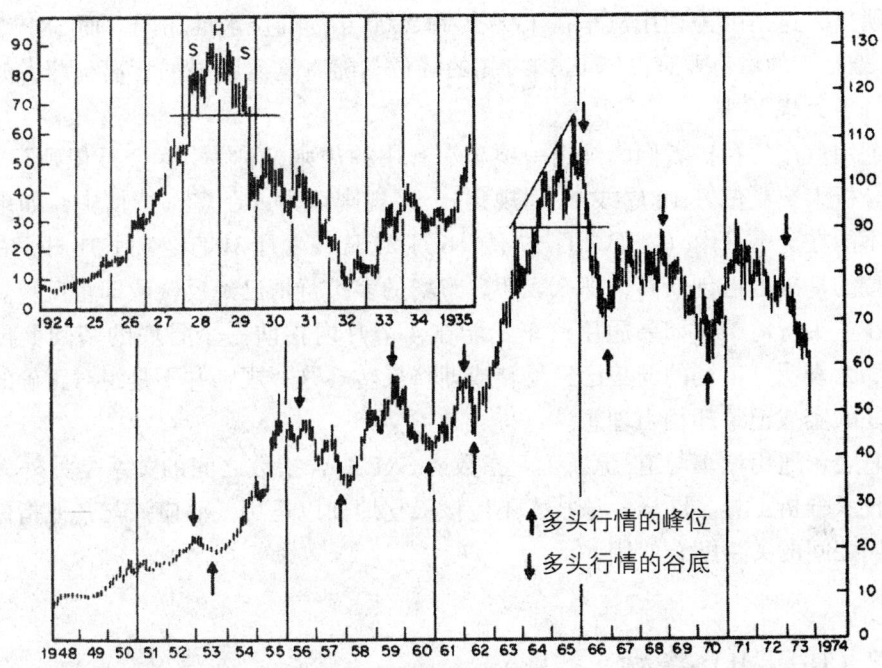

走势图 18-16 通用汽车股票的市场结构，1924~1935 年和 1948~1973 年

（资料来源：M.C.Horsey）

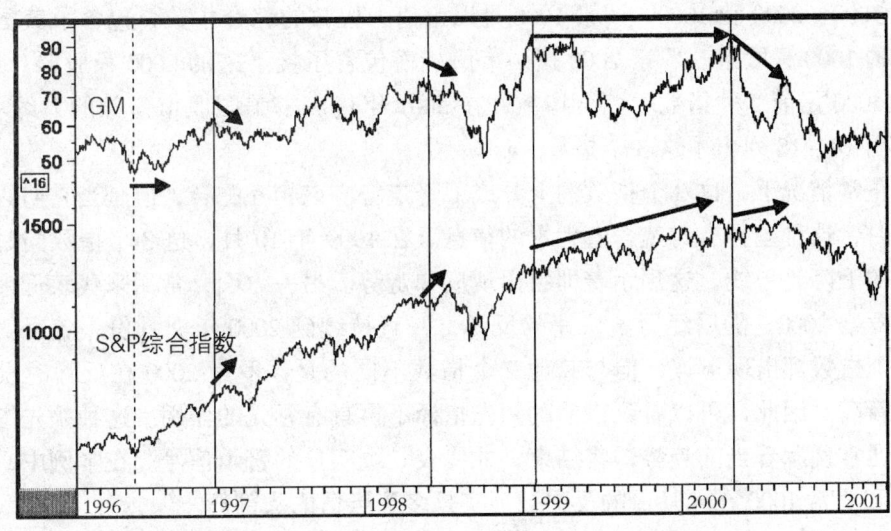

走势图 18-17 通用汽车股票与 S&P 综合指数，1996~2001 年

（资料来源：www.pring.com）

313

更为明显，这是因为通用汽车在 1999 年和 2000 年的峰位水准相同，而 S&P 综合指数在 2000 年的峰位要远高于其 1999 年的峰位。随着这次明显的背离，两者的走势都出现了大幅下挫。

通用汽车的拥护者们归纳出一项非常有用的规则，称为"4 个月规则"（尽管一些分析人士更偏好 19 周或 21 周规则），该规则认为：在多头行情中，如果通用汽车不能在 4 个月内（例如 2 月 27 日 ~ 6 月 27 日或 3 月 31 日 ~ 7 月 31 日）在前一个峰位的基础上再创新高，那么表明，市场的多头行情已经反转或即将反转。类似地，在空头行情中，如果通用汽车不能在 4 个月内在前一个谷底的基础上再创新低，那么表明，市场的弱势已经反转或即将反转。这一规则并不是绝对正确的，但它以往的实战记录却相当理想。

总之，通用汽车与道·琼斯工业指数或 S&P 综合指数之间的关系是另外一种有用的技术分析工具。同样，该技术不应该孤立地加以运用，而应该与其他指标或依据它们之间的关系配合使用。

罗素（Russell）指数

除了其他指数之外，弗兰克·罗素这一机构还发布了 3 个重要的指数，分别是：罗素 3000、2000 和 1000。罗素 1000 是以市值为权数的综合指数，包含了美国规模最大的 1000 只股票。罗素 2000 按照市值规模包含了接下来的 2000 只股票。最后，罗素 3000 是前 2 种指数的综合指数，在 2001 年代表了美国股市份额的大约 98%。走势图 18 – 18 列出了这 3 个指数。

正常情况下，这 3 个指数的上升或下降走势应该相互配合，但是当它们的走势不同时，这种差异有时蕴含着大量的信息。在 1999 年 10 月，这 3 个指数同时背离各自的下降趋势线，这预示着即将出现反弹走势。另一方面，常用来代表低市值板块的罗素 2000，随后经历了快速的反弹，一直持续到 2000 年 2 月份。随后，所有这 3 个指数都出现下挫，但与其他 2 个指数不同的是，罗素 2000 在反弹时没能够创下新高。因此，可以看到以前的领先指标不再具有领先的作用。这种领先指标的失灵通常预示着当前趋势即将结束，并代表一个明显的警示信号。在本例中，罗素 3000 和罗素 1000 在 4 月份的反弹被证实是多头行情的头部。

最后，我们可以看到罗素 1000 在 2000 年 9 月弹回至当年春季的高点，但是罗素 2000 没有能够对此加以确认。当所有 3 个指数都背离各自的向上趋势线（图中的虚线）时，这种背离随即便得到确认，于是大幅的跌势接踵而来。

第十八章 价格：主要的价格指数

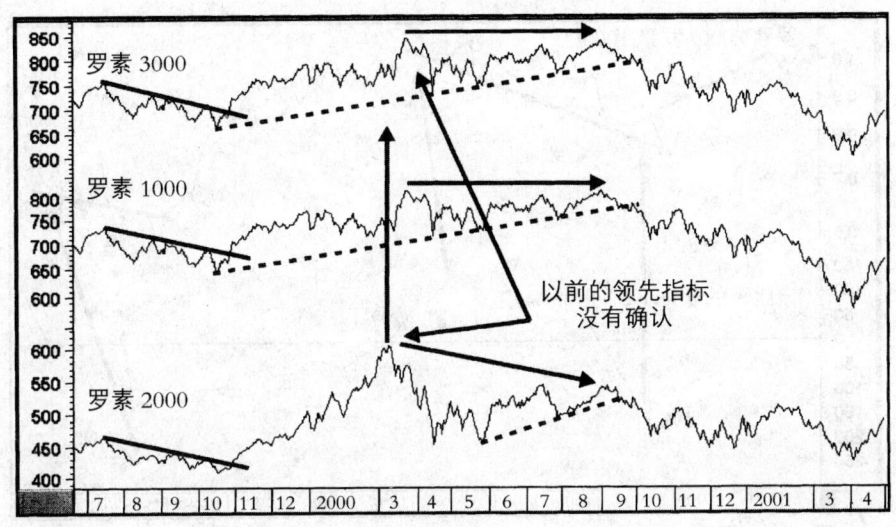

走势图 18－18　3 个罗素指数，1999～2001 年

（资料来源：www.pring.com）

> **主要的技术准则**　当板块中的领先股未能对上涨趋势的新高（或者是下降趋势的新低）加以确认时，通常就代表一个衰竭信号，预示着即将发生趋势反转。

罗素 2000（代表了低市值股票）和罗素 1000（代表了蓝筹股和高市值股票）之间的比率指标也非常具有参考价值，因为它有助于判断投资者的偏好。走势图 18－19 显示出，这一比率指标本身具有明显的周期性，这可从长期 KST 线的 4 段波动趋势看出。有时，KST 指标穿越其移动平均的信号预示着该比率将发生趋势线背离。这从 1991 年与 1995 年所发生的情况可看出，但是，由于 20 世纪 90 年代末的下降趋势过于陡峭，从而无法构建出趋势线。接下来的突破（图中用虚线箭头标出）发生在 2000 年的飞速上涨行情中，但随后被证实是一个错误信号。这是因为高科技板块在第一季度的飞速上涨暂时拉高了罗素 2000。随后，如果我们忽略这些错误信号，就可能在 2000 年底观察到长期底部的背离。

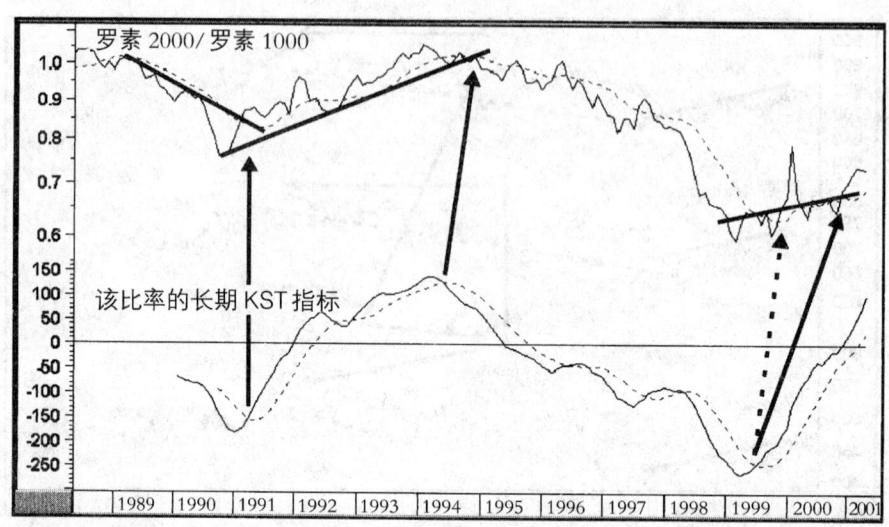

走势图 18-19 罗素 2000/罗素 1000 及长期 KST 指标，1988~2001 年

(资料来源：www.pring.com)

小 结

- 不存在可一致性且真实地代表"整个市场"的完美指数。
- 大体上有两种方法可计算大盘指数，一种是市值加权法，另一种是非加权的方法。
- 本书其他部分所描述的技术指标也可以运用到对大盘指数的分析中来。
- 大多数情况下，各种大盘指数的波动相互配合。一旦出现差异并且这种差异被确认，那么就预示着趋势即将反转。

第十九章
价格：板块轮替

在第二章中，我们讨论了3个主要金融市场——债券、股票和商品——与经济周期之间的关系。在某些时候，这些市场会呈现一致性的走势，但更多的时候趋势会发生背离。三者之间的关系取决于经济周期的状况。务必牢记的是，在经济周期的初期，经济是由通货紧缩的力量所主导，而当经济复苏并趋于成熟时，通货膨胀的压力便会随之而来。没有任何两个经济周期是完全相同的；在每一个经济周期中，各金融市场的峰位与谷底之间领先与滞后的关系也是不尽相同的。虽然如此，债券、股票和商品这3个市场的时间发展顺序，在实际中仍具有指导作用。

行业板块和经济周期

本章将进一步阐述这些不同周期在时间上的先后发展顺序，并指出不同的行业板块受到不同经济状况的影响。简而言之，本章将根据各板块对通货膨胀或通货紧缩压力——换言之，领先与落后的特征——的敏感性，来加以归类。由于经济周期本身不断地在通货膨胀与通货紧缩之间转换，因而各行业板块也呈现出板块轮替的现象。

不幸的是，这一分类方法并不完美。首先，许多行业无法根据对通货膨胀或通货紧缩的敏感性来明确分类。其次，股票价格虽然会反映利润的变化，但更重要的是，它反映投资者对这些变化的态度。对于利率敏感的股票而言，利率虽然是影响利润的一个重要因素，但并不是决定性因素，所以这些利率敏感类股票价格的表现有时会与债券市场脱节。例如，储贷机构股票在1989年所发生的下跌就与该行业的财务危机有关。在正常的情况下，由于利率在1989年基本上处于跌势，因此其股价本应上涨。

尽管有此缺陷，板块轮替理论还是可以发挥两方面的作用。首先，该理论可提供一种构架，借以评估主要趋势的发展程度。举例说明，如果有技术性征兆显示市场已经处于严重的超卖状态，并且其他因素也表明市场的主要趋势可能由空翻多，此时应该分析某些通常属于领先的板块，观察它们在大盘指数创下新低时，是否发生背离的现象，或者其相对强度指标是否已处于上升趋势。

另一方面，当技术指标显示大盘可能处于头部时，应该分析那些通常领先于大盘的行业板块，观察它们是否在数周或数月之前就已经创下新高，同时观察表现相对强劲的板块是否集中在那些通常落后于大盘的行业板块。

其次，板块轮替理论有助于我们确定应该买入或卖出哪些行业板块的股票。第三十一章将详细讨论这部分的内容。

本章所做的评论是以美国股票市场为准，但板块轮替的概念原则上也可以适用于其他股票市场。每个国家都会经历经济周期。意大利或日本的公用事业公司对利率的反应也都与美国的此类公司一样。实际上，我们还可以把这一概念进一步延伸，并判定某些自然资源较为丰富的国家，例如加拿大、澳大利亚与南非，其股票市场的表现在全球经济周期的末期应该最为理想，实际的情形也经常如此。

> **主要的技术准则**　股市的多头行情是指一段通常会持续9个月到2年的时期，在这一时期内，大部分股票在多数情况下都会上涨。同样，股市的空头行情是指一段通常会持续9个月到2年的时期，只是在这一时期内，大部分股票在多数情况下都会下跌。

板块轮替的概念

由于在多头行情中，大多数股票基本上都处于涨势，因此也就意味着大多数股票在空头行情中，通常会与大盘指数同时创新低。我们说公用事业股票是领先板块或者说钢铁股票是落后板块，并不表示公用事业股票的低点必然会出现在道·琼斯工业指数的低点之前，虽然实际上经常会如此。更可能发生的情形是，由于公用事业板块对利率非常敏感，所以其相对于大盘的最佳表现通常会发生在空头行情的底部。同理，钢铁板块也可能在多头行情的初期随着大盘而上涨，但其相对于大盘的最佳绩效则趋向于发生在多头行情的末期或空头行情的初期。请留意，我们这里使用的是"趋向于"一词，因为这正是我们所讨论的，即"趋势"或"概率"，而绝不是"确定地"。

图19-1中的正弦曲线代表一个典型经济周期中的经济扩张与衰退。虚线部分代表股票市场的中期走势。图中也显示了其他金融市场中的典型峰位与谷底（字母

第十九章 价格：板块轮替

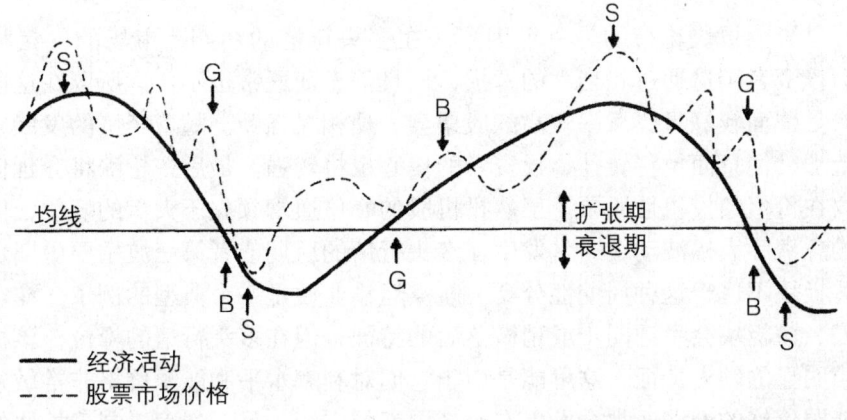

图 19-1 经济活动与股票价格（B代表债券，S代表股票，G代表黄金）

G代表黄金）。债券价格的谷底（也就是利率的周期性峰位）通常发生在经济已经进入衰退期的数个月之后。股票市场实际上反映了未来利润的折现值，因此其底部通常发生在经济周期处于谷底之前的3~6个月，而商品市场的复苏经常会发生在经济复苏的数个月之后。由于在每个经济周期中领先与落后的程度各不相同，所以这里的方法只能作为一个分析构架，绝不能机械地加以推广。

整个股票市场是由许多板块所构成，而这些板块各自代表了经济中的不同部门。如果用一个总量指标来定义经济，如GNP，那么在任何时候，经济不是处于上升状态便是处于下降状态。虽然如此，经济中的所有部门很少会同时呈现扩张或衰退态势，这是因为经济不是一个同质性单位，而是由许多不同部分所共同构成的。某些行业比较能够适应通货紧缩的环境，它们在经济周期的初期有着较为理想的表现；而另一些行业则比较适应通货膨胀的环境，它们在经济周期的末期有着较为理想的表现。

经济复苏通常是由消费者支出所带动，特别是房地产业。随着经济衰退期间利率水平的下降，对房地产的需求逐渐上升。由此，房地产板块与一些建筑业板块可视为领先板块。

由于市场预期到消费者支出将增加，因此零售业、餐饮业、化妆品、烟草业等消费性板块也将出现领先的走势；另外，某些对利率敏感的板块也是如此，例如：电话、电力、保险、储贷机构以及提供消费性贷款的金融机构。随着经济继续复苏，当初在衰退期间大量减少的存货将逐渐被耗尽，此时可以视作是同步性板块的制造业的股价将上涨，或出现相对的强势。最后，在经济复苏的后期，当制造业的生产能力耗尽后，资本密集型板块，例如钢铁、某些化工与矿业板块，将成为市场的领导板块。

信心是影响板块轮替的另一个因素。在多头行情的初期，市场的气氛相当谨慎，因为投资者刚遭遇过相当大的亏损，而且消息面通常也不佳。所以在这段时期内，资产负债面较好且股息率较高的股票会表现相对强劲。随着经济的发展，股票价格将上涨，消息面也将转佳，投资者的信心也将转强。最后，轮涨将会延伸至没有多大内在价值的投机性股票。虽然投机股的峰位通常领先于大盘的峰位，但它们所造成的急涨和大幅波动，通常发生在多头行情的后期或者第三波主要中期走势。

某些板块不适于这种周期性分类。航空运输业便是一个典型的例子。在空头市场的谷底，该板块会呈现同步或稍微落后的特征，但在多头行情的峰位，该板块则具有相当明显的领先特征。这可能是由于它们对利率水平和能源价格非常敏感，而利率与能源价格的上涨通常会发生在经济周期的末期。另一方面，制药板块的最佳相对业绩通常发生在多头行情的末期，就这一点来说，制药板块属于落后型板块。在行情的底部，它们通常也有落后的倾向（就 RS 而言），但在程度上不如在行情顶部处明显。

值得注意的是，板块轮替过程倾向于在中期反弹和折返走势或周期性走势中表现较佳。

将经济周期划分为通货膨胀与通货紧缩两个阶段

将板块轮替理论运用到实务中并不是一件容易的事，因为每个经济周期的特征都不相同。大体上，经济周期可以被划分为通货膨胀与通货紧缩两个阶段。首先我们应该建立一种通货膨胀/通货紧缩的指标，当该指标上升时就代表通货膨胀，而下降时就代表通货紧缩。

用来判断的方法之一就是比较两支个股的价格表现，一支是对通货紧缩比较敏感的股票，例如公用事业公司的股票，另一支是对通货膨胀比较敏感的股票，例如矿业公司的股票。然而，这种方法的缺陷是，个股的价格可能受到与经济周期无关的公司内部因素所影响。以两个板块——例如公用事业板块与黄金板块——来进行比较，也会产生类似的问题。举例说明，当政府对公用事业公司采取严格管制时，该板块的价格将会下跌；然而，如果南非矿工发生罢工，由于南非是黄金的主要产地，因此黄金价格可能会飞涨。尽管这些因素与经济周期没有关系，但都强烈影响着通货膨胀/通货紧缩这一比率的水平与趋势。

一种更为理想的解决方法是，根据若干个对通货膨胀比较敏感的板块构建一个通货膨胀指标，同时根据若干个对通货紧缩比较敏感的板块构建一个通货紧缩指

第十九章 价格：板块轮替

标。在这种情况下，即使某个板块受到非周期性因素的影响，也不会严重扭曲整体的结果。

走势图19-1列出了这类指标。通货膨胀板块指数是对标准普尔的黄金、其他金属、国内石油以及铝行业等指数取算术平均值，而通货紧缩板块指数则是对电力、储贷机构、房地产以及保险业等指数取算术平均值。

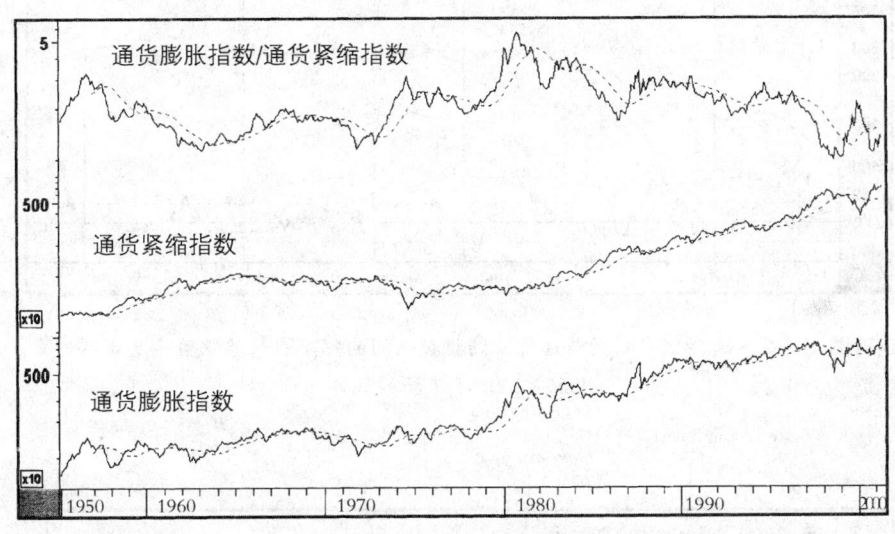

走势图19-1 通货膨胀敏感板块与通货紧缩敏感板块，1950~2001年

图的上方列出了两板块之间的比率，图的下方分别列出两板块的走势。当市场处于上升状态时，通货膨胀敏感板块的表现要优于通货紧缩敏感板块，反之亦然。

图的最上方列出了通货膨胀指数与通货紧缩指数之间的比率。这一比率的趋势反转，反映了市场认为当前的经济周期是处于通货膨胀阶段还是通货紧缩阶段。该比率处于上升状态时，代表对通货膨胀比较敏感的股票有相对理想的表现，反之亦然。

走势图19-2进一步将通货膨胀/通货紧缩这一比率的趋势与债券收益率以及工业品价格的趋势进行了比较。这些指标的走势并不总是朝同一个方向运动，但彼此之间确实有关联。图中的垂直实线表示位于走势图下方的18个月ROC（对应于该比率）从下方的超卖水准处发生反转。在大多数情况下，这与工业品价格的低点相当接近。由于债券收益率落后于商品价格，因此它们在ROC指标已开始上升一段时间之后，才到达底部。走势图19-3显示了同样的数据，只不过这一次，图中的垂直线代表超买穿越信号。这些信号在判定政府债券收益率是否处于头部时表现得相当理想。

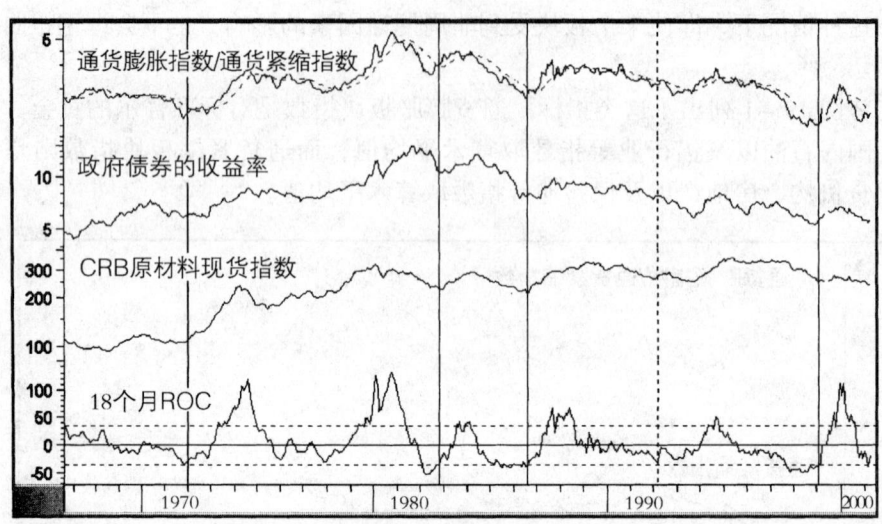

走势图 19-2　通货膨胀指数与通货紧缩指数之间的比率、债券收益率及商品价格，1966~2001年市场的底部

(资料来源：www.pring.com)

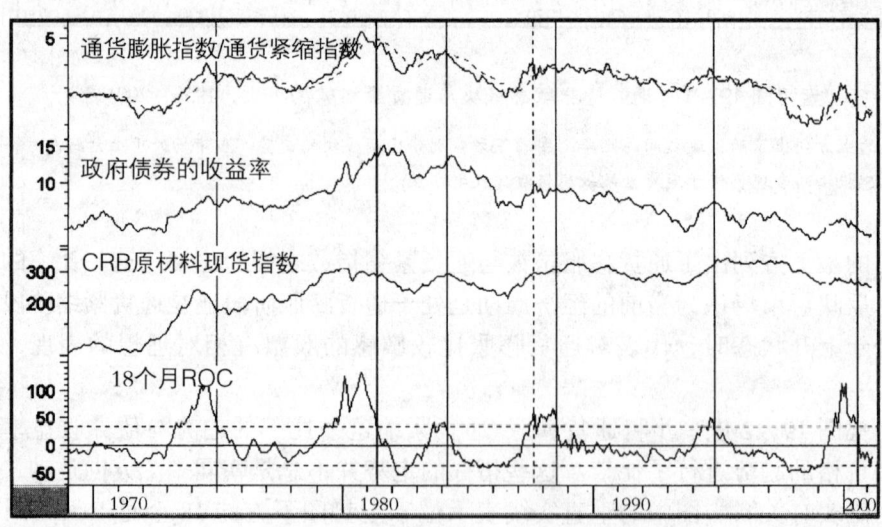

走势图 19-3　通货膨胀指数与通货紧缩指数之间的比率、债券收益率及商品价格，1966~2001年市场头部

(资料来源：www.pring.com)

第十九章 价格：板块轮替

领先板块和落后板块的相对走势通常是不同的

走势图 19-4 列出了根据标准普尔能源指数与金融指数的 RS 线计算出的一些平滑动能指标。我们也可以替换成道·琼斯公司、《投资者商业日报》（*Investors Business Daily*）等其他机构板块来计算，而基本原理是一样的。其中最显著的特征是，这两种动能指标的运动方向几乎始终相反，这表明它们总是处于板块轮替过程中的相反端。因此，当金融指数之 RS 的动能指标处于底部时，可以考虑买进对利率敏感的板块或其他具有领先特性的板块。反之，当能源指数处于底部而金融指数处于头部时，可以考虑买进对通货膨胀敏感的板块。

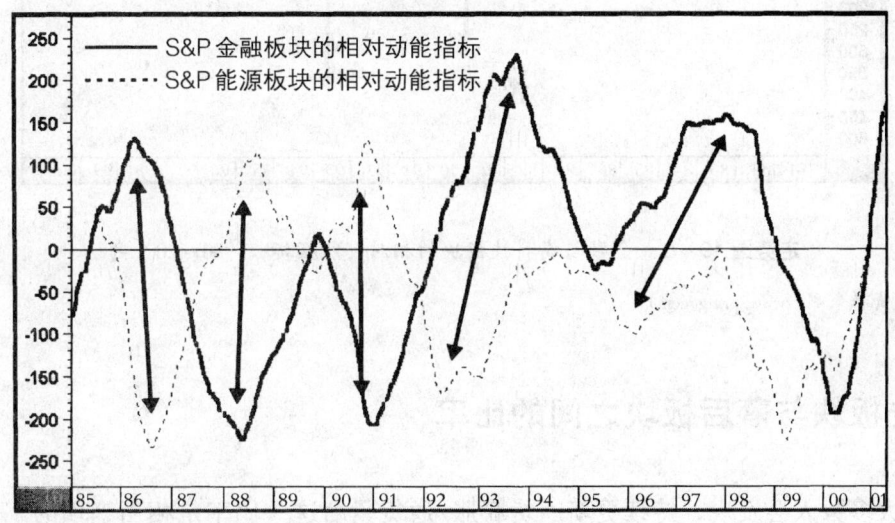

走势图 19-4 金融板块与能源板块的相对动能指标，1985~2001 年

（资料来源：www.pring.com）

当然，非常重要的一点是，当根据各板块之 RS 的动能指标来进行买卖决策时，必须要配合能源指数与金融指数本身的价格形态。举例说明，如果能源板块的 RS 正处于底部，而黄金之 RS 处于超买区域，并且正到达峰位，此时当然不应该买进黄金股。务必注意，走势图 19-4 中的动能指标是 RS 的动能，其上升与下降代表的只是相对强度的改善或恶化，而并没有指出绝对价格的表现，尽管在大多数情况下，绝对价格的运动方向与相对趋势一致。

走势图 19-5 给出了一个类似的例子，但这次是将金融板块与高科技板块进行比较。有些人会认为高科技板块是一个领先性板块。然而，这张走势图显示出这并非事实，因为当两个指标的走势出现背离时，高科技板块之相对动能指标有滞后的倾向。因此，每种指标在不同的时刻可提供不同的投资机会。

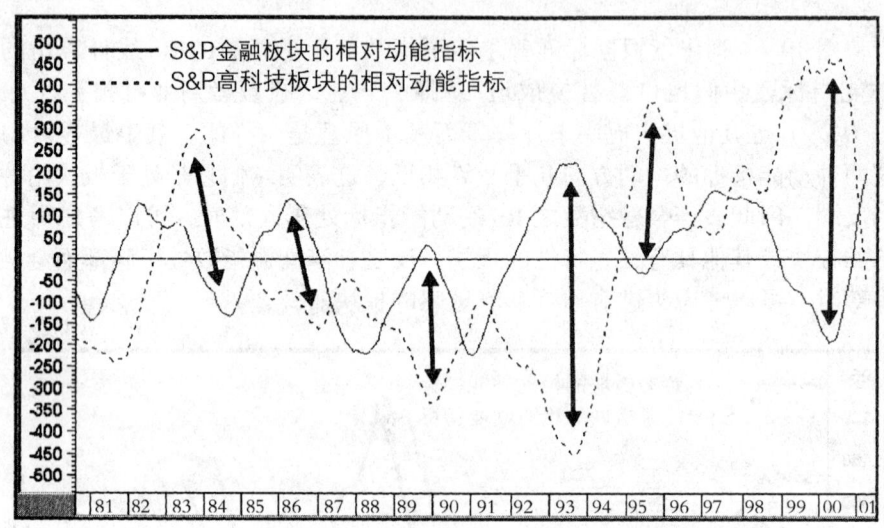

走势图 19-5　金融与高科技板块的相对动能指标，1980~2001 年

（资料来源：www.pring.com）

领先板块与落后板块之间的比率

大多数人会发现，持续更新通货膨胀/通货紧缩这一比率是相当繁琐的。一个比较简捷的方法是计算 S&P 铝制品指数（落后板块）与银行指数（领先板块）之间的比率（参看走势图 19-6）。这一比率的走势与通货膨胀/通货紧缩比率的走势并不完全相同，但大体上经历了相同的通货膨胀、通货紧缩波动。在大部分时间里，它与图中用粗线所代表的 CRB 原材料现货指数走势相类似。图的下方列出了这一关系的 KST 线。

当然也可以用不同的平滑动能指标，例如价格振荡指标、MACD、随机指标等来进行替换。移动平均线与 KST 线的交叉穿越可代表主要的板块轮替正在发生的信号。举例来说，走势图中最近的两个此类信号（即 1998 年的 A 点与 2000 年的 B 点），就分别表示向通货膨胀和通货紧缩的反转。

走势图 19-7 列出了 S&P 石油与天然气板块的走势。从中可清楚地看到，该板

第十九章 价格：板块轮替

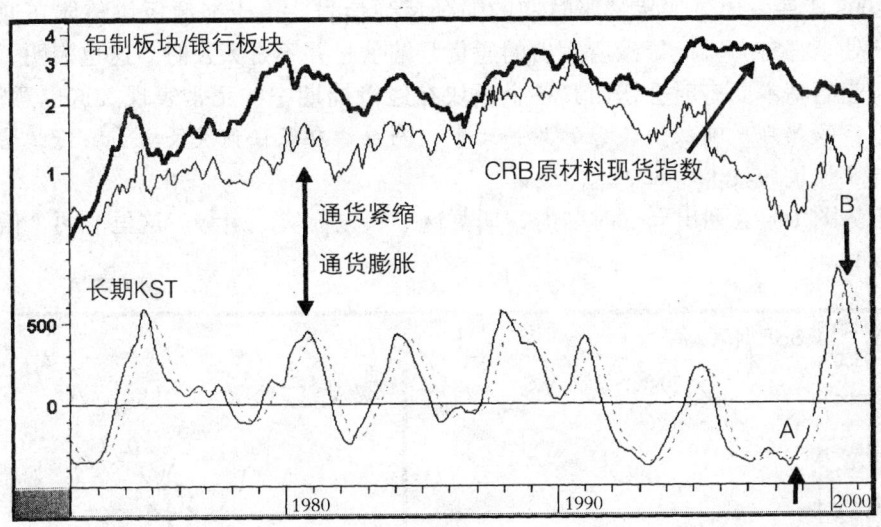

走势图 19-6 铝制品板块与银行板块之间的比率，1972~2001 年

(资料来源：www.pring.com)

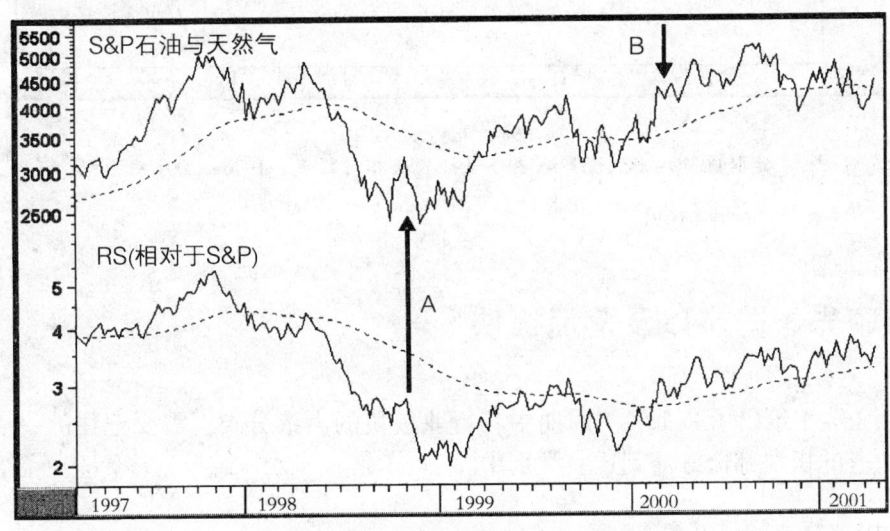

走势图 19-7 S&P 石油与天然气指数及相对强度，1996~2001 年

(资料来源：www.pring.com)

块在1998年底发出了通货膨胀时期的强劲反弹信号。由于能源板块整体在通货紧缩时期处于强势，因此导致所发出的通货紧缩信号并不是太及时。这也表明，某一特定行业的基本面有时会扭曲其各个板块在经济周期中的正常表现。这也意味着，不能盲目依赖可反映板块轮替的某一比率，而应该在做任何决策之前，仔细地分析各个行业板块的技术特征。

走势图19-8列出同一时期内，烟草这一领先板块的走势。这里的两个信号都非常及时。

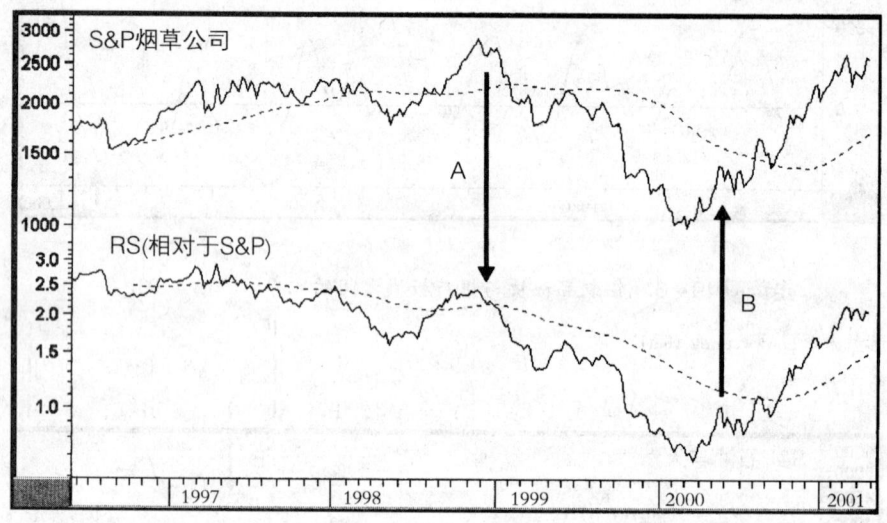

走势图19-8　S&P烟草公司指数及相对强度，1996～2001年

（资料来源：www.pring.com）

划分领先、同步以及落后板块

表19-1给出了一个经济周期中各行业板块的大致分类。需要记住的一点是，并非所有的板块都恰好落到这些类别中。

表19-1　行业板块分类

领先板块（以流动性为特征）	同步板块
公用事业	零售
电力	制造

第十九章 价格：板块轮替

电话
天然气
金融
    证券经纪
    银行
    保险
    储贷机构
房地产投资信托公司
住宅建筑公司
包装业
非耐用消费品
    饮料
    日用品
    烟草
    人身护理
    食物
    饭店
    鞋业
    纺织品
运输
    航空客运
    卡车
    铁路
    航空货运

医疗
耐用消费品
    汽车及其部件
    家俱与家用电器
    建筑材料
    金属和玻璃容器
    休闲和娱乐
    旅馆
    废物处理

落后板块（以利润为特征）
采矿
石油
煤炭
天然气
基础工业
    纸张
    化学
    钢铁
    重型机械
高科技
    计算机制造
    电子
    半导体

小 结

- 股票市场的周期呈现出明显的行业板块轮替特征，这是由于经济周期的时间发展顺序所导致。对利率敏感的板块倾向于领先大盘，而由于资本支出或商品价格通胀而带来利润提升的板块通常却落后于大盘。

- 在某些情况下，某个行业的基本面如果发生重大的变化，可能导致该行业中某个板块在某一特定周期中出现异于寻常的强劲或疲软表现。因此，在分析板块轮替过程时，应该以多个行业板块为基准，而不是仅仅拘泥于某一个板块。

- 了解板块轮替的周期，不仅可以帮助我们判断主要趋势的发展程度，而且还有助于股票的选取。

第二十章
时间：长期周期

时间的重要性

时间在大多数技术分析图中是以横轴来表示。它通常配合价格、成交量以及市场广度——表示在竖轴上的心理维度变量——来判定股票市场的趋势。此外，我们也可以通过对价格周期的分析来对时间进行单独考察。

> **主要的技术准则**　时间关系着调整，这是因为一个趋势完成所花费的时间愈长，就需要愈强的心理承受能力，相应地，随后的价格反向调整也要求愈强。

到目前为止，我们对时间的重要性所做的讨论，仅局限在完成进货或出货形态所需的时间长度，以及它们对趋势反转的影响。进货或出货的时间愈长，随后的变化幅度就可能愈大，变化所持续的时间也可能愈长。一个进货形态需要经过长时间的酝酿来奠定稳固的基础，随后才可以进入长期且大幅的涨势，同理，一个趋势中所形成的过度投机心理，需要经过同等规模的修正走势来加以消除。举例说明，在1921～1929年之间，曾经出现过长达8年之久的多头行情，股价在此期间内大幅上涨，并因此导致了过度的信心与投机心理，所以需要经过长期且大幅的调整才可以让市场恢复均衡。

同样地，股票市场在1966年出现峰位时，股价在此之前的24年内，基本上始终处于涨势，因此随后出现了漫长的修正走势，价格出现大幅下跌。考虑到通货膨胀的因素，股价实际上是在1965年就已到达峰位，随后陷入极端严重的空头行情，其严重程度可以与1929～1932年的股市大崩盘相比拟。

另外一个例子是关于黄金市场的，在 1968~1980 年的多头行情期间，黄金价格从每盎司 32 美元上涨至 850 美元。尽管随后的价格下跌不如 1929 年的股市大崩盘那般严重，但在接下来的 20 年里，价格一直远低于峰值的一半，呈现出横向修正走势。

在多头行情中，投资者已经习惯价格上涨，并将每一波折返都视为暂时性的拉回。当多头行情最终发生反转，绝大多数投资者仍然没有察觉到情况已发生根本性变化，认为这只是暂时性修正，并将空头行情的第一波反弹视为多头行情的延续。最初的反应总是"不愿相信"，这可从以下一些态度看出："股市即将会反弹"，或者"这是一家效益不错的公司，我预备长期持有"。在空头行情中，随着价格持续下跌，对市场的乐观气氛也逐渐减退，因为绝大多数投资者不再预期行情将上涨，而是期待着横向的价格走势。最后，由于投资者看到价格持续下跌，因此变得极度悲观，其心理的钟摆终于荡至另一极端（也就是空头端）。此时，经过足够的时间与价格下跌，调整过程终于完成，市场已经再度具备条件来形成一轮新的多头行情。

> **主要的技术准则** 我们将前一期走势与随后折返走势的对等性，称为对称性原则。

以上是从情绪的范畴来考察时间的，这是因为投资者的不合理预期需要时间来进行调整。然而，交易人员与投资者也必须意识到，时间与经济周期之间的关系密切。我们以 1921~1929 年或者 1990~2001 年期间为例，长期而强劲的经济扩张，使得投资者与企业家充满信心，于是整个经济体呈现出缺乏效率、漫不经心以及过度扩张的现象。为了消除这些不正常的现象，随后所经历的经济衰退自然是相当残酷的。因此，股票价格将遭受两方面的负面影响：（1）由于经济情况恶化，导致股票丧失其内在价值；（2）先前长期经济繁荣所孕育的不合理高价应向下调整。同理，在经过长期的空头行情之后，将出现相反的情况。

关于周期的一些基本原理

将时间作为独立的变量来加以考察是一种复杂的过程，这是因为价格会呈现出周期性的波动。周期的长短可以从数天一直到数十年。在任一指定的时刻，都有数

第二十章 时间：长期周期

个周期同时共存，由于它们在不同的时刻蕴含着不同的力量，因此这些周期所产生的互动关系通常会扭曲某一特定周期的时间特性。

在长期周期中，最重要的周期是所谓的4年期周期。这一周期中，谷底与谷底之间的名义周期或平均时间长度是41个月。由于同时存在其他几种影响程度各异的周期，所以4年期周期的实际时间长度可能会在上下6个月内变动。

如图20-1所示，以图形来表示的周期将会呈现正弦的形状，这些曲线通常以变动率或趋势偏离来表示，并经过进一步的平滑处理以消除不规则波动。

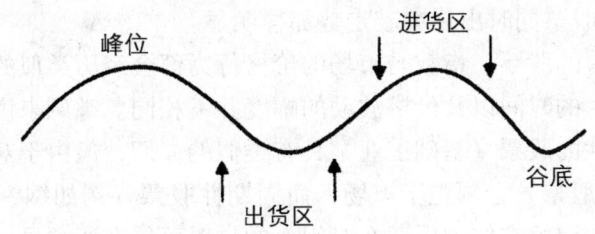

图20-1 典型的周期

在图20-2中，虚线代表的是理想的周期，而实线代表的是实际的周期。箭头标出理想周期中的峰位与谷底。实际价格趋势的反转很少会恰好发生在其理论位置，尤其是峰位经常会有明显的领先或落后。尽管如此，理论上的反转点仍具有一定的参考价值。

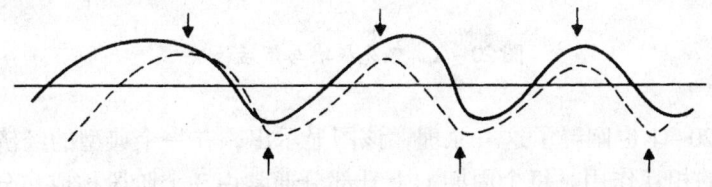

图20-2 典型的周期

主要的技术准则 由于很少有两个周期恰好持续相同的时间长度，因此在分析中需要计算平均或名义周期的长度。这一理论上的时间间隔正是我们进行预测的基础。

这意味着，为期4年的周期不仅存在于美国股票、债券和商品市场中，也存在于个股与国际市场中。

> **主要的技术准则** 共同性原理表明，所有股票、指数与市场的价格行为都存在着类似的周期。

举例来说，如果仅有两只食品类股票出现突破走势，此时整个食品板块的趋势将不如 10 只该类股票同时出现突破走势那样明显。

换言之，所有的股票、指数与市场的价格行为都会经历类似的周期，但它们的峰位与谷底所发生的时间以及价格波动的幅度并不相同。举例来说，对利率敏感的股票与呈现周期性的股票（基础工业）具有类似的周期，但由于对利率敏感的股票（例如公用事业类股票）会领先于市场，而周期性股票（例如钢铁板块类股票）通常会落后于市场，因此它们的周期在时间上的位置可能有所差异，可参看图20-3。类似地，对利率敏感的股票，其价格由谷底到峰位的涨幅可能会达到80%，而周期性股票的涨幅可能仅有20%，反之亦然。

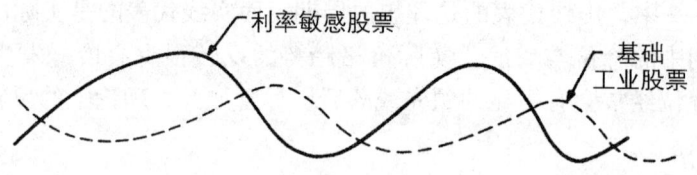

图20-3 领先板块与落后板块

走势图20-1也阐释了这一原理，该图显示出，在一个典型的经济周期中各金融指数之间的相互作用。每个周期的上升部分通常由3个阶段构成，分别对应于道氏理论中的3个阶段。在正常的情况下，价格在每个阶段都会创新高，但偶尔也可能不会，这被称为振幅不足（magnitude failure），是明显的弱势征兆。发生振幅不足的现象通常是因为基本面非常不理想。实际上，相当于周期缺乏后劲。

> **主要的技术准则** 为数越多的股票朝同一个方向运动，在其他条件相同的前提下，市场趋势就越明显。

第二十章 时间：长期周期

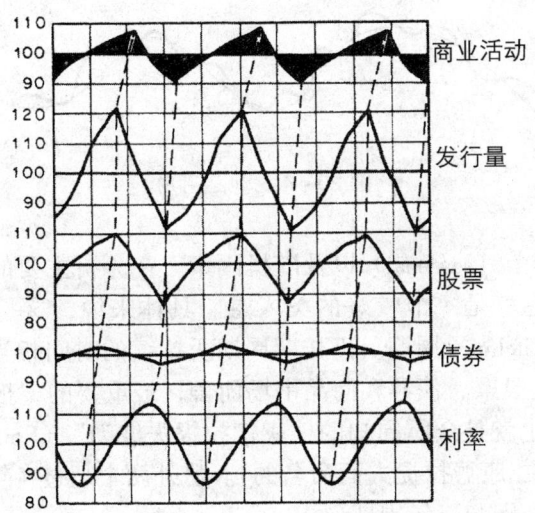

走势图 20-1 以涨、跌百分率表示金融指数的周期性：经济周期的机械性分析方法

（资料来源：L. Ayres, Cleveland Trust Co. 1939 年）

主要的技术准则 变异性原理表明，尽管所有的股票都经历相似的周期，但是由于基本面和心理方面的差异，各周期中的价格波动幅度和持续的时间是不相同的。

当然也可能会发生相反的情况：在经济基本面异常强劲（或认为非常强劲）时，可能会出现第四阶段，其中价格呈现第四波涨势。就股票市场来说，这最后一波涨势通常与利率的长期下跌有关。基本面的这类强劲走势通常出现在 4 年期周期与更长期周期的峰位重合处，所谓更长期周期可能是"康德拉提夫（Kondratieff）周期（50～54 年）"或"贾格拉（Juglar）周期（9.2 年）"，下文中将详细讨论这两种周期。

在某一市场中，如果许多构成部分的周期转折点趋于一致，那么随后将会出现较大幅度的波动。以股票市场为例，一般来说，全球各个股票市场的转折点可能会发生在不同时间，但在 1982 年夏天，大多数市场都在此时出现了周期性低点。结果，几乎所有的市场随后都出现了暴涨。

这就是第十二章中讨论的 KST 市场周期模型所蕴含的思想。如果将结果绘制为一个理想的周期，曲线的形状将类似于图 20-4。

在任何时候，时间序列的趋势都会受到 4 种周期的影响，它们分别是极长期

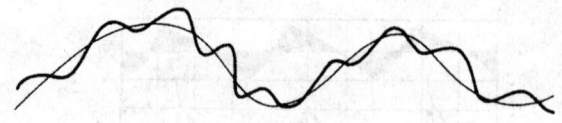

图20-4 加总周期

(secular)、周期、季节(seasonal)以及随机因素。在分析主要的多头行情与空头行情时,周期循环的趋势是一个较好的契入点。具体来说,这是一种为期4年的周期,或称为季辛(Kitchin)周期。极长期周期所持续的时间相当长,通常是由数个4年期周期构成。就股票、债券和商品市场而言,最重要的"极长期周期"是为期50~54年的周期,也就是众所周知的"康德拉提夫波动"(Kondratieff wave)(以俄罗斯经济学家尼古拉·康德拉提夫而命名的)。另外两个超过4年的重要周期是前文已经提到的9.2年以及$18\frac{1}{3}$年周期。

主要的技术准则 加总原理是指在计算某一特定指标时,需要将多个周期结合起来进行考虑。

走势图20-2(a)和(b)取自约瑟夫·熊彼特的名著《商业周期》(*Business Cycles*)[①]一书,图中将3种可观察的商业周期效应合成为一条曲线。事实上,该图

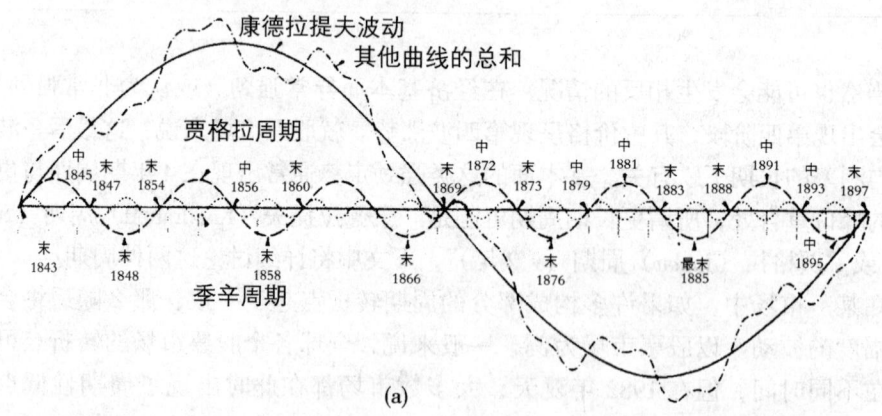

走势图20-2(a) 熊彼得(Schumpeter)针对19世纪经济周期所建立的模型

---

① 麦克劳·希尔,纽约,1939。

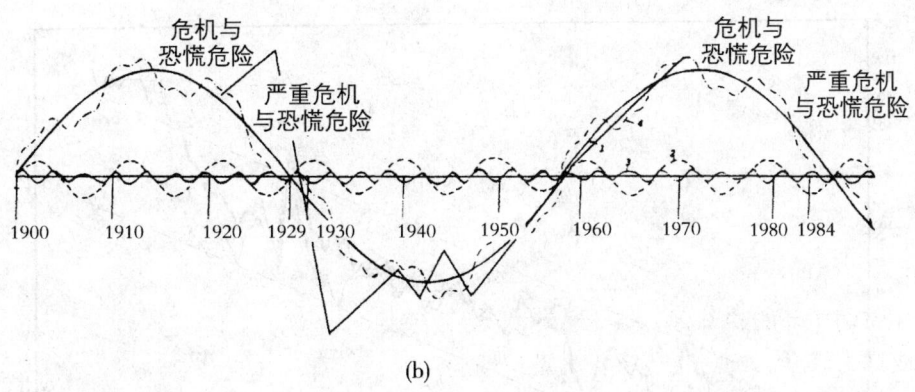

走势图20-2（b） 20世纪的经济周期与危机点

刚好显示了加总原理，其中考虑了3种较长的周期：50～54年（康德拉提夫）、9.2年与41个月（季辛）周期。建立这个模型的目的，不是用来精确地预测经济状况与股票价格，而是用来说明较短期与较长期周期之间的相互关系。尽管如此，必须注意到：康德拉提夫周期在1987年穿越至零线以下，而也正是在这一年发生了股市大崩盘。该模型是在20世纪20年代初建立的。将这个模型与走势图20-3比较可以显示，在1942～1966年左右出现了长期的上涨行情，其间，股票价格呈现出上涨态势，贯穿其间的周期性修正趋势也相对温和。

因为这个模型的基础是周期为54年的康德拉提夫波动，所以我们也将由此展开讨论。

长期（康德拉提夫）周期

这一为期54年的周期是以一个默默无闻的俄罗斯经济学家康德拉提夫而命名的，他在1926年观察到美国曾经出现过3个为期较长的经济周期，其中每一个都持续大约50～54年[1]。需要指出的是，虽然在美国只出现了3个此类的经济周期，但是伦敦经济学院的E.H.费尔普斯·布朗（E.H.Phelps Brown）和希拉·霍普金斯（Sheila Hopkins）则发现英国在1271～1954年间，定期会出现为期50～52年的周期。根据模型的预测，最近的周期峰位应该出现在1974～1978年期间。从全球商

---

[1] 在19世纪的后半叶，英国经济学家威廉·斯坦利·杰方兹（William Stanley Jevons）也注意到这类的周期。

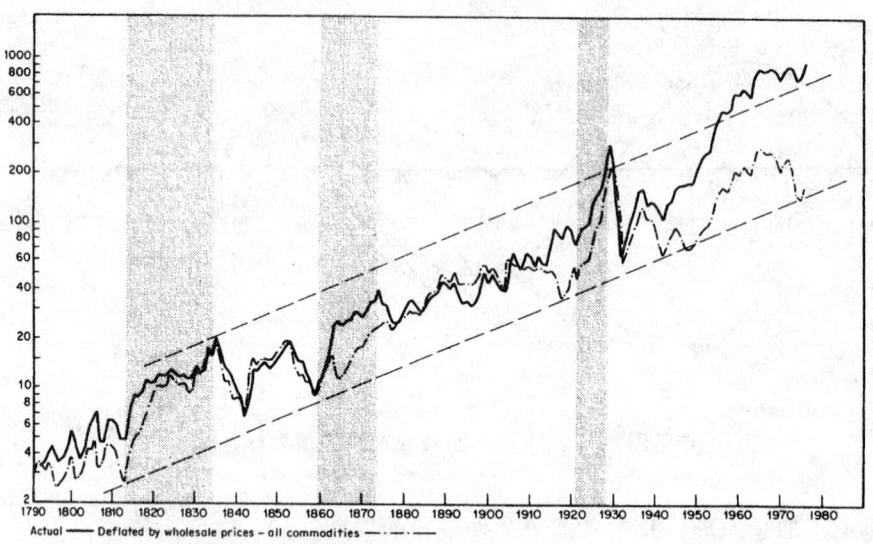

走势图 20-3　美国股票价格的波动，1790~1976 年

这是以月份指数的年度平均值绘制而成的康德拉提夫多头市场，有关周期性的研究结合了以下一系列指数：1790~1831 年期间的银行与保险公司，1831~1854 年期间的 Cleveland Trust Rail Stocks，1854~1871 年期间的 Clement Burgess Composite Index，1871~1897 年期间的 Cowles Commission Index of Industrial Stocks，1897~1976 年期间的道·琼斯工业指数。其中，阴影部分代表康德拉提夫周期的高原期。

（资料来源：www.pring.com）

品价格和债券收益率来看，这一预测相当准确，因为债券收益率和黄金价格在 1981 年达到了顶峰。此外，利率也呈现出类似的周期，可参看走势图 20-4。

如走势图 20-5 所示，康德拉提夫采用商品的批发价格作为研究的重点。我个人认为，该类周期反映了长期通货膨胀与通货紧缩的力量起伏，并由此影响了金融市场。以 20 世纪 80 年代为例，当时无疑具有严重的通货紧缩压力，然而消费者物价指数却是上涨的。这种反常的现象，可以由政府先前所采取的大量反紧缩政策来加以解释。这些政策抵消了物价下跌的通货紧缩压力。康德拉提夫注意到，每一波浪可分为 3 个阶段：持续大约 20 年的上升波浪，持续 7~10 年的过渡或高原（plateau）期以及持续大约 20 年的下降波浪。他观察到，上升波浪、高原期以及下降波浪分别对应着价格上涨、价格保持稳定以及价格下降。他还注意到，经济战争通常发生在上升波浪开始与结束的时期。

在一个周期的初始阶段，经济状况非常恶劣。由于经济体中存在着大量过剩的生产能力，因此缺少资本投资的动力。在这种极度的不确定情况下，大多数人宁可储蓄也不愿意做任何投资。在下降波浪的谷底阶段所发生的战争称为谷底战争

第二十章 时间：长期周期

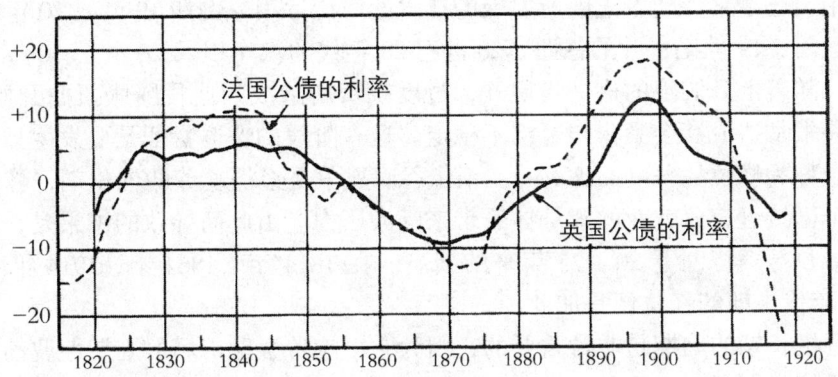

走势图 20-4 英国与法国公债的利率，1815~1925 年

（资料来源：N.D.Kondratieff, *The Long Wave of Economic life*）

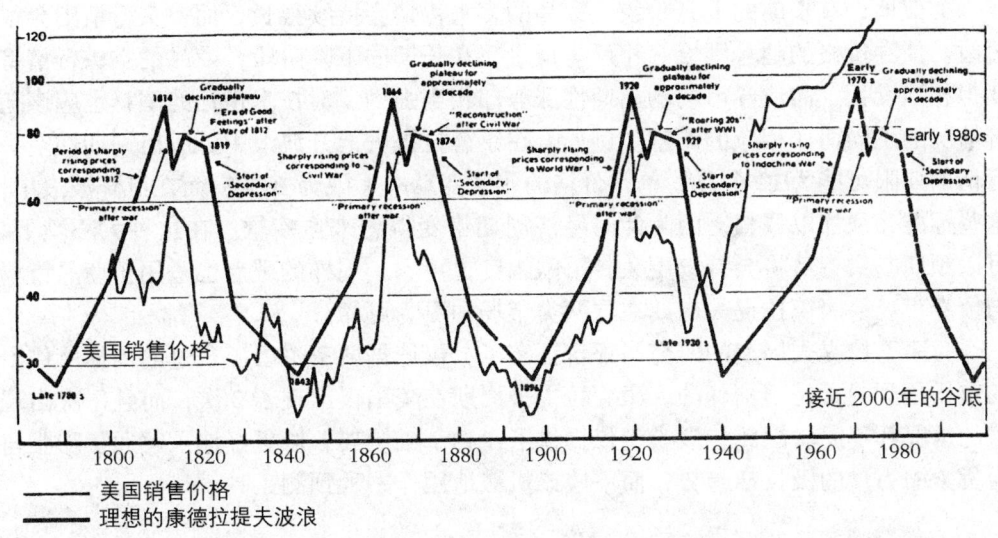

—— 美国销售价格
—— 理想的康德拉提夫波浪

走势图 20-5 康德拉提夫波浪，1789~2000 年

(trough war)（参见走势图 20-5），它们是推动经济发展的催化剂。由于整个经济处于极度不景气，因此谷底战争不会造成通货膨胀的压力。随着时间的推移，每一周期的上升波浪变得愈来愈强劲；信心逐渐得到了恢复，生产能力也得到了充分的运用。由于价格几乎不存在通货膨胀，利率水平仍然偏低。信贷作为任何经济复苏的必要动力，在此时不但充裕而且非常廉价。在这个阶段中，企业开始更新旧的厂房与设备，并增加新的投资，从而提高了生产力，并不断创造出新的财富。在这一上

升波浪中，还经常伴随着先前所发展的技术的广泛运用，例如19世纪20年代与30年代的运河、19世纪中叶的铁路、20世纪20年代的汽车以及20世纪60年代的电子技术。随着上升波浪的进一步展开，过度投资所造成的通货膨胀扭曲开始浮现。这一发展常常造成社会紧张与经济不稳定。这一阶段的普遍特征是要发生另一类型的战争，称为峰位战争（peak war）。不像谷底战争是经济复苏的催化剂，峰位战争会给一个已接近充分就业的经济体系带来巨大压力。由此而导致的结果是，商品价格与债券收益率将创下20~25年来的新高。在1814年、1864年、1914年以及20世纪70年代末期的峰位便是如此。

这种极长期的周期是非常重要的，因为它影响着金融市场的周期性波动。举例来说，在极长期的上升阶段中，经济衰退将相对缓和，由此可以预期到股市的空头行情也相对温和且短暂。在相对稳定的高原期，股市经常会出现非常强劲的多头行情（例如1820年、1860年、1920年以及1982年）。最后，在极长期的下降阶段，经常会出现急速下挫的空头行情。

类似地，在长期的上升阶段，商品的多头行情会持续很长，而空头行情则会很短暂。债券价格的趋势则恰好相反。反之，在长期的下降阶段，商品的空头行情将变得相当漫长，而债券市场的周期性涨势却相当强劲。对技术指标的阐释也应该随着情况的不同而作相应的调整。例如，在康德拉提夫上升波浪中，股市周期性空头行情的期限可能为12个月，单月价格的年度变动率上限为20%；而在下降波浪中，这些标准必须加以调整，因为此时经济周期将变得愈来愈疲软。在这种大环境下，可以预期空头行情将会持续更久，下跌幅度也更大。同样的观点也适用于商品市场与债券市场，康德拉提夫周期在这两类市场中更为可靠。

对康德拉提夫周期的研究与评价证实了，仅依据两三个已出现过的周期所作出的市场预测通常是不精确的。康德拉提夫周期在美国仅出现了3次，而且每次出现时的情况都不同。因此，该模型仅提供了一种基础构架，以更好地了解通货膨胀与通货紧缩力量的极长期趋势，而不应该机械地用作一种预测工具。

18年期的周期

通常情况下，周期的振幅是周期长度的函数，换言之，周期持续的时间愈长，其波动的振幅就愈大。自19世纪初以来，股票市场价格的18年周期，精确地说是$18\frac{1}{3}$年周期，便相当可靠。该周期之所以可靠，是因为它还适用于其他一些领域，例如房地产、贷款以及金融危机恐慌事件。

走势图20-6列出股票价格在1840~1974年期间的3年期置中移动平均线。移动平均可消除掉趋势中的不规则波动,更清晰地显示出其长期趋势。很显然,每一个18年周期都开始于各主要市场的谷底。

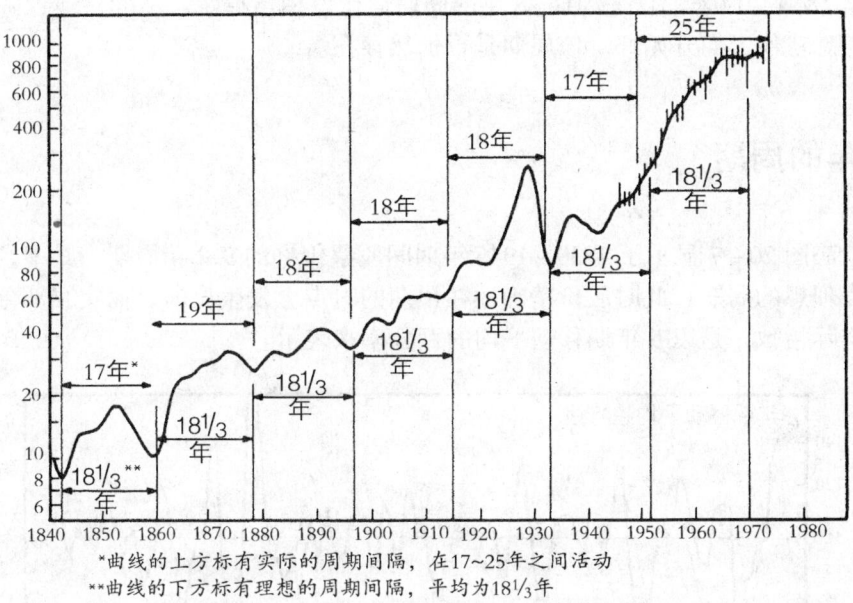

*曲线的上方标有实际的周期间隔,在17~25年之间活动
**曲线的下方标有理想的周期间隔,平均为18$\frac{1}{3}$年

走势图20-6 股票价格的18$\frac{1}{3}$年周期,1840~1974年(3年期置中移动平均线)

(资料来源:www.pring.com)

尽管周期的平均长度是18$\frac{1}{3}$年,但实际的周期长度可能会有2~3年的上下波动。周期的谷底标示在走势图中3年期移动平均线之上。由于凯恩斯的经济学革命以及二战后对充分就业的强调,导致了政府干预的不断增加,这对1952~1970年的周期产生了两方面的影响。首先,周期的长度由18年延至25年(从1949~1974年);其次,周期中的上升阶段也被延长了。这一影响在1949年市场的底部尤为明显,在3年期移动平均线上几乎无法觉察到这一底部的存在。

这个周期是否仍然有效,还值得商榷,因为股票市场最近一次由底部的翻升理论上应该发生在1988年春季,这与实际发生的经济周期底部不相吻合。此外,以1974~1975年实际发生的底部为起点,经过18年的周期后,应该在1992~1993年再度出现一个主要底部,但实际上这并没有发生。接下来的两个底部理论上将会分别出现在2006年和2024年。

这个为期18年的周期与康德拉提夫波浪吻合得很好,因为3个这样的周期恰好构成1个康德拉提夫波浪。在最近的2个康德拉提夫波浪中,18年周期的上升波浪恰好出现在高原期，与之相对应的是爆炸性的多头行情与相对温和的修正走势。20世纪80年代的情况也是如此。

从1840年以来，这一为期18年的周期运行得相当稳定。然而，最近两个周期的延长态势使人们开始怀疑该周期是否仍然存在。

9.2年的周期

走势图20-7显示了1830~1946年期间股票价格的9.2年周期。其中，虚线部分代表理想的周期，此时股价精确地在预期的时点上发生反转，而实线部分代表每年的实际指数，是以9年期移动平均的百分率来表示。

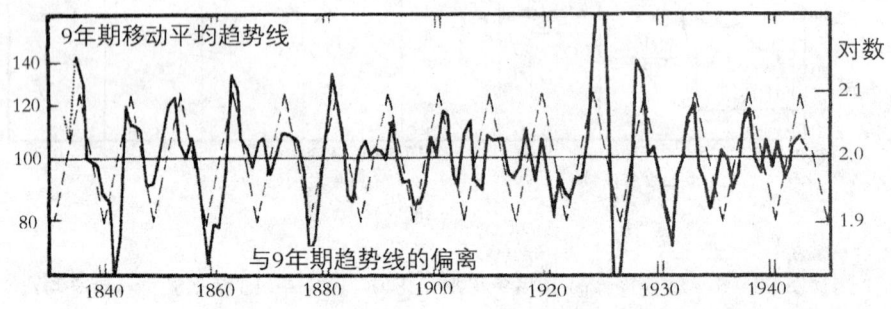

走势图20-7 股票价格的9.2年周期，1830~1946年

（资料来源：Edward R. Dewey, *Cycles*: *The Mysterious Forces That Trigger Events*, Hawthorne Books, New York 1971, p.119）

在1830~1946年期间，这一循环共发生了14次，而根据巴特尔（Bartels）概率测试，发生这一事件的概率不超过1/5000。该周期的重要性还可以从其他一些方面获得验证，例如不相关的生铁价格与树木年轮的宽度，也呈现出这种9.2年的周期。

使用上述方法会面临一个问题，在走势图20-7中，每年的指数都表示为9年期置中移动平均的百分率，这也就意味着，只有在事实发生的4年之后，才可以知道实际的趋势，因此在判断这一周期是否继续存在时，在时间上将会有4年的滞后。尽管如此，如果以1965年的理论峰位作为基准[①]，以9.2年为周期向前倒推一直到1919年，可以发现，这一9.2年周期的峰位与股票市场的主要头部相当吻合。

---

① Macmillan, New York, 1939（再版本：Fraser Publishing, Burlington, VT, 1989）。

走势图20-8显示，自上世纪初以来，这一周期一直运行得相当理想。图中的垂线代表这一9年周期的底部。箭头标出实际底部与55个月（大约为9.2年时间间隔的一半）ROC底部不一致的位置。明显出现偏差的是1987年8月的市场头部，但是到10月份，该周期又恢复了正常。

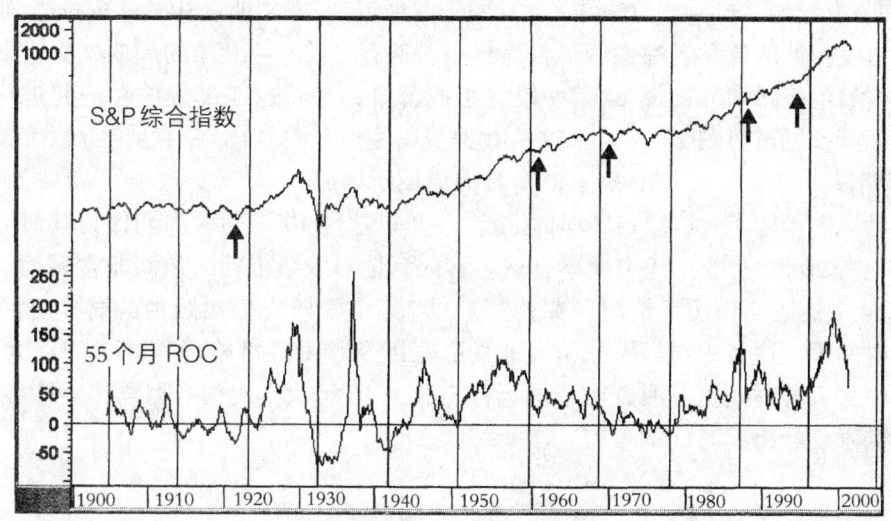

走势图20-8　S&P综合指数及9年期股票周期，1900~2001年

（资料来源：www.pring.com）

9年的周期的一个有趣特征是所谓的10年期模式，这一特征可能会有更大的预测价值。

10年期模式

这一模式首先是由爱德加·劳伦斯·史密斯（Edgar Lawrence Smith）在其1939年出版的《人类的机运》（*Tides and the Affairs of Men*）[①]一书中提出的。此前，他在20世纪20年代末还曾出版了一本畅销书《普通股：一种长期投资工具》（*Common Stocks as a Long-Term Investment*）。史密斯研究了1880年以来的股票价格行为，并发现在过去的58年间，股票价格大致呈现出一种10年期模式或周期。他当时并没有解释这一10年期模式何以会发生，但稍后又认为该模式与降雨量和温差有关。尽

---

① 摘自史密斯所著《人类的机运》一书中。

管这一周期是相对可靠的，但到目前为止，对这一周期为何会发生还没有一个合理的解释。

在计算中，史密斯使用了每一年的最后一个数字来代表该年。所以，1881、1891、1901等年份都为第1年；1882、1892等年份都为第2年；依此类推。受艾尔斯沃斯·亨廷顿（Elsworth Huntington）博士与斯坦利·杰文斯（Stanley Jevons）研究工作的启发，这两位学者都强调了自然界中普遍存在着9~10年的周期，史密斯将股票价格的走势图划分为每10年一段的组成部分，并将这些部分放在一起进行对照比较。可参见走势图20-9。从这些数据资料中，他总结出一项结论：每个典型的10年期模式都是由3个持续约40个月的周期所构成。

已故的爱德森·戈德（Edson Gould）便是以这种10年期的周期作为其研究的基础，他在20世纪70年代中期享有盛名，因为他对股票市场的预测非常精确。在预测1974年的股票市场行情时，戈德写道："距史密斯先生出版他的著作已经有35年的时间了，这其中经历了战争、通货膨胀以及整个经济格局与环境的巨大变化，但是，大部分时间里，股票市场的运行与这一10年期模式相当吻合。"可以说，史密斯的发现经得起时间的考验。

20世纪80年代与90年代的10年期模式

走势图20-10列出在1900~1996年期间，股票10年期模式的简单平均值，其中每段时期的相对变化都被赋予相同的权数。从走势图下方的12个月ROC指标可以看出，典型的10年期走势中又包括3个明显的周期，它们的谷底分别发生在第1年、第4年和第8年。我本人曾经选用其他的时间间隔做了类似的计算，发现10年期中的第一个周期低点，通常出现在第1年年底与第2年年中之间。类似地，10年期的最后一个周期低点发生在第7年年底而不是第8年年中。由于图中的指数代表的是平均值，因此实际发生的循环不可能与典型的10年期模式完全一致。

如果运用10年期模式来判断强、弱走势通常所发生的位置，并观察其他技术指标是否与此相吻合，那么这个模式将具有更大的分析价值。例如，在第9年的年中，12个月ROC指标通常处于严重的超买状态，相应地，在该年底会呈现下跌或整理的走势，并一直持续到第10年（换言之，以零结尾的年份）。而在1949年，12个月的ROC出现了严重的超卖情况，这与典型的10年期模式完全不吻合。结果是1950年市场行情不但没有出现下跌，反而出现了上涨。这个范例表明，10年期模式应该与其他的技术指标配合使用，而不适合单独使用。

记住这一点后，来观察走势图20-11，该图显示了从1981年开始的10年期实

第二十章 时间：长期周期

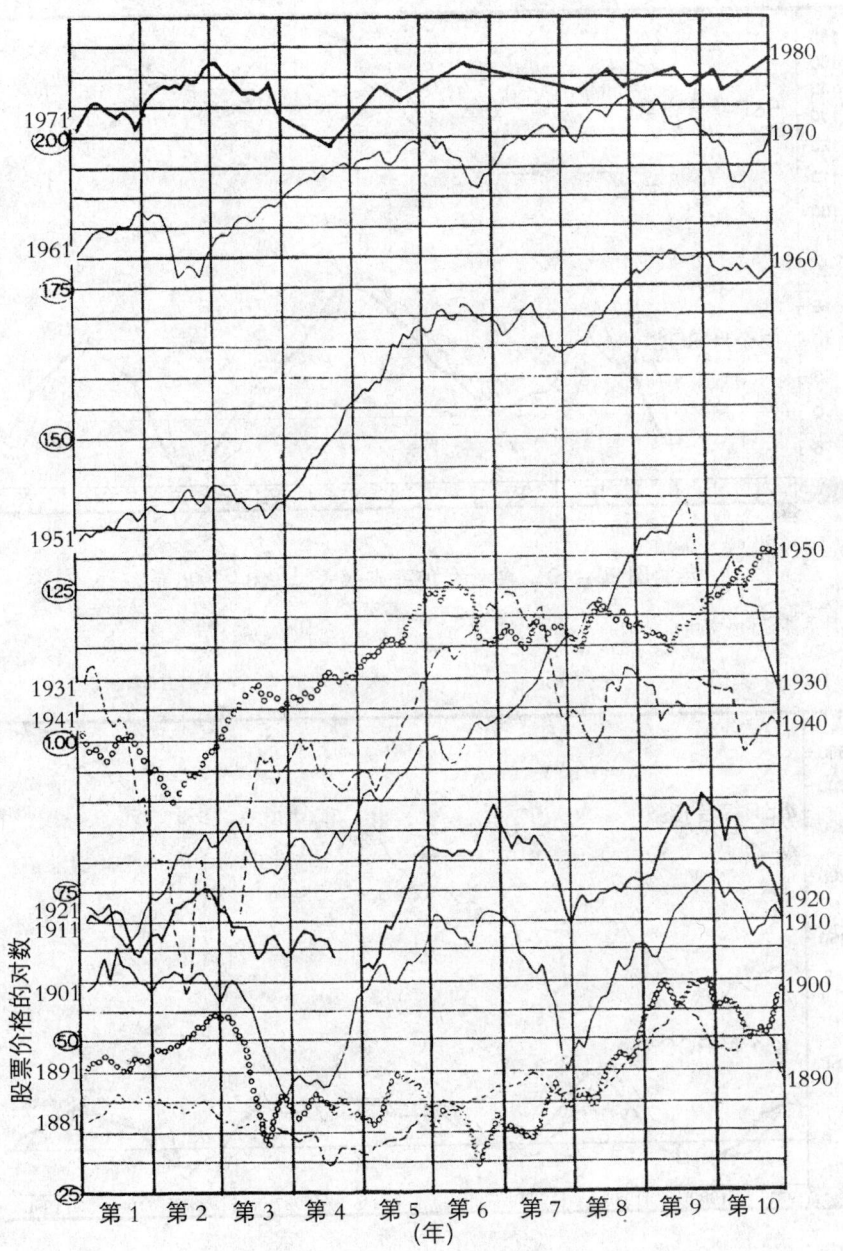

走势图 20-9　工业股票价格的 10 年期模式

（资料来源：Edson Gould 1974 年出版的 *Stock Market Forecast*。其中，1974~1980 年的数据是我们自己对道·琼斯工业指数主要波形的估计值）

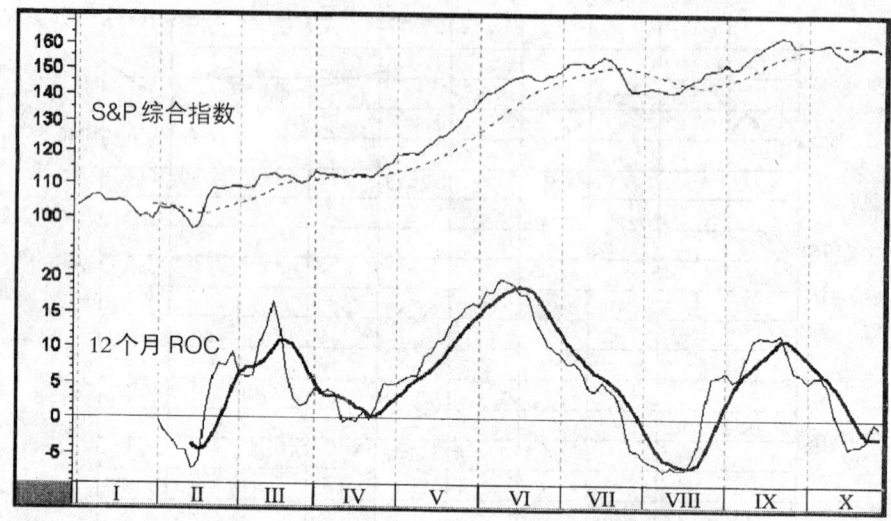

走势图 20-10 典型的 10 年期模式，1900~1996 年

(资料来源：www.pring.com)

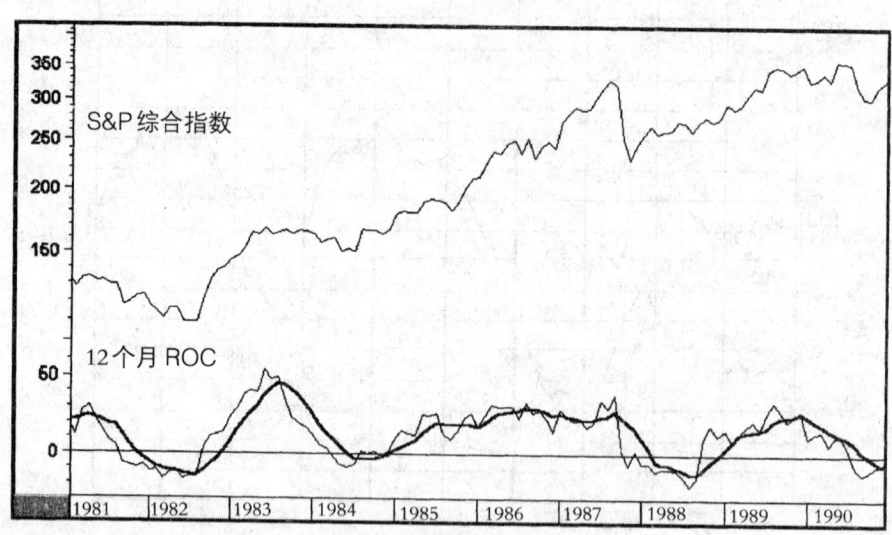

走势图 20-11 典型的 10 年期模式，1981~1990 年

(资料来源：www.pring.com)

际走势，图的下方列出了 12 个月的 ROC 与其 6 个月移动平均线，其中 6 个月移动平均线的走势非常类似走势图 20－10 中典型的 10 年期模式，3 个低点分别发生在 1982 年、1984 年以及 1988 年。走势图 20－12 显示出，20 世纪 90 年代所经历的强劲多头行情与 10 年期模式并非十分吻合，这是因为该走势一直呈现出上升趋势。尽管如此，仍然可以看出 ROC 指标在 1994 年处于弱势，并在随后的 1995 年转强。在 10 年期模式的第 8 年与第 9 年一般会有强劲反弹。以图中的 90 年代为例，尽管 ROC 指标的移动平均已经处于超买状态，但在这一时期，仍出现了明显的反弹。但在 2000 年底，平滑过的 ROC 指标准时在预定时间开始下降，并在 2001 年跌至零线以下（图中没有显示出来），这又与 10 年期模式相一致。

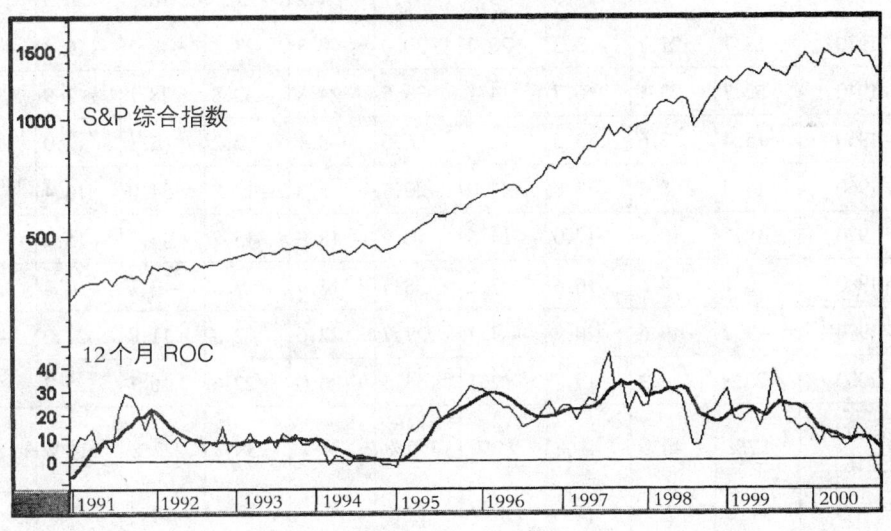

走势图 20－12　典型的 10 年期模式，1991～2000 年

（资料来源：www.pring.com）

重要的年份

典型的 10 年期模式，在第 7 年底或第 8 年中会有一个明显的上升趋势，这一趋势一直持续至第 9 年的第 3 季度。表 20－1 列出了 1881～2000 年期间的数据，其中 73% 的年份呈现出多头行情，股票市场表现最佳的年份是第 5 年（换言之，最后一位数字为 5 的年份），其他表现较为强劲的年份是第 2 年、第 4 年与第 8 年（换言之，以 2、4 及 8 结尾的年份）。

表 20-1 10 年期股票市场周期

10 年期	道·琼斯工业指数年度百分比变化 每个周期中的年份									
	第1年	第2年	第3年	第4年	第5年	第6年	第7年	第8年	第9年	第10年
1881~1890*	3.0	-2.9	-8.5	-18.8	20.1	12.4	-8.4	4.8	5.5	-14.1
1891~1900	17.6	-6.6	-24.6	-0.6	2.3	-1.7	21.3	22.5	9.2	7.0
1901~1910	-8.7	-0.4	-23.6	41.7	38.2	-1.9	-37.7	46.6	15.0	-18.0
1911~1920	0.5	7.6	-10.3	-5.1	81.7	-4.2	-21.7	10.5	30.5	-32.9
1921~1930	12.7	21.7	-3.3	26.2	30.0	0.3	28.8	48.2	-17.2	-33.8
1931~1940	-52.7	-23.1	66.7	4.1	38.5	24.8	-32.8	28.1	-2.9	-12.7
1941~1950	-15.4	7.6	13.8	12.1	26.6	-8.1	2.2	-2.1	12.9	17.6
1951~1960	14.4	8.4	-3.8	44.0	20.8	2.3	-12.8	34.0	16.4	-9.3
1961~1970	18.7	-10.8	17.0	14.6	10.9	-18.9	15.2	4.3	-15.2	4.8
1971~1980	6.1	14.6	-16.6	-27.6	38.3	17.9	-17.3	-3.1	4.2	14.9
1981~1990	-9.2	19.6	20.3	-3.7	27.7	22.6	2.3	11.8	27.0	-4.3
1991~2000	20.3	4.2	13.7	2.1	33.5	26.0	22.6	16.1	25.2	
总百分比变化	7%	40%	41%	89%	369%	74%	-38%	222%	111%	-81%
上涨年数	8	7	5	7	12	7	6	10	9	4
下跌年数	4	5	7	5	0	5	6	2	3	7

* 基于年度 Cowles 指标，1881~1885 年

  处于明显弱势的年份是以 1、3、6、7、0 结尾的年份，其中仅有第 7 年的跌幅超过涨幅，因而是表现最弱的。最佳的投资期是第 2 年、第 4 年以及第 7 年底或第 8 年初。由于上述结论都是就"一般的"年份而言，所以仅代表一种偏向。在做实际投资决策时，还应该考虑其他的技术性指标，例如 12 个月 ROC。例如，如果在第 9 年底，ROC 指标处于严重超买状态，其"峰位"特征很可能会导致弱势行情的出现。反之，如果像 1949 年一样，ROC 处于严重超卖状态，正常的弱势行情就可能不会出现。

第二十章　时间：长期周期

41个月（4年）的周期

史密斯的一个富有洞见性的结论是："每10年都包含了3个不同的周期，并且每个周期大约持续40个月"①，这一点也可从12个月ROC的波动中清楚地看出（参见走势图20-10）。最有意思的是，他所提及的40个月周期与股票市场中所谓的4年期周期相互吻合。更精确地说，4年期周期实际上是40.68个月（41个月）的周期。据观察，自1871年以来，股票价格就一直呈现出这种周期。在1923年左右，约瑟夫·季辛教授发现，在美国和英国的银行结算、商品的批发价以及利率中也都存在这种41个月的周期。因而，该周期便以他的名字而命名。

走势图20-13（a）与（b）显示了季辛周期运用到股票市场中的情况。在1871~1946年之间，该周期相当一致地出现了22次。然而，在1946年，犹如爱德华·杜威（Edward R. Dewey）所形容的："像是有一只巨手推了它一把，整个周期摇摆起来，等它恢复平衡再向前前进时，已经完全丧失了多年来一直保持的理想节奏。"②

我们也可以通过观测每4年中的主要买入时机来发现这一4年期周期，并且通过这种方式可以论证4年期周期是所描述过的周期中最为可靠的。走势图20-14显示出，这一周期通常出现在下跌行情之后，例如在1962年、1966年、1970年、1974年、1978年、1982年、1990年、1994年及1998年都是如此。某些情况下，例如在1986年，市场非常强势，买入机会发生在修正走势之后。随着新世纪的到来，我们需要关注以下年份：2002年、2006年、2010年及2112年。

季辛周期在20世纪40年代发生了反转，这一点很好地说明了，一个长期稳定运行的周期，可能会无缘无故地突然丧失其原有的运行规律。因此，任何技术指标或周期特征，不论在过去运用得如何成功，都不能保证未来也是如此。

季节性模式

在一年之内，股票价格呈现出一种明显的季节性模式。股票似乎会在春天上涨，第二季度末下跌，夏天反弹，秋天下跌。年底一般会出现反弹，并持续到来年

---

① 摘自史密斯所著的《人类的机运》，pp.55ff。
② 摘自爱德华·杜威所著的《周期：引发事件的神秘力量》（Cycle: The Mysterious Forces That Trigger Events, Hawthorne Books, New York, 1971, p.121）。

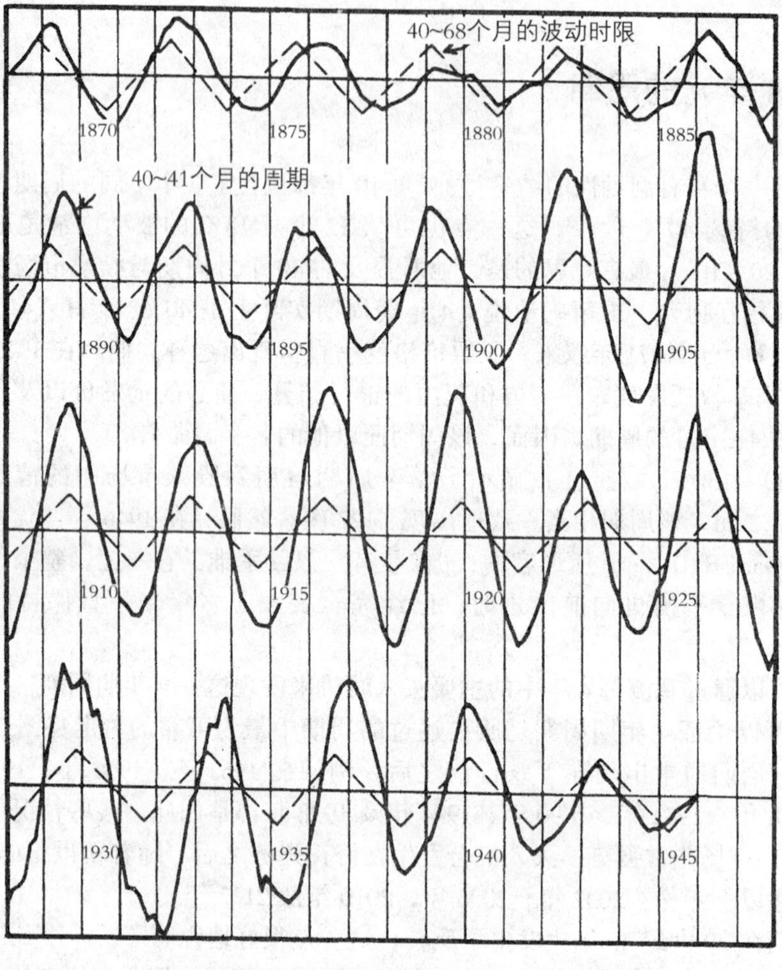

技 术 分 析

走势图20-13（a） 股票价格的41个月周期，1868～1945年

（资料来源：Edward R. Dewey, *Cycle: The Mysterious Forces That Trigger Events*, Hawthorne Books, New York, 1971）

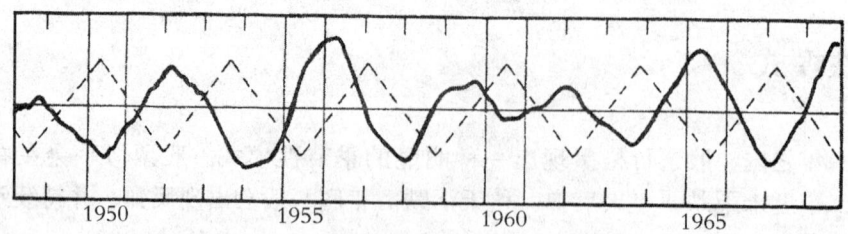

走势图20-13（b） 股票价格的41个月反转周期，1946～1968年

（资料来源：Edward R. Dewey, *Cycle: The Mysterious Forces That Trigger Events*, Hawthorne Books, New York, 1971）

第二十章 时间：长期周期

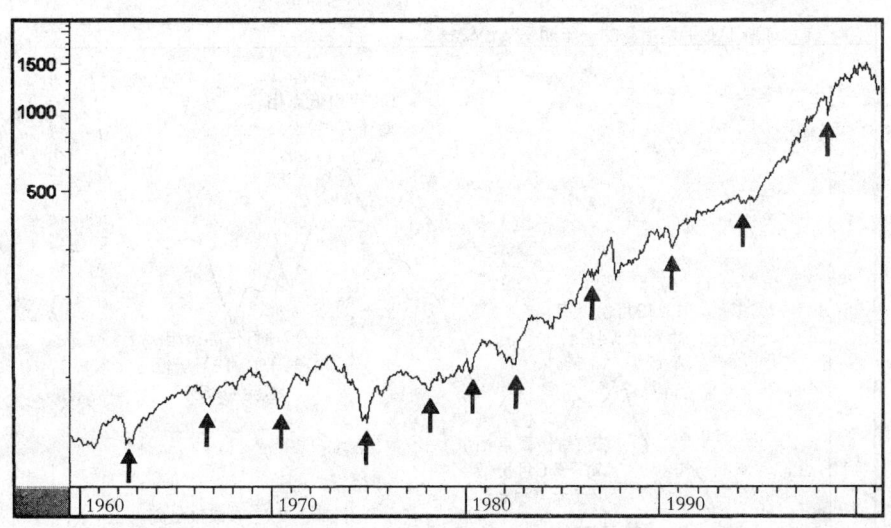

走势图 20－14 S&P 综合指数及股票价格的 4 年期周期，1959－2001

（资料来源：www.pring.com）

的 1 月份。如果在 10 月买进股票，并持有 3～6 个月，获利的机会将会很大。

除了气候的季节性变化会影响经济活动与投资者心理之外，金融活动也呈现出季节性模式。例如，7 月与 1 月是分红派息最为密集的月份，年底（圣诞节）是一年中零售业最旺盛的时间。

走势图 20－15 给出了股票市场在一年中各个月份上涨或下跌的季节性倾向。或然率（Probabilities）是纳德·戴维斯研究所针对整个 20 世纪的股票市场计算出来的。其中，所有的走势都是相对的，例如处于强劲涨势的某个月份在多头行情中将会变得更为明显，反之亦然。还需要注意的是，这种趋势的走向要比其绝对水平更为重要。

表 20－2 给出道·琼斯工业指数在整个 20 世纪的月度平均业绩。该数据来源于纳德·戴维斯研究所，但最初是出自提姆·海（Tim Hay）的《投资者的研究导向》（*The Research Driven Investor*）一书[①]，该书是最好的投资著作之一。

一般来说，如果股票市场在 1 月份的前 5 天出现涨势，很可能整个年份也将出现涨势。这一规则在 1950～2000 年期间相当有效，出现例外的有 1994 年、1966 年、1973 年和 1991 年。而后 3 个年份与发生战争有关。一个更好的指标是整个 1

---

① 自 1900 年以来道·琼斯工业指数的月度业绩（资料来源：Tim Hayes, *The Research Driven Investor*, McGraw-Hill, 2000）。

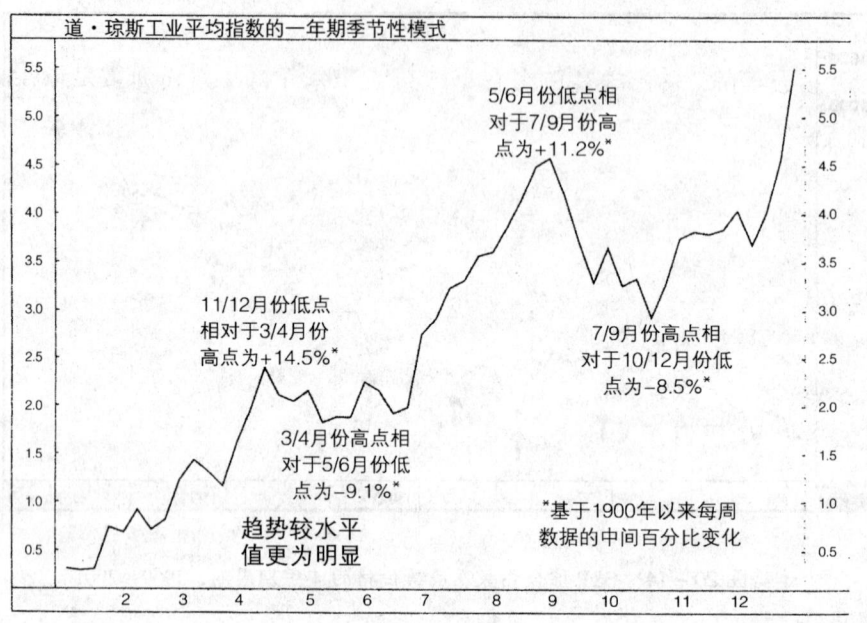

走势图20-15 股票价格的季节性模式

(资料来源:*The Research Driven Investor*,Timothy Hayes,McGraw-Hill,New York,2000)

月份的表现。在1950~2000年期间,该指标极好地预测了整个年份的市场表现。换言之,如果价格在1月份上涨,很可能在整个年份也将上涨。这一规则的准确率可达90%。

表20-2 道·琼斯工业指数的月度平均业绩,1900~2000年

1月	2月	3月	4月	5月	6月	7月	8月	9月	10月	11月	12月
平均的上升/下跌											
1.1%	-0.1%	0.7%	1.1%	-0.1%	0.5%	1.4%	1.1%	-1%	0%	0.9%	1.5%
获利的月数所占百分比											
64	50	61	55	52	52	61	65	42	55	62	73

(数据来源:纳德·戴维斯研究所)

在每年年底到次年年初,小盘股的表现通常优于大盘股。这可能是因为10月是走势最弱的月份,小盘股由于质量不如蓝筹股,因而遭受重创。这使得它们成为理想的避税工具，从而进一步增加了下跌压力。随着避税型抛售的减少，小盘股在年末自然会经历一波强劲反弹，并且该强劲走势将一直持续到来年初。

在大多数年份，从市场整体来看，10月份至来年的1月份通常是最佳的股票持有期。这种年底效应似乎也适用于月底。

月底走势

截至1986年为止的涵盖89个年头的数据显示，每个月最后一个交易日的收益是相当高的。这种情况可能是因为月底有较高的现金流，比如说工资的发放。

事实证明，在每月第3个交易日前的4个交易日内，股价也具有明显的上涨倾向。图20-5显示出，这4个交易日的平均涨幅为0.118%，而所有交易日的平均涨幅只有0.015%。可以说，这一月底收益（包括12个月）相当于整个市场全年的收益。其他的研究表明，这一时期是从每月的倒数第二个交易日一直持续到下个月的第三个交易日。不管持续时间有多长或精确的起始日与结束日为何时，具有较强的季节性趋向的月底走势这一点是毫无疑问的。

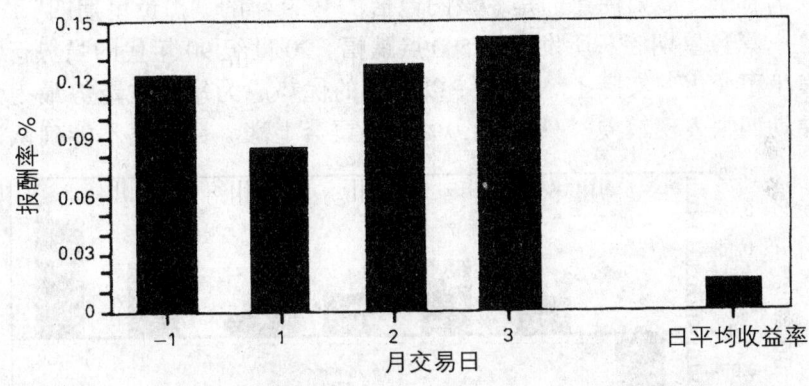

图20-5　月底效应与每日平均收益

（资料来源：J. Lakonishok and S. Smidt, *Are Seasonal Anomalies Real? A Ninety Year Perspective*, Johnson working paper 80-07, Cornell University, Ithaca, 1987）

值得注意的是，在一篇题为"年度异常现象"（*Calendar Anomalies*）的论文中[1]，布鲁斯·雅可比（Bruce Jacobs）与肯尼斯·列维（Kenneth Levy）指出，这种月

---

[1] *MTA Journal*，1989~1990年冬。

底效应在20世纪80年代并不明显,这也表明只采用一个指标进行决策是不明智的。在2001年版的《股票交易人员年鉴》(Stock Traders Almanac)——这是根据季节来进行决策的交易人员必读之书——书中,耶鲁·赫希(Yale Hirsch)指出,在1981~2000年期间,这种季节性的月底走势是从前一个月的最后4个交易日一直持续至下一个月的前5个交易日。

从实际应用的角度来说,应该把这种可靠的长期季节性模式与短期摆荡指标结合起来考虑。很显然,在进入最后几个走势强劲的交易日时,如果短期指标显示市场处于超卖状态,那么此时市场上涨的可能性将会更大。

每周走势

"蓝色星期一"这一说法是相当有根据的。"弱势周一"这一特征最初出现在1929~1932年的股市大崩盘。在经济大萧条时期,除周一外,市场每天基本处于上涨行情。可以这么说,整个市场的下跌都是发生在周末,即周六至周一收盘期间。

图20-6列出一周内各天的平均收益,涵盖期间为1928~1982年。周一是惟一出现下跌的日子。需要注意的是,该图包括了1929年的"黑色星期四",但不包括1987年在"黑色星期一"所发生的500点跌幅。20世纪90年代的强势行情使得这一结果发生了变化,实际上,星期一以微弱的优势成为每周中走势最为强劲的日子,而星期四则表现较差,只有48.9%的股票会上涨。目前还不能确认这种变化

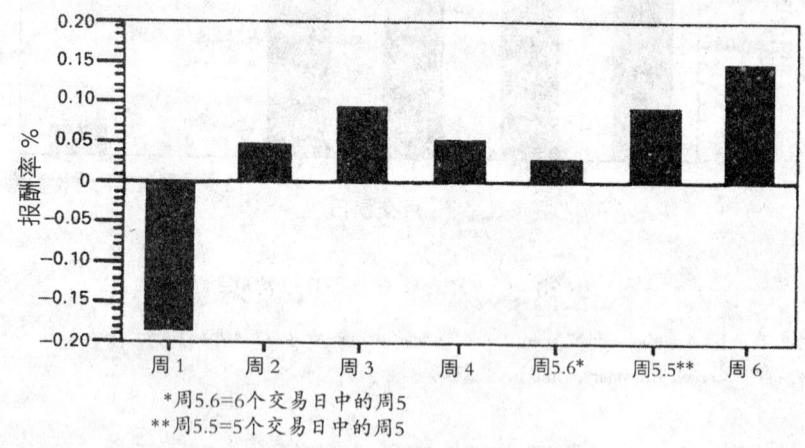

*周5.6=6个交易日中的周5
**周5.5=5个交易日中的周5

图20-6 每周效应与每日平均报酬

(资料来源:D.Klein and R. Stambaugh, *A Further Investigation of the Weekend Effect in Stock Returns*,《财经杂志》,1984年7月期,pp.819~837)

是否是永久性的。

对于这种每周走势,目前还没有任何合理的解释,并且有报道说,这种现象也存在于美国以外的股票市场、债券市场,甚至橙汁市场中。

假日前的上涨走势

统计资料显示,假日前的交易日有明显的上涨倾向。图 20-7 显示了这一点,该图所涵盖的期间为 1963~1982 年。除了"总统就职日"外,所有假日前交易日的市场表现都远胜过平常的交易日。

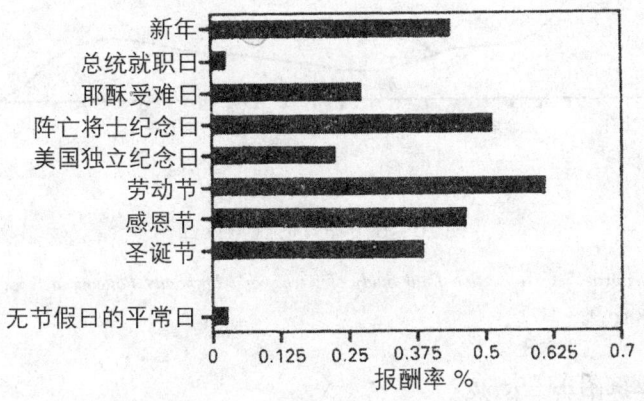

图 20-7 假日效应(假日前的平均报酬)

(资料来源:R.Ariel, *High Stock Returns Before Holidays*, *Sloan working paper*, Massachusetts Institute of Technology, Cambridge, MA, 1984)

交易日内的模式

最近的研究已经显示[1],每天之内的走势也呈现明确的模式,如图 20-8 所示。除了周一的早盘外,一周内各天的走势都没有明显的差异。然而,在每天收盘前的半小时内有明显的上涨倾向。该研究报告还显示,每天最后一笔交易的涨势最为明显,平均涨幅为 0.05%,相当于每股 0.6 美分。而且愈接近收盘,收益率愈高。在下午 3 时 55 分之后的交易,平均涨幅为 0.12%,相当于每股 1.75 美分。本章也适

---

[1] Jarris, *How to Profit from Intradaily Stock Returns*, *Journal of Portfolio Management*, 1986 年冬。

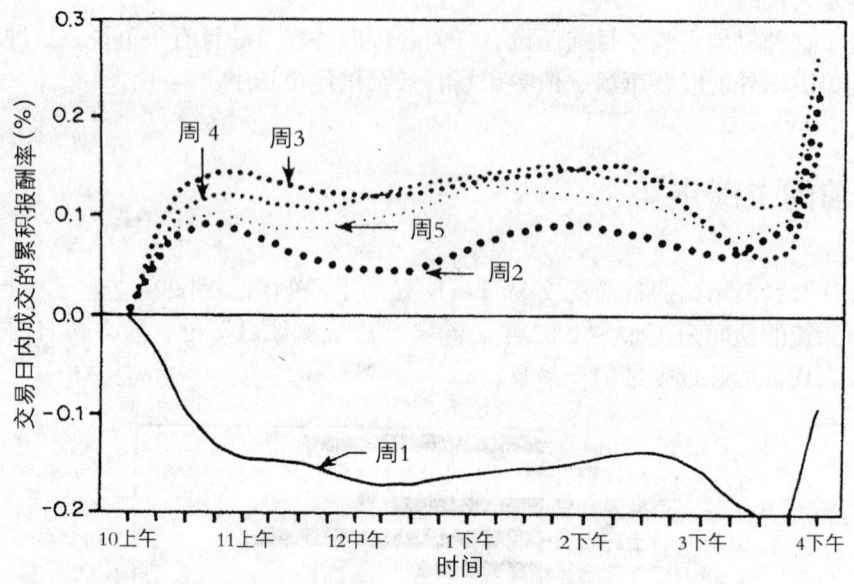

图 20-8 每日的盘中效应

（资料来源：L. Harris, *A Transaction Data Study of Weekly and Intradaily Patterns in Stock Returns*,《财经杂志》, vol.16, 1986, pp.99~117）

合在这种收盘涨势中告一段落。

第二十一章
辨识周期的实用方法

本章将讨论周期分析的一些基本原理,并运用实例说明识别周期的一些简单技巧。

周期的定义

周期是一种可以辨识的、且在特定期间内呈现出某种规律性的价格形态或走势。例如,当某一市场、某只股票或某项指标相当稳定地在每隔6周出现一次低点,我们就称其为"6周周期"。一系列的低点是持续攀升还是下滑对于周期的辨识并不重要。关键在于每隔6周就会出现一个可明确辨识的"低点",每两个低点会被一个高点所分隔,这里的高点称为"周期性高点"。图21-1给出一些范例。

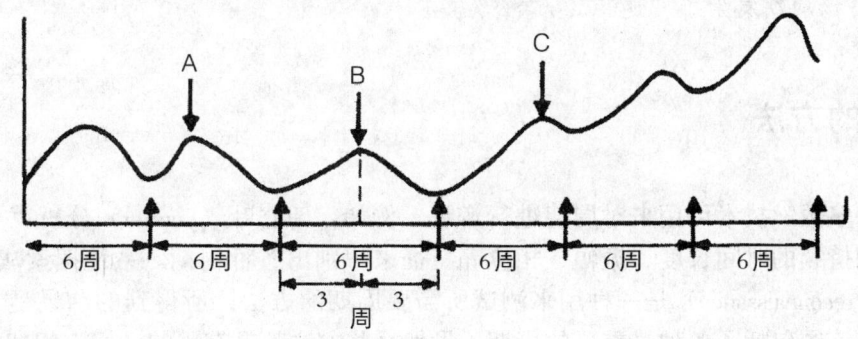

图 21-1 周期性高点与低点

在图 21-1 中,虽然周期的低点大约每隔 6 周会出现一次,但周期高点的位置可能是不断变化的。在某些情况下,周期高点会提早出现,例如图中的 A 点;有时会在周期的中点出现，例如图中的 B 点；但也可能会延迟出现，例如图中的 C 点。一般来说，如果周期高点出现在周期低点发生后不久，表明该周期的上升部分相对疲软，整个周期的力度位于其下降部分。在这种情况下，周期的低点通常会持续下滑。类似地，周期高点也可能延后出现，即发生在周期的中点之后，此时通常代表走势强劲的周期，周期的低点将持续垫高。在任何市场或股票中，都可以同时观察到多个不同的周期，有些周期较长，有些则较短。技术分析师的任务不在于辨识出所有的周期，而在于发现最重要与最可靠的周期。

原　则

- 周期的持续时间越长，价格的波动幅度通常也越大；例如，对于实际交易来说，为期 10 周的周期要比 10 小时的周期有更大的意义。
- 根据以上的第一项原则，周期愈长，其低点的重要性也愈大。
- 大约在相同的时间到达低点的周期数目越多，随后的价格走势就越强劲。
- 在上升趋势中，周期的高点有"向右移动"的趋势，即发生在周期中点之后。在空头行情中情况恰好相反，周期的高点有向左移动的趋势。
- 周期高点的发生也可能呈现出某种规律性。
- 实际发生的周期高点或低点，可能与预计的情况相反。在这种情况下，称该周期发生了"逆转"。

辨识的方法

许多数学技术可用来对周期进行辨识。例如，傅立叶（Fourier）分析就可以根据周期持续的时间长度、振幅、相位等特征来识别出各种周期。系统搜索法（Systematic reconnaissance）是一种用来测试所需要周期的方法，所得到的结果是一张周期图，该图包括了各种最重要的周期。虽然这些方法都是有用的，但它们却使不属于科学领域的技术分析看起来更像是一门精确的科学。以上这些方法超过了本书的范围，但有兴趣的读者可以参考书后列出的资料做进一步的研究。本章仅讨论以下 3 种辨识周期的方法：趋势偏离法、动能法与简单观察法。

第二十一章 辨识周期的实用方法

趋势偏离法

该方法利用一系列数据点,并将每一个数据点除以相应的移动平均值。换言之,该方法中的数据观察点代表偏离趋势的程度,而移动平均代表趋势。

第九章曾经解释过,由于移动平均线是用来反映基本的价格趋势,因此在理想的情况下,应该将其绘制在所考察的时间跨度的中央。这是因为"平均"价格是发生在计算期间的中央,例如,13周移动平均线就应该绘制在第7周处。然而,在分析趋势反转时,如果根据移动平均线的方向变化来判断,时间上往往会落后。基于这个原因,技术分析人员通常都采用移动平均线的穿越信号。由于在辨识周期时使用的多是历史数据,所以这一缺陷并不重要。因此,在趋势偏离法中,数据点所采用的除数应是移动平均的中点。例如,2月27日的价格数据点应当除以在4月18日所计算的13周移动平均线,换言之,就是将移动平均往"过去移动"7周。然后,将所得的结果绘制为一个摆荡指标,并借此来辨识周期的高点与低点。

这样处理之后,我们就很容易观察这些低点或高点之间是否存在有规律的周期。可采用的方法之一,就是记录所有相邻两个低点或高点之间的时间间隔,从而确定出现最为频繁的间隔。由于移动平均会消除所考察的时间跨度内的所有周期性波动,因此在辨识周期时,必须尝试使用各种不同时间间隔的移动平均,从而识别出尽可能多的周期,并在随后的分析中,选取最为可靠的周期。

动能法

另一种更为简单的辨识方法,是计算价格数据的动能摆荡指标,并采用反复试验的方法来选择一个适当的移动平均对这一指标进行平滑处理。就像趋势偏离法一样,这种方法也可以显示出价格走势的基本韵律。当然,单独使用动能法来辨识周期的效果是十分有限的,但如果与后面将讨论的简单观察法结合起来使用,这一方法就可以用来有效地确认所辨识周期的可靠性。

动能指标所处的位置可以用来预示可能发生的周期逆转,换言之,预期的周期低点有可能是实际发生的周期高点,反之亦然。例如,根据所观察的数据资料,我们可推测出在某一特定时间左右会出现一个周期低点,但结合使用的动能指标当时却正处于超买区域或正从超买区域反转向下,这表明周期可能会发生逆转。走势图20-8中S&P综合指数的走势就是一个很好的范例。在1987年,正如55个月ROC所示,9.2年的周期此时处于周期峰位,而这一年正是应该出现周期低点的年份。

简单观察法

走势图 21-1 列出了费城黄金与白银股票指数的走势。其中，垂直实线代表为期 82 周的周期低点，垂直虚线则代表为期 126 周的周期高点。ROC 指标的时间跨度为 41 周，相当于 82 周周期长度的一半。这些周期都不是完美的，但在大部分时间里，它们的确可以解释所考察期内的大多数转折点。这两个周期是利用 MetaStock 软件的周期线工具，通过反复试验得到的。

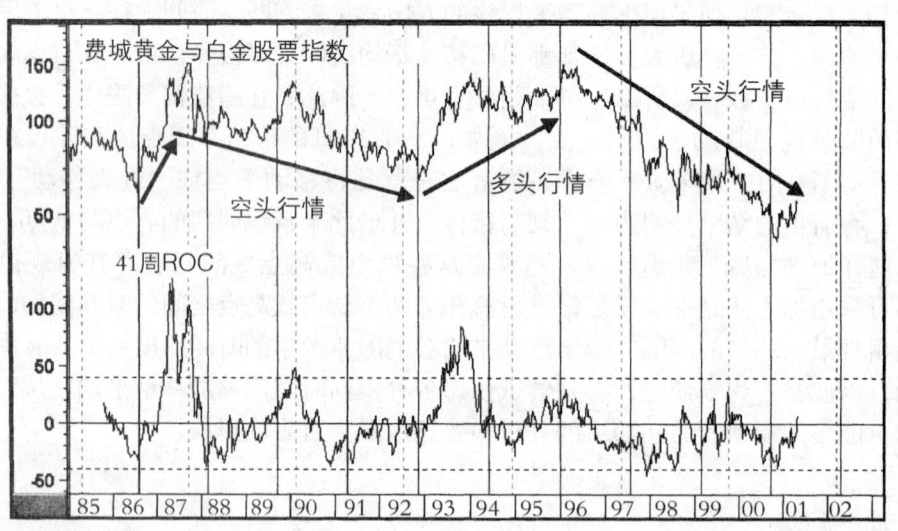

走势图 21-1　费城黄金与白银股票指数及一个 41 周 ROC 指标，1985～2001 年

（资料来源：www.pring.com）

如果你没有类似这样的软件包，而想通过手工方法来完成，那么最简单的方法是直接观察价格走势图，选取 2～3 个看起来似乎等距离的主要低点。然后，根据这个特定的周期向前、向后进行推测，并以铅笔标示其位置。如果这些推测点中相当一部分在实际走势图中处于高点或低点，可以用彩色铅笔对其标示出来。如果大部分推测点与实际不符，就应放弃这个周期，开始寻找另一个新的周期。在这些周期低点的推测位置处如果出现周期高点，也应该视为成功的推测，这是因为周期分析的首要目标是确定潜在的重要转折点。

一旦确定一个可靠的周期后，分析人员应该找出所有未被该周期解释的重要低点，并尝试寻找另外一个周期来解释这些低点。当我们以第二个周期来解释先前未被解释的低点时，经常可以发现，第二个周期不仅可以解释一些先前未被解释的低点，而且也可以解释已经被第一个周期所解释的低点。这一点是非常重要的，因为周期分析的基本原理是：在大约相同的时间达到低点的周期的数目越多，随后的价格走势也越强劲。在推测未来低点时，这种简单观察法必须与其他的技术指标配合使用，如果这些指标也提供了确认信号，那么随后出现大幅上升波浪的可能性将会大大增加。有关简单观察法的下一步骤将在下一节中详加讨论。

结合周期高点与低点进行分析

走势图 21－1 中的垂线为周期高点和低点找到了一个相当可靠的模式。我们从中可发现一个极为重要的原理，即不同转折点的重要性是与主要趋势的方向相联系的。有关这一方面，走势图中的箭头标示出了各种不同的多头与空头行情。请留意，周期高点在空头行情中有着较为重要的影响，例如图中 1987 年和 1990 年出现的高点。相反地，1986 年和 1992 年底的周期低点出现在多头行情的初期，并比 1997 年和 1999 年的低点有着更为重要的影响，而后两个低点是出现在空头行情中。

结合周期高点与低点进行分析的一个优点在于，该方法可以就一个反弹或修正走势将持续多久这一问题提供一些见解。具体来说，这取决于周期高点与低点的相近程度。例如，1992 年底的低点是紧接着前一个高点而出现的，因此随后的下跌走势持续时间相当短。反之也成立，1989 年底的低点与 1990 年初的高点在时间上非常接近，因此这一例子中的反弹走势持续时间也很短。ROC 指标的位置通常有助于判断一个特定的周期转折点是否真正有效。例如，1987 年、1990 年以及 1999 年底的强势峰位，都出现在 ROC 指标处于或接近于超买状态时。类似地，1986 年和 1988 年的低点出现时，并没有发生适度的超卖状况。

并不是所有的范例都能像走势图 21－1 一样给出相当精确的解释。读者们需要注意的是，不应当强制采用某个周期来进行各种分析。如果一个周期不能自然而和谐地与实际走势相符，要么该周期根本不存在，要么相当不可靠，此时就应该放弃这一周期。无论如何，周期分析在解释上应当与其他技术指标配合使用。

小　结

- 在金融市场的走势图中，可以观察到重复出现的高点与低点的周期。
- 两个周期之间的时间间隔以及在同一时点将要发生转折的周期个数，都会影响周期转折点的重要性。

- 周期分析总是应该与其他技术指标配合使用。
- 对于一些不能自然形成一致性模式的可疑周期,不应该勉强用来进行各种分析,而是应该加以放弃。

第二十二章
成交量：基本原理

成交量分析的优点

到目前为止，本书所讨论的绝大多数技术指标，除了刚刚讨论过的周期外，都涉及价格或价格的统计处理。这表明这些指标都反映了同一个主题。

因此，对成交量模式进行研究可以为前面介绍的方法提供有益的佐证。本章将讨论一些成交量分析的基本原理，第二十三章将详细讨论适合于对个股和整个股票市场进行分析的成交量指标。

分析成交量主要可以带来3个方面的益处。首先，同时观察价格与成交量的动能指标，有助于我们判别两者是否相匹配。若两者相匹配，表明当前的价格走势可能会持续下去。其次，当两者不匹配时，表明当前的价格走势并不像其表面所显示的那般强劲。最后，成交量指标经常会呈现出一些特征，这些特征预示着即将发生趋势反转。

> **主要的技术准则**　成交量不仅反映了买卖双方的交易热情，而且是与价格完全独立的一个技术指标。

如图22-1所示，成交量通常以柱状图的形式列在价格走势的下方。由于这一安排可突出反映交易活动的扩张和收缩，因此得到广泛的认可。这样以来，成交量分析就可以用来确认或质疑价格趋势的可持续性。当然，成交量也可以表示为动能指标的形式，这样可以更加形象地刻画出交易活动的波动情况。

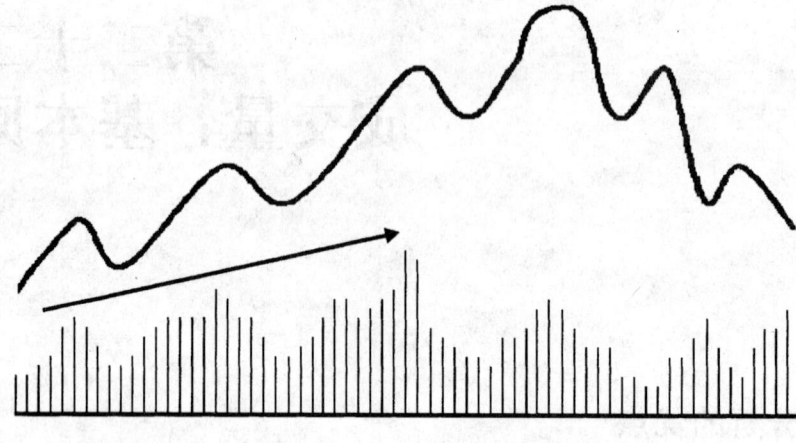

图 22-1　成交量的柱状图

成交量分析的基本原理

1. 最重要的原理是：成交量的变动通常与价格走势相一致。在正常情况下，交易活动在上涨行情中扩张，而在下跌行情中收缩。从这个意义上讲，对成交量的解释与分析应该以最近的数据为参照。因此，将当前 NYSE 每天 10 多亿的成交量与 70 年前 500 万~600 万的成交量进行比较是不合理的。成交量的迅速扩张是制度变革、市场扩容、衍生品等诸多因素的必然结果。然而，将每天 20 亿的成交量与最近的每天 15 亿的成交量进行比较则是合理的。价格的走势呈现出趋势性，但由于修正走势贯穿于当前的趋势，因而价格通常不会按照直线涨落。成交量指标也同样如此。以图 22-1 为例，左半部分的箭头标示出成交量处于上升趋势，但同样可明显看出，成交量并非每天都在放大，有时交易非常活跃，有时比较清淡，但总体趋势是向上的。该图的右半部分显示出成交量处于下降趋势，但同样也是不规则的。当我们谈论成交量上升或下降时，通常指的是其变化趋势。与价格一样，成交量的趋势可以分为盘中、短期、中期以及长期，具体取决于走势图的性质。

2. 需要考虑的一个重要事实是成交量反映了买卖双方的交换行为。根据定义，流入某一股票的资金量必将与流出的资金量相等。不管成交量是多少，这一点总是成立的。

第二十二章 成交量：基本原理

3. 如果买方需求热切，他们将不断进行买入操作，从而推动价格飙升，直至获得足够多的筹码。而当卖方获悉利空消息时，他们可能会变得恐慌，从而推动价格迅速下跌。但是在所有的情况下，卖方所卖出的股票量总是等于买方所买入的股票量。

4. 量增价涨代表一种正常的情况。出现这一情况表明市场处于"正常"状态，此时并没有特别的预测价值。根据这一原理，如果成交量还没有到达峰值，表明价格至少还有一次反弹，从而创下新高。

主要的技术准则 买卖双方的交易热情决定了价格的走势。

5. 在多头行情中，成交量通常会领先于价格。当价格创下新高，而成交量却并没有对此加以确认时，这一价格新高应被视为危险信号，表明当前的趋势有可能发生反转。在图 22-2 中，股价在 C 点到达其峰值，而成交量却在 A 点到达峰值。这种情况是正常的。成交量峰位的持续下滑表明基础技术面走弱。没有严格的规则能够说明，在价格到达峰位之前，价格动能指标与成交量动能指标之间究竟发生多少次背离现象。但总的来说，出现反向背离的次数愈多，当前技术走势就愈疲软。此外，若成交量收缩得越快，表明交易热情越低落，此时一旦买盘衰竭或卖盘增强，当前的技术面将会变得更为脆弱。一个没有成交量配合的价格新高就如同一个完全没有上升动力的价格新高一样，显得非常脆弱。

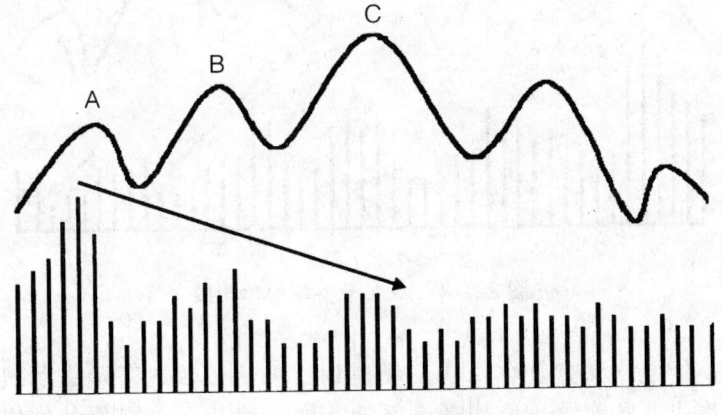

图 22-2 成交量领先于价格

6. 如图 22-3 所示，价涨量缩是一种反常现象，此时的反弹走势力度较弱，持续性也值得怀疑。这种情况通常会出现在主要的空头行情中，因此可作为一个看空指标。请记住一点，成交量度量了买卖双方的相对热情。当市场处于反弹走势而成交量却不断萎缩，表明此时的价格上涨主要是由于卖方惜售而并非买方的大量买进而导致的。由于价格的上涨，卖方迟早会开始抛售。此后，价格就会一路下滑。此时需要注意的是，价格的下滑伴随着成交量的显著放大（如图 22-4 所示）。

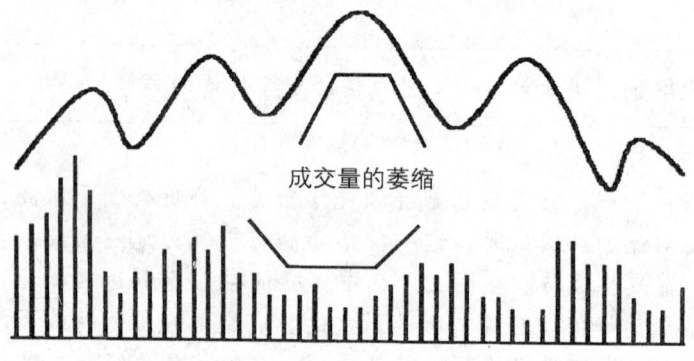

图 22-3　空头行情中的成交量萎缩

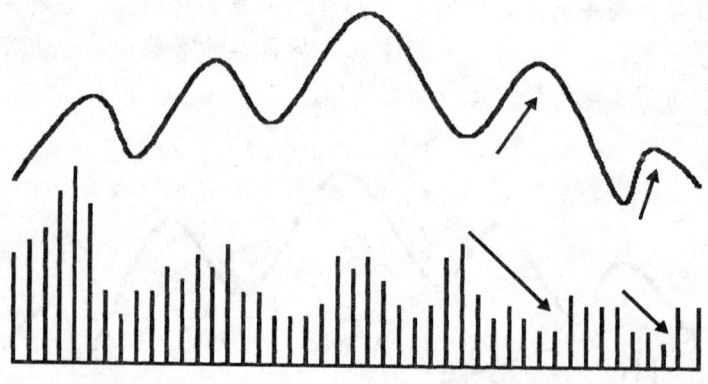

图 22-4　成交量萎缩的结构图

7. 有时，价格与成交量会呈现出缓步的上升，然后逐渐形成加速的涨势，并在最后的爆发阶段，价格迅速飙升。然而随即，成交量和价格又都急剧下跌。这代表着一种衰竭走势，预示着即将发生趋势反转。趋势反转的严重性取决于前一波涨势的幅度与成交量放大的程度。一个持续 4~6 日的衰竭走势显然不如一个持续长达数周的衰竭走势严重。这一现象被称作抛物型暴涨走势,可参见图22-5。遗憾的是,由于不能构造出理想的趋势线、价格形态等技术指标,因而无法轻易识别出此类衰竭或暴涨走势。正由于此,通常要在成交量与价格到达各自的峰位一天左右时才能发现这一最后暴涨阶段。

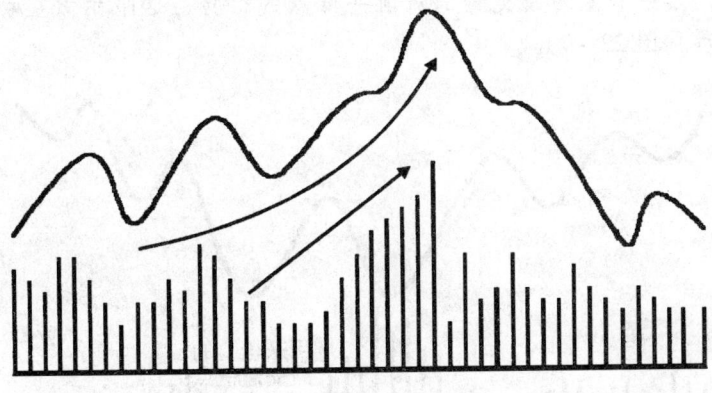

图22-5 抛物型暴涨

8. 与抛物型暴涨相对的是抛售高潮。伴随着成交量的放大,价格急剧下跌了一段时间之后,就会出现抛售高潮。抛售高潮出现后,可以预期价格将会上涨,而先前在抛售高潮处所筑的底部在短期内则不会被跌破。抛售高潮后的价格回升走势应该伴随着成交量的相对萎缩。这是量缩价涨走势惟一被视作正常情况的一次。尽管如此,还是应确信在随后的反弹走势中成交量将放大,可参见图22-6。一个空头行情的结束通常伴随着抛售高潮的出现,但这也不是绝对的。

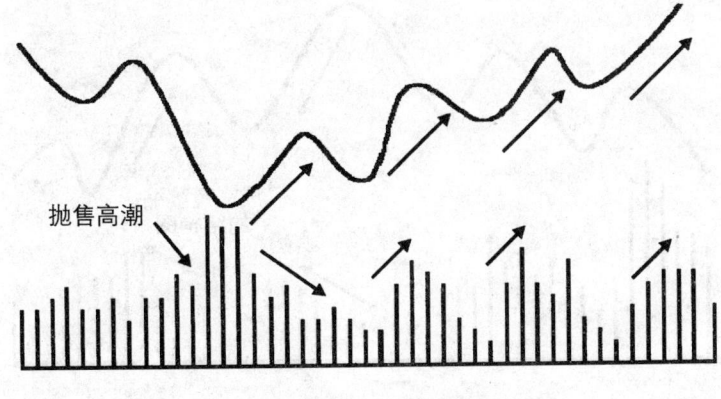

图22-6 抛售高潮

9. 在长期的下跌走势之后，价格会出现反弹，接着再度回落形成第二个谷底，第二个谷底的位置可能略高于或略低于前一个谷底，但如果第二个谷底的成交量明显小于前一个谷底的成交量，就代表一个多头征兆。华尔街有句名言："绝不在一个低靡的市场中做空"。这句话非常适合于这里所讨论的情形，其中偏低的成交量是对前一低点的检验，这暗示做空动力的逐渐衰竭（参见图22-7）。

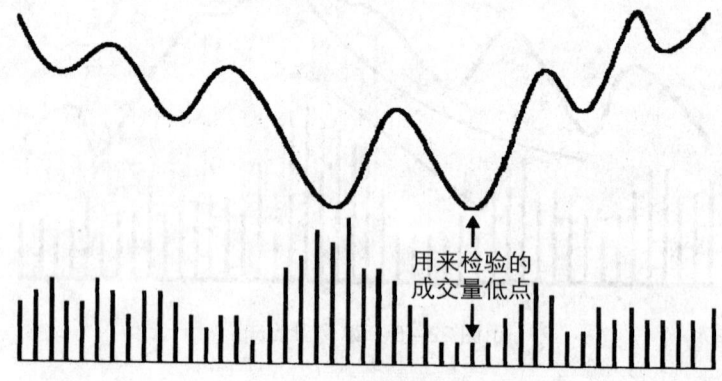

图22-7　用来检验的成交量低点

10. 成交量放大时，价格向下突破价格形态、趋势线或者移动平均线是一种反常的关系，代表一种空头征兆，从而可用来确认趋势反转信号，参见图22-8。价格的下跌通常是由于缺乏买盘，因而成交量会出现萎缩。这是正常的交易状况，并不能提供更多的信息。然而，如果在下跌行情中成交量持续放大，这往往是由于卖盘的增加，因此这一下跌行情的后市将不容乐观。

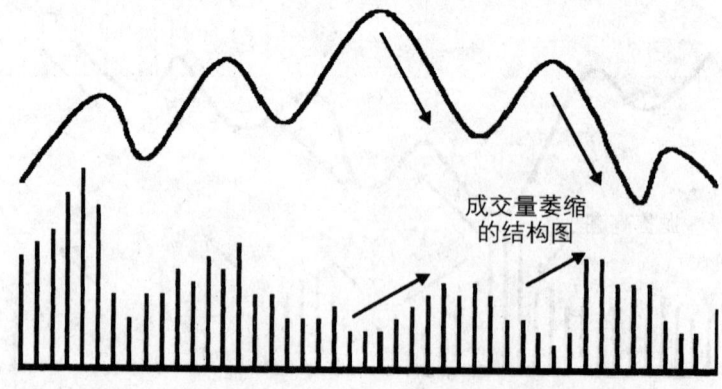

图22-8　成交量萎缩的结构图

第二十二章 成交量：基本原理

11. 市场行情经过数个月的上涨之后，价格涨势出现钝化，但成交量却持续放大（参见图22-9），这代表一种震荡出货的空头信号。

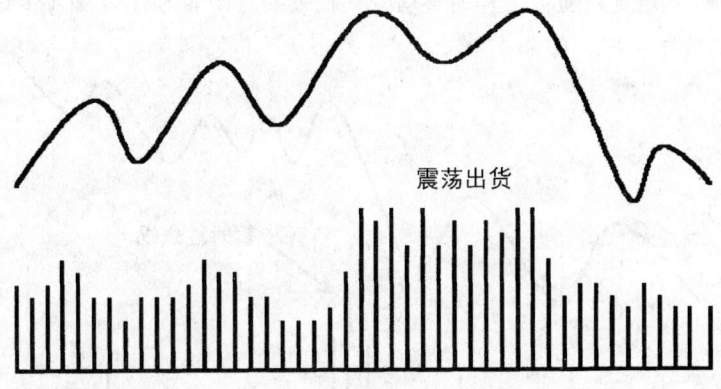

图22-9 震荡出货

12. 同理，行情经过数月的下跌之后，价格跌势出现钝化，但成交量却持续放大，这代表一种进货的多头信号（参见图22-10）。

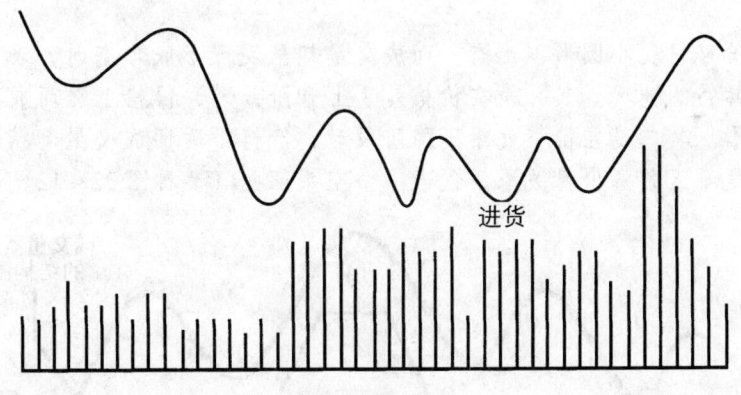

图22-10 进货

13. 在主要的市场低点处，当成交量创历史最高记录时，通常表示重要的市场底部已经出现，这是因为这一信号表明投资者心理已发生逆转，而这一逆转对于形成一波主升浪是非常重要的。这一点在1978年3月、1982年8月和1984年8月，以及1998年10月的美国股票市场得到了充分的显示。同样在1987年债券市场和欧洲美元市场的低点也出现类似情形。但这并不是一个不会失效的指标，例如，在2001年1月，NYSE和NASDAQ市场的成交量就创下历史新高，但后来发现这并不是一个最终低点。

14. 当成交量和价格飞速上涨但并未形成抛物型暴涨,随后又都出现微减现象时,这通常表示当前趋势可能会发生变化。有时确实发生了趋势反转,但有时,也可能是对当前走势的整理,仅代表买盘的暂时性衰竭(参看图22-11)。

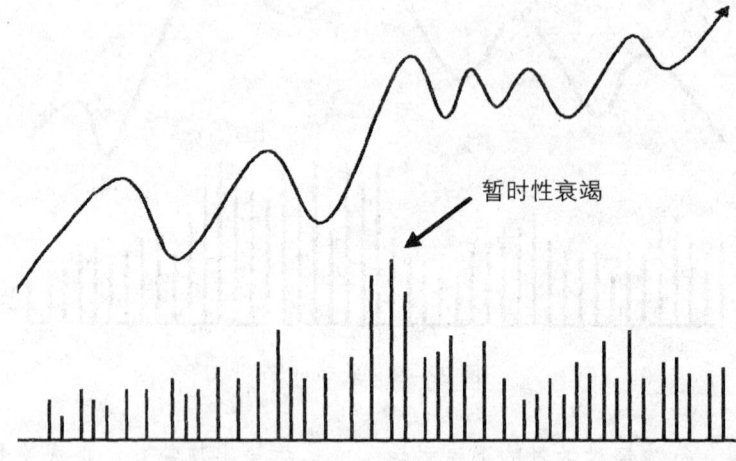

图22-11 暂时性衰竭

15. 当价格呈现小圆形顶形态,而成交量却呈现碟形底形态时,表示出现了双重异常的情况。其一是在价格处于上升阶段时,价格上涨而成交量却持续下滑。其二是在价格处于下降阶段时,价格下跌而成交量却持续放大,这也是不正常的价量关系,代表一个空头征兆(参看图22-12)。

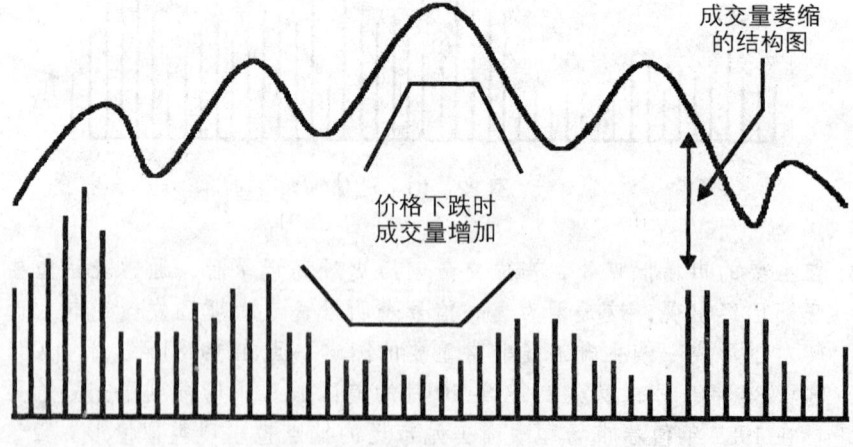

图22-12 双重异常的结构图

第二十二章 成交量：基本原理

市场中的实例

走势图22-1列出RadioShack的股票走势。图中A处的价量特征代表一个多头行情，此时价格和成交量同时增加。而B处的技术特征已发生了相当大的变化，此时，价格持续反弹，而成交量却不断缩减。由于这种价涨量缩的关系是反常的，因此预示着空头行情已经到来。请注意，在2月初，股票价格开始下跌时成交量却放大。这也是一种反常行为，代表一个空头信号。价格在C处触底，这可能会被解释为出现了抛售高潮。如果的确如此，那么在随后的反弹走势中成交量持续萎缩就应该视为正常的。然而，这显然并非事实，因为成交量在D处又开始回升。这表明空头行情仍在继续。在E点处，成交量与价格又一次发生了反向背离，进一步确认了这一空头走势。

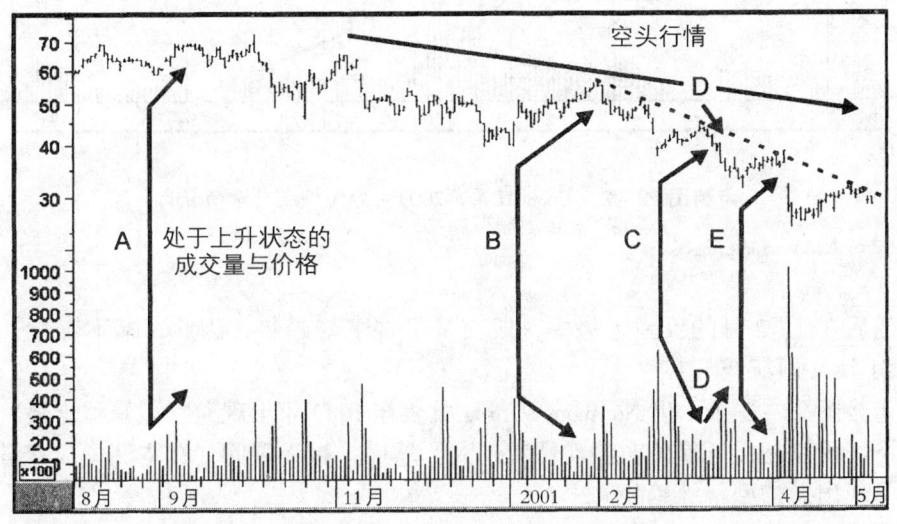

走势图22-1　RadioShack股票，2000~2001年

(资料来源：www.pring.com)

最后，在2001年4月初，成交量出现激增，并且远远高于以往的成交量，因此暗示了抛售高潮的出现。在接下来的价格反弹中成交量持续下降，这也与抛售高潮的特征相一致。然而，该走势图并没有给出接下来的实际走势。当图中虚线表现为向下趋势线，并同时伴随着成交量明显放大时，就代表趋势反转的信号。

走势图22-2列出了Adolf Coors的股票走势。请注意，在价格与成交量高点之间发生了明显的背离，并且当成交量突破其下降趋势线时，出现异常放大。价格向下突破图中用虚线表示的趋势线是对这些弱市信号的进一步确认，其中，虚线实际上代表了底部呈平坦状的扩散形态的下半部分。该实例也表明了这些形态的危险性。

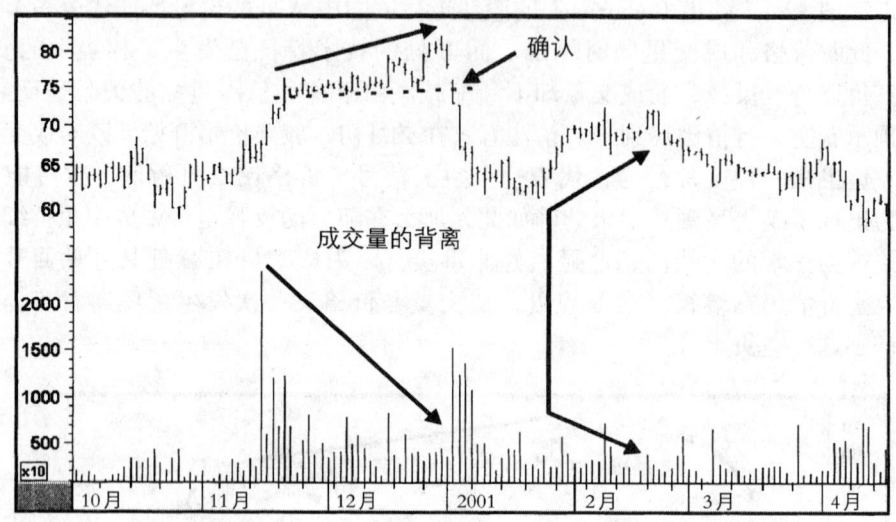

走势图 22-2　Coors 股票，2000~2001 年成交量的背离

(资料来源：www.pring.com)

随后在 1~2 月的反弹走势中，成交量呈现下降趋势，因此，毫不奇怪，价格在 2001 年又创新低。

走势图 22-3 显示出 Newmont Mining 股票在 1987 年出现抛物型暴涨走势。正常情况下，价格越接近峰位时波动性就越大。然而，毫无疑问，在本例中成交量与价格都呈现出抛物型暴涨趋势。

最后，走势图 22-4 显示出 Air Products 股票在 1987 年形成了双重底形态。值得注意的是，成交量在 12 月份的第二个低点处出现了缩减。一般来说，一旦价格向上突破了这两个低点间的反弹走势，那么这两个低点处的成交量差异越大，对后期走势的发展就越有利。对于 A 处的下跌走势，可能会有一些疑问，因为此时成交量开始有所上升。然而，随后在 B 点处，当价格反弹至用小圆点表示的趋势线之上时，成交量出现了激增。而当价格到达用虚线表示的水平趋势线时，成交量又一次出现萎缩，此时确实很难再出现超过 B 处及其附近的巨额成交量。图中的水平趋势线实际上是一个反转的头肩形态的颈线。因此，此处成交量的萎缩是与脱离头部的最初反弹和右肩很窄的价格形态相关联的。然而，毫无疑问，水平趋势线的

第二十二章 成交量:基本原理

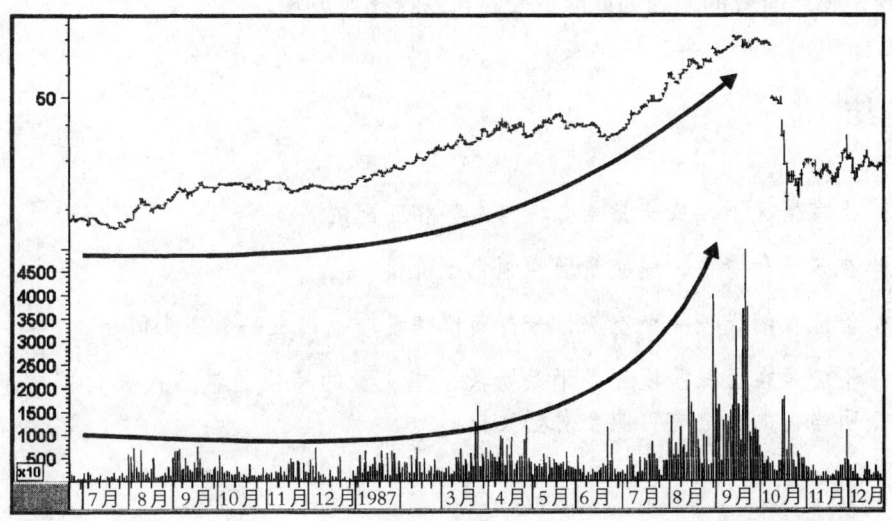

走势图22-3 Newmont Mining股票及抛物型暴涨,1986~1987年

(资料来源:www.pring.com)

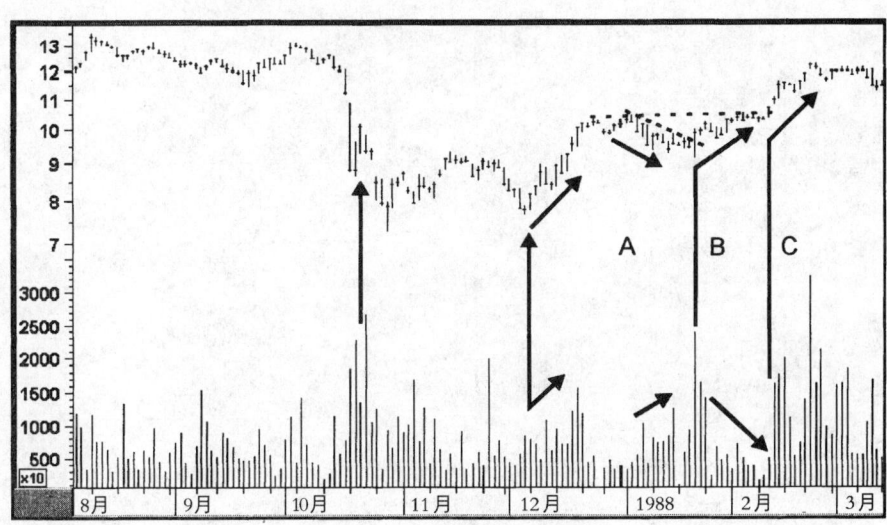

走势图22-4 Air Products股票,1987~1988年

(资料来源:www.pring.com)

突破还是相当有效的，因为此时成交量再一次出现剧增。

小　结

- 正常情况下，成交量是与价格走势相匹配的。
- 在多头行情中，成交量通常领先于价格。
- 价涨量缩代表一个空头信号；而价跌量增也代表一个空头信号。
- 不管是在上涨阶段还是下跌阶段，成交量的峰值通常都代表衰竭信号，表明当前的走势有可能会发生反转。

第二十三章
成交量摆荡指标

本章我们将探讨几个对任何证券都适用的成交量指标，并将这些指标运用到对股票市场的分析中。

成交量的变动率

成交量通常以柱状图的形式绘制在价格走势图的下方。观察任一走势图可看出，在一些价格突破、抛售高潮等处，成交量会出现显著增加。在大多数情况下，这一方法相当奏效，但有时用这种方法也不能轻易地识别出成交量的细微变化。通过对成交量数据作进一步处理而得到的 ROC 指标，有助于我们更好地了解成交量的动态变化。

发现短期趋势

走势图 23–1 除列出了北方信托银行股票的成交量柱状图之外，还绘出成交量的 10 日 ROC 指标。在本例中我们采用的是 10 日 ROC 指标，当然也可以选用其他任何你所希望的时间跨度。从成交量柱状图来看，A 点处的价格峰位并无异常，但 ROC 指标在此处却出现一个对应于衰竭走势的急剧上升。

因此，ROC 指标到达峰位通常代表着衰竭走势的信号，而这一点在成交量柱状图上并不能明显看出。走势图 23–2 列出了 T.Rowe Price 股票的走势，在最初的价格峰位 A 处，ROC 指标发生了明显的变化，而下方的成交量柱状图却没有发生明显变化。在价格峰位 B 处，成交量有所增加，但其变化幅度远小于 ROC 指标的上升幅度，而后者接近走势图所涵盖的时间跨度的最高记录。在 C 处，成交量创下新高，但 ROC 指标却没有出现相应变化。在此处，成交量的新高比头一个价格

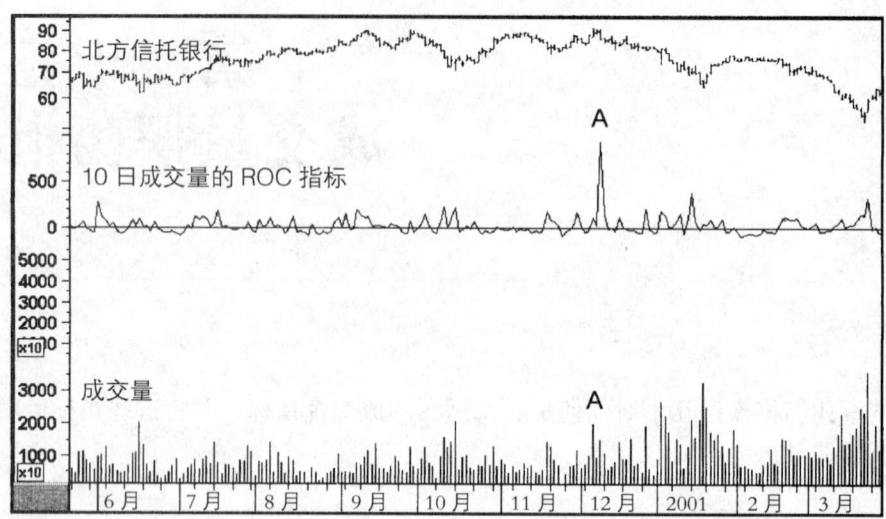

走势图 23-1　北方信托银行股票，2000~2001 年

（资料来源：www.pring.com）

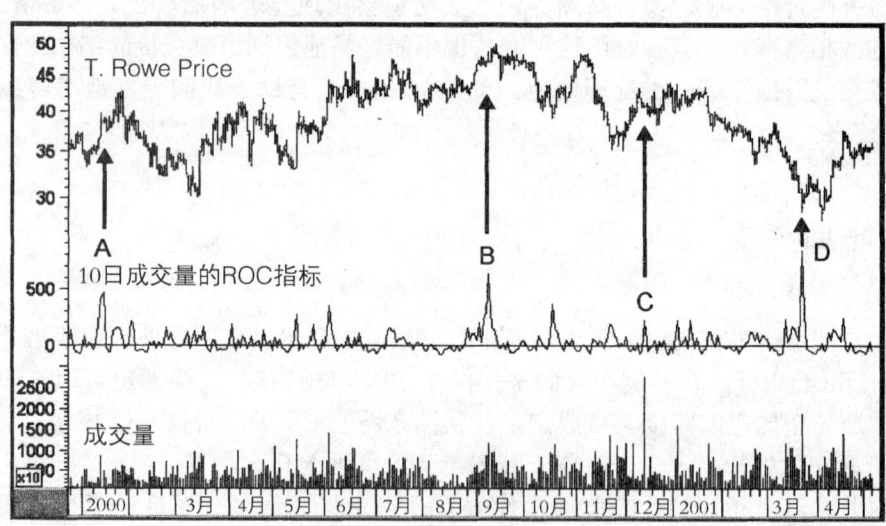

走势图 23-2　T. Rowe Price 股票，2000~2001 年

（资料来源：www.pring.com）

峰位晚出现两天，似乎是一个独立事件，因此总体上分析意义不大。最后，在第一个价格谷底D处，成交量与ROC指标都预示出抛售高潮，但比较而言，还是ROC指标更为明显。

ROC指标有时也会发生趋势背离。以走势图23-3为例，两个虚线箭头标示出成交量动能指标的峰位持续下滑，而价格的峰位却持续抬高。这暗示着价格可能走弱，的确，当价格在C点处突破其上升趋势线后，便呈现出下跌态势。

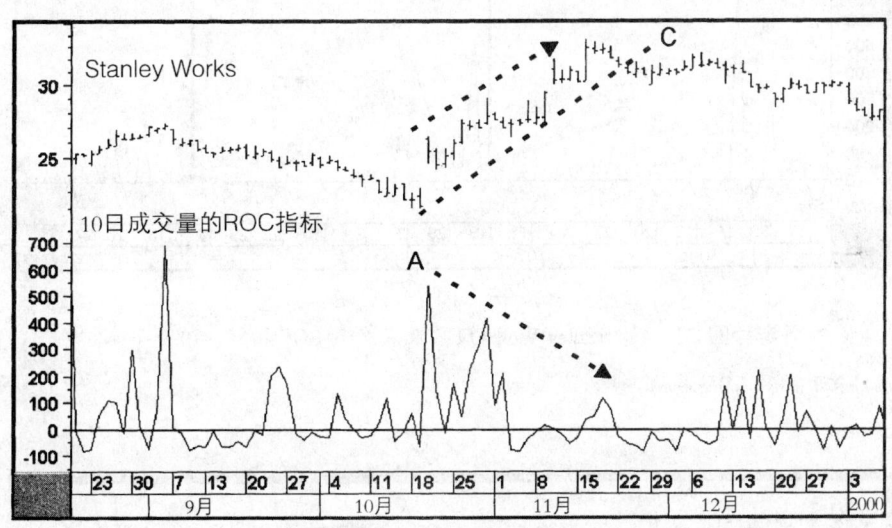

走势图23-3　Stanley Works股票及成交量的ROC指标，1999~2000年

（资料来源：www.pring.com）

在走势图23-4中的A点处成交量出现剧增。由于价格走势随后确认了这一信号，因此紧接着出现一波较好的反弹行情。成交量的上升也可能代表空头信号。在走势图23-4的后期，成交量曲线反弹至一小幅上升趋势线的上方，这表明成交量曲线呈现出上升趋势，但这并没有提供价格将如何变化的信息。几天之后，我们观察到一个不利信号，因为价格向下突破其上升趋势线。无论何时，在一波反弹行情后，价格下跌而成交量上升都代表一个走弱信号。因此，并不奇怪的是，此后的卖盘一直持续到该走势图结束为止。

到目前为止，我们可明显地看出，成交量的简单ROC指标呈现出不平滑的波动，该指标仅适用于识别衰竭走势和趋势背离。此外，个别情况下也可用来绘制趋势线。有时，为了对原始数据进行平滑化处理，有必要计算成交量ROC指标的移动平均值。

在走势图23-5中，进一步将成交量的10日ROC指标除以其25日移动平均

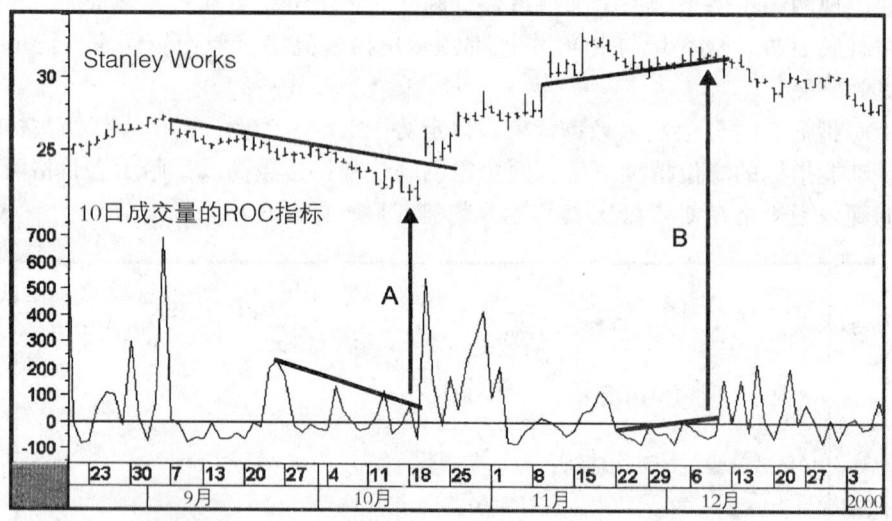

走势图 23-4　Stanley Works 股票及成交量 ROC 指标，1999 年

（资料来源：www.pring.com）

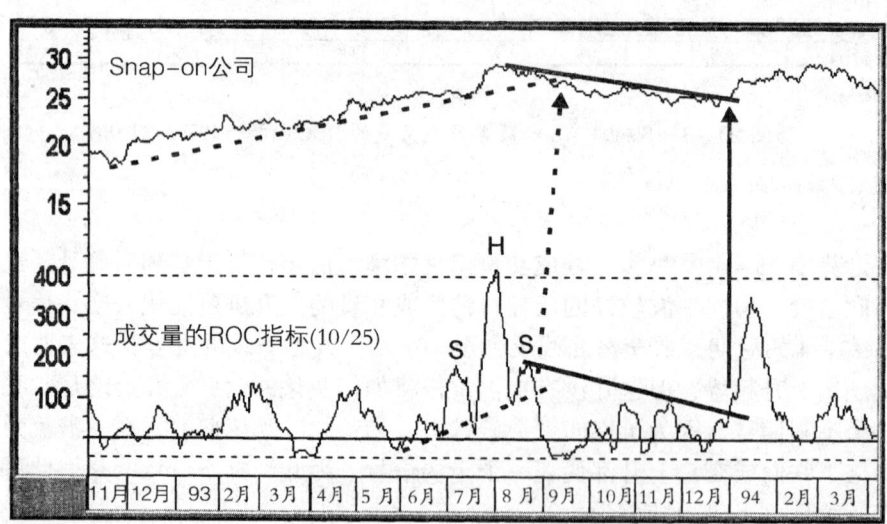

走势图 23-5　Snap-on 公司股票及一个平滑后的成交量 ROC 指标，1993~1994 年

（资料来源：www.pring.com）

第二十三章 成交量摆荡指标

线。此时得到的结果要比前一例子中的更为平滑。从该走势图可明显地看出，经过平滑处理后的 ROC 指标更有助于识别价格模式和进行趋势线分析。首先值得注意的是，超买和超卖线并不是等距离的，这是因为此处是将 ROC 指标视作一个比例来进行处理的。即使经过平滑处理，成交量指标也能够很容易地放大 200% 或 300%，但最多仅能缩小 100%。这意味着缩小的幅度范围要远远小于放大的幅度范围。后文我们将会介绍另外一种计算平滑过的成交量 ROC 指标的方法。该走势图显示出两个主要特征。第一个是头肩顶形态。其中头部代表买盘的高峰，表明趋势即将发生反转。一旦该形态的颈线被突破，那么成交量的下降趋势将得到确认。由于价格的上升趋势线也被突破，因而价格和成交量呈现出一致性下降走势，这预示着修正走势将会继续下去。

当价格和成交量指标都突破相应的下降趋势线时，就表明卖盘的结束。由于此时两指标呈现出一致性上升走势，这进一步确认了价格的上升走势。在本例中，成交量指标的向下趋势线实际上代表反转头肩形态的颈线。在这里之所以没有用字母 H 和 S 标出，是因为其左肩也是前一个向上倾斜的头肩顶形态的右肩，再次标出将会使问题复杂化。

从前文我们已经发现，用百分比方法计算出的成交量的 ROC 指标，不能很好地揭示成交量的超卖状况。一个解决方法就是用减法而不是用除法来计算 ROC 指标。走势图 23-6 的下半部分列出了用这一方法计算出的 ROC 指标。在图中的 A 点处，用减法算出的指标发出了超卖信号，而用除法算出的指标却并没有发出这一

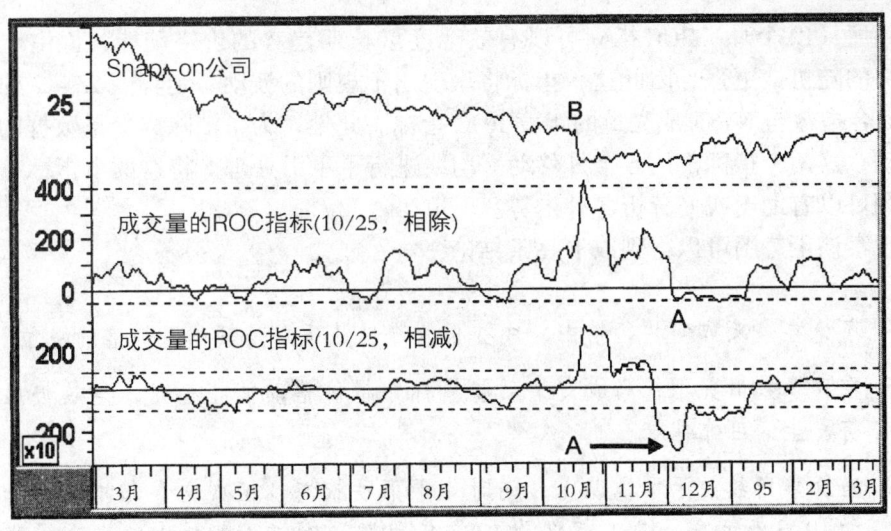

走势图 23-6 Snap-on 公司股票及两个成交量的 ROC 指标的计算，1994~1995 年

（资料来源：www.pring.com）

信号。用减法计算的一个不足之处在于，如果所考虑证券的平均日成交量出现大幅增加，用这种方法计算出的成交量动能指标不适合进行长期比较。对于涵盖期间不足两年的走势图而言，根据减法计算出的指标表现可能更为理想，但必须牢记的一点是，由于个股以及市场整体的成交量水平可能会出现大幅变动，因此超买和超卖水准应作出相应调整。在走势图23-6中，水平线代表了两种成交量ROC指标的超买读数，而这两种ROC指标分别对应着上述两种计算方法。由于价格持续下跌，因此B点处的高位就代表一个抛售高潮。由于基于减法算出的动能指标在A点处已处于严重的超卖状态，因此随即出现的底部表明这是一个典型的双重底形态。

> **主要的技术准则** 成交量指标向上过度延伸并不一定意味着价格处于超买状态，而仅仅表明成交量的过度放大。成交量摆荡指标的较高读数意味着市场此时可能处于头部也可能处于底部，具体取决于前期的价格走势。当成交量摆荡指标从高位处发生反转时，也可能仅仅意味着价格形态的变化而并非趋势的反转。

发现长期趋势

年度（12个月）ROC指标可以有效地度量长期趋势的价格动能，但由于成交量趋势的随机性更强，因此这一指标将呈现出不规则的波动。走势图23-7列出了S&P综合指数与NYSE成交量的年度ROC指标。此处，为了消除成交量数据的不规则波动，这两个指标都用6个月移动平均线进行了平滑处理。将这两个指标结合起来使用可以有助于我们分析各种走势。

观察该走势图可以得到以下几条结论：

- 不论在多头或空头行情中，成交量的峰位几乎总是领先于价格的峰位。
- 在大多数情况下，当成交量动能指标穿越价格动能指标时，是趋势反转即将发生的可靠信号。
- 当价格指数位于零线以上，同时处于下跌状态，但成交量却持续上升（例如1976年年底、1981年以及1987年年底）时，不断放大的成交量代表着出货行情，并且应当视作一个空头信号。
- 成交量指标在市场底部的反转，需要经过价格动能指标的反转来加以确认。

第二十三章 成交量摆荡指标

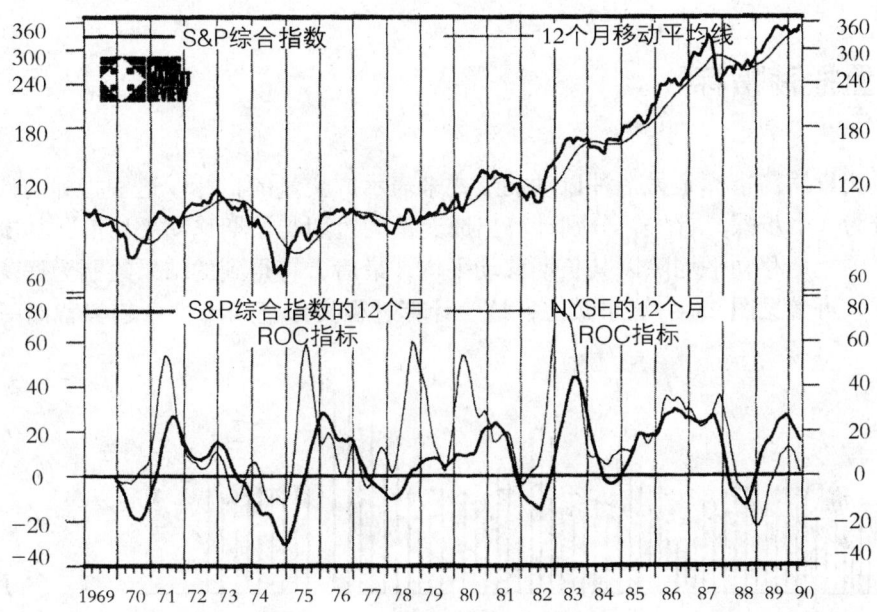

走势图23-7 价格与成交量的动能指标，1969～1990年

(资料来源：www.pring.com)

- 在成交量指标急剧上升之后，通常会出现强劲的多头行情。
- 当成交量指标向下穿越零线时，通常（但并不总是）代表一个弱市信号。此时，最严重的空头信号出现在价格动能指标远高于零线以上。以1988年为例，当成交量向下穿越零线时，价格动能指标也位于零线以下，但此时市场却出现反弹走势。另一方面，在1973年和1977年，当价格动能指标刚开始从超买水准下降时，成交量指标就向下穿越零线，随后市场进入了一个主要的跌势。
- 在多头行情的初期，成交量动能指标始终位于价格动能指标之上（1988～1989年是惟一的例外）。

从走势图23-7中还可以看出，在市场底部，当一个指标的反转信号未得到另一指标的确认时，通常代表一个过早信号。例如，在1973年底和1977年，成交量就先于价格出现了反转。因此，明智之举是应该等到两指标能够相互确认，尽管此时价格可能已上升至一个较高水平。

成交量摆荡指标

成交量摆荡指标是另一种以动能形式来表示成交量的指标。这一指标的计算过程可分为3个步骤。首先，分别计算出成交量的短期与长期移动平均值；其次，以成交量的短期移动平均除以其长期移动平均；最后，将得到的结果绘制为摆荡指标的形式，可参见图23-1。事实上，这一计算过程类似于第十一章趋势背离一节中

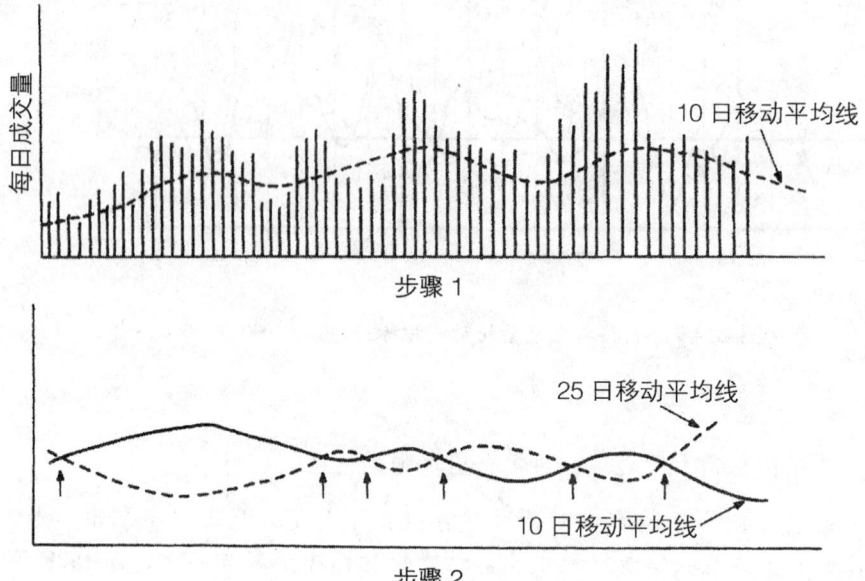

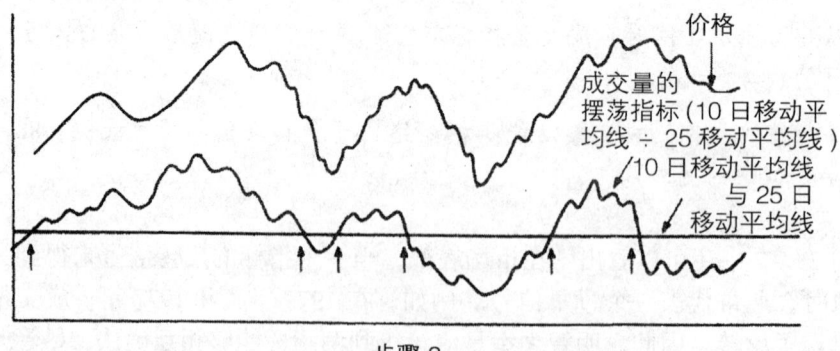

图23-1 成交量摆荡指标的计算过程

第二十三章 成交量摆荡指标

价格的计算过程。惟一的差别是成交量代替了价格。得到的摆荡指标围绕零线上下波动。当两条移动平均线相交时，该摆荡指标的读数为零；当短期移动平均线（图中的10日）高于其长期移动平均线（图中的25日）时，该摆荡指标的读数为正值，反之亦然。

我们以走势图23-8为例来加以说明，该图列出Humana公司的走势。从图中我们可看出，在1999年3月，成交量摆荡指标向上突破其短期的下降趋势线，这一向上的突破仅仅表示成交量动能指标的趋势是向上的，并不能解释价格指标的行为。在本例中，价格背离其水平趋势线，呈现出下跌走势，而成交量却放大，这代表空头的征兆。随后，成交量摆荡指标达到极端超买读数，这意味着出现卖压高潮，这有可能代表着最终的底部。然而，在2000年7月，成交量摆荡指标向上突破其趋势线，而价格指标背离其趋势线向下回落，这几乎是1999年价格行为的重演。这一现象表明：卖压高潮经常代表着最终的底部，但并非每一次都是如此。

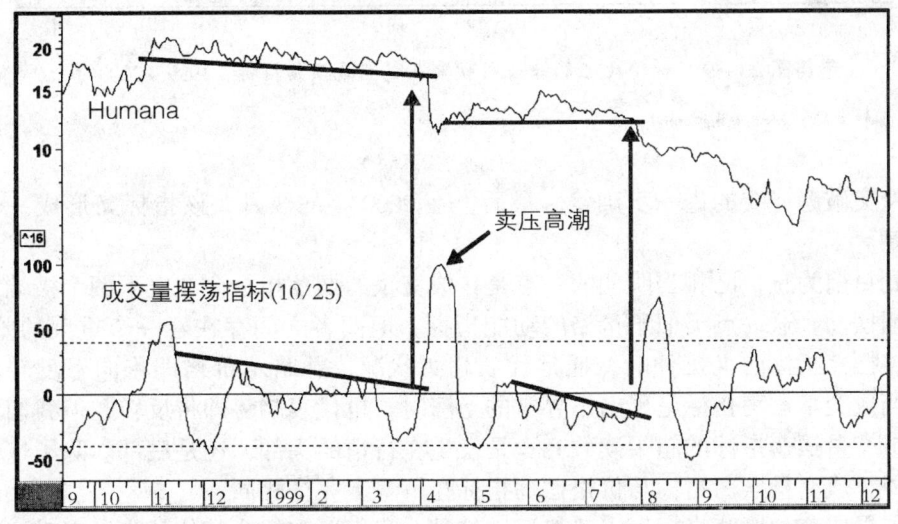

走势图23-8 Humana公司股票及成交量摆荡指标，1998～1999年

（资料来源：www.pring.com）

走势图23-9列出哥伦比亚能源公司的成交量摆荡指标（15/45）。这一较为长期的摆荡指标更为详尽地描绘出较为平滑的价格行为。特别值得注意的一点是，在1999年的夏末，成交量摆荡指标呈现出一个反转的头肩形态。这表示成交量再次放大，但这一次价格向上突破其趋势线。我们在随后的11月又观察到一个类似的范例。通常情况下，摆荡指标很少能够呈现出价格形态，但一旦出现，就代表着非常可靠的信号。此外，走势图也显示出11月初的买压高潮，这一信号随后得到价

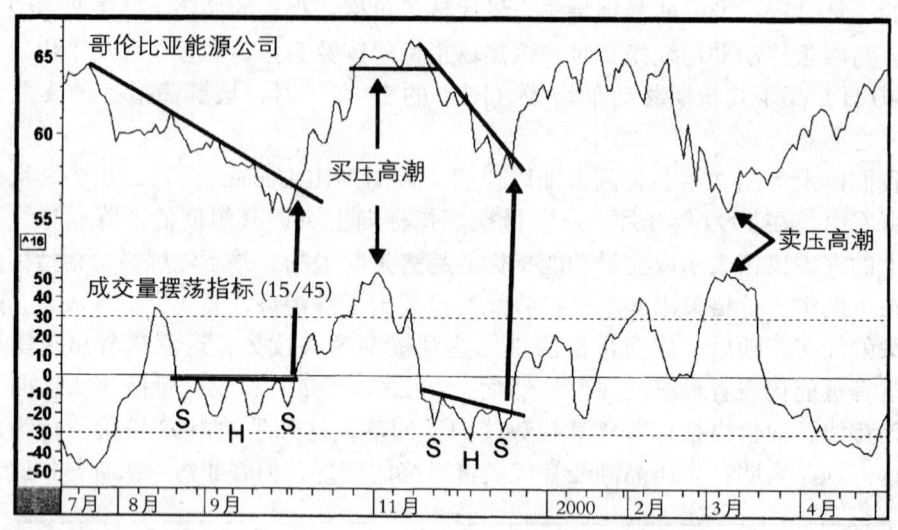

走势图 23-9　哥伦比亚能源公司股票及成交量摆荡指标，1999~2000年

(资料来源：www.pring.com)

格本身突破趋势线的进一步确认。最后，在2000年的3月，该指标又形成一个卖压高潮。

到目前为止，已相当明朗的一点是：成交量的摆荡指标会在上下两个极端值之间来回摆动，这一点类似于价格的动能指标，但两者之间存在着一个重大的差异。当价格摆荡指标向上延伸时，通常代表超买状况，并暗示价格即将向下反转。同理，当成交量摆荡指标呈现出不寻常的上涨时，也代表趋势即将反转，但我们不能确定成交量摆荡指标的超买读数究竟是发生在行情的头部，还是底部。除了这一差异之外，成交量摆荡指标与价格摆荡指标在解释上完全相同。

如果成交量摆荡指标发出趋势反转信号，我们还应配合其他的指标来对该信号加以确认，一个理想的选择就是采用价格摆荡指标。值得注意的是，价格与成交量之间未必总是存在理想的关系。如果对于所分析的股票，其价格与成交量之间的关系表现不理想，就不应该再采用这一方法。

> **主要的技术准则**　当成交量动能指标由超买读数开始反转时，通常代表买方或卖方的耗尽（exhaustion）信号。耗尽信号通常代表主要的趋势已经发生反转。

第二十三章　成交量摆荡指标

走势图 23-10 列出康柏公司的股票走势，该图比较了不同时间间隔的价格摆荡指标与成交量摆荡指标。图中的 B 点与 D 点代表卖压高潮。其中 B 点尤其值得关注，因为在该点处，价格与价格摆荡指标同时突破其下降趋势线。此外，注意到两个摆荡指标在 D 点处几乎相接。当价格摆荡指标到达超卖读数，同时成交量摆荡指标处于超买状态时，我们就称之为"双重不利影响"（double whammy effect），因此每个摆荡指标都以自己的方式告诉我们：即将进入卖压高潮。

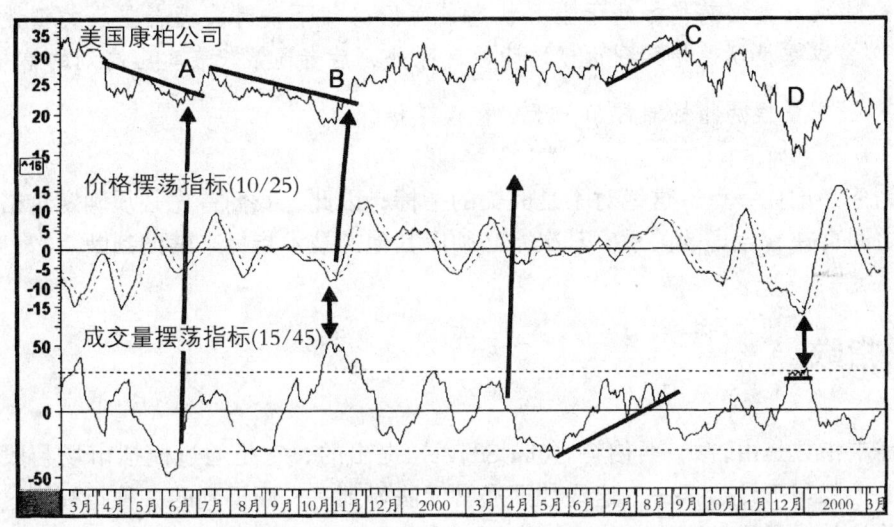

走势图 23-10　美国康柏公司股票及成交量摆荡指标与价格摆荡指标，1999~2001 年

（资料来源：www.pring.com）

而在 1999 年 7 月的 A 点处，我们可看到一幅完全不同的景象。成交量摆荡指标进入极端超卖区域，因此表明成交量严重不足。随后，该指标开始反弹，并且向上穿越超卖水准，代表成交量正在逐渐放大。这种情况下，成交量摆荡指标既可能继续上升，也有可能向下回落，但由于处于超卖状态的中期价格摆荡指标与价格指标本身同时突破各自的下降趋势线，表明成交量摆荡指标继续上升的决心。

最后，在图中的 C 点处，我们观察到成交量摆荡指标向下突破其上升趋势线。这表明成交量已呈现出下降走势。同时我们也可以看到，在成交量摆荡指标与价格摆荡指标之间产生短期的反向背离。在这种情况下，我们通常会预期到价格将会下滑。当然，价格也有可能上扬，但由于成交量持续下降，这一论断很难令人信服。随后，价格突破其短期趋势线，并且价格摆荡指标从较温和的超买状态开始向下反转进一步确认了上述看空信号。

以下我们简要列出成交量摆荡指标在解释上的主要原则：

- 当摆荡指标由极端读数开始反转时，代表当前的价格趋势可能发生反转。
- 在某些情况下，成交量摆荡指标也可采用趋势线与价格形态等分析方法。
- 当价格处于上升状态，而成交量摆荡指标却呈现出下降走势时，就代表空头的征兆。
- 当成交量摆荡指标处于上升状态，而价格却下跌时，代表空头的征兆，但当成交量摆荡指标到达极端读数时除外，后者通常代表卖压高潮的信号。
- 成交量摆荡指标通常领先于价格摆荡指标。

请务必记住一点，这绝对不是完美的指标；因此，我们首先必须确定价格与成交量之间存在着合理的关系。其次，必须以其他的技术指标来辅助判断。

需求指数

需求指数是由吉姆·西伯特（Jim Sibbet）提出的，它是通过模拟市场与股票成交量的上涨与下跌数据——这些数据通常无法得到——而得到的一种指标。这一指标将价格与成交量结合为一体，旨在预示出主要的市场转折点。需求指数所基于的前提是：成交量领先于价格。在许多走势图软件包中都将需求指数包括在内。与成交量 ROC 指标和成交量摆荡指标不同的是，需求指数与价格指标的变动方向总是一致的。需求指数的较高读数总是代表市场处于超买状态，反之亦然。我发现该指标在下面几个方面表现出较大的参考价值。

- 需求指数与价格指标之间的背离代表着基础技术面的走强或走弱信号，具体取决于它们之间的背离是正向背离还是反向背离。
- 在某些市场中，超买与超卖区域的穿越经常可以产生较为理想的买入与卖出信号。但由于需求指数受到所考虑股票波动率的影响，因此最佳的超买与超卖水准将会随着个股的不同而不同，因此应该根据具体情况来自行确定。然而，正、负 25 的水准对于绝大多数的股票都较为适合。
- 某些情况下，该指数会形成价格形态，并经历趋势线背离。这些通常是价格即将发生趋势反转的可靠信号。

第二十三章 成交量摆荡指标

我们以走势图23-11为例。首先，在A点处，价格与需求指数同时突破相应的上升趋势线，代表一个理想的卖出信号。随后的过程恰好相反，需求指数连同价格指标一起完成筑底。接下来的反弹信号可能只会被证实是一个错误信号，这是否就意味着需求指数毫无用处？答案当然是否定的，因为这一现象在空头行情中是非常正常的。看起来似乎非常有效的突破经常被证实是错误信号。这类现象在任一指标中都有可能出现。预防的措施就是在进行任何短期分析之前，尽量识别出主要趋势的方向。在图中的C点处，需求指数与价格指标发生正向背离，而在D点处，又同时突破各自的趋势线。最后，在E点处，我们看到需求指数试图突破一个反转的头肩形态，但却以失败告终。这再一次提醒我们应当运用一些常识知识，因为在这个例子中，突破是发生在超买状态。而根据我们在动能指标一节中所学到的，在如此高水准下的突破通常都会产生错误信号。

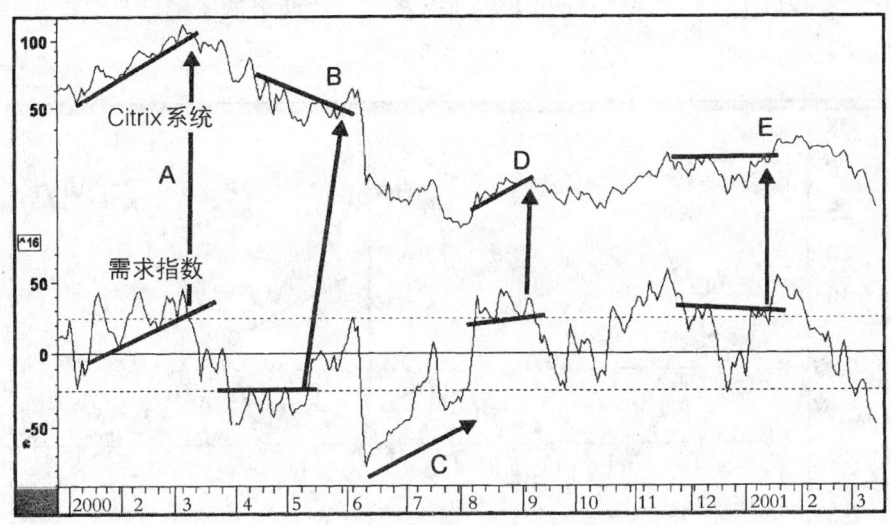

走势图23-11 Citrix系统及一个需求指数，2000~2001年

（资料来源：www.pring.com）

佳庆货币流指标

佳庆货币流（Chaikin Money Flow，CMF）指标是由马克·佳庆（Marc Chaikin）发展起来的一种成交量指标。该指标基于这样的原理：价格的上升应当伴随着成交量的放大，反之亦然。这一准则强调以下事实：以中间价为基准，如果伴随着成交量的增加，收盘价高于当日中间价，通常表明市场走强；同样，如果伴随着成交量

的增加，收盘价低于当日中间价，通常表明市场走弱。该指标在任何时间间隔的读数都可计算获得，间隔的时间愈长，该指标波动的幅度就愈小。因此，基于短期时间间隔（例如10个交易日）计算出的货币流指标表现出更强的波动性。

在我们所考虑的时期内，如果收盘价随着成交量的增加而持续高于当日的中间价，该指标就被视为正值，即高于零线；反之，如果收盘价随着成交量的增加而持续低于当日的中间价，该指标就被视为负值，即低于零线。

我们也可以绘制超买与超卖线，超买、超卖线的穿越可代表买入或卖出信号，但必须经背离分析来进一步确认。走势图23-12列出国家半导体（National Semi-conductor）的走势，从中我们可看到一些很好的范例。在1994年初，随着价格上涨至最终峰位，佳庆指标迅速下滑。在实际的峰位处，佳庆指标几乎落至零线以下。这表明反弹的空间仍很大。在1995年底，背离现象更为明显，因为佳庆指标很少能上升至零线以上，而价格指标却不断创出新高。这两个例子随后都呈现出长期的下跌趋势。

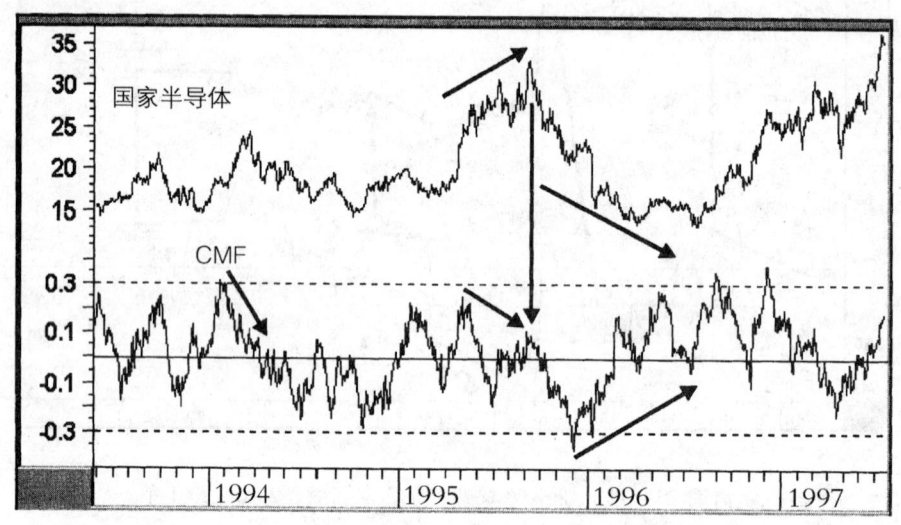

走势图23-12 国家半导体股票及佳庆货币流指标，1993～1997年

（资料来源：www.pring.com）

正向背离信号的表现也较为理想，这一点我们可从1996年初的股价底部看出。当时，价格创新低，而该摆荡指标（即CMF指标）却很少落至零线以下。这可与1995年晚些时候的市场底部的情况进行比较，当时市场处于极端的卖空状态。当然，正向背离仅仅是一个多头特征，它仍需要价格指标的趋势反转信号来加以确认。

既然背离现象在动能指标中是经常出现的。而真正使佳庆货币流指标不同于其他动能指标的一点在于，其背离特征较之相对强弱指标（RSI）或 ROC 指标更为明显。因此，这一指标可识别出其他动能指标不易识别的趋势反转信号。

我本人喜欢用佳庆货币流指标来研究交易区间，并将价格指标与该摆荡指标的行为进行比较，以便估计价格最终突破的方向。

走势图 23-13 列出美国商业制品（American Business Products）的股票走势及一个 20 周 CMF 指标。在 1987 年，价格呈现出横向交易区间走势。而在这一矩形形态期间，CMF 指标向下穿破其上升趋势线，同时在随后的 9~10 月期间，又与价格指标发生反向背离。这些行为都代表走弱信号，因此我们可看到随后价格经历了一波快速的下滑。稍后，价格又进入另一轮横盘走势，但这一次在横盘走势开始时，CMF 就一路反弹，这表明横盘整理走势最终会以价格反弹而结束。

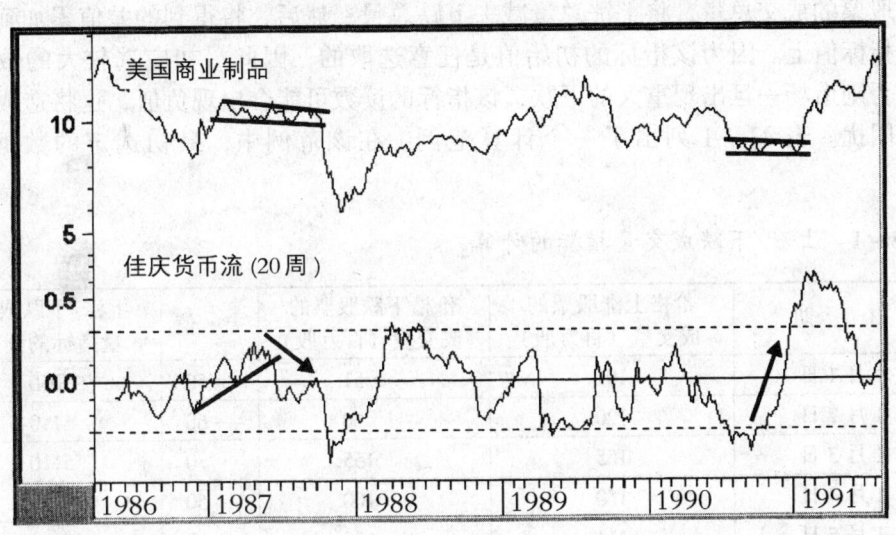

走势图 23-13　美国商业制品公司股票及 CMF 指标，1986~1991 年

（资料来源：www.pring.com）

股票市场中的成交量

上涨/下跌成交量

上涨/下跌成交量（upside/downside volume）是一种用来区分上涨股票与下跌股

票的成交量的指标。采用这种技术可以巧妙地判定进货与出货时的盘势。尽管这一概念似乎颇为合理，但在实际运用中效果却并不理想，而通常基于 ROC 或趋势偏离数据计算出的成交量动能指标就较为可靠。

上涨/下跌成交量指标的有关数据通常刊登在《华尔街日报》与《巴隆周刊》（weekly in Barron's）上。此外，路透社（Reuters）、CSI 以及戴尔数据公司等机构也提供相关数据。上涨/下跌成交量指标有两种基本计算方法。

上涨/下跌成交量曲线

第一种是一个累积指标，其构造方式类似于腾落线，可将其称为上涨/下跌成交量曲线（upside/downside volume line）。具体来说，首先分别计算价格上涨与价格下跌股票的成交总量，将上涨总量减去下跌总量；然后，将得到的差值累加到前一日的指标值上。因为该指标的初始值是任意选取的，因此最初应选较大的数据为宜，否则市场一旦出现重大的下跌，该指标的读数可能会出现负值，这将造成不必要的困扰。表 23-1 列出了一个计算范例，在该范例中，最初选定的数据是 5 亿股。

表 23-1　上涨/下跌成交量指标的计算

日期	价格上涨股票的成交量（百万股）	价格下跌股票的成交量（百万股）	差值	上涨/下跌成交量指标的读数
1月1日	101	51	+50	5050
1月2日	120	60	+60	5110
1月3日	155	155	0	5110
1月4日	150	100	+50	5160
1月5日	111	120	-9	5151

通常，这项数据并不公布周或月度资料，因此要进行较为长期的分析就需要自行取值，或是取每周五的数据，或是取每周（5 个交易日）读数的平均值来绘制月线图。相应地，移动平均线也可以根据这些周或月度数据来绘制。在正常情况下，上涨/下跌成交量曲线在多头行情中呈上升趋势，而在空头行情中呈下降趋势。

主要的技术准则　当上涨/下跌成交量曲线未能确认价格指数的新高（或新低）时，就代表着一个潜在的趋势反转信号。

第二十三章　成交量摆荡指标

我们在第一部分所讨论的有关趋势确定的基本原则也适用于上涨/下跌成交量曲线。当市场呈现出不规则的上涨态势时，价格指数不断创新高，而中间折返走势的谷底也不断垫高，上涨/下跌成交量曲线也应当呈现出相同的走势。这样的行为表明，价格上涨股票的成交量在涨势中持续扩大，而价格下跌股票的成交量在跌势中不断缩小。当这种正常的价量关系被破坏时，可能预示着两种情况：一种是上涨股票的成交量出现不足，另一种是下跌股票的成交量过度放大，两者都是空头的征兆。上涨/下跌成交量曲线在价格创新高而整体成交量扩大时尤其具有参考价值。在这种情况下，如果下跌股票的成交量相对于上涨股票的成交量呈现出上升势头，这表明上涨/下跌成交量曲线的上升速度趋缓，或者实际的读数会下降。

走势图 23-14 列出 1985～1987 年期间的上涨/下跌成交量曲线，及其 200 日移动平均线。在这一时期里，除了少数几次大幅的短期价格（S&P 综合指数）的修正走势之外，上涨/下跌成交量曲线都大体位于其移动平均线以上，但在 1987 年 10 月初，即大崩盘前夕，该曲线下跌至移动平均线以下，同时也跌破一条重要的上升趋势线，从而进一步强调了这一空头征兆。

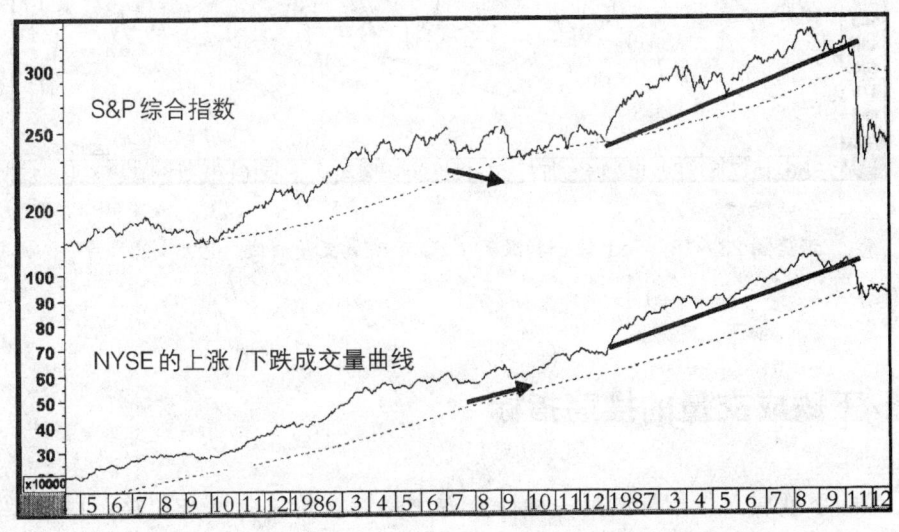

走势图 23-14　S&P 综合指数及上涨/下跌成交量曲线，1985～1987 年

（资料来源：www.pring.com）

另一个值得注意的是，在 1986 年 10 月，当 S&P 综合指数创短期新低，而上涨/下跌成交量曲线却未加以确认时，表明发生了一个正向背离。

在 1988～1997 年期间，由于上涨/下跌成交量曲线与 S&P 综合指数的走势基本呈现出一致性，因此并没有发生背离现象。走势图 23-15 列出相应指标在 1998~2001 年期间的表现。请注意：在 1998 年夏天的峰位处，S&P 综合指数与上涨/下跌成交量曲线发生反向背离，并且趋势线的突破预示着随后的反弹行情。另外，在 1999~2000 年夏这一期间，这两个指标发生多次反向背离。这一时期的表现是目前为止最令人困惑的时期之一，原因在于出现多处矛盾。最初，是某一指标领先，随后却换为另一指标领先。

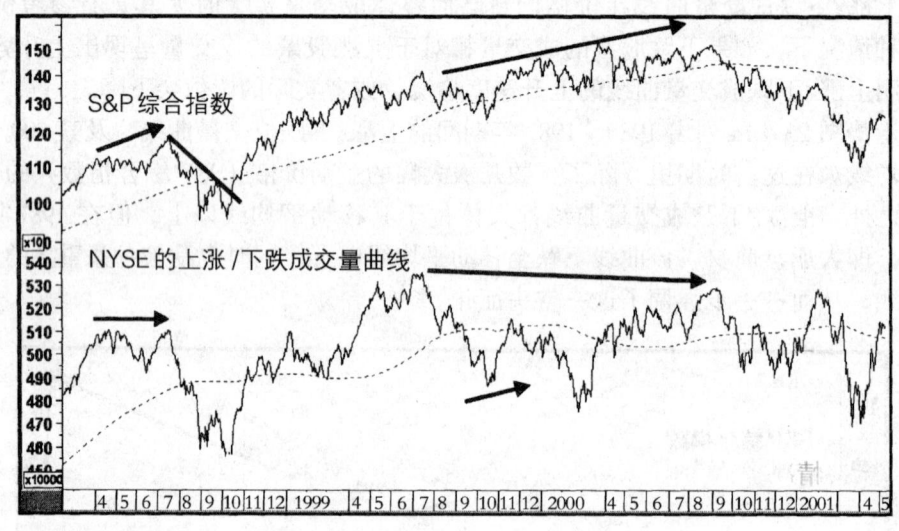

走势图 23-15　S&P 综合指数及上涨/下跌成交量曲线，1998~2001 年

(资料来源：www.pring.com)

上涨/下跌成交量的摆荡指标

　　上涨/下跌成交量指标的另一种计算方法是计算价格上涨与价格下跌股票成交量的摆荡指标，然后相互比较。这些摆荡指标包括：成交量的摆荡指标、平滑处理后的 RSI，等等。走势图 23-16 绘出了成交量的两个 KST 指标。当根据股价上涨成交量构造出的 KST 指标向上穿越根据股价下跌成交量构造出的 KST 指标时，就代表一个买入信号，反之亦然。走势图中的买入与卖出信号分别用上、下箭头标示出。其中，虚线箭头代表错误信号。不幸的是，我们无法从这一摆荡指标本身知道信号是否确实有效。鉴于此，我们必须观测价格本身的走势，以便及时地识别出趋势线突破等诸如此类的信号。有关这一方面，可参见走势图 23-16 中两条趋势线突破的情况。

第二十三章 成交量摆荡指标

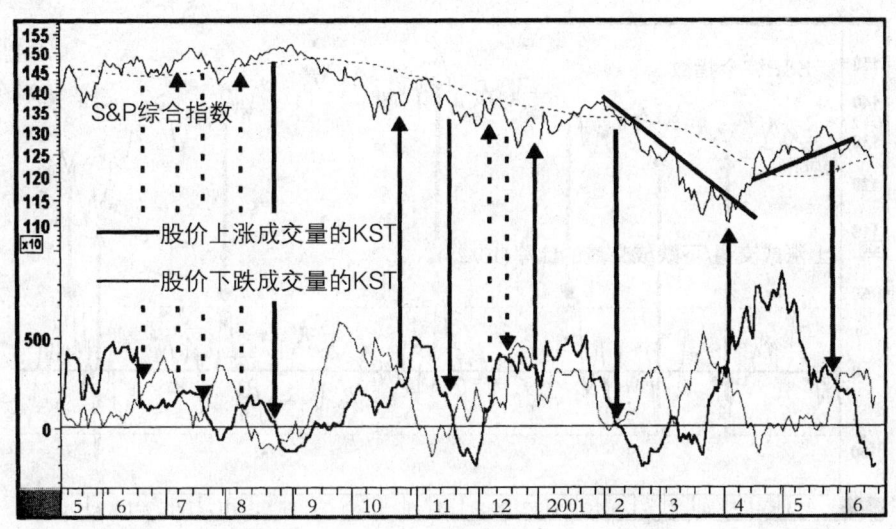

走势图 23-16 S&P 综合指数及其上涨/下跌成交量摆荡指标，2000~2001 年

(资料来源：www.pring.com)

在某些情况下，我们也可以构造股价上涨成交量相对于股价下跌成交量的比率指标，然后研究相应的超买与超卖水准。有关这一方面，走势图 23-17 绘出了价格上涨股票与下跌股票的 10 日成交量的摆荡指标相对于其 45 日成交量摆荡指标的比率曲线。其中，价格上涨股票的成交量摆荡指标是用价格上涨股票成交量的 10 日移动平均线除以相应的 25 日移动平均线得出的，价格下跌股票的成交量摆荡指标的计算方法与此相类似。这些移动平均线的时间间隔并没有什么特别之处。短期的趋势反转对应着短期时间间隔，反之亦然。

走势图中的箭头表示该比率指标穿越其超买与超卖区域，然后反转向零线位置变动。大体上，这些信号表现较为理想，但是它们应经价格本身的趋势反转信号来加以确认，以便减少出现错误信号的风险。同样，趋势线突破、价格形态，以及移动平均线的穿越等分析方法也都可用来判定该比率指标的趋势。

阿姆斯（Arms）指数

这一指标是由理查德·阿姆斯（Richard Arms）提出，并根据广度数据与上涨/下跌成交量数据构造而成。它有时也被称作 TRIN 或 MKDS 指数。该指标的计算方法是：上涨股票数与下跌股票数之间的比率除以上涨股票成交量与下跌股票成交

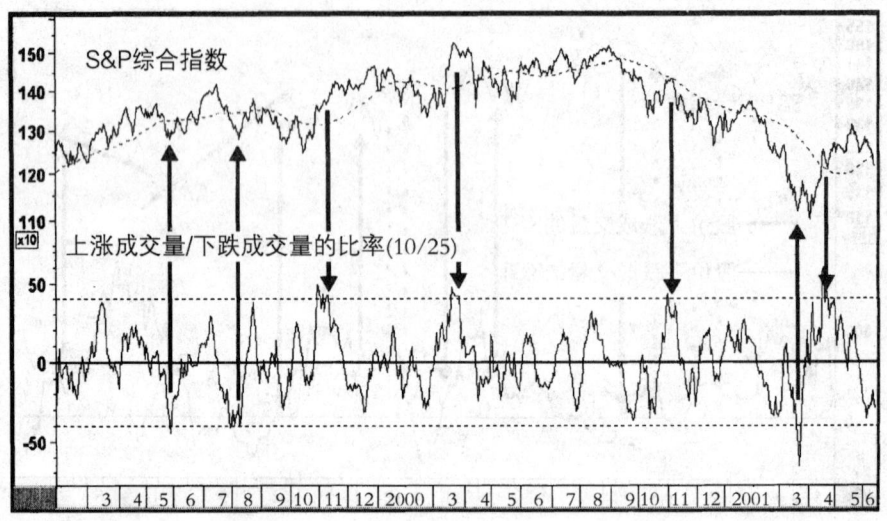

走势图 23-17　S&P 综合指数及其上涨成交量/下跌成交量的比率，1999~2001 年

（资料来源：www.pring.com）

量之间的比率，具体可表示如下：

$$\frac{（上涨股票数/下跌股票数）}{（上涨股票成交量/下跌股票成交量）}$$

在绝大多数情况下，该指标使用日度数据，但我们同样可以使用周、甚至月度数据来构造该指标。一般情况下，阿姆斯指数采用的是 NYSE 的数据资料，但它的基本原则也能够适用于任何一个可获得上涨/下跌成交量与广度数据的市场，例如 NASDAQ。此外，我们必须注意到，阿姆斯指数的变动通常与大盘指数的变动相反。这意味着超卖状态对应着价格峰位；而超买状态对应着价格谷底。由于这一指标与我们本书中所描述的所有其他指标都呈反向变动，因此对这一指标的走势图进行了倒置处理，以便对应于其他指标的变动。

阿姆斯指数可用来观察上涨股票成交量相对于下跌股票成交量的相对强度。理想情况下，我们希望看到上涨股票的成交量相对于下跌股票的成交量明显占据优势。如果这并非事实的话，该指标将会与大盘发生反向背离。另一方面，如果下跌股票成交量明显占优势，这意味着市场存在着巨大的卖压。一旦卖压达到极限，价格就会开始反转。

此外，我们可以在任一时期计算这一动能指标。例如，报价机构与 CNBC 报价

第二十三章 成交量摆荡指标

牌上出现的数字都代表瞬间的读数，是根据成交量数据与正经历上涨或下跌的股票家数计算出的。除非你能够足够幸运地通过实时（real-time）报价机构获得该指标的连续走势图，否则很难根据这些孤立的报价来估计市场究竟是处于盘中超买状态还是超卖状态。关于这一方面，我们把该指标高于（包括等于）120视为超卖；而低于（包括等于）50视为超买（值得注意的是，这些数值与其他动能指标呈倒数关系）。

阿姆斯指数也可用移动平均线来表示，其中10日间隔（公开的 TRIN）是最常采用的。此时，该指标的解释方式与本章前面所讨论的10日上涨/下跌成交量指标的解释相同。大多数情况下，这两个指标的变动呈现出一致性，但有时阿姆斯指数可发出一些微妙信号，暗示当前趋势即将发生反转。走势图23-18给出阿姆斯指数的3种不同形式，分别对应着10日、25日及45日的时间间隔。将这3个指标绘制在同一张图中的理由已在第十章做了解释。图中的箭头表明这三个倒置指标中至少有两个到达极值，并且开始发生反转，这是因为市场头部呈现出周期性，而成交量指标又领先价格指标。阿姆斯指数经常领先大盘指数到达峰位，然而在市场底部又经常可看到卖出高峰这一事实意味着在阿姆斯指数与大盘指数之间存在着较高的一致性。总的来说，当10日阿姆斯指数上升至150以上，预示着即将出现一个主要的底部。有时，这一底部会立即出现；而有时在真正的底部出现之前会有10～20天的滞后。在1968～2001年这一时期内，无一例外都符合这一规则。

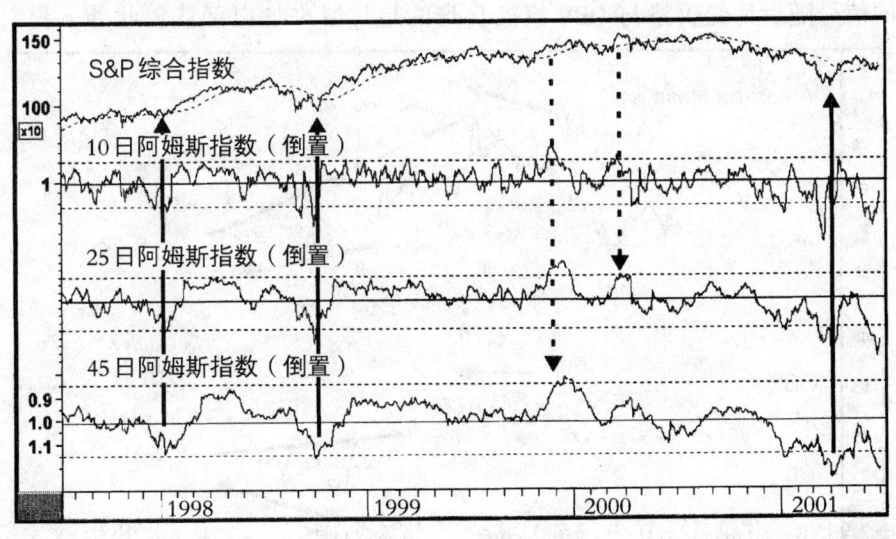

走势图23-18　S&P综合指数及3个阿姆斯指数，1998～2001年

（资料来源：www.pring.com）

成交量净额指标

成交量净额（On-balance volume，OBV）指标是由乔·格兰威尔（Joe Granville）提出，最初发表在他的著作 *Granville's New Key to Stock Market Profits* 中。这一指标可描述为一条连续的累积曲线。该曲线的初始值是随机选取的，曲线的上升与下降则取决于价格的走势。当价格上升时，日成交量应累加到前一日的总值上；而当价格下降时，应从前一日的总值中减去。如果采用盘中日线图，成交量单位应当根据条棒的时间间隔来进行加、减；而如果采用周线图，成交量单位就应当按周来进行计算，依此类推。因此，OBV 指标大体上刻画了买入与卖出压力，并且已成为一个非常普及的指标。OBV 指标的解释可以通过与价格曲线进行对照比较，并采用背离、趋势线突破、价格形态，以及移动平均线的穿越信号等分析方法来强调其走势的强弱。

走势图 23-19 就是这样的一个范例。在 2000 年 11 月，价格创新低，而 OBV 指标却并没有创新低，表明卖压不足。这是一个多头信号，价格随后开始上升。在 9 月初，尽管 OBV 指标创出新高，但价格所创新高更为突出，这表明成交量指标的走强程度不如价格指标，因此代表一个空头信号。同时，我们也可看出，这两种情况中的信号随后都经价格与 OBV 突破自身的趋势线来加以确认。此外，我们也应

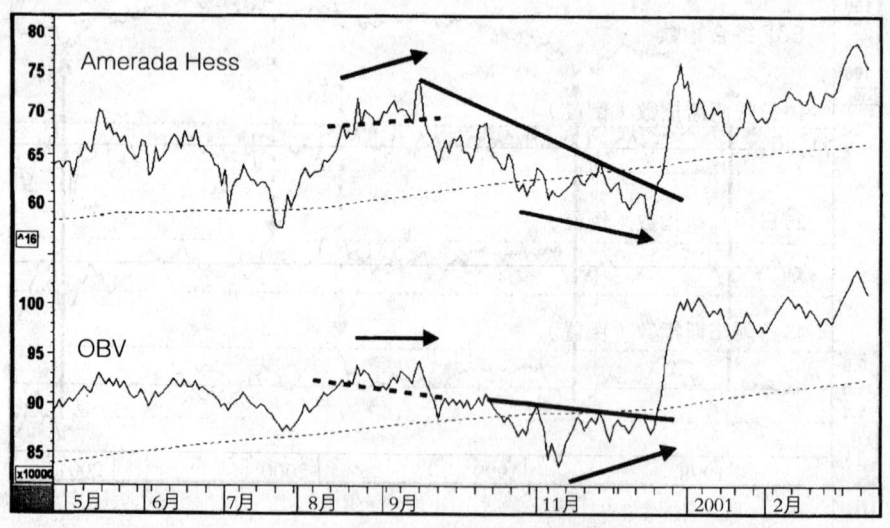

走势图 23-19　Amerada Hess 股票及成交量净额指标，2000~2001 年

（资料来源：www.pring.com）

第二十三章 成交量摆荡指标

留意：在7月底，价格指标向下突破其200日移动平均线，而OBV指标却并未突破，这表明卖压并非像表面看起来那般强劲。这一范例描绘出一个极其完美的分析过程。但不幸的是，我发现OBV指标通常很少能够发出如此精确的信号。事实上，OBV指标的信号经常具有误导作用。走势图23－20列出Alergan股票的走势。从这一走势图中可看出，在1999年底，OBV指标预示出价格将上涨，而实际上价格却下降；而在2000年初，OBV指标的走弱暗示价格将会下滑，但实际上价格却上升！值得注意的是，在这两个走势图中，趋势线突破法在解释OBV指标时表现可能最为理想。

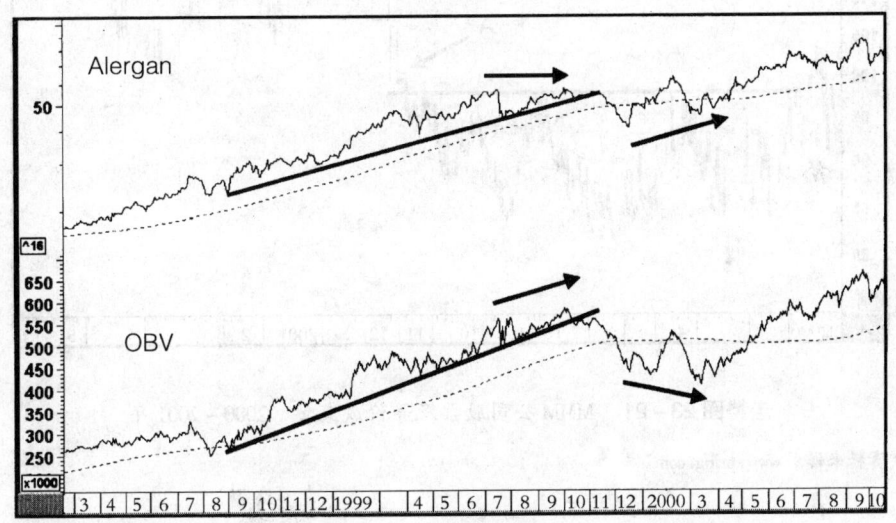

走势图23－20　Alergan股票及成交量净额指标，1998～2000年

（资料来源：www.pring.com）

等 量 图

等量图（Equivolume）是一个描述性概念，它是由迪克·阿姆斯（Dick Arms）提出。这一概念类似于第十三章所讨论的K线图。对应于每一个时期（日、周等等），我们可绘出相应的等量棒。在等量图中，棒图可刻画为不同的宽度，具体取决于特定时期的成交量。成交量愈大，棒就愈宽。每条棒的头部与底部分别对应着特定时期的高点与低点。这是一个非常有用的方法，因为它形象地描述了成交量的多、少与价格的升、降之间的关系。根据这一方法，X轴上的日期彼此之间不再是等距离的，而是取决于具体的成交量形态。

走势图 23-21 列出了 MMM 公司的股票走势。在 A 点处，价格出现数个较宽的棒，这意味着成交量巨大。事实上，这是一个典型的买入信号。在 B 点处，几根较细的等量棒预示着随后的反弹走势，这向我们传达了一个信息：价格上升股票的成交量明显不足。因此，这代表一个即将来临的趋势反转信号。

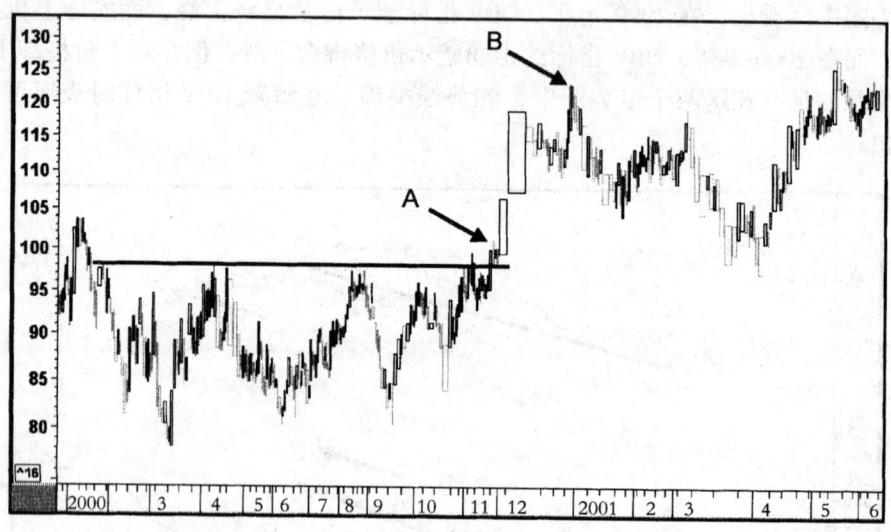

走势图 23-21　MMM 公司股票及等价成交量，2000~2001 年

（资料来源：www.pring.com）

走势图 23-22 绘出了约翰逊与约翰逊（Johnson and Johnson）公司股票的等量图。在 A 点处的下跌走势对应着非常细的棒，这意味着股票市场整体表现低迷。这通常也是短期底部的典型特征。当然，这一信号仍需要经其他指标来加以确认。又一个成交量萎缩代表的反弹信号出现在图中的 B 点处。图中的 C 点表明价格下跌股票的成交量不断放大，这代表一个看空信号。随后，价格的趋势线突破可作为进一步的确认信号。最后，位于 D 点处的极宽等量棒可能代表一个卖出高峰。

小　结

- 成交量的 ROC 指标通常可识别出成交量指标本身的细微变化，而这些变化通常无法从成交量的柱状图中显示出来。
- 成交量的 ROC 指标既可以表示为百分比，也可以表示为差的形式。

第二十三章 成交量摆荡指标

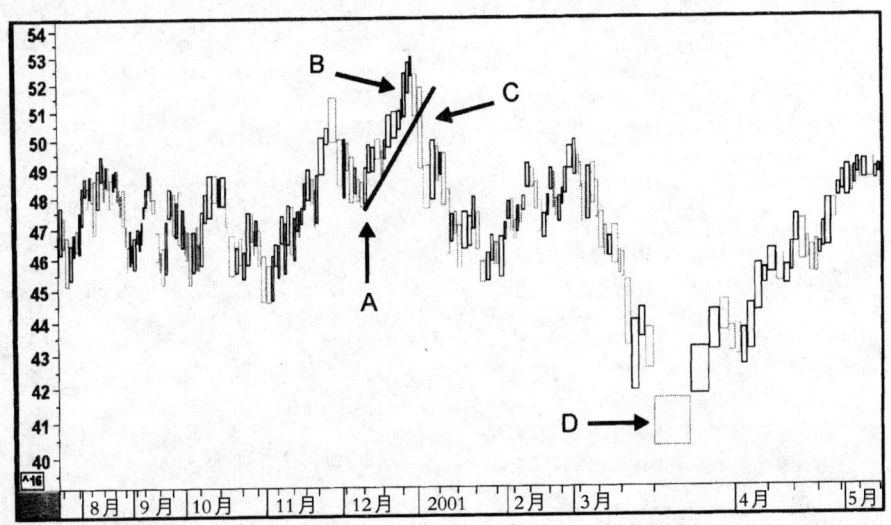

走势图 23-22 约翰逊＆约翰逊公司股票及等价成交量，2000~2001 年

（资料来源：www.pring.com）

- 超买/超卖穿越信号、趋势线分析，以及价格形态等分析方法都适用于成交量的 ROC 指标与成交量的摆荡指标。
- 在成交量的 ROC 指标与成交量的摆荡指标到达超买区域之后，价格可能会出现上涨或下跌，具体取决于先前趋势的特征。
- 需求指数是根据成交量与价格数据构造而成，与通常的价格摆荡指标变动方向一致，同时最适合采用背离、超买/超卖分析、趋势线及价格形态等分析方法来识别趋势反转信号。
- 佳庆货币流指标是根据成交量与价格数据构造而成，与通常的价格摆荡指标变动方向一致，同时最适合采用背离分析来识别趋势反转信号。
- 上涨/下跌成交量指标是用来度量价格上涨与价格下跌股票的成交量。它既可以表示为一条连续的曲线，也可以用一个摆荡指标的形式来表示。
- 阿姆斯指数是根据价格上涨与价格下跌的股票数及各自的成交量数据构造而成。它通常以 10 日移动平均线来表示。当读数超过 150 时，就表示主要的市场底部信号。
- 成交量净额指标可描述为一条连续的曲线，并可采用背离分析。该指标的曲线与价格曲线同时突破各自的趋势线可提供较为精确的解释信号。

第二十四章
市场广度

基本概念

广度（Breadth）指标是衡量绝大多数股票参与某一市场走势的程度。换言之，它衡量了市场趋势的普及程度。一般来说，与大盘走势方向相同的股票家数愈少，趋势反转的可能性就愈高。广度指标最初是用来分析股票市场的趋势。尽管本章的大部分评论是针对美国股票市场，但需要记住的一点是，广度指标也能够有效地运用于其他金融市场。此外，广度指标也适用于任何一个部门或市场，只要该部门或市场能够被分解为多个组成部分。举例说明，我们可选择一揽子商品与商品指数进行比较，或一组货币与总的货币指数（例如美元指数）进行比较，或选择一组工业股票与工业板块指数进行比较，但需要谨记的一点是：解释的准则必须保持一致。

市场广度的概念，非常适合用军事上的例子来加以形象说明。在走势图24-1中，假定线段AA与BB分别代表一场战争中敌对双方的防御阵线。如果A军仅派遣少数部队发动攻击，那么攻破B军防御阵线的可能性很小，除非A军全力出击。在走势图24-1（a）中，A军派遣的两支部队（以箭头代表）迅速被击退。而另一方面，在走势图24-1（b）中，A军展开大规模的进攻，成功地将B军击退到新的防御阵线 B_1B_1。

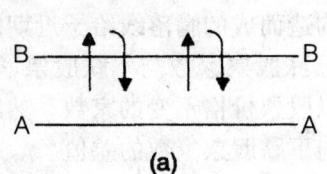 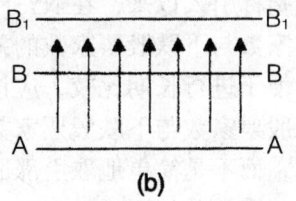

图24-1　堑壕战

仅有少数几家股票参与的涨势相当于走势图 24-1（a）的情况。最初乍看起来，似乎已成功穿越防御阵线（在股票市场中，这代表阻力位），但因为攻击的火力不足，整个价格趋势很快便反转。这就好比在军事领域中，即使 A 军两支部队得以成功地攻破 BB 防御阵线，但很快就会遭遇 B 军的强力反扑，最终被 B 军歼灭。在缺乏有力后援的情况下，愈是孤军深入，稍后遭遇 B 军反扑时就表现得愈脆弱。

股票市场的情况也是如此，在没有得到市场广泛支持的情况下，价格涨势持续的时间愈长，这一涨势就愈脆弱。

在行情的底部，市场广度并不是决定趋势反转的有用概念，这是因为大多数股票的底部通常会与大盘指数同时到达或落后于大盘指数。偶尔，当市场广度指标先于大盘指数反转其下降趋势线时，与在行情头部处相比其表现将更为可靠。下面我们首先来讨论为何在行情的头部，市场广度通常会领先于大盘指数。我们这里使用"通常"一词，是因为在绝大多数情况下，大部分股价的峰位都会发生在某些大盘指数之前，例如道·琼斯工业平均指数或 S&P 综合指数。然而，这一规则并不是万无一失的，我们不能仅仅因为市场广度指标走势强劲，就判定市场的技术面一定完好。

腾落线

概 念

腾落线（advance/decline line，A/D）是应用最为普遍的一种市场广度指标。腾落线的具体计算过程是，将某一特定时期（通常为一天或一周）内，NYSE 的上涨股票家数减去下跌股票家数，并将得到的差值累积到前一天（或周）的腾落线上。相类似，我们也可以选用美国交易所指数（AMEX）或 NASDAQ 指数来构造腾落线。自广度指标引入以来，在 NYSE 正式挂牌上市的股票数有了明显的增加，因此由上涨股票家数与下跌股票家数的差值简单构造而成的腾落线给予近期的资料更大的权重。为便于进行长期比较，应该最好取上涨股票家数与下跌股票家数的比率，或先将上涨股票家数与下跌股票家数分别除以股票价格不变的家数，然后再取两者之间的差值，而不是简单地取上涨股票家数与下跌股票家数的差值。

已故的哈密尔敦·玻尔通（Hamilton Bolton）设计了一种在衡量市场广度指标中表现最为理想的方法，具体来说，它就是对公式

第二十四章　市场广度

$$\sqrt{A/U - D/U}$$

得到的值进行连续累积加总，其中 A = 上涨的股票家数，D = 下跌的股票家数，U = 价格不变的股票家数。

由于在数学上我们无法得到负数的平方根（换言之，当下跌股票家数大于上涨股票家数时，上述公式就失效了），因此在这种情况下，我们将 D 与 A 的位置调换，此时公式就变为 $D/U - A/U$ 的平方根，然后将得到的结果从累积加总值中减去，这与前面的相加恰好相反。表 24-1 列出以周的资料进行计算所得到的结果。

表 24-1　腾落线（按周）的计算（玻尔通公式）

日期	交易家数 (1)	上涨家数 (2)	下跌家数 (3)	价格未变家数 (4)	(2)÷(4) (5)	(3)÷(4) (6)	(5)-(6) (7)	√(7) (8)	累积值 (9)
1月7日	2129	989	919	221	448	416	32	5.7	2475.6
1月14日	2103	782	1073	248	315	433	-118	-10.9	2464.7
1月21日	2120	966	901	253	382	356	26	5.1	2469.8
1月28日	2103	835	1036	232	360	447	-87	-9.3	2460.5
2月4日	2089	910	905	274	332	330	2	1.4	2461.9
2月11日	2090	702	1145	243	289	471	-18.2	-13.5	2448.4
2月18日	2093	938	886	269	349	329	20	4.5	2452.9
2月25日	2080	593	1227	260	228	472	244	-15.6	2437.3

将价格未变的股票家数考虑进来是非常有用的，这是因为价格的变动愈具动态性，价格未变的股票家数就会愈少。因此，在计算公式中将价格未变的股票家数考虑在内，可以有助于我们及早察觉腾落线动能的趋缓，因为价格未变的股票家数的增加能够有效节制腾落线的过度变动。

在正常情况下，腾落线的升降会配合大盘指数，但其峰位通常领先于大盘头部。之所以会如此，原因可归结为以下 3 个方面：

1. 市场整体能够预先反映经济周期，并且多头市场的峰位通常会领先经济周期的峰位达 6~9 个月。由于某些重要板块（例如金融板块、消费性开支板块及建筑板块）的恶化会发生在整体经济到达峰位之前，因此我们自然会认为这些板块中股票的价格峰位也会领先于大盘峰位。

2. 在 NYSE 挂牌上市的许多股票，例如优先股和公用事业股，都对利率的变化非常敏感。由于利率通常会在市场峰位出现之前就已经开始上升,因此,这些对利率敏感的股票的变动自然会非常配合利率的上升,换言之这些股票会提早下跌。

3. 在多头行情中,质量较差的股票往往会出现较大涨幅,但由于他们通常也是财力不足、管理不善的小型公司,因此一旦经济开始衰退,它们对利润的锐减更为脆弱,甚至会出现破产。反之,由于蓝筹股一般都具有较好的信用等级、合理的收益及良好的基础资产,因此通常是投资者在多头行情中最后卖出的股票。

道·琼斯工业指数及其他一些大盘指数的成分股大多都是业绩良好的大型股票,因此在市场整体已由峰位开始回落时,这些指数仍能继续保持上升势头。

腾落线的解释

以下是在解释腾落线时应注意的事项:

1. 某些腾落线似乎具有持续向下的偏向。因此,我们必须观察腾落线与大盘指数之间的长期关系,以便判断是否的确存在这类偏向。例如,根据 AMEX 市场、美国 OTC 市场,及日本股票市场的数据计算得到的腾落线就具有这类偏向。

2. 在市场的头部处,大盘指数与腾落线之间的背离几乎总是以大盘的下跌而告终。然而,我们还是应当等到大盘指数发出趋势反转信号,才能最终确认指数将会下跌。

3. 在市场的底部,腾落线通常会与大盘指数同时出现或落后于大盘指数。这一行为不具有预测价值。然而,当腾落线未对大盘指数所创新低加以确认时,就代表一个不寻常的正面信号,但这一信号必须经指数本身的向上反转来加以确认。

4. 市场广度指标与大盘指数之间有时也会发生反向背离。然而,当腾落线向上突破其下降趋势线,同时大盘指数本身也向上突破时,经常代表一个重要的反弹信号。

5. 在大多数情况下,按每日数据计算出的腾落线,向下偏向的可能性要大于按每周数据得到的腾落线。

6. 腾落线也同样适合用移动平均线穿越、趋势线突破及价格形态分析。在较长期情况下，200日移动平均线表现似乎更为理想。
7. 当腾落线处于上升趋势（例如高于其200日移动平均线）时，不管大盘指数——例如道·琼斯工业指数或S&P综合指数——表现如何，都表明股票市场整体处于上升阶段。因此，与仅有少数几家蓝筹股组成的指数相比，处于上升趋势的腾落线可更好地预测出市场整体的上涨趋势。当腾落线处于下降趋势时，情况则恰好相反。

> **主要的技术准则** 腾落线与大盘指数之间产生的反向背离程度愈严重、持续期愈长，所蕴涵的价格跌势就愈严重、愈明显。

基于这个缘故，腾落线与大盘指数在长期趋势头部所产生的背离，其重要性要远远大于在中期趋势头部所产生的背离。例如，在走势图24-1中，腾落周线的峰位出现在1971年3月，领先道·琼斯工业平均指数的峰位几乎长达两年，按照传统的标准来看，这已是相当长的领先了。而随后所发生的空头行情，是经济大萧条以来最为严重的行情。另一方面，没有发生背离现象并不一定代表就不会产生严重的空头行情，例如在1968年12月的峰位处所发生的现象，可参看走势图24-1。

在行情的底部，如果腾落线未对道·琼斯所创新低加以确认，就形成两者之间的正向背离。其中最为显著的例子发生在1939~1942年期间。在1939~1941年期间，道·琼斯工业指数产生一系列不断下滑的峰位与谷底，但腾落线却未加以确认，可参见走势图24-2。最后，在1941年中，腾落线创1932年经济复苏以来的新高，但道·琼斯工业指数却并未加以配合。这次背离造成道·琼斯工业指数与腾落线在1942年春天同时大幅下跌，但腾落线始终保持在1938年市场底部以上，而道·琼斯工业指数则又创新低。在1942年4月的最终低点之后，发生了一波有史以来最强烈的多头行情（以广度指标来衡量）。广度指标发生正向背离的现象是不寻常的。一般来说，在市场底部，腾落线会与道·琼斯工业指数同时出现或落后于道·琼斯工业指数，因此不具备显著的预测功能，除非价格形态或趋势线的突破，或移动平均线的穿越发出向下趋势线反转的信号时，才能显示出一定的预测力。

腾落日线图

由于腾落日线具有向下的偏向，因此在比较最近的高点与2~3年前的高点时，

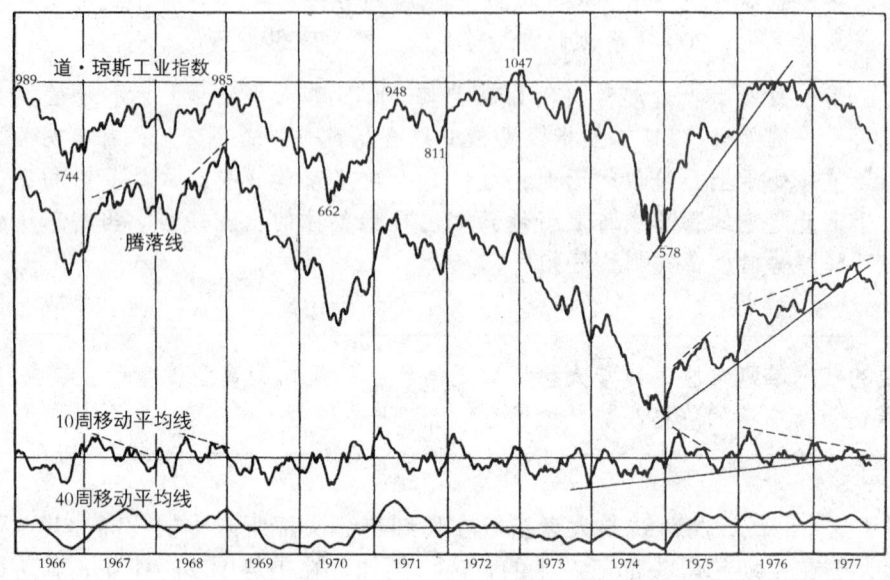

走势图 24-1 道·琼斯工业指数与 NYSE 的腾落周线,1966~1977 年

(资料来源:www.pring.com)

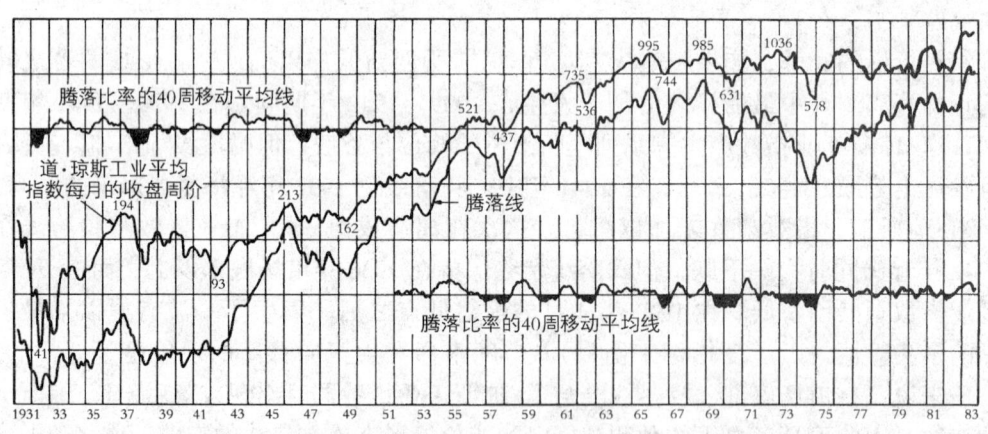

走势图 24-2 道·琼斯工业平均指数与其长期腾落线,1931~1983 年

(资料来源:www.pring.com)

必须相当谨慎。如果腾落日线未能对大盘指数在 18 个月的期间内创下的新高加以

第二十四章 市场广度

确认，就意味着腾落日线与大盘指数之间发生了反向背离。走势图 24-3（a）就是一个例子，腾落线的峰位出现在 1987 年 4 月，而 S&P 综合指数直到 8 月末才到达峰位。尽管这一反向背离并未使 S&P 综合指数立即下跌，但最终还是随着腾落线滑落下来。一般情况下，在大盘指数真正下跌之前，经常会发生多次背离现象。最初，这种背离现象会引起广泛的关注，但由于预期的下跌并没有真正发生，因此许多技术分析师经常声明"本次背离无效"。然而，反向背离必定会造成大盘的下跌，只不过要比预期的时间晚得多。1973 年 1 月的市场峰位就是一个典型的例子，在此之前是长达 2 年的背离现象。

由于腾落日线的底部通常与大盘指数同时出现，或落后于大盘指数，因此它们在识别底部处的趋势反转时，作用并不明显。

一个更为有效的方法就是构建腾落线与大盘指数的趋势线。两条下降趋势线同时被突破通常代表一个重要的反弹信号。如走势图 24-3（b）所示，两条压力线在 1992 年底被同时突破。随后，两条向上趋势线（图中用虚线表示）同时被突破代表一致的卖出信号。请注意，在本例中，腾落线与 S&P 综合指数在突破相应趋

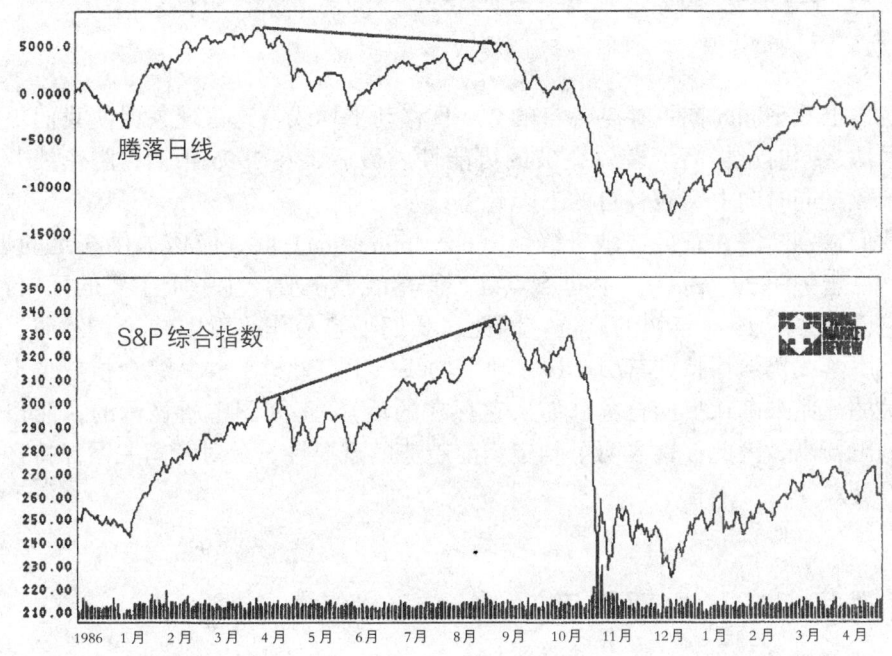

走势图 24-3（a）　　S&P 综合指数与 NYSE 的腾落日线，1986~1988 年

（资料来源：www.pring.com）

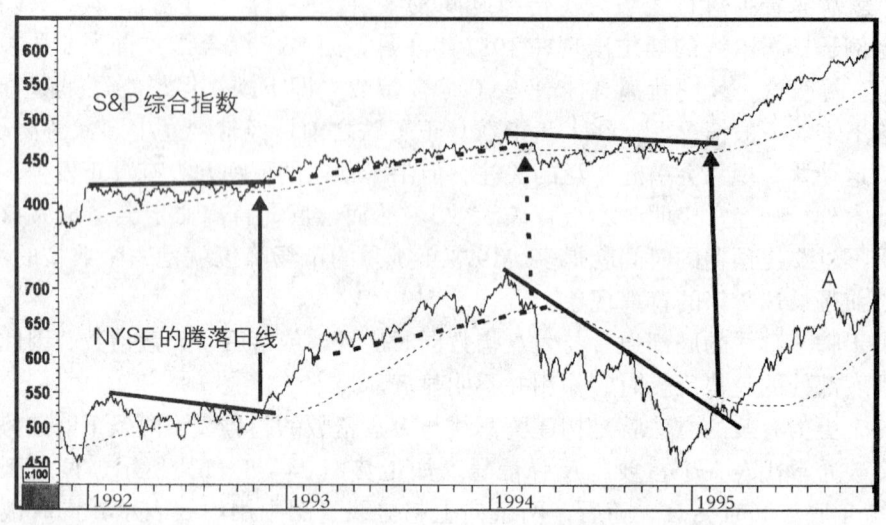

走势图 24-3（b）　　S&P 综合指数与 NYSE 的腾落日线，1991～1995 年

（资料来源：www.pring.com）

势线时，也几乎同时向下穿越各自的 200 日移动平均线。这一现象促使我们更加重视信号法，同时也提高了有效突破的可能性。最后，在 1995 年初，腾落线与 S&P 综合指数又同时向上突破各自的下降趋势线。

我们在判断潜在背离或缺乏确认（nonconfirmation）时，应该提供充足的理由。例如，在走势图 24-3（b）中的 A 点处，腾落线似乎要产生一个主要的反向背离，因为它已击穿了 1994 年初的高位。因此，我们很容易作出看空结论。然而，在该点处，腾落线仍然保持在其 200 日移动平均线以上。此外，S&P 综合指数也没有趋势突破的征兆来确认反向背离（如果它存在的话）。正如图中所显示的，两条曲线继续创出新高，因此，这表明了判定当前趋势的重要性，及对背离关系保持怀疑态度的好处。

广度摆荡指标（内部强度）

在进行历史比较时，计算动能的 ROC 方法在度量价格指数时是非常有用的，因为它能够以相同的方式来反映相类似比例的走势。然而，这种方法并不适合于评估用来监控市场内部结构的指标的有效性，这些指标通常是由累积数据构造而成，例如成交量指标或市场广度指标，这是因为此类指标的计算最初都是采用任意设定

第二十四章 市场广度

的数值，因此，这类指标的增加或减少在本质上是不对称的。在这种情况下，ROC的计算结果既可能是正值也可能是负值，这就造成动能趋势在判定上的困扰。下面的几节我们将简要地介绍一些摆荡指标，这些指标是运用更加适合的计算方法而得出的市场广度数据构造而成。

10周腾落摆荡指标

走势图24－4列出腾落线及其10周摆荡指标。其中，摆荡指标是取$A/U - D/U$（这一公式已在前面讨论过）的平方根的10周移动平均构造而成。我们可以通过比较腾落线与摆荡指标来解释背离原则，在多头行情的具体表现为动能指标峰位的不断下滑与腾落线峰位的不断垫高。在图中用两指标上方的虚线来标示出这些背离。当发生背离时，我们无法确切地知道腾落线将会向上攀升到何种程度，而只是知道技术面正在恶化（表现为10周动能指标的峰位不断向下滑落）。判断腾落线上升走势何时将最终完结的最好方法是，一直等到动能指标突破其下降趋势线或穿越其移动平均线。一般情况下，动能指标发出上述信号时，腾落线将会大幅下滑，但有时也会呈现出横向走势，以便重新获得反弹的动力。同样的原则也适用于空头行情，此时，摆荡指标谷底持续垫高，且腾落线谷底却不断下滑，代表着背离信号，而这时候的确认信号是腾落线向上突破其下降趋势线。

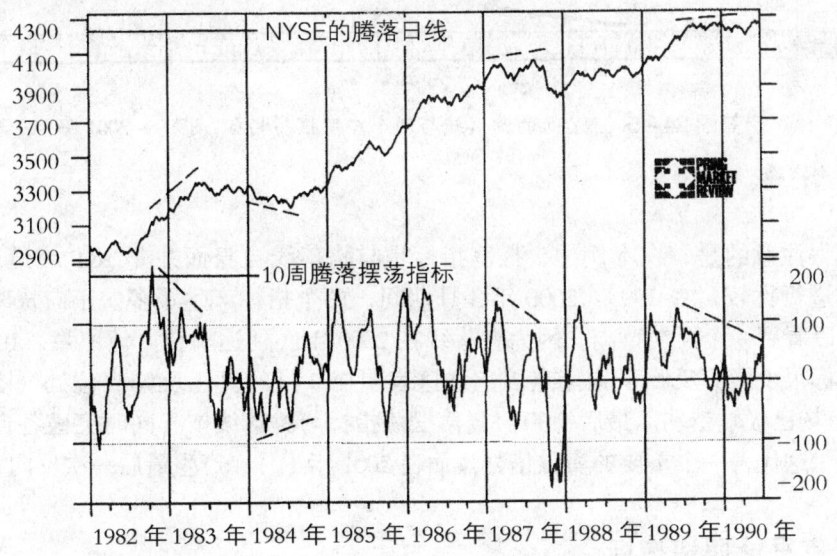

走势图24－4　NYSE的腾落线与一个10周广度摆荡指标

(资料来源：www.pring.com)

10日与30日腾落摆荡指标

这些指标是通过计算 $A-D$ 或 $A\div D$ 的10日或30日移动平均线来获得的。另一种计算方法是直接取某一特定时期内的上涨股票家数与下跌股票家数之间的比率。在解释上,它们与其他动能指标是完全相同的,但必须记住它们是相对短期的指标。走势图24-5就是一个10日广度动能指标的例子。

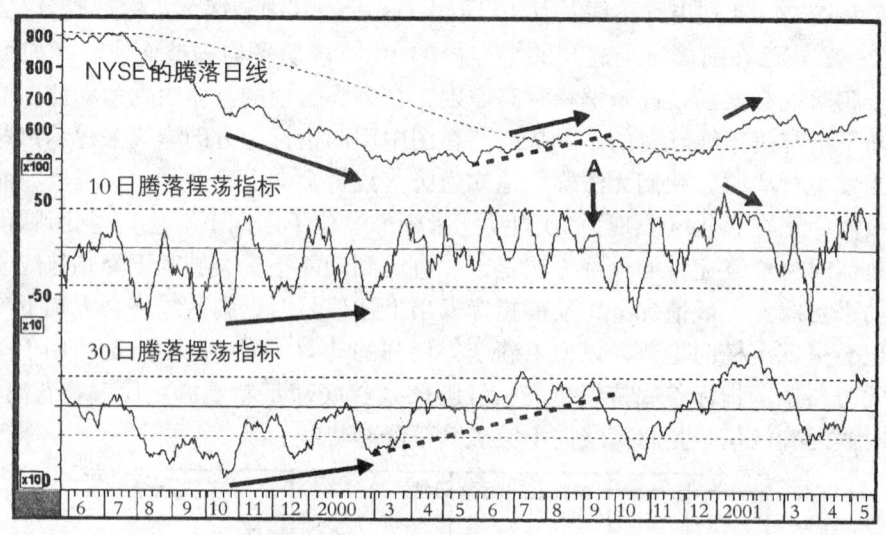

走势图24-5　NYSE的腾落线与两个广度摆荡指标,1999~2001年

(资料来源:www.pring.com)

值得注意的是,在本例中,摆荡指标是与腾落线自身而并非S&P或道·琼斯工业指数进行比较。在1999~2000年3月期间,两个指标产生了多次正向背离。随后我们可以看到一个反向背离,因为腾落线在2000年底到达峰位。请留意,10日腾落摆荡指标很少能够反弹至均衡点以上,这表明在9月的真正反弹高位处(图中的A点),市场已极端走弱。最后,30日腾落摆荡指标与腾落线本身同时突破各自的上升趋势线,这代表一个重要的卖出信号。而在2001年1月,产生最后一次反向背离。

麦克里伦摆荡指标

麦克里伦(McClellan)摆荡指标是一种短期广度动能指标,用来度量 $A-D$ 的19日与39日EMA之间的差值。就这方面来说,它所基于的原则与第十一章所讨论的平滑移动平均指标相同。通常所公认的买、卖信号规则如下：当指数下滑到 -70 ~ -100 的超卖区域时，就代表买进信号；而当指数上升到 +70 ~ +100 的超买区域时，就代表卖出信号。根据我个人的经验判断，该指数在解释上应该采用第十章所讨论的有关原则，例如背离、趋势分析等等。我们以走势图 24-6 为例来加以说明。当摆荡指标到达 175 标示位[①] 以上的峰位时，通常代表理想的买入信号，图中用箭头标示出，这是第十章所描述的过度超买区域的麦克里伦变形。当然，它也并非是绝对正确的，例如 2000～2001 年期间的空头行情。这又一次提醒我们，不能仅仅依据一个指标就冒下结论。

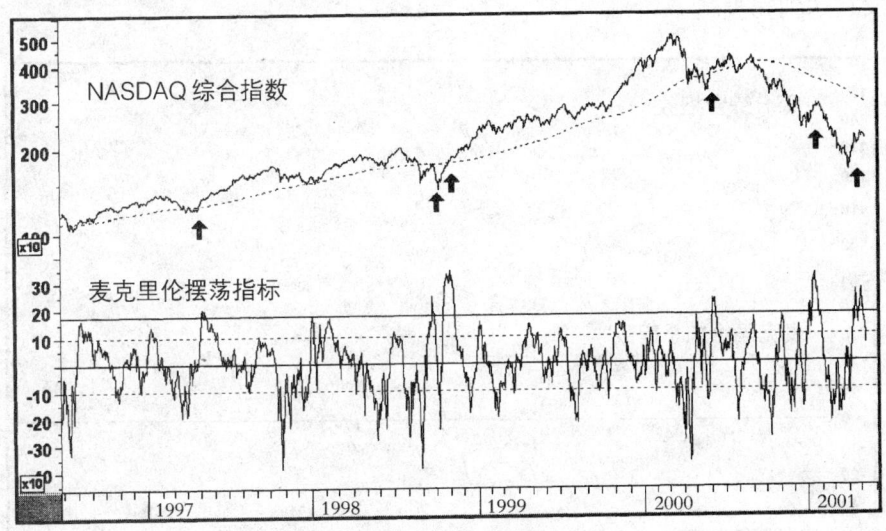

走势图 24-6　NASDAQ 综合指数及麦克里伦摆荡指标，1996~2001 年

(资料来源：www.pring.com)

最后，我们这里所描述的摆荡指标在计算时，选用的是两个特定时期范围的 EMA，因为它们是广为认可的系统默认值。然而，这并不能阻止勇于创新的技术分析师们尝试使用其他各种不同的组合。

麦克里伦加总指数

麦克里伦加总指数（McClellan Summation Index）是由麦克里伦摆荡指标衍生而

---

① 请注意：图中是以真实值的 1/10 来描绘出摆荡指标；因此，170 对应着 17，依次类推。

来的，它是计算麦克里伦摆荡指标每日读数的累积值，其结果可描绘成一条变动缓慢的曲线，该曲线只有在摆荡指标向上或向下穿越其零线时才会改变方向。加总曲线的斜率取决于摆荡指标的实际读数与零线之间的距离。换言之，超买读数将促使加总曲线快速上升，反之亦然。许多技术分析师将加总曲线的方向变动看作买、卖信号，但这会产生出许多虚假信号。我本人偏向于采用移动平均线的穿越信号。尽管这种信号经常缺乏时效性，但它可过滤掉大量的错误信号。因此，我认为麦克里伦加总指数与其 35 日简单移动平均线所产生的穿越信号应当较为理想。走势图 24－7 给出一个例子，我们看到，即使这样也存在许多错误信号，这表明该方法还远远没有达到完美。

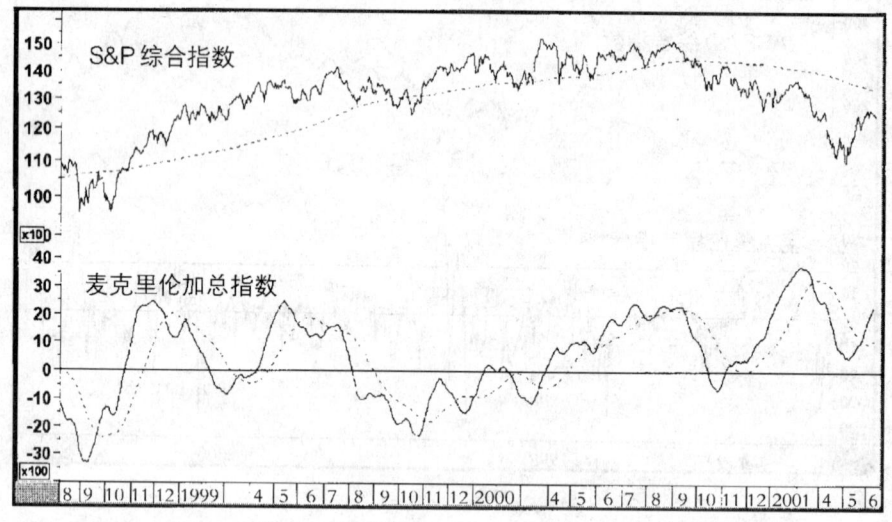

走势图 24－7　S&P 综合指数与麦克里伦加总指数

（资料来源：www.pring.com）

新高/新低指标

许多媒体与在线数据提供者会公布每天和每周的创新高与创新低的股票家数。这些统计数据表示 52 周内创新高或创新低的股票家数。得到新高或新低数据的方法有许多种，但由于原始数据的波动非常剧烈，因此以移动平均的方式来表示往往更适合。某些技术分析师偏向于分别绘制新高与新低的移动平均，而另一些技术分析师则喜欢取创新高股票家数与创新低股票家数之间差值的移动平均。

第二十四章 市场广度

> **主要的技术准则** 一段时期的上涨行情之后，股票市场应当出现大量的创新高净家数，但净家数不一定会持续增加。

当大盘指数经过长期的涨势之后，所创峰位持续垫高，但创新高净家数指标的峰位却不断下滑，这代表技术面的走弱信号。这是因为伴随着大盘指数连创新高，愈来愈少的股票能够突破价格形态而创新高。此外，创新高净家数指标也把创新低的股票家数考虑在内。在空头行情中，当 S&P 综合指数或其他大盘指数创新低时，创新高净家数指标却没有下降的倾向，这代表一个利好征兆。

在本例中，创新低的股票家数不断减少意味着愈来愈少的股票会向下突破相应的趋势线，换言之，大盘指数中有愈来愈多的股票得以抗拒下跌的趋势。例如，在走势图 24-8 中，S&P 在 1994 年 12 月下跌至与年初几乎相同的水准，但创新低的股票家数大幅减少，这代表技术面的走强信号，最终这一信号经大盘指数反弹至趋势线以上（图中的实线）加以确认。

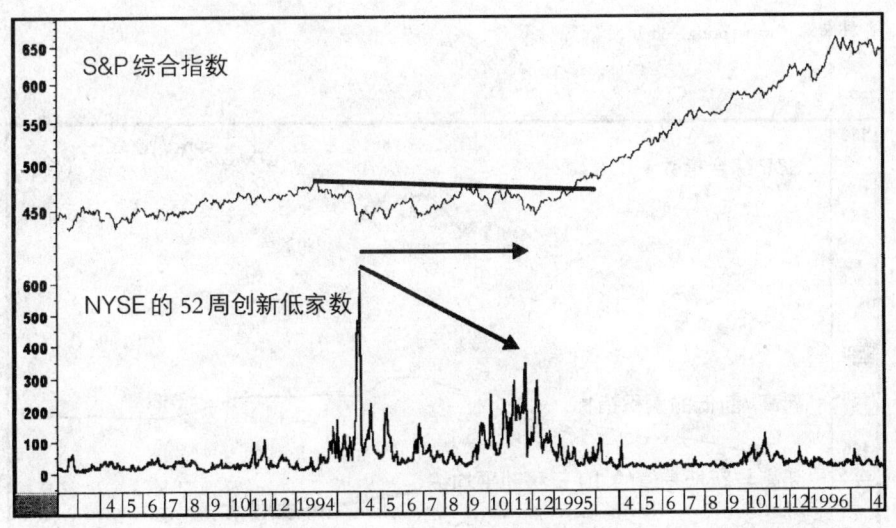

走势图 24-8　S&P 综合指数及 NYSE 的 52 周创新低家数，1993～1996 年

（资料来源：www.pring.com）

走势图 24-9 与走势图 24-10 的下方列出了新高与新低差值的 10 日移动平均线。从走势图 24-9 中可看出，在 1989～1990 年期间，新高或新低指标与大盘指数之间产生反向背离。趋势反转的其他征兆包括：新高或新低指标与 S&P 综合指数

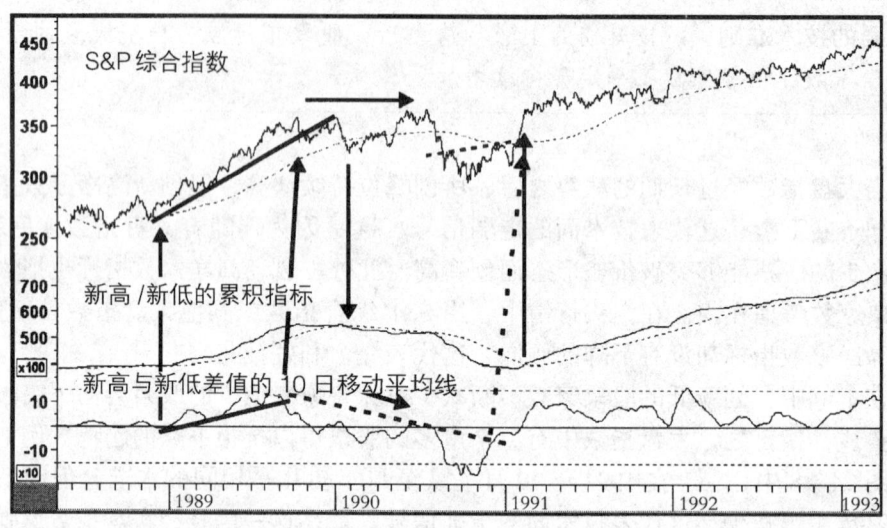

走势图 24-9　S&P综合指数及两个创新高净家数指标，1988~1993年

（资料来源：www.pring.com）

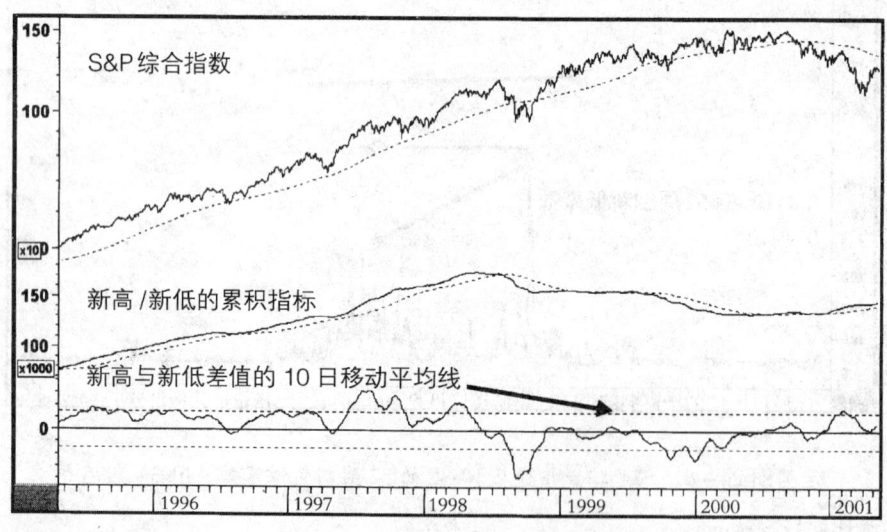

走势图 24-10　S&P综合指数及两个创新高净家数指标，1995~2001年

（资料来源：www.pring.com）

第二十四章 市场广度

在 1991 年初同时突破各自的趋势线（图中用虚线标出）。创新高净家数指标的持续上升配合大盘指数的趋势线突破，预示着价格有可能再创新高。

在走势图中间部分是创新高净家数累积指标的走势，该指标的计算方式与腾落日线相类似，即将创新高家数与创新低家数的每日差值进行累加而获得。例如，如果创新高与创新低的家数分别为 100 与 20，其差值 80 应被累加到总值之上，反之亦然。我发现，无论在多头行情或是空头行情中，该累积指标与其 100 日移动平均线的穿越可提供较为理想的买、卖信号。在 1988～1993 年期间就发出若干此类信号，在走势图 24－9 中用垂直箭头标出。在走势图 24－11 的最下端列出另一种计算新高或新低指标的方法，是 NYSE 的周创新高净家数百分率的 6 周移动平均线。该项指标在识别主要转折点时表现尤为理想。例如，在 1987 年、1990 年、1994 年及 1999 年的行情头部处，大盘指数（也就是 S&P 综合指数）与创新高净家数指标之间产生反向背离现象。而在 1978 年与 1982 年的行情底部处（图中并没有显示出来），大盘指数与该指标之间产生正向背离。

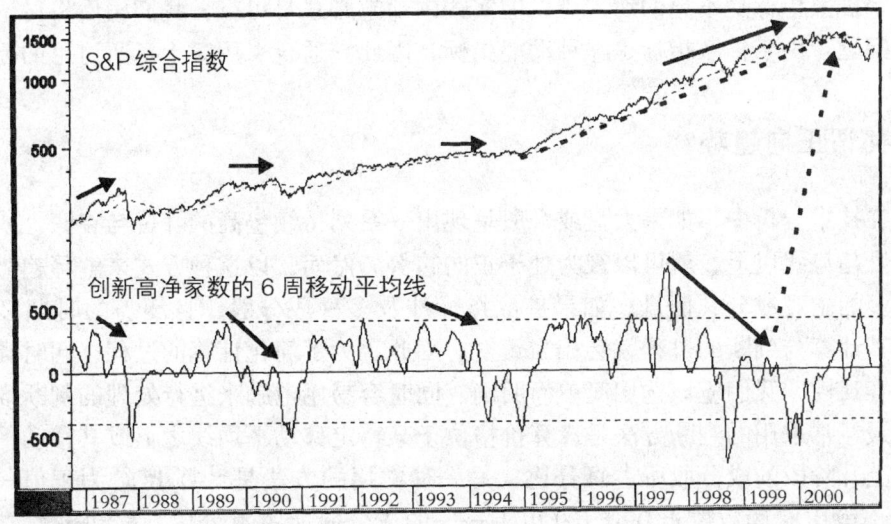

走势图 24－11　S&P 综合指数及 NYSE 创新高净家数指标的 6 周移动平均线，1986～2001 年

（资料来源：www.pring.com）

在本节的讨论中，我们把新高/新低指标的计算限制在 52 周以内。但是，我们也可以尝试在其他任何时期来计算该指标。经过实践，我发现 30 日、13 周及 26 周指标都有着较为理想的表现。该指标的解释与所有的技术指标一样，惟一不同的是：时间间隔愈短，波动性愈大、信号愈不显著。

扩散指标

概 念

在技术分析中,扩散指标(Diffusion Indicator)是一种摆荡指标,它通常是由构成大盘指数的一揽子股票构建而成。该指标是用来衡量大盘指数中处于正向趋势的构成部分所占百分比。以道·琼斯工业指数为例,大约有30只成分股处于其30日移动平均线以上。当所有的成分股都处于多头状态时,就代表一种最乐观的情况,意味着总体指数(在我们的例子中,是指道·琼斯工业指数)已非常脆弱,因此极有可能反转回落。反之,当没有一个成分股处于正向趋势时,所代表的涵义恰好相反,换言之总体指数已处于低位,因而可能是"买进"的最佳时机。尽管这样简单地解释扩散指标是不错的切入点,但实践中却未必总是可行,我们稍后将讨论这方面的问题。由于扩散指标是一种动能指标,因此它适合采用第十章所讨论的原则。

何谓正向趋势?

在技术分析中,如果大盘或个股呈现出一系列持续垫高的峰位与谷底,或位于其上升趋势线以上,就可以视为处于正向趋势。然而,以这种方式来解释趋势带有相当多的主观成分,而且,如果扩散指标涉及多种成分股,且涵盖的时期又相当长,其计算与判断的过程就会相当繁复。因此,为了简化计算的过程,同时提高指标的客观性,我们应该选用简单而明确、同时容易用电脑来进行处理的判断准则。

最经常采用的判断方法是计算价格位于某特定移动平均线之上或其移动平均线处于上升阶段的成分股所占百分比。另一种常用的方法是计算ROC为正值——换言之,其ROC读数位于0或100以上——的成分股所占百分比。移动平均或ROC的时间跨度的选择是非常重要的。时间跨度愈短,相应摆荡指标的波动就愈剧烈。

实际上,在其他技术分析领域中经常使用的移动平均与ROC指标的时间间隔在扩散指标中的表现都甚为理想。具体来说,短期趋势的分析适合采用10日、20日、30日、45日及50日的时间间隔;中期趋势的分析适合采用13周、26周及40(39)周的时间间隔;长期趋势的分析适合采用9个月、12个月、18个月及24个月的时间间隔。当然,我们也可以直接使用当日交易数据,但使用这类原始数据的一个特征就是其波动过于频繁,因此通常都需要进行平滑处理。例如,在走势图24-12列出的板块扩散指标,是根据S&P行业板块中,位于各自的12个月移动平均线之上的成分股所占百分比而得到的。由于把计算得到的结果进行了平滑处理，因此，图中的实线部分实际上是代表价格位于各自的 12 个月移动平均线之上的成分股所占百分比的 6 个月移动平均线。

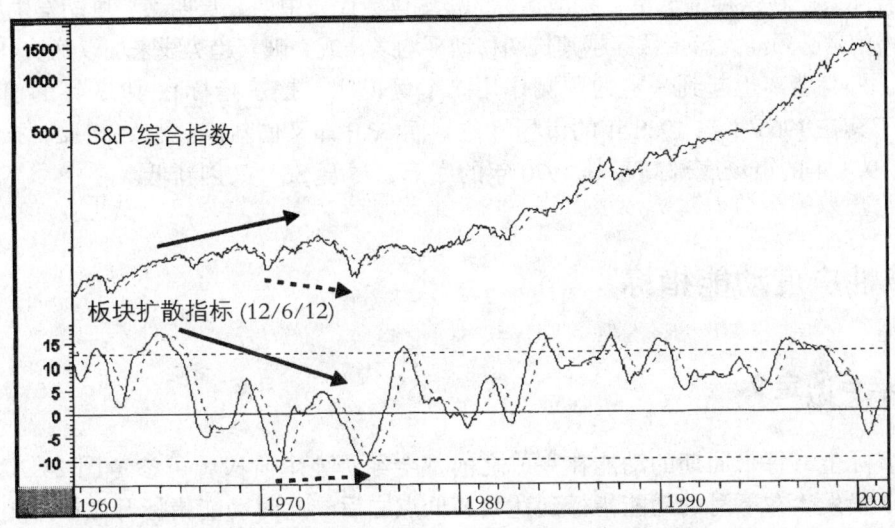

走势图 24－12　S&P 综合指数及一个板块扩散指标，1960～2001 年

（资料来源：www.pring.com）

应该选择多少只成分股？

在计算扩散指标时，一个很自然的倾向是选择的成分股越多越好，但这需要维持一个非常庞大的数据库。根据我个人的经验，选择相对较少的成分股也可以获得同样的目标。我们需要记住的一点是：在计算中使用的一揽子成分股必须充分反映出大盘指数构成部分的扩散性。

解　释

当扩散指标进入极端区域时，通常代表超买或超卖的情况。然而，这类读数本身并不足以发出实际的买入或卖出信号。当读数为 0 时，很明显代表最理想的买入机会；而当读数为 100 时，代表最理想的卖出机会。然而，通常更明智的做法还是应该等到扩散指标呈现趋势反转，或甚至等到大盘指数发生趋势突破再决定买入还是卖出。

根据走势图 24－12 所显示，只要扩散指标上升至 12.5 以上（包括 12.5）然后再向下反转时,通常表示至少会出现中期的跌势。反之,当扩散指标下落至零点以下再回转向上反弹时,恰好表示相反的意义。

防止发出过早信号或错误信号的方法之一,就是将扩散指标与大盘指数发出的信号结合起来。在这种情况下,扩散指标的极端读数代表中期或长期趋势可能发生反转,但这一信号必须经大盘指数穿越其长期移动平均线,或突破其趋势线来加以确认。

此外,背离也起到一定的预测作用。举例说明,摆荡指标在1973年的市场峰位低于其在1966年与1968年的市场峰位,而S&P却又创新高。与之相反,摆荡指标在1974年的市场底部高于其1970年的底部,尽管S&P又创新低。

季节性广度动能指标[①]

季节的定义

实际上,每个周期的动能在完成之前都会经历4个阶段,可参考图24-2。第一个阶段发生在下滑的动能指标到达其最低点之后。此时动能指标开始回升,但仍位于均衡线以下。当动能指标向上穿越零线表明进入第二个阶段。在第三个阶段,动能指标开始由峰位处回落,但仍位于零线以上。最后,当动能指标向下穿越零线表明进入第四个阶段。

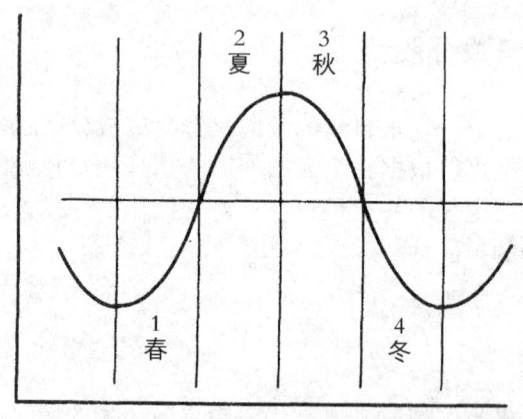

图24-2 季节性动能指标的确定

---

① 这一指标来自:Ian S. Notley, Notley Group, Yelton Fiscal Inc., Unit 211-Executive Pavilion, 90 Grove Street, Ridgefield, CT 06877。

第二十四章 市场广度

为了简便起见，我们将这4个阶段分别标示为春、夏、秋、冬。从农业与投资的角度来看，最理想的结果应是在春季播种（投资），而在夏末或秋季收割。

事实上，春季代表进货阶段，夏季代表上涨阶段，秋季代表出货阶段，冬季代表下跌阶段。如果一个市场能够被划分为多个构成部分，那么我们就可以对这种方法做进一步的扩展，即根据各个不同构成部分——例如股票市场指数的行业板块，商品指数的构成商品等等——的季节性动能指标所处的位置来计算扩散指标。这种计算季节性动能的方法主要有两个优点。第一，它有助于我们识别当前所处的周期阶段，换言之，判断股票市场究竟是处于进货、上涨、出货还是下跌阶段。第二，它也有助于我们识别主要的买入与卖出时机。

时间跨度的选择

时间跨度的选择对于所有的动能指标来说，都是非常重要的，当然季节性动能指标也不例外。例如，就长期投资决策来说，根据平滑处理后的13周ROC所计算的季节性动能指标，其重要性远远不如经平滑处理过的48个月ROC指标。这种方法同样也可以采用日、周与月度数据资料。我确信投资者能够将这一概念拓宽至当日交易数据，因为原理是相同的。尽管我从来不这么做，但鼓励活跃的交易者来进行这方面的尝试。然而，我个人的看法是，根据日与周的数据所计算出的结果，即使经过高度的平滑处理，其可靠性还是不如根据月度数据计算出的结果。月度季节性动能指标在商品市场和国际市场中也同样有着相当理想的表现。本章走势图中所列指标的计算过程如下：首先计算一揽子S&P行业板块分别处于冬季、春季、夏季及秋季阶段的ROC，然后用6个月移动平均线对得到的结果进行平滑处理。

股票市场中的季节性（扩散）动能指标[①]

走势图24-13列出根据一揽子S&P行业板块所得出的4种季节性动能曲线，所涵盖的期间是1963～1990年。走势图24-14列出1990～2001年期间的类似曲线。我们以春季动能为例来加以说明，如果读数很高，表明S&P行业板块中有相当多板块的动能处于第一个阶段，换言之，动能指标在零线以下但处于上升阶段。这意味着市场处于技术强势，并且即将开始一波主要的涨势。

值得注意的是，大多数的周期在时间上都具有一定的先后顺序，因为大多数的

---

① 当我在第三版首次引入这个概念时，这一指标的计算还仍然只是专业人士的专利，因为他们拥有功能强大的计算机系统和大型的数据库。但是，现在这一指标就较为容易获得，它的详细计算过程及走势图在任意一个版本的MetaStock都可获得。有关细节，可登陆www.pring.com。

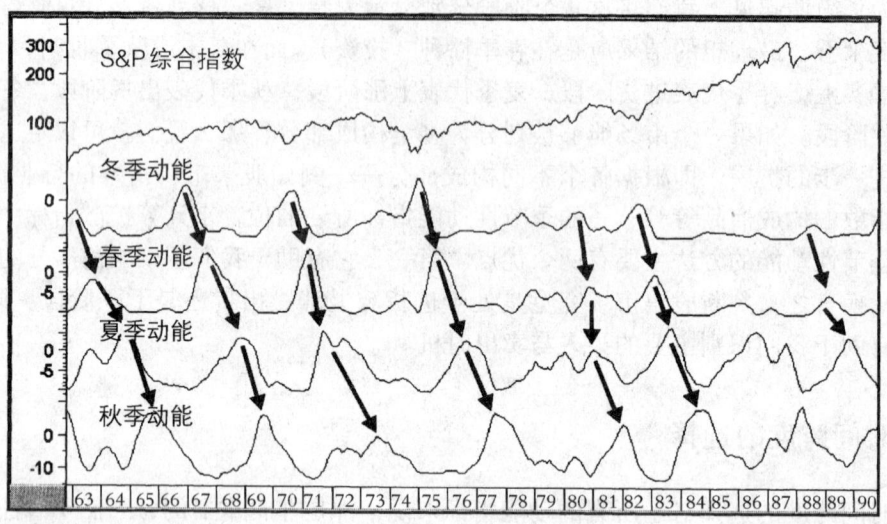

走势图 24-13　S&P 综合指数及季节性动能，1963～1990 年

（资料来源：www.pring.com）

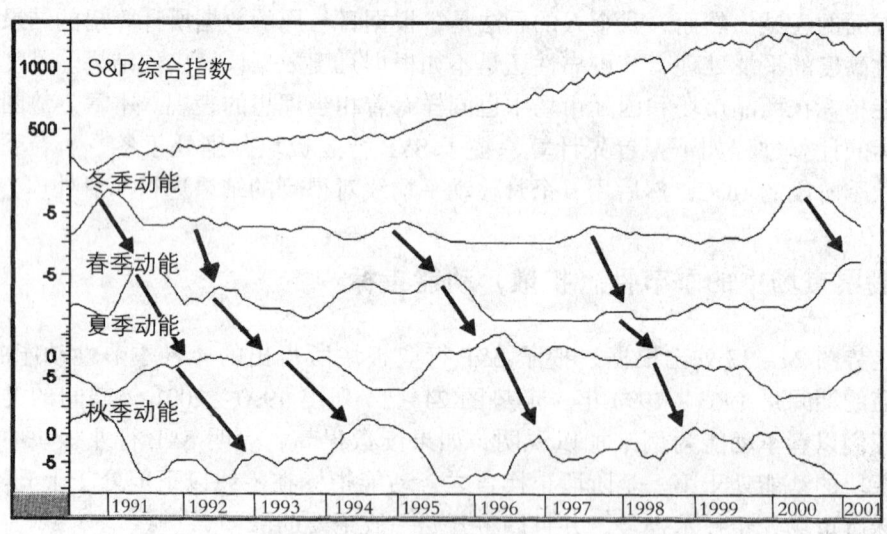

走势图 24-14　S&P 综合指数及季节性动能，1990～2001 年

（资料来源：www.pring.com）

板块都是由春季转为夏季，再由夏季转为秋季，最后再转为冬季。在图中用箭头来表示这种现象。空头行情的低点通常都发生在冬季动能的峰位处。与所有的动能指标一样，确认信号是由大盘指数发出，在本例中，用 S&P 综合指数来表示。

春季动能的峰位，经常对应着多头行情中第一波中期走势的峰位，但这并不代表空头信号。而仅仅意味着大多数的板块已由春季（进货阶段）转为夏季（上涨阶段）。如果大部分的板块由春季退回到冬季，才代表一个空头信号。

当夏季动能，即第三个阶段开始由峰位向下滑落时，通常表示市场的技术面转弱，但这并不代表实际的卖出信号，这是因为在夏季动能达到峰位之后，市场经常会出现横向走势，甚至可能进一步走高。然而，这的确意味着投资环境已开始恶化，因为大多数板块的平滑动能指标已经进入秋季（出货）阶段。

在由夏季向秋季的过渡阶段，S&P 综合指数有时也会呈现跌势，但大盘指数的下跌更多还是出现在由秋季向冬季的过渡期，换言之，当大多数板块的动能指标向下穿越零线时。

空头行情的底部

当冬季动能指标到达峰位并且开始向下回落时，代表主要的买入时机。一般来说，峰位愈高，随后的反弹潜力就愈大。这是因为冬季动能必须转化为春季动能。因此，当冬季动能由较高的峰位向下滑落时，表示有相当多的板块具备进入春季阶段的潜力，换言之，它们即将进入最具上涨潜能的阶段。走势图 24－15 就非常清楚地显示出这一点。

在正常情况下，冬季动能指标会稳步地上升至峰位，然后反转回落。由偏高的峰位向下反转，通常意味着市场整体的下降趋势已经向上反转。偶尔，在某些情况下，冬季动能指标会出现暂时性的峰位，但大盘本身却并未触底，1973 年底发生的情况便是如此。这是极为罕见的情况，但它却表明没有任何一个指标是完美的，我们必须配合其他技术指标来进行季节性动能分析。以 1973 年为例，当时的债券收益率处于持续性的上升趋势。这就是趋势的反转信号必须得到其他技术指标配合的原因之一。

有时，春季动能指标下降趋势线的反转，代表着新一轮多头行情的即将到来，但这个信号的领先期（lead time）可能很长。另外，春季动能指标本身走高并不足以保证行情将反弹。

主要底部的确认信号，经常是在夏季动能指标的趋势发生反转的同时或几近同时，冬季动能指标到达峰位。换言之，冬季动能指标由峰位处滑落而夏季动能指标反转向上。一般来说，夏季动能发生反转时的峰位水准愈低，行情的上涨潜力就愈大。

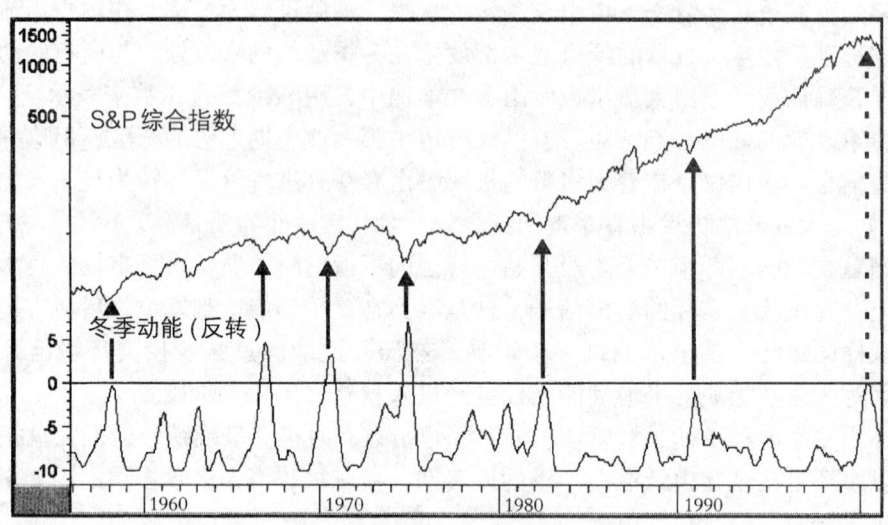

走势图 24-15　S&P 综合指数及冬季动能，1956～2001 年

（资料来源：www.pring.com）

市场峰位的征兆

市场头部往往比市场底部更难以捕捉，但春季动能指标趋势的向下反转通常代表一个上涨信号。领先的时间并不固定，但只要春季与夏季动能都处于上升阶段，通常就可以假定价格将持续走高。此外，在春季动能到达峰位之后，大盘的上涨走势一般至少还要持续一个月左右，甚至更长。

市场的头部一般出现在夏季与秋季动能指标的峰位之间。例如，在 1983 年，大盘指数与夏季动能指标同时出现峰位。然而，即使秋季动能指标触顶也未必足以引发一个真正的空头行情。秋季动能指标的下降，通常对应着一个出货或触顶阶段，例如 1973 年和 1977 年。偶尔，板块的动能会退回到夏季，因此可避开主要的下跌行情。惟有大部分板块的动能指标跌至零线以下（换言之，进入冬季），且其数量仍不断增加时，才预示着即将进入空头行情。

印第安夏季[①]

在 1984～1987 年期间，股市出现强劲且持续的线性上升趋势，其间并没有发

---

① 印第安夏季：指夏天的气候类型持续至深秋与初冬——译注。

生通常的"春-夏-秋-冬"序列。事实上，该期间所出现的序列与以往具有截然不同的性质，夏季与秋季交替发生，使市场足以重新恢复其内在力量，避免遭受主要的跌势。从某种意义上说，市场正经历一次印第安夏季反弹。

因此，我们不能断定：夏季动能指标的峰位一定会导致行情的下滑。我们必须等待秋季动能指标开始下降，以便确定板块是继续往冬季发展，还是退回到夏季。

如何识别印第安夏季

判定秋季动能指标究竟是退回夏季还是继续发展为冬季的最佳方法，是同时观察冬季与夏季动能指标。只要冬季动能持续上升，便代表空头的征兆，并且它表明愈来愈多的板块正处于跌势。这显然会对 S&P 综合指数造成负面的影响。

值得注意的是，在 1985～1987 年初的印第安夏季涨势中，冬季动能指标始终未成功地向上穿越其移动平均线。

短期季节性动能指标

走势图 24-16 列出了道·琼斯工业指数及一个春季动能指标。该指标是由道·琼斯工业指数的 20 只成分股构造而成。在本例中，以每日 KST 指标来衡量行情的趋势。对这一摆荡指标进行了倒置处理，以便它的变动方向与道·琼斯工业指数的一致。当摆荡指标落入超卖区域时，就代表买入信号。在图中，用垂直的虚线来标示出 1996～2001 年期间的买入信号。由于此类数据本质上是短期的，因此随后的反弹走势也是如此。然而，这些趋势反转信号呈现出良好的一致性。

理解季节性动能的演变过程是非常重要的，即使我们无法具体实践这一方法。这是因为它们解释了市场是如何经历其各个不同的阶段，以及主要多头与空头走势的发生条件。

小 结

- 市场广度指标是衡量大盘指数得到其构成部分支持的普遍程度。
- 市场广度指标主要有两方面的作用。第一，它可以帮助我们了解大多数交易对象（通常是指股票）所处的环境是好还是坏；第二，它可以通过正向背离与反向背离来预测行情的主要转折点。
- 市场广度指标包括：腾落线、广度摆荡指标、扩散指标及创新高净家数

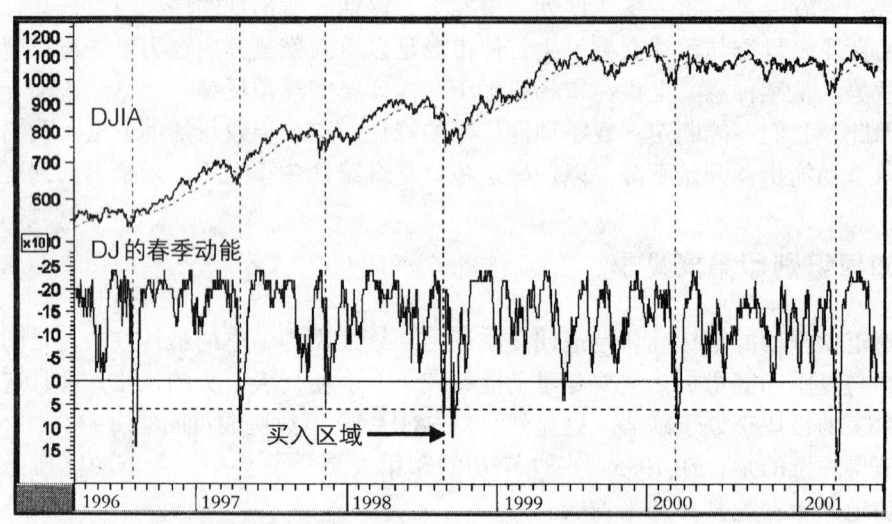

走势图 24-16　道·琼斯工业指数与 DJ 的春季动能指标（倒置）

（资料来源：www.pring.com）

指标。

- 市场广度指标所产生的背离通常代表理想的信号，但仍应该得到大盘指数本身呈现趋势反转信号来加以确认。
- 创新高净家数指标可用来判断当前趋势技术面的强弱。根据将创新高的股票家数与创新低的股票家数的每日差值进行累加而获得的此类数据构造出的指标可用来识别背离现象或判定趋势。
- 季节性广度动能指标发出的信号代表着主要的买入与卖出机会，并且该指标通常可用来识别当前主要趋势的持续期。

Part 3

第三部分

市场行为的其他方面

Other Aspects of Market Behavior

第二十五章
利率为何会影响股票市场

在本章，我们将研究为何利率的变化是影响股票价格的重要因素，同时将技术分析应用于信贷市场收益与价格上。

利率的变化影响股票市场的原因可归结为以下4个方面：

- 信用价格的变化（即利率）对经济行为有着直接的影响，因此对企业利润有着间接的影响。
- 由于支付的利息会影响最终净利润，因此利率的变化对企业利润有着直接的影响，因此对投资者愿意支付的股票价格也有着直接的影响。
- 利率的变化会改变替代性金融资产之间的关系，其中，债券与股票市场之间的关系是最为重要的。
- 相当多的股票是依靠融资买入的（被称为融资债务）。融资成本的变化（也就是利率的变化）将影响投资者与投机者依靠融资进行交易的意愿与能力。由于利率的变化通常会领先于股票价格，因此能够及早识别出债务市场中的主要趋势反转是非常重要的。

利率变化对企业利润的间接影响

利率变化对股票价格最为重要的影响也许是基于以下事实：以利率升高为特征的紧缩性货币政策会对经济造成负面影响，反之利率的下降会刺激经济的发展。

随着时间的推移，大多数企业都能够适应较高的利率，然而当利率变化过快、过于突然时，大多数的企业将不得不采取缩减扩张计划，减小库存等诸如此类的行动。这削弱了整个经济体，因此也相应缩小了企业利润。较高的利率与较小的利润意味着较低的价格/收益乘数，因此也意味着较低的股票价格。

如果当局非常看重经济发展的速度，他们将会降低短期利率，此时会出现与上述相反的情形。

利率变化对企业利润的直接影响

利率主要从两个方面影响企业利润。首先，几乎所有的企业都是依靠借款来为其固定资本、设备与库存融资，因此资金成本，也就是他们支付的利率，是非常重要的。其次，企业的相当一部分销售也是依靠融资进行，因此利率水准的变动对消费者的购买能力与意愿有着显著的影响。最为典型的一个例子是汽车行业，该行业内，生产者与消费者都相当程度地依赖于借贷资金。此外，正如高负债融资的建筑业与房地产业，资本密集型公用事业与运输行业也是较大的借贷者。

利率与替代性金融资产

利率变化也影响着各种金融投资工具之间的相对吸引力，其中最为重要的就是股票与债券之间的关系。例如，在投资者看来，债券与股票在任一时点处都存在一个平衡，然而，如果利率的上升速度快于红利的增长速度，债券将更具有吸引力，此时资金就会从股票市场流出，进入债券市场。此后，股票价格开始下跌，直至投资者认为这两者在更高的利率水平上重新达到平衡。

> **主要的技术准则** 并非利率本身，而是利率的变化才是真正重要的，因为它对企业利润以及股票价格有着更为重要的影响。

利率变化对任何特定板块的影响，将取决于该板块可获得的红利收益率与其利润增长的前景。其中对利率变化最为敏感的是优先股，因为持有该类股主要是基于其红利优势，而从利润增长中通常分享不到太多好处。公用事业股票也对利率变化非常敏感，原因在于投资者不仅看重其当前的红利收入，同时也注重其未来潜在的利润增长。因此，利率变化对公用事业的股票价格有着非常直接的影响。另一方面，处于高成长期的企业经常会将企业盈余进行再投资，因此只支付较少的红利。购买该类板块股票的原因在于预期到其快速的利润增长与未来丰厚的收益而并非眼前很少的红利收入，因此资金成本的变化对该板块股票的影响较小。

第二十五章 利率为何会影响股票市场

利率与融资债务

融资债务（Margin Debt）是指从经纪商手中借入，以将要买入的证券作为抵押品的一类资金。通常，这笔资金用来购买股票，但有时也用来购买一些消费品，例如汽车。由于利率的上升增加了股票的持有成本，因此升高的利率对上述两种形式融资债务的影响是相似的。因此，随着资金成本的增加，投资者不再愿意承担额外的债务。而当持有成本增加到某种程度，投资者就会变现股票，清偿债务。由于利率的上升增加了股票的供给，因此对股票价格造成下跌压力。

债券收益率与债券价格

债券通常以固定利率（息票，Coupon）、事先确定的付息日来发行。当债券到期时，借款人承诺以面值支付给债券持有人。债券的面额通常是1000美元（可认为是票面值），这一数据也表示债券到期时将必须偿还的金额。此外，由于债券是以百分数来报价，因此票面额（1000美元）习惯上可表示为100。通常情况下，债券以面值发行、赎回，但偶尔也会折价（低于100）或溢价（高于100）发行。

尽管债券通常是以面额100来发行、赎回，但其价格可在其期限范围内大幅波动，原因在于利率是不断变化的。假定某一20年期债券，息票率为8%，以面值（也就是100）发行；如果利率升至9%，息票率为8%的债券就会很难售出，因为投资者有机会赚得9%的收益。8%息票率的债券持有人若想卖出手中债券，惟一方法就是降低价格，以便弥补未来购买者损失掉的1%利差。新的债券所有者不仅可以赚取8%的利息，还可获得一些资本利得。获得的资本利得若分摊到该债券的剩余期限，将等价于1%的利差。债券的息票率，加上将资本利得分摊至债券的剩余期限所获得的年利率，就称为债券的"收益率"（Yield）。如果利率下降，上述的过程恰好相反，息票率为8%的债券与当前的利率相比，将更具有吸引力，因此其价格会上涨。利率水平发生变化时，债券期限越长，其价格的波动就越大。

债券市场的结构

债券市场大体可分为两个主要部分，即短期与长期。短期市场，更一般地可称为货币市场（Money Market），主要涉及期限为1年以内的债券。通常情况下，短期利率的变化会领先于长期利率，这是因为短期利率对整个商业活动和美联储的货币政策更为敏感。货币市场的投资工具除企业债券以外，联邦政府、州政府、地方政府也都发行各自的债券。

长期债券市场是由合约期限至少为10年的债券构成。此外也存在期限在1～10年的债券，这些债券被称为中期债券（Intermediate-Term Bond）。

长期债券市场按照发行者的不同可分为3个主要部分，分别是美国政府、免税发行者（州政府与地方政府）以及企业发行者。

免税债券与公司债券发行者的财务状况是不同的，因此根据每个发行者的信用等级来对其发行债券进行评级的做法已变得非常普遍。最高的信用等级为AAA级；其后依次为AA，A，BAA，BA，BB等等级别。信用等级越高，投资者承担的风险就越低，因此为补偿这些风险所要求的息票率就越低。由于联邦政府的信用等级高于其他任何发行者，因此它能够以相对较低的利率来发行债券。此外，免税债券的发行者（也就是，州政府与地方政府）能够以最低的利率来发行债券，这是由于该类债券的持有者享有优惠的税收待遇。

一般情况下，上述3类债券的价格趋势是相似的，但在主要的经济周期转折点，由于每类债券的供给、需求条件不同，可能会出现某类债券的价格变化落后于其他类债券。

债券价格与股票价格

在经济周期的繁荣时期，债券市场通常领先于股票市场到达价格峰位。债券价格的领先程度及其对股票造成的不利影响是随着周期变化的。有关债券对于股票价格跌幅的影响，以及债券价格和股票价格峰位之间的时间间隔，不存在一成不变的规则。例如，在1959年的多头市场中，短期与长期债券价格分别比道·琼斯指数领先18个月与17个月时达峰位。然而在1973年的多头市场中，短期与长期债券价格却分别只领先11个月与1个月。此外，在1959年，债券与货币市场的价格下跌是剧烈而持久的，但以月度平均值为基准的道·琼斯指数仅下跌了13%，与此形成对照的是，道·琼斯指数在1973～1974的空头市场中却下跌了42%。

经济周期繁荣期的另一特征是，高等级债券（例如国库券或AAA级公司债券）的价格下跌领先于低等级债券（例如BAA级公司债券）。自1919年以来，几乎在每个经济周期转折点都会出现这一现象。高等级债券的这种领先特征可归因于两方面的因素。首先，在经济扩张的后期，私营部门的融资需求加剧。商业银行不仅是

第二十五章 利率为何会影响股票市场

政府公债的最大机构持有者，同样也是私营借款者最为重要的资金来源。随着私营部门融资需求的加速，而中央银行又不愿顺应形势而做积极调整时，商业银行就会逐步抛售其所持的政府公债及其他一些优质资产，同时将获得的资金转移到高利润的放贷业务上，这将引发一系列连锁反应，不仅使得收益率曲线整体下移，也使得低等级债券的收益率下降。与此同时，高等级债券的收益率将出现上升压力，所有这一切显示了一种繁荣的市场景象，这将促使投资者在作出投资决策时变得越加草率，忽略了不同信用等级所代表的风险差异。因而，投资者往往会忽略收益相对较低的高等级债券，而愿意买进更为有利可图的低等级债券；因此，在这个临时性的过渡时期内，低等级债券价格不断攀升，而高等级债券价格却不断下滑。

> **主要的技术准则** 事实上，在最近的100年里，每一次大盘都落后于，或同步于信贷市场中的长、短期债券到达最高点。

在空头市场底部，也会出现相类似的现象，同样是高等级债券的价格变化会领先于其他债券以及等级较低的股票。然而，债券市场在空头市场底部的这一领先特征与在多头市场头部的情况相比，并不是非常明显，偶尔债券与股票的价格会同时到达谷底。因此，观察利率的变化趋势有利于判别股市是否到达底部。

走势图 25-1（A）至（C）显示出，在 1991 年~2001 年间，大盘的峰位与谷底几乎总是落后于倒置的短期利率趋势线。图中用实线表示峰位，用虚线来表示谷底，从图中可看出几乎所有的线都向右倾斜。值得注意的是，这 3 幅图中的下半部分的曲线经过倒置处理，以便利率的变动与股票价格相一致。

利率的下降本身并不是应当买入股票的充分条件。例如，在 1919~1921 年的空头市场当中，货币市场价格在 1920 年 6 月到达其底部，而股票市场在 1921 年 8 月才到达底部，比货币市场落后了 14 个月，这一期间股价下跌了 27%。另一个更为明显的例子发生在 1929~1932 年的大崩盘时期，当时的货币市场收益率在 1929 年 10 月到达峰位。在随后的 3 年间，贴现率下调 50%，而股票价格相对于 1929 年 10 月的水平下跌了 85%。出现如此漫长的提前时期（Lead Time）的原因在于这一时期发生了大量的债务清算与企业破产。即使利率出现大幅下降，仍不足以刺激消费者与企业去增加开支，开支的增加与缩减通常呈现出周期性。尽管仅有利率下降并不足以形成这样的预期，即股票价格下跌趋势将会出现反转，但它们是形成这一预期所必不可少的条件。另一方面，利率的持续上升趋势已证实是一种看跌行情。

利率领先于股价这一规则有时也会被打破，其中最为著名的一个例子发生在 1977 年，股票价格领先于货币市场到达峰位。在走势图 25-1（C）中，标准普尔

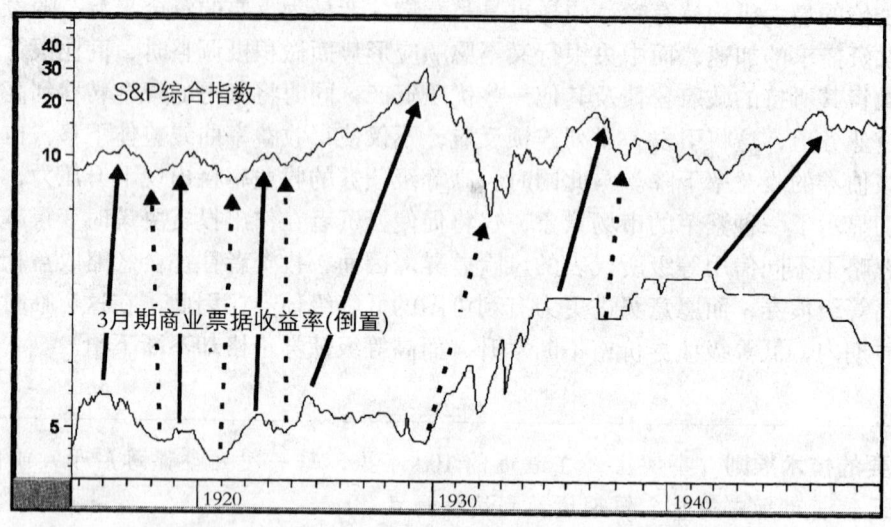

走势图 25-1（A） S&P 综合指数与短期利率，1914~1950 年

（资料来源：www.pring.com）

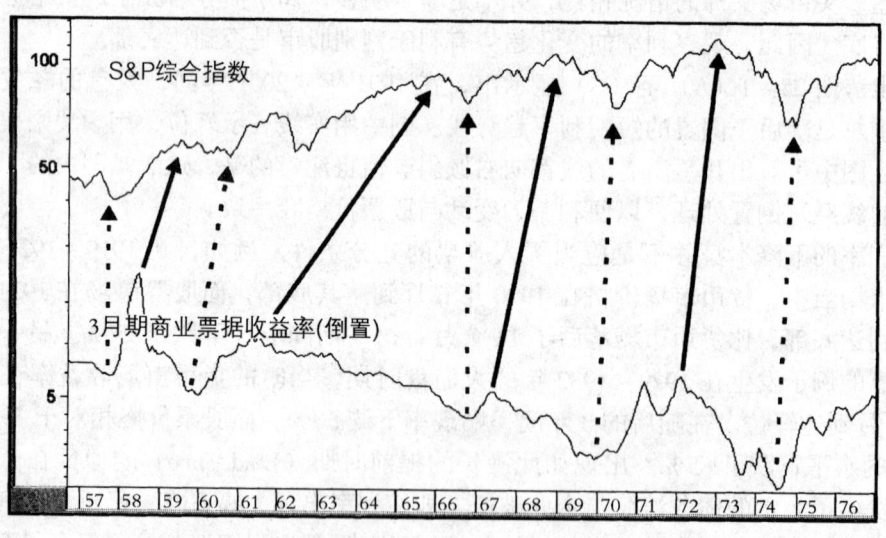

走势图 25-1（B） S&P 综合指数与短期利率，1956~1976 年

（资料来源：www.pring.com）

第二十五章 利率为何会影响股票市场

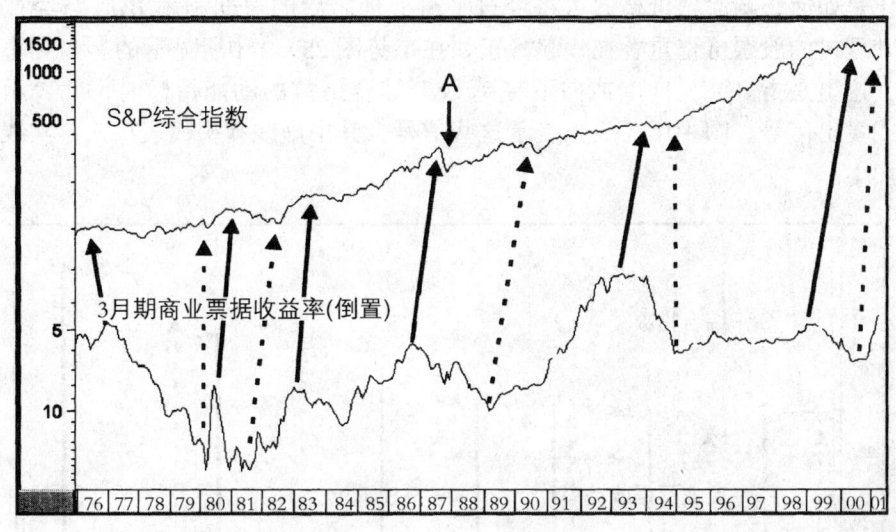

走势图 25－1（C）　　S&P 综合指数与短期利率，1976～2001 年

（资料来源：www.pring.com）

股指在 1987 年到达谷底 A 点，领先于下面的短期利率，这也属于一个例外情况。

我们可将前面几章讨论过的股票市场趋势判断原则应用到债券市场。事实上，由于债券市场的大量交易是建立在资金流基础之上，一方需要资金融通，而另一方可提供资金，因此债券的收益率与价格趋势在很多方面更容易判别。尽管从判定债券价格短期趋势的角度来看，情绪（Emotion）仍然非常重要，但总体来说由于资金流量的影响，债券的周期性趋势与股票相比更为平滑。这一结论在 20 世纪的大部分时间里都成立，然而在不远的将来，债券与货币市场参与者将会越来越熟悉利率期限结构。即使如此，短期内的现金或即期收益率（Spot Yield）仍显著地受到经济力量的影响。

利率变化与股市转折点之间的关系

我们已经证实，几乎在每个主要的转折点，利率都会领先于股票价格。然而，这种领先、落后的程度以及影响股价所需的利率水平在每个周期都是不同的。例如，在 1962 年，股市经历了一场急剧的衰退，当时的短期利率水平为 3%。另一方面，在 1980 年的下半年，股市呈现出强势，但当时的利率水平却从未低于 9%。

如前文所述，不是利率水平本身而是其变动率影响着股票价格。若想了解利率的变化是如何影响股票价格，可将经过平滑处理之后的短期利率 ROC 与经过同样方式处理过的股票价格重叠在一起，正如在走势图 25-2 中所显示的。当利率动能指标（这里是指 ROC）向上或向下穿越 S&P 综合指数的动能指标时，就表示发出买入或卖出信号。图中用箭头来表示这些信号，其中虚线箭头代表买入，实线箭头代表卖出。

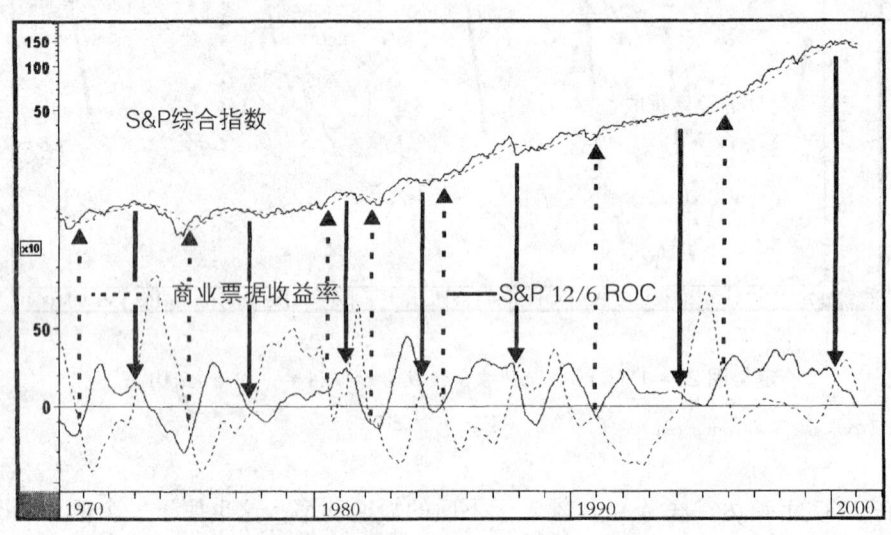

走势图 25-2　S&P 综合指数与股票和利率动能指标，1970~2001 年

（资料来源：www.pring.com）

我们知道，即使在利率上升时，股市也可能反弹，但通过比较 ROC 的变化，可以显示出利率的上升何时会大于股价的上升，反之亦然。在某些时候，这一方法可以提供非常及时、准确的信号，正如 1973 年的市场峰位。而在其他一些时候，该方法可能收效甚微。例如，它并没有预测出 1978~1980 年期间发生的股市反弹。尽管如此，一个值得关注的有趣现象是，在 1978~1980 年两年间，股市与现金的总收益大致相同。该方法在 1988~1990 年期间发出误导性信号，这一事实说明了该方法还远没有达到完美；但总体来说，在利率动能指标超过股价动能指标时，最好谨慎从事；而在情况相反时，则可冒险跟进。

另一种分析利率与股价之间关系的方法是利用以下事实：在利率下降时，股价的反弹力度通常会更为强劲，反之亦然。因此，我们可构造一个新指标，即用股市价格，例如 S&P 综合指数，除以货币市场收益率，例如 3 月期商业票据。如果利率仍领先股价，在空头市场的底部，该指标将领先抄底或下跌速率趋缓；而在多头市场的头部，该指标将领先到达峰位，或上升速率放缓。

第二十五章 利率为何会影响股票市场

这一新构造出的指标,称为货币流量指数(Money Flow Index)。在走势图 25-3 中,S&P 综合指数的下方绘出了该指数的曲线,图上的箭头指明其领先特征。

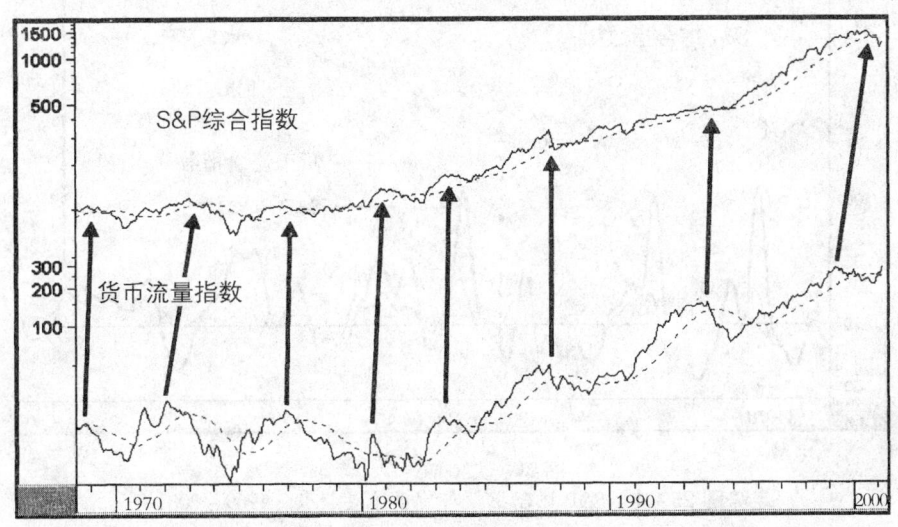

走势图 25-3 S&P 综合指数及货币流量指数,1969~2001 年

(资料来源:www.pring.com)

由于货币流量的 ROC 比其实际值更为重要,在走势图 25-4 中,将货币流量的 ROC 与 S&P 综合指数的 ROC 重叠起来,两者都是用 6 个月移动平均线进行了平滑处理过的 12 个月 ROC。当货币流量动能指数(较粗的线)向上穿越 S&P 动能指数时,就代表一个买入信号,反之亦然。图中分别用实线箭头与虚线箭头来标出卖出与买入信号。

走势图 25-5 描绘出 S&P 综合指数与一个新构造的指标,该指标是将货币流量指数的 ROC 减去 S&P 综合指数的 ROC 所获得的差值。图中零线上的穿越信号代表着走势图 25-4 中用箭头标示出的穿越信号。这一最终形式简单地表示出了利率/股票之间的关系。20 世纪 50 年代以来的研究显示出,每一买入信号(向上穿越零线)发出之后,都会紧跟着出现一次大盘反弹。惟一的例外出现在 1989 年,但当时发生穿越时,货币流量 ROC 和 S&P 综合指数 ROC(参见走势图 25-4)都处于超买状态。根据走势图 25-5 所显示的,当货币流量指标从零线以下向上穿越时,通常代表着一个极其强劲市场的信号,即新一波多头行情即将到来。在大多数情况下,卖出信号也是相当及时的。走势图 25-5 分别以垂直实线箭头与垂直虚线箭头来代表这些卖出与买入信号。

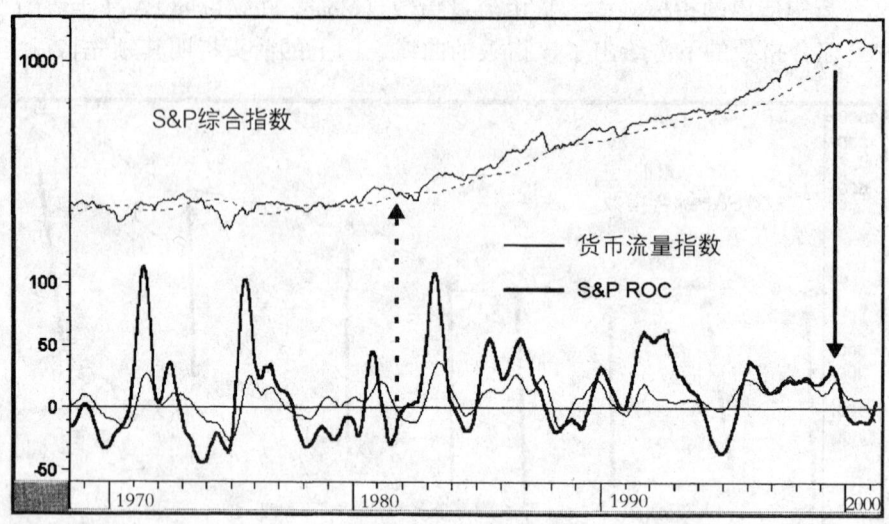

走势图 25-4　S&P 综合指数与货币流量指数，1969~2001 年

（资料来源：www.pring.com）

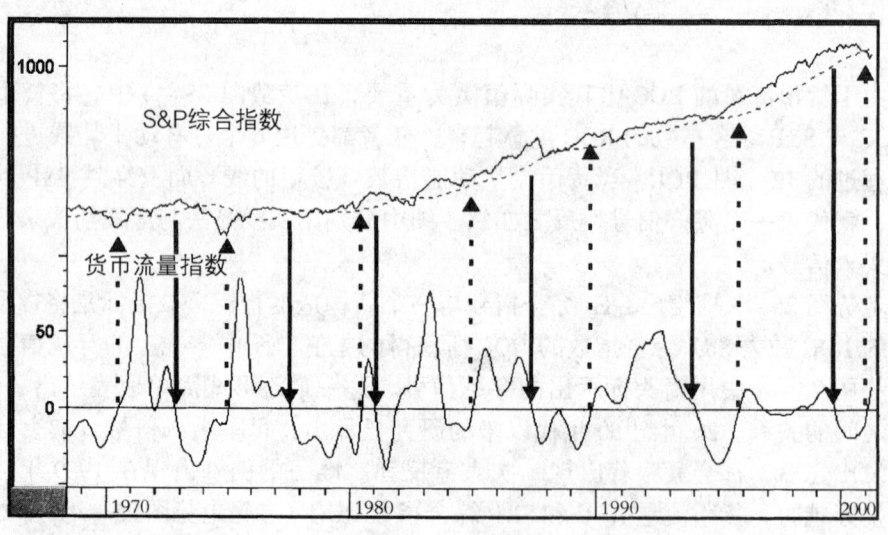

走势图 25-5　S&P 综合指数与货币流量指标，1969~2001 年

（资料来源：www.pring.com）

技术分析在短期利率中的应用

短期利率与长期利率相比，对行情变化更为敏感。这是因为库存的调整较固定资本的投资更为灵活、迅捷，其中库存的调整涉及大量的短期资金，而固定资本的投资则形成公司长期信用需求的基础。此外，联邦储备委员会的货币政策对短期利率的影响也强过对长期利率的影响。

通常，以月度数据来衡量的短期利率有助于进行趋势分析。可供使用的指标包括：13周国库券利率，大额定期存单（Certificate of Deposit）利率，3月期欧洲美元收益率以及联邦基金利率。我经常使用的是3月期商业票据收益率，因为这一指标的历史数据较长，且较为稳定。无论如何，上面所列指标，偶尔除国库券之外，短期走势都密切相关，相互间的替代性很高。国库券之所以有时在短期内会背离其他的货币市场利率，是因为中央银行经常以储备形式持有国库券，同时在公开市场通过买卖国库券来进行货币干预。此外，在危机期间，所谓的流向优质资产（Flight To Quality）导致短期内对更为安全的短期政府债券的需求。

走势图25-6同时绘出商业票据收益率与经济增长指标（Growth Indicator）的走势，后者是用4个经济指标构造的：联席委员会领先指标（Conference Board Leading Indicator），招工指标（Help Wanted Series），商品研究局的现货工业原材料指数，商业部生产能力利用指数（Commerce Department Capacity Utilization Index）。具体方法是：将上述4个指标的9月期ROC相加，然后将得到的结果用6个月移动平均线进行平滑处理。这是一个如何将技术分析应用于经济数据的范例。经济增长指标向上穿越零线表明，这4个指标反映出经济形势正在走强，足以与利率的上升保持一致，反之亦然。垂直的虚线表明债券的卖出信号（股票的买入信号），反之亦然。经济增长指标的使用并不是完美的，它有时会发出错误信号，但它却是一个不受利率趋势反转影响的独立变量。在图中同时绘出了收益率的12个月移动平均线，其穿越点通常可提供有关主要趋势反转的可靠信号。

走势图25-7显示出3月期商业票据收益率的18个月EMA与一条长期KST。
图中KST线与移动平均线的穿越点用箭头标示。总的来说，KST与移动平均的穿越信号经18个月EMA的穿越信号确认后，可提供相当可靠的信号。如果将经济增长指标也包括进来，则结果将更为可信。

> **主要的技术准则**　贴现率趋势的变动是短期利率的主要趋势发生反转的可靠信号。

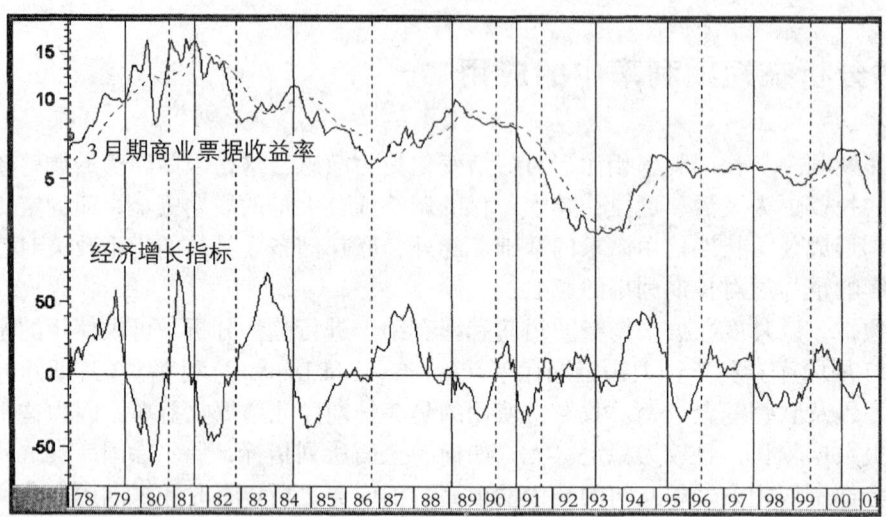

走势图 25-6 3月期商业票据收益率与经济增长指标，1978～2001年

(资料来源：www.pring.com)

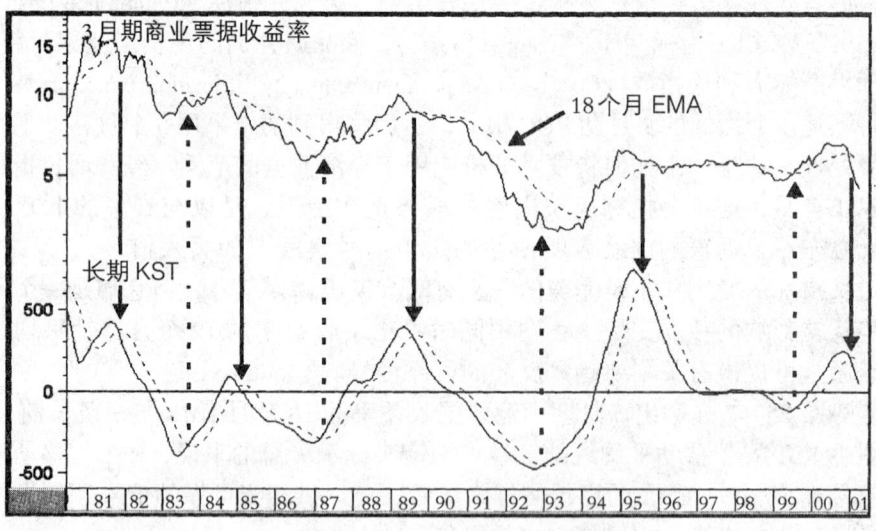

走势图 25-7 3月期商业票据收益率与长期 KST 指标，1980～2001年

(资料来源：www.pring.com)

第二十五章 利率为何会影响股票市场

贴现率变动的重要性

贴现率的变动实际反映了货币政策的变动，因此其对短期利率与股价趋势来说是非常重要的。

同时，贴现率的变动对债券和股票市场也有着明显的心理影响。这是因为联邦储备委员会通常不会在短期内随意改变既定的政策方针，因此贴现率趋势的变动，意味着市场利率趋势至少在几个月内，甚至更长时期内不会发生反转。公司一旦调高股息，一般就不愿意在短期内再调低。同样的道理，中央银行也希望保持政策的连续性与一致性。因此，贴现率的变动有助于确认其他市场利率的趋势，但这些市场利率在单独进行分析时，有时会因为暂时的技术或心理因素而发出误导信号。

对短期利率的影响

在经济周期的转折点，市场利率通常会领先贴现率。即使如此，在市场利率持续上升时，贴现率一旦下调，意味着市场利率的新一轮下降趋势已经起动。在周期性的底部也是如此。通常，一个非常好的方法就是研究贴现率与其12个月移动平均线（参看走势图25-8）之间的关系，原因在于穿越信号几乎总能相对及时地预测出市场利率趋势的反转。

对股票市场的影响

自从联邦储备系统正式成立以来，在股票市场的每一个多头峰位出现之前，贴现率都会上调，当然也存在一些例外情况，例如在1937年的大萧条时期、1939年的战争时期以及最近的1976年。当然，贴现率领先股市的时间也是不断变化的。在1973年，贴现率在1月12日上调，比多头市场峰位提前3天，而在1956年的股市峰位出现之前，贴现率已至少连续上调5次。

已故的爱迪生·古尔德曾提出：调升3次之后必会出现下挫，这已成为华尔街的一句至理名言，它的意思是指，贴现率连续上调3次之后，股票市场很可能下跌，也就是进入空头市场。因此，3次调升法则确认了利率的显著上升与紧缩的货币政策已经开始实施。表25-1列出了贴现率第三次上调的日期，以及随后股市的下跌幅度及持续时间。

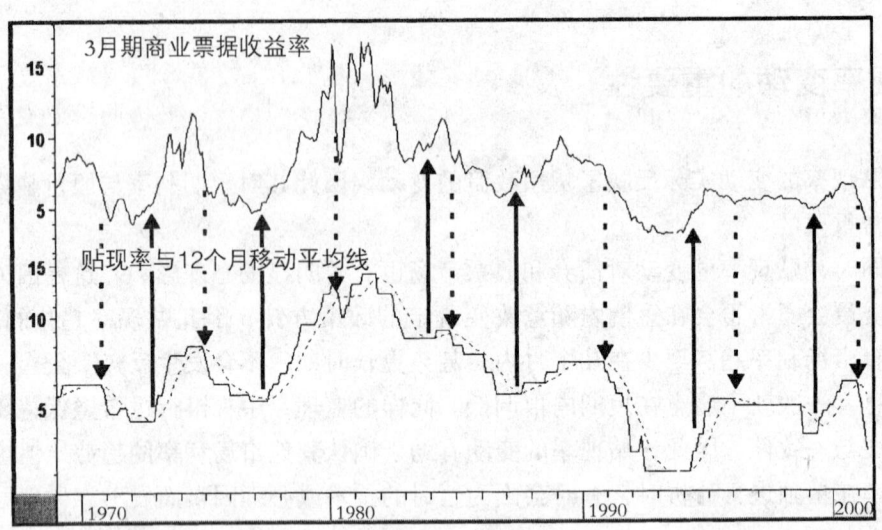

走势图 25-8　3月期商业票据收益率及贴现率，1969~2001 年

（资料来源：www.pring.com）

表 25-1　贴现率上升及随后的股市下跌，1919~2001 年

贴现率第3次上调的日期	年 份	第3次上调与市场低点之间的间隔月数	下跌的幅度（%）
11月	1919	21	29.86
5月	1928	49	77.45
8月	1949	0	0
9月	1955	27	9.04
3月	1959	19	4.31
12月	1965	10	15.92
4月	1968	27	20.99
5月	1973	16	36.47
1月	1978	2	1.58
12月	1980	19	18.06
2月	1989	20	获得4.70
11月	1994	1	0
11月	1999	16*	16*

* 至2001年3月

第二十五章 利率为何会影响股票市场

下调贴现率同样是非常重要的。一般来说，只要贴现率持续下调，股票市场的长期多头行情就不会出现什么变化。即使最后一次下调后，多头行情通常也拥有足够的动力再持续一段时间。大多数情况下，多头行情的最后一波中期折返走势在贴现率第一次上调之时或之前才开始回落。

一般情况下，贴现率的周期性下降过程呈现出阶梯状，但偶尔也会出现暂时性上扬，然后再继续下降。贴现率低点是指经过一系列下调之后到达的某一点，贴现率水平要么在此低点至少保持 15 个月内不变，要么在随后的两个不同月份内至少出现两次上扬。换言之，贴现率在下降过程中，如果仅出现一次上扬，此时贴现率的趋势仍归类为下降趋势，除非上扬发生在贴现率水平在低点维持了 15 个月后。惟有在不到 15 个月内出现两次上扬，才认为贴现率确实已到达低点。有关贴现率的数据资料保存得非常完整，长达近 100 年之久，同时将通货膨胀与通货紧缩时期都涵盖在内，因此可反映出各种不同经济环境下的情况。

表 25-2 显示出，自 1924 年以来，已经出现过 15 个贴现率低点。除 1987 年

表 25-2 贴现率的低点与随后的股市峰位，1924～2000 年

贴现率的低点		S&P 综合指数的高点		下调时的S&P 综合指数	S&P 综合指数的峰位值	最后下调日与市场峰位之间的时间间隔（月）	上涨的幅度（%）	每月平均利润（%）
8 月	1924	9 月	1929	10.4	31.3	61	200.1	3.3
6 月	1932	7 月	1933	4.7	10.9	13	132.0	3.3
1 月	1934	2 月	1937	10.3	18.1	125	75.7	10.1
8 月	1937	6 月	1946	16.7	18.6	94	11.3	0.1
4 月	1954	4 月	1959	27.6	48.1	25	74.3	3.0
4 月	1958	12 月	1959	42.3	59.1	20	39.7	2.0
8 月	1960	2 月	1966	56.5	92.7	65	64.1	1.0
4 月	1967*	12 月	1968	91.0	106.5	20	17.0	0.9
12 月	1971	1 月	1973	99.2	118.4	13	19.4	1.5
11 月	1976	2 月	1980	101.2	115.3	27	13.9	0.5
7 月	1980	11 月	1980	119.8	135.7	4	13.3	3.3
2 月	1982	7 月	1983	146.8	167.0	5	13.8	2.8
8 月	1986	8 月	1987	252	329	12	3.5	2.5
7 月	1992	1 月	1994	424	481	18	13.4	0.7
10 月	1998	8 月	2000	1098	1517	22	38.2	1.7
平 均						35	48.6	2.5

* 1967 年 4 月低点不是在一系列的市场下跌行情后出现的，而是与 1966 年的商业萧条相关，去除该低点将会提高平均利润结果。

（资料来源：www.pring.com）

外，每次贴现率一旦下调，股票市场随后就会出现大幅上涨。从贴现率的下调日算起，股价的平均涨幅高达57%，而最终下调日与上涨峰位之间的平均间隔期为31个月。

贴现率下调仅仅是一种指标而已，尽管总代表着看涨行情，但整体的技术状况也是非常重要的。例如，我们都知道贴现率的低点经常会出现在市场已进入多头市场后不久。但如果市场长期处于超买状态，那么在贴现率调低后，股市的上涨空间与持续期都将是非常有限的。此外，也应当注意到，尽管在每次贴现率的低点之后，最终会出现一个多头市场峰位，但这并不排除市场出现中期修正走势的可能。这种情况也的确出现在1934年、1962年、1977~1978年期间，以及1998年。在1977~1978年期间，以NYSE腾落线衡量的大盘走势并未出现修正走势，而是呈现出异常上涨。走势图25-9显示出，20世纪下半叶以来贴现率与股票市场之间的关系。

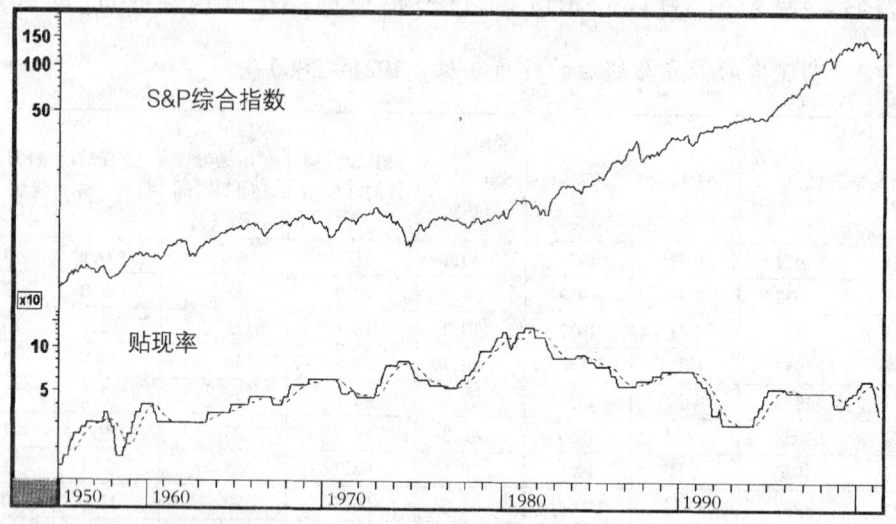

走势图25-9　S&P综合指数及贴现率，1950~2001年

（资料来源：www.pring.com）

尽管贴现率的下降经常领先于股票市场的底部，但这一关系不如在股票市场头部观察到的那般明显。举例说明，在1929~1932年的大崩盘期间，贴现率下调至少7次，然而在1946~1949年的多头市场期间，贴现率却完全没有变化。

第二十五章 利率为何会影响股票市场

将技术分析应用于长期利率

技术分析的一个常用技巧就是用一个市场来预测另一市场的变化,这称作市场间关系(Inter-Market Relationship)。走势图25–10比较了长期黄金动能指标(Gold Momentum)与美国政府债券的收益率。黄金动能这一指标的应用依赖于以下的假定:对应于工业品的通胀,黄金价格下降,而债券收益率相应上升。图中的黄金动能指标表示为3个月移动平均线除以24个月移动平均线。当该指标穿越零线向上反弹时,表明黄金市场预期到会出现通货膨胀,这意味着债券的空头(股市的多头)即将到来。该指标的预测能力有着相当好的记录,但仍需要经过债券市场本身的趋势突破、12个月移动平均线的穿越等信号来加以确认。走势图下方的实曲线对应着相同的动能,只是前移了5个月。同时,图中的垂线表明,零穿越信号更为及时。此外,由于该指标的虚曲线领先变动,因此实曲线的穿越信号可以提前获得。

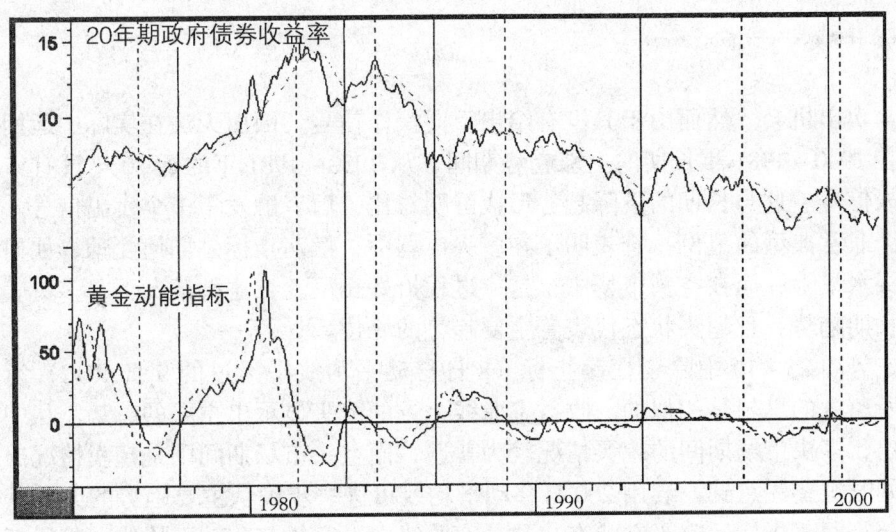

走势图25–10 20年期政府债券收益率与黄金动能指标,1972~2001年

(资料来源:www.pring.com)

债券收益率指标呈现出非常明显的周期性。我们可通过比较一个收益率指标(例如穆迪AAA级公司债券)与其ROC指标来利用这一特性。例如,走势图25–11中,箭头表明12个月ROC的超买或超卖穿越信号始终可预测出债券市场中绝佳的

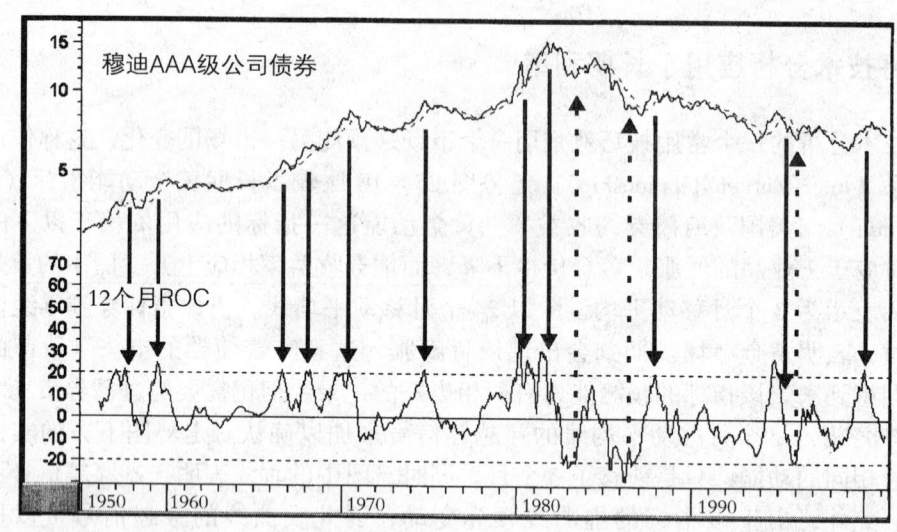

走势图 25-11　穆迪 AAA 级债券及 12 个月 ROC，1950~2001 年

(资料来源：www.pring.com)

买入与卖出机会。然而由于其没有给出反向操作信号，因而无法在实际中运用。例如，在 1940~1981 年长期的上涨趋势期间，从 1950~1981 年的近 30 年没有给出一个买入信号。这与长期的下降趋势形成鲜明对比，后者触发了多个卖出信号。以上是一个非常典型的范例，它表明了在多头市场中，摆荡指标是如何变动，如何停留在超买水平上；而在空头市场中，这一过程恰好相反。在这种情况下，多头表现为一种长期趋势，且超买状态代表着主要趋势的峰位。

走势图 25-12 中除了摆荡指标（8 日移动平均线平滑过的 9 日 ROC）为短期外，所蕴含的思想是相似的。收益率曲线上方的箭头显示出主要的趋势。从中可明显看出，多头市场期间的超买情况较为普遍，而空头市场期间则是超卖情况出现较多。同时也要注意到，利用 200 日移动平均线可进一步确认主要趋势的方向。在图的尾部，摆荡指标呈现买空状态，收益率曲线向上穿越其移动平均线，暗示新一轮多头行情即将到来。

最后，走势图 25-13 比较了美国国库券永续期货合同与两个相应的 ROC 指标。从 2000 年初至 2001 年 5 月（本图截止日期），主要趋势都是看涨的。4 条由 10 日 ROC 指标发出的箭头表明债券市场已到达或接近卖空状态。每一箭头之后都会紧接着出现一轮明显的反弹。图中最靠右边的椭圆表明，债券市场未能对超卖情况作出积极响应，同时暗示着新一轮空头行情已经开始。图中同时也标出了价格与动能指标的若干个趋势突破情况。标出各个指标的趋势反转是非常有用的，这是因为

第二十五章 利率为何会影响股票市场

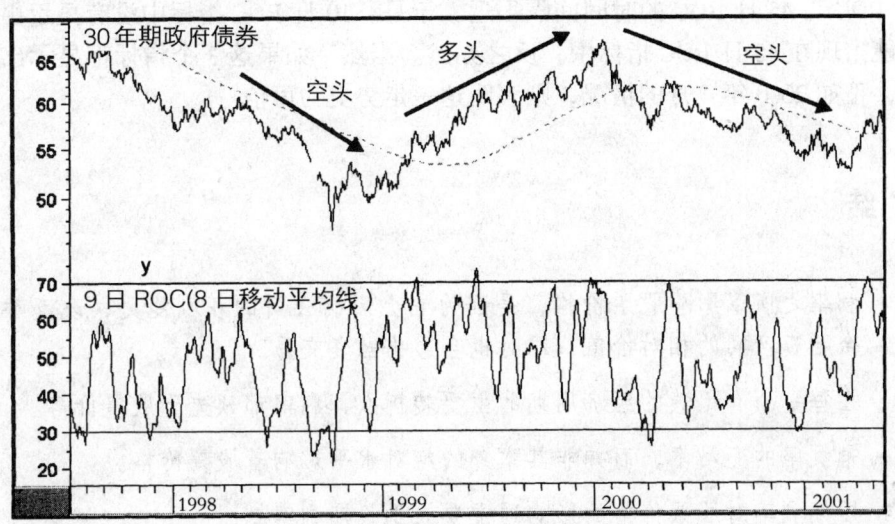

走势图 25-12 30 年期政府债券的收益率及其平滑处理后的 ROC 指标，1997~2001 年

（资料来源：www.pring.com）

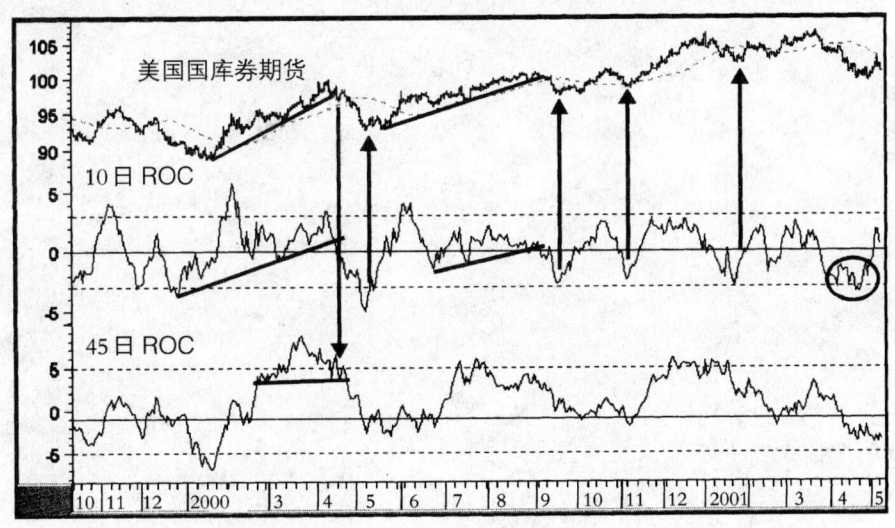

走势图 25-13 美国国库券期货及其两个 ROC 指标，1999~2001 年

（资料来源：www.pring.com）

10日ROC与45日ROC的时间间隔很远,于是,10日ROC指标中没有显示出的特征可能出现在45日ROC指标中,反之亦然。当然,如果这3个指标都显示出趋势反转,正如2000年4月的情况,则表明这一走势更为可信。

小 结

- 利率之所以影响股票价格,是因为它会影响公司的获利能力,改变替代性金融资产间的相对价值,同时也会影响融资交易。
- 在每一个有记载的经济周期的主要转折点,利率都领先于股票价格。
- 是利率的变动率,而并非其本身的绝对水平影响着股票价格。
- 短期利率对股票价格的影响通常要大于长期利率。
- 贴现率的变化可用来确认货币市场的主要价格趋势是否已发生变化。
- 贴现率的趋势反转预示着股票价格主要趋势将发生变化。
- 市场间关系可用于预测或识别债券价格与收益率的主要趋势反转。

第二十六章
人气指标

> 我愈来愈发现，支持正确的少数方通常是更为明智之举。
>
> ——歌德

一些基本的观点

在主要的多头与空头市场中，所有投资者的心理都在悲观、恐惧与期待、过度自信、贪婪之间不停摇摆。对于大多数投资者而言，自信通常出现在价格上涨时期，因此乐观的情绪大致会与多头市场同步到达顶峰。与此相反，在市场的底部，大多数人会陷入极度悲观的情绪当中，而这正是应该买入的绝佳时机。这些现象在中期市场峰位与谷底也普遍存在，与长期情况相比，只是程度不同而已。例如，在中期市场的底部，人们会意识到存在许多严重的问题，但在长期市场的底部，人们会发现这些问题往往无法克服。有时，问题愈严重，相应的底部就愈重要。

消息灵通的市场人士，例如内幕人员与股票交易员，其行为方式通常与大多数人恰好相反，即在市场的头部卖出，而在市场的底部买进。这两组人都经历了完整的情绪波动周期，但起伏却完全相反。当然这并不是说在主要的市场转折点，公众总是错误的而专业人士就必然正确；然而，总体而言，这两组人的看法经常是不同的。

目前，我们可以获得许多有关市场参与者的历史数据，这些数据可用来推得一些参数，这些参数反映了某一特定群体在主要市场转折点的极端行为。

然而不幸的是，由于1973年期权挂牌交易的出现，以及1982年股指期货的引入，从而使得许多在20世纪80年代以前表现良好的指数出现了部分失真。这是因为期权与股指期货的买卖已经取代了卖空和其他投机性行为，而后者正是过去用于构建人气指标的基础。鉴于此，在评估市场参与者的情绪时，最好应同时监控多个人气指标。

用来替代人气指标的动能

大多数的市场（当然也包括股票市场）通常都不公开有关人气指标的数据。在这种情况下，考虑到超买的情况往往与过度的乐观情绪是密切相关的（反之亦然），我们可以尝试用摆荡指标来代替人气指标。

走势图 26-1 描绘的两个指标可说明上述情况。《投资人情报》(*Investors Intelligence*)每周将大量的市场走势划分为多头、空头及回调（correction camps）。有关空头读数的每周百分比数据显示在图的上方，实际的图描绘了一个简单的趋势偏离指标，即该摆荡指标的每周收盘价，除以其 13 周移动平均线。同时该指标在绘制上经过了倒置处理，从而与股价的变动相一致。图的下方描绘了一个相似的摆荡指标，该指标是由 S&P 综合指数的周五收盘价构建而成。图中的箭头将两列指标的峰位与谷底连接起来。从中我们可明显看出，两列指标密切相关。差别仅在于程度的不同而已。例如，在 1993 年初的 A 点处，仅有少数几波空头行情，而 S&P 摆荡指标却从未接近过卖空状态。其后，在 1995 年末的 B 点处，S&P 摆荡指标接近买空状态，但空头指标却没有。

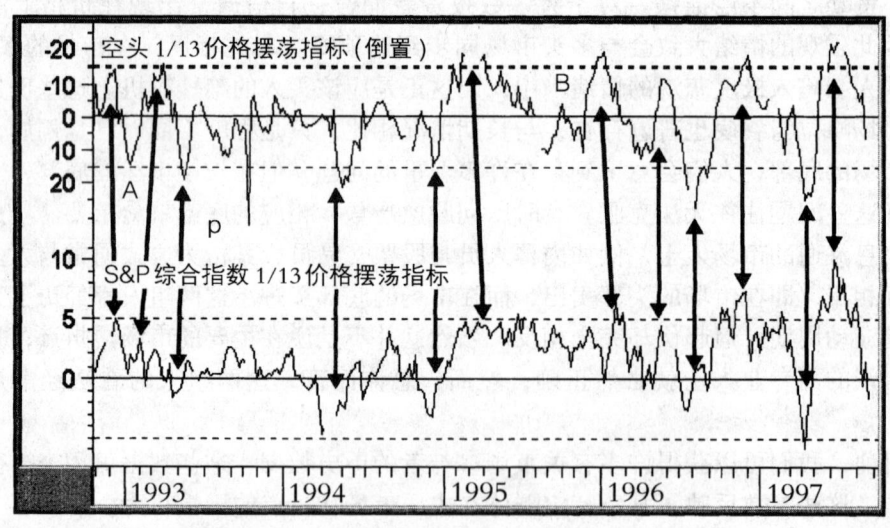

走势图 26-1 人气指标与动能指标，1992~1997 年

（资料来源：《投资人情报》）

主要的技术准则 摆荡指标与人气指标的变动是密切相关的。

我们可以发现债券市场也存在着类似关系。以走势图 26-2 为例，该图比较了由《市场风向标》(Market Vane) 公布的多头交易者 10 周移动平均线与 14 周 RSI 的 10 周移动平均线。图中的波浪线是通过将反弹情形描绘成与回应《市场风向标》公布的多头行情的情形相近似来构造而成，然后复制，并粘贴在平滑过的 RSI 上。我们从中可看出，拟合度近乎完美。

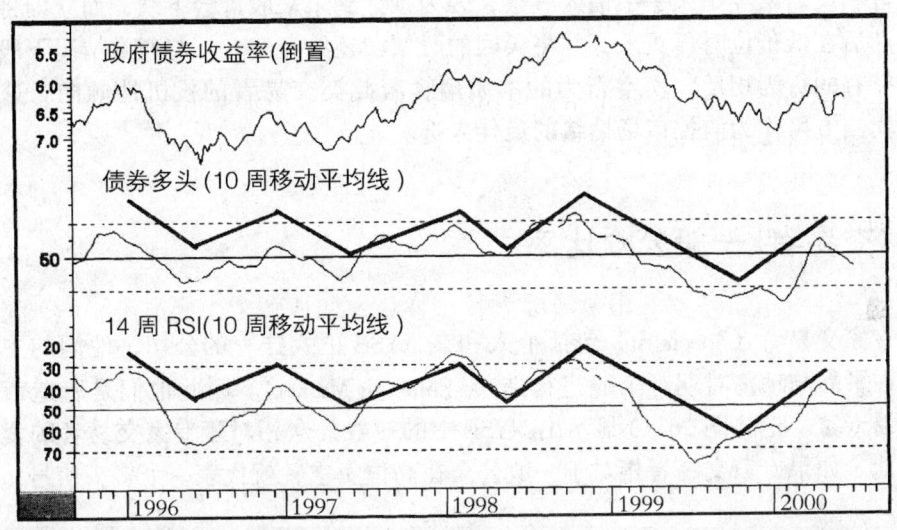

走势图 26-2　政府债券收益率，债券多头及一个 RSI

(资料来源：《市场风向标》)

在第十章中我们已经指出，短期动能的正向趋势极端值经常无法预测出重要的反向趋势变动；例如，空头市场中卖空状态经常无法给出反弹信号。人气指标也同样如此。例如，空头市场的价格下降之后，即使出现多头方减少，这一影响也远不及多头市场出现类似情形那般明显。这又使我们回想起下面的规则：多头市场中的卖空读数远比空头市场中的卖空读数更为有效，反之亦然。

人气指标与动能指标之间密切相关这一事实并不足为奇，这是因为价格的上扬吸引着更多的多头方，而价格的下跌则产生出更多的空头方。需要强调的一点是，此处并非暗示每一个人气指标与摆荡指标都是密切相关的。然而，在人气指标无法获得的情况下，动能指标可作为一个有效的替代指标。

以下我们就来详细分析一些较为常用的人气指标。

关于卖空的几点看法

在正常的股票交易中，若预计到未来股价会上涨，则应立即买入。而卖空过程却恰好相反。从经纪人手中借入股票，因为预计到未来股价会下跌，而立即将其抛出，然后在低价位时再买入，并将买回的股票归还给经纪人。与通常情况下股票买入后持有的行为相反，卖空行为的本质蕴含着此类交易者的投机性倾向。这意味着，卖空方可作为监控市场情绪的最佳人选。

专家交易者/一般公众比率

专家交易者（Specialist）包括个人和在 NYSE 正式挂牌的公司，他们的主要职责是在平静与动荡时期对个股进行造市（Making Market）。因此他们是所造市股票的交易专家。走势图 26-3 显示出 NYSE 中的一般公众相对于专家交易者的卖空数量之比。如果专家交易者相对于一般公众在高位卖空，就代表一个多头信号，反之亦然。

我们可以从多个角度来分析这一比率。一般来说，该比率在预测行情上涨时表现更佳。我们可能认为，该指标的读数在 32% 的极端区域应该代表一个多头信号，然而事实通常却并非如此。以 1983 年末为例，这一信号就是完全误导的，因为随后市场发生了急剧的下跌。另一个可供选择的方法就是根据偏离程度来设定极端区域，并用该指标由极端区域反转向上穿越其均值来表示一个买入信号。正如图中表明的，这些包络值本质上是呈动态变化的，同时考虑到了这一关系是随时间而变化的。与买入信号相反，该比率发出的卖出信号并不十分可靠。事实上，在 1987 年崩盘之后，该比率随即就达到了空头的极端水平，但逻辑思维告诉我们这正是绝佳的买入机会。总体来说，超过 52% 的读数趋向于价格上限。

空头余额比率

空头余额（short interest）是在每个月底左右公布，表示 NYSE 已卖空的股票数量的一组数据。其他的交易所也公布类似数据。由于卖空的每一股都必须回购（回补），所以空头余额是一种资金流量统计数据，但它也可以用来度量人气。这是因

第二十六章 人气指标

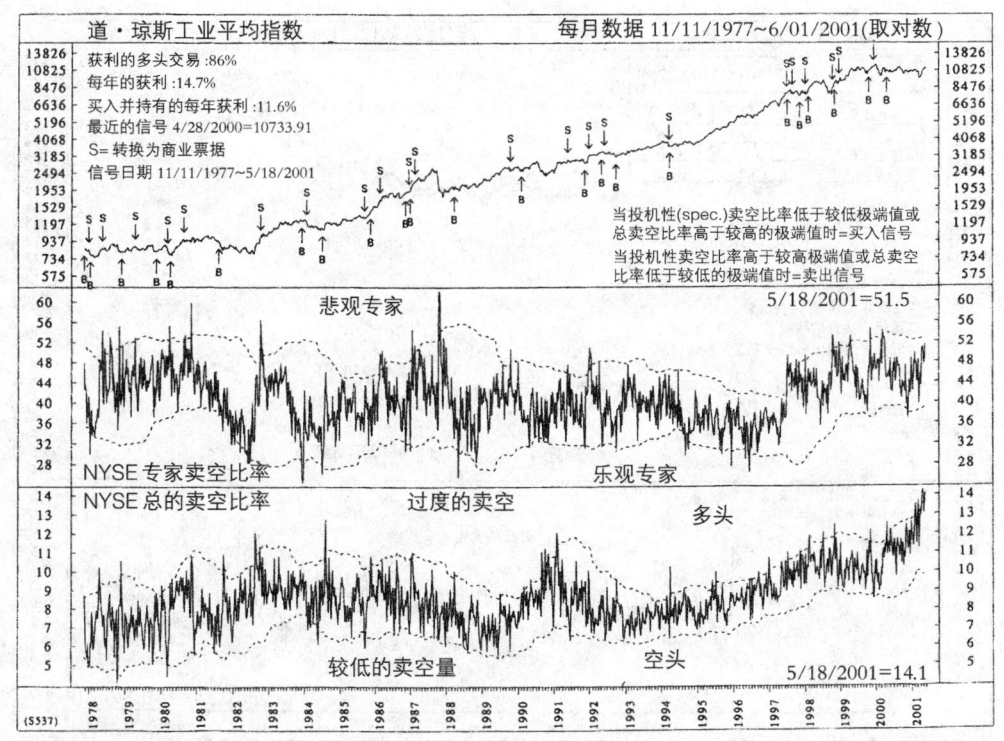

走势图 26-3 道·琼斯工业平均指数专家交易者与 NYSE 的卖空总量，1978~2001 年

（资料来源：内德·戴维斯研究所）

为大量卖空股票代表市场弥漫着一种空头情绪，反之亦然。经过多年的研究，技术分析师发现，空头余额与前一个月的日平均成交量之间的比率，比空头余额本身所提供的信号更为可靠。历史上，当该项比率的数值达到甚至超过 1.8 时，就代表了一个多头信号。若空头余额比率小于 1，通常反映了市场此时被一致看好，从反向观点来看则反映出市场是处于空头行情。此外，如果卖空股票数量较少，由于回补的数量减少，因此导致潜在需求也相应减少。

不幸的是，自 1982 年以来，该项指标显示出明显的多头偏好，数值经常维持在 2.0 以上。因此，它没有提前预测出 1983~1984 年的空头行情与 1987 年的大崩盘。出现这种扭曲可能是因为期权与期货交易的日趋普及，而后者出于套期保值的目的增加了卖空数量，但却与多头或空头人气无关。因此，该项指标不可能恢复其以往的功效。走势图 26-4 的上半部分显示了用 12 个月平均日成交量来代替平均月成交量计算得到的该项比率走势。从中可看出近来的失真是非常明显的。图的下半部分给出一个更为适合的指标，即利用年空头余额比率减去其 16 个月移动平均值。

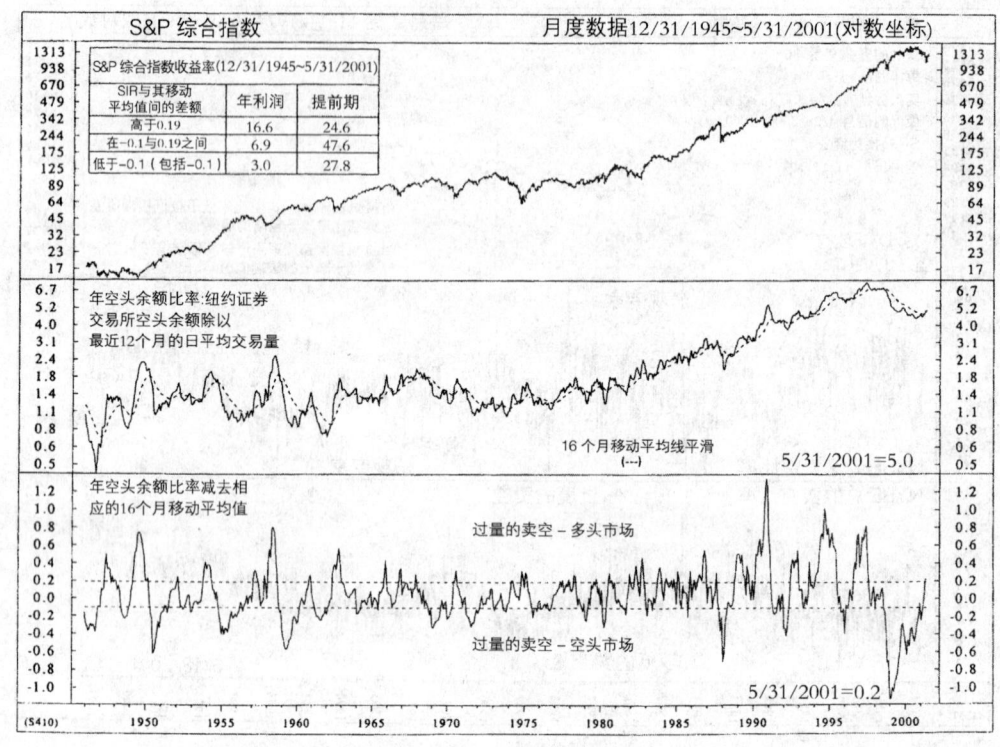

走势图 26-4　S&P 综合指数与两个空头余额比率，1945~2001 年

（资料来源：内德·戴维斯研究所）

内幕人员交易（Insider Trading）

　　控股比率超过 5% 的公司股东与可获得重要信息的公司主管或其他职员，在进行股票交易时必须在 10 日内向证券与交易委员会（SEC）申请备案。整体而言，这些"内幕人员"的决策通常是正确的，在行情看涨时倾向于大量卖出，反之亦然。走势图 26-5 的下方给出了内幕人员每周卖出/买入比率的 5 周移动平均线。从图上可看出，随着价格的上涨，内幕人员加快抛售股票。当该项比率连续上升数个月或更长，然后开始发生趋势反转时，就意味着市场到达峰位。在这种情况下，当该项比率上升超过 70% 以后开始逆转，通常代表大盘下跌的信号。然而，内幕人员可能行动过早，图中的虚线表明在大盘下跌之前，内幕人员非常有必要经历几次反向背离。正因为此，该指标应作为背景因素而并非精确的预测信号来使用。

第二十六章 人气指标

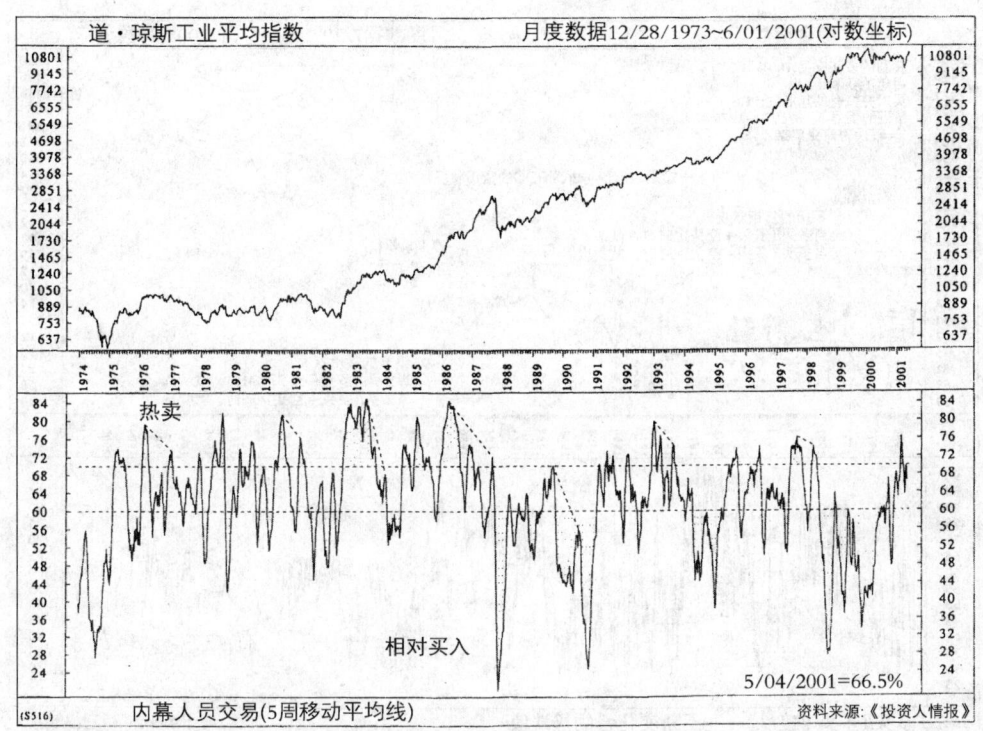

走势图26-5 道·琼斯工业平均指数及内幕人员卖出/买入比率

（资料来源：内德·戴维斯研究所）

反之，该项比率下降至60%以下，通常表示大盘已经探底，指数不会再降。然而，当比率跌至40%以下开始逆转，则预示着新一轮涨势即将到来。

咨询服务出版物（Advisory Service）

自1963年以来，《投资人情报》一直汇集咨询人员关于市场动态的公开评论。我们可能认为，市场咨询人员是一群消息灵通的专业人士，他们应该在市场头部建议投资者卖出，而在市场底部建议买入。但证据显示，整体而言咨询服务人员的行为方式，从整体上讲，与一般公众完全一致，因此它可以作为一个非常好的反向观点指标。

走势图26-6描绘出咨询人员中持多头看法所占比率的走势，从图中可看出，该指标的走势与股价的变动非常接近，即在市场头部投资者多数看涨，而在市场底

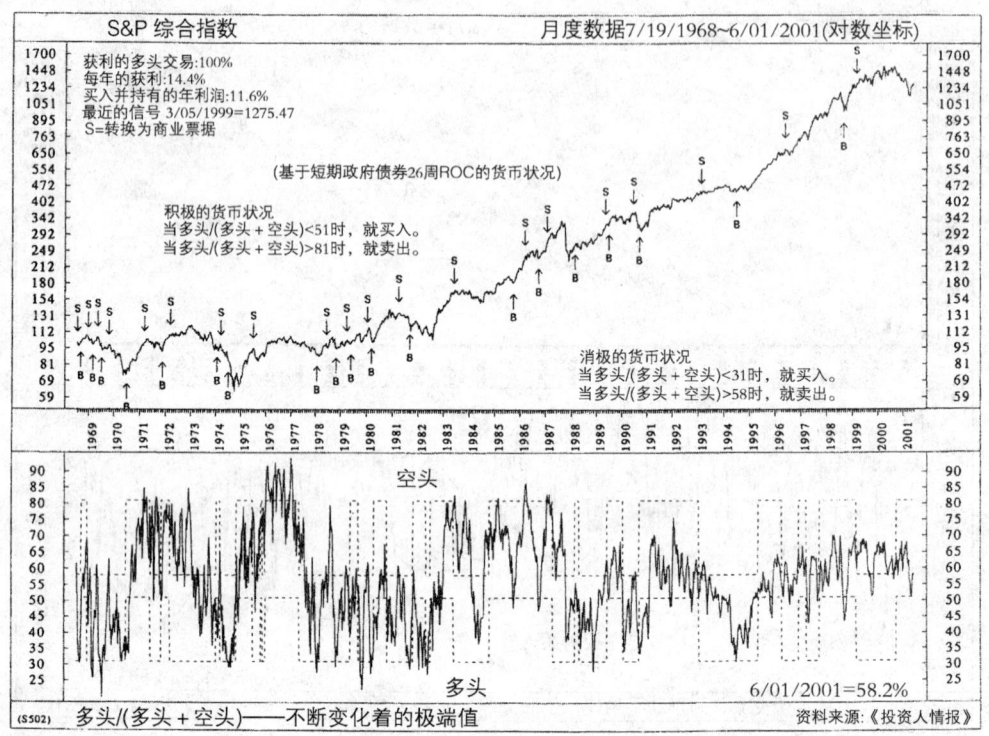

走势图 26-6 S&P 综合指数与咨询服务者人气指标，1968～2001 年

（资料来源：内德·戴维斯研究所/《投资人情报》）

部悲观情绪占优。因此，投资者将发现，持与咨询从业者完全相反的立场时，获利的机会就会比较大。

　　该指标在说明市场心理是如何从过度悲观转变为过度乐观方面表现不错。例如，在 1968 年初的市场底部，几乎所有的咨询人员都持空头看法。然而，随着价格的上涨，他们的看法逐渐变得乐观，并且在市场峰位完全持多头看法。在 1973～1974 年的空头行情中，该指数也发挥了非常重要的作用。在 1973 年大盘经历了两波大跌，但该指数却从未跌至与市场底部相一致的 30% 的极端水平。

　　每当咨询服务人气指标（Advisory Services Sentiment Indicator）跌破低位虚线而向上回升时，通常就代表着重要的买入信号。而在市场头部，当该指数跌至高位虚线以下，往往代表着绝对可靠的卖出信号。

　　与上图相对应，走势图 26-7 描绘出持空头看法的咨询人员所占比率。值得注意的是，对该指标进行了倒置处理以便对应于股价的变动。同时，我们发现咨询服

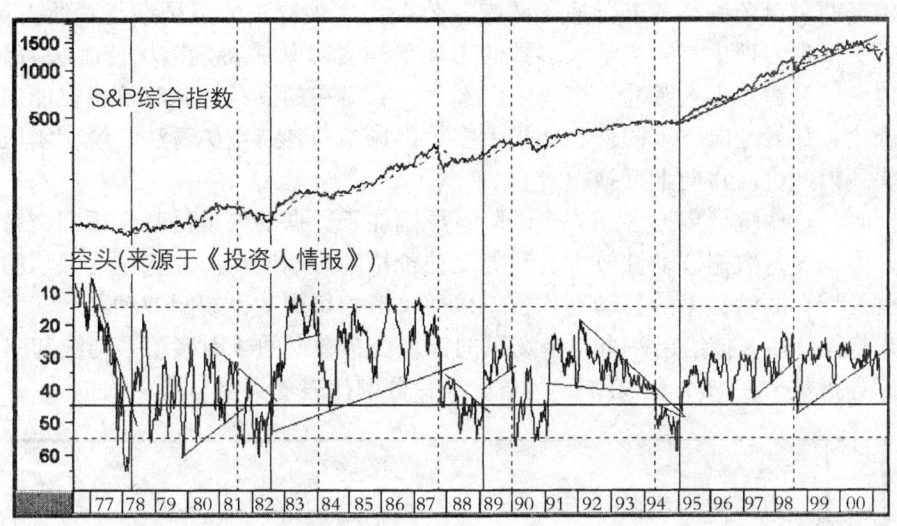

走势图26-7 S&P综合指数与咨询服务看空人气指标，1976~2001年

（资料来源：《投资人情报》）

务人气指标也发生背离现象。例如，在1982年的市场谷底与1987年的市场峰位出现之前，咨询服务人气指标出现了背离现象。

> **主要的技术准则** 在识别重要的大盘反转时，人气指标的趋势也是非常重要的〔我们在一些基本面指标，例如价格收益比（P/E）诸如此类指标中也可发现类似准则〕。

走势图26-7给出许多样本可用来构造人气指标的趋势线。当人气指标背离该趋势线时，就表示一个趋势反转信号。图中的垂直虚线代表卖出信号，而垂直实线则代表买入信号。总的来说，买入信号对市场底部反应较为灵敏，而卖出信号的反应则相对迟钝。

市场风向标与债券市场人气

期货市场也公布相应的人气指标。其中，《市场风向标》公布的数据最受欢迎，该机构定期对市场参与者进行抽样调查，公布持多头看法的市场参与者所占比率。该指标所依据的理论是：当绝大多数的市场参与者对某一特定市场持多头看法时，说明他们已经建立多头头寸，市场中已经很少有潜在的买盘，此时价格仅能向一个方向变化，那就是向下。同理，如果大多数市场参与者持空头看法，说明卖压已到达尽头，因此价格将向上反弹。

同时，这些统计数据存在一个缺陷，原因在于数据的获得是基于短期交易者的看法，因此这些数据波动性较大，仅能反映价格的短期变动。克服这一缺陷的方法之一就是计算原始数据的移动平均值，以便平滑掉每周的不规则波动。

走势图 26-8 描绘出一个《市场风向标》公布数据的 4 周移动平均线与一个长期国库券指数。在 70% 和 30% 的两条虚线，分别代表着买空与卖空状态。

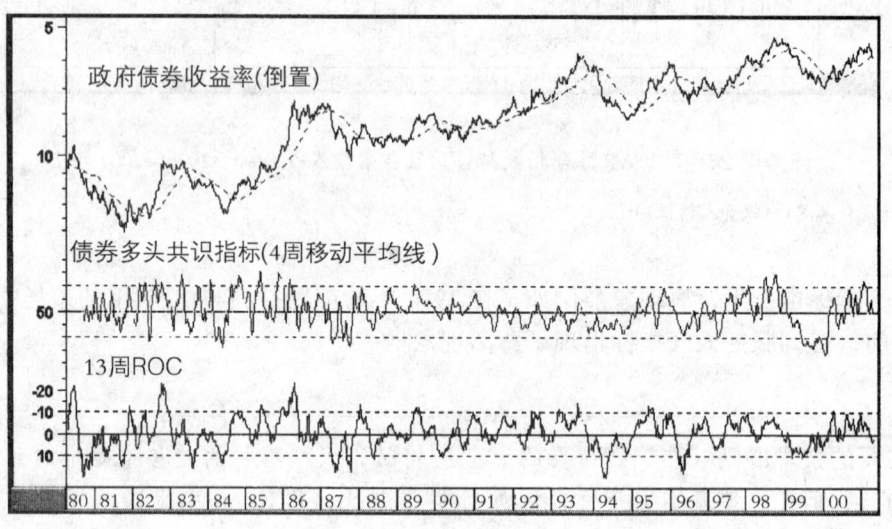

走势图 26-8　政府债券收益率及债券人气指标与动能指标，1980～2001 年

（资料来源：www.pring.com/Market Vane）

当所公布的百分率指标，也称为多头共识指标（Bullish Consensus），向上穿越 70% 的标示水准，然后再回转向下朝 50% 标示处穿越时，代表着重要的卖出信号。反之，当多头共识指标读数向下跌破 30% 的标示水准，然后再回转向上穿越该水准（低位虚线）时，通常代表着适时的买入信号。用上述方法来分析指标数据的最大不足在于，当大盘出现持续性走势时，经常会产生过早的买入与卖出信号。以 1986 年 1 月为例，该指标向上穿越 70% 后回转向下穿越该水准时，产生一个卖出信号，而债券价格却大幅上升，并成为 1984～1986 年期间最具爆炸性的一段涨势。此外，该指标在 1987 年的春天发出买入信号时，债券价格确实出现小幅回升，但

紧接着却发生急剧下滑。与此同时，在1982年底与1984年初也过早发出过类似的卖出与买入信号。以上这些不足表明，为了得到更为稳定的结果，多头共识指标在运用上必须结合其他技术指标。

在逆趋势变化中，多头共识指标的极端值往往会发出相当及时的信号。例如，在1984年初的空头行情中，当该指标达到多头极端值时，当时的反弹走势吸引了大量的多头方，推动该指标读数穿越70%的水准，但当该指标回转向下穿越该水准时，价格开始下跌。同理，在多头行情中，指标达到空头极端值时，通常代表着主要的买入机会。1987年春天所发生的就是一个较为典型的范例，当时该指标读数跌破30%后再向上反弹穿越该水准。因此，了解当时主要趋势的走势，是识别重要转折点的必备条件。

结合人气与动能指标

及早识别趋势反转的一个有效方法，就是将人气指标与动能指标结合为一种指标。我们将平滑后的多头共识指标数据与用8周移动平均线平滑过的雷曼债券指数（Lehman Bond Index）的13周ROC结合起来，得到的指标显示在走势图26-9中。

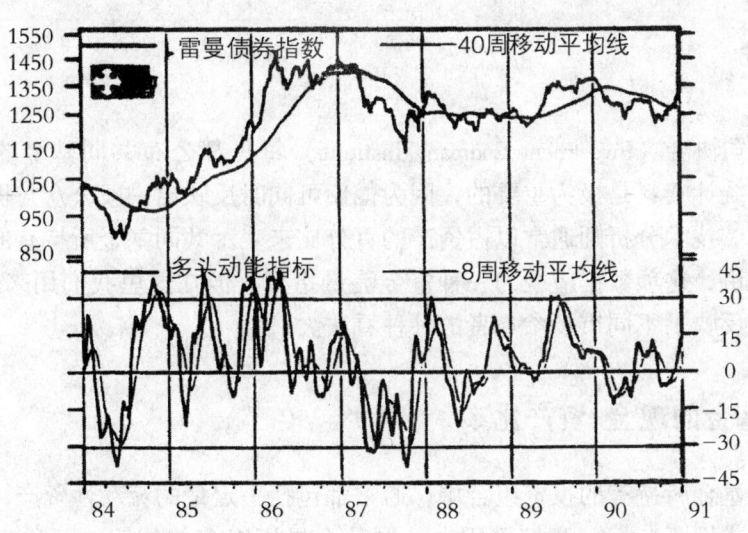

走势图26-9 雷曼债券指数与债券人气指标，1984~1989年

(资料来源：www.pring.com/Market Vane)

当多头动能指标穿越超卖或超买区域，然后朝零线方向回转穿越时，分别代表着买入与卖出信号。除1986年初的情况之外，在1984~1990年期间（图中所包含的时期）的每一个卖出信号发出之后，债券市场都会出现相当长的修正走势，表现形式要么是大幅下跌，要么是长时期的平台整理。

在有些情况下，当多头共识指标读数进入极端区域，而价格动能指标却未出现类似走势来加以确认时，这往往暗示着趋势反转即将出现。这一现象显然违背了一般规则：即惟有价格大幅上扬，才能吸引多头方；而惟有价格大幅下跌，才能吸引空头方。

以走势图26-8为例来加以说明，在1982年年中，人气指标读数进入空头极端区域，但价格动能指标却几乎没有下降。而1986年的情况则恰好相反：人气指标进入多头极端区域，但价格动能却几乎没有上升。这类矛盾现象不经常发生，但一旦发生就表示极有可能出现重要的趋势反转。

一般情况下，价格（动能）上升将吸引多头方进场，而价格（动能）下降将诱惑空头方离场。然而，如果人气指标读数进入极端区域，而价格动能指标却没有作出类似反应来加以确认时，就表示市场的乐观或悲观看法是错误的，因此必须作出相应的价格调整。

共同基金

投资公司协会（Investment Company Institute）每月都公布共同基金的有关数据资料。这些统计资料是极为重要的，因为他们可同时反映出一般公众与机构投资者的行为活动。技术分析师通常以占资产的百分比来表示共同基金所持有的现金。从某种意义上讲，这项数据应视为一种资金流量指标，但在这里我们用来度量人气，因为他们也反映了不同市场参与者的种种看法。

共同基金的现金/资产比率

在共同基金所持有的投资组合中，通常都包括一定量的流动性资产，以备客户的现金提取或投资赎回。我们可用占共同基金投资组合总值（可称为总资产价值）的百分比来表示共同基金所持有的现金头寸（参见走势图26-10），这样可得到一个非常有用的指标。该指标与股票市场的走势恰好方向相反，这是因为当股票价格下跌时，共同基金所持有的现金比例会上升；反之亦然。这一特征可归结为3方面的原因。第一，在下跌行情中，共同基金的投资组合价值会随之下降，此时即

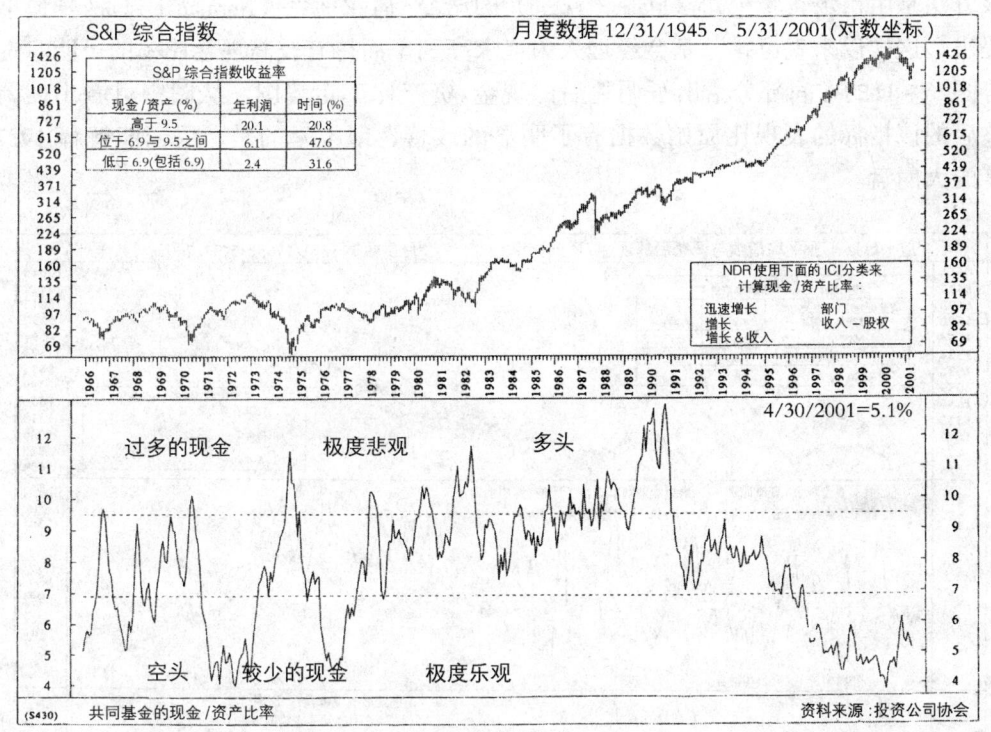

走势图 26－10 S&P 综合指数及共同基金的现金/资产比率，1966～2001 年

（资料来源：内德·戴维斯研究所）

使没有新的现金流入，现金部分所占比例也会自动上升。第二，随着股价的下跌，共同基金在做买入决策时将变得更为谨慎，因为他们看到创造资本利得的机会正在逐渐减少。第三，在下跌行情中，为便于应对公众大规模的赎回，基金通常会提高现金储备所占比例。而在上涨行情中，情况恰好相反，价格的上涨会使现金比例自动下降，基金的销售量会随之上升，此时基金经理人在巨大的业绩压力下会充分投资于多头市场。

上述分析方法的一个不足之处在于，在 1978～1990 年期间，共同基金的现金比例大体上都维持在 9.5% 以上，因此在这段时期内它未能发挥作为一个预测指标的有效作用。尽管在这段时期内市场确实一直处于上升趋势，但该指标的波动却未能预测出主要的跌势，例如 1980 年与 1981～1982 年的空头行情，更不用说 1987 年的大崩盘。

上述问题的一个解决途径就是将共同基金的现金百分率减去当时的短期利率，

该方法是由市场逻辑公司（Market Logic）的诺曼·福兹别克（Norman Fosback）最早提出。这样以来就可排除基金经理人为追求高利率而持有较高现金比率的可能。走势图26-11的中间部分给出了调整后的现金/资产比率走势图，从图中可看出，调整后的该指标的表现比原始数据有了明显的改善，但不幸的是，仍未能解释1987年的大崩盘。

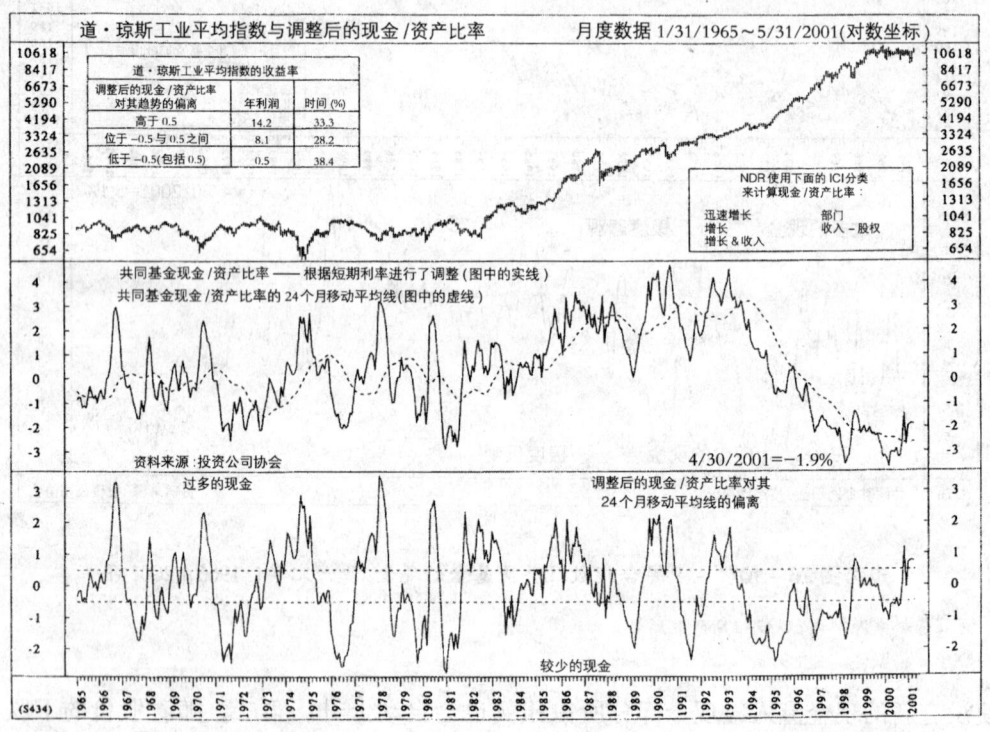

走势图 26-11 道·琼斯工业平均指数及两个共同基金现金/资产比率，1965～2001年

（资料来源：内德·戴维斯研究所）

于是，内德·戴维斯研究所提出了另外一种解决方法，将基金的转换现金与基金经理人持有的现金之和与基金总资产进行比较，得到一个相对比率指标。该项指标也可根据利率进行调整，所得到的结果最为理想。在走势图26-12中，当该指标穿越上侧的虚线时，代表买入信号（图中的B标示处）；而向下穿越低位虚线时，代表卖出信号（图中的S标示处）。

第二十六章 人气指标

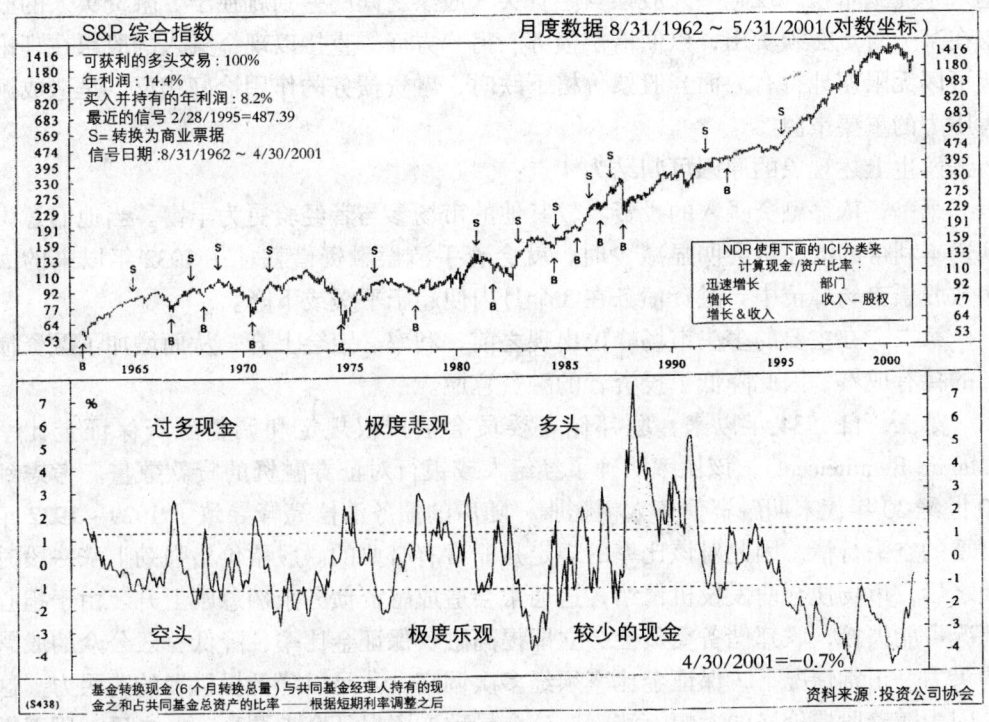

走势图 26-12　S&P 综合指数及一个基金转换现金/资产比率，1965～2001 年

（资料来源：内德·戴维斯研究所）

融资债务

融资债务（Margin Debt）的趋势可能更适合归类为现金流量指标，但考虑到融资债务的趋势与本身的水平值也可以反映投资者的信心，因此我们在本节中来讨论该指标。

融资债务是以证券作为抵押，从经纪人或银行借入的资金。这笔款项通常用来购买股票。在典型的股票市场周期初始，融资债务相对偏低；当股价到达底部之后不久，它才开始上升。随着股价的上升，融资交易者会越来越有信心，进一步增加融资以便持有更多的股票头寸。

在长期的上升趋势中，融资债务是股票市场重要的资金来源。在 1974～1987 年期间，融资债务量几乎增加近 10 倍这一事实就充分显示出这一因素的重要性正越来越受到重视。现金买入股票与融资买入股票之间的差别就在于,融资买入的股票在某一时点必须卖出,以便清偿债务。另一方面,直接以现金买入的股票在理论上可以无限期地持有。而当股票价格下跌时,融资债务的作用恰好相反,是造成抛售压力的重要来源。

发生上述现象的原因可归结为 4 点:

第一,依靠融资买入的投资者较其他的市场参与者经验更为丰富。当他们意识到资本利得的潜在机会明显减少时,就会着手清偿融资借款。在 1932 年以来的大多数股票市场峰位中,融资债务在 3 个月内便趋于平缓或下降。

第二,在主要的多头市场峰位出现之前,利率必定会上升,从而增加了融资债务的持有成本,因此降低了投资者的融资意愿。

第三,自 1934 年以来,联邦储备委员会被授权规定和调整融资保证金比率(Margin Requirement),该比率明确了经纪人或银行对证券融资的贷款数量。考虑到 20 世纪 20 年代末期融资债务大幅膨胀,随后的债务清偿高峰导致了 1929~1932 年严重的空头行情,因此对该比率的规定是非常有必要的。股票价格强劲上涨一段时期之后,市场便会萌发投机情绪,这通常会造成融资债务余额急剧上升。由于担心情况可能失控,联邦储备委员会会立即提高融资保证金比率,降低一般公众的股票购买力。正常情况下,保证金比率须经多次调高,才足以降低投机者的购买力。这是因为随着股票价格的大幅上涨——这会导致融资保证金被调高——之后,用于抵押的证券价值通常也会随之增加,这最初会足以抵消保证金比率提高的影响。

第四,随着股票价格的下跌,融资时用于抵押的证券价值也会随之下降。此时,融资投机者面临着两难选择:要么追缴现金,要么卖出股票以清偿债务。最初,保证金催付过程是非常有序的,因为大多数交易者在价格刚开始下跌时,仍有充足的抵押品来缓冲,而那些保证金不足的交易者通常会追加抵押品或补缴现金。然而,随着空头行情的到来,价格急剧下滑,融资交易者不愿或没有能力再追缴抵押品或现金,从而引发了保证金催付通知的蜂拥而至,给市场造成极大的抛售压力。此时市场将出现不考虑价格而急于变现的走势。这种被迫清偿与价格下跌之间的恶性循环将一直持续下去,直至融资债务余额下降到一个较为合理的水平。

大多数人都认为融资债务余额本身是一个最为重要的统计指标。事实上,债务余额越高,随着这一数字的下降,市场就越脆弱。同时,债务余额相对于市场未偿付总股本的比率可能是一个更为适合的统计指标,因此,市场的脆弱性也可有一个更为相称的表示方式。然而,债务余额的趋势才是真正至关重要的,这是因为趋势反转可预测出交易者的情绪是充满自信(愿意承担更多的债务)还是过度悲观(立即清偿债务)。有鉴于此,用 12 个月 EMA 对融资债务余额指标进行平滑处理。走势图 26-13 给出了融资债务余额指标及其 12 个月 EMA。图中 EMA 的穿越信号可用来确认主要的趋势反转。

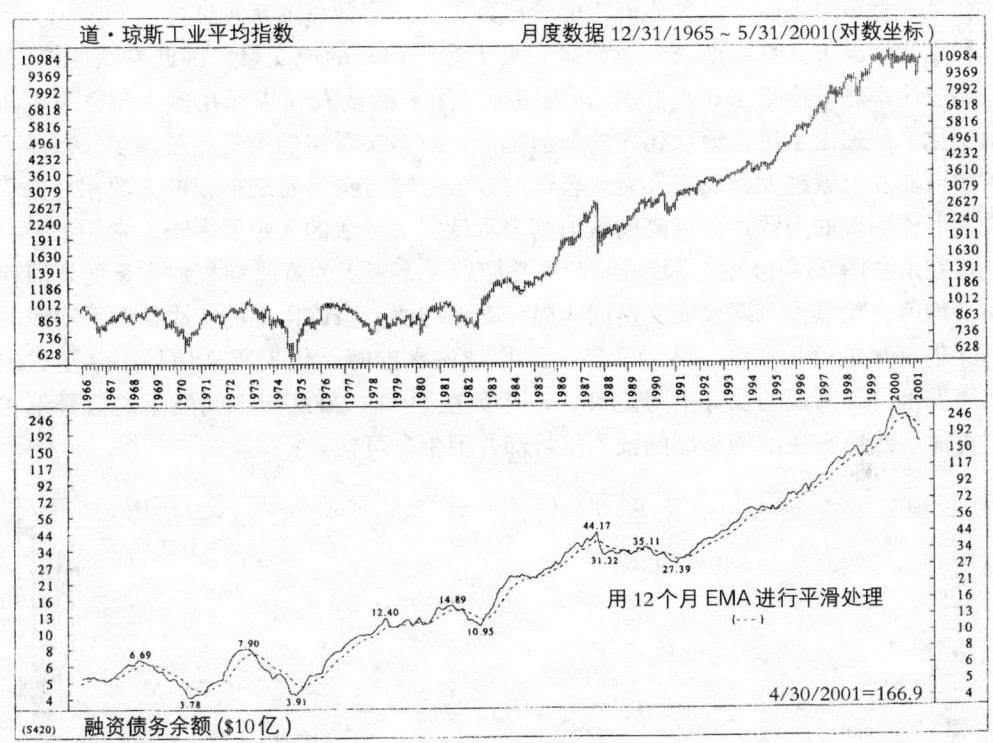

走势图 26-13 道·琼斯工业平均指数及融资债务余额指标，1966~2001年

（资料来源：内德·戴维斯研究所）

看跌期权/看涨期权比率（Put/Call Ratio）

基于卖空数据资料而设计的人气指标，近几年来似乎受到明显的扭曲，一方面可能在于期权挂牌交易的引入。从另一个角度来说，期权本身可用来构建新的人气指标，它们的表现虽然远非完美，但还是具有一定的参考价值。

在根据期权所设计的所有指标中，看跌期权（Put）成交量相对于看涨期权（Call）成交量的比率可能是最受重视的一项指标。其中看跌期权赋予投资者或交易者在某一特定时期内，以预先确定的价格，卖出一定量特定证券的权利。换言之，看跌期权的持有者确信基础资产价格将会下降。这也属于一种卖空形式，只不过持有者的最大损失是看跌期权成本（而直接卖空证券的风险在理论上是无限的）。

另一方面，看涨期权的持有者确信基础资产价格将会上升。该期权的持有者有权在某一特定时期内，以预先确定的价格，买入一定数量的某种证券。

正常情况下，看涨期权的成交量会大于看跌期权的成交量，因此看跌期权/看涨期权比率总是小于1.0或100。该项指标可用来衡量人气指标在多头与空头之间的变化。从理论上讲，该项比率的数值越低，持多头看法的投资者就越多，行情下跌的可能性也就越大，反之亦然。较低的数值意味着买入看跌期权的人数相对少于买入看涨期权的人数；而较高的数值则表示持空头看法的人数要多于正常的水平。

在走势图26-14中，看跌期权/看涨期权比率表示为看跌期权成交量的4周移动平均值，除以看涨期权成交量的4周移动平均值。当该比率的4周移动平均线向上穿越69%的标示水准，然后回转向下穿越该水准时，代表买入信号。除在2000年底发出一个错误的强势信号之外，该指标在1993~2000年期间发出的信号都相当可靠。然而它在市场头部的预测信号却并不十分可信。

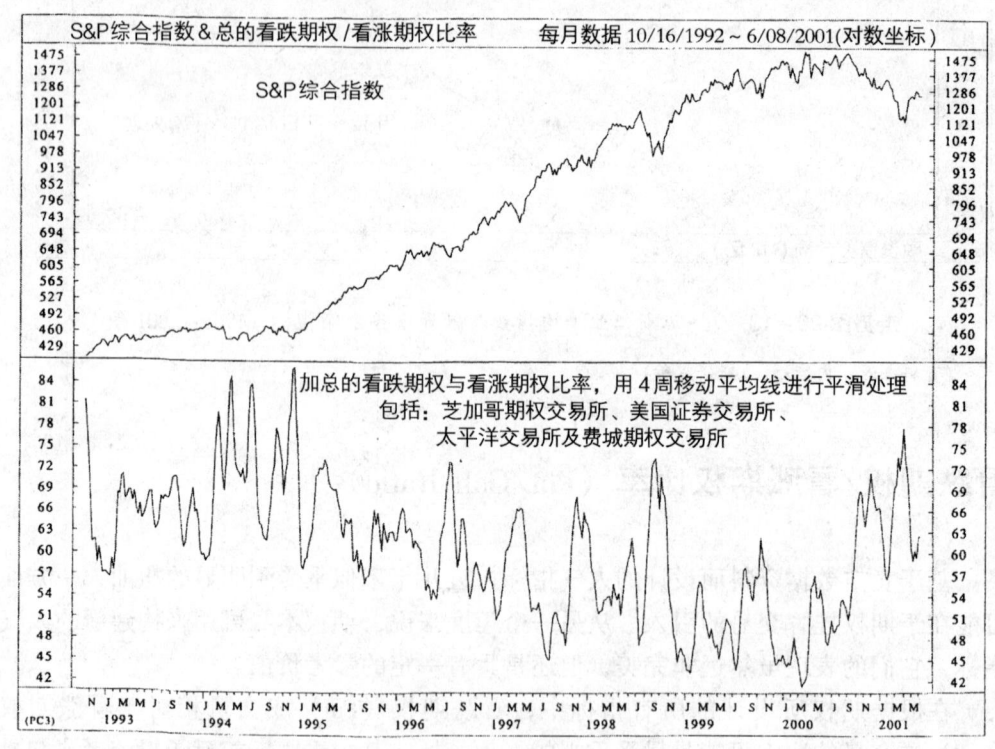

走势图26-14　S&P综合指数及一个看跌期权/看涨期权比率，1993~2001年

（资料来源：内德·戴维斯研究所）

第二十六章 人气指标

倒置的收益率动能

过去，只要 S&P 综合指数的股息收益率低于 3%，就表示投资者正在超买股票，预示着一个空头行情即将到来。然而在 20 世纪 90 年代中期，收益率开始下滑，最终跌至大约 1%，远远超出以前 2.7% 左右的记录。这一事实完全推翻了过去我们所认可的：收益率是一个很好的价值评估指标和人气指标。它同时也进一步证实了：任何指标的趋势与其本身的水平值是同等重要的。

当股息收益率从大约 3% 的多头极端区域摆荡至 5% 或 6% 的空头极端区域时，意味着市场心理发生了变化。如果投资者愿意接受较小的 3%，表明他们充满自信；但如果投资者要求 5% 或 6% 的收益率，则表明他们非常担忧，因为较高的收益率反映出投资者的悲观情绪，因此他们要求较高的当期收益以弥补潜在的风险增加。走势图 26-15 描绘出收益率动能指标的走势。在图中，对收益率的 24 个月期 ROC 进行了倒置处理，以便与股价的变动相一致。因此，股息收益率摆荡指标的走势可以更为精确地刻画出市场的主要心理变动。

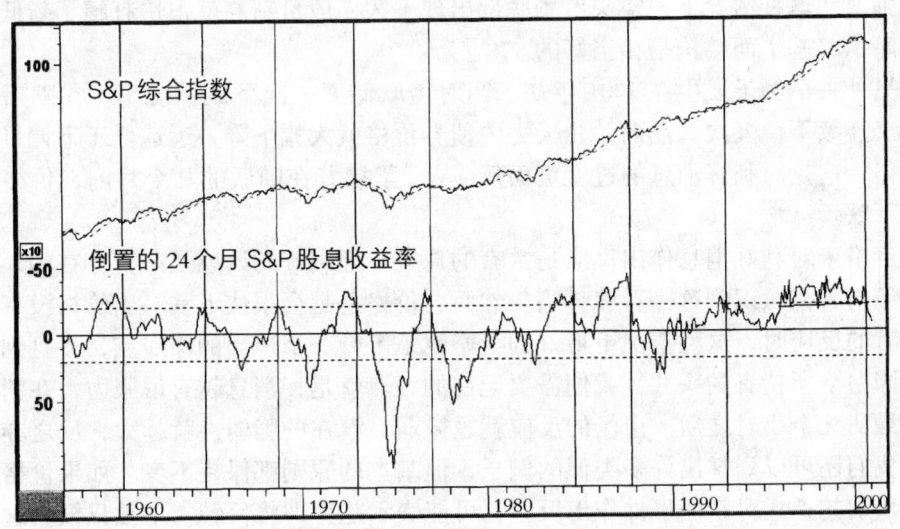

走势图 26-15 S&P 综合指数及股息收益率动能指标（倒置），1957~2001 年

（资料来源：www.pring.com）

在走势图 26-15 中，垂线表明股息收益率摆荡指标从超买状态反转，并朝其

均衡点移动，这通常与某种看空行情联系在一起。当情况恰好相反时，正是买入的最佳时机。买空与卖空状态分别位于图中 + 20% 与 – 20% 标示处。

市场对于新闻的反应

用来评估市场人气的另一个非常重要（尽管还不十分精确）的方法就是，观察市场对新闻事件的反应，尤其是意外的事件。这是一个非常有用的做法，因为市场是向前看的，会将所有可预期的事件都反映到价格结构中去。如果一项通常会影响价格的新闻事件并没有造成预期的影响，说明所有的新闻，无论是利好或利空的，都已经反映到价格中去了。

一个典型的例子发生在 1988 年底，当时一些重大的内幕交易丑闻逐渐开始曝光，最先是对大卫·莱文（David Levine）与伊凡·波斯基（Ivan Boesky）的控诉。在正常情况下，预期市场会下跌，但当时的股票市场在短暂停顿之后，开始大幅上升。

1978 年春，美国宣布调高贴现率，这本应造成股价下跌，但实际上市场却带量反弹。在这种情况下，空头市场底部出现不久，股价新高就很快赶超了新低这一事实暗示着基本面结构是相当好的。

另外一个例子发生在 2001 年初，当时美联储第一次下调贴现率，在随后的时间里又连续下调多次。然而，几天之内债券价格就大幅下降，远远低于下调日的交易价格。这是对利好消息的过度负面反应[①]。紧接着在随后的几个月内，价格继续大幅下跌。

价格未对利好消息作出反应是常有的现象，但利好的诱惑是一直存在的，直到市场参与者都意识到这一看涨势头。然而，价格总是会很快下跌。当价格没有作出其应有的反应时，这种情况下最好的策略就是等待一个适当的停滞点，一旦到达该点立即抛空所持有的头寸。我们需要记住的一点就是，消息越有说服力，在消息公布的最初几个小时之后，市场的反应就越微弱，潜在的脆弱性就越大，反之亦然。

我们还可以列举出许多类似的例子，但基本的原则都保持不变。如果价格没有按照预期的方式对新闻事件作出反应，可能表示趋势即将反转。单独只根据这一因素所作出的判断可能过于主观，但如果在使用时配合其他技术指标，将会发挥更大的作用。

---

① 负面反应是指对于利好消息，价格本应大幅上升，但实际上却大幅下跌——译注。

第二十六章 人气指标

小 结

- 人气指标是对前面几章所描述的趋势确定技术的有益补充。它们应该用来评估一般公众的看法,并以此来拟定一个相反的操作方案。
- 由于许多人气指标都会受到结构性变化的影响,因此我们应从整体角度来考虑,而不单单局限于其中的一两个指标。

第二十七章
技术分析在反向理论中的应用

"对于呈现组织化或具有心理特征的大众而言,其特征是他们将会保持精神上的一致性。因受情感的影响,构成大众的每个个体则丧失了自我的洞察力,而随时准备按照低水平的大众思维来统一行事。"

——托马斯·T. 霍伊尔(Thomas Templeton Hoyle)

反向思维的概念

汉弗莱·尼尔(Humphrey Neil)运用自己的思想和经验,并结合查尔斯·麦肯(Charles Mackay)[《大众的错觉》,*Popular Illusions*]、古斯塔夫斯·李·波恩[Gustav Le Bon,《大众》,*The Crowd*]等人的著作以及加布里埃尔·塔登(Gabriel Tarde)的思想,创立了反向理论。如今,这一理论被广泛理解为:由于"大众"在主要的市场转折点往往是错误的,因此惟一的选择就是做一名反向投资者。不幸的是,当某一观念或理论越来越普及时,其基本思想经常会被扭曲。这意味着对于那些只从表面意义来运用该理论,而并未深究尼尔及其他研究者著作的人来说,将会处于危险的境地。尼尔已经指出,大众在大多数情况下实际上是正确的,而仅仅在主要的市场转折点处会出错,而后一点才是尼尔思想的核心所在。

某一观点一旦在形成后,就会被大多数人所效仿,直至几乎所有人都认为它是正确的,正如尼尔所指出的:

当每一个人的想法都类似时,每个人都有可能是错误的。当大多数人都倾向于采用某一观念时,在情感支配下,他们往往会处于危险的边缘。当人们停止深入思考(再一次强调),那么所作出的决策就会是很相似的。

之所以特意强调"思考"一词，是因为运用相反观点更像是一门艺术而并非是科学。如果想成为一名真正的反向投资者（contrarian），就需要刻苦钻研、有耐心、有创造性，且勤于实践。务必要记住一点，即不存在两个完全相同的市场情形，尽管历史有可能重演，但很少会是完全相同的。事实上，反向理论并不能简单地等同于："既然其他人都看空，因此我就应当看多。"

关于反向理论的最佳解释也许来自于已故的约翰·舒尔兹（John Schultz），他在发表于1987年股市大崩盘前夕《巴隆》杂志上的一篇文章中写道：

> 反向投资的核心思想并不是指大多数人的观点，即传统的或已经被接受的，总是错误的，而是指，当传统观点的基本前提已失去其最初的有效性，那么这些观点就倾向演变为教条，并逐步导致市场出现越来越严重的错误定价。

此处必须要强调以下3个词，它们包含了形成反向观点的3个必备条件。首先，最初的观点演变成为教条（dogma）。其次，最初的观点失去了有效性（validity），致使一个或一系列新因素开始发挥作用。最后，大众走向了极端，这一点可以通过市场整体的价值高估（overvaluation）来反映。舒尔兹想要表达的意思是：在某一新趋势刚开始确立时，某些有远见的个人预期到，将会出现一个与正在被大多数人所推动的当前行情相反的走势。随后，随着价格的上升，其他人也将认为这一反向走势会出现。随着这一趋势的深化，更多人加入到这一阵营中来，价格的上涨以及价格上涨这一观点本身同时导致了此种情形的出现。最终，在每个人都将这一观点视为真理时，这一观点也就变成了教条。然而，所讨论的股票价值此时已被严重高估。即使价格未被高估，这一观点也丧失了其最初成立的前提条件，新的趋势也即将浮现。随着价格反转向下，所有那些信奉传统观念的投资者将会遭受严重的损失。

> **主要的技术准则**　一个好的反向投资者，不应当为了刻意追求反向而持有反向观点，而应该学会从反面来思考问题，创造性地形成与大众不同的观点。换言之，应该试图找出大众为何可能是错误的原因。

之所以形成上述趋势，是因为投资者在行动时倾向于和大众保持一致，并容易受大众思维的影响。倘若投资者不盲目跟从，自己进行判断，可能会作出更为理性的决策。例如，当看到股价在已经出现大幅上涨的情况下，又开始飞速上扬，即使你根据自身的经验推断出，股价不可能永远持续上涨，但你很难抵挡住这种诱惑，尤其是在股价从你当初认为已经处于不合理的高位处又经历明显的反弹之后。

在这种情况下，很难脱离当时的流行观念，而进行独立地思考。

大众为何是非理性的

尼尔论述到，有几个他称之为社会性的规则决定了大众心理，分别是：

1. 个体永远不会独立地作出各种行动，这一本能影响着大众心理。
2. 人们会自发地追随大众的观点（下一节说明为何很难持有相反的观点）。
3. 传染效应以及对少数人的模仿，使个人易于受到建议、命令、习惯以及感情诉求的影响。
4. 当形成群体后，人们将很少会独立地思考和怀疑，而只会盲目、冲动地追随那些被建议或者被断言的观点。

那么，为何大众在转折点处总是错误的呢？其原因就在于，当每个人都持有相同的多头观点时，将会导致只剩下极少的后续资金和极少的人来推动行情的继续上涨。同样原因，如果市场被错误定价，那么按照约翰·舒尔兹的观点，其他的投资工具将会变得更有吸引力。因此，毫不奇怪，资金会迅速地从定价过高的投资工具，流向定价更为合理的投资工具。

当然，相反的情形在下跌趋势中也是成立的。例如，当经济处于严重的衰退时，商业活动将快速萎缩，大量裁员和高失业率将会占据晚间的头条新闻。数年前就已开始的下跌行情，将会一直持续下去，整个态势似乎完全失控，并处于恶性循环中。当每个人都在看跌时，这就构成了反向投资者认为行情将会上涨的先决条件。也正是在此时，行情会发生反转。请记住，人们是理性的。当意识到经济状况将要转坏时，他们将会相应地调整其经营计划。各公司会采取降低库存、裁员以及偿还债务等行动。当这一点完成后，其盈亏平衡点将会下降，于是在经济发生转机时，其利润更可能出现增长。所有这些经济活动也意味着对信贷的需求会下降，因此，利率作为其价格也会下降。不断下降的利率促使消费者扩大消费，于是会形成新一轮的经济复苏。

正如尼尔所说："在金融史上，一个值得注意的现象是，当经济正处于衰退时，到处会笼罩着悲观气氛，而正是在此时，经济开始自我修复，随后将出现经济复苏。"

这一点对于股票市场也同样成立。如果投资者认为股价正处于一个持久下跌的行情中，那么没有人会愿意持有股票，他们自然会进行抛售。当所有的抛售都结束后，股价只能向一个方向变动，那就是上涨！此时，真正的反向投资者会认为，价格不会再下跌了，相反，可能会出现多头行情，同时，有关空头行情的假设也将不再成立了。

获知何时将会走向反面是整个过程的关键问题，因为常常远在发生市场转折点之前，大众的观点已经达到了极端。一些市场专业人士在 1928 年和 1999 年（对于网络股）就意识到市场已经处于失控的状态。在这两个年份，他们都推断股价已经被严重高估，并在此后一直持谨慎态度。他们都是正确的，但他们推断的时机却过早。经济走势的反转常常比较缓慢，同时对经济大好情形的狂热会使得股价远远高于其合理的定价，甚至会达到荒谬的非理性高度。从某种意义来看，大众心理也可以用长期摆荡指标形象化地反映，例如当 ROC 之类的长期摆荡指标达到了数十年所没有出现的异常高度。正常情形下，当该指标达到超买水平时，市场会出现反转，只有在很少情形下，该指标才可以达到极高的水平。走势图 27-1 中 NASDAQ 综合股指的走势就给出了一个例子。图下方的 18 个月 ROC 指标达到了前 20 年从未有的高度。实际上，它是过去 200 年内 S&P 综合指数所达到最高水平的两倍。

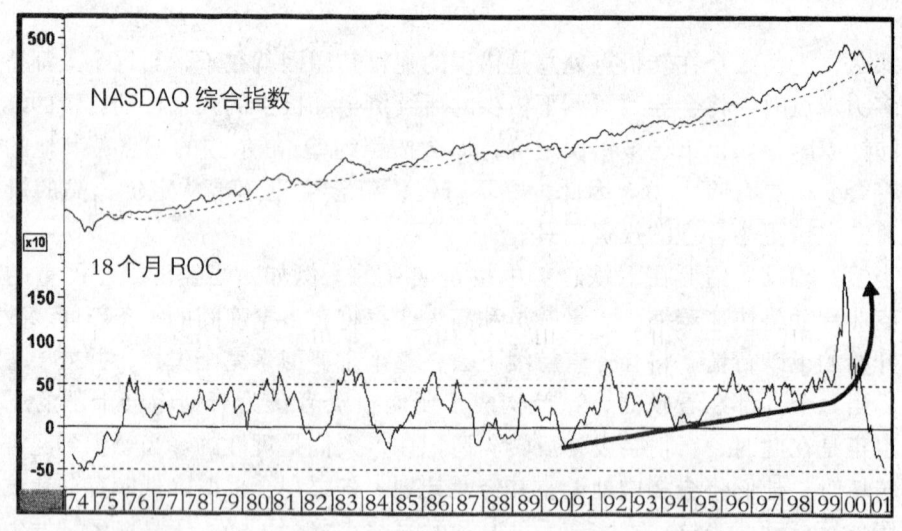

走势图 27-1　NASDAQ 综合指数及 18 个月 ROC，1974~2001 年

（资料来源：www.pring.com）

如果大众心理由根据价格构建的摆荡指标来反映，那么它可以达到不同的极端

第二十七章 技术分析在反向理论中的应用

水平。NASDAQ 指数在世纪之交的峰位、黄金市场在 1980 年的头部以及 1929 年股市的峰位都是极端水平的例子。然而，由于摆荡指标也可以由每日和每周数据来构建，因此形成反向观点就如同发现短期转折点。其差异在于，此时的投资心态远不如金融泡沫破裂前那样强烈而广泛。

> **主要的技术准则** 主要的转折点是在大众情绪处于异常极端的情形下出现的。短期和中期转折点则是在大众情绪处于较轻的程度下出现的。

记住以上这些论述，下面开始考察，在短期和长期走势中，可以揭示大众情绪处于极端情形的各种信号，然后讨论如何将技术分析的方法应用到这些情形中。

为何很难持有相反的观点

阅读和学习反向观点的形成是一回事，而在涉及切身利益时，将其真正运用到实际中则又是另一回事。

有以下几个原因，导致我们很难跟大多数人的观点背道而行。

1. 出于一致性的需要，使得我们很难持有与周围其他人相反的观点。
2. 如果价格正在快速上涨，而我们已经将有关空头的推理告知朋友，此时，我们不太可能继续持有相反的观点，以免受到嘲笑。
3. 当持有与大众相反的观点时，常常会受到不友善的待遇。
4. 从最近的行情推断，可以获得某种程度的心理安慰。
5. 接受所谓"专家"的观点，而缺乏对自身所作思考的信心，可以使人们获得某种程度的安全感。走势图 27-2 列出了几句由著名的市场人士对当时市场状况所作的评论，其中 3 位现在可能希望他们当时没有作过此类不当的评论。决不要忘记，对于大多数所谓的"专家"，其既得利益与其公开发表的观点是紧密相关的。
6. 我们总是倾向于认为存在即是合理。但是，美国入侵越南、苏联入侵阿富汗，以及恰恰在二次大战爆发前夕，内维尔·张伯伦所作的关于"我们时代和平"（peace-in-our-time）的著名演讲，这一系列事件使得我们应该重新考虑上述假设。

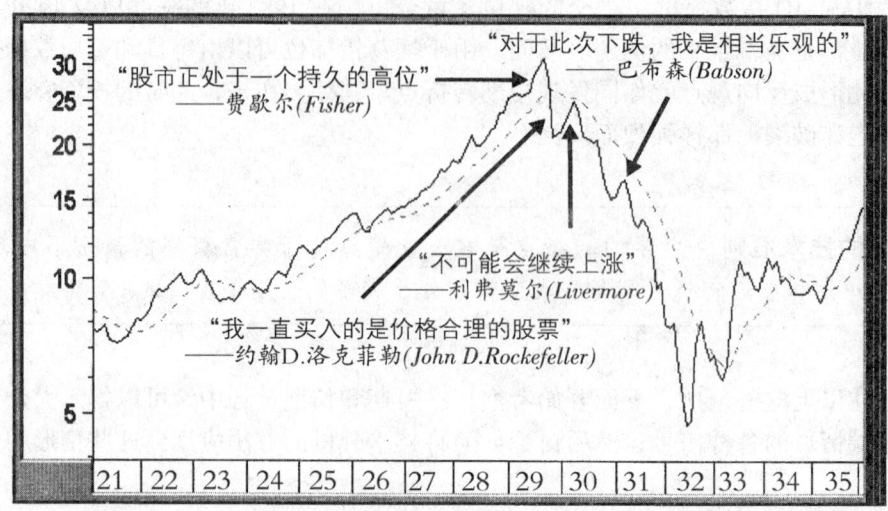

走势图 27-2　S&P 综合指数及相关市场评论，1921~1935 年

（资料来源：www.pring.com）

形成反向观点的 3 个步骤

1. 判定大众是如何认为的

第一步是试着确定大众对于整个市场或某一特定股票所持的一致观点。如果大众的观点没有过于极端，那便什么事也没有，因为我们只关心如何识别潜在的趋势反转，而这是在大众心理迅速倒向某一方向时发生的。需要记住的是，大众在某一趋势的形成过程中常常是正确的，只是在行情的转折点，他们几乎总是错误的。度量大多数市场参与者所持观点的一个方法，是参考前面章节所讨论过的人气指标，甚至还有摆荡指标。大多数情形下，这些指标不能向我们显示太多的信息，但是，一旦它们达到极端水平，就会发出一个强烈的信号。另一种方法是关注股票的定价。如果处于可接受的水平，那么将会平安无事，但是，如果处于极端水平，这将为我们确定大众的观点提供了一个有用的线索。

此外，研究媒体报道，特别是金融报道，也可以显示大众是如何认为的。如果没有出现一致的观点，那么此时就不太可能处于极端情形，因此，也就不能合理地采取行动。

然而，当所有方法都越来越清楚地显示出一致的观点正在形成，并且这种一致

第二十七章 技术分析在反向理论中的应用

性正在被教条化时,此刻就应开始以反向的观点进行思考,这就涉及第二个步骤。

2. 形成相反的观点

此时,我们已经了解了大众的观点,接下来真正的反向投资者应该合理地推理为何这些观点很有可能是错误的。实际上,我们此时必须放弃大众的观点,并从反向来进行考虑。这一过程需要对所关注的市场有所了解。例如,走势图27-3显示黄金市场在1980年处于其长期的峰位。当时,黄金市场已经从其1968年的低点不断上涨,直至其报价定期地出现在晚间新闻中。1979年底,似乎大多数人都认为通货膨胀将会发生,黄金价格将会持续上涨。然而,真正的反向投资者应该已经意识到,由于短期利率的不断上升将会导致经济衰退,因此通货膨胀将会孕育其反面,即通货紧缩,同时,高的黄金价格将会导致更多的开采活动,以及运用更好的技术来有效地开采那些需要更高成本的矿床。技术分析也可再一次提供帮助,如走势图27-3所示,黄金价格的12个月ROC指标创下了数十年的高点。白银价格在该段时间内也巨幅上涨,从很低的价格一直涨至50美元以上。当时大家所谈论的也是关于邦克尔·亨特(Bunker Hunt)以及其他人对白银市场进行的垄断。此时,反向投资者应该认识到,大量的白银已经被开采,同时银器也可以被轻易地熔化而作为银锭出售。正如后来发生的那样,当价格达到一定水平时,市场上充斥着白银,而此时正处于高利率使得大量白银期货被迫进行保证金平仓的时候。

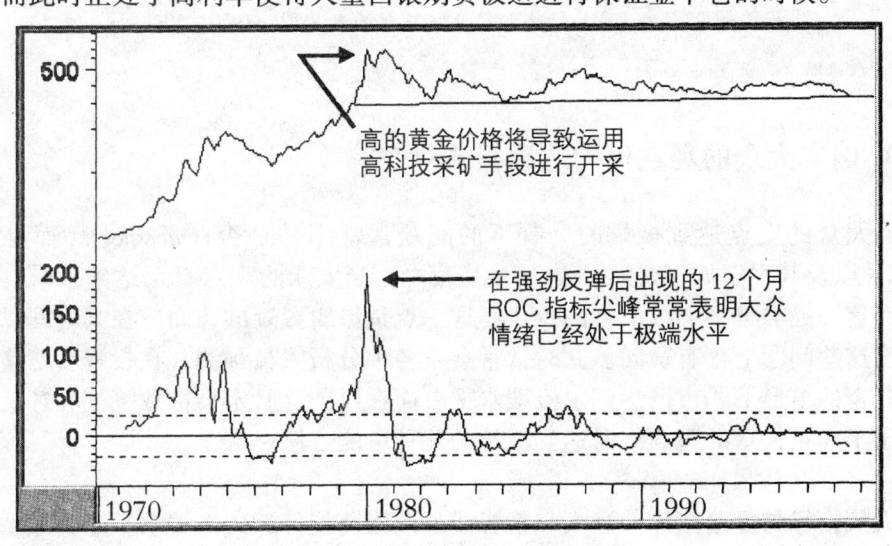

走势图27-3 黄金市场,1970~1999年

(资料来源:www.pring.com)

走势图27-4给出了债券收益率和商品价格的走势。当收益率开始上升，并且这种趋势显得还远不会结束时，一种相反观点的形成是运用如下的知识，即收益率在形成峰位前，商品价格会首先达到峰位，而收益率峰位的形成又将领先于经济的衰退。走势图中用向右倾斜的箭头显示了这一点。因此，如果发现工业品价格出现峰位，那么很可能将会出现经济的走弱。

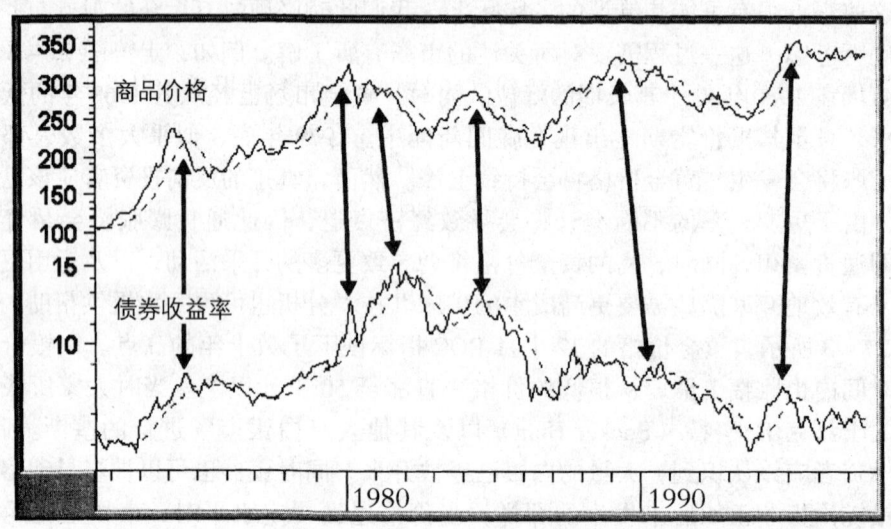

走势图27-4　商品价格和债券收益率的走势图，1970~1998年

（资料来源：www.pring.com）

3. 确定大众的观点何时达到极端

当大众的观点达到极端时，剩下的问题常常不是是否（whether），而是何时（when）以及其程度如何（how much）。换言之，当大众的观点真正达到极端时，应该摒弃这一趋势将会继续下去的观点。这一点是毋庸置疑的，而应在其时间以及严重程度这些问题上存有疑问。此时常常会有各种分析人员预测，在投资者情绪处于高度亢奋的情形下，市场达到了极端水平，而在以前这必定会招致嘲笑和怀疑。以下给出了确定大众的观点何时达到极端的几种可能方法。

人气指标与摆荡指标　当人气指标或长期摆荡指标达到极端水平时，通常也代表了大众的观点也走向了极端。

新闻媒体　人气指标并非在每一个市场中都可获得，因此另一个有用的途径就

第二十七章 技术分析在反向理论中的应用

是研究大众与金融媒体。在大多数情况下,大众媒体很少对金融市场或个股作出评论。一旦出现大量报道时,就应加以关注。主要的市场峰位与谷底常常可以通过大众以及金融刊物的封面故事来加以反映,《时代周刊》、《新闻周刊》、《商业周刊》及《经济学家》这些杂志是我所特别关注的。这些杂志报道某一市场时所用的篇幅越多,发出的信号也就越强烈。并不是说这些杂志的编辑和作者是一些傻瓜,他们刚好在市场低点处刊登一些看空新闻,在接近市场绝对高点处刊登一些看多新闻,而他们则更多地反映了新闻记者密切关注市场动态这一事实。作为优秀的新闻工作者,其职责就是在市场交易行情达到高潮时,进行更多地报道。报道平时市场的文章不能增加杂志的销量,但爆炸性新闻却可以做到这一点。总的来说,杂志封面文章是市场即将发生反转的一个相当可靠的信号,但也并非总是如此,并且一般会领先于实际转折点一个星期左右。与其他任何形式的分析一样,较好地运用一些常识也是非常重要的。例如,在1982年出现市场底部的几个星期之后,《时代周刊》刊登了一篇著名的封面文章"多头的诞生"(Birth of the Bull),参见走势图27-5。如果仅仅盲目地套用"反向理论",将会轻易地得出多头行情在未来的几个星期后将会结束这一结论。然而,需要牢记的一点是,大众极端观点的形成是需要一段时间的,其中价格上升的长期趋势将会使得更多粗心的投资者加入到多头的行列。此外,在发生空头行情前常常会出现利率的上升。而在1982年的秋天,美联储实行的是扩张性货币政策,而不是相反的紧缩性货币政策。

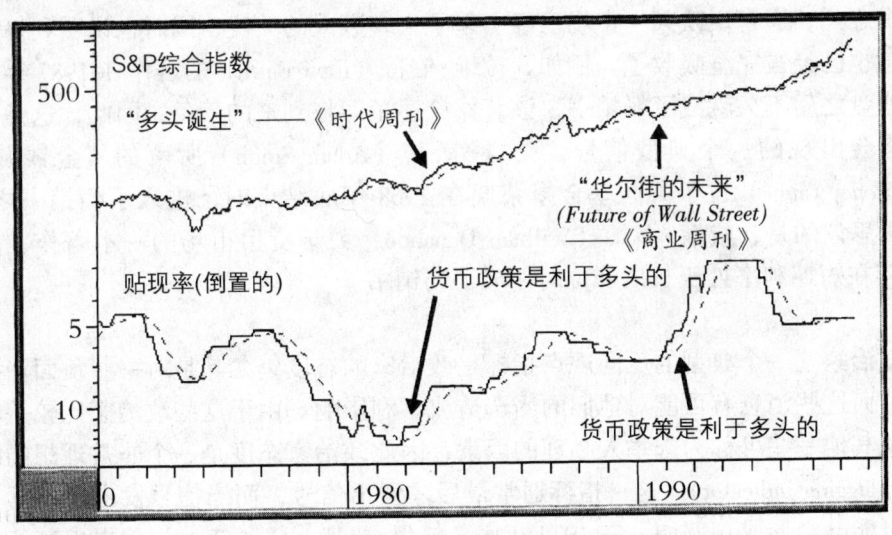

走势图 27-5　S&P 综合指数与贴现率,1970~1999 年

(资料来源:www.pring.com)

1990年发生的情况则恰好相反（参见走势图27-5），当时，《商业周刊》的封面刊登了证券经纪板块陷入困境的文章。当时，经纪类公司的股价已经经历了快速下跌，但美联储实行的是扩张性货币政策，这对股市是有利的，对经纪公司更是如此，因为他们可以在多头行情中得到更多的承销费用与佣金。此外，该板块已经经历的困难时期将会导致盈亏平衡点的大幅下降。从多头行情中获得的收入增长将会直接导致净利润的上升。

新闻媒体可以反映主要市场转折点的另一种方式是刊登"非同寻常的文章"，其中某一不知名的市场受到了前所未有的关注。例如，金融媒体一贯刊登的都是关于股票或债券市场的文章。这是正常的现象，没有什么值得特别怀疑的。然而，另一方面，如果看到主流杂志刊登了另外一个非主要市场的文章，就应该加以特别关注。例如，在1980年，糖类价格从长期强劲的多头行情中出现了反转。在接近价格高点的前夕，哥伦比亚广播公司（CBS）的晚间新闻报道说，交易者纷纷预测糖类价格将会持续走高。根据我的了解，糖类市场在此之前或之后都从未受到新闻如此重视过。对于糖类市场来说，这次则是极为不寻常的。有关某一国外股市、外汇等市场的重要新闻，对于判断这些市场是否已处于极端情形，也能够提供非常宝贵的线索。

畅销书 需要关注的另一个方面是非文学类的畅销书。如果某一金融著作属于畅销书之列，通常反映某一市场已经引起了大多数人的关注，同时也说明利好和利空消息也已经被完全吸收了。例如，拉维·伯特（Ravi Batra）的著作在1987年股市出现崩盘之后不久就成了畅销书，该著作论述了即将到来的萧条，因此，这是市场底部将会出现的一个典型信号。亚当·斯密（Adam Smith）所著的《金钱游戏》（*The Money Game*）也于共同基金繁荣期在1968年底结束时，进入了畅销书之列。最不可思议的是，威廉·多纳（William Donahue）关于货币市场的一本著作，也于1981年在短期利率处于长期峰位时，成了畅销书。

政治家 一个典型的反向观点指标是政治家的态度，尤其是对一些负面消息的态度，而这些消息有可能对他们的当选造成不利影响。由于这些政治家比较关心选票以及其他一些可称为选举人心理的因素，因此政治家态度是一个非常理想的滞后指标（lagging indicator）。这一指标通常最后才发出信号，而当信号发出时，下一轮趋势可能已经形成。例如，在1974年底，格里·福特（Gerry Ford）曾提出其著名的"战胜通货膨胀"（WIN, Win Inflation Now）的目标，然而消费者价格此前已经达到了周期性高点。记得在1981年秋天，当时利率处于极长期的峰位，我在网上看到一些新闻，报道说国会议员正返回华盛顿，就"目前的高利率进行磋商，力求找出

第二十七章　技术分析在反向理论中的应用

解决的方案"，他们已听到选举者的抱怨，于是决定对此作出反应，从而平息来自民众的怨声。然而，问题是经济已经处于弱势，利率也达到了峰位。当政治家使价格得到控制时，可以相当肯定的是，某些商品价格正处于峰位。由于价格过高所导致的对企业价格欺骗行为的争议，也代表了一个头部征兆。有关石油市场的案例研究就充分说明了这一点。

不切实际的定价　最后，非常重要的一点是：当某一特定市场定价创历史新高或新低时（在约翰·舒尔兹的定义中，是指过度的错误定价），就表明大众的观点已到达极端。例如，在日本房地产市场繁荣期，据报道，位于东京的皇宫（Emperor's palace）地产价值相当于加利福尼亚全部土地的价值。在《市场心理与股票市场》（Psychology and the Stock Market）一书中，戴维·德曼（David Dreman）注意到，在20世纪20年代佛罗里达州的房地产繁荣期，据报道仅在迈阿密就有25000家经纪人公司，几乎占全部经纪人公司的1/3。尽管这并非是一个价格指标，但这一统计数据显示，事态已明显处于无法控制的境地。进入90年代的高科技繁荣期，一个在线旅游服务网站（priceline.com）的市值竟然超过了几家航空公司的总市值。股价在峰位处竟达到160美元左右，但1年以后却跌落至1美元以上。

运用技术分析

由于大众能够而且确实会走向极端，这种情形远远不同于正常的情况，对其判断得过早将会非常不利于个人的投资。这就需要将技术分析与反向理论结合起来应用。以下我们考查几个例子。日本股市在20世纪80年代的多头行情就代表一个典型的狂热期，当时的市盈率与其他的估价指标都达到了难以置信的高度。在整个80年代，人们多次称市场达到了头部，但这一高点从未出现过。此时，大众已明显走向了极端，但股指仍持续创下新高。最终，股市泡沫随着利率的不断上升而破灭。走势图27-6显示，在1990年市场刚刚出现头部后，东京日经指数与短期利率自多年来首次穿越了各自的12个月移动平均线。此外，两指标也都击穿了各自的趋势线，因此技术面显示出的证据充分表明，股市泡沫已经破灭。直到11年之后的今天，东京日经指数仍然在其1990年高点的1/3位处苦苦挣扎。

走势图27-7给出了在1982年和1984年《商业周刊》上刊登的两篇有关债券市场的封面文章。在价格经历了大幅滑落之后，债券市场所引起的广泛关注这一事实表明，大众已处于或接近于极端状态。接下来是要评估技术面特征，观察是否存在任何趋势反转的信号。在1982的情形下，走势图27-8中的18个月ROC指标已

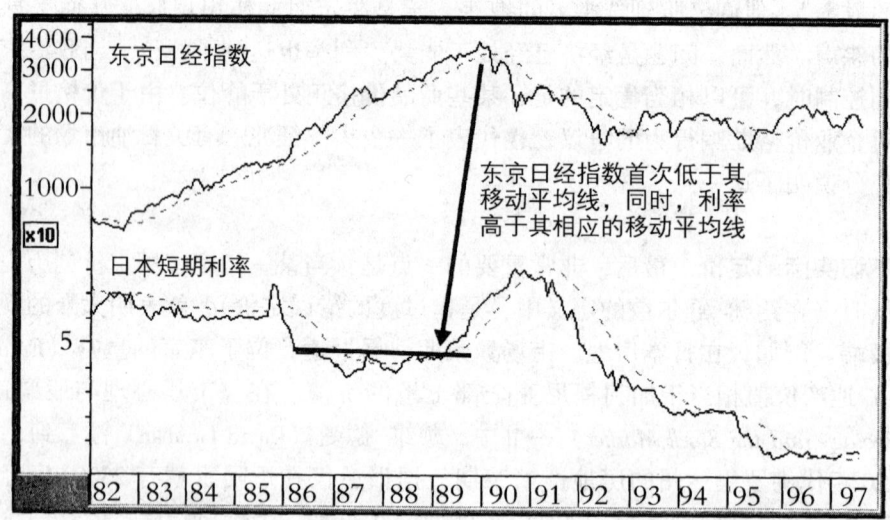

走势图 27-6　东京日经指数与日本短期利率，1982～1997年

（资料来源：www.pring.com）

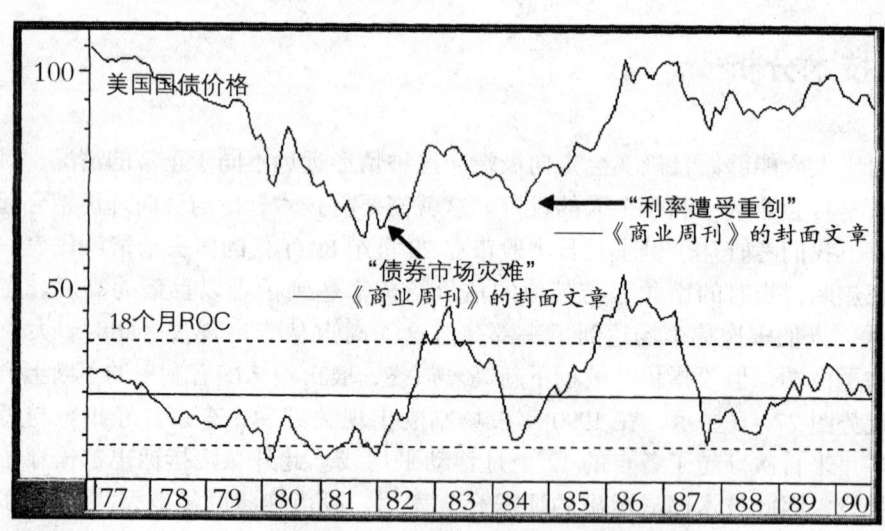

走势图 27-7　美国国债价格及 18 个月 ROC 指标，1977～1990年

（资料来源：www.pring.com）

第二十七章 技术分析在反向理论中的应用

形成和突破了一个长达 4 年的底部。随后,价格也出现了突破走势,但这次发生在几个月之后,但需要牢记的是,此时所关注的是极长期的趋势反转,而这需要一段时间才能达到。

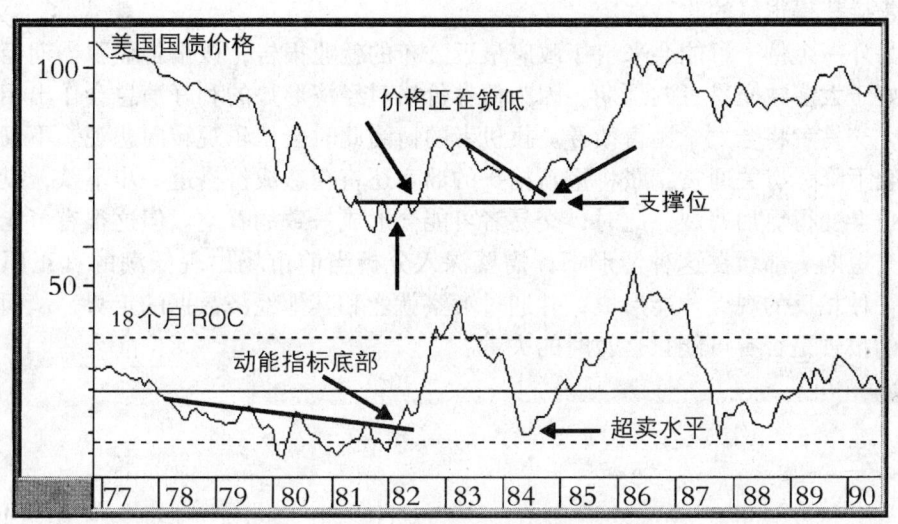

走势图 27－8 美国国债价格及 18 个月 ROC 指标,1977～1990 年

(资料来源:www.pring.com)

1984 年,"债券市场灾难"这一封面文章表明,市场在经历了 2 年的下跌之后出现了最低潮。当时,ROC 指标接近了极端超卖状态,并且债券价格也达到了下支撑位,该支撑位是把前一次被突破的趋势线经过延长后来表示的。随后,对空头行情下降趋势线的突破意味着,大众已经从看空的极端状态中脱离出来,并转向了相反的状态。在这两种情形下,这些封面文章都表明,当时人们都已经充分吸收了空头消息,同时,对趋势线的突破意味着,此时应该是我们做反向投资的时候。

区分短期与长期转折点

在结束反向理论的讨论之前,必须注意到,大众情绪可能会走向一种程度较轻的极端状态。这类情绪对应着价格的短期或中期趋势反转。例如,玉米价格在经过 2～3 周的持续上升后,在其高点处,《华尔街日报》商品类版面将会有一条关于这一点的头条新闻。这样的报道并不罕见,毕竟,每天都有一些商品板块会被报道。此处的涵义是,当报道某一商品板块时,该类商品的价格通常已经经历了一次明显的反弹或调整走势。这一文章的刊登，是由于某一商品交易热情的高涨，并反映出大众情绪此时处于短期极端状态。当随后的技术性指标，如 1 日或 2 日价格形态、趋势线的背离，或者可靠的移动平均穿越信号，对这一点进行确认后，进行反向投资通常会获得很好的收益。

另外一个例子可能会来自于政府最近公布的就业报告，该报告显示当期经济形势要好于大多数交易者的预期。因为债券价格对经济形势的利好消息会作出相反的反应，交易者将会大量抛售债券。投机者的情绪此时会从乐观转向悲观。不仅债券价格会下降，有关通货膨胀将重新抬头的谣言还将会造成价格进一步下跌，投资者情绪也会变得更加悲观。此时，交易者可能会形成一致的看空。但这很有可能仅仅是一个短期头部。在这种情形下，需要深入分析当前市场出现低潮的真正原因之后，一种相反的观点才能形成，并通过考察就业和其他经济数据的走势，从而判断最近的报告是否有可能只是暂时的失常。

小 结

- 在某一趋势的持续期内，大众通常是正确的。只有在转折点处，大众才是错误的。
- 形成相反观点的 3 个必要条件是：最初的前提变成教条；该前提已丧失其有效性；以及市场逐步形成错误定价。
- 形成相反观点的 3 个步骤是：判定大众的看法；形成相反的观点；确定大众的观点何时达到极端。
- 由于处于一个竞争的环境，在实践中持相反观点是非常困难的。
- 当大众处于极端状态，此时的问题不再是"是否"，而是"何时"以及"程度如何"。
- 有关大众处于极端状态的征兆包括：封面文章、畅销书、政治家的反应、人气指标的极端值，以及市场整体定价过高或过低。
- 大众心理变化可能会远远超出正常水平，因此应该运用技术分析，来判断大众何时将脱离多头或空头极端状态。
- 应该将反向观点分析作为证据方法（evidence approach）的另一个指标。

第二十八章
识别主要市场峰位与谷底的要点

主要市场头部与底部很难被捕捉到,这主要是由于我们所希望达到的点位,在当时似乎是最不可能达到的。当大多数人幸运地识别出一个多头行情的峰位时,他们都会认为股价会立即下跌。然而,事实却常常并非如此,因为股票的真正出货要求市场中出现许多相互冲突的对立看法。这一筑顶过程通常会要求有一个横向交易环境,这一环境反映了多头与空头之间的激烈争夺。一方在峰位处离场,而另一方在该点位进场。在出货过程完成后,双方都已筋疲力尽。即使空头方最终取胜,其中的大多数人也失去了最初的信心,因为他们没有预期到所出现的许多短暂反弹行情。这些反弹行情都是在极端乐观的氛围中形成的,以至于许多做空和已抛售的交易者又重新进场。

大家都知道,在市场处于峰位处时,消息都是有利的。当我们面对一个典型的市场头部时,乐观情绪的过度蔓延,会诱使市场参与者预期市场前景会变得更好。而在市场底部时,情形则恰好相反,此时的消息是糟糕的,在价格创下新低之前,我们预期未来情况会变得更糟。正如一句谚语所说:一朝被蛇咬,十年怕井绳。

峰位形成的机理

典型市场峰位的形成(此处非常谨慎地使用了"典型"一词),会涉及周期初期与周期末期领先板块之间的争夺。随着市场头部开始形成,周期初期的高流动性领先板块将首先到达峰位,其后进入空头走势(参见图28-1)。另一方面,周期末期的领先板块仍处于其多头行情的最后阶段,并推动市场指数不断上涨。如果这些收益型板块的强势程度超过其他板块的弱势程度,股价将会再创新高。这就是广度指标的背离现象为何会在市场峰位处经常发生的主要原因。就市场指数来说,1973年商品市场的繁荣延长了多头行情的持续时间,而NYSE的腾落线则提前9个月就达到了峰位。2000年,另一落后板块中的科技股则出乎意料地一路走强,推

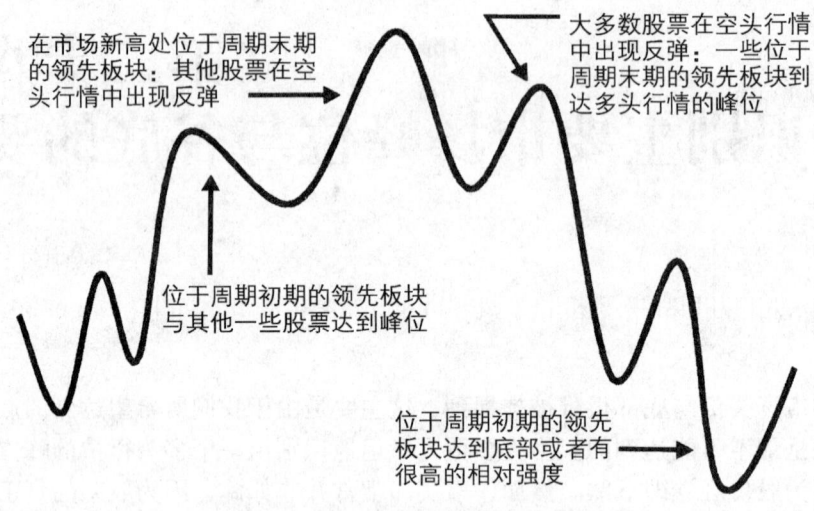

图 28-1 周期中的板块轮替

动市场指数不断走高，但一般股票却早在 2 年前，即 1998 年，就已经达到了峰位。

什么是峰位

本章的目的是给出在典型的市场头部或底部处所呈现的一系列市场特征。事实上，并不存在"典型的"转折点，因为没有任何两种情形是完全相同的。虽然如此，还是有足够多的特征，可以帮助识别出市场头部或底部。

实际上，存在 3 种类型的市场峰位。其中，最重要的一种出现在跨越若干经济周期的长期多头行情之后。在这种市场峰位的附近，可能会发现有某种程度的投机泡沫，并且经常集中在少数几个板块中。此时，旧的规则将被抛弃，每个人一夜之间都似乎变成了投资天才。这样的峰位在当时往往很难识别，因为他们脱离了所有传统的规则。最终，会形成新的规则或合理化解释，从而为走向股价顶峰的最后上升阶段提供辩解。这种方式将会较大程度地超越传统的估价方法。正常市场环境下的技术指标极端值也被超越了，背离现象的频繁发生，使得它们经常被忽略，因为它们此时不再有效。最后，基于正常的大众投资行为而进行反向投资被证明是无效的，因为此时大多数人处于一种全新的极端无理性状态，旧的规则遭到嘲笑和丢弃，而所谓的新思维占据了主导。"这次将有所不同"的陷阱总是使得人们对多头行情充满狂热。这种情况下，将投资者拉回到现实中的最有效因素是短期利率的不断上升。至少包含上述部分特征的两个市场峰位发生在 1929 年和 1966 年。1990 年出现的日本股市峰位也属于这种情况。1929 年的股市下跌，使得股市市值在随后的 3 年内损失近 90%。而在 1966 年市场峰位后出现的空头行情，持续的时间则更长，包含了数个超短期多头（minibull）与超短期空头（minibear）行情。用通货膨胀对股价进行调整后，如果用大盘指数来衡量，市场底部直到 16 年后，即 1982 年，才出现。对于 2000 年出现的市场头部，至少就高科技股来说，可能会与 1929 年、1966 年所经历的情形非常相似，因为前文所述的有关定价、人气指标以及技术特征也存在于这一次情形中。

实际上，主要有两个因素导致随后的空头行情具有如此持久的破坏性。第一个因素与长期持续的多头行情有直接关系，可将其称为"粗心的投资决策"。空头行情的作用就是清除那些欠考虑以及不坚定的头寸。这在每一市场峰位处都是如此。在超周期（supercycle）的转折点处，这一现象就更为普遍。第二个因素可归因于人们的情绪从一个极端摇摆到另一个极端，而情绪是价格的最终决定因素。一个极端的发生，也可能会导致另一个极端的发生。大规模空头行情的出现似乎总是以大规模投机性多头行情的出现为先决条件。这些情绪的明显变化，要么随价格的急剧下跌而快速发生，要么随多头行情的逐渐衰竭而持续多年。

第二种类型的峰位，可将其称为衰退型头部（recession-associated top，RAT）。它是最普遍的，并且与第一章中所描述的主要趋势非常相符。在这种情形下，由经济复苏所带来的经济失调程度的缓解足以使经济陷入真正的衰退，其中利润在总体上受到了影响。在每一个周期中，导致经济失调的板块都是不同的。在 20 世纪 70 年代初，可归因于房地产行业；而在 1974 年，商品繁荣所带来的存货积压则是主要的罪魁祸首。在 1990 年，则可归因于金融板块。由于这种衰退型空头行情与经济的紧缩和复苏有关，而这些都需要时间来完成，因此这种空头行情通常会持续 1～2 年，适用范围广泛，并且有可能相当严重。

第三种类型的峰位，通常发生在第二章所介绍的所谓增长型衰退或双循环峰位之前。在这一类型的峰位之后会出现短暂的小幅空头走势。增长型衰退涉及经济增长的放缓，而并非真正的经济衰退。在这一过程中，可能有若干行业板块会出现衰退，而其他板块的强劲走势往往会抵消上述板块的弱势表现，因此，整体经济形势并不呈现真正的经济衰退。因此，这些表现较弱的板块会经历 1～2 年的空头行情，而其他板块仅呈现出横向交易走势。

出现双循环空头行情的例子发生在 1984 年和 1994 年，而其他年份的空头趋势与某些经济指标的走弱以及其前期所出现的不健康投机行为有关。它们通常表现为剧烈的技术修正走势，由这种剧烈的调整所导致市场心理的变化，足以纠正大部分的投机行为。1962 年和 1987 年的下跌就是很好的例子。

以下部分列出的所有特征并不一定在每一市场峰位处都会出现，而且其强度也各不相同。投资者可参考这些特征，及时捕捉主要的市场高位。

主要市场峰位的特征

1. 为形成多头行情的峰位，市场须首先进入多头行情。因此，必须回过头来，识别出一个持续至少 9 个月的反弹行情。

货币与板块轮替因素

2. 几乎所有的市场在达到峰位之前，总会有短期利率呈上升趋势，两者间的时间间隔从几个月到几年不等。如果利率还没有开始上升，那么市场峰位出现的可能性就会很小，可参见第二十五章的走势图 25–1（a）与（b）。

3. 密切关注贴现率的攀升。一旦第二十五章中曾经讨论过的"调升 3 次必导致下跌"的现象发生后，表明可能正处于出货阶段，此时持股带来的收益通常小于其带来的风险。

4. 在许多情形下，道·琼斯公用事业指数的峰位要领先于整个市场的峰位，这是因为该板块对利率变化更为敏感。

5. 通过观察周期初期与末期的领先板块的长期相对动能指标，经常有助于识别多头行情的峰位。如果金融板块、公用事业板块及非耐用消费品板块的长期平滑相对动能指标已于前期抵达峰位，往往意味着整个市场峰位即将到来。同理，以下情况的出现，也表明市场出现了峰位：处于周期末期的领先板块——例如基础工业与资源板块——持续走强，或者这些板块的平滑动能指标确实到达了峰位。

技术因素

6. 当利率开始上升，将对金融类股票和优先股造成不利影响。因此，NYSE 的腾落线通常会领先道·琼斯工业平均指数与 S&P 综合指数到达峰位，这种时间差异的长短经常会影响随后出现的空头行情的规模。

7. 如果 NYSE 的日腾落线以及（或者）价值线算法指数低于相应的 200 日移动平均线，意味着整个市场可能处于空头行情。此时，即使道·琼斯工业指数与S&P综合指数又创新高，但市场广度指标走弱已清楚地显示出整个市场的疲软表现。此时，将更难发现呈上涨走势的股票。因此，明智之举就是减少所持仓位，因为此时获利的机会非常小；而在腾落线呈上升走势的衰退行情中，情况则恰好相反。

8. 分析市场广度技术面的另一种方法是利用净新高数据。净新高指标是否与大盘指数走势相背离？如果没有，那么将不太可能是头部。而如果出现了背离，说明只有少数几只股票在支撑着整个市场的上扬，这是一个弱势信号。在净新高指标大幅下降时，则表明难以获利，因为此时的选股变得越加困难。

9. 动能指标通常领先于价格，尤其在市场头部更是如此。有时，可以根据若干个长期ROC指标来判定长期头部或趋势反转。例如，如果发现12个月、18个月及24个月ROC指标突破了相应的趋势线，这将表明，这些指标所反映的周期都开始出现转折点。有时，某一ROC指标在特定的基准值之间上下摆动，这通常也可以很好地指出主要市场头部和底部出现的时间。第十八章中的走势图18-5与走势图18-6为S&P综合指数的9个月ROC指标给出了一些有效的基准值。

10. 另一种用动能指标来判定多头趋势即将结束的方法是运用长期平滑摆荡指标，如KST指标。当该指标从超买状态开始向下反转，通常代表市场头部信号，可参见走势图28-1中的垂线，此时KST指标向下穿越了其9个月移动平均线。该走势图表明，这一方法非常适用于一般的周期性多头行情。然而，在长期多头行情中，例如20世纪90年代期间，该指标却过早地发出了卖出信号。进一步来说，该信号若能得到价格的趋势反转的确认，那么将更为可信。此外，短期摆荡指标有可能处于过度超卖状态或极端摆动状态。

11. 当道·琼斯工业指数与S&P综合指数刚刚向下穿越其12个月移动平均线时，通常表明即将进入一个空头行情，当然，这要求其他指标对此加以确认。在多数情况下，7个月移动平均线的反向穿越信号与12个月移动平均线的穿越信号有着同样理想的表现。此外，在确认趋势反转时，正如道氏理论所强调的，需要关注道·琼斯工业指数与交通运输指数当时所处的走势。

心理因素（psychological factors）

12. 如果重要的公司在公布其出色业绩后，股价却下挫，这种对利好消息的逆

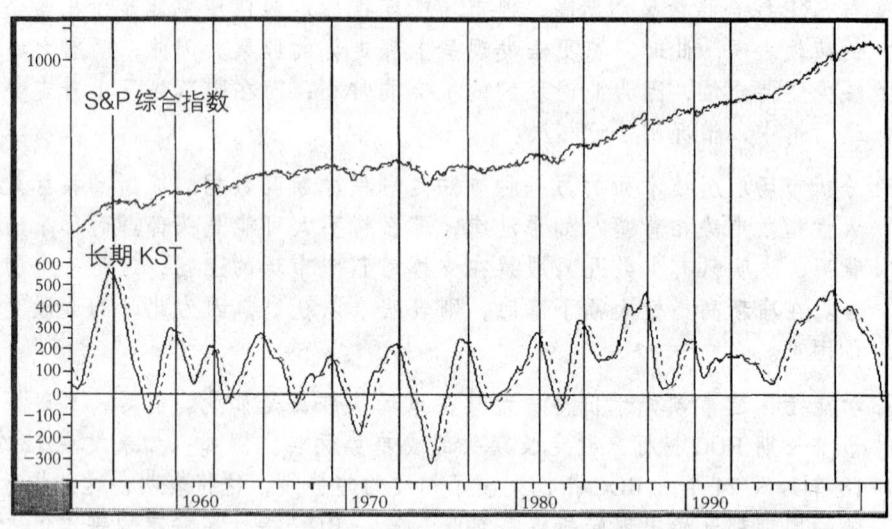

走势图 28-1 S&P 综合指数及长期 KST 指标，1950～2001 年

(资料来源：www.pring.com)

向反应，表明了技术面的极端疲软。无论在何时，如果个股或整个市场未对利好消息作出应有的反应，这都是技术面转弱的信号。务必记住一点：如果利好消息都不能推动股价上涨，那还有什么能做到呢？

13. 从人气指标来看，《投资人情报》公布的看空比例一般都在 10%～20% 的范围内。此外，一般公众相当于专家交易者的卖空比例超过 52%，同时 5 周内幕人员卖出/买入比率超过 70%，也标志着市场到达了头部，尤其在内幕人员的行为与价格走势发生反向背离的情形下更是如此。最后，如果融资债务水平刚刚向下穿越其 12 个月 EMA，这给出了两方面的信息。其一，它表明投资者正逐渐丧失信心。其二，它表明增加融资债务将不再能够推动股价的上涨，相反地，融资债务的缩减却对股价造成下降压力。12 个月 EMA 的向下穿越信号往往代表了极好的长期卖出信号。

14. 如果新闻媒体大肆报道利好消息，一夜暴富的离奇故事被大肆宣扬，这将是一个典型的多头氛围。此外，其他的特征还包括，大量的杂志封面故事是关于市场本身的，特别是关于新的范式（paradigm），或者是关于多头行情中领先股票或板块的文章。

15. 当整个市场刚开始反弹回升时，投资者总是有很大的顾虑。然而，整个市场在逐渐到达峰位时，甚至没有人会争论股票是否是一种好的投资工具这

第二十八章 识别主要市场峰位与谷底的要点

样的问题。取而代之,最佳板块的选择或大盘指数的新高已成为争论的热点。若是在以前会被视作过度乐观而遭到讥讽的预测,在这种情形下,将越来越为大众所接受和认可[①]。

16. 由于股票经纪公司在多头行情中会比较兴旺,它们在此时变得前途广阔。如果有报道说某经纪公司乔迁至更宽敞、更豪华的办公场所,这通常表明上升行情已经处于非常成熟的阶段,市场即将到达峰位。此外,当看到交易所或经纪公司的后台出现大量的积压定单时,也可以显示市场到达了峰位。

时间顺序与周期性因素

17. 通过快速观察3个市场(债券、股票及商品市场)与其相应的12个月移动平均线的相对关系,就可以很快地判断出当前处于周期的何种阶段。当股票市场到达峰位时,3月期商业票据收益率将高于其12个月移动平均线,第二十五章中讨论过的"调升3次必导致下跌"的规则也可能会开始适用。公司债券与政府债券的收益率也会出现类似情形。此外,S&P综合指数应当高于其移动平均线,CRB工业原材料现货指数也是如此。如果股票市场已经从其峰位处大幅回落,S&P综合指数将可能已经落至其12个月移动平均线以下。如果CRB工业原料现货指数也开始跌落至其移动平均线以下,那么商品类股票支撑股票市场的可能性将越小,在周期的末端,这常常意味着市场进入了空头行情。

18. 由于股市的周期相当可靠地为每4年提供了一次很好的买入机会,因此,如果当前与前一个4年期底部相距2年或3年,此时就有可能处于多头行情的峰位。另外,如果同时出现了此处讨论过的一些其他特征,将会进一步增加出现多头行情峰位的可能性。

19. 是否可观测到已经出现3次可识别的中期上涨行情?如果当前趋势正处于第三次行情的头部,那么这将可能是一个主要的市场峰位。当然,这并不是绝对正确的,因为一些多头行情有两次涨势,而另一些则超过3次涨势。然而,结合其他一些指标,这些信号还是非常有价值的。

---

① 一个讨论自动交易系统与系统设计软件的最佳网站:wealth-lab.com。

主要市场底部的特征

空头市场底部的形成与头部形成的条件刚好相反。市场消息面非常恶劣，人气指标极弱，而且长期动能指标经常处于严重超卖状态。主要市场底部与头部之间最主要的差异也许是，在绝大多数情形下，空头行情的持续时间总是短于多头行情。这里必须强调的是"在绝大多数情形下"，因为1929~1932年的空头行情持续了长达3年之久，这其中大盘指数的主要的下跌时间相当短。主要市场底部的特征可总结如下。

货币与板块轮替因素

1. 短期利率峰位的出现几乎总是领先于空头行情的底部。尽管这里所说的是"短期利率"，但在绝大多数情况下，长期利率的峰位也领先于股市底部，只不过短期利率的变化对股市的影响要远远大于长期利率的影响。这种领先的时间间隔在各个周期中是不同的，但总体上，领先的时间愈长，随后的多头行情就愈强。例如，在1966年，利率与股价几乎同时发生反转，而在1920年与1982年，利率却领先股价一年，因此1967~1968年的多头行情与20世纪20年代、80年代的多头行情相比就显得微不足道。当然，这并不是说，每次出现领先一年多，市场就会经历大幅反弹，而只是说这仅仅代表了一种大致趋势。

2. 在市场底部的行业板块结构显示，对于周期初期的领先板块，例如公用事业板块、大多数金融类板块以及大多数非耐用消费品板块，其相对强度和相对平滑长期动能指标应呈现出上升趋势。同时，对于几个滞后的板块，例如资源板块、基础工业板块以及高科技板块，其相对强度和相对平滑动能指标却表现疲软。通常，当S&P金融指数（Financial Index）的长期平滑相对动能指标触底时，意味着整个市场相当接近于底部，收益型股票的弱势表现常被用来进行确认。

技术因素

3. 在市场底部，腾落线与大盘指数之间正向背离的发生频率，要远远少于市场头部处出现的反向背离。事实上，在大多数空头行情的底部，腾落线常常会出现落后。然而，一旦出现背离，就意味着随后会出现超过平均水平的多头行情。在1942年与1982年市场底部所出现的玻尔通周腾落线的背离正好说明了这一点（可参见走势图24-1与走势图24-2）。

4. 净新高指标也很少与指数发生背离，但在1982年（以6周移动平均线为基础）与1974年（以5天移动平均线为基础）的市场底部，却出现了这种背离。

5. 其他的确认信号包括：成交量创新低，例如1978年、1982年和1984年的情况。此外，大多数市场底部都会有一次反弹，并在随后再次考验底部。当第二波反弹高度超过第一波时，表示峰位与谷底将会不断上升。这一信号在1929~1932年的空头行情中表现不佳，但总体上，这一信号是可靠的，特别是在结合道氏理论的买入信号时更是如此。另一个极其重要的确认信号是S&P综合指数的反弹超过其12个月移动平均线的能力。

6. 在长期的空头行情中，最终的底部通常要由长期平滑动能指标的触底来加以确认。这种情况下，第十章所描述的Coppock指数（可参见走势图10-8）可能是最佳选择，因为该指标在一系列不同的市场中都有最佳的表现。在程度较轻、与衰退无关的空头行情期间，长期平滑动能指标的走势经常是异常缓慢。偶尔，在观察到动能指标突破其价格形态或向上突破其下降趋势线时，长期ROC指标是一个很好的替代指标。

7. 如果短期摆荡指标进入过度超买状态或极端摆动状态，正如第十章中所论述的，这也意味着市场预期趋于好转。

经济因素

8. 一般情况下，出现市场底部的一个先决条件是经济资讯处于或接近于最糟糕的程度。走势图28-2（a）与28-2（b）表明，经济同步指标（coincident indicator）的9个月趋势背离指标在股市的底部通常是负值或者接近其低点。注意图中用虚线箭头标出的主要例外情形，它们都是在双循环的底部形成的，例如1984年和1994年。这并不令人感到奇怪，因为它们并不是典型的空头市场。

时间顺序与周期性因素

9. 根据金融市场的先后时间顺序，通常在股票市场底部出现之前，3月期商业

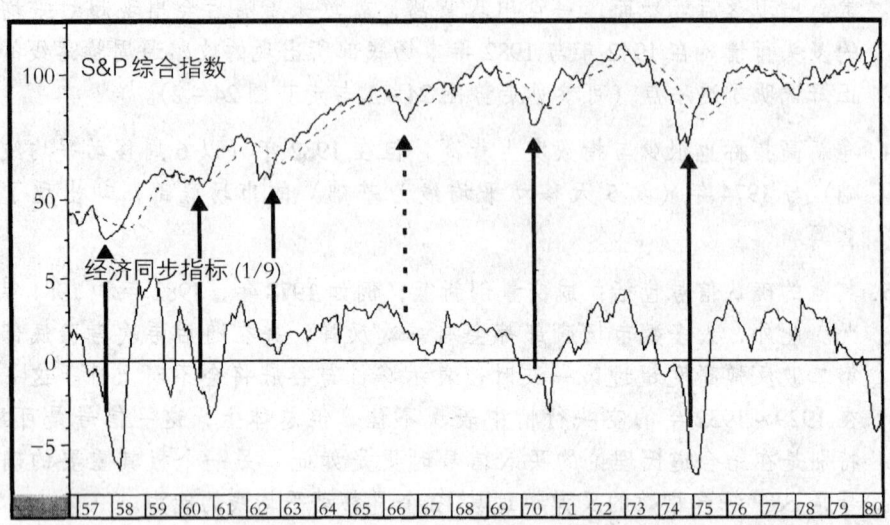

图28-2（a） S&P综合指数及经济同步指标（与趋势的背离），1956～1980年

（资料来源：www.pring.com）

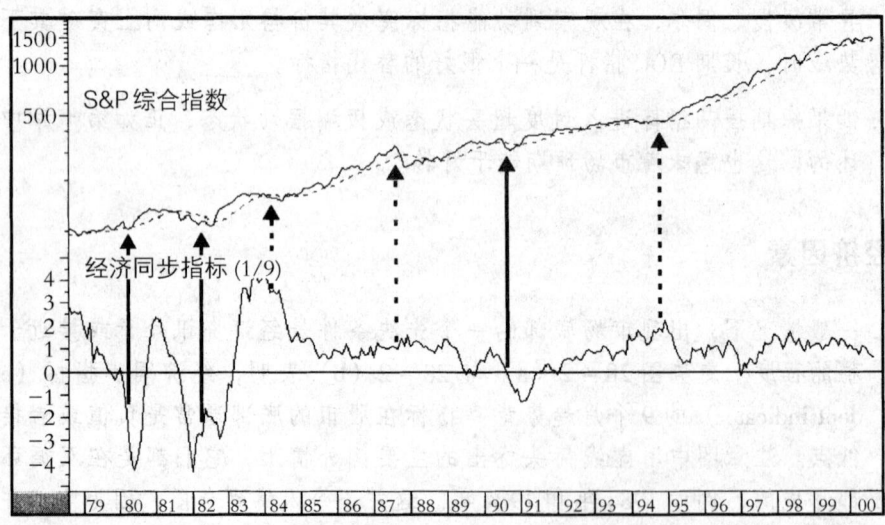

图28-2（b） S&P综合指数及经济同步指标（与趋势的背离），1978～2000年

（资料来源：www.pring.com）

第二十八章 识别主要市场峰位与谷底的要点

票据收益率应向下穿越其 12 个月移动平均线。在真正的市场底部处，S&P 综合指数也位于其 12 个月移动平均线之下，此外，CRB 的工业原材料现货指数也是如此。如果商业票据收益率和商品指数都低于其相应的移动平均线，而 S&P 综合指数却高于其移动平均线，那么 S&P 综合指数的穿越信号则确认了市场此时处于底部，同时位于第二章所描述的第二个阶段。

10. 在衰退型空头行情中，是否可以观测到已经出现 3 次可识别的中期下降行情？当然，它们并非是绝对正确的，但经常可作为一个较好的信号指标来使用。

11. 股票市场在 4 年期周期中应该出现底部的年份，是否满足上述的大多数特征？如果满足，那么就很可能会出现市场底部。如果所处的年份是以 4 结尾，这也是一个市场处于底部的信号，由于在以 5 结尾的年份中，市场处于 10 年期行情中走势最为强劲的多头年份。因此，在 1954 年、1974 年、1984 年以及 1994 年都处于主要的市场底部（其中第一个底部实际出现在 1953 年底），这些年份之后的 5 年中，都出现了强劲的多头行情。除 1984 年外，剩余的年份也都处于 4 年期周期的底部。

心理因素

12. 在主要的市场底部，人气指标通常都很低。这可以通过投资顾问人气指标与一般公众卖空比率达到极端值，或者看跌期权/看涨期权比率从其超买水平中反转回落等现象体现出来。

13. 人气指标也可以从新闻媒体中反映出来，此时杂志封面故事应该是进行反向投资的时刻。偶尔，经纪公司会使用空头行情中的买入机会来进行广告宣传，借以提高公司的知名度。虽然勇气可嘉，但这样的广告宣传并不能表示经纪公司有多么聪慧。而只是表明了，股价的下跌已经引起了公众的广泛关注。需要记住一点：当每个人想法都类似时，就意味着市场转折点即将到来。

14. 市场如何对利空消息作出反应？在下跌行情中，对于如公司业绩突然恶化、大量裁员以及重大破产等诸如此类的利空消息的正常反应是抛售股票。然而，如果股价无视这些利空消息，反而出现上涨趋势，表明市场心理可能发生了变化。

小 结

下面是市场处于峰位和谷底处的一些关键特征：

- 一般大众的心理已经达到可度量的极限水平。
- 利率的趋势已经发生反转。
- 长期动能指标处于极端水平或者从极端水平发生反转。
- 领先板块相对于滞后板块的技术特征与所讨论的转折点方向是一致的。
- 价格形态的完成以及对长期移动平均线的突破（如12个月移动平均线，200日移动平均线等等），都可以对以上特征作进一步确认。

第二十九章
自动交易系统

　　近年来，个人电脑大量用来进行技术分析。毫无疑问，这将鼓励许多交易者和投资者来设计自己的自动交易系统。这些系统只要不是用来代替人的判断与思维，将是非常有用的。在本书中，我一直在强调一种观念：技术分析是一门艺术，一门以科学为依据来推导各种不同而可靠的指标，并加以解释的艺术。

　　我认为，自动交易系统应该从两个方面来加以运用。其中首选方法是选用一套谨慎的自动交易系统，让它在可能发生趋势反转时及时地提醒交易者或投资者。在这个方法中，自动交易系统是一个重要的过滤器，但在整体决策过程中仅代表一个附加指标。

　　运用自动交易系统的另一种方法是对发出的每一个信号采取行动。如果一套系统是经过慎重考虑设计而成的，它应该具有长期的获利能力。然而，如果你不依据其他独立的技术准则，而随意地选择所接受的信号，就可能让情绪因素主宰你的决策，从而失去了自动交易系统所能带来的主要优点。

　　不幸的是，大多数自动交易系统都是根据历史数据，采用与过去最佳拟合的方式来决定系统的相关参数。这里一项重要的假定就是预期过去的历史会在未来重复发生。然而，这一假定未必能够成立，因为市场情况是始终处于不断变化的。尽管如此，一套经过周密考虑设计而成的自动交易系统，应当具有相当好的绩效。就这方面来说，系统在设计上不应一味地追求完美的拟合，而应该能够更为精确地反映实际的市场情况。需要谨记的一点是，我们真正关心的是未来的获利能力，而并非完美的历史拟合。如果为了改善拟合结果而设定一些特殊的规则，那么将系统运用于未来时，成功的可能性就会较小。

自动交易系统的优点

　　当我们把一套理论付诸于实践时，只要一涉及经济利益，就必然会面临一个最难以控制的因素，即情绪因素。因此，以下所列举的优点，都假定投资者或交易者会根据买入或卖出信号来采取一致行动。

- 自动交易系统的一个最大优点,就是可以自动决定何时采取行动;这就消除了情绪与偏见的影响。消息面可能非常糟糕,但系统一旦发出买入信号,交易者便会自动进场。同理,行情的涨势似乎将永无止境,但系统一旦无视所有可能的情绪与偏见而发出卖出信号,交易者便会自动出场。
- 大多数交易者与投资者在市场中遭受损失,这是因为他们缺乏纪律。自动交易系统仅要求一项纪律,即无条件服从系统。
- 相对于由个人进行买卖决策的系统,一套结构清晰的自动交易系统将会提供稳定的收益。
- 在强劲的上涨行情中,自动交易系统会推动利润持续增加;而在空头行情中,该系统会自动止损。
- 一套精心设计的系统,会让交易者或投资者掌握每一个重要趋势的方向。

自动交易系统的缺点

- 没有任何一套系统总是有效的,同时系统无法正常运作的时期可能是相当长的。
- 用过去的数据资料来预测未来,未必是一种有效的方法,因为市场的特征是经常变化的。
- 在设计自动交易系统时,大多数人都试图获得最佳的拟合,但经验与研究告诉我们,历史的最佳拟合结果通常并不适用于未来。
- 随机事件很容易将一个设计不当的系统置于危险境地。一个最为典型的例子发生在1987年香港的大崩盘期间,当时市场连续休市7天。即使系统发生卖出信号,交易者也根本没有机会出场。当然,这是一件极其不寻常的事件,但令人惊讶的是,特殊情况经常会使得最佳的交易规则失效。
- 大多数成功的自动交易系统,通常都是顺势交易的。然而,市场中经常会出现长期的横向走势,从而致使交易系统发生持续性亏损。
- "返回测试(Back-Testing)"的绩效未必能够代表实际的业绩表现。因为市场中实际成交价格未必总是系统所显示的价格,原因可能是缺乏流动性,经纪人未能及时执行交易指令等等。

设计一套成功的自动交易系统

一套理想的交易系统应当充分利用自动化方法的优点，同时也应克服上面所讨论的一些缺点与不足。就此来看，应当遵循下面的8项重要规则：

- 对所设计的系统，用不同的市场或针对不同的股票进行相当长期的返回测试。测试的范围越广，系统的未来绩效就越可靠。
- 根据返回测试来评估系统的绩效。在这种情况下，首先根据某一特定时期的数据资料（例如，1977~1985年期间的债券市场）来设计系统。其次，利用1985~1990年期间的数据资料来验证该系统，以便确定所设计的系统在随后的时期内是否仍然有效。因此，利用实际的市场数据来对系统进行全面的模拟测试，可避免直接将系统"盲目适用"于未来。
- 必须明确界定系统的交易规则。主要是出于两方面的考虑：第一，如果在正确解释某项规则时偶尔出现模棱两可，将导致该系统带有一定程度的主观性。第二，每一个买入信号都对应着一个卖出信号，反之亦然。如果系统以超买区的穿越表示卖出信号，而以超卖区的穿越表示买入信号，那么该系统在某段时期内可能会有良好的表现，有关范例可参考图29-1（a）。另一方面，在某一信号发出之后，由于指标未能进入另一极端区域，而导致在相当长的时期内未能发出相反信号。因此，没有明确界定的交易规则，可能会造成严重的损失，正如图29-1（b）中所显示的。
- 必须确定有足够的资本金来应付最糟糕的一连串亏损。在设计一套系统时，应该确定自己将会遭遇最坏的情况，以便预先准备好充足的资本金。关于这个方面，值得注意的一点是：最为有利可图的走势经常会出现在长期的亏损之后。
- 毫无疑义地遵守系统发出的每一个信号。如果对自己设计的系统充满信心，就绝对不应该有任何的犹豫。否则，不必要的情绪与不合规则的行为将会干扰你的决策。
- 进行分散化投资。如果同时投资于多个不同的市场，所面临的风险就会相对有限。因此，即使某一特定市场较往常出现不利表现，资产组合的整体绩效也不至于非常糟糕。

技 术 分 析

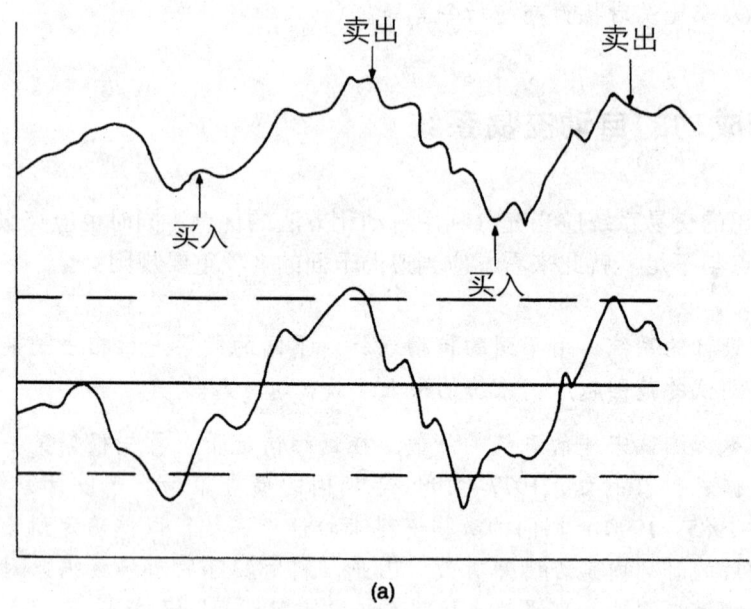

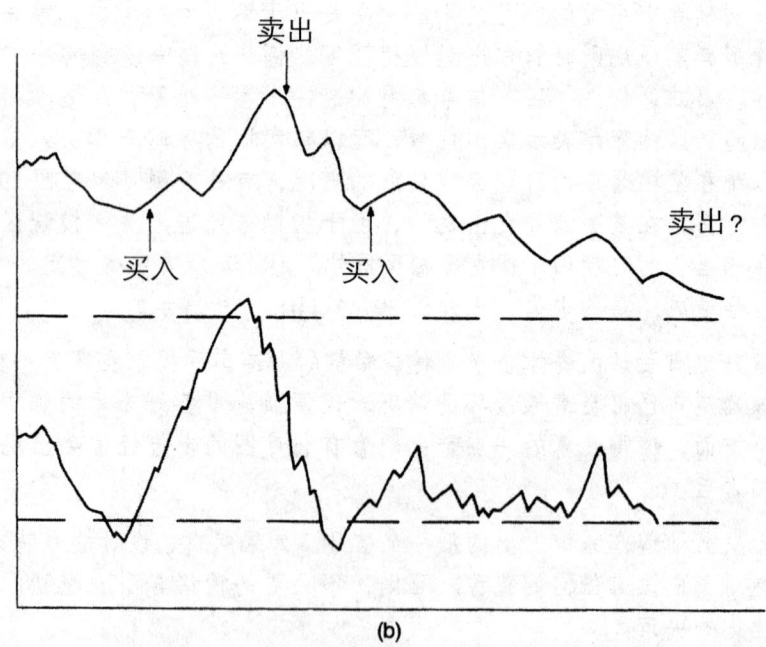

图 29-1　超买/超卖区的穿越

- 只在趋势特征明显的市场中进行交易。走势图 29-1 显示的是 1985~1989 年期间木材市场的走势。在这段时期内，价格剧烈波动，几乎呈完全随机性走势，因此明显不适于使用自动顺势交易系统。另一方面，CRB 的工业原材料现货指数（可参考走势图 29-2），尽管其交易区间颇为奇怪，但大体上呈现出稳定的趋势。

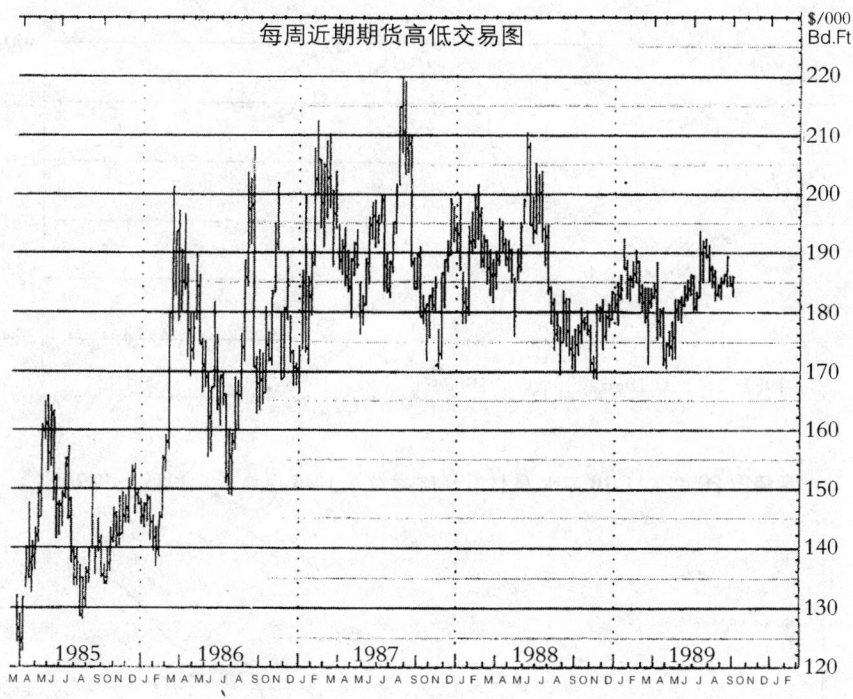

走势图 29-1　木材股票及 CRB 周线图，1985~1989 年

- 保持规则的简单性。设定一些特殊的交易规则以提高返回测试的绩效，是我们必须克服的诱惑。在以获利能力作为衡量标准时，简单而合理的交易规则在未来将会有更好的表现。

交易区间与趋势明显的市场行情

市场行情基本上可分为两类：趋势明显型与横向交易区间型。趋势明显的市场（参见图 29-2）显然适合采用移动平均的穿越信号和其他类型的顺势交易系统进

走势图 29-2 CRB 工业原材料现货指数及 CRB 周线图，1985~1989 年

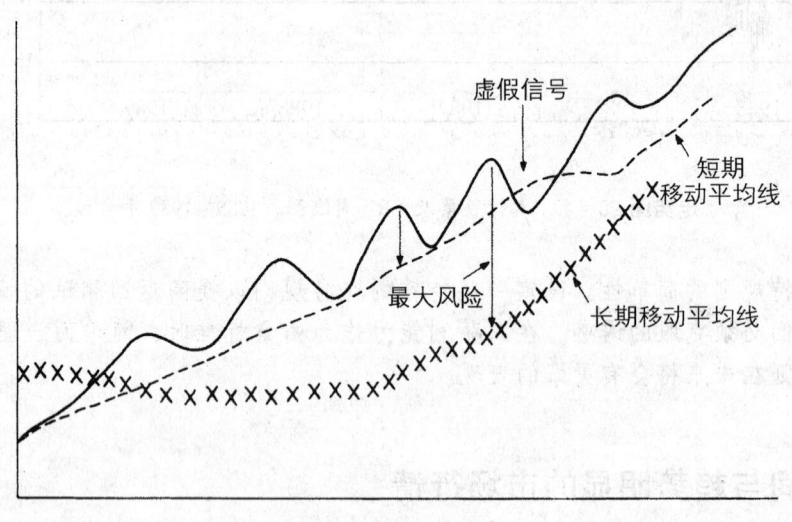

图 29-2 时效性与敏感性之间的权衡

行分析。在这种情形下，明确风险是非常重要的，因为移动平均线必须同时兼顾波

动性与敏感性。在图 29-2 中，短期移动平均线（图中的虚线）与指数曲线（图中的实线）之间的最大距离表示最大的风险。不幸的是，短期移动平均线较为敏感，发出了若干个错误的信号。尽管以移动平均线的穿越信号来界定的单个交易风险较小，但发出错误信号的可能性却比较大。另一方面，长期移动平均线（图中由 X 组成的曲线）给出了更高的最大风险，但发出的错误信号却比较少。

在横向交易区间市场中，移动平均线如图 29-3 所示，实际上是毫无用处的，因为它们恰好从中间穿过价格波动走势，因此几乎总是发出错误的信号。相反，在这种横向交易区间市场中，摆荡指标却表现得游刃有余。它们不停地在超买区域和超卖区域之间来回摆动，及时地发出买入与卖出信号。然而，在持续性的上升或下降趋势中，摆荡指标的效用却相对有限，因为它过早地发出买入与卖出信号，经常在一个大行情来临之初就发出让交易者离场的信号。因此，一套理想的自动交易系统应该同时包括摆荡指标和顺势交易指标。

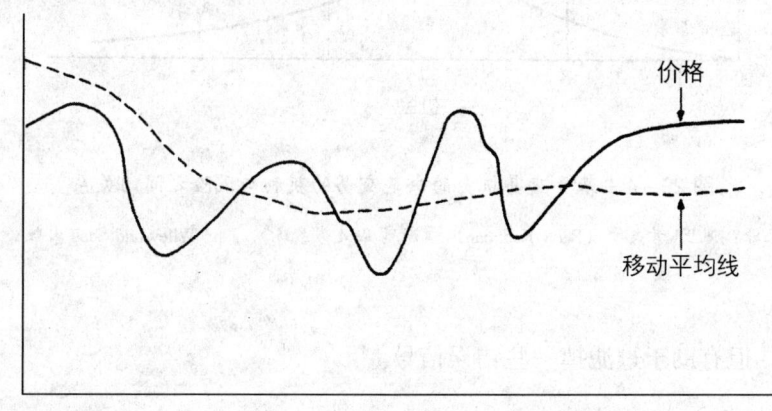

图 29-3 横向交易区间（无趋势）市场中的移动平均线的穿越信号

摆荡型信号——由超买与超卖极端读数来表示——的风险与收益之间的关系显示在图 29-4 中。其中，横轴表示潜在交易机会的数量，而纵轴表示所面临的风险。尽管摆荡指标进入过度超买或超卖区域的次数很少，但这时发生的每笔交易获利最大，而风险最小。摆荡指标经常出现在中度超买或超卖区域中，但此时的获利较少，而风险却较高。最后，大量出现的是轻度的超买或超卖，但在这种情况下，每笔交易的风险极高而获利却极低。因此，一套理想的自动交易系统应当具备"每笔交易获利高而风险低"的特点。这就要求在操作一套好的自动交易系统时，应具有某种程度的耐心，因为交易机会是非常有限的。

在价格趋势反转之前，经常会出现摆荡指标的背离现象，因此应该将摆荡指标的极端数值信号与某种移动平均的穿越信号结合起来使用。尽管这不会产生出一个

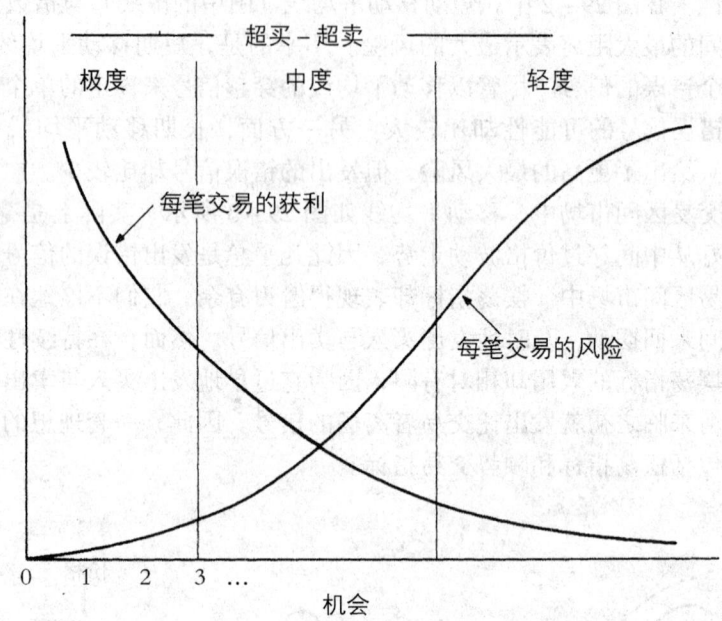

图 29-4 基于交易机会的每笔交易的获利与风险之间的关系

[资料来源：佩里·考夫曼（Perry Kaufman），《新商品交易系统》，John Wiley and Sons 出版公司，纽约，1987年]

完美指标，但有助于过滤掉一些错误信号。

评估测试绩效的准则

当我们用历史数据来检测自动交易系统时，自然是想知道哪一套系统产生的利润最高。然而，获利最高的系统未必是最理想的系统，原因如下：

- 系统所产生的大部分或全部获利很可能来自于一个信号，于是，这套系统由于缺乏一致性，未来获利机会就会很小。表 29-1 便给出了一个不具备一致性的系统，该系统以摆荡指标穿越其 10 日移动平均线为交易信号，其中摆荡指标是用 30 日移动平均线除以 40 日移动平均线而得到的（换言之，是一种平滑异同移动平均指标）。所考察的历史数据是 1987～1988 年期间的香港股市。在测试期间内，该套系统总获利将近 1200 点，而买入—持有策

第二十九章 自动交易系统

略却亏损800点。然而,若排除掉1987年大崩盘前短时的卖空信号,这一可观的获利实际上将变为亏损。

表29-1 香港恒生3月期(30/40)永久摆荡指标,1987~1988年

日期	交易	价格	收益或损失				
			现期交易		累积值		
			点	%	点	%	美元
08/19/87	卖出	3559.900	0.000	0.000	0.000	0.000	0.000
09/30/87	买入	3843.900	−284.000	−7.978	−284.000	−7.978	−79.78
09/09/87	卖出	3696.900	−147.000	−3.824	−431.000	−11.802	−114.97
09/25/87	买入	3918.900	−222.000	−6.005	−653.000	−17.807	−168.12
10/14/87	卖出	3999.000	80.100	2.044	−572.900	−15.763	−151.11
12/15/87	买入	2099.900	1899.100	47.489	1326.200	31.726	252.02
02/04/88	卖出	2269.900	170.000	8.096	1496.200	39.822	353.38
02/22/88	买入	2374.900	−105.000	−4.626	1391.200	35.196	290.77
03/28/88	卖出	2459.900	85.000	3.579	1476.200	38.775	336.97
04/08/88	买入	2639.900	−180.000	−7.317	1296.200	31.458	239.14
04/19/88	卖出	2584.900	−55.000	−2.083	1241.200	29.374	213.32
06/06/88	买入	2612.900	−28.000	−1.083	1213.200	28.291	200.18
07/05/88	卖出	2702.900	90.000	3.444	1303.200	31.736	241.52
07/06/88	买入	2774.900	−72.000	−2.664	1231.200	29.072	208.45
07/18/88	卖出	2722.900	−52.000	−1.874	1179.200	27.198	185.80
总多头交易		7			总空头交易		7
多头获利		4 (57.1%)			空头获利		1 (14.3%)
总买入		0			总卖出		0
最大获利		1899.100			最大损失		−284.000
连续获利		3			连续损失		3
总的损或益		$ 1179.200			平均损或益		84.229
					总的损或益		18.58%

(资料来源:Pring Market Review/MetaStock)

- 另一个需要考虑的问题是:确定出最恶劣的连续亏损。一套系统即使在相当长时期内能够提供可观的获利,但如果你没有充足的资金来度过其严重的亏损时期,拥有这样的系统也没有什么意义。就这方面来说需要考虑两点:连续的亏损信号,以及不利期间的最大损失量。

- 一套可创造巨额利润,但却要求进行多笔交易的系统,在实际运作中的表现可能不如交易数目较少的系统。这是因为执行的交易笔数越多,由于缺乏市场流动性等因素而造成的实际交易成本可能会越高。此外,交易数目越多,就越需要投入大量的时间、精力及佣金成本等。

顺势信号为最佳的信号

在任何情形下，最佳的信号总是顺势信号。当然，事后判定主要的趋势方向往往是非常简单的，但在现实世界中，必须借助某些客观的方法来判定主要趋势的方向。

可采用的方法之一，就是计算出 12 个月移动平均线，根据价格相对于移动平均的位置来判定当时的主要趋势。交易系统根据每日或每周的价格指数数据发出交易信号，当价格指数高于其移动平均时，系统发出多头信号；而当指数低于移动平均时，系统将发出空头信号。

上述方法主要有两点不足，首先，市场本身可能处于长期横向交易区间，此时移动平均线的穿越信号不能正确地识别出主要的趋势。其次，空头市场的第一次反弹经常发生在价格高于其 12 个月移动平均线的期间内。因此，根据此次反弹发出的买入信号是逆势信号。大体上来说，大多数市场都具有趋势，因此这一方法可以过滤掉大量的逆势信号。

另一种方法是使用长期的动能指标，例如月度 KST 指标，有关 KST 指标的计算方法可参考第十二章。当 KST 处于上升阶段，同时价格高于其 12 个月移动平均线时，就代表着一个多头行情，此时应该进行多头交易；当 KST 处于下降阶段，而价格仍然高于其 12 个月移动平均线时，表示主要的趋势正处于峰位，此时不应再建立新的仓位。对于已经建立的多头仓位，应该做部分的平仓，待移动平均线发出反向穿越信号时再进行全部清仓。只有当 KST、价格及对应的移动平均处于一致性状态时，才能进行积极的交易。例如，当 KST 开始下降，而且市场价格低于其 12 个月移动平均线时，就代表着一个空头行情，此时应该只进行空头交易。如果你无法获得 KST 的有关数据，可用 18、20 及 9 组合而成的 MACD 月度数据来近似替代。

将摆荡指标与移动平均结合起来的一种简单技术

投资者若想同时掌握趋势明显市场与横向交易区间市场的发展态势，就须将移动平均与摆荡指标结合起来使用。当摆荡指标落到某一既定的超卖水准以下，而价格随后向上穿越其移动平均线时，就代表买入信号。如果价格向下穿越其移动平均线，就代表卖出信号。另一方面，如果摆荡指标穿越既定的超买水准，但价格却并

第二十九章 自动交易系统

未穿越其移动平均线,考虑到市场此时可能正处于横向交易区间,就应进行部分平仓,剩余的仓位等到移动平均线发出卖出信号时再全部清算。

这一方法可使投资者充分利用趋势明显行情的潜能,同时,即使市场随后落入易变的交易区间时,也可先获得部分利润。

考虑到摆荡指标在重要的市场转折点经常会出现背离现象,因此另一种做法就是,在根据移动平均线的穿越信号进行买入操作之前,等待摆荡指标第二次进入超卖区域。在卖出方面也可做同样的处理。

一个实例

现在我们以一个将这两种指标结合起来的交易系统为例来加以说明。所选择的是美国长期国债的连续走势,走势图29-3描绘出一条移动平均线,以及一个价格摆荡指标。其中价格摆荡指标表示为短期移动平均线除以长期移动平均线。本例中,选用1个交易日的移动平均线作为短期移动平均;10日的移动平均线作为长期移动平均。10日移动平均线画在走势图29-3的上方,而摆荡指标的走势画在图的下方。

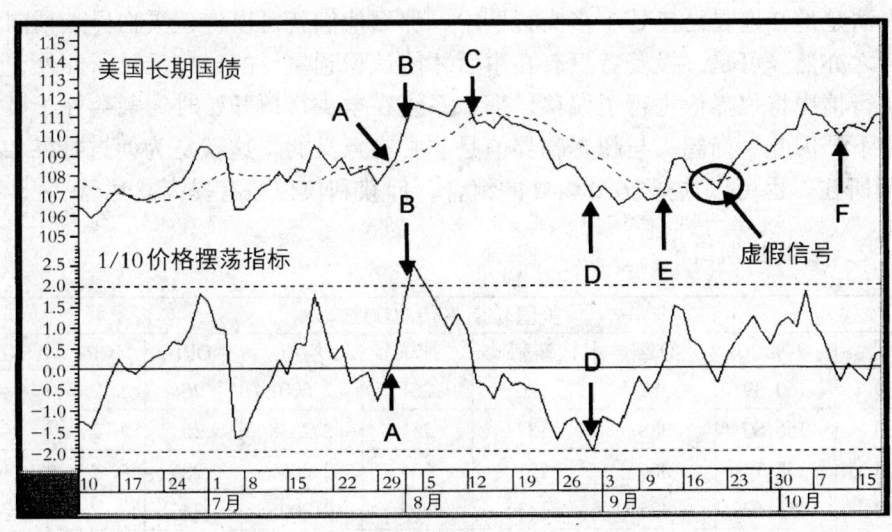

走势图29-3 美国长期国债及一个1/10价格摆荡指标

(资料来源:Martin Pring,*Breaking the Black Box*,McGraw-Hill,New York,2002年)

从走势图29-3中可看出该系统的运行方式。当价格向上穿越其移动平均线时

（正如图中 7 月末 A 点），代表买入信号；而当价格向下穿越其移动平均线或价格摆荡指标到达某一既定水准时，代表卖出信号。摆荡指标在几天后到达指定的超买水准（图中 B 点）。在本例中，我们将其设定为 +2%、-2%。这就意味着超买线等价于高于 2% 的价格；而超卖线则等价于低于 10 日移动平均线的价格。随后，在 8 月初，价格向下穿越其移动平均线，这表示一个卖空信号（图中 C 点）。8 月底，随着摆荡指标接近超卖区域（图中 D 点），投资者此时应及时进行低位补仓。9 月初，价格向上穿越移动平均线的信号代表下一个买入信号（图中 E 点）。然而，摆荡指标却再未到达 +2% 的超买水准，这是因为移动平均线首先向上穿越。下一个卖空信号是一个虚假信号，紧随其后的是最后一个买入信号，但该信号带来的获利却较小（图中 F 点）。

下面对该系统进行最优化处理（最优化是一种寻找最佳指标的系统化方法）。具体来说，就是用一个变量来表示移动平均与摆荡指标，用另一个变量来表示超买或超卖状态。从表 29-2 可看出，26/2/-4 的组合可提供最佳的总体收益。但这并不是我最终所选择的，因为我希望得到相同的超买与超卖临界水平。这是基于以下事实：摆荡指标对超买、超卖状态的敏感性取决于主要趋势的方向。在多头市场中，摆荡指标到达较高的超买水平，同时反弹出现在中等程度的超卖水平处。如果投资者清楚地知道自己正处于多头行情中，那么他们就可以将超买临界点稍向上偏移，反之亦然。可是，投资者只有在事后才能认识到主要的趋势反转。此外，如果在多头行情中将临界值进行了偏移，那么系统在空头行情开始时无疑会处于极大的压力之下。因此平衡超买与超卖临界值是非常有意义的。这就是为何选择 28/2/-2 的原因所在。也可以选择 26/2/-2 的组合，但获利仅仅略有提高。尽管 28 日移动

表 29-2 美国长期国债

美国长期国债 200003								
获利	%	总额	赢利	损失	均值	OP1	OP2	OP3
6039	160.39	387	126	261	2.6001	26	2	-4
5680	156.80	388	137	251	2.2558	26	2	-2
5573	155.73	365	131	234	2.2056	28	2	-2
5362	153.62	425	133	292	2.7005	24	2	-4
4968	149.68	426	145	281	2.3202	24	2	-2
4452	144.52	365	119	246	2.6470	28	5	-2
4389	143.89	365	119	246	2.6598	28	6	-2
3052	130.52	387	127	260	2.4372	26	2	-3
2980	129.80	353	110	243	2.7424	30	5	-2
2833	128.33	365	118	246	2.4860	28	2	-3

第二十九章 自动交易系统

平均产生的信号较少，但信号越少意味着发出的错误信号也就越少。

从表面上看，234个亏损信号相对于131个赢利信号似乎相当不利。然而，当仔细观察表29-3时，不难发现平均赢利是平均损失的2.2倍多，这说明了该系统可有效地减少损失。走势图29-4的上半部分绘出了价格摆荡指标的收益线。从中可看出，1美元的初始投资增长至2.25美元。尽管该套系统落后于买入—持有策略，但其收益并没有出现明显的下降，表现得相对稳定。1994年的10%已是最低点，但考虑到每年以9.4%的速度获得150%的收益这一事实，该系统仍具有一定的有效性。

表29-3 美国长期国债

现期头寸	空头	持有头寸的日期	10/19/98
买入—持有策略的获利	1.12	测试的天数	6291
买入—持有策略的损益(%)	111.83	B/H的年损益(%)	6.49
总的封闭式交易	365	支付的佣金	0.20
每笔交易的平均获利	0.00	平均赢利/平均损失比	2.21
总的多头交易	183	总的空头交易	182
赢利的多头交易	70	赢利的空头交易	61
总的赢利交易	131	总的亏损交易	234
赢利成交量	4.15	亏损成交量	-3.36
平均赢利	0.03	平均损失	-0.01
最大赢利	0.10	最大损失	-0.06
赢利的平均长度	8.05	亏损的平均长度	4.52
最长的赢利交易	21	最长的亏损交易	18

对许多封闭式共同基金在20世纪80~90年代期间的数据测试表明，28日移动平均线及1/28价格摆荡指标，并采用+5%、-5%作为超买/超卖临界水平的28/5/-5组合表现相当理想。

自1978年以来，拉塞尔（Russell）2000的10/10/-10组合具有极好的绩效。从1978年的1美元的初始投资到2001年为止增长至20多美元。该系统的获利情况显示在走势图29-5中，从中可看出，并没有出现严重的下跌。

所有这些系统在未正式投入市场之前，都假定0.01%的佣金及5%的利率。同时，开始时就持有一定的头寸，且没有做空。

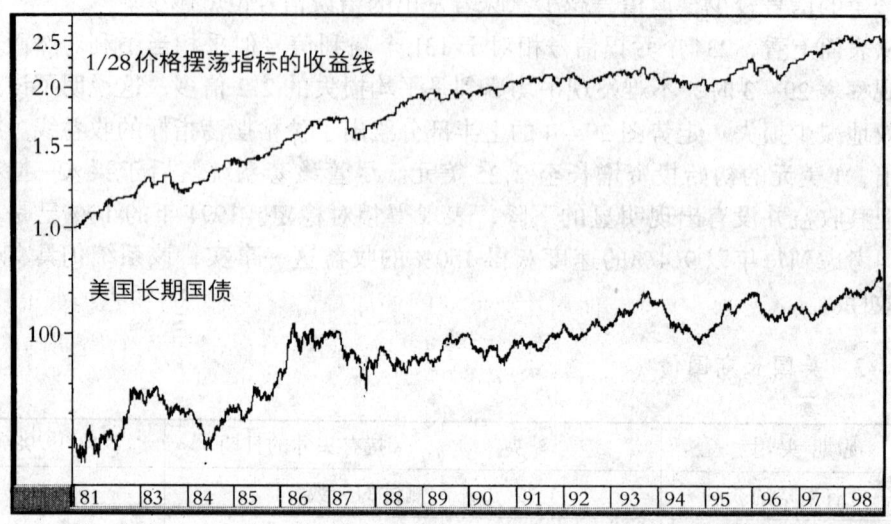

走势图29－4 美国长期国债及一个1/28价格摆荡指标，1981～1998年

(资料来源：Martin Pring, *Breaking the Black Box*, McGraw-Hill, New York, 2002年)

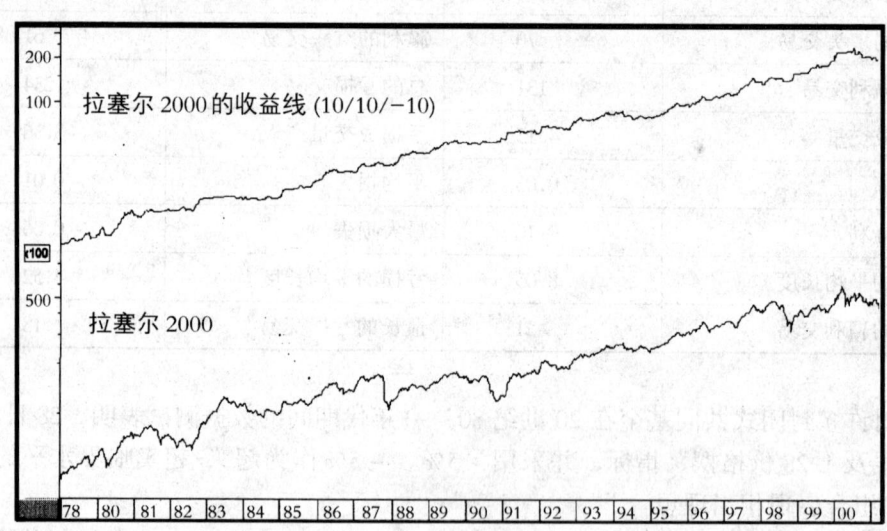

走势图29－5 拉塞尔2000指数，1978～2001年

(资料来源：Martin Pring, *Breaking the Black Box*, McGraw-Hill, New York, 2002)

三重指标系统

在设计一套结合多个信号指标（Triggering Mechanism）的交易系统时，应遵循的一个重要原则就是，明确该系统结合的不同指标是采用不同的时间跨度。时间跨度不同这一点是非常重要的，因为任一时期的价格是由许多不同的时间周期的相互作用来决定的。当然，不可能对所有的时间周期都进行详细的分析，但如果能够确定不同的信号指标之间存在着时间差，那么至少可以尝试在多个周期内来测试系统。

我本人在20世纪70年代末设计了一套系统，该系统结合了移动平均的穿越信号与两个ROC指标的信号。这些指标分别是10周简单移动平均线，6周ROC及13周ROC。因此，有两种不同类型的指标：一个顺势移动平均线与两个摆荡型指标。同时，该套系统由3个不同的时间跨度组成。买入与卖出规则也是非常简单的。具体来说，当价格向上穿越其10周移动平均线，而且两个ROC指标向上穿越零线时，代表买入信号；反之，当两个ROC指标向下穿越零线，且价格向下穿越其10周移动平均线时，代表卖出信号。信号仅在这3个指标的变动全部一致时才会发出。这是因为我们希望能够确保在不同周期（反映在3个不同的计算期间）的表现是完全一致的。最初该套系统被运用于分析英镑/美元的汇率，原因在于它具有非常稳定的趋势。

首先，可从走势图29-6中观察10周简单移动平均线的穿越信号在1974下半年至1976年期间的表现。其中买入信号用向上的箭头表示，而卖出信号用向下的箭头表示。图中总共给出了13个交易信号，对于最初1美元的投资，最终从多头与空头头寸中的总获利为19美分。与之相反，"买入—持有"策略却亏损近70美分。单独就这个信号指标（即移动平均线）来说，这已经是相当理想的成绩，但值得注意的是，英镑在相当长的期间内，即1975~1976年的大部分时间，处于持续的下降趋势。尽管在1975年底和1976年初，曾经多次发出震荡的错误信号（显示在图中的两个椭圆内），但所造成的影响较小。

其次，引入13周ROC。当13周ROC向上（向下）穿越零线时，就代表买入（卖出）信号。走势图29-7描绘了这一过程，总共产生了6个交易信号，净获利为23美分。这一结果要好于移动平均线产生的穿越信号的结果。这是因为，尽管这一动能指标发出的信号要少于移动平均线产生的穿越信号，但正因为发出的信号较少，所以才可以大幅降低震荡走势发出错误信号的可能。虽然如此，在1976年还是发出了若干次严重的错误信号。

技术分析

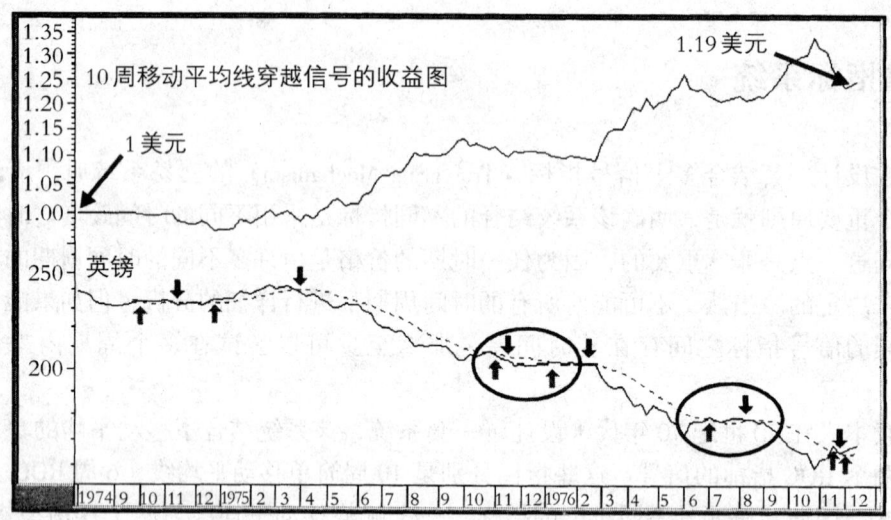

走势图 29-6 英镑交易系统与 10 周移动平均线

（资料来源：Martin Pring, *Breaking the Black Box*, McGraw-Hill, New York, 2002）

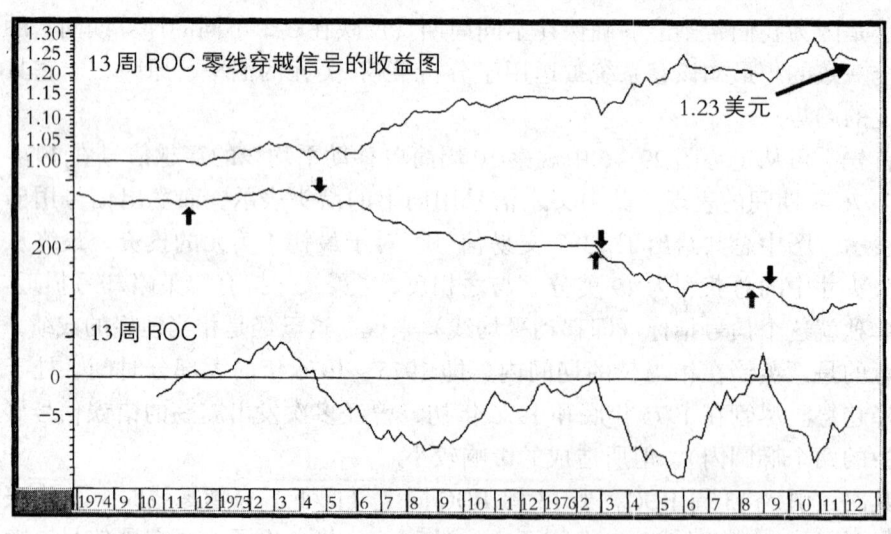

走势图 29-7 英镑交易系统与 13 周 ROC 指标

（资料来源：Martin Pring, *Breaking the Black Box*, McGraw-Hill, New York, 2002）

第二十九章 自动交易系统

最后，再引入第二个 ROC 指标，用来过滤掉一些错误信号。我们之所以选择 6 周 ROC，主要是因为 6 周大约是另一个 13 周 ROC 指标时间跨度的一半。虽然总获利仅稍有增加（24 美分），但交易信号却增加至 12 个。走势图 29-8 的中间部分绘出了 6 周 ROC 的走势。

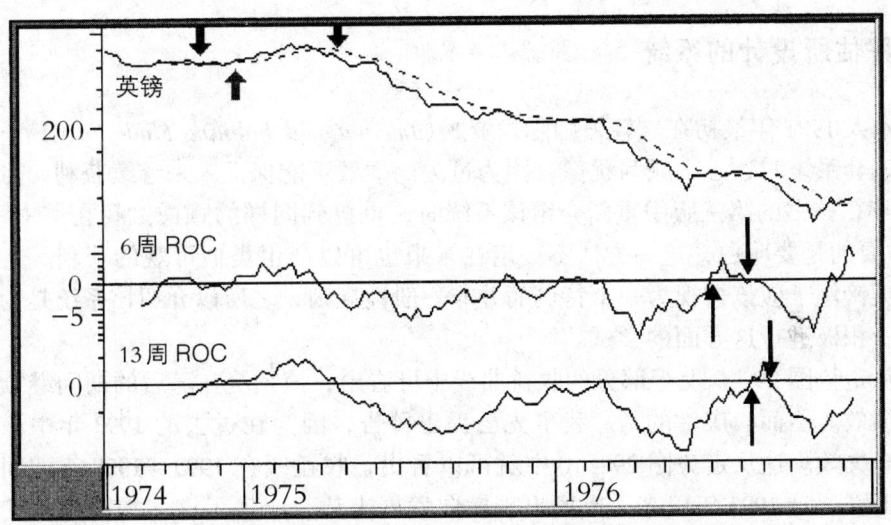

走势图 29-8 3 个指标综合的英镑交易系统

（资料来源：Martin Pring，*Breaking the Black Box*，McGraw-Hill，New York，2002）

3 个指标的综合

现在将所有 3 个指标集中在走势图 29-8 中，从中来观察结合后的结果如何。可以发现净获利较前面的 6 周 ROC 指标稍有提高，然而，重要的是交易信号的数目却减少至 3 个。走势图 29-8 清楚地显示出，在 1974 年 10 月，当 6 周 ROC 紧随其他两个指标进入负值区域，代表着第一个卖出信号；随后，在 12 月，13 周 ROC 动能指标向上穿越零线，紧随其后的是一个向上的移动平均穿越信号。最后，6 周 ROC 指标向上穿越零线，代表一个买入信号。接着，在 1975 年 4 月，所有这 3 个指标都进入负值区域。移动平均线与 6 周 ROC 同时进入空头行情，随后是 13 周 ROC 也发出空头信号。到 1976 年初为止，该套系统一直保持空头行情。而在 1976 年 2 月，价格向上穿越其移动平均线，同时 6 周 ROC 也向上穿越零线，这似乎表示系统即将进入多头行情，然而 13 周 ROC 动能指标却依然呈空头走势，等到该动能指标终于进入多头行情，但此时，价格却落到其移动平均线以下，而且 6 周 ROC 指标也落至零线以下。因此，可以说在 1975～1976 年初这段期间内，这 3 个指标从未达成一致。同样,在 1976 年 7~8 月期间,情况也大体如此,两个 ROC 动能指标交替发出多头与空头信号。我在教授动能课程时,学生们将这一现象称作反向复合背离(negative complex divergence)。在这种情形下,将这 3 个指标结合起来进行检测可得到非常好的绩效。

评估所设计的系统

本人 1981 年最初在《轻松国际投资》(*International Investing Made Easy*)一书中介绍该套系统时,心中颇为犹豫,因为过去的绩效不能保证未来继续获利。后来在 1992 年,该书的第三版中重新介绍该系统时,也提到同样的顾虑。我在书中写道:"很重要的是要明白,这一方法不一定在未来也可以产生类似可观的获利。上述所举的英镑例子应该被视为一个特例而并非一般性规则,之所以介绍该系统是为了鼓励读者积极进行这方面的尝试。"

从走势图 29-9 上半部分的收益曲线中可看出,该系统在随后的期间继续有很好的绩效。然而,庆幸的是,我事先已提出警告,因为在过去的 1993 年中该系统就完全失效。这从走势图 29-10 中就可以看出,收益线在 1993~1998 年期间就不断地下降。自 1993 年以来,市场出现横向发展走势,产生了许多震荡走势的错误信号,才使得获利从 1993 年的 2 美元呈直线下降。这充分说明了,即使一套系统在长达 20 年的时间里都表现相当理想,但市场行情处于不断变化之中,因此必须

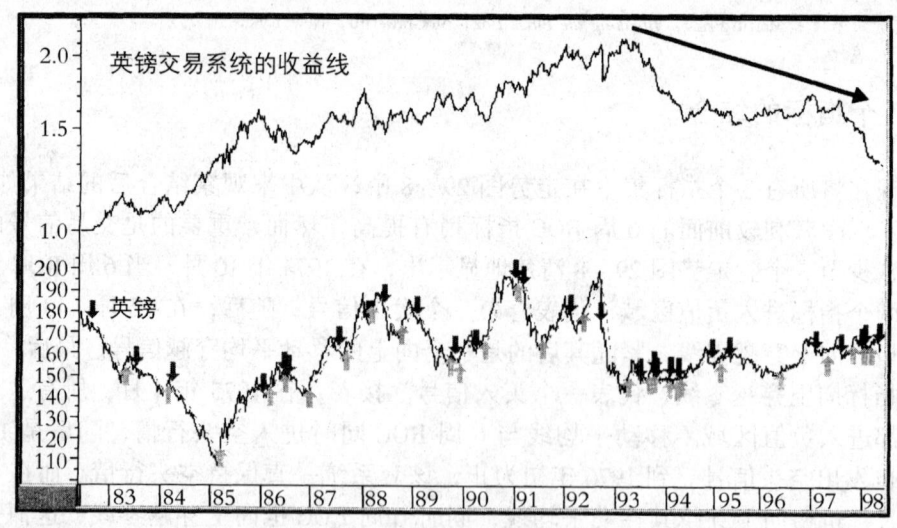

走势图 29-9 英镑交易系统的绩效,1983~1998 年

(资料来源:Martin Pring, *Breaking the Black Box*, McGraw-Hill, New York, 2002)

第二十九章 自动交易系统

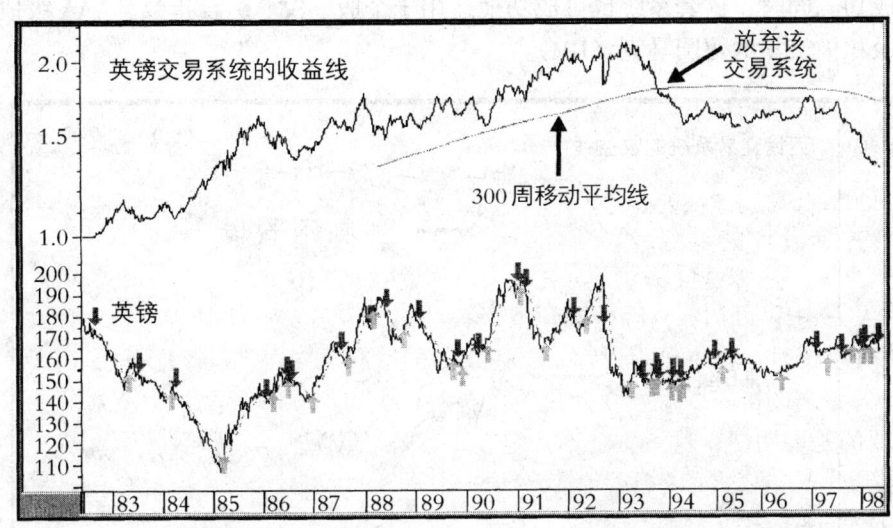

走势图 29-10 使用 300 周移动平均线的英镑交易系统

（资料来源：Martin Pring, *Breaking the Black Box*, McGraw-Hill, New York, 2002）

做好充分的应对准备。然而，我们显然只有在事后才清楚市场环境已发生变化。为了解决这一问题，可采取的一种方法就是绘出一条穿越收益线的长期移动平均线或趋势线。

在走势图 29-10 中，绘出了 300 周简单移动平均线。选用 300 周的原因在于，我本人认为在考虑放弃一套系统之前，有必要让它经历相当长时期的检验。毕竟英镑交易系统的历史可追溯到 20 世纪 70 年代初，因此 6 年也并非过长。具体来说，当收益线向下穿越 300 周移动平均线时，说明该系统存在着严重的问题，至少应该暂停使用。在这种情况下，应对该系统进行重新评估，看是否能对其加以改善。当然，这并不意味着，通过设定一些特殊的交易规则就可完全消除其不利的绩效。但至少可以等到收益线重新向上穿越移动平均线时，再使用该交易系统。

分散化的优点

可采取的第二个方法就是在不同的市场中使用同一套系统，也就是进行分散化。我们需要再次确保系统在任何一个交易市场都有效。走势图 29-11 描绘出英镑交易系统在东京证券交易市场的表现。从中可看出，该交易系统的获利较为可观并且有持续性，仅在 20 世纪 90 年代初期有过数次下降，其中，在 1992 年首次下降，降幅超过 20%，但总体上，该系统在 1981~1992 年（12 年）期间，表现得都非常成功。同时,这套系统也可成功地运用于个股、S&P 综合指数、AAA 级债券收益率及积极交易的德国马克(DM)。

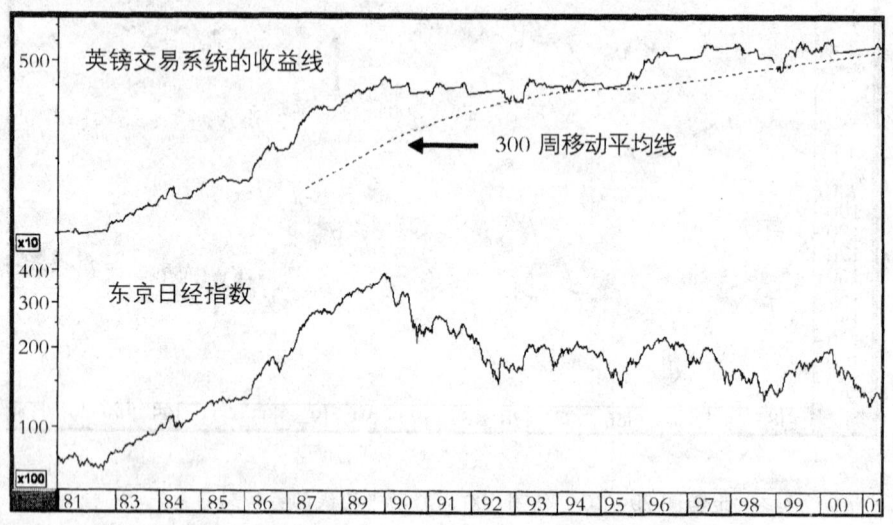

走势图 29-11 英镑交易系统在东京证券交易市场的表现

(资料来源:Martin Pring, *Breaking the Black Box*, McGraw-Hill, New York, 2002)

引入市场间系统

市场间关系

到目前为止,仅仅单独考虑了特定的证券或市场,采用的统计数据也来自所考虑的单一证券。因此,可尝试采用一个可靠且经得起检验的市场间关系作为参照来获得更好的绩效。当一个市场持续地影响另一个市场时,就会逐渐形成市场间关系。首先,需要从理论的角度来解释为何会存在这样的关系。其中,最基本的关系可能存在于股票价格与短期利率之间。在第二十五章已详细讨论过这一关系,从中我们知道短期利率的趋势变化领先于股票价格。

尽管如此,我们并不清楚领先的程度或股票随后反弹的幅度。但可以根据移动平均线的穿越信号来对货币市场的价格趋势(换言之,倒置的短期利率)进行分类。当货币市场价格的上升趋势确定后,就可以观察股价趋势对此的反映,原因在于,货币市场价格的上升趋势预示着股票的多头行情。然而,只有当 S&P 综合指数向上穿越其移动平均线时,才能确定这一多头信号。我们可以将其视为一名昏迷的游泳者，正在接受人工呼吸。我们很清楚这种治疗对病人是有效的，正如下降的利率有利于股票价格。然而，我们并不知道需要多大程度的治疗，以及病人是否会苏醒，直至患者能够自己呼吸。相类似，股票市场通过对其移动平均线的穿越来对利率变化作出反应。

我们可从走势图29-12来观察这一过程。在1981年10月，倒置的商业票据收益率向上穿越其12个月移动平均线（图中的椭圆处），这预示着股市的多头行情。然而，股市直到1982年8月才作出抄底反弹的反应。当S&P综合指数反弹，向上穿越其12个月移动平均线时（图中的A点），表明股市对积极的利率环境作出了响应。在图中，S&P综合指数于1982年8月向上穿越其移动平均线。在这种情况下，两趋势都呈多头走势，因此交易系统也同样看多。这一多头行情将一直持续下去，直到某一个指标落至其移动平均线以下，例如，走势图29-12显示出，3月期商业票据收益率在1983年6月向下穿越其移动平均线（图中B点）。然后，在1985年1月又恢复了多头走势。

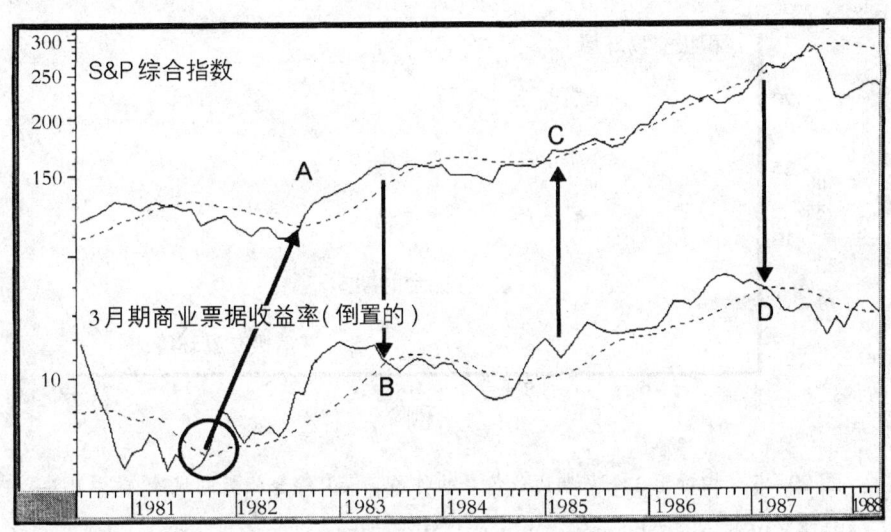

走势图29-12　S&P综合指数与3月期商业票据收益率

（资料来源：Martin Pring, *Breaking the Black Box*, McGraw-Hill, New York, 2002）

最后，在1987年初，倒置的收益率向下穿越其移动平均线（图中的D点），而股市继续回升，因此系统不再看多。尽管在所举的例子中，1987年的股市大崩盘在其移动平均线被穿越之前就已经结束，但在大多数情况下，交易系统最好应在S&P向下穿越其移动平均线后，再发出卖出信号。当货币市场指标向下穿越其移动平均线时，风险会相应增加，因此最好是在货币市场指标向下穿越其移动平均线时，先作部分平仓处理，剩余的仓位等到 S&P 也向下穿越其移动平均线时，再全部清空。

图 29-5 绘出了该交易系统在 1948~1991 年期间的风险与收益之间的关系。其中，纵轴表示年收益，横轴表示面临的风险，风险用波动率来度量。从中可看出，任何一个系统的最佳位置应该是左上角，通常被称作西北象限，该处的收益高，而风险低。图中用*标示的"积极交易环境"反映了我们的股票/利率交易系统的风险与收益。显然，接近 25% 的年收益，以及大约 5% 的波动率表明该系统是相当理想的。图中用*标示的"完全时期"，反映的是买入—持有交易系统，该系统的收益低于 10%，而风险（波动率）却高于 12%。最后，"消极交易环境"代表系统并不看多的时期，它可能表示一个空头行情，或者表示利率低于其均值而 S&P 却仍然高于其均值的时期。无论如何，都能感受到 25% 的低风险收益时期（当系统看多时）与高风险/低收益时期（当系统看空时）之间存在的巨大差异。总而言之，该系统不仅可带来可观的收益，而且以较低风险来获取收益的方式也是非常有利的。

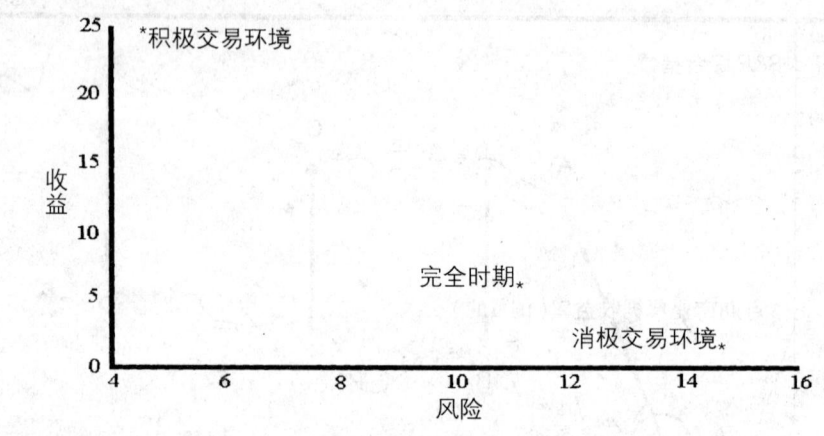

图 29-5　相对于 3 个月期商业债券的收益，S&P 综合指数的风险/收益比率

（资料来源：Martin Pring, *Breaking the Black Box*, McGraw-Hill, New York, 2002）

当股价位于其移动平均线以上，而利率却低于其移动平均线时，同样表示明显的多头走势。然而，一旦利率上升至其 12 个月移动平均线以上，接下来的平台整理有可能意味着空头行情的到来。当然，S&P 综合指数迟早会向下穿越其移动平均线，因此应及时离场，既然能够在更为有利的情形下冒微弱的风险就可获得可观收益，为什么还要冒险呢？

如果你是一名短期交易者，可能会认为这套方法毫无用处。然而，如果你意识到在系统看多时，卖空操作很可能会造成损失，就会改变上述看法。系统看多时的卖空行为不仅违背了主要的趋势，而且可能发生在股市最为看涨的情形下。同样的道理，当系统发出短期买入信号时，可以根据这一信号建立多头仓位。当然，这并不是说，在系统看多时就不可能发生急剧的修正走势，因为1971年股市的确发生了大幅回落。因此，在系统看多时，可能会有短期的强势反弹或震荡反转。

使用债务融资

以上所描述的所有系统都是以现金交易，在购买证券时没有使用债务融资。因此，一个很自然的想法就是在交易系统中引入债务融资手段，此时，收益应该会倍增，然而事实却并非如此。走势图29-13描绘出一套没有引入债务融资时的10日简单移动平均线穿越系统，而走势图29-14描绘出一套附有10%债务融资要求的相对应系统。从中可看出，使用债务融资的系统出现了大幅亏损，账户金额仅在一年后就损失殆尽。因此，必须铭记的一点是，杠杆作用也具有两面性。

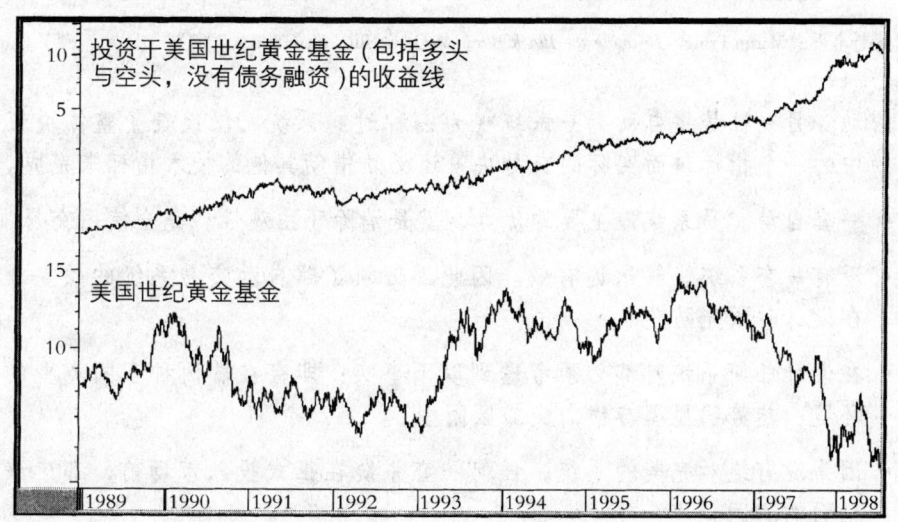

走势图29-13 无债务融资要求的美国世纪黄金基金，1989~1998年

（资料来源：Martin Pring, *Breaking the Black Box*, McGraw-Hill, New York, 2002）

小　结

- 自动交易系统有两种使用方式，一种是根据系统发出的每一个信号采取行

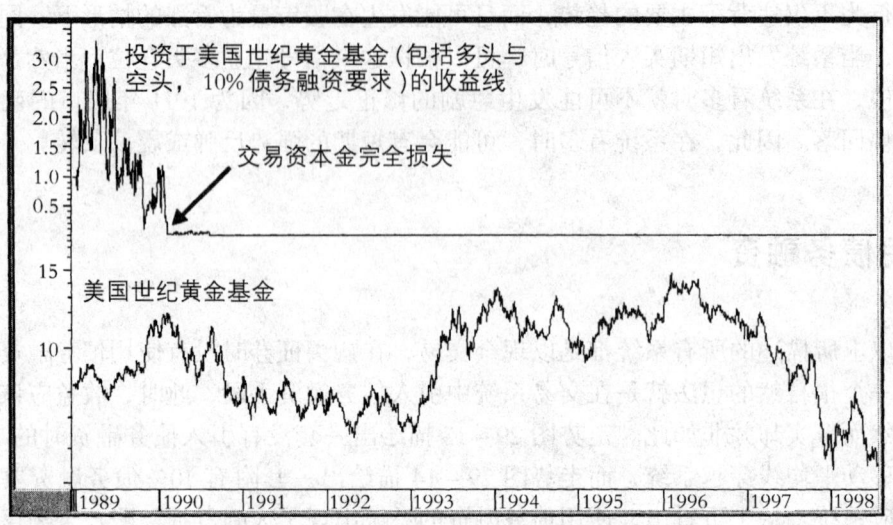

走势图 29-14 有债务融资要求的美国世纪黄金基金，1989~1998 年

（资料来源：Martin Pring, *Breaking the Black Box*, McGraw-Hill, New York, 2002）

动。另一种是将自动交易系统视为一种过滤系统，仅代表了整体决策过程中的一个指标，而实际的交易决策还必须借助其他的技术指标来完成。

- 一套自动交易系统最主要的优点，就是消除了主观性，完全使用交易规则。
- 没有一套系统能够永远有效。因此，必须了解自动交易系统的缺点，以便在设计时预先防范。
- 在设计任何系统时都必须考虑到以下事实：即存在着两种不同类型的市场环境：趋势明显型与横向交易区间型。
- 因为没有绝对完美的系统，任何一套系统在正式投入市场前，都应该进行全面的测试。
- 在使用任何系统时都应该进行分散化交易，这样可降低某一特定市场因不适用该系统所导致的风险。
- 债务融资的引入一定程度上扭曲了测试效果，或向上或向下。实际的测试绩效将取决于有利信号与不利信号的时间顺序。

第三十章
全球股市技术分析

世界各地的投资者基本上都出于同样的理由买入或卖出股票,因此技术分析的原则可适用于任何一个股票市场。不幸的是,许多国家提供的统计数据精确度不如美国,因此无法进行类似的详尽技术分析,当然情况也在快速改进当中。尽管如此,有关价格、广度与成交量的统计资料在大多数国家都可获得。此外,利率与产业板块的有关资讯也较容易取得。

本章中,我们从获利的角度来集中分析股市的长期趋势,但该分析同样可用来识别中期与短期趋势。

识别全球性的主要趋势

走势图 30 – 1 (a) 与 (b) 显示出摩根·斯坦利国际资本公司 (MSCI) 所提供的世界股价指数 (World Stock Index) 的走势,它是由许多不同国家精选出的蓝筹股所构成的股本加权指数。该指数是以美元计值,并且通常在财经新闻中公布。由道·琼斯与《金融时报》公布的其他世界指数也可用来进行分析,但之所以选择 MSCI 是因为它的历史数据较长,可追溯到 20 世纪 60 年代。世界股价指数是分析不同股票市场周期性趋势的一个理想起点,正如 S&P 综合指数是分析美国股市的起点所在一样。这是因为全球的所有股市大致上都呈现出相同的变化方向,正如 S&P 500 可以反映大多数美国股票的主要趋势一样。总的来说,科技与通信的飞速发展已打破了地域性的贸易格局,使得国与国之间的相互联系更为密切,因此各个国家的股票市场与商业周期也呈现出更高的一致性。1987 年的股市大崩盘是一个重要的转折点,当时全球所有的股市几乎同时崩盘。在大约 10 年之后,所谓的东亚经济崩溃迅速波及全球,进一步证实了上述的一致性。美国在 20 世纪 80 年代与 90 年代期间大规模出现的封闭式与开放式全球性共同基金,就是国际意识越来越强的最佳例证。当然,也不可否认存在一些例外情形,因为在任一时点处,不同的

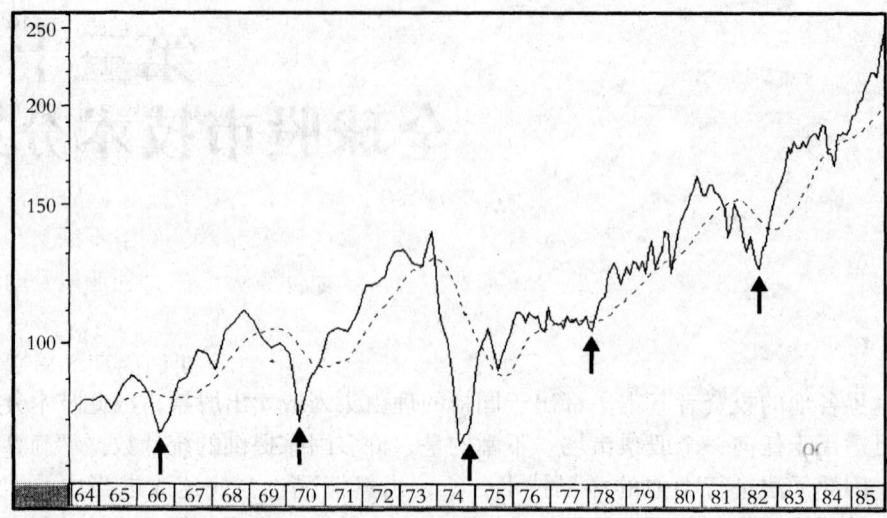

走势图 30-1 (a) MSCI 的世界股价指数及 4 年期的周期性低点, 1964~1985 年

(资料来源: www.pring.com)

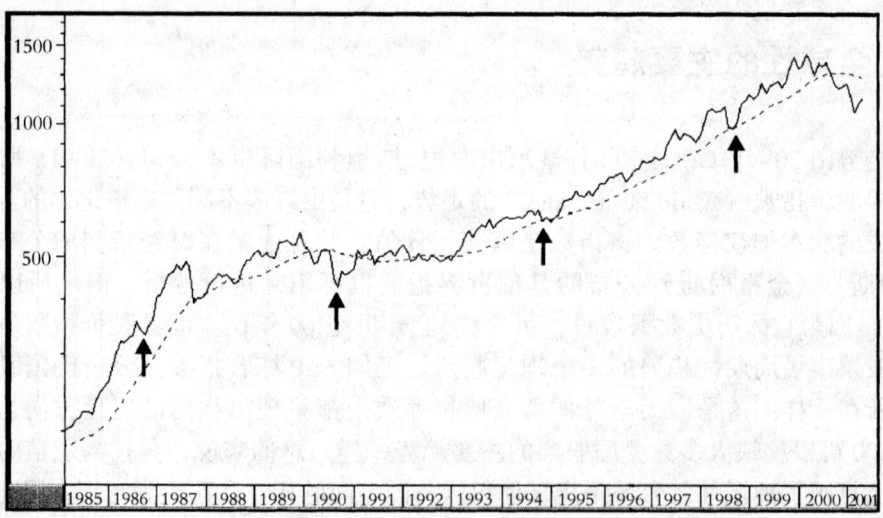

走势图 30-1 (b) MSCI 的世界股价指数及 4 年期的周期性低点, 1985~2001 年

(资料来源: www.pring.com)

第三十章 全球股市技术分析

国家可能处于不同的发展阶段，或者一些国家比其他国家增长（衰退）更快。因此，各国在长期的经济、金融以及政治形势上都存在着不同程度的差异。全球性的多头行情对于金融系统正在被扭曲的国家——例如在1986~1990年期间的香港——而言，可能非常短暂或几乎不存在。此外，市场结构的不同也会导致各国出现不一致的表现。例如，瑞典与芬兰指数在90年代后半期表现极好，原因在于这两个市场以高技术公司为主导。自然资源极其丰富的国家在商品价格不断上升的时期表现较好。因此，英国通常领先达到股市峰位，而加拿大、澳大利亚以及南非这些国家则趋于滞后。

MSCI走势图30-1中的箭头表明，国际股市呈现出4年期的周期。周期的谷底分别出现在1962年、1966年、1970年、1974年、1978年、1982年、1986年、1990年、1994年以及1998年，所有间隔都大约为4年。之所以说"大约"，是因为实际的底部并不都出现在同一个月。此外，1986年的底部几乎并不真正存在，实际上是为期6个月的横向交易走势。这表明了，在长期的多头行情中，例如20世纪80年代，周期性低点最好被视为一个买入点。类似的情况也出现在1994年，只不过当时的修正走势更为明显。

走势图30-2同时绘出MSCI与18个月ROC的走势。当ROC动能指标向上穿越其+30%的标示水准（代表超买区域），然后再反转向下穿越该水准时，代表卖出信号，图中用实线箭头标出。反之，当ROC动能指标向下穿越-30%的标示水准（代表超卖区域），然后再回转向上穿越该水准时，代表买入信号，图中用虚线

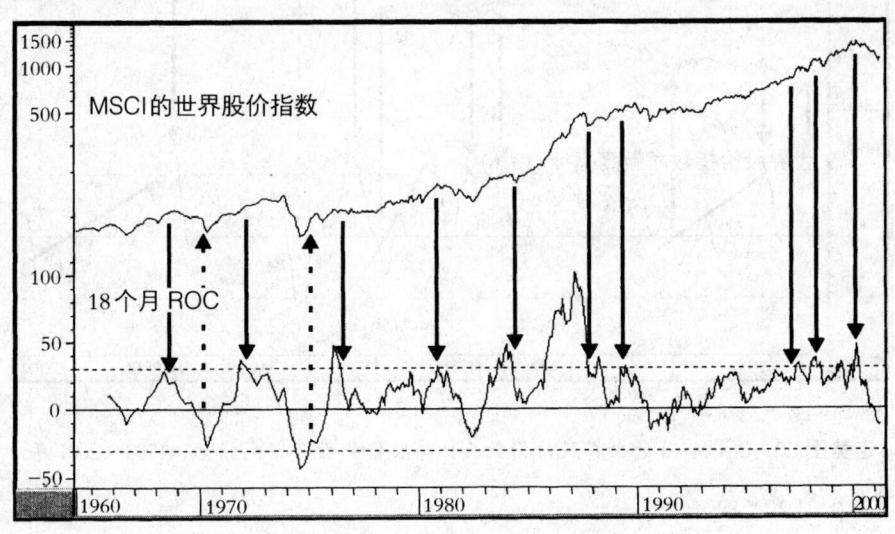

走势图30-2 MSCI的世界股价指数及18个月ROC，1960~2001年

（资料来源：www.pring.com）

箭头标出。这样的买入信号通常暗示着，投资者心理已过于看多，全球股市周期应进行适当调整。在图中所考察的40年期间，上述方法确实及时地发出了许多信号，但不可避免地也存在着一些失效的情形，例如1984年与1987年的滞后信号，以及20世纪90年代末的两次错误的卖出信号，这是因为随后股市并没有下跌。

新高与扩散指标

净新高的数据也可用于判断世界指数的趋势。走势图30-3是用流行的MetaStock程序绘制而成。这种情况下的新高/新低指标都是由一系列单个股票市场的数据计算而成。此处选用了13周来代替标准的52周时间间隔，同时用6周简单移动平均线来对数据进行了平滑处理。当然，13周代表一个季度，而且有相当好的绩效。图中的箭头表示超买/超卖穿越信号，也表示可构建净新高指标趋势线的时期。通常情况下，7.5%的超买穿越信号发出之后会出现短暂的修正走势。然而，当指标到达10%的标示水准，然后再反转时，例如1998年与2000年的情况，意味着随后会出现更为严重的大幅下滑。

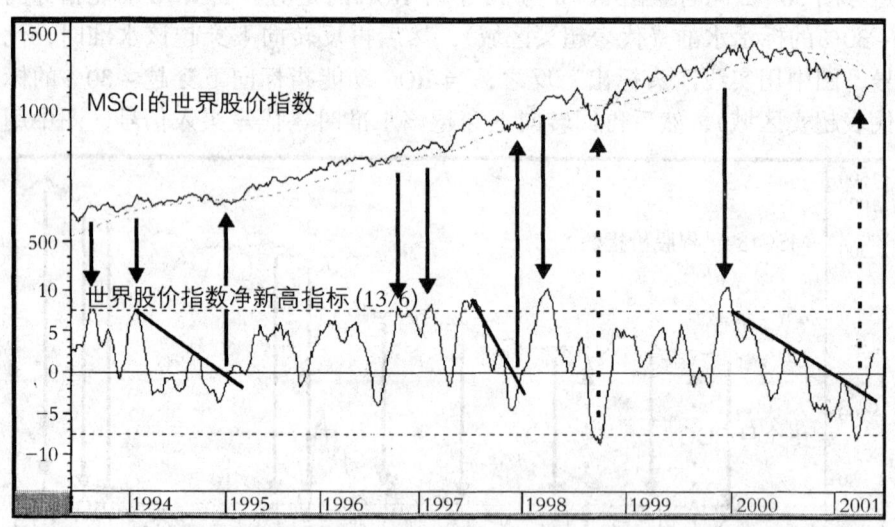

走势图30-3　MSCI的世界股价指数及世界股价指数净新高指标，1993~2001年

（资料来源：www.pring.com）

走势图30-4给出另一种分析方法。在该方法中，存在两个扩散指标。一个是由一系列高于其6个月移动平均线的单个国家股指构建而成，该曲线显示在图的中

第三十章 全球股市技术分析

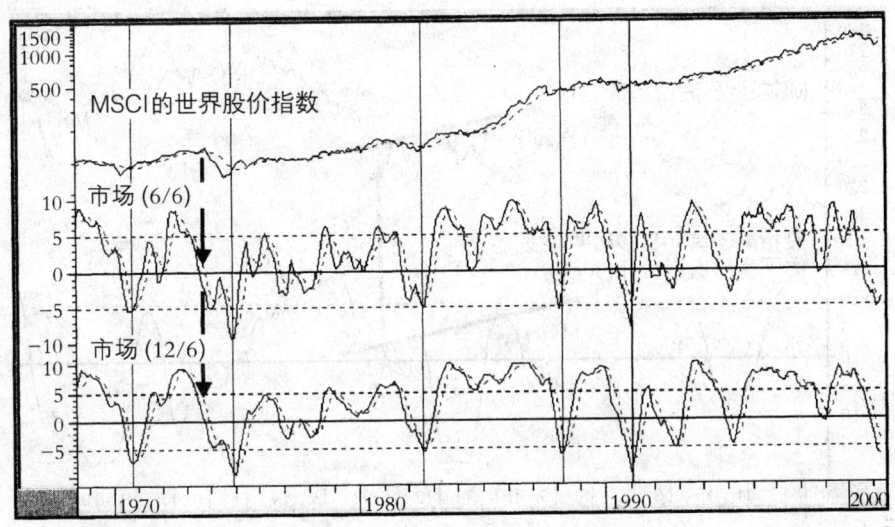

走势图 30-4 MSCI 的世界股价指数及两个扩散指标，1968~2001 年

（资料来源：www.pring.com）

间部分。另一个是 12 个月的扩散指标，显示在图的下半部分。这两个指标都用 6 个月移动平均线进行了平滑处理，以消除不必要的波动。图中垂线处，两个指标同时穿越超卖区域向上反弹，这通常表示世界股价指数将大幅上升。然而，扩散指标真正需要引起关注，是在出现明显的背离时。这种情况并不多见，但有一例非常突出。它发生在 1973 年，当时两个扩散指标都位于零线以下，而 MSCI 却位于多头行情的峰位，这说明世界股价指数仅由少数几个国家的指数支撑着，而许多国家的股价指数已经开始崩溃，因为他们背离了其 6 个月与 12 个月移动平均线。相应地可认为，空头行情将对世界股价指数造成负面影响。

走势图 30-5 给出另一种扩散指标。它是计算股指高于其 40 日移动平均线的国家所占的百分比。图中的曲线是用 10 日移动平均线进行了平滑处理后的数据构建而成的。在 1998 年初的市场底部，再一次看到明显的背离现象：扩散指标很少落在零线以下，而 MSCI 却一直在底部徘徊。此外，还可以构建两条趋势线，一条是针对扩散指标，另一条是针对世界股价指数本身。不足为奇的是，在扩散指标背离向下的趋势线与价格趋势向上反转之后定会发生大幅反弹。此外，当扩散指标再回转穿越其超买或超卖区域时，代表着局部的市场头部或底部。

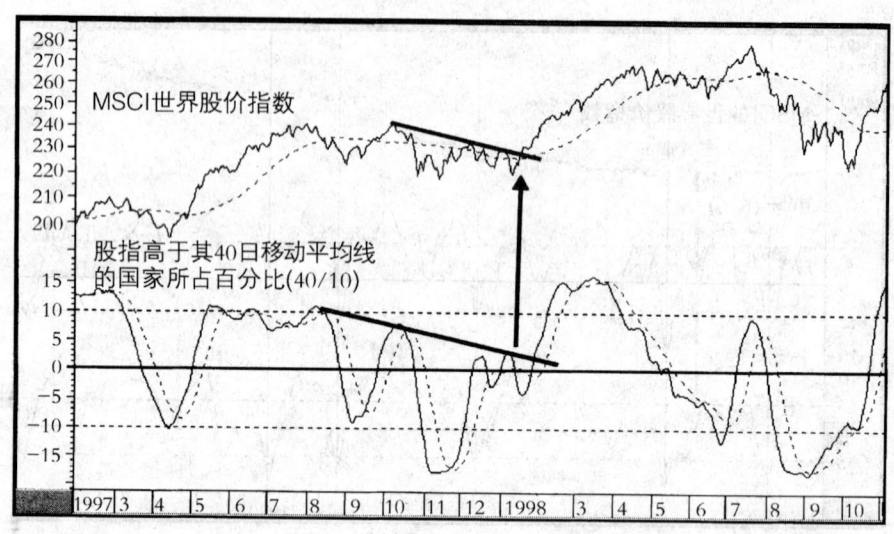

走势图 30-5　MSCI 世界股价指数及一个短期扩散指标，1997~1998 年

(资料来源：www.pring.com)

单个股市的选择

现在，股票市场中存在着多种交易方式。个别国家的股票可以通过具有国际认证的经纪人来购入，也可凭美国存托凭证（ADRs）等方式来购入。近几年来，大多数国家的交易所都建立了股指期货市场。此外，还可通过各种封闭式与开放式的特定国家或地区基金来买入股票。由多个国家的主要股指组成的一揽子股票，也就是所谓的全球基准股（world equity benchmark shares，webs），可在美国证券交易所（AMEX）买入。类似的交易工具也可在 NYSE 获得。

选择较为理想股市的关键在于，采用相对强度（RS）分析方法，这一方法的相关准则已在第十六章中进行了概括。走势图 30-6 显示出 S&P 综合指数及它相对于 MSCI 世界股价指数的 RS 指标的走势，以及 S&P 的两条 KST 指标曲线。图中所涵盖期间为 1978~1995 年，RS 指标总共出现 3 次大的变化，这从图中的 3 处趋势反转可看出。第一次出现在 1985 年，代表一个卖出信号。值得注意的是，这段期间的相对 KST 指标很少能反弹至零线以上，只是随后通过向下穿越其移动平均线，才发出一个卖出信号。而 S&P 综合指数在随后的一年里大幅反弹，但 RS 指标却持续下降，这表明存在更理想的投资国家。

第二次趋势反转出现在 1988 年底，RS 指标突破了向下趋势线而变为向上趋

第三十章 全球股市技术分析

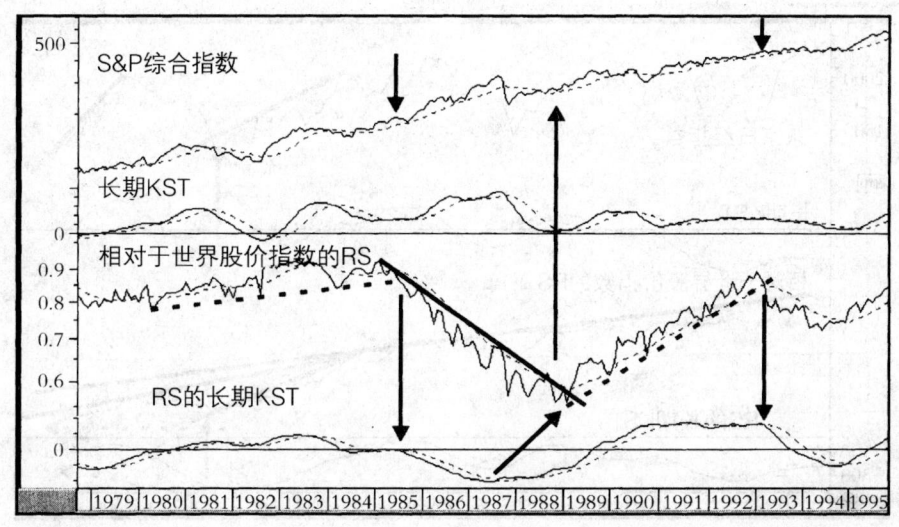

走势图30-6 S&P综合指数与MSCI的世界股价指数的比较，1978~1995年

（资料来源：www.pring.com）

势。在这一期间内，两个KST指标都位于零线以上。最后，在1993年初，RS指标的趋势反转与两个KST指标发出的卖出信号（向下穿越其移动平均线）都预示了市场在随后的2年表现不佳。

走势图30-7也绘出了东京日经指数与它相对于世界股价指数的RS指标的走势，及两条相应的KST指标曲线。与S&P综合指数走势不同的是，在1990~2001年期间，日经指数的RS呈现出长期的下降趋势。仅在1999年底出现一次明显的买入信号：东京日经指数及其RS都突破向下趋势线而上扬，同时两个KST指标向上穿越其移动平均线。即使如此，日经指数的RS仍相对较弱，这是因为其RS一直未能向上突破其长期向下的趋势线。在图的末端，技术面似乎有所改善，因为RS的长期KST向上穿越了其移动平均线，而且RS也向上突破其趋势线。

有时，可能发现某一市场独有的特征。走势图30-8绘出德国DAX指数与18个月ROC动能指标的走势。从图中可看出，在相当长的时期内（40年），ROC动能指标回转向下再穿越超买区，都代表着可靠的卖出信号。当然，它并不是一个完美指标，但其向下穿越50％的标示水准表现出相当理想的绩效。

走势图30-9描绘出悉尼全部普通股指（Sydney All Ordinaries）相对于世界股价指数的相对强度走势。图的上半部分是CRB的原材料现货指数，其中垂线标出该指数的峰位与谷底。澳大利亚自然资源丰富，因此从图中可明显看出，当商品指数处于多头行情时，悉尼全部普通股指的表现明显优于全球股市，反之亦然。当然

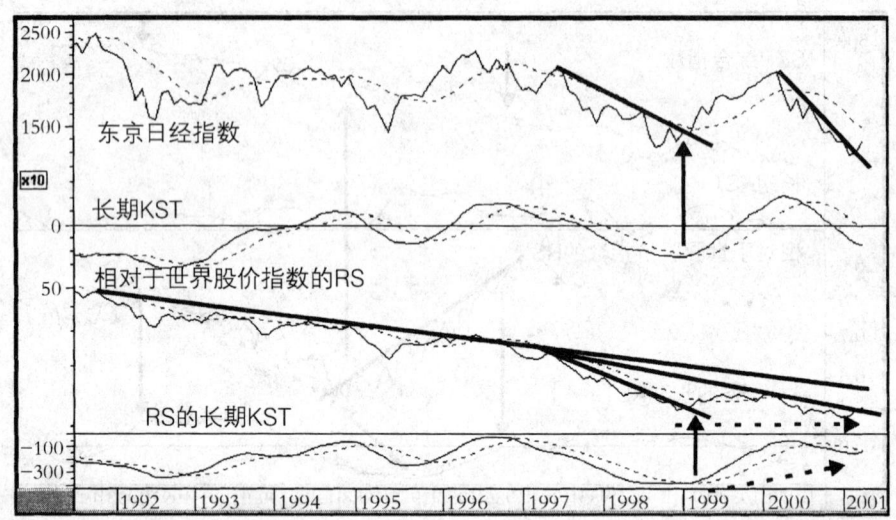

走势图 30-7　东京日经指数与 MSCI 的世界股价指数的比较，1991～2001 年

(资料来源：www.pring.com)

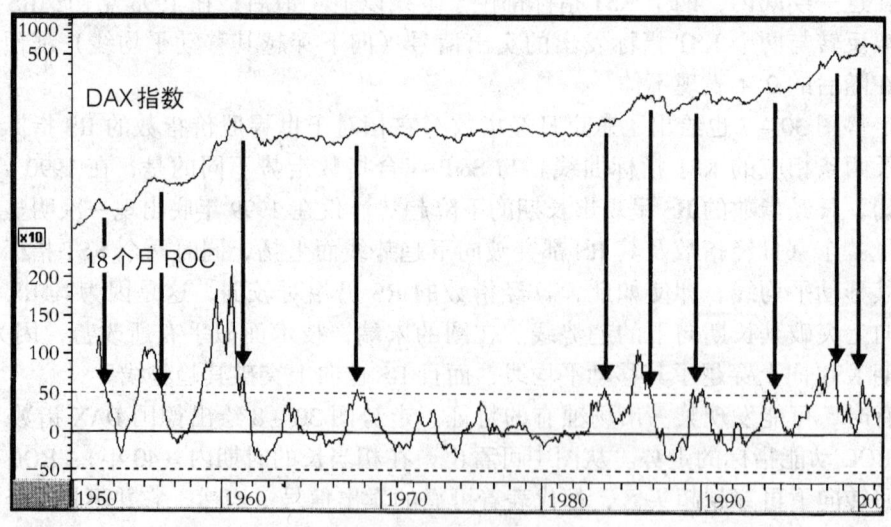

走势图 30-8　德国 DAX 指数及 18 个月 ROC 动能指标，1950～2001 年

(资料来源：www.pring.com)

第三十章 全球股市技术分析

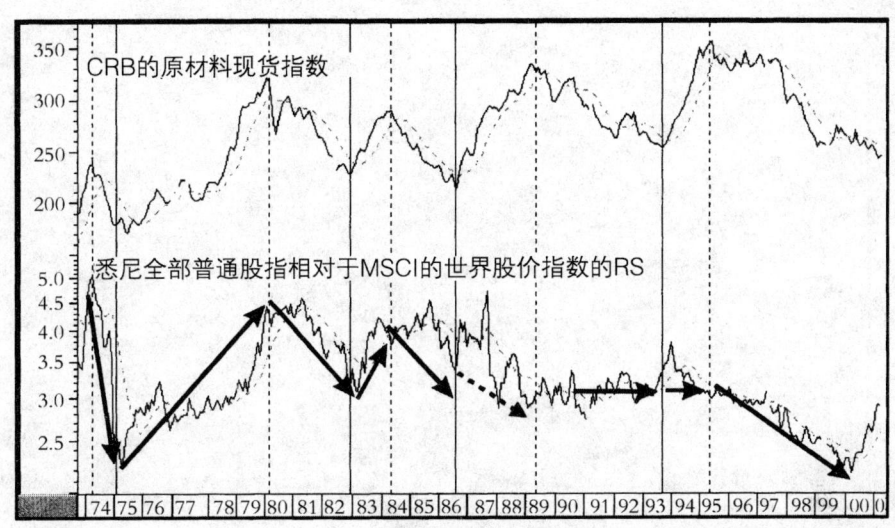

走势图30-9 CRB的原材料现货指数与悉尼全部普通股指的比较，1974～2001年

也存在一些例外情形，例如在1986～1989年商品指数反弹期间，悉尼全部普通股指的表现却逊于全球股市，但大体上，上述关系都表现得相当理想。

小　结

- 全球股市存在着明显的4年期周期。
- 最近的技术创新与其他一些因素使得各国的股票市场呈现出较高的一致性。
- 扩散指标、净新高及其他一些将单个国家股指融为一体的广度指标，可用于识别世界股价指数的主要趋势反转。
- 相对强度是评估单个股指相对于世界股价指数表现绩效的最佳方法。

第三十一章
个股技术分析

在个股的选择上,"自上而下"(Top Down)法是一个非常有效的系统化选股方法。此处的"上",是分析股票市场整体是处于主要的多头还是空头行情。这是因为大多数股票会在多头行情中上涨,而在空头行情中下跌。因此第一步需要判定整体环境是处于多头还是空头。

第二步需要评估各个不同板块的技术面情况,因为同一板块股票的走势通常呈现出一致性。一旦选定适合的板块之后,最后一步就是选择个股。下面将讨论这种方法,但首先讨论需要注意的一些事项。

所有的投资者与交易者都希望持有价格快速上涨的股票,但符合这一期望的股票,也具有较高的风险,往往超出了投资者所愿意接受的程度。价格快速上涨的股票,通常也具有较高的贝塔(Beta)值(换言之,股价对大盘的变动非常敏感)、较低的流动性(换言之,市场流动性很低,价格对成交量的小幅增加非常敏感),或者非常强劲的盈利动能——通常造成市盈率不断攀升。有些股票可能正处于转型期,股价已跌至极低的水平,因此最轻微的利好消息,就会引发股价出现大涨。

所有这些都属于基本面因素,不在本书讨论范围之内。然而,真正重要的是要了解,投资者在选股方面深受流行趋势的影响。当价格被炒作至不切实际的偏高水平,而新闻媒体又不断报道利好消息时,通常代表所有的市场参与者都已经清楚这一多头论调。此时每一个希望买入的投资者大多已经这么做了,股市已经处于所谓的"过度拥有"(overowned)状态。这种情形曾经出现在20世纪60年代末的"环保板块"(废物管理)、1973年的所谓"热门成长股"(glamour growth stocks)、1980年的"石油板块",以及2000年春的"高科技板块"。反之,当消息面变得非常恶劣,以致企业的获利局面似乎永远无法恢复或被迫申请破产时,就会出现相反的情形,此时股市就处于所谓的"低度拥有"(underowned)状态。1974年的"房地产投资信托"与1980年的"轮胎板块"就是典型范例。当然,并非所有的公司都会经历这样的极端情形,但必须承认,的确存在这类心理过程,因此了解它是非常重要的。

过度拥有的状态，通常会持续数个周期，造成所谓的"长期上涨"。同样，低度拥有的状态会使股票成为冷门股，这通常需要多年的时间来解冻。

极长期的选股策略

一般性原则

通常，一个合理的分析思路是：首先从极长期的角度出发，然后逐步转向短期方面。因此，在股票选择过程中，首先需要分析所讨论的股票是处于极长期的涨势还是跌势中，以便判定其自身的周期，明确其处于周期中的位置。走势图31-1绘出 Cominco（一个加拿大采矿公司）在1970~2001年期间经历了多个周期的价格走势。通常将资源板块股与基本工业板块股（例如 Cominco）称为周期性股票（cyclical stocks），因为它们在一个或两个周期中可提供相当可观的投资利润，但一旦使用"买入—持有"策略将极少能获利。

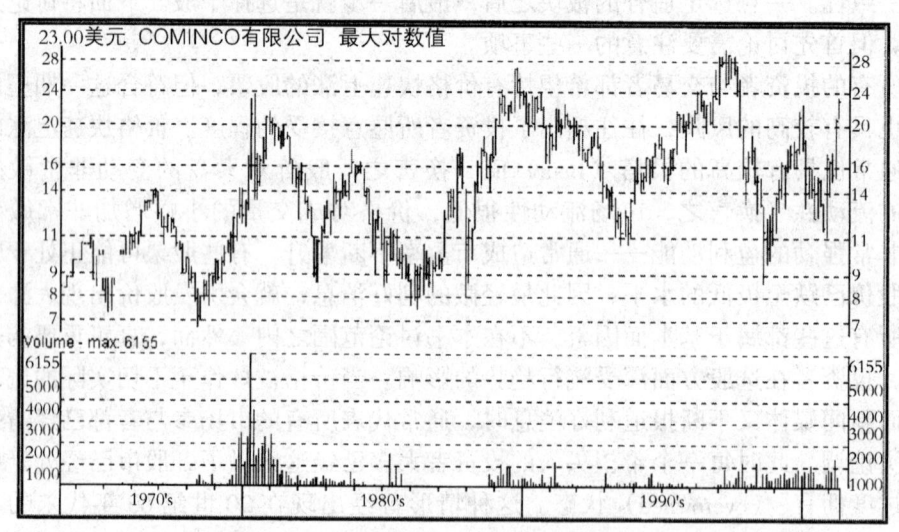

走势图31-1 Cominco 公司股票，1970~2001年

（资料来源：Telescan）

考虑到全球经济呈现出长期增长的势头，因此大多数股票显示出极长期的上涨特征，只是中间伴有温和的周期性修正或长期的横向走势。以走势图31-2为例，

第三十一章 个股技术分析

图中绘出阿尔伯特·卡弗公司的价格走势，从中明显可看出，多次出现极长期趋势。1991年，价格与RS同时跌破上升趋势线，代表着第一次极长期趋势的结束。值得注意的是，在1985年，RS曾短暂突破了其上升趋势线，有人将这种情况视为一种特例，但我本人更偏好于构建最能反映共识的趋势线，而并非简单地将市场低点与修正期的底部连接起来。如果像后者这样构建趋势线的话，趋势线可能多次被触及，这当然是非常理想的结果。否则的话，就会发生类似本例的情况，此时较为明智的做法是：进行若干次排除，构建一条穿越（而并非仅仅触及）某一底部的趋势线。

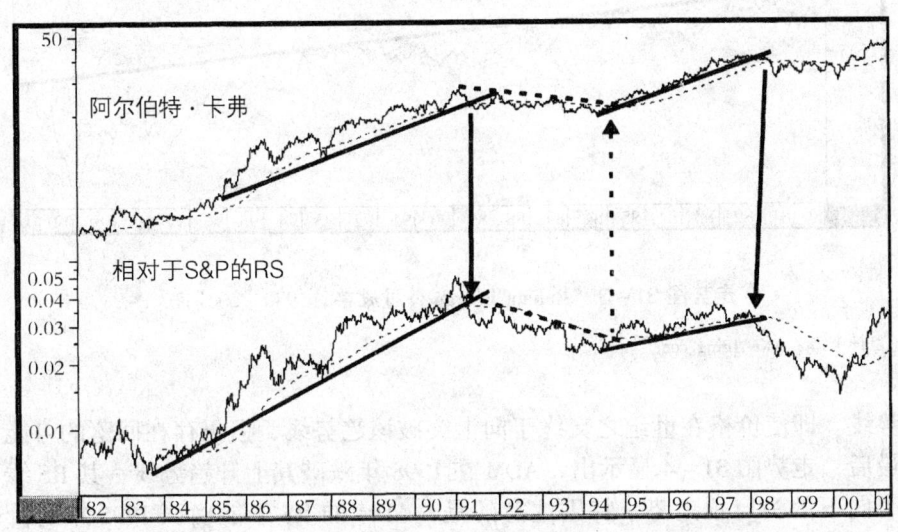

走势图31-2 阿尔伯特·卡弗公司股票，1982～2001年

（资料来源：www.pring.com）

随后，价格与RS分别突破了各自的4年期下跌趋势线，一直到1998年，价格与RS又一次同时跌破上升趋势线。两条移动平均线的时间间隔都是104周（24个月），并且几乎与趋势线同时被突破。

本章的大部分走势图中都引入了RS，这是出于两方面的考虑。首先，RS的趋势与背离有助于了解基础技术面的强弱。其次，在表现强劲（相对于市场整体）时买入股票，要远远好于在表现疲软（相对于市场整体）的情况下买入。走势图31-3给出一个典型的范例。在1980～2001年长达20年的期间内，Reliant Energy一直处于极长期的上升趋势。从表面上看，这是非常理想的结果，但观察该股的RS走势就会发现，其相对业绩一直处于极长期的下降趋势。此外，还可构建两条价格趋势线，其中的虚趋势线很好地说明了，一旦趋势线被突破，那么对该趋势线进行延伸将是非常有益的。请注意：在20世纪90年代中后期，价格曾多次背离其延长

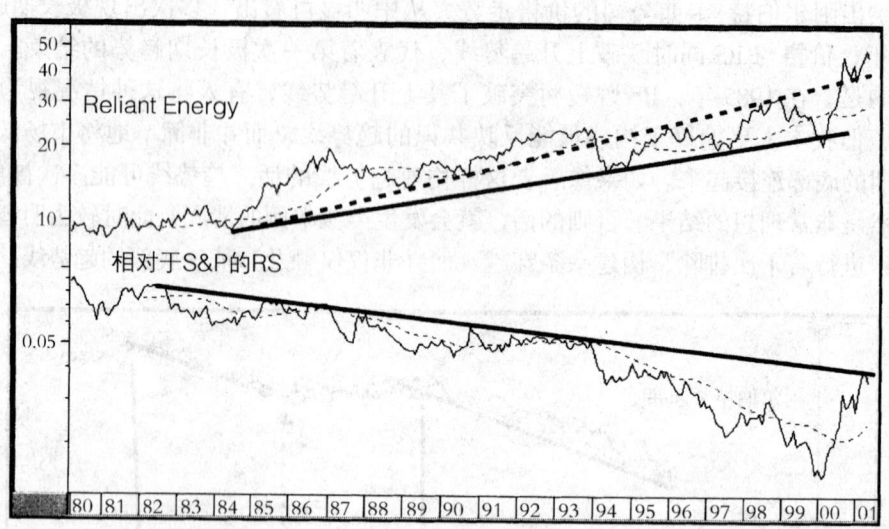

走势图 31-3　Reliant Energy 公司股票，1980～2001 年

（资料来源：www.pring.com）

的趋势线。即使价格在世纪之交终于向上突破该趋势线，但仍存在回落的可能。

最后，走势图 31-4 显示出，ADM 在 1998 年跌破其上升趋势线，其 RS 线也完成一个向下的头肩顶走势。特别注意的是，ADM 的 RS 未能确认 1995 年的价格新高（水平箭头的尖端），随后又与 1997 年末的新高相背离，这预示着 ADM 未来极有可能走弱。

以上 4 个范例表明，个股具有不同的生命周期与特征。如果投资者能够掌握价格与相对强度的极长期趋势反转，就可以从特有周期的极端位置中获利。因此，在个股的选择方面，应首先分析极长期的价格走势图。

主要的价格形态（长期底部）

在第五章的价格形态一节中，已经讨论了价格形态的规模与随后价格波动的幅度和期限之间的关系。价格形态的底部越稳健，价格上涨的幅度越大；或者价格形态的头部越明显，价格下跌的幅度越大。对长期持股者来说，选股的最佳方法之一就是仔细浏览长期走势图（例如 www.babson.com/charts/longterm/html 上的 SRC Green Books）或你已下载的数据库，选择那些刚从长期底部翻升，或突破后又拉回到长期底部的股票。当然，单只股票出现上述情形的次数并不多，但一经确认，意

第三十一章 个股技术分析

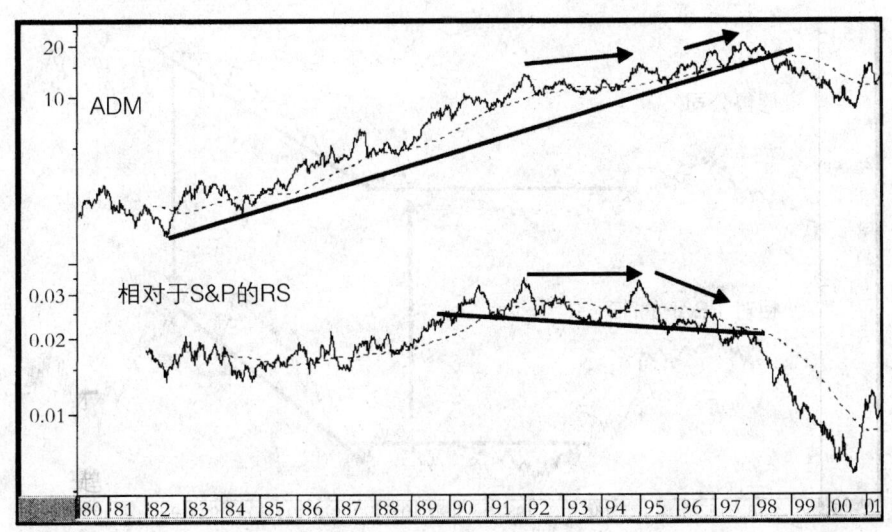

走势图 31-4　ADM 公司股票，1980～2001 年

（资料来源：www.pring.com）

义就非同寻常。通常，在任一时期内，至少会发现几只出现类似情形的股票。如果发现图谱中充满此类股票，通常意味着市场整体或相关的板块即将展开极长期的涨势。例如，在 20 世纪 40 年代末期与 70 年代末期，多种股票都突破其长期底部。不足为奇，这两段时期内，大盘本身也呈现出长期的强劲涨势。

走势图 31-5 绘出安德鲁公司 (Andrew Corp) 的价格走势，其在 1991 年突破长达 6 年的底部后，开始大幅反弹，这代表着一种典型的价格形态。其后，其价格与 RS 同时跌破 6 年期上升趋势线，表示强劲的涨势不可能再持续下去。在这个例子中，价格突破信号与 RS 突破信号相互强化，而 RS 突破信号实际上代表了趋势反转。

应用材料公司 (Applied Materials) 在 1992 年底突破其长达 10 年的修正走势（长期底部），参见走势图 31-6。价格的上升趋势至少一直持续到 2001 年春天，但 RS 的上升趋势线却在 1998 年与 2000 年暂时性地被向下突破。

主要多头行情中的一些基本选股准则

一般性准则

多头市场是指大多数股票在大部分时期处于涨势。在大部分情况下，时期短至

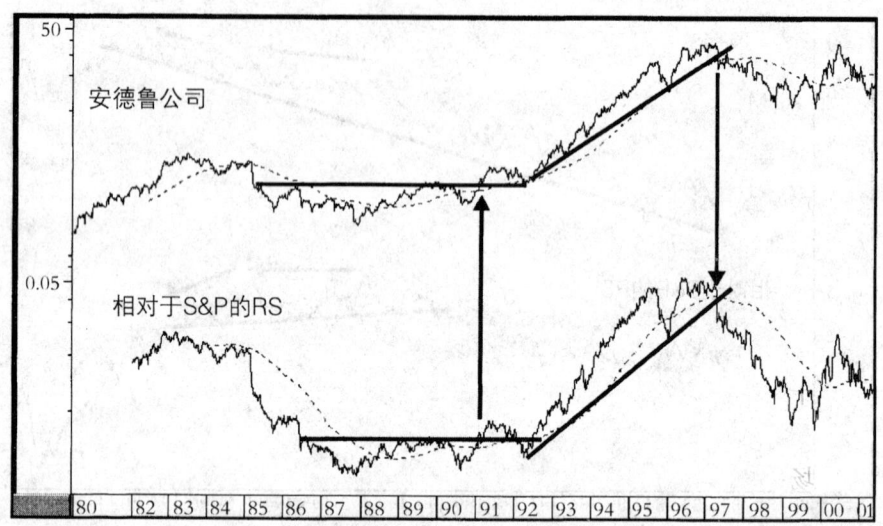

走势图 31-5　安德鲁公司股票，1980～2001 年

（资料来源：www.pring.com）

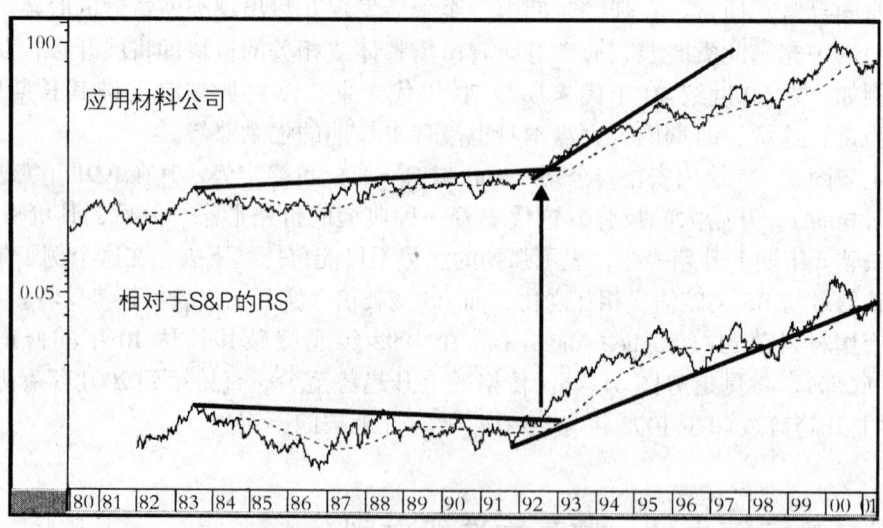

走势图 31-6　应用材料公司股票，1980～2001 年

（资料来源：www.pring.com）

第三十一章 个股技术分析

9个月,长至2~3年。空头市场恰好相反,是指大多数股票在大部分时期处于跌势,当然短暂的修正时期不包括在内。投资者与短期交易者(2~3周的期限)在市场中进行投资或投机时,当然希望选择在多头行情中买入。虽然某些股票在空头行情中也可能上涨,但从概率的角度来看,很难在大盘的空头行情中获利。同时,必须铭记一点:在任一时期,由于板块有轮替过程,不同的板块在同一时候可能处于各自多头与空头周期的不同阶段。例如,在S&P已进入新一轮空头行情的初期时,滞后的板块,例如矿业,可能仍处于其多头行情的末期。在周期的这一阶段,选股过程将变得更为困难,但仍然可能在交接处发现潜在的获利机会。

在整个多头行情过程中,以及在各个不同的阶段内,特定股票的表现有着很大的差异。第十九章中讨论板块轮替过程时,曾经说明了这类现象。

第一步就是根据前面概括的准则来判定市场整体是处于主要的多头还是空头行情。如果市场已明显进入多头行情,而且几乎不存在空头行情的征兆,中期底部应可作为分析的最佳契入点。有关这一方面的内容将在以后再作详细讨论,现在首先假定:有充分证据显示出市场已进入新一轮多头行情。这些证据包括:腾落线持续下降一年以上,利率步入新一轮下降通道,长期动能指标进入超卖区域,新闻媒体对股市走弱及经济下滑大肆宣扬,以及主要经纪人公司大量裁人,等等。

如果上述所有情况都出现,表明大盘处于或接近于空头行情的底部。

接近空头行情底部的选股策略

下一步就是对各个不同板块的技术面进行分析,尤其是周期初期的领先板块,以便选择处于绝对与相对技术性强势的板块①。最后,在选定的板块中,选择表现最佳的个股。

关于这方面,首先应该从第十九章所讨论的板块轮替过程着手,分析各个不同产业板块在周期中所处的相对位置。当然,并非所有的板块都可以套入周期性模式,即使可以套入,也并非都会按照预期的方式作出反应。不过,判定周期在当时是处于通货膨胀还是通货紧缩阶段的一个理想起点,应是评估能源(铝制业)与金融部门(银行业)的相对位置。其次,应该分析相关部门内比较具有潜力的板块,这方面的内容也放在后面再作分析,现在首先假定:可以非常幸运地识别出空头行情的底部。

1990年的市场底部就基本满足上述要求。到1990年底为止,尽管S&P综合指

---

① "绝对"是指板块指数本身的走势,"相对"是指相对于大盘的走势——译注。

数下跌时期相对较短,但 NYSE 的每日 A/D 线却已持续下降了一年多。同时,在 1990 年底,证券经纪业是最具潜力的领先板块之一。该行业之所以受到如此关注是源于一篇刊登在《商业周刊》上的封面文章(在第二十七章曾经引用过),该文对这一行业的前景提出了质疑。

正如走势图 31-7 所显示的,从技术面上看,KST 指标在 1991 年初完成筑底。而 RS 则较为提前,因为它恰好在上一年底向上突破其长达 8 年的下降趋势线。当 RS 向上突破其趋势线时,两个 KST 指标也同时突破其小幅下降趋势线,且向上穿越其 24 个月移动平均线。RS 也向上穿越其 24 个月移动平均线。同样,两个 KST 指标都发出多头信号。请注意:RS 在 1990 年所创的新低要低于在 1987 年的低点,但 RS 的长期 KST 指标却并非如此。① 这种多头行情中的正向背离,表明证券经纪业的多头气势已不容置疑。图中的垂直虚线标明了趋势的最初突破位置。走势图 31-8 至走势图 31-13 用同样的方式描述了个股的形态。

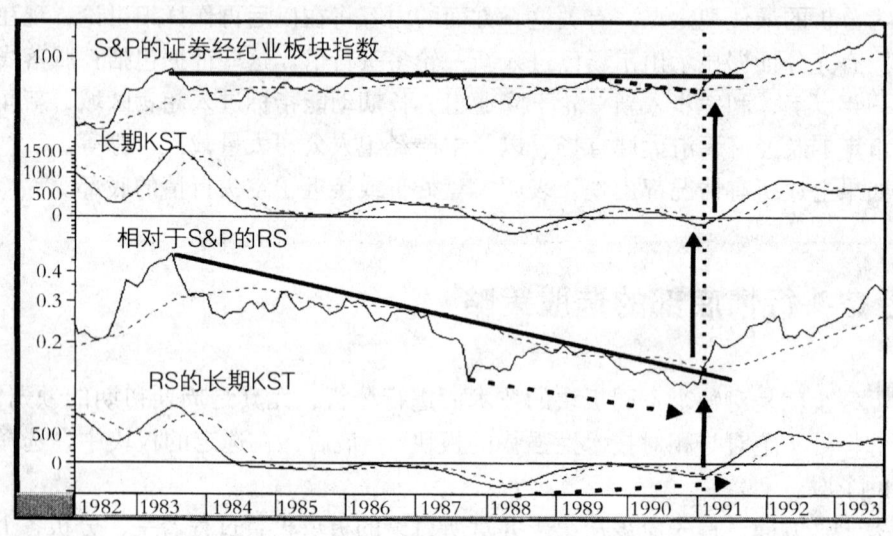

走势图 31-7 S&P 的证券经纪业板块指数及相应的 3 个动能指标,1982~1993 年

(资料来源:www.pring.com)

走势图 31-8 与 31-9 绘出最大的证券经纪公司——美林(Merrill Lynch, MER)的股价走势。从中可看出,绝对价格突破其长达 2 年的下降趋势线,而相对于 S&P 的 RS 突破其长达 8 年的下降趋势线。两个 KST 指标都呈多头走势,其中绝

---

① 值得注意的是,如果你不能够用 MACD 的组合来代替 KST 指标,只要合成的指标保持光滑而并非参差不齐,所得到的参数就是较为合意的。

第三十一章 个股技术分析

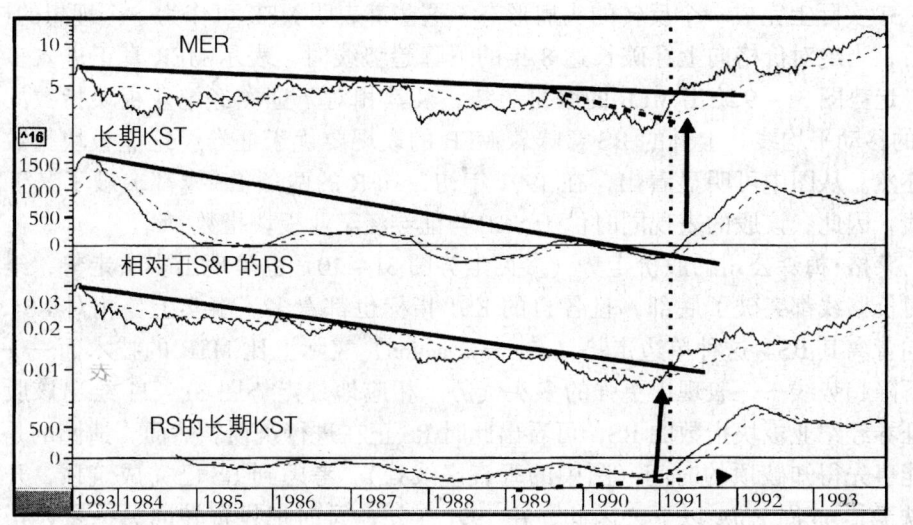

走势图31-8 美林公司股票及相应的3个动能指标，1983~1993年

(资料来源：www.pring.com)

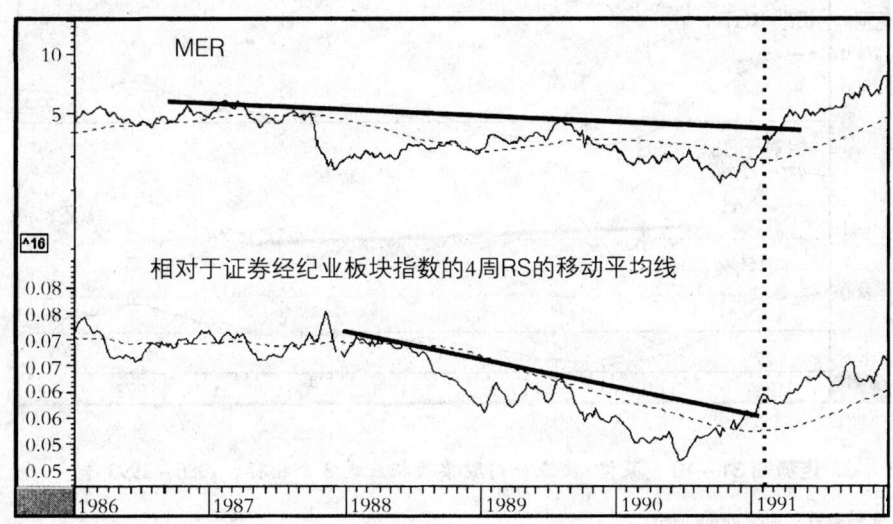

走势图31-9 美林公司股票及其相对于证券经纪业板块指数的走势，1986~1991年

(资料来源：www.pring.com)

对 KST 实际上完成一个反转的头肩形态,这些都表明 MER 可作为一个理想的选择。随后,当绝对价格向上穿破长达 8 年的下降趋势线时,表示 MER 真正进入多头行情。走势图 31-9 绘出 MER 的股价走势,及其相对于证券经纪业板块指数的 4 周 RS 的移动平均线。上升的 RS 意味着 MER 的表现要优于证券经纪业板块指数,反之亦然。从图中可明显看出,在 1991 年初,MER 的两条 RS 线都突破了其下降趋势线,因此,该股的表现同时优于 S&P 与证券经纪业板块指数。

莱格·梅森公司的股价走势(参见走势图 31-10)也呈现出多头走势,绝对与相对价格线都突破了底部,且各自的 KST 指标也都看多。事实上,相对 KST 指标正向背离其 RS。这种单边走势(sideways action)实际上比 MER 的技术面——突破其下降趋势线——表现出更强的多头气势。相应地,走势图 31-11 绘出该股相对于证券经纪业板块指数的 RS,可看出此时 RS 正在进行筑顶。然而,遗憾的是,并不能事先得知破顶的时间(图中的垂直虚线处)。考虑到 RS 已完成筑顶,开始回落跌至其 65 周 EMA 以下,因此,在 1991 年初,及时把投资转向另一家公司将不失为一明智之举。

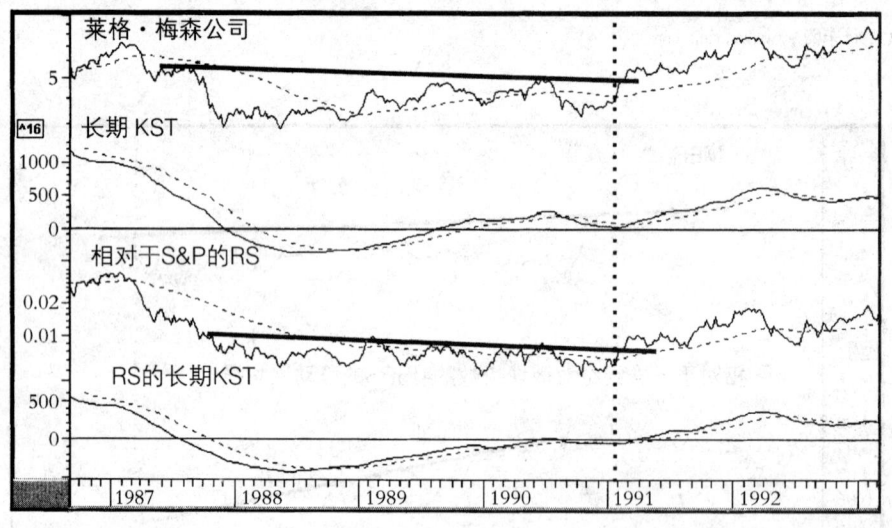

走势图 31-10　莱格·梅森公司股票及相应的 3 个指标,1986~1993 年

(资料来源:www.pring.com)

最后,雷蒙德·詹姆士(Raymond James)公司直接从 1989~1990 年的空头行情中脱离出来(参见走势图 31-12 与 31-13),此时绝对与相对价格同时突破其长期底部(参见走势图 31-12)。遗憾的是,与美林的情况有所不同,此时并不是最佳

第三十一章 个股技术分析

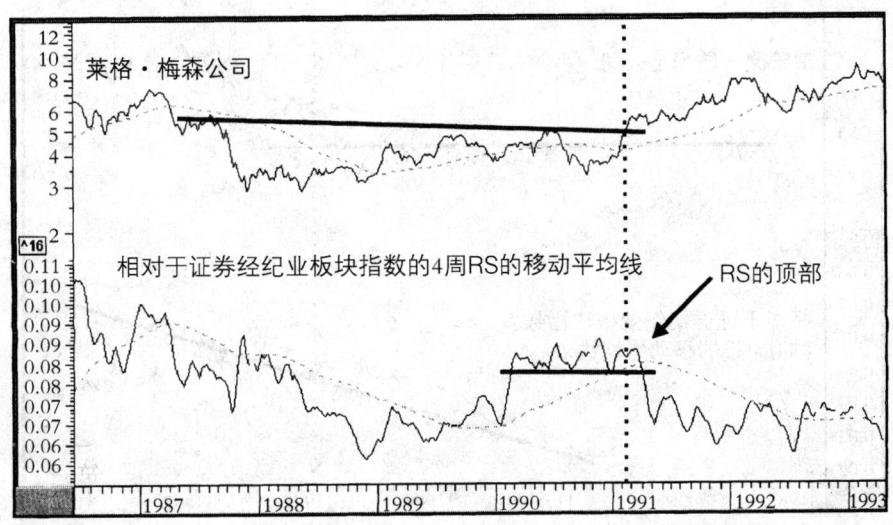

走势图 31-11 莱格·梅森公司股票及其相对于证券经纪业板块指数的走势，1986~1993年

（资料来源：www.pring.com）

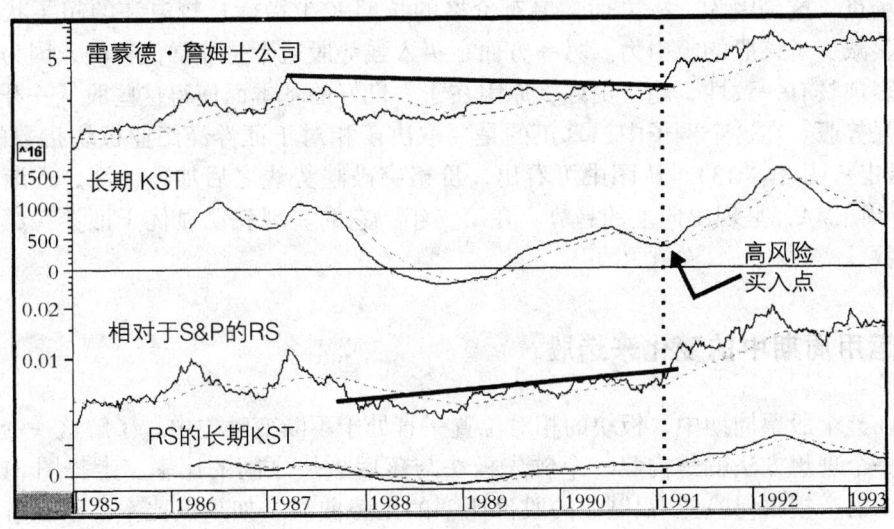

走势图 31-12 雷蒙德·詹姆士公司股票及相应的3个动能指标，1985~1997年

（资料来源：www.pring.com）

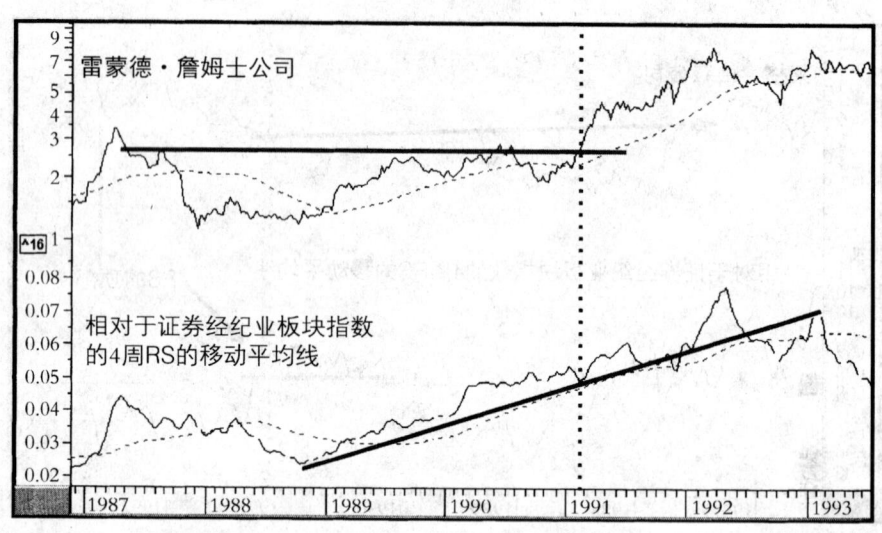

走势图31-13　雷蒙德·詹姆士公司股票及其相对于证券经纪业板块指数的走势，1987~1993年

（资料来源：www.pring.com）

的进场点，这是因为，一方面，绝对价格的长期 KST 指标从较温和的超买状态中反转，减少了该股的吸引力。另一方面，买入强势股通常是非常值得的，因为强势股的表现具有一致性，趋于更好，原因在于，良好的基本面使得这些股从一开始就成为强势股。在这个例子中，真正的是要取决于相对于证券经纪业板块指数的 RS（参见走势图 31-13）。从图中可看出，价格突破趋势线之后加速上涨，逐渐远离其 65 周 EMA，呈现出向上的趋势。在第二年，它的表现就明显优于证券经纪业板块指数。

运用周期中的变化来选股

在整个股票周期中，板块的相对位置一直处于不断变动之中。了解这一变动过程的一个理想方法就是构建一个领先板块与落后板块之间的比率。走势图 31-14 绘出了财产损失保险业/铝制业的股价比率的走势曲线。如果该比率不断上升，表明保险业相对于铝制业看多，反之亦然，其原因在于，这一比率方向的变化，代表了周期中的主导板块已由处于早期的流动型转变为位于晚期的赢利型。从图中可明显地看出，这一比率变化相当剧烈，出现多次震荡反转。解决这一问题的方法之一，就是构建一个长期平滑动能指标，例如 KST。KST 的移动平均线穿越信号可用来代表主导板块的变化。这样的信号在图中用箭头标示出。应该尤为关注的是出现

第三十一章 个股技术分析

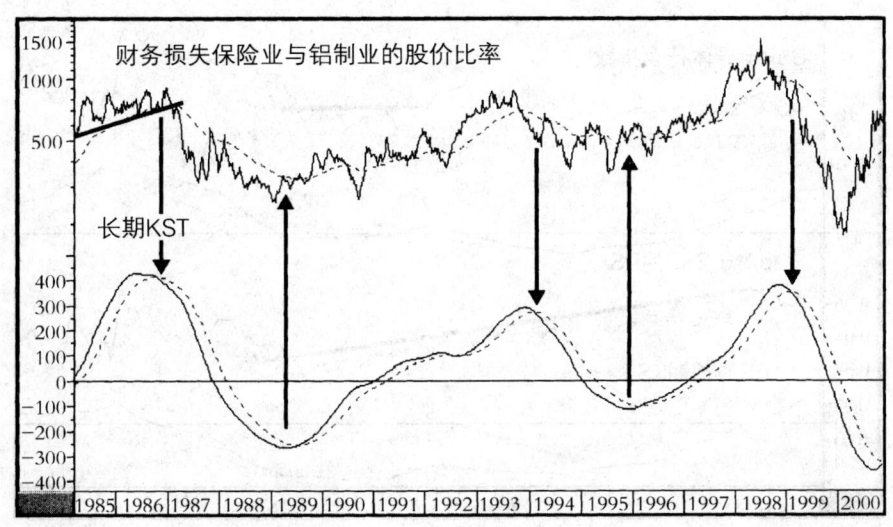

走势图 31－14 财产损失保险业/铝制业之间的股价比率及一个长期 KST 指标，1985～2001 年

（资料来源：www.pring.com）

在 1986 年 12 月的第一个箭头，该比率曲线向下突破趋势线表明主导板块将转变为落后板块，此时应特别注意此类板块，例如炼钢业、铝制业等，是否已经发生突破。现在来仔细观察另一个落后板块，电子半导体板块指数的走势（参见走势图 31－15），该板块在 1987 年表现相当理想，绝对价格与相对于 S&P 的 RS 都向上突破了各自的下降趋势线，两个 KST 指标也发出买入信号。务必牢记：如果无法获得 KST 指标，可用另一个平滑动能指标，例如平滑随机趋势偏离等类似的指标来代替。然而，在这个例子中，反弹走势仅持续了半年多。而正常情况下，大约应该能够持续 1～3 年。

走势图 31－16 绘出该板块中英特尔公司的股价表现。绝对价格与 RS 都突破了各自向下的趋势线，此外，两个 KST 指标也呈多头走势，因此毋庸置疑，英特尔公司的确是一个理想选择。

该板块中的另一支股票 AMD 的表现却不甚理想。尽管绝对价格同样向上突破其趋势线，两个 KST 指标也呈多头走势，但正如 31－17 所显示的，RS 却从未向上突破其下降趋势线。此外，从走势图 31－18 中可看出，在整个 1987 年，该股相对于半导体指数的 RS 也从未突破其下降趋势线，表明该板块中还有更好的个股可以选择。

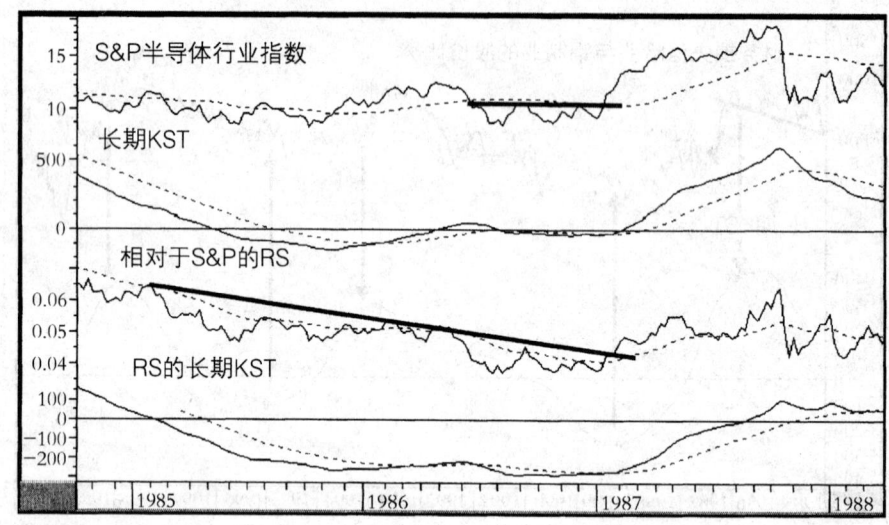

走势图 31-15 S&P半导体行业指数及相应的3个动能指标，1984～1988年

（资料来源：www.pring.com）

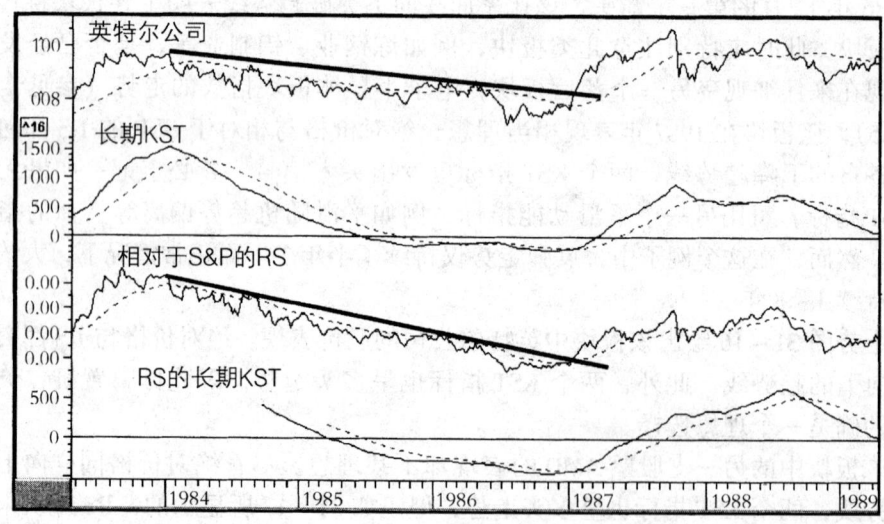

走势图 31-16 英特尔公司股票及相应的3个指标，1983～1988年

（资料来源：www.pring.com）

第三十一章 个股技术分析

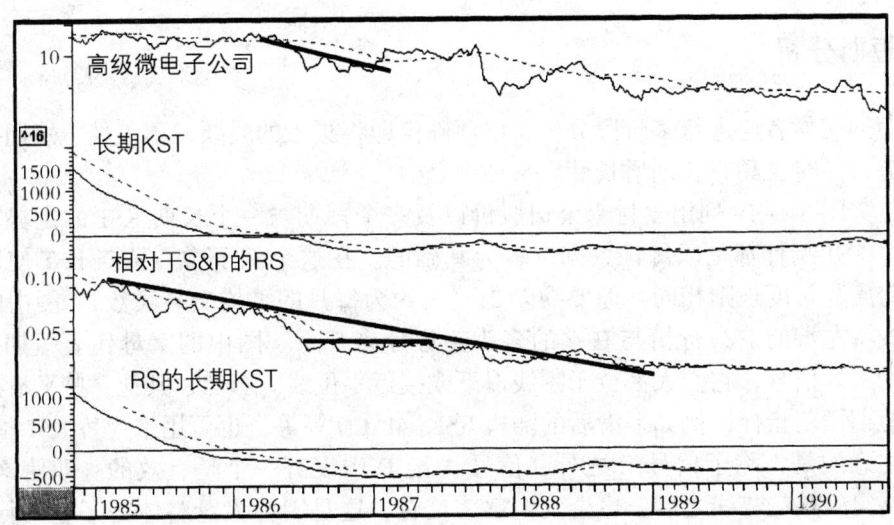

走势图 31-17 高级微电子公司股票及相应的 3 个动能指标，1984~1990 年

(资料来源：www.pring.com)

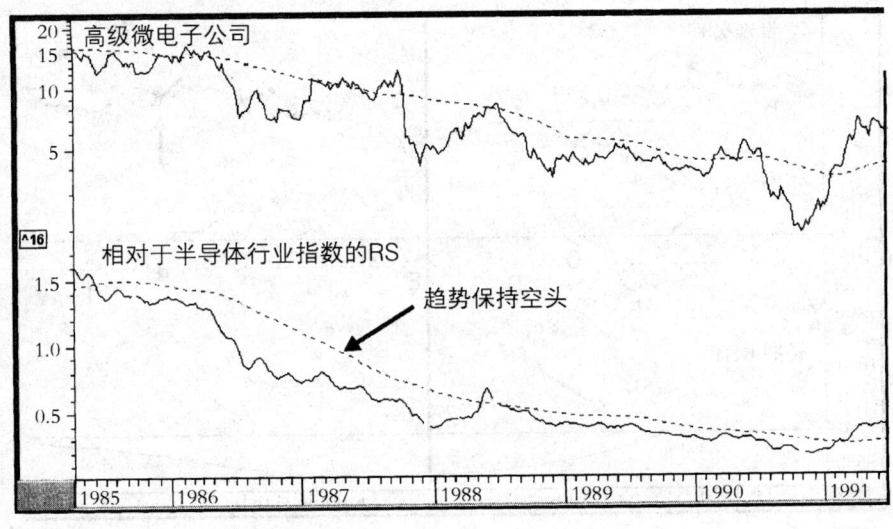

走势图 31-18 高级微电子公司股票及其相对于半导体行业指数的 RS，1985~1991 年

(资料来源：www.pring.com)

541

短期分析

短期交易者应进行多阶段分析，以便确定即将买入的股票，不仅处于短期技术面强势，同时也具有长期增长性。

走势图 31-19 列出麦肯森公司股价以及一个短期与一个长期 KST 的走势，其中两个 KST 指标都是以每日数据资料为基础的。在这个例子中，长期 KST 使用的时间跨度与月度规则相同，但要乘以 21（大约为每月的平均交易天数）。图中的垂直粗线将左端的空头行情与右端的多头趋势分离开来。图中的字母代表短期 KST 指标的买入信号，它们大都位于零线以下或接近零位线。当然，其他一些平滑处理过的短期摆荡指标，例如平滑后的随机 RSI，MACD 等等，也可用来代替 KST 指标。特别注意的是：除了信号 C 之外，信号 A 至 D 中没有一个是有效的。即使这样，在价格突破其趋势线之后，也会发生震荡反转，这是因为大盘整体处于空头行情。这再一次强调了：最佳的信号应是顺势信号。当然，这并不是说，所有空头行情下的短期买入信号都必将导致震荡反转，所有的顺势变动都是成功的。例如，买入信号 H 出现在多头行情中，但它实际上却是一个错误信号。此外，应该将这类情况过滤掉，因为在类似 F、H 及 I 的情况下，不可能构建出一条有意义的趋势线。

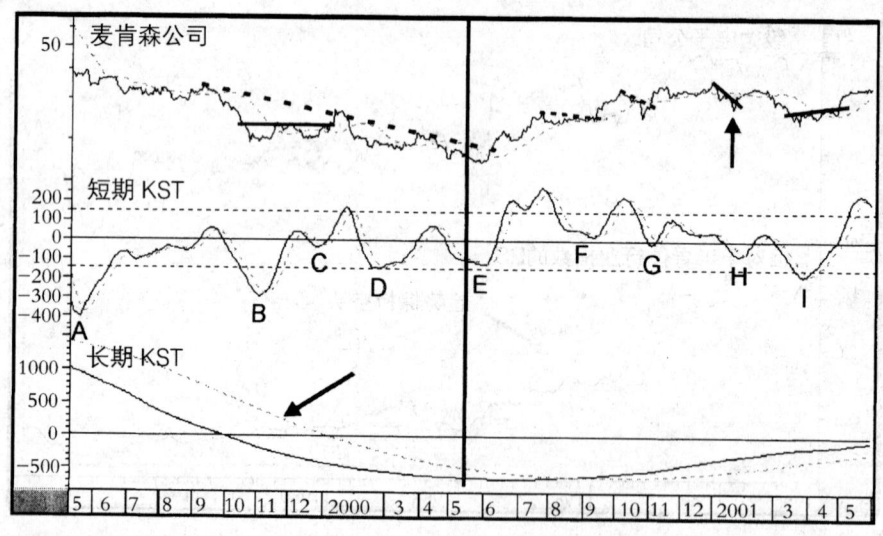

走势图 31-19　麦肯森公司股票及相应的两个动能指标，1999~2001 年

（资料来源：www.pring.com）

信号 E 的表现当然是最理想的，但此时的长期 KST 指标却未向上穿越其移动平均线。然而，我们知道，如果长期 KST 指标趋平，同时价格或短期 KST 指标突破其趋势线，就代表一个趋势反转信号。在本例中，价格突破其长达 8 个月的下降趋势线，同时短期 KST 呈多头走势，与价格出现两次正向背离。因此，充足的证据表明了：长期 KST 指标发出了一个买入信号。

有时，当计算机扫描后获得一个长期平滑动能指标的买入信号时，短期动能指标可能正处于超买状态。以走势图 31-20 中 IBM 公司在箭头 A 处的表现为例来加以说明。这种情况对于长期投资者来说可能无关紧要，但对于短期投资者而言，在超买状态下入场，可能意味着灾难。正如走势图 31-20 所显示的，当长期 KST 向上穿越其移动平均线，进入短期超买状态时，就代表第一次买入时机。而当价格向上突破其小幅下降趋势线，同时短期 KST 发出买入信号时，就代表第二次买入时机（图中的 B 点）。虽然这并不是最佳的买入点，但至少此时的进场价格要低于长期 KST 发出多头信号时的价格。最佳的买入信号出现在图中 X 点处，此时价格突破向下趋势线，同时短期 KST 指标看多。同时也要注意到：此时的 KST 指标几乎都位于零线以上，这也暗示着 IBM 的股价随后会出现大幅反弹。既然此时的长期 KST 指标已经反转向上，所有这些证据都表明，IBM 的多头气势已不容置疑。

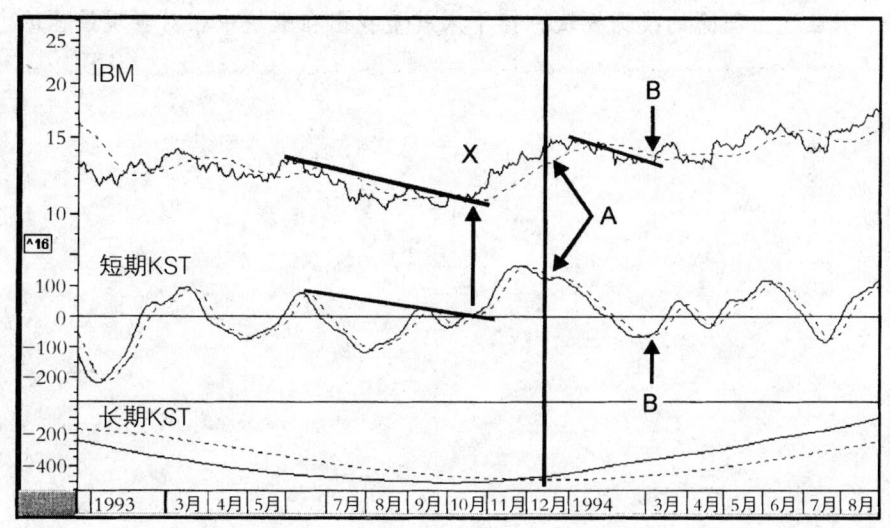

走势图 31-20　IBM 公司股票及相应的两个动能指标，1993～1994 年

（资料来源：www.pring.com）

尽管并不能肯定长期买入信号每一次都会有效，但在许多情况下，出现在空头

行情底部的第一次反弹的确是特别值得关注的。

小　结

- 大多数股票都会经历各自的周期，而且一般需要相当长的时间才能完成。识别股票是处于极长期的涨势还是跌势是非常重要的，因为这样可以有助于更好地了解股票在其特有周期中所处的位置。
- 对于长期投资者而言，如果能够识别出具有下面特征的股票，正由长期底部向上突破，并伴随着成交量的扩大与 RS 长期趋势的改善，那么其获利的可能性就会很高。
- 尽管多头行情会带动大多数的股票，但不论是在整体上升走势中还是在各个阶段内，个股之间都存在着不同程度的差异。
- 在个股的选择上，首先是确定一个有利的市场环境，其次是根据长期的技术面情况来选出最为理想的投资板块。
- 一旦选出理想的投资板块，接下来就是找出在板块中相对表现最佳的个股。

结 束 语

在一开始就曾指出：股市成功的关键在于知识与行动。关于"知识"的部分，本书已经全面讨论过了，最后就"行动"这一部分提出一些建议，因为知识运用的方式与知识本身是同等重要的。

以下列出的是一些经常易犯的错误，其中的明显偏颇可以用相应的规则来加以纠正。

1. **看长**（Perspective） 任一指标的解释不应该仅局限于短期交易模式，还应该考虑其长期的涵义。

2. **客观** 不应该仅根据一两种"可靠的"或"偏爱的"指标来制订投资决策。任何指标都可能发出错误信号，因此应该尽可能参考所有可获得的资讯来进行决策。同时，保持客观也意味着在交易与投资过程中，应尽可能排除情绪的干扰。错误的决策通常都是由于情绪失衡而导致的。因此，买卖双方都应尽可能地减少决策中的情绪干扰。

3. **谦虚** 学习承认错误是人生中所面临的最艰难的课题之一。所有市场参与者的总体知识，总是优于个人或部分人群所拥有的。这种知识会以市场自身的行为方式表现出来，并反映在各种指标上。任何人如果试图抗衡行情的趋势或市场的走向，终将会自食其果。在这种情况下，最好应该保持谦卑，让市场本身来决定自己的走势。认真地对各种指标加以分析，往往可以了解未来的价格走势。自身的分析偶尔也会出错，市场可能不会出现预期的走势。如果意外情况改变了最初的判断基础，明智之举应该是及时承认错误，并作出相应的调整。

4. **坚毅** 即使情况发展不顺利，但如果认定市场的技术面没有改变，就应该坚持当初的判断。

5. **独立思考** 即使自身的分析结果不符合一般大众的看法，但相关的结论可能有实际的根据。另一方面，不应该只因为某种看法与一般大众相反，就坚持这种看法的有效性。换言之，出于私利的反对是无效的。由于一般大众的看法往往是基于错误的假定，因此应该谨慎考察这些假定是否有效。

6. **简单** 事情进展顺利往往是由于其保持了简单性。因为市场通常是按照常识来运行，因此最理想的方法就是保持简单性。如果分析人员必须求助于复杂的计算程序或交易模型，他或她将不可能真正掌握技术分析的根本涵义，而只得求助于"知识"的帮助。

7. **明断** 人们往往希望尽可能了解市场的每一个转折点，预测证券的每一个走势所持续的期限。这种充满诱惑而不可能实现的信念，将必然导致失败、丧失信心且名誉受损。因此，分析应该集中于识别主要的转折点，而并非预测每一波行情所涵盖的期间，因为到目前为止，还不存在任何已知的方法可以准确和一致地做这类预测。

附　录
艾略特波浪理论

引　言

艾略特波浪理论是由艾略特（R.N.Elliott）提出的，最初刊登于1939年《金融世界》（*Financial World*）的一系列文章中。艾略特波浪理论的基础是：规律性是自然界与生俱来的法则。艾略特注意到，自然界所有的周期，不论是潮汐的起伏、天体的运行、行星的升陨、日与夜，甚至生与死都会永无止境地不断重复出现。这些周期都具备两种力量：一种是上升，一种是下降。

艾略特理论的核心部分是与波浪形态有关，其他方面还包括比率与期限。这里的形态（pattern）并不是指前面几章所涉及的价格形态，而是指波形态。此外，比率是指价格回落（price retracement），而期限是指重要的峰位与谷底之间相隔的时间。

第十五章，我们曾根据斐波纳契数值序列分析了几项技术，同样，也可以将这一序列应用于艾略特理论的价格回落与期限变化。

斐波纳契数列

自然法则中也包括一种特殊的数值序列，它是由13世纪数学家斐波纳契发现的，故以他的名字命名。该序列首先取数值2，将其与数列中的第一项（也就是数值1）相加，其后数列中的每一项都是前两项的和。因此，$2+1=3$，然后$3+2=5$，$5+3=8$，$8+5=13$，$13+8=21$，$21+13=34$，依此类推。斐波纳契数列可表示为：1，2，3，5，8，13，21，34，55，89，144，233……该序列具有如下一些特性：

1. 数列中的任何一项都是前两项之和。例如，$3+5=8$，$5+8=13$，等等。

2. 数列中任何一项除以后一项的商都介于 0.618 与 1.00 之间，而任何一项除以前一项的商都介于 1.00 与 1.618 之间。

3. 比率 1.618 乘以比率 0.618 等于 1。

艾略特观察到自然界重复性周期与斐波纳契数列之间之所以有联系，是因为斐波纳契数值与其中的比率经常出现在自然界中。例如，向日葵的花朵有 89 条曲线，其中 55 条朝某一方向弯曲，而另外 34 条朝另一个方向。在音乐中，钢琴上的一个全音阶是由 13 个键组成，其中 5 个是黑键，8 个是白键。此外，树木的分枝总是以斐波纳契数列为基础。当然类似的例子还有许多。

波浪理论

艾略特将他对自然界周期的观察与斐波纳契数列结合起来，发现市场的走势遵循 5 个上升浪与 3 个下跌浪。因此，他认为一个周期是由 8 个浪组成，可参见图 A-1（当然，3，5 及 8 都是斐波纳契数值）。

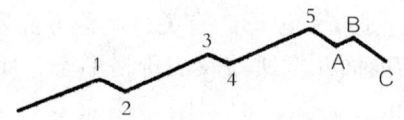

图 A-1 典型的周期

周期的上半部分是由 5 个波浪组成。其中波浪 1，3 及 5 呈上升走势，称为脉冲浪。另一方面，波浪 2 与 4 称为修正浪，因为它们修正了波浪 1 与 3 的走势。周期的下半部分是由 3 个波浪组成，即图中的 A，B 和 C。

在艾略特的观念中，最长期的周期称为"超级大周期"（Grand Supercycle）。然后，每个超级大周期又可分为 8 个超级周期（Supercycle），而超级周期进一步又可分为 8 个周期（cycle）浪。这一过程可以继续下去，从而成为主要型（Primary）、中型（Intermediate）、小型（Minute）、微型（Minuette），以及次微型（Subminuette）浪。各种细节相当繁琐，但周期的形状大体上都呈图 A-1 与图 A-2 所示。

图 A-2 绘出一个完整的周期，及其分支。波浪是细分为 5 支还是 3 支取决于下一支最大波浪的方向。但修正浪总是可细分为 3 个分支。

图 A-3 与图 A-4 表明艾略特对历史周期的看法。正如图 A-3 所显示的，艾略特认为，超级大周期的前 5 浪始于 1800 年。一些艾略特波浪理论家认为，超级

附录　艾略特波浪理论

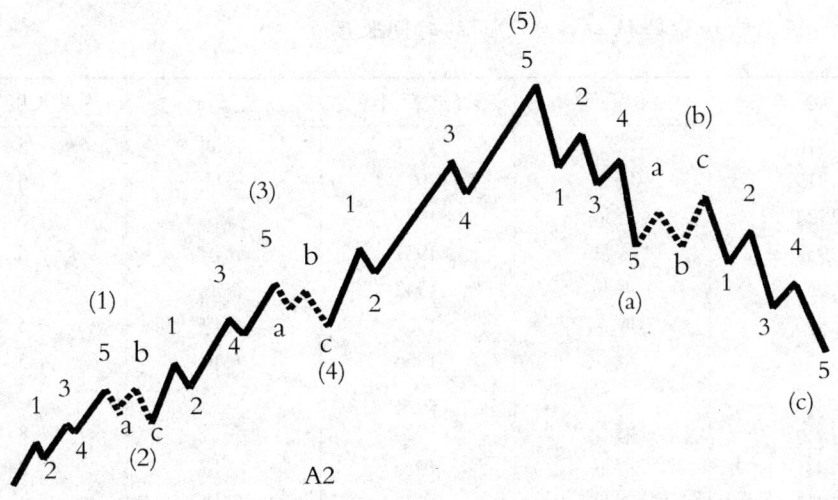

图 A-2　完整的周期，带有分支

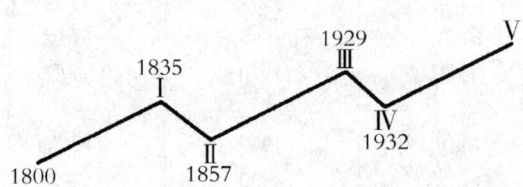

图 A-3　超级大周期

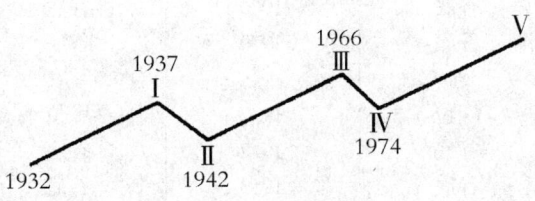

图 A-4　超级周期

大周期于 20 世纪末达到峰位。

由于波浪理论仅仅是一种形式，因此无法确定 3 个修正浪何时会发生。然而，周期中的峰位与谷底之间的时间间隔经常属于斐波纳契数列，这一现象发生频率之高已不能简单地归结为巧合。表 A-1 列出相应的时间间隔。

表 A-1　股票市场中峰位与谷底之间的时间长度

开始年	位置	结束年	位置	周期长度（年）
1916	峰位	1921	谷底	5
1919	峰位	1924	谷底	5
1924	谷底	1929	峰位	5
1932	谷底	1937	峰位	5
1937	峰位	1942	谷底	5
1956	峰位	1961	峰位	5
1961	峰位	1966	峰位	5
1916	峰位	1924	谷底	8
1921	谷底	1929	峰位	8
1924	谷底	1932	谷底	8
1929	峰位	1937	峰位	8
1938	谷底	1946	峰位	8
1949	谷底	1957	谷底	8
1960	谷底	1968	峰位	8
1962	谷底	1970	谷底	8
1916	峰位	1929	峰位	13
1919	峰位	1932	谷底	13
1924	谷底	1937	峰位	13
1929	峰位	1942	谷底	13
1949	谷底	1962	谷底	13
1953	谷底	1966	谷底	13
1957	谷底	1970	谷底	13
1916	峰位	1937	峰位	21
1921	谷底	1942	谷底	21
1932	谷底	1953	谷底	21
1949	谷底	1970	谷底	21
1953	谷底	1974	谷底	21
1919	峰位	1953	谷底	34
1932	谷底	1966	峰位	34
1942	谷底	1976	峰位	34
1919	峰位	1974	谷底	55
1921	谷底	1976	峰位	55

以近年来的例子加以说明，1966 年与 1974 年的底部之间，1968 年与 1976 年的头部之间，以及 1990 年与 1998 年的底部之间的时间间隔都是 8 年。此外，1968 年与 1973 年头部的间隔是 5 年。当然，许多情况下，周期中的峰位与谷底之间的时间间隔并不属于斐波纳契数列。

艾略特波浪理论的真正问题在于它的解释缺乏客观性。事实上，每一位波浪理论家（包括艾略特本人在内）有时也无法确切地了解每一波浪的起始与终止位置。就斐波纳契的时间长度来说，尽管这些数值经常出现，但很难将此作为预测的基础；因为并不知道这些斐波纳契时间间隔是发生在头部与头部之间，还是底部与头部之间，或者其他情况，发生的位置可能有无限多种排列。

尽管我们对艾略特理论的认识仍停留在表面，但在某些情况下，一句古老的谚语："一知半解将造成危险"（A little knowledge is a dangerous thing）可能非常适用于该套理论的专家们。艾略特波浪理论本身的主观性会是非常危险的，因为市场行为很容易受到情绪的影响。基于这个原因，我们认为这套理论的实际运用价值会很有限。在附录中，我们仅仅勾勒出这套理论的基本框架，希望更详细地了解该理论的读者可以参考一些经典的教材。例如，Frost 与 Prechter 的《艾略特波浪理论》（*Elliott Wave Principle*），Gainsville，GA，New Classics Library，1978 年。

词 汇 表

腾落线［Advance/Decline（A/D）line］
腾落线是由指定单位时间（通常指日或周）的一组数据累积计算而成，其结果可以绘制为一条连续的曲线。腾落线通常与股票市场价格指数的变动方向一致。若腾落线对大盘指数创出的新高缺乏确认，则表示一个弱势信号；反之，若腾落线对大盘指数创出的新低缺乏确认，则代表着一个技术面的强势。

咨询服务出版物（Advisory services）
私人机构发行的出版物，对金融市场的未来走势进行评论，通常需要订购。

多头陷阱（Bear trap）
一种显示股票价格的上升趋势已经发生反转的信号，但很快被证实是错误的。

（市场）广度［Breadth（in the market）］
广度指标与参与市场波动的股票家数有关。如果随着价格上涨，上涨的股票家数不断减少，那么该涨势信号就值得怀疑；反之，如果下跌走势的股票家数不断减少，则被认为是多头信号。

空头陷阱（Bull trap）
一种显示股票价格的下降趋势已经发生反转的信号，但很快被证实是错误的。

客户可运作的资金余额（Customer free balances）
客户的资金账户中已存入但未使用的资金总额。所谓"可运作"的资金是指可以用来购买证券的"闲置"资金。

周期性投资（Cyclical investing）
根据长期或主要的市场趋势买卖股票的投资过程。该周期大约等于4年期的商业周期，商业周期通常与股价的主要趋势相关。

背离(Divergence)
缺乏确认的情况。通常负背离出现在市场的头部,正背离出现在市场的底部。背离的重要性直接取决于背离的程度,也就是取决于产生背离的时间长短和背离的普遍性。

内幕人员(Insider)
指直接或间接持有挂牌的任一类股票10%以上的股东,或是上市公司的高级主管或董事。

保证金(Margin)
保证金通常指投资者支付购买股票的部分金额,并从经纪人处融入剩下款额;保证金也是股票市场价值与融资款项之间的差额。在期货市场中,保证金是对未来合约交割的信用保证。

保证金催付通知(Margin call)
要求客户向经纪商补缴现金或抵押证券。如果客户保证金账户的资产净值低于交易所或经纪商所设定的最低标准,交易所或经纪商就会发出保证金催付通知。该通知通常发生在客户所抵押的证券价格下跌的情形。

会员(Members)
证券交易所的成员,有权利在交易所的场内为他们的客户或自己买卖股票。

动能(Momentum)
价格上升或下降走势的潜在动力。在图形上,动能表示为一条围绕着某一水平均值不断上下波动的曲线,这一水平均值则是上下两极端值的中点。动能是一通称术语,包括许多不同的指标,例如变动率、相对强弱指标及随机指标。

移动平均线[Moving average(MA)]
简单移动平均线是对单位时间内的时间序列取平均值。当价格向上(向下)穿越移动平均线时,表示买入(卖出)信号。移动平均线通常也起支撑位和阻力位的作用。

平滑异同移动平均指标[Moving average convergence divergence(MACD)]
一种振荡指标,用来度量两条简单或指数平滑移动平均线之间的差值。

词 汇 表

缺乏确认（Nonconfirmation）

如果市场中绝大多数的价格指数与指标，都能够相互确认连续的高点或低点，我们就称该市场处于"相互吻合"状态。例如，当道·琼斯工业指数创新高时，腾落线并未创新高，则出现缺乏确认的情形。如果其他的价格指数或指标也不能加以确认，这种情况就被视作空头市场，直至缺乏确认的状况消失为止，反之亦然。

零股（Odd lots）

小于 100 股的股票单位；零股交易通常不会出现在报价单上。

零股卖空数量（Odd-lot shorts）

指被卖空的零股数量。由于零股通常是弱势投资人的交易工具，因此零股卖空数量占零股总成交量的比率若偏高，通常是市场要达到底部的主要特征。反之，若该比率偏低，则是市场即将到达顶部的征兆。

期权（Option）

在特定时期内，持有者以既定价格买入或卖出某种证券的权利。卖出期权赋予持有者卖出股票的权利，买入期权赋予持有者买进股票的权利。

超买（Overbought）

是指对价格水平的一种看法。它可能是指在一段强劲的买入期之后的一个特定指标或反映市场价格指数出现的情况。由于此时价格暂时出现过度反应，因此需要一段下跌调整或横向平台整理期。

超卖（Oversold）

是指对价格水平的一种看法。它恰好与超买的情况相反，也就是说，价格已经向下过度反应。

市盈率（Price/earnings ratio）

股票价格与每股收益的比率，即某公司总市值与年度总盈余之间的比率。

价格形态（Price patterns）

当市场趋势发生反转，价格走势通常表现反转形态。反转形态的规模越大、程度越深，就越重要。市场头部形成的反转形态称为出货形态，此时股票正从强势交易者手中转移到弱势交易者手中。相反，在市场底部形成的形态称为进货形态。对于当前趋势出现暂时性中断的价格形态称作连续形态。

反弹（Rally）
某一股票的价格水平在经过一段下跌或整理后，所出现的急剧上升走势。

折返走势（Reaction）
涨势之后出现的暂时性弱势整理。

相对强度 [Relative strength (RS) comparative]
RS 是一种股票价格与另一种股票价格的比值。一般来说，分母代表着大盘指数，例如道·琼斯工业指数或商品研究局的商品指数。RS 呈上升趋势时，表示指数或个股的表现相对优于大盘指数，反之亦然。RS 的趋势，与其他的价格趋势线一样，可用移动平均的穿越，趋势线的突破等技巧来进行判断。

相对强弱指标 [Relative strength indicator (RSI)]
一种用来衡量价格序列内部动量的摆动指标。RSI 被设定在 0 与 100 之间摆动。它可以根据任意时间间隔进行计算，但 14 天是最为常用的时间单位。一定注意不要将 RSI 与 RS 混淆，后者是用来度量两种价格的相对表现。

增发（Secondary distribution or offering）
公司首次发行股票一段时期后，再次公开发行大量股票。这项交易不再通过证券公司或集团公司。股票通常以固定价格发行，且这一价格与该股的当前市场价格相关。

证券（Security）
一个通称的术语，泛指任何可自由交易的权证，例如股票、债券、货币、商品、或市场指数。

空头回补（Short covering）
指买回先前卖空的股票。

空头余额比率（Short-interest ratio）
指空头头寸相对于单月平均日成交量的比率。空头余额比率偏高（高于 1.8）过去通常被认为是多头的征兆，然而最近由于股指期货与期权的活跃交易，造成该比率出现一定程度的扭曲，使得该指标的有效性大不如前。

空头头寸［Short position（interest）］
指在某一特定时间卖空已公开发行股票的总量，空头头寸按月公布。

卖空（Short selling）
卖空通常是指一种投机性行为，这一行为的前提是交易者认为股票价格即将下跌。证券在买入之前先被卖出。具体来讲，交易者为了卖出自己持有的股票，首先向经纪人借入一定数量的股票。绝大多数的证券交易所规定，不能以低于最近一次交易的价格来卖空股票。然而在期货市场上事实却并非如此。

专家交易者（Specialist）
股票交易所的会员，在交易所登记注册为挂牌上市股票的专家，一致承诺以最有效率的方式来执行所有的交易委托单，以便维持一个公正、有序的股票市场和股票的正常交易运作。

趋势线（Trendlines）
趋势线是一条将一系列不断下降的峰位或不断上升的谷底连接起来的直线。趋势线所连接的点数越多，涵盖的时间越长，斜率越小，则该趋势线的有效期更强。趋势线突破并不一定意味着趋势反转，但可能导致平台整理。

收益率曲线（Yield curve）
表示各种不同期限的利率结构。在正常情况下，到期期限愈短，利率愈低。因此3月期国库券的收益率，通常低于20年期政府债券的收益率。收益率曲线的斜率表示变动速率，这一速率随着期限的增加而上升。在货币紧缩时期，短期利率经常会高于长期利率，此时收益率曲线被称为"逆向收益率曲线"。

参考资料

1. Achelis, Steven B. *Technical Analysis A to Z*, Probus, Homewood, Ill. 1995.
2. Appel, G. *Winning Stock Market Systems*, Signalert Corp., Great Neck, N.Y., 1974.
3. Arms, Richard W. *The Arms Index (TRIN)*, Dow Jones-Irwin, Homewood, Ill., 1989.
4. ——, *Volume Cycles in the Stock Market: Market Timing Through Equivolume-Charting*, Dow Jones-Irwin, Homewood, Ill., 1983.
5. Ayres, L.P. *Turning Points in Business Cycles*, August M. Kelly, New York, 1967.
6. Benner, S. *Benner's Prophecies of Future Ups and Downs in Prices*, Chase and Hall, Cincinnati, 1875; reprinted in *Journal of Cycle Research*, vol.8, no.1, January 1959.
7. Bernstein, J. *The Handbook of Commodity Cycles: A Window on Time*, John Wiley and Sons, Inc., New York, 1982.
8. Bressert, Walter. *The Power of Oscillator Cycle Combinations*, Bressert and Associates, Tucson, Ariz. 1991.
9. Bretz, W.G. *Juncture Recognition in the Stock Market*, Vantage Press, New York, 1972.
10. Bulkowski, Thomas N. *Encyclopedia of Chart Patterns*, John Wiley and Sons, Inc., New York, 2000.
11. Colby, Robert W., and Thomas A. Meyers. *The Encyclopedia of Technical Market Indicators*, Dow Jones-Irwin, Homewood, Ill., 1988.
12. Coppock, E.S.C. *Practical Relative Strength Charting*, Trendex Corp., San Antonio, Tex. 1960.
13. De Villiers, Victor. *The Point and Figure Method of Anticipating Stock Price Movements*, 1933 (available from Traderslibrary.com).
14. Dewey, E.R. *Cycles: The Mysterious Forces That Trigger Events*, Hawthorne Books, New York, 1971.

15. Dewey, E.R., and E.F.Dakin. *Cycle: The Science of Prediction*, Henry Holt, New York, 1947.
16. Dorsey, Thomas J. *Point and Figure Charting*, John Wiley and Sons, Inc., New York, 1995.
17. Drew, G. *New Methods for Profit in the Stock Market*, Metcalfe Press, Boston, 1968.
18. Edwards, Robert D., and John Magee. *Technical Analysis of Stock Trends*, John Magee, Springfield, Mass., 1957.
19. Eiteman, W.J., C.A.Dice, and D.K.Eiteman. *The Stock Market*, McGraw Hill, Inc., New York, 1966.
20. Elder, Alexander. *Trading for a Living*, John Wiley and Sons, Inc., New York, 1994.
21. Fosback, N.G. *Stock Market Logic: A Sophisticated Approach to Profits on Wall Street*, The Institute for Econometric Research, Fort Lauderdale, Fla., 1976.
22. Frost, A.J., and Robert R. Prechter. *The Elliott Wave Principle: Key to Stock Market Profits*, New Classics Library, Chappaqua, N.Y., 1978.
23. Gann, W.D. *Truth of the Stock Tape*, Financial Guardian, New York, 1932.
24. Gartley, H.M. *Profits in the Stock Market*, Lambert Gann Publishing, Pomeroy, Wash., 1981.
25. Gordon, William. *The Stock Market Indicators*, Investor Press, Palisades Park, N.J., 1968.
26. Granville, J. *Strategy of Daily Stock Market Timing*, Prentice Hall, Englewood Cliffs, N.J., 1960.
27. Greiner, P., and H.C. Whitcomb. *Dow Theory*, *Investors' Intelligence*, New York, 1969.
28. Hamilton, W.D. *The Stock Market Barometer*, Harper & Bros., New York, 1922.
29. Hayes, Timothy. *The Research Driven Investor*, McGraw-Hill, New York, 2001.
30. Hurst, J.M. *The Profit Magic of Stock Transaction Timing*, Prentice Hall, Englewood Cliffs, N.J., 1970.
31. Jiler, W. *How Charts Can Help You in the Stock Market*, Commodity Research Publishing Corp., New York, 1961.
32. Kaufmann, Perry. *New Commodity Trading Systems*, John Wiley and Sons, Inc., New York, 1987.
33. ——. *Smarter Trading*, McGraw-Hill, New York, 1995.

34. Krow, H. *Stock Market Behavior*, Random House, New York, 1969.
35. McMillan, Lawrence G. *McMillan on Options*, John Wiley and Sons, Inc., 1996.
36. Merrill, A.A. *Filtered Waves: Basic Theory*, Analysis Press, Chappaqua, N.Y., 1977.
37. Murphy John J. *Intermarket Technical Analysis*, John Wiley and Sons, Inc., New York, 1991.
38. ——. *Technical Analysis of the Financials Markets*, New York Institute of Finance, New York, 1999.
39. Nelson, S. *ABC of Stock Market Speculation*, Taylor, New York, 1934.
40. Nison, Steve. *Japanese Candlestick Charting Techniques*, New York Institute of Finance, New York, 1991.
41. Pring, Martin J. *The All Season Investor*, John Wiley and Sons, Inc., New York, 1991.
42. ——. *Breaking the Black Box* (book and CD-ROM tutorial combination), McGraw-Hill, New York, 2002.
43. ——. *How to Forecast Interest Rates*, McGraw-Hill, Inc., New York, 1981.
44. ——. *How to Select Stocks* (book and CD-ROM tutorial combination), McGraw-Hill, New York, 2002.
45. ——. *International Investing Made Easy*, McGraw-Hill, Inc., New York, 1981.
46. ——. *Introduction to Candlestick Charting* (book and CD-ROM tutorial combination), McGraw-Hill, New York, 2002.
47. ——. *Introduction to Technical Analysis* (book and CD-ROM tutorial combination), McGraw-Hill, New York, 1998.
48. ——. *Investment Psychology Explained*. John Wiley and Sons, Inc., New York, 1991.
49. ——. *Learning the KST: An Introductory CD-ROM Tutorial*, www.pring.com, 1997.
50. ——. *Martin Pring on Market Momentum*, McGraw-Hill, Inc., New York, 1995.
51. ——. *Technician's Guide to Daytrading* (book and CD-ROM tutorial combination), McGraw-Hill, New York, 2002.
52. ——. *Momentum Explained*, vol. I (book and CD-ROM tutorial combination), McGraw-Hill, New York, 2002.
53. ——. *Momentum Explained*, vol. II (book and CD-ROM tutorial combination), McGraw-Hill, New York, 2002.

54. Rhea, Robert. *Dow Theory*, Barrons, New York, 1932.
55. Shuman, J.B., and D. Rosenau. *The Kondratieff Wave*, World Publishing, New York, 1972.
56. Smith, E.L. *Common Stocks and Business Cycles*, William Frederick Press, New York, 1959.
57. ——. *Common Stocks as a Long-Term Investment*, Macmillan, New York, 1939 (now available in reprint from Fraser, Burlington, Vt., 1989).
58. ——. *Tides and the Affairs of Men*, Macmillan, New York, 1932.

金融丛书经销商

James Fraser
Fraser Publishing Co.
P.O.Box 494
Burlington，VT 05402
（802）658-0322
Traderslibrary.com
Traderspress.com

技术分析社团

国际技术分析联合会（IFTA）［www.IFTA.org］
（从这里我们可以与全世界主要的技术分析社团取得联系）

相关的网站

Bigcharts.com　提供一些评论、走势图以及行业分组信息。
Wealth-lab.com　提供走势图、讨论与自动交易系统的顺序，以及惟一的系统检测软件。
Quote.com　提供实时走势图与收盘的价格走势图。
Quote.Yahoo.com　提供美国股票国际指数的走势图。
Investorlinks.com　提供金融网站的多渠道连接。

著译者简介

作者简介

马丁·J.普林格

一名非常受人尊敬的学者,目前担任普林格研究所所长、《市场评论》(*The Intermarket Review*)主编等职务,是当今技术分析领域中最有影响力的领袖人物之一。此外,除了麦格劳-希尔公司出版的《马丁·普林格论技术分析》(*Martin Pring on Technical Analysis*)系列丛书外,普林格还撰写了大量交易方面的专著,并为 *Barron'* 财经杂志以及其他国家级出版物撰过稿。加拿大技术分析协会曾授予他杰克·弗罗斯特纪念奖章(Jack Frost Memorial Award)。

译者简介

任若恩

经济学博士,北京航空航天大学教授,博士生导师,享受政府特殊津贴。教育部科学技术委员会学部委员,中国投入产出学会常务理事,国家自然科学基金委员会管理科学部专家评审组成员,新加坡国立大学东亚研究所客座研究员。曾任世界银行国际经济部顾问和经济合作与发展组织(OECD)发展中心顾问,国际货币基金组织(IMF)研究部访问学者。曾在美国麻省理工学院经济系、美国马里兰大学经济系和荷兰格林根大学经济系任客座研究员和访问学者,两次任北京大学中国经济研究中心—世界银行客座研究项目客座研究员。中国数量经济学会、全国高等院校数量经济学会专业学术委员会委员。在经济比较领域是具有国际声誉的著名学者。

财经易文 学习的伙伴
www.ewinbook.com

书系代码	书　名	作　者	定价
经营管理			
BM001	《并购成长》(Digital Deals)	Geis	29.80
BM002	《绩效！绩效！》（企业培训版）(Coaching for Improved Performance)	Fournie	39.80
BM003	《质量无泪》(Quality Without Tears)	Crosby	39.80
BM004	《海阔天空——我在DELL的岁月》	方国健	20.00
BM005	《心时代——一个情感化的世界及其经济图景》	曹世潮	20.00
BM006	《情境领导者》(The Situational Leader)	保罗·赫塞	18.00
BM007	《EMBA销售管理》(Sales Management)	Calvin	45.00
BM008	《EMBA财务管理》(Finance and Accounting for Non-financing Managers)	Weston	49.80
BM009	《EMBA兼并与收购》(Mergers and Acquisitions)	Weston	38.00
BM010	《EMBA公司战略》(Corporate Strategy)	Colley	39.80
BM011	《EMBA创业管理》(Entrepreneurial Management)	Calvin	49.80
BM012	《EMBA领导艺术》(Managerial Leadership)	Topping	35.00
BM013	《EMBA战略营销管理》(Strategic Marketing Management)	Parry	42.00
BM014	《EMBA公司治理》(Corporate Governance)	Colley 等	49.80
BM015	《六西格玛是什么》(What is Six Sigma)	Pande	15.00
BM016	《六西格玛基础教材》(The Six Sigma Basic Training Kit)	Juran	80.00
BM017	《六西格玛团队实战手册》(The Six Sigma Way Team Fieldbook)	Pande, Neuman, Cavanagh	49.80
BM018	《六西格玛团队怎么做》(Six Sigma Team Pocket Guide)	Federico	16.00
BM019	《杰克·韦尔奇领导艺术词典》(Jack Welch Lexicon of Leadership)	Krames	32.00
BM020	《杰克·韦尔奇的29个领导秘诀》(29 Leadership Secrets from Jack Welch)	Slater	29.80
BM021	《通用电气"群策群力"》(GE Work-Out)	Ulrich 等	39.80
BM022	《顶峰》(Million Dollar Consulting)	Weiss	48.00
BM023	《战略计划实务》(Applied Strategic Planning)	Goodstein 等	48.00
BM024	《平衡计分卡实用指南》(Balanced Scorecard)	Paul Niven	49.80
BM025	《战略物流管理》(Strategic Logistic Management)	Stock	80.00
BM026	《整合——企业并购成功之道》(M&A Integration)	Schweiger	39.80
BM027	《战略领导》(The Art and Discipline of Strategic Leadership)	Freedman	32.00
BM028	《经理薪酬完全手册》(The Complete Guide to Executive Compensation)	Bruce R. Ellig	65.00

书系代码	书　　名	作　者	定价
BM029	《突破困境的领导艺术》(Leadership When the Heat's On)	Cox, Hoover	39.80
BM030	《朱兰自传》(Architect of Quality)	Juran	50.00
BM031	《卓越领导》(The Extraordinary Leader)	Zenger 等	39.80
BM032	《精益六西格玛案例》(Learning into Six Sigma)	Wheat 等	18.00
BM033	《领袖魅力》(Executive Charisma)	Benton	39.80
BM034	《西南航空案例》(The Southwest Airlines Way)	Gittell	49.80
BM035	《危机领导》(Leader Shock)	Hicks	29.80
BM036	《应变》(Agile Business for Fragile Times)	麦卡锡 等	35.00
BM037	《绩效导向的领导力》(Results-Based Leadership)	Ulrich 等	49.80
BM038	《企业沟通的威力》(The Power of Corporate Communication)	Argenti 等	39.80
BM039	《贯彻执行　现在就做》(Why Can't We Get Anything Done Around Here?)	李夫顿 等	20.00
BM040	《高效能团队领导智慧》(Leadership Lessons of The Navy Seals)	坎农 等	39.80
BM041	《竞争性销售》(Hope is not a Strategy)	佩吉	39.80
BM042	《丰田汽车案例》(The Toyota Way)	莱克	49.80
BM043	《风险管理》(Risk Management)	科罗赫 等	80.00
BM044	《团队工作》(The Work of Teams)	卡岑巴赫	39.80
BM045	《通用电气案例》(GE Work-out)	Ulrich 等	49.80
BM046	《质量无泪》(修订版)	Crosby	39.80
BM047	《绩效改进19讲》(201 Ways to Turn any Employee Into a Star Performer)	霍利	29.80
BM048	《人性管理》(The Uncertain Art of Management)	奥斯曼	39.80
BM049	《透明管理》(The Transparency Edge)	佩格诺	29.80
BM050	《成本改进181法》(A Manager's Guide to Creative Cost Cutting)	大卫·杨	29.80
BM051	《直觉》(The Art of What Works)	杜根	39.80
BM052	《劣势者的优势》(The Underdog Advantage)	莫里	39.80
BM053	《精益六西格玛服务》(Lean Six Sigma for Service)	乔治	55.00
BM054	《活学活用博弈论》(Game Theory At Work)	米勒	39.80
BM055	《巅峰绩效》(Peak Performance)	卡岑巴赫	39.80
BM056	《丰田汽车：精益模式的实践》(The Toyota Way Fieldbook)	莱克 等	65.00
BM057	《什么是公司治理》(What is Corporate Govermance)	科利 等	18.00
BM058	《MBA名校的10堂课》(What the Best MBAs Know)	纳瓦洛	49.80
BM059	《现代企业管理教程》(Understanding Business)	尼科尔斯 等	50.00
BM060	《领导艺术》(The Art of Leadership)	曼宁 等	50.00
BM061	《产品生命周期管理》(Product Lifecycle Management)	格里夫斯	49.80
BM062	《创新从头开始》(What customers want)	伍维克	29.80
BM063	《创新引擎》(Fast Innovation)	George	39.80
BM064	《苹果电脑案例》(The Apple Way)	Cruikshank	39.80
BM065	《企业外包实务》(The Manager's Step-by-Step Guide to Outsourcing)	Dominguez	29.80

书系代码	书 名	作 者	定 价
BM066	《重塑创业精神》(Lead Like an Entrepreneur)	桑伯里	45.00
BM067	《顾客导向》(The Outside-In Corporation)	邦德	39.80
BM068	《定价与收益优化》(Pricing and Revenue Optimization)	菲利普斯	60.00
BM069	《笑梁山》	陈实	35.00
BM070	《价值流管理:面向全局供应链的精益方法》	多尔斯麦思卡罗	43.00
BM071	《新企业所得税法与会计准则比较分析》	张炜	68.00
经济学			
E-001	《中国经济》(Chinese Economy)	蔡昉,林毅夫	39.80
E-002	《宏观经济学》(Macroeconomics)	Dornbusch	60.00
E-003	《经济学》(Economics)	McConnell, Brue	79.00
E-004	《微观经济学》(Microeconomics and Behavior)	Frank	65.00
E-005	《环境经济学》(Introduction to Environmental Economics)	Field 等	50.00
E-006	《财富的诞生》(The Birth of Plenty)	Bernstein	49.80
E-007	《ArcView GIS® 与 ArcGIS® 地理信息统计分析》(Statistical Analysis of Geographic Information with ArcView GIS® and ArcGIS®)	David Wong 等	58.00
管理学			
MT001	《战略物流管理》(Strategic Logistic Management)	Stock	80.00
MT002	《物流战略咨询》(Supply Chain Strategy)	Frazelle	49.80
MT003	《组织人员配置》(Staffing Organization)	Heneman, Judge	
MT004	《战略管理》(Strategic Management)	Dess 等	40.00
MT005	《数据模型与决策:运用电子表格建模与案例研究》(第1版)(Introduction to Management Science)	Hillier 等	75.00
MT006	《数据模型与决策:运用电子表格建模与案例研究》(第2版)(Introduction to Management Science)	Hillier 等	75.00
MT007	《电子商务导论》(Introduction to E-Commerce)	雷波特 等	58.00
MT008	《供应链设计与管理》(Designing and Managing The Supply Chain)	辛奇—利维 等	40.00
MT09	《管理学基础》(Management)	克尼基 等	48.00
MT010	《定价》(Pricing)	门罗	65.00
MT011	《精通战略》(Mastering Strategy)	雷格斯比 等	39.80
MT012	《战略采购管理》(Harnessing Value in the Supply Chain)	班菲尔德	39.80
MT013	《逆向管理》(Don't Oil the Squeaky Wheel)	Rinke	39.80
MT014	《跨国管理》(Transnational Management)	Bartlett 等	79.80
MT015	《运营管理》(Matching Supply with Demand)	Cachon 等	50.00
MT016	《供应链与价值网创新企业案例》	任建标	35.00
营销管理			
MM001	《定位》(Positioning)	Ries & Trout	39.80
MM002	《营销战》(修订版)(Marketing Warfare)	Ries & Trout	39.80
MM003	《营销革命》(Bottom-up Marketing)	Ries & Trout	39.80
MM004	《新定位》(The New Positioning)	Trout	39.80

书系代码	书　名	作　者	定价
MM005	《颠覆广告》(Disruption)	让—马贺·杜瑞	40.00
MM006	《创意的竞赛》(Which Ad Pulled Best?)	Purvis	39.80
MM007	《广告文案名人堂》(The Art of Writing Advertising)	Higgins	29.80
MM008	《产品经理的第一本书》(The Product Manager's Handbook)	Gorchels	39.80
MM009	《全球整合营销传播》(Communicating Globally)	舒尔茨	39.80
MM010	《整合营销传播：利用广告和促销建树品牌》(IMC: Using Advertising and Promotion to Build Brands)	Duncan	298.00
MM011	《市场战略》(The Market Makers)	Spulber	48.00
MM012	《全球营销》(Global Marketing)	乔尼·约翰逊	60.00
MM013	《网络营销》(Internet Marketing)	默罕默德 等	65.00
MM014	《产品经理的第二本书》(The Product Manager's Field Guide)	Linda Gorchels	39.80
MM015	《营销学基础》(Essentials of Marketing)	佩罗特,麦卡锡	60.00
MM016	《文案发烧》("Hey, Whipple, Squeeze This.":A Guide to Creating Great Ads)	苏立文	39.80
MM017	《小鱼吃大鱼》(Eating the Big Fish)	摩根	45.00
MM018	《什么是战略》(Trout On Strategy)	特劳特	29.80
MM019	《整合营销传播：创造企业价值的五大关键步骤》(IMC: the Next Generation)	唐·舒尔茨 等	39.80
MM020	《促销管理的第一本书》	Schultz	39.80
MM021	《广告箴言》(And Now a Few Words From Me)	加菲尔德	29.80
MM022	《营销计划手册》(The Successful Marketing Plan)	赫宾 等	68.00
MM023	《渠道管理的第一本书》(The Manager's Guide to Distribution Channels)	哥乔斯 等	35.00
MM024	《项目管理的第一本书》(The McGraw-Hill 36 – Hour Project Management)	库克,塔特	
MM025	《细读杰克·韦尔奇》	Krame, Slater	39.80
MM026	《品牌资产管理》(Brand Asset Management)	戴维斯	39.80
MM027	《互愿营销》(Opt-In Marketing)	罗曼 等	39.80
MM028	《小技巧　大销售》(401 Killer Marketing Tactics)	费尔藤斯坦	39.80
MM029	《作业成本管理的第一本书》(Common Cents)	特尼	39.80
MM030	《产品经理手册》(The Product Manager's Handbook)	哥乔斯	55.00
MM031	《商战》(20周年纪念版)(Marketing Warfare)	Ries & Trout	68.00
MM032	《博客营销》(Blog Marketing)	Jeremy Wright	39.80
MM033	《品牌驱动力》(Building the Brand-Driven Business)	戴维斯,邓恩	39.80
销售管理			
SM001	《成功销售管理的7大秘诀》(7 Secrets to Successful Sales Management)	Wilner	39.80
SM002	《电话行销,轻松成交》	姚能笔	39.80
SM003	《摸透顾客心》(Ten Demandments)	Mooney Bergheim	39.80

书系代码	书　　名	作　　者	定价
SM004	《练就铁齿铜牙》(Secrets of Power Persuasion for Salespeople)	Dawson	39.80
SM005	《轻松收款》(Collections Made Easy)	卡罗尔	39.80
SM006	《打倒墨菲定律 挽救我的销售》(Beating the Deal Killers)	Giglio	39.80
SM007	《增加销售的12种核心技术》(Beyond E)	Diorio	39.80
SM008	《销售管理》(Sales Force Management)	Johnston 等	49.00
SM009	《汽车销售的第一本书》	孙路弘	39.80
SM010	《终极销售力》(Ultimate Selling Power)	莫伊,洛伊德	39.80
SM011	《顶尖销售的25堂课》(Secrets of Top Performing Salespeople)	乔诺 等	29.80
SM012	《引爆销售的10大黄金法则》	Desena	39.80
SM013	《再造销售奇迹》	Eades	39.80
SM014	《攻心式销售》	Bosworth	24.80
SM015	《百万销售师》	Gardner	24.50
SM016	《成交》	Victor	29.80
SM017	《直销经理的第一本书》(Making Millions in Direct Sales)	马拉汉 等	39.80
职场发展			
CD001	《外企面试宝典》(More Best Answers to the 201 Most Frequently Asked Interview Questions)	DeLuca	25.00
CD002	《人才心理测评》(Psychological Testing at Work)	Hoffman	25.00
CD003	《演讲的艺术》(Strictly Speaking)	Buckley	29.80
CD004	《五大会计师行》	周年洋 等	24.80
CD005	《职业经理自修手册》(The Manager's Self-development Guide)	Pedler	35.00
CD006	《关键对话》(Crucial Conversations)	Patterson 等	29.80
CD007	《静思录》(Finding Your Strength in Difficult Times)	David Viscott	19.80
CD008	《商务英语书信写作精益求精篇》	康宁汉 等	29.80
CD009	《商务人士日常书信写作》(Great Personal Letters for Busy People)	布赫	48.00
CD010	《销售信函》(Sales Letters Ready to Go)	贝塞尔 等	32.00
CD011	《商务信函》(Business Letters Ready to Go)	Bayse	39.80
CD012	《我爱笨老板》(How to Work for an Idiot)	胡佛	29.80
CD013	《实用英语动词短语》(Basic Phrasal Verbs)	斯皮尔斯	35.00
CD014	《赛马》(Horse Sense)	里斯,特劳特	29.80
CD015	《报刊装帧设计手册》(The Newspaper Designer's Handbook)	哈洛维	128.00
CD016	《君子善言》(Speak Like a CEO)	贝茨	32.00
CD017	《脱颖而出》(Shine)	汤普森	29.80
CD018	《量子飞跃》	谢尔顿,刘芊	29.80
CD019	《纳米说服力》	姚能笔	29.80

书系代码	书　　名	作　者	定价
投资理财			
IF001	《投资艺术》(Winning the Loser's Game)	Ellis	19.80
IF002	《向格雷厄姆学思考,向巴菲特学投资》(How to Think Like Benjamin Graham and Invest Like Warren Buffett)	Cunningham	39.80
IF003	《巴菲特怎样选择成长股》(How to Pick Stocks Like Warren Buffett)	Vick	29.80
IF004	《最后的合伙人》(The Last Partnership)	Geisst	29.80
IF005	《财务报表分析与证券定价》(Financial Statement Analysis and Security Valuation)	Penman	98.00
IF006	《技术分析》(Technical Analysis Explained)	Pring	80.00
IF007	《技术分析A－Z》(Technical Analysis from A to Z)	Achelis	55.00
IF008	《股票价值评估》(Valuing a Stock)	Gray 等	39.80
IF009	《蜡烛图精解》(Candlestick Charting Explained)	Morris	39.80
IF010	《技术分析习题集》(Study Guide for Technical Analysis Explained)	Pring	25.00
IF011	《股票市场的时机选择》(Timing the Stock Market)	亚历山大	48.00
IF012	《最佳卖出点》(It's when You Sell that Counts)	卡西迪	39.80
IF013	《股市名言》(Buy the Rumor, Sell the Fact)	麦洛	29.80
IF014	《向格雷厄姆学思考,向巴菲特学投资》(修订版)	Cunningham	39.80
IF015	《华尔街投资银行史》	Geisst	49.80
IF016	《信用风险:度量与管理》	瑟维吉尼	65.00
IF017	《财务报表分析与证券定价》(第二版)(Financial Statement Analysis and Security Valuation)	Penman	98.00
IF018	《信用评分模型技术与应用》	陈建	60.00
IF019	《现代信用卡管理》	陈建	80.00
IF020	《标准普尔教你做好个人理财》(The Standard & Poor's Guide to Personal Finance)	道尼	25.00
IF021	《标准普尔教你做好第一笔投资》(The Standard & Poor's Guide for the New Investor)	马蒂夫	25.00
IF022	《标准普尔教你做好长期投资》(The Standard & Poor's Guide to Long-Term Investing)	提格	20.00
IF023	《股市法则》(Stock Market Rules)	沙伊莫	29.80
IF024	《股指期货100问》	中国国际期货武汉研究中心	25.00
IF025	《巴菲特选股魔法》	洪瑞泰	25.00

（具体数据以出书为准）

销售服务：010－88191017，88191063（FAX）
E-mail： webmaster@ewinbook.com
邮购地址：北京市阜成路甲28号新知大厦
　　　　　中国财政经济出版社邮购部
邮购费用：书价加15%
电　　话：010－88190406　88190488
邮　　编：100036

图 书 订 购 单
(可复印使用)

第一步：请您填写以下资料：

公司名称： 收书人：
发货（邮寄）地址： 邮编：
联系电话： E-mail：

第二步：请您填写您所选购的图书及册数资料：

图书名称（请注明版次）	数　量	单价（RMB）	合计（RMB）
合　　　计			

第三步：请您到邮局将款项汇至以下地址：

收　款　人：中国财政经济出版社邮购部
地　　　址：北京市海淀区阜成路甲28号新知大厦
邮　　　编：100036
电　　　话：010–88190406　88190488
传　　　真：010–88190414
邮购费用：书价加15％的邮费

第四步：请确认您是否需要增值税票，如果需要请在传真中注明您的增值税信息：
□ 开具增值税发票　　　　　　　　□ 开具普通发票

第五步：如果您想了解其他详细情况，请垂询销售热线或发电子邮件：
TEL：010–8819 1017　　　　　　E-mail：webmaster@ewinbook.com

第六步：请您在以下空白处签字确认：
客户：
日期：

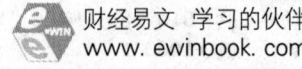